U0026939

周禮正義

四部備要

經部

上海中華書局據清光緒乙巳本校刊

桐鄉陸費逵總勘
杭縣高時顯
杭縣吳汝霖輯校
杭縣丁輔之監造

粵昔周公纘文武之志光輔成王宅中作雒爰述官政以垂成憲有周一代之典炳然大備然非徒周一代之典也蓋自黃帝顓頊以來紀於民事以命官更歷八代斟汋損益因襲積絫以集於文武其經世大法咸粹於是故雖古籍淪佚百不存一而其政典沿革猶約略可攷如虞書羲和四子爲六官之權輿甘誓六卿爲夏法曲禮六大五官鄭君以爲殷制咸與此經多相符會是職名之本於古也至其閎章縟典弁苞遠古則如五禮六樂三兆三易之屬咸肇耑於五帝而放於二王以逮職方州服兼綜四朝大史歲年通晐三統若斯之類不可殫舉蓋鴻荒以降文明日啓其爲治靡不始於麤觕而漸進於精詳此經上承百王集其善而革其弊蓋尤其精詳之至者故其治躋於純太平之域作者之聖述者之明蟠際天地經緯萬端究其條緒咸有原本是豈皆周公所肊定而手刱之哉其閎意眇指通關常變權其大較要不越政教二科政則自典法刑禮諸大端外凡王

后世子燕游羞服之細嬪御閹閽之昵咸隸於治官宮府一體天子不以自私也而若國危國遷立君等非常大故無不曲爲之制豫爲之防三詢之朝自卿大夫以逮萬民咸造在王庭與決大議又有匡人撢人大小行人掌交之屬巡行邦國通上下之志而小行人獻五物之書王以周知天下之故大司寇大僕樹肺石建路鼓以達窮遽誦訓土訓夾王車道圖志以詔觀事辨物所以宣上德而通下情者無所不至君民上下之閒若會四枝百脈而達於囟無或雝閡而弗巻也其爲教則國有大學小學自王世子公卿大夫士之子息夫邦國所貢鄉遂所進賢能之士咸造焉旁及宿衞士庶子六軍之士亦皆輩作輩學以德行道埶相切劘鄉遂則有鄉學六州學三十黨學百有五十遂之屬別如鄉蓋郊甸之內距王城不過二百里其爲學辜較已三百七十有奇而郊里及甸公邑之學尚不與此數推之鄁縣畺之公邑采邑遠極於畿外邦國其學蓋十百倍蓰於是無慮大

數九州之內意當有學數萬信乎教典之詳殆莫能尙矣其政教之備如是故以四海之大無不受職之民無不造學之士不學而無職者則有罷民之刑賢秀挾其才能愚賤貢其忱悃咸得以自通於上以致純太平之治豈偶然哉此經在西周盛時蓋百官府咸分秉其官法以爲司存而大宰執其總會司會天府太史臧其副貳成康既沒昭夷失德陵遲以極於幽厲之亂平之東遷而周公之大經良法蕩滅殆盡然其典冊散在官府者世或猶尊守勿替雖更七雄去籍之後而齊威王將司馬穰苴尙推明司馬法爲兵家職志魏文侯樂人竇公猶褱大司樂一經於兵火喪亂之餘宅如朝事之儀大行之贊述於大小戴記職方之篇列於周書者咸其枝流之未盡澌滅者也其全書經秦火而幾亡漢興景武之閒五篇之經復出於河閒而旋入於祕府西京禮家大師多未之見至劉歆杜子春始通其章句著之竹帛三鄭賈馬諸儒賡續詮釋其學大興而儒者以其古文晚

出猶疑信參半今文經師何休臨碩之倫相與擯斥之唐趙匡陸淳以逮宋元諸儒呰議之者尤衆或謂戰國瀆亂不經之書或謂莽歆所增傅其論大都逞肊不經學者率知其謬而其抵巇索瘢至今未已者則以巧辭衺說附託者之爲經累也蓋秦漢以後聖哲之緒曠絕不續此經雖存莫能通之於治劉歆蘇綽託之以左王氏宇文氏之篡而卒以踣其祚李林甫託之以修六典而唐亂王安石託之以行新法而宋亦亂彼以其詭譎之心刻覈之政偷效於旦夕校利於黍秒而謬託於古經以自文上以誣其君下以敷天下之口不探其本而飾其末其僥倖一試不旋踵而潰敗不可振不其宜哉而懲之者遂以爲此經詬病即一二閎覽之士亦疑古之政教不可施於今是皆膠柱鍥舟之見也夫古今者積世積年而成之者也日月與行星相攝相繞天地之運猶是也圓顱而方趾橫目而直鼻人之性猶是也所異者其治之迹與禮俗之習已耳故畫井而居乘車而戰裂

壞而封建計夫而授田今之勢必不能行也而古人行之祭則坐孫而拜獻之以爲王父尸昏則以姪娣媵而從姑姊坐則席地行則立乘今之情必不能安也而古人安之凡此皆迹也習也沿襲之久而無害則相與遵循之久而有所不安則相與變革之無勿可也且古人之迹與習亦有至今不變者日月與地行同度則相掩蝕地氣之烝盪則爲風雨人之所稔知也而薄蝕則拜跪而救之湛旱則號呼而祈之古人以爲文至今無改也柷敔拊搏無當於鏗鎗之均血腥全烝無當於飲食之道而今之大祀猶沿而不廢然則古人之迹與習不必皆協於事理之實而於人無所厭惡則亦相與守其故常千百歲而無變彼夫政教之閎意眇恉固將貫百王而不敝而豈有古今之異哉今泰西之強國其爲治非嘗稽覈於周公成王之典法也而其所爲政教者務博議而廣學以臮通道路嚴追胥化土物丱之屬咸與此經冥符而遙契蓋政教修明則以致富強若操左契固寳

宇之通理放之四海而皆準者此又古政教必可行於今者之明效大驗也詒讓自勝衣就傅先太僕君卽授以此經而以鄭注簡奧賈疏疏略未能盡通也既長略窺漢儒治經家法乃以爾雅說文正其詁訓以禮經大小戴記證其制度研撢綦載於經注微義略有所寤竊思我　朝經術昌明諸經咸有新疏斯經不宜獨闕遂博采漢唐宋以來迄於乾嘉諸經儒舊詁參互證繹以發鄭注之淵奧補賈疏之遺闕艸創於同治之季年始爲長編數十巨冊綴輯未竟而舉主南皮張尚書議集刊　國朝經疏來徵此書乃隱栝觕理寫成一帙以就正然疏牾甚衆又多最錄近儒異義辯論滋緐私心未㥞也繼復更張義例刪緐補闕廿年以來槀艸屢易最後迻錄爲此本其於古義古制疏通證明校之舊疏爲略詳矣至於周公致太平之迹宋元諸儒所論多閎侈而駢拇枝指未盡楬其精要顧惟秉資疏闇素乏經世之用豈能有所發明而亦非箋詁所能鉤稽而揚榷也故略

引其耑而不敢馳騁其說覬學者深思而自得之中年早衰傫然孤露意思零落得一遺十復以海疆多故世變日亟睠懷時局撫卷增喟私念今之大患在於政教未修而上下之情睽閡不能相通故民窳而失職則治生之計陿隘而譎觚干紀者衆士不知學則無以應事偶變效忠厲節而世常有乏才之憾夫舍政教而議富強是猶泛絶潢斷港而蘄至於海也然則處今日而論治宜莫若求其道於此經而承學之士顧徒奉周經漢注爲攷證之淵棷幾何而不以爲已陳之芻狗乎既寫定輒略剌舉其可剴今而振敝一二犖犖大者用示櫱楬俾知爲治之迹古今不相襲而政教則固百世以俟聖人而不惑者世之君子有能通天人之故明治亂之原者儻取此經而宣究其說由古義古制以通政教之閎意眇恉理董而講貫之別爲專書發揮旁通以俟後聖而或以不佞此書爲之擁篲先導則私心所企望而旦莫遇之者與光緒二十有五年八月瑞安孫詒讓敘

周禮正義略凡例十二

經本以唐石經爲最古注本以明嘉靖放宋本爲最精此本原出北宋槧雖明刻而在諸宋本之上近黃丕烈有重校刊本今據此二本爲主閒有譌挩則以孟蜀石經元石久佚今僅存宋拓秋官上下二卷首尾亦有殘闕拓冊藏湖州張氏今據湖南周編修鑾詒景寫本校又馮登府石經考異載有夏官殘拓今未見此刻之佳在兼載鄭注惟雖勘極疏譌踳挩衍不可枚舉又多妄增助語蓋沿唐季俗本難以依據及宋槧諸本阮元校勘記所據有宋刻小字大字本余仁仲本岳珂本黃丕烈札記所據有宋紹興董氏本互注本今所據有陽湖費編修念慈所校宋婺州唐氏本建陽本附釋音本巾箱本有明汪道昆放岳本與阮黃校岳本小異又參校補正箸其說於疏凡嘉靖本注譌挩顯然它本咸不誤者今徑補正不箸於疏唯衆本是非錯出及文通義短據善本校改者始箸之至版本文字異同或形體譌別既無關義訓且已詳阮黃兩記今並不載以祛緐冗近胡培翬儀禮正義阮福孝經義疏補陳立公羊傳義疏並全錄阮記俗本譌文塵穢簡牘非例也

陸氏釋文成於陳隋閒其出最先與賈疏及石經閒有不同所載異本異讀原流尤古今並詳議其是非箸之於疏釋文據盧文弨校本兼以阮氏校勘記及賈昌朝羣經音辨參訂之以存六朝舊本之辜較

賈疏蓋據沈重義疏重修（據馬端臨文獻通攷引董逌說隋書經籍志載沈重周官禮義疏四十卷與賈本卷帙並同董說不爲無據唐修經疏大都沿襲六朝舊本賈疏原出沈氏全書絕無援引沈義而其移改之跡尚可推案如載師疏引孝經援神契一節本草人注黃白宜以種禾之屬句釋義賈移入載師而忘刪其述注之文是其證至董氏謂賈兼據陳劭周禮異同評則肊揣不足據也）在唐人經疏中尚爲簡當今據彼爲本（疏據阮校宋十行本近德化李氏有宋刊八行本殘帙遠出十行本之前未能段校也）訂譌補闕凡疏家通例皆先釋經次述注然鄭注本極詳博賈氏釋經隨文闡義或與注複而釋注轉多疏略於杜鄭三君異義但有糾駁略無申證故書今制擘覈闕如今欲撟斯失釋經唯崇簡要注所已具咸从省約注文峀奧則詳爲疏證蓋注明卽經明義本一毌也今疏於舊疏甄采精要十存七八雖閒有刪劉移易而絕無羼改且皆明楬賈義不敢攘善唐疏多乾沒舊義近儒重修亦或類此（胡氏儀禮正義閒襲賈釋郝懿行爾雅義疏亦多沿邵義竊所未安）非膚學所敢效也

唐疏例不破注而六朝義疏家則不盡然（孔氏禮記正義敘稱皇侃時乖鄭義左傳正義敘稱

劉炫習杜義而攻杜氏是也鄭學精毌羣經固不容輕破然三君之義後鄭所讚辨者本互有是非乾嘉經儒攷釋此經閒與鄭異而於古訓古制宜究詳塙或勝注義今疏亦唯以尋繹經文博稽衆家爲主注有牾違輒爲匡糾凡所發正數十百事匪敢破壞家法於康成不曲從杜鄭之意或無誖爾

古經五篇文緐事富而要以大宰八灋爲綱領衆職分陳區畛靡迻其官屬一科敘官備矣至於司存攸寄悉爲官職總楬大綱則曰官灋若大宰六典八則之類詳舉庶務則曰官常若大宰正月之吉始和布治于邦國都鄙以下至職末皆是也而官計官成官刑亦錯見焉若大宰職末受會則官成也大計羣吏則官計也詔王廢置誅賞則官刑也六者自官職官常外餘雖或此有彼無詳略互見而大都分繫當職不必旁稽唯官聯條緒紛緐䖙絡隱互楲見百職鉤覈爲難今略爲甄釋雖復疏闕孔多或亦稽古論治之資乎

議禮羣儒昔偁聚訟此經爲周代法制所總萃閎章縟典經曲畢晐

而侯國軍賦苞何膠於舊聞明堂辟廱服蔡騰其新論兩漢大師義詁已自舛互至王肅聖證意在破鄭攻瑕索痏偏戾尤甚然如郊社禘祫則鄭是而王非廟制昏期則王長而鄭短若斯之倫未容偏主唐疏各尊其注每多曲護未爲閎通今並究極諸經求厥至當無所黨伐以示折衷

此經在漢爲古文之學與今文家師說不同大小戴記及公羊春秋並今文之學故與此經義多不合先秦古子及西漢遺文所述古制純駁雜陳尤宜精擇今廣徵羣籍甄其合者用資符論其不合者則爲疏通別白使不相殽掍近儒攷釋或綴粹古書曲爲傅合非徒於經無會彌復增其紛粈如惠士奇禮說義證極博而是非互陳失在繁雜至沈夢蘭周禮學而新奇繆盭甚矣又陳奐毛詩傳疏及鄭漢勛讀書偶識諸書說禮亦多此失學者詳之今無取焉

經文多存古字注則多以今字易之如𢿡漁瀘法聯連頒班于於攷考亓祇眂視政征敘序衺邪𢦏裁災鱻鮮齍粢辠罪貍埋劑刲壹一㮚栗虣暴覈核毓育眚省媺美婣姻匶柩鞻鞮馭御毄繫敂叩彊强簭筮飌風果祼䰞煑嘑呼靁雷磬

韶侑宥歙吹齒邪虞錄壯兆簪夢擇拜蹜稽邍原參三凡四十餘字並經用古字鄭則改用今字以通俗今字者漢人常用之字不拘正叚也考工記字例與五官又不盡同如殺作𣪠擊作毄之類又五篇古字如敘攷晦于皋諸文記並從今字疑故書本如是矣宋元刻本未通此例或改經從注或改注從經遂滋岐互非復舊觀段玉裁漢讀考及阮黃兩記舉正頗多尚有未盡今通校經注字例兼采衆本理董畫一或各本並誤則仍之而表明於疏經注字體咸依唐石經嘉靖本岳本參互校定注疏中閒有隋唐以來相沿俗書如總揔畝畞齔齓之類形聲省別以承書既久姑仍其舊唯疏中蒙案閒用六書正字以崇古雅此自是鄙書私定義例不敢以是盡改古書也至經注傳譌或遠在陸賈以前爲段阮諸家及王引之經義述聞所刊正者則不敢專輒改定並詳箸其說於疏俾學者擇焉

此經舊義最古者則五經異義所引古周禮說謂古文周禮說也或出杜鄭之前次則賈逵馬融干寶三家佚詁亦多存古訓無論與鄭異同並爲攟拾近世所傳有唐杜牧攷工記注二卷義恉舛陋多襲宋林希逸考工記解說僞託顯然今並不取至於六朝唐人禮議經疏多與此經關涉義既精博甄錄尤詳凡錄舊說唐以前皆備舉書名

宋元以後迄於近代時代未遠篇帙見存則唯箸某云以省緐碎大
氏宋元明舊說多采之王與之訂義陳友仁集說及官纂義疏至
國朝諸儒攷釋則以廣東學海堂經解江蘇南菁書院續經解爲㝡
藪此外如吳廷華疑義李光坡述注李鍾倫纂訓方苞集注析疑莊
有可集說蔣載康心解及林喬蔭三禮陳數求義黃以周禮經通故
之類唯吳書僅見傳鈔殘帙莊書亦未有梓本餘咸世所通行故疏
中並唯箸姓名不詳篇目也至如許珩注疏獻疑之疏淺
莊有可指掌之武斷若斯之屬雖覽涉所及亦無譏焉
閒有未允
則略爲辨證用釋疑牾宋元諸儒說於周公致太平之迹推論至詳
而於周制漢詁或多疏繆今所搴擇百一而已宋元迄今訓釋既多
唯擇其義據通深者
錄之或一條之中是非錯出則爲芟剟
瑕類以歸純粹凡有繆迕悉不暇論也
天筭之學古疏今密然此經遠出周初鄭詁如圜率則徑一圍三天
行則四游升降並據九章考靈曜雖法數疏闊而以古術釋古經致
爲塙當今疏惟考工一篇輪蓋周徑校密率於圜觚柯欘倨句證弧
角於西筭餘咸據古讖緯史志及唐以前筭經占經爲釋後世新法
古所未有不可以釋周經及漢注也如鄭伯奇學計一得以西法推
大司徒土圭測景謂非營雒時
實測雖據密率然
非周漢人所知也

二鄭釋經多徵今制攷之馬班史志衛應官儀率多符合良以舊典隊文留遺因襲時代匪遙足相比況晉宋而降去古彌遠政法滋更北周李唐建官頒典雖復依放六職而揆之禮經多不相應故此疏於魏晉以後儀制槩不援證惟州國山川宜詳因革故職方輿地備釋今名以昭徵實之學

舉證古書咸楬篇目以示審塙所據或宋元舊槧或近儒精校擇善而從多與俗本不同其文義殊別有關恉要者則於疏中特箸某本非恆例也佚書則咸詳根氏或兩書同引而互有省改宜兼采者則兩箸之用徵肊造兼資羅勘近代佚書輯本甚夥然多舛誤難據若劉逢祿論語述何以何晏論語集解爲何休說佚文乃沿北堂書鈔陳禹謨本之誤陳氏詩疏以儀禮經傳通解說五門制爲尚書大傳佚文乃沿董豐垣輯本書傳之誤並由討覈不審故有茲失昔儒說解援據古籍或尚沿俗本及删改舊文義恉未備者今並檢元書勘正此迺校讎非改竄也

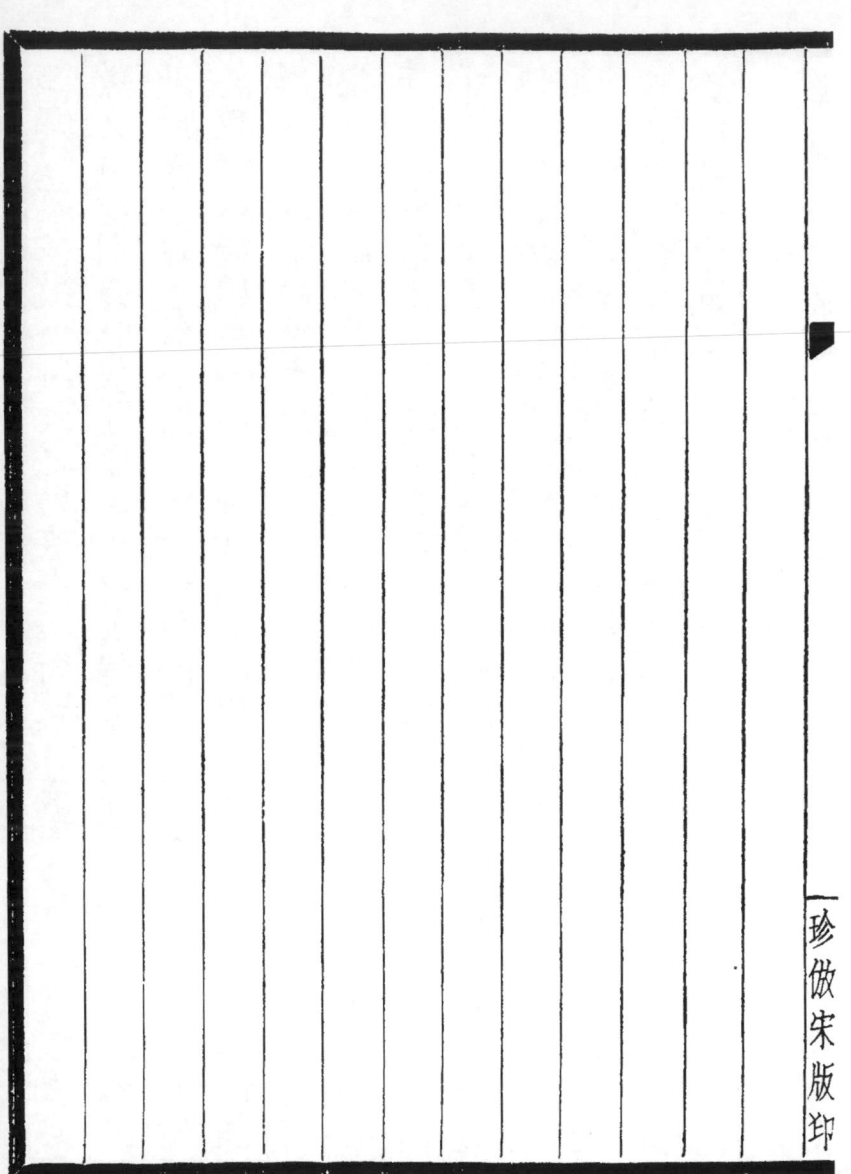

周禮正義卷一

瑞安孫詒讓學

天官冢宰第一

鄭目錄云象天所立之官冢大也宰者官也天者統理萬物天子立冢宰使掌邦治亦所以總御衆官使不失職不言司者大宰總御衆官不使主一官之事也

疏天官冢宰第一者陸氏釋文云本或作冢宰上非餘卷放此案漢書蓺文志云周官經六篇此其舊題也漢志箸錄本於劉歆七略是西漢經本皆官別爲篇東漢以後賈馬諸儒爲之傳注每篇析爲二卷至於篇題相承無改鄭君作注楬署亦同故士冠禮賈疏引鄭序云凡著三禮七十二篇蓋合儀禮十七篇禮記四十九篇數之厥後陸音賈釋及唐開成宋嘉祐兩石經錄目並同釋文所載或本篇別上下而無第一之題蓋傳錄者所改易非周經漢注之舊故陸賈諸儒並不從也 鄭目錄者隋書經籍志云三禮目錄一卷鄭玄撰唐書經籍志同故與經注別行宋以後單行本久佚此周禮目錄六篇賈氏於六官篇首具列舊文爲之疏義今亦據而釋焉云象天所立之官者六官分象天地四時冢宰爲六官之首總建六典故象天也云冢大也者爾雅釋詁文尚書周官孔穎達疏引馬融周禮注同賈疏云下注對大宰則云冢者大之上此不對大宰故云冢大也云宰者官也者說文宀部云宰辠人在屋下執事者引申之凡官吏皆得稱宰此經有大宰小宰宰夫內宰里宰春秋卿大夫家臣采邑之長亦多稱宰則宰之名通於尊卑矣春秋繁露三代改制質文篇說文王受命改制之事云名相官曰宰據此是相官名宰始於周代曲禮云天子建天官先六大曰大宰大宗大史大祝大士大卜典司六典天子之五官曰司徒司馬司空司士司寇典司五衆大宰不與五官同舉鄭

注以爲並殷制然孔頴達疏引鄭志崇精問焦氏云鄭云三王同六卿殷應六卿此云五官何也焦氏荅曰殷立天官與五行其取象異耳是鄭意殷五官亦幷大宰爲六卿大宰殷時已爲天官總攝六職董子以相官名宰爲周之改制殆未足信太平御覽職官部引仲長統昌言云冢宰堯官也亦不知何據班固白虎通義爵篇云所以名之爲冢宰何冢者大也宰者制也大制事也書疏引馬融云冢大也宰治也大治者兼萬事之名也公羊僖九年何休注呂氏春秋季秋紀淮南子時則訓高誘注並訓宰爲治與馬說同釋文引干寶周禮注云濟其清濁和其剛柔而納之中和曰宰諸家之說並偏舉一端不若鄭義之閎通也云天者統理萬物天子立冢宰使掌邦治亦所以總御衆官使不失職者明冢宰象天取兼總六職之義荀子王制篇云本政教正法則兼聽而時稽之度其功勞論其慶賞以時慎修使爲吏免盡而衆庶不偷冢宰之事也云不言司者大宰總御衆官不使主一官之事也者春秋繁露五行之義篇云人官之大者不名所職相其是矣大宰卽王之相故亦不以職事名也賈疏云此官不言司對司徒司馬司寇司空皆云司以其各主一官不兼羣職故言司此天官則兼攝羣職故不言司也若然則春官亦不言司者以其祭祀鬼神非人所主故亦不言司也

周禮**疏**周禮者全經之大名也漢以前經本並小題在上大題在下故此題在篇第下陸氏毛詩釋文云馬融盧植鄭玄注三禮並大題在下是也此經史記封禪書漢書禮樂志及河閒獻王傳並稱周官藝文志本於七略則稱周官經斯蓋西漢舊題隋書經籍志云周官蓋周公所建官政之法是也若鄭衆以爲卽尚書周官則賈疏引馬融及鄭序已辨其失矣其曰周禮者荀悅漢紀成帝篇云劉歆以周官經六篇爲周禮王莽時歆奏以爲禮經置博士釋文敘錄亦云王莽時劉歆爲國師始建立周官經爲周禮案漢書王莽傳歆

爲國師在始建國元年而居攝三年九月歆爲義和與博士諸儒議
莽母功顯君服已云發得周禮以明殷監又引司服職文亦稱周禮
然則歆建周官以爲周禮疑在莽居攝歆爲義和以前陸謂在爲國
師以後未得其實通覈諸文蓋歆在漢奏七略時猶仍周官故名至
王莽時奏立博士始更其名爲周禮殆無疑義左文十八年傳季文
子曰先君周公制周禮曰則以觀德德以處事事以度功功以食民
又閔元年傳齊仲孫湫曰魯猶秉周禮昭二年傳晉韓起見易象與
魯春秋曰周禮盡在魯矣歆蓋以周官故名與尚書殽棍而此經爲
周公遺典與士禮同爲正經因采左氏之文以爲題署義實允當東
漢之初杜馬諸儒咸傳歆學鄭序謂鄭少贛鄭仲師衞敬仲賈景伯
馬季長皆作周禮解詁而馬氏自序則稱周官傳鄭仲師諸子慌氏
兩注亦稱周官諸家解詁久佚其題周禮與否今無可質證若鄭君
作注則正題周禮故冢宰注云周公居攝而作六典之職謂之周禮
又冬官目錄云古周禮六篇畢矣其二禮之注援舉此經咸不云周
官隋經籍志載漢晉諸家注並題周官禮蓋唐人兼采二名用以箸
錄非其舊題要周禮之目始於劉歆而定於東漢經師其轍蹟固可
尋也又禮器云經禮三百曲禮三千鄭彼注云經禮謂周禮也周禮
六篇其官有三百六十曲猶事也事禮謂今禮也案鄭意蓋以此經
爲經禮儀禮爲曲禮孔疏云周禮見於經籍其名異者有七處
孝經說云禮經三百一也禮器云經禮三百二也中庸云禮儀三百
三也春秋說云禮義三百四也禮說云有正經三百五也周官外題
謂爲周禮六也漢藝文志云周官經六篇七也七者皆云三百故知
俱是周官今案漢藝文志亦云禮經三百威儀三千顏師古注從韋
昭說亦以禮經爲周禮又引臣瓚云禮經三百謂冠昬吉凶周禮三
百是官名也瓚說最析足正鄭韋之誤蓋周禮乃官政之法儀禮乃
禮之正經二經並重不可相對而爲經曲中庸禮儀威儀咸專屬禮

經與周禮無涉孝經春秋禮說所云禮經禮義正經者亦無以定其必為此經鄭韋孔諸儒並以三百大數巧合遂為皮傅之說殆不足憑荀子正名篇云刑名從商爵名從周楊倞注云爵名謂五等諸侯及三百六十官也然則秩官之制莫備於周此經建立六典洪纖畢貫精意眇恉瀰綸天地其為西周政典焯然無疑故劉歆以為周公致太平之道鄭申其說定為周公攝政六年所制具詳後注至其傳授耑緒則賈序廢興引馬融傳云秦自孝公已下用商君之法其政酷烈與周官相反故始皇禁挾書特疾惡欲絕滅之搜求焚燒之獨悉是以隱藏百年孝武帝始除挾書之律開獻書之路既出於山巖屋壁復入於秘府五家之儒莫得見焉至孝成皇帝達才通人劉向子歆校理秘書始得列序著於錄略然亡其冬官一篇以考工記足之時衆儒並出共排以為非是唯歆獨識其年尚幼務在廣覽博觀又多銳精於春秋末年乃知其周公致太平之道迹具在斯奈遭天下倉卒兵革並起疾疫喪荒弟子死喪徒有里人河南緱氏杜子春尚在永平之初年且九十家於南山能通其讀頗識其說鄭衆賈逵往受業焉衆逵洪雅博聞又以經書記轉相證明為解逵解行於世衆解不行兼攬二家為備多所遺闕然衆時所解說近得其實獨以書序言成王既黜殷命還歸在豐作周官則此周官也失之矣逵以為六鄉大夫則冢宰以下及六遂為十五萬家緪千里之地甚謬焉此比多多吾甚閔之久矣又云至六十為武都守郡小少事乃述平生之志著易尚書詩禮傳皆訖惟念前業未畢者唯周官年六十有六目瞑意倦自力補之謂之周官傳也案賈所引馬傳蓋卽周禮傳序之佚文其言周官晚出五家之儒莫得見者五家蓋謂高堂生蕭奮孟卿后倉戴德戴聖禮記正義孔序引六藝論所謂高堂生及五傳弟子是也馬序所述此經隱顯原流最為綜析且去古未遠當得其實漢書河閒獻王傳云獻王所得書皆先秦舊書周官尚書禮禮

記孟子老子之屬攷獻王以孝景前二年立立二十六年武帝元光五年薨然則獻王之得周官與周官之入祕府不知其孰先孰後要與馬序所云武帝時始出之語不相牾也釋文敘錄載或說云河閒獻王開獻書之路時有李氏上周官五篇失事官一篇乃購千金不得取考工記以補之隋經籍志云李氏上於河閒獻王獻王補成奏之杜佑通典禮篇說同左傳序孔疏亦云漢武帝時河閒獻王獻左氏及古文周官此則祕府之本卽獻王所奏但馬序絕未之及不知果足馮否至馬序云出山巖屋壁祇謂薶藏荒僻與淹中孔壁絕無關涉釋文敘錄引鄭六藝論云後得孔氏壁中河閒獻王古文禮五十六篇記百三十一篇周禮六篇審繹鄭君論意蓋因古禮出於孔壁禮記周禮則得之河閒故兼涉二原不分區畛又云周禮六篇者亦由渾舉大數冬官闕篇偶未析別鄭君禮學受之馬氏鄭論所說與馬序固無戾也而曲禮孔疏乃謂六藝論云周官壁中所得六篇後漢書儒林傳亦謂孔安國獻禮古經五十六篇及周官經六篇斯並誤會鄭恉妄滋異論太平御覽學部引楊泉物理論云魯恭王壞孔子舊宅得周官闕無冬官漢武購千金而莫有得者遂以考工記備其數楊氏疑亦因六藝論文妄撰此說漢書藝文志楚元王傳劉歆讓太常博士書及許君說文敘備舉孔壁所得經傳而並無周官足證范蔚宗及楊泉之誤況武帝本不信此經購補之事必是虛妄禮器孔疏又謂漢孝文帝時求得周官不見冬官一篇乃使博士作考工記補之此尤繆悠之說絕無根據者也惟漢禮樂志載孝文時得魏文侯樂人竇公獻其書乃周官大宗伯之大司樂章是時此經未出而得以校竇公之書者考漢藝文志說河閒獻王與諸儒采周官諸子作樂記劉向別錄亦載獻王所修樂記其第二十二篇曰竇公是蓋竇公獻書雖當孝文逮獻王得經後用相勘驗始知其原本是則獻之與校本不同時不得據此而疑孝文時已得周官也此經

在漢爲古文之學故說文敘稱周官爲古文五經異義亦多稱古周
禮說書既晚出西漢之世絕無師說表章之功實賴向歆父子東漢
之初博士罷廢袁宏後漢紀載章帝建初八年周官與古文尚書毛
詩同置弟子厥後傳授漸盛而今文經師若何休臨碩之徒並發難
端競相排㾌唐趙匡五經辨惑陸淳春秋纂例復謂此經爲後人附
益宋元諸儒重出詆謬異論彌夥汪中云漢以前周官傳授原流皆
不能詳故爲衆儒所排攻之於古凡得六徵逸周書職方篇卽夏官
職方職文一也藝文志六國之君魏文侯最爲好古孝文時得其樂
人竇公獻其書乃周官大宗伯之大司樂章也二也大戴禮朝事載
典瑞大行人小行人司儀四職文三也禮記燕義夏官諸子職文四
也內則食齊眡春時以下天官食醫職文春宜羔豚膳膏薌以下庖
人職文牛夜鳴則庮以下內饔職文五也詩生民傳嘗之日涖卜來
歲之芟以下春官肆師職文六也遠則西周之世王朝之政典大史
所記及列國之官世守之以食其業官失而師儒傳之七十子後學
者繫之於六藝其傳習之緒明白可據如是而以其晚出疑之斯不
學之過也若夫古之典籍自四術以外不能盡人而誦習之故孟子
論井地爵祿漢博士作王制皆不見周官不可執是以議之也古今
異宜其有不可通者信古而闕疑可也案汪說最允今檢校周秦先
漢諸書毛詩傳及司馬法與此經同者最多其它文制契合經傳者
尤衆難以悉數然則其爲先秦古經周公致太平之法自無疑義而
俗儒不寤猶復妄有詰難皆鄉壁虛
造不經之論等諸自鄶蓋無譏焉

鄭氏注

疏 范氏後漢書云鄭玄字康成北
海高密人也少造太學受業師事京兆第五元先通京氏易公羊春
秋三統厤九章算術又從東郡張恭祖受周官禮記左氏春秋韓詩
古文尚書西入關因涿郡盧植事扶風馬融公車徵爲大司農以病
自乞還家建安五年卒凡玄所注周易尚書毛詩儀禮禮記論語孝

經尚書大傳中候乾象曆又著天文七政論魯禮禘祫義六藝論毛詩譜駁許慎五經異義荅臨孝存周禮難凡百餘萬言案本傳載鄭諸經注儀禮當作周禮其云禮記則通禮經及小戴記言之今本乃俗儒肊改非其舊也王溥唐會要司馬貞孝經鄭注議引鄭自序云遭黨錮之事逃難注禮則鄭注三禮並在遭黨錮時賈序廢興引鄭序云世祖以來通人達士大中大夫鄭少贛及子大司農仲師故議郎衛次仲侍中賈君景伯南郡太守馬季長皆作周禮解詁又云玄竊觀二三君子之文章顧省竹帛之浮辭其所變易灼然如晦之見明其所彌縫奄然如合符復析斯可謂雅達廣攬者也然猶有參錯同事相違則就其原文字之聲類考訓詁捃祕逸謂二鄭者同宗之大儒明理於典籍觕識皇祖大經周官之義存古字發疑正讀亦信多善徒寡且約用不顯傳於世今讚而辨之庶成此家世所訓也又云斯道也文武所以綱紀周國君臨天下周公定之致隆平龍鳳之瑞案此鄭周禮序佚文詩鄭譜序孔疏所云鄭於三禮論語爲之作序是也舊蓋附三禮目錄今亦弁佚賈氏所引亦非全文又與賈辨證語淆掍莫辨今稽覈文例審定錄之據禮序所述則鄭本從張恭祖受此經而所見解說則有二鄭衛賈馬五家之學蓋此經自劉歆立博士至東漢初而其學大興漢藝文志有周官傳四篇不著撰人疑卽歆所傳也歆傳杜子春子春傳鄭興與賈逵而興傳其子衆衆又自學於子春故釋文敘錄云杜子春受業於歆還家以教門徒好學之士鄭興父子等多往師之後漢書賈逵傳又云父徽從劉歆兼習周官逵於章帝建初元年詔令作周官解詁是劉歆別授賈徽徽子逵又傳徽之學然則逵雖受業杜君亦自受其父學與鄭仲師同也鄭君此經之學雖受之張氏然鄭序不與二鄭衛賈馬諸君並舉蓋唯有傳授無訓釋之書而後漢書董鈞傳又云鄭衆傳周官經馬融作傳授鄭玄則鄭又別傳馬氏之學羣書援引馬傳佚文與鄭義往

往符合而今注內絕無楬箸馬說者蓋漢人最重家法凡稱述師說不嫌蹈襲故不復別白也鄭所述舊說惟杜子春鄭少贛仲師三家最多自序所謂二鄭存古字發疑正讀亦信多善今讚而辨之者也至賈景伯說見於注者止韓人一事或以賈馬說解其時盛行故不備述杜鄭之義不顯傳於世故甄采較詳與又西漢傳注皆與經別行詩國風周南孔疏引馬融周禮注云欲省學者兩讀故具載本文此蓋亦馬序佚文據其所說則馬氏解詁始以注附經鄭君作注實沿馬例本傳載鄭又箸荅臨孝存周禮難賈序廢與云林孝存以為武帝知周官末世瀆亂不驗之書故作十論七難以排棄何休亦以為六國陰謀之書唯有鄭玄徧覽羣經知周禮者乃周公致太平之迹故能荅林碩之難義得旁通今案臨林字通後漢書孔融傳三國志魏志裴松之注引續漢書並云北海臨孝存孝存即碩字也碩與鄭為同里後進而所學殊異乃妄奮論難排笮古經鄭隨事規駁持論尤正其書久佚今惟女巫及夏官敘官賈疏詩衛風伯兮大雅棫樸禮記王制孔疏引其佚文各一事餘並不傳莫詳其說馬鄭之後訓釋周禮者釋文敘錄所載有王肅注十二卷干寶注十三卷隋志又有伊說注十二卷崔靈恩集注二十卷今亦並佚馬傳干注羣書闕有徵引孤文碎義無關指要惟鄭注博綜衆家孤行百代周典漢詁斯其崇極矣

惟王建國建立也周公居攝而作六典之職謂之周禮營邑於土中七年致政成王以此禮授之使居雒邑治天下司徒職曰日至之景尺有五寸謂之地中天地之所合也四時之所交也風雨之所會也陰陽之所和也然則百物阜安乃建王國焉

【疏】惟王建國者此以下天官一篇之序目也釋文引干寶云王天子之號三代所稱說文□部云國邦也案大宰注云大曰邦小曰國邦之所居

亦曰國此建國卽建邦之所居謂營都也周公制官政之法在營雒之後故五篇之敘並以建國發端 注云建立也者大宗伯量人注同說文廴部云建立朝律也引申之凡立皆爲建云周公居攝而作六典之職謂之周禮者此鄭依劉歆說以周禮爲周公致太平之道也明堂位云武王崩成王幼弱周公踐天子之位以治天下六年朝諸侯於明堂制禮作樂頒度量而天下大服鄭意作六典之職卽制禮之一端也明堂位孔疏云周公制禮攝政孔鄭不同孔以武王崩成王年十三至明年攝政管叔等流言故金縢云武王既喪管叔及其羣弟流言於國曰公將不利於孺子時成王年十四卽位攝政之元年周公東征管蔡後二年克之故金縢云周公居東二年則罪人斯得除往年時成王年十六攝政之三年也故詩序云周公東征三年而歸攝政七年營洛邑封康叔而致政時成王年二十故孔注洛誥以時成王年二十是也鄭則以爲武王崩成王年十歲周書以武王十二月崩至成王年十二十二月喪畢成王時卽位稱己小求攝周公將代之管蔡等流言周公懼之辟居東都故金縢云武王既喪管叔等流言周公乃告二公曰我之不辟無以告我先王既喪謂喪服除辟謂辟居東都時成王年十三明年成王盡執拘周公屬黨故金縢云周公居東二年則罪人斯得罪人謂周公屬黨也時成王年十四至明年秋大熟有雷風之異故鄭注金縢云秋大熟謂二年之後明年秋迎周公而反反則居攝之元年時成王年十五書傳所謂一年救亂明年誅武庚管蔡等書傳所謂二年克殷明年自奄而還書傳所謂三年踐奄四年封康叔書傳所謂四年建侯衞時成王年十八也故康誥云孟侯書傳云天子太子十八稱孟侯明年營洛邑故書傳云五年營成周六年制禮作樂七年致政於成王年二十一明年乃卽政時年二十二也案詩豳譜孔疏引王肅金縢注云武王九十三而崩其明年稱元年周公攝政遭流言作大誥而東征二年

克殷殺管蔡二年而歸制禮作樂出入四年至六年而成卽書僞孔傳所本鄭說本於伏傳然伏傳所云一年救亂卽指武王崩之次年六年制禮作樂卽救亂後六年鄭君則謂武王崩三年喪畢周公辟居東都二年至第三年成王迎周公反而居攝是爲周公居攝元年至六年而制禮作樂則六年爲武王崩後之十年說與伏傳又異攷史記周本紀及魯世家並不云周公辟居東都反而後居攝金縢居東二年罪人斯得卽大傳所云二年克殷罪人自指武庚管蔡而言鄭以居東二年在居攝之前說殊未安竊謂周公攝政之年當以伏傳爲正鄭王之說並失之矣云營邑於土中者釋經建國卽指營雒之事也說文邑部云邑國也營邑與建國義同賈疏云卽召誥云王來紹上帝自服於土中是也立國必居地中者案尚書康誥云惟三月哉生魄周公初基作新大邑于東國洛鄭注云岐鎬之域處五岳之外周公爲其於政不均故東行於洛邑合諸侯謀作天子之居據鄭此言則文武所居爲非地中政教不均故居地中也案桓二年左氏傳云昔武王克商遷九鼎於洛邑則居洛本是武王之意至成王周公時恐天下爲疑更與諸侯謀定之也云七年致政成王者亦明堂位文鄭彼注云致政以王事歸授之王賈疏云必七年者洛誥云誕保文武受命惟七年鄭注以文武受命七年而崩周公不敢過其數也云以此禮授之使居雒邑治天下者釋文云雒水名也本作洛後漢都洛陽改爲雒案雒邑之雒不當作洛雒非後漢所改詳職方氏疏賈疏云此鄭解周公制禮必兼言建國於洛邑之意案尚書洛誥云周公曰孺子來相宅亂爲四方新辟是使居洛邑也下云惠篤敘無有遘自疾是授以此禮使行之也案賈說洛誥蓋隱括鄭書注義洛誥周公曰王肇稱殷禮孔疏引鄭書注云王者未制禮樂恆用先王之禮樂孔申其義云周公制禮樂既成不使成王卽用周禮仍用殷禮者欲待明年卽政告神受職然後班行周禮班訖始得用周

禮故告神且用殷禮也據鄭義洛誥是周公攝政七年所作而尚稱殷禮則周公作周禮雖在六年其班行則在致政時故明堂位孔疏亦謂成王即位乃用周禮是也雒邑即王城伏傳云營成周者下都也洛誥周公曰予惟乙卯朝至于洛師我乃卜澗水東瀍水西惟洛食我又卜瀍水東亦惟洛食詩王譜孔疏引鄭書注云瀍水東既成名曰成周今洛陽縣是也召公所卜處名曰王城今河南縣是也御覽州郡部引帝王世紀云周后稷始封邰及公劉徙邑於豳至太王避狄徙邑於岐山之陽南有周原故始改號曰周王季徙程暨文王受命徙都於豐武王自豐居鎬諸侯宗之是爲宗周及武王伐紂營洛邑而定鼎焉周公相成王以豐鎬偏處西方職貢不均乃使邵公卜居洛水之陽以即土中於是遂築新邑營定九鼎以爲王之東都洛邑是爲王城名曰西周故公羊傳曰王城者何西周也成周者何東周也地理志王城本郟鄏之地是以或謂之郟鄏故春秋傳曰成王定鼎於郟鄏河南是也成王既卜營洛邑建明堂朝諸侯復還豐鎬故書序曰成王既黜殷命還歸在豐至懿王徙犬丘平王即位徙居洛邑及敬王避子朝之亂東居成周至赧王又徙居西周而失位案皇甫謐所述最爲詳析蓋周公營王城將使成王遷都之然成王不果遷仍居鎬京至平王東遷乃居之其成周本營以遷殷民至敬王始從王城遷成周之爲王都至赧王復徙都王城而亡王城於職方氏九州在豫州之域在今河南洛陽縣城內西偏成周在縣城東二十里引司徒職文者證建國即營雒也並詳本職賈疏云鄭引此者破賈馬之徒建國爲諸侯國詒讓案考工記匠人建國注云立王國若邦國者是建國本含兩義鄭以下文云辨方正位故以此建國爲營雒不從賈馬說也

辨方正位辨別也鄭司農云別四方正君臣之位君南面臣北面之屬玄謂考工匠人建國水地以縣置槷以縣視以景爲規識日出之景與日入之景晝參諸日中之

景夜考之極星以正朝夕是別四方召誥曰越三日戊申大保朝至于雒卜宅厥既得卜則經營越三日庚戌大保乃以庶殷攻位於雒汭越五日甲寅位成正位謂此定宮廟【疏】辨方正位者釋文云辨本亦作辯盧文弨云說文辨判也辯治也後來多通用詒讓案辨正字辯借字魏徵羣書治要引亦作辯文選張衡東京賦云辯方位而正則正本此經呂氏春秋愼勢篇云古之王者擇天下之中而立國擇國之中而立宮擇宮之中而立廟晏子春秋內篇雜下云齊景公新成柏寢之臺師開曰室夕公召大匠曰室何爲夕大匠曰立室以宮矩爲之於是召司空曰立宮何爲夕司空曰立宮以城矩爲之然則辨方正位者所以定城矩與宮矩使無朝夕也互詳大司徒匠人疏注云辨別也者小爾雅廣言文賈師大司馬注並同鄭司農云別四方者後漢書鄭興傳云興子衆字仲師建初六年代鄧彪爲大司農案仲師作周禮解詁見鄭敘與鄭大夫興爲二鄭敘所謂同宗之大儒故稱官以致敬司農亦釋辨爲別與後鄭說同太平御覽皇親部引干寶注云辨方謂別東西南北之名以表陰陽也干亦從二鄭義云正君臣之位君南面臣北面之屬者先鄭以正位爲正朝位御覽引干注云正位謂若君南面當陽臣北面卽陰居后北宮以體太陰居太子於東宮以位少陽之類說亦與先鄭同後鄭不從賈疏云案易緯乾鑿度云不易者天在上地在下君南面臣北面父坐子伏司農據而言焉云玄謂考工匠人建國水地以縣置槷以縣視以景爲規識日出之景與日入之景晝參諸日中之景夜考之極星以正朝夕是別四方者此後鄭讚辨先鄭義故稱名以別之先鄭釋辨方爲別四方而不詳其法後鄭引匠人文增成其義並詳本職視本職作眡此引作視者眡視古今字經例用古字注例用今字也詳大宰疏引召誥曰越三日戊申大保朝至于雒卜宅厥既得卜則經營者雒僞孔本作洛非下並同案此卽周公居攝五年營雒邑之

事也召誥上文云惟二月既望越六日乙未王朝步自周則至于豐惟太保先周公相宅越若來三月惟丙午朏孔傳云朏明也月三日明生之名三月丙午朏於朏三日三月五日召公早朝至于洛邑相卜所居其已得吉卜則經營規度城郭郊廟朝市之位處云越三日庚戌大保乃以庶殷攻位於雒汭越五日甲寅位成者於書作于此經例用古字作于注例用今字作於此注引書與上文于於錯出疑鄭本通作於也詳臨人疏僞孔傳云於戌申三日庚戌以衆殷之民治都邑之位於洛水北今河南城也於庚戌五日所治之位皆成孔疏引鄭書注云汭隈曲中也云正位謂此定宮廟者明此正位與召誥攻位位成義同破先鄭正君臣朝位之說匠人營國左祖右社面朝後市即宮廟之位也書盤庚下篇云盤庚既遷奠厥攸居乃正厥位孔疏引鄭書注云正宗廟朝廷之位又周書作雒篇云乃作大邑成周于土中乃位五宮大廟宗宮考宮路寢明堂足證營雒即正宮廟之位也

體國經野

體猶分也經謂爲之里數鄭司農云營國方九里國中九經九緯左祖右社面朝後市野則九夫爲井四井爲邑之屬是也

【疏】體國經野者方位既定乃分國野疆域使內外別異也

注云體猶分也者墨子經上篇云體分於兼也案此據引申之義也說文骨部云體總十二屬也本無分義以總爲一體分爲衆體展轉引申亦得訓爲分故云猶分也凡杜鄭訓義之言猶者並本訓不同而引申假借以通其義釋文引干注云體形體義本遂人蓋分邦國之形體謂之體國猶制四方之形體謂之形方千義與此注亦相成也羣書治要注云體猶分邦織之度亦與鄭義略同云經謂爲之里數者遂人云以土地之圖經田野造縣鄙形體之灋鄭彼注云經形體皆謂制分界也又遂師云經牧其田野注云經牧制田界與井也此經野亦謂制其里數爲之畺界若方里爲井是也羣書治要注云經野疆理其井廬也說亦略同鄭司農云營

國方九里國中九經九緯左祖右社面朝後市者據匠人營國文彼營國廟社朝市等皆分別營之卽此所謂體國故引以爲證並詳本職疏云野則九夫爲井四井爲邑之屬是也者據小司徒文此卽經野爲之里數之事故引以爲證亦詳本職疏賈疏云案載師職云家邑任稍地小都任縣地大都任畺地是畿內鄉遂及四等公邑皆爲溝洫法無此方里爲井之事家邑小都大都三等采地乃有方里爲井之屬但郊外曰野大總言耳散文國外則曰野故鄉大夫職云國中七尺野自六尺是城外則經中野對國言之謂國外則曰野但鄭據小司徒成文而言案此野爲國城外至五百里畺之通稱經野實兼溝洫井田二法言之先鄭偏舉一端以見義耳又鄉遂以外四等公邑亦當制井田鄭賈謂公邑無井田非也詳小司徒匠人疏

設官分職鄭司農云置冢宰司徒宗伯司馬司寇司空各有所職而百事舉

疏設官分職者國野既分又廣設百官府以爲治也注鄭司農云置冢宰司徒宗伯司馬司寇司空各有所職而百事舉者戰國策秦策高誘注云設置也說文言部云設施陳也自部云官吏事君也爾雅釋詁云職主也官通公卿大夫士謂治事之人職通三百六十職謂所主之事大宰八則之官職是也

以爲民極極中也令天下之人各得其中不失其所

疏注云極中也者續漢書五行志劉昭注引洪範五行傳文臯氏注同說文木部云極棟也棟在室之正中故引申之中並謂之極云令天下之人各得其中不失其所者賈疏云案尚書洪範云皇建其有極惟時厥庶民於汝極謂皇建其有中之道庶民於之取中於下之人各得其中不失所也詒讓案極訓中猶言中正漢書兒寬傳天子建中和之極顏師古注云極正也引周禮此文顏訓與鄭義亦相成也

乃立天官冢宰使帥其屬而掌邦治以佐王均邦國掌主也邦治王所以治邦國也佐猶助也

鄭司農云邦治謂總六官之職也故大宰職曰掌建邦之六典以佐王治邦國六官皆總屬於冢宰故論語曰君薨百官總己以聽於冢宰言冢宰於百官無所不主爾雅曰冢大也冢宰大宰也

疏 乃立天官冢宰者賈疏云據下注而言則此言冢宰者據總攝六職若據當職則稱大宰也云使帥其屬而掌邦治者說文㠯部云帥佩巾也辵部云𨓆先道也凡經𨓆領字通叚帥爲之屬者說文尾部云屬連也釋名釋親屬云屬續也恩相連屬也此經官屬亦謂同官尊卑以職事相連屬六官並以正長帥領其屬官大宰爲天官之正天官全職咸屬焉自小宰至胥徒又爲當官之屬大宰並帥領之也賈疏云案小宰六屬而言則此屬唯指六十官之屬也掌邦治者掌主也言主治則兼六官以其五官雖有教禮政刑事不同皆是治法也云以佐王均邦國者詩小雅節南山云秉國之均毛傳云均平也賈疏云以大宰掌均節財用故也周禮以邦國連言者據諸侯也單言邦單言國者多據王國也然不言均王國而言均邦國者王之冢宰若言王國悉下兼諸侯今言邦國則舉外可以包內也

注云掌主也者小爾雅廣言文云邦治王所以治邦國也者即本職云佐王治邦國是也云佐猶助也者肆師注義同說文無佐字左部云左手相左助也佐即左之俗左本訓手相助引申之凡助並謂之左廣雅釋詁云佐助也鄭司農云邦治謂摠六官之職也者摠俗總字冢宰雖專掌治職而總攝六官凡教禮政刑事五職無所不統也云故大宰職曰掌建邦之六典以佐王治邦國者以司徒敘官掌邦教等五官各掌一典惟大宰總建六典明即總六官之職故引以爲證云六官皆總屬於冢宰故論語曰君薨百官摠己以聽於冢宰言冢宰於百官無所不主者明大宰雖帥本屬六十官實則統屬六官也君薨百官摠己以聽於冢宰三年論語憲問篇文何晏集解引孔安國云冢宰天官卿佐王治者引之者亦證六官總屬大宰之事白虎通義爵篇云

所以聽於冢宰三年者何以爲冢宰職在制國之用是以由之也班說偏隘非論語義引爾雅曰冢大也者釋詁文書舜典孔疏引舍人注云冢封之大也云冢宰大宰也者此云冢宰本職作大宰一官二名故引爾雅而釋之鄭目錄及白虎通義書疏引馬融周禮注並訓冢爲大詳前疏又釋文引鄭云宰主也案鄭全經六篇注無宰主之訓陸氏蓋以注有冢宰於百官無所不主之文而推其義

治官之屬大宰卿一人小宰中大夫二人宰夫下大夫四人上士八人中士十有六人旅下士三十有二人

變冢言大進退異名也百官總焉則謂之冢列職於王則稱大冢大之上也山頂曰冢旅衆也下士治衆事者自大宰至旅下士轉相副貳皆王臣也王之卿六命其大夫四命士以三命而下爲差

疏

治官之屬者自小宰至夏采並屬於大宰卽大宰八法之官屬也云大宰卿一人者此以下敘治官之目敘之通例皆先楬官名次陳爵等次紀員數大宰爲治官之正卿其爵也說文卯部云卿章也六卿天官冢宰地官司徒春官宗伯夏官司馬秋官司寇冬官司空卽據此經白虎通義爵篇云王度記曰天子冢宰一人爵如天子之大夫或曰冢宰視卿周官所云也班氏以王度記說與經不合故兩存之臧琳謂白虎通封公侯篇引別名記司馬爲天官故謂冢宰非六卿之長其爵但爲大夫此蓋夏殷之制與周禮不合案臧說近是左定四年傳說成王時周公爲大宰又書顧命成王召六卿僞孔傳說大保召公爲冢宰詩小雅十月之交云家伯維宰漢書古今人表作大宰家伯鄭詩箋亦以爲冢宰又春秋桓四年經有宰渠伯糾左傳僖五年有宰周公亦曰宰孔文二年有大宰王子虎國語周語有大宰忌父並卽大宰卿也云小宰中大夫二人者治官之貳也自此以下至旅下士於大宰並爲當官之屬爵位以等遞降而員數則以次倍

增六官之屬皆如此賈疏云小宰與大宰同名大小爲異故鄭注禮記王制引此六卿下中大夫十二人爲十二小卿云宰夫下大夫四人者治官之攷也賈疏云宰夫是大宰之考謂若地官之考爲鄉師春官之考爲肆師夏官之考爲軍司馬秋官之考爲士師冬官之考爲匠師以其掌事不與大官同故異大官也宰者調和之名夫者治也以其治此一官所主事也胡匡衷云宰夫四人而雜記襍禮云宰夫五人舉以東者宰夫下尚有上中下士也詒讓案大宰小宰宰夫或單稱宰詳宰夫疏此經王官之爵凡七等曰公曰卿曰中大夫曰下大夫曰上士曰中士曰下士而無上大夫沈彤云上大夫卽孤卿也大戴禮記盛德篇云三少皆上大夫也王制云諸侯之上大夫卿天子亦然案沈說是也士相見禮云上大夫相見以羔注云上大夫卿也孤卽六卿之中執政者之稱蓋無專職亦無員數而爵等則與卿同故五官之敘不見詳掌次疏其命數則中下大夫亦同國語周語襄王曰外官不過九品者疑卽據七等之爵而益以孤與庶子韋昭注以爲九卿未塙又左桓三年傳說侯國有上卿下卿上大夫又成三年傳云次國之上卿當大國之中中當其下下當其上大夫小國之上卿當大國之下卿中當其上大夫下當其下大夫則卿有上中下大夫有上下而無中並與此異然成二年傳載晉三帥同三命與典命公之卿三命文合上大夫亦與此經中大夫相當然則彼制與此經異而實同也凡諸官中大夫書牧誓立政謂之亞旅僞孔傳云亞次旅衆也衆大夫其位次卿左傳文十五年杜注云亞旅上大夫也又成二年傳魯賜晉三帥三命之服亞旅皆一命之服亦次於卿也下大夫又謂之嬖大夫左昭元年傳鄭子產數子南曰子皙上大夫女嬖大夫而弗下之又國語吳語嬖大夫提鼓卽大司馬旅帥下大夫執鼙是也云上士八人中士十有六人者凡諸官上士王制謂之元士又謂之適士中下士又謂之官師祭法云適士二廟官師

一廟注云適士上士也官師中士下士吳語官師擁鐸亦卽大司馬
兩司馬中士執鐸是也杜預春秋釋例以官師爲上士中士恐非上
士或又謂之列士詳後疏凡大宰所屬上士以下亦繫宰爲稱隱元
年天王使宰咺來歸惠公仲子之賵公羊傳云宰士也是也云旅下
士三十有二人者唐石經三十作卅全經六篇並同今從宋本賈疏
云凡官尊者少卑者多以其卑者宜勞尊者宜逸是以下士稱旅以
其理衆事故特言旅也詒讓案大宰下士又謂之宰旅凡諸官下士
或謂之庶士並詳後疏　注云變冢言大進退異名也者以上云佐
王均邦國則稱冢宰此敘官及本職又變文稱大宰五官咸無此例
故特釋之云百官總焉則謂之冢者荀子王制篇楊注云總領也冢
宰雖爲天官卿實總領六官之事卽上注云六官皆總屬於冢宰是
進退異名也云列職於王則稱大者賈疏云不總百官與五卿並列各
自治六十官則退異名也若然總百官則稱冢者以其天官象天覆
萬物案經大宰職曰凡邦之小治冢宰聽之是專國小治而稱冢也
司書職曰掌六典八法八則之貳以詔王及冢宰是貳王事總衆職
而稱冢也又宰夫職曰乘其財用之出入凡失財用物辟名者以官
刑詔冢宰而誅之是總衆官誅賞而稱冢也又司會職曰以周知四
國之治以詔王及冢宰廢置是總四國之治而稱冢也若主當官不
兼他職則言大者謂若下文大喪贊贈玉含玉賓客贊玉几玉爵祀
五帝則涖卜如此之類與諸官並有事則稱大也案賈說是也宰夫
以官刑詔冢宰則稱冢宰而從大宰眡滌濯則稱大宰一職之中二
文殊別其義尤顯較矣又冢宰在王朝爲大宰之尊稱而侯國亦以
此稱上卿故聘禮注云侯國謂司徒爲宰而左昭元年傳趙文子亦
稱鄭子皮曰冢宰則猶言冢卿爾云冢大之上也者謂冢旣訓大又
有高而在上之義爲大中之最上也云山頂曰冢者爾雅釋山云山
頂冢釋名釋山云山頂曰冢冢腫也言腫起也此釋冢爲大之上之

義云旅衆也者爾雅釋詁文掌次及司士注並同云下士治衆事者者宰夫八職四曰旅掌官常以治數注云旅辟下士也又左襄二十六年傳晉韓宣子聘於周王使請事對曰晉士起將歸時事於宰旅杜預注云宰旅冢宰之下士言獻職貢於宰旅不敢斥尊可與此互證又燕禮大射儀士之外別有士旅食卽下府史及不命之士與此旅下士異云自大宰至旅下士轉相副貳皆王臣也者莊存與云大宰爲正小宰爲貳宰夫爲攷庶士爲殷庶人爲輔賈疏云大卿一人小卿則二人已下皆去上一倍者是轉相副貳也言王臣者自士以上得王簡策命之則爲王臣也對下經府史胥徒不得王命官長自辟除者非王臣也云王之卿六命其大夫四命者賈疏云典命文大夫無中下之別案序官則有中下大夫則四命大夫自分爲中下似若侯伯同七命子男同五命爵則有高下不同也云士以三命而下爲差者大宗伯注云王之上士三命中士再命下士一命是其差也

府六人史十有二人府治藏史掌書者凡府史皆其官長所自辟除

【疏】府六人史十有二人者此以下陳大宰當官之屬庶人給事者之員數也此亦弁屬宰夫故燕禮云宰夫有司薦注云宰夫之吏也卽此又左哀三年傳云命宰人出禮書杜注云宰人冢宰之屬國語魯語韋注云宰人吏人也蓋亦卽通大宰之屬吏言之凡府史以下亦謂之庶士祭法庶士庶人無廟注云庶士府史之屬國語魯語云列士朝服庶士以下各衣其夫韋注以列士爲上士庶士爲下士與鄭說不同詩周南葛覃孔疏援鄭難韋未知孰是也

注云府治藏者者釋文出府藏二字疑陸本作府治府藏案宰夫八職云五曰府掌官契以治藏則陸本非是說文广部云府文書藏也一切經音義引三蒼云府文書財物藏也是凡財物所藏並謂之府因之凡治藏之吏亦通謂之府也又府與庫亦通稱檀弓說趙文子所舉於晉國管庫之士七十有餘家注云管庫之士府史以

下官長所置也管鍵也庫物所藏管庫與治藏義略同故鄭亦以府史爲釋也云史掌書者者宰夫八職云六曰史掌官書以贊治說文史部云史記事者也是史本記事之官因之凡掌治文書之吏亦通謂之史也云凡府史皆其官長所自辟除者明府史即庶人在官者不命於王也官長謂當官之長地官敘官注云自胥師以及司稽皆司市所自辟除也又士冠禮注云有司羣吏有事者謂主人之吏所自辟除府史以下然則辟除府史皆當官之長主之故特牲饋食禮注於士私臣亦云自己所辟除者是職長或爲士亦得自辟除屬吏矣王制注云庶人在官謂府史之屬官長所除不命於天子國君者孔疏云官長謂冢宰爲天官之長司徒爲地官之長或若大府爲府藏官之長大司樂爲樂官之長是也其說最析賈疏乃云官長謂一官之長若治官六十其下府史皆大宰辟召是謂非六官正長不得辟除府史失鄭恉矣又府史班秩在胥徒之上大宰施灋於官府所謂置其輔也蓋選擇民之有才藝者充之與胥徒給役者不同故官長以禮辟除明不以役法徵發之也凡辟除者謂辟召除署漢書景帝紀云初除之官顏注引如淳云凡言除者除故官就新官也王制疏云謂所命之官除去其舊名籍賈疏則釋除爲除其課役而使之案此府史大司徒十二職事謂之服事鄉大夫職云國中服公事者皆舍則府史宜有除課役然非此注辟除之義也又案府史與胥徒皆無爵同爲庶人在官者析言之則府史尊於胥徒亦得與不命之士同稱士故燕禮大射儀謂之士旅食矣賈疏又云周禮大例皆府少而史多而府又在史上唯有御史百有二十人特多而在府上鄭云以其掌贊書數多也又有府兼有史以其當職事繁故也或空有史而無府者以其當職事少得史即足故也至於角人羽人等直有府無史以其當職文書少而有稅物須藏之故直有府也腊人食醫之等府史俱無者以其專官行事更無所須故也周禮之內唯有天

珍倣宋版印

府一官特多於史以其所藏物重故也王引之云天官掌次府四人史二人春官鬱人府二人史一人司尊彝府四人史二人司几筵府二人史一人司服府二人史一人磬師府四人史二人典庸器府四人史二人皆府多於史而賈曰唯有天府一官府多於史則其餘皆否若如今本掌次等官皆府多於史賈氏不應獨舉天府一官竊疑掌次等官府四人史二人府二人史一人人數皆上下互譌唐石經已如是

胥十有二人徒百有二十人此民給徭役者若今衛士矣胥讀如諝謂其有才知爲什長

疏徒百有二十人者說文辵部云徒步行也此徒亦步行給役者故以爲名唐石經二十作廿全經六篇並同今從宋本　注云此給徭役者者徭明閩刻注疏本作傜案傜即說文人部傜字之隸變地官敘官大司徒小司徒鄉師載師注並段繇爲之此作傜者傜之俗也鄭以胥徒卑於府史非官長所辟除乃平民來應徵調供公家徭役者鄉大夫云國中自七尺以及六十野自六尺以及六十有五皆征之鄭司農云征之者給公上事也王制孔疏引鄭駁五經異義云周禮所謂皆征之者使爲胥徒給公家之事如今之正衛耳是胥徒國野之人來給役者也賈疏云案下宰夫八職云七曰胥掌官敘以治敘八曰徒掌官令以徵令鄭云治敘次序官中如今侍曹伍伯傳吏朝也徵令趨走給召呼案禮記王制云下士視上農夫食九人祿足以代耕則府食八人史食七人胥食六人徒食五人祿其官並亞士故號庶人在官者也詒讓案府史胥徒並有稟食而無祿王制云祿者卽稟食故府史及不命之士燕禮大射儀通謂之士旅食注云旅衆也謂未得正祿所謂庶人在官者也其胥徒雖亦爲庶人在官而不得爲士以其爲受役之民也稟食詳宮正疏云若今衛士矣者擧漢法以況周也鄭駁異義亦謂胥徒如漢正衛與此注義同衛宏漢舊儀云民年二十三爲正一歲而以爲衛士一歲爲材官五十六老衰

乃得免爲庶民漢書貢禹傳云諸離宮及長樂宮衞可減太半寬繇役是漢衞士亦民來給徭役者但漢衞士一歲而更周官胥徒給役更上之制無可攷耳云胥讀如諝謂其有才智爲什長者段玉裁校改讀如爲讀爲云說文言部曰諝知也凡易其本字曰讀爲凡言爲者皆主謂變化此讀爲各本作讀如誤也大行人注胥讀爲諝象諝謂象之有才知者也可據以正此矣小雅君子樂胥箋胥有才知之名也不言讀爲諝者省文賈疏云胥有才知爲什長徒給使役故一胥十徒也案周官之內稱胥者多謂若大胥小胥胥師之類雖不爲什長皆是有才智之稱彼不讀從諝從此讀可知唯有追胥胥是伺捕盜賊非有才知也易歸妹六二以須注云須才智之稱天文有須女屈原之姊名女須彼須字與此異者蓋古有此二字通用俱得爲有才智也周禮上下文有胥必有徒胥爲什長故也腊人之類空有徒無胥者得徒則足不假長帥故也食醫之類胥徒並無者以其專官行事不假胥徒也詒讓案以上府史胥徒四者皆無者所謂庶人在官者也其四者之外在官庶人見於五官者別有賈有工有奄又天官之閽人內豎地官之胥師賈師司虣司稽胥肆長鄰長春官之瞽矇眡瞭韎師舞者神士夏官之虎士狂夫馬醫圉師圉人秋官之罪隸蠻隸閩隸夷隸貉隸皆是以上諸吏徒自奄閽五隸爲刑虜外或官長辟除或民共徭役要皆府史胥徒之倫比矣

宮正上士二人中士四人下士八人府二人史四人胥四人徒四十人正長也宮正主宮中官之長

【疏】宮正者說文宮部云宮室也此與宮伯並掌王宮政令宿衞之官大宰職兼宮府故二官屬焉釋文云此以下鄭總列六十職序于注則各於其職前列之臧琳云康成於每官前總列六十職序當是古本如此干氏於各職前列之

蓋亦如詩三百篇序別爲卷毛公冠於每篇之前書百篇序馬鄭王爲一卷僞孔移於每篇首皆變亂舊章非其本眞也云上士二人中士四人下士八人史四人胥四人徒四十人者賈疏云宮正上士二人爲官首中士四人爲之佐下士八人理衆事府二人主藏文書也史四人主作文書胥四人爲什長徒四十人給徭役諸官皆放此周禮之內宗伯之類諸言伯者伯長也以尊長爲名縣師之類言師者皆取可師法也諸稱人者若輪人車人腊人鼈人之類卽冬官鄭云其曰某人者以其事名官言氏者有二種謂若桃氏爲劍築氏爲削之類鄭注冬官族有世業以氏名官若馮相氏保章氏師氏保氏之類鄭注引春秋官有世功則有官族是也諸稱司若司裘司市之類言司者皆是專任其事事由於己故以司言之也諸典婦功典絲典枲之類言典者出入由己課彼作人故謂之爲典也諸稱職者謂若職幣職內職歲財不久停職之而已凡云掌者有三義一者他官供物己則暫掌之而已若幕人供帷幕幄帟掌次張之也二則掌徽斂之官若掌皮掌染草之類是也三者掌非己所爲則掌節掌固掌彊本非己造廢壞修之而已也自外不稱典司職掌者皆逐事立名以義銓之可曉也凡六官序官之法其義有二一則以義類相從謂若宮正宮伯同主宮中事膳夫庖人外內饔同主造食如此之類皆是類聚羣分故連類序之二則凡次序六十官不以官之尊卑爲先後皆以緩急爲次第故此宮正之等士官爲前內宰等大夫官爲後也曲禮孔疏引干注云凡言司者總其領也凡言師者訓其徒也凡言職者主其業也凡言衡者平其政也凡言掌者主其事也凡言氏者世其官也凡言人者終其身也不氏不人權其材也通權其材者既云不世又不終身隨其材而權暫用也案賈釋官名之義略本考工記總敘注說干氏說亦略同然以諸職攷之似皆隨事立名本無定例如同一鄉遂官也而州比酇鄰稱長黨縣稱正族鄙稱師閭稱胥

里稱宰尊卑不嫌同名又遂人爲六遂之長既非以事名官亦未必終身任職則鄭干之說皆不可通矣況全經之中如內饔本職稱饔人甸師大祝職稱甸人大僕射人職稱僕人大馭等五馭校人職稱僕夫與本職亦不必同至儀禮禮記左傳國語官名與此經復多岐互如宗伯或稱宗人鍾師或稱鍾人司關或稱關人鄉大夫或稱鄉正遂人或稱隧正庖人或稱庖正墓大夫或稱司墓宮人或稱司宮甸師或稱甸師氏大史或稱大史氏若此類甚多是官名可以互稱尤可證其本無定例又諸官稱氏者亦不必皆世官詳春官敘官疏莊存與云宮正宮伯佐小宰治宮中之令上士二人職在王宮常日得休沐相代下二職同　注云正長也者爾雅釋詁文云宮正主宮中宮之長者賈疏云此宮正并下宮伯雖俱訓爲長其義則異若宮正則主任三宮卿大夫士之身爲宮中官之長故其職云以時比宮中之官府宮伯所掌者亦掌之故言正長也宮伯云長者直主宮中卿大夫士之適子庶子行其秩敘授其舍次之事亦得爲長故云伯長也

宮伯中士二人下士四人府一人史二人胥二人徒二十人伯長也 疏 注云伯長也者爾雅釋詁文春官敘官注同

膳夫上士二人中士四人下士八人府二人史四人胥十有二人徒百有二十人膳之言善也今時美物曰珍膳膳夫食官之長也鄭司農以詩說之曰仲允膳夫 疏 膳夫上士二人者以下至亨人五官並掌膳食之官王之服御以膳食爲重故次宮衞諸官之後膳夫燕禮謂之膳宰注云膳宰天子曰膳夫掌君飲食膳羞

者是也胡匡衷云膳宰亦通稱宰夫如左傳稱膳宰屠蒯而檀弓云蕢也宰夫也左傳稱宰夫胹熊蹯不熟而公羊傳云膳宰熊蹯不熟是其確證膳夫亦稱爲膳宰玉藻云皆造於膳宰國語云膳宰不致餼是也左傳所云宰夫將解黿宰夫和之之類皆指謂膳宰韋昭注國語云膳宰掌賓客之牢禮以宰夫職釋膳宰皆由後世膳宰通稱宰夫不能辨别遂誤合爲一案胡說是也膳夫大戴禮記保傅篇又謂之太宰亦與冢宰異互詳本職疏云中士四人下士八人者燕禮記云羞膳者小膳宰也注云膳宰之佐也案小膳宰卽此中士以下是也云胥十有二人者大射儀云宰胥薦脯醢注云宰胥宰官之吏也卽此膳夫之胥也　注云膳之言善也者以聲類爲訓也凡鄭云之言者並取聲義相貫說文肉部云膳具食也从肉善聲鄭燕禮注亦云君物曰膳膳之言善也云今時美物曰珍膳者據漢時語爲說續漢書百官志云少府卿掌中服御諸物衣服寶貨珍膳之屬是也云膳夫食官之長也者小宰六屬云大事則從其長注云若庖人內外饔與膳夫共王之食是膳夫卽庖人內外饔亨人諸食官之長也云鄭司農以詩說之曰仲允膳夫者小雅十月之交篇文鄭彼箋云仲允字膳夫上士也掌王之飲食膳羞先鄭引彼以證仲允所爲卽此膳夫也左莊十九年傳又有膳夫石速

庖人中士四人下士八人府二人史四人賈八人胥四人徒四十人

庖之言苞也裹肉曰苞苴買主市買知物賈

庖人中士四人者左哀元年傳有庖正杜注云掌膳羞之官案庖正蓋庖人之長卽此中士是也　注云庖之言苞也者亦以聲類爲訓也說文广部云庖廚也字亦作胞祭統云胞者肉吏之賤者也庖苞胞聲類並同呂覽本味篇又作烰人高注云烰猶庖也案庖烰亦音近段借字云裹肉曰苞苴者裹嘉靖本誤作在今據宋紹興與董氏本婺州唐氏本建

陽本正曲禮注云苞苴裹魚肉者也或以葦或以茅又少儀注云苞
苴謂編束萑葦以裹魚肉也莊子列禦寇篇釋文引司馬彪云苞苴
有苞裹也云賈主市買知物賈者爾雅釋言云賈市也聘禮賈人西
面坐啓櫝取圭注云賈人在官知物賈者也國語晉語韋注云周禮
府藏皆有賈人以知物賈案知物賈謂知賈直之貴賤其字今別爲
價古通以賈爲之此賈亦庶人在官者凡諸官有市買之事者並有
賈列府史下胥徒之上此及大府玉府職幣典婦功典絲泉府馬質
羊人巫馬犬人十一職是也賈疏云下文九職鄭注行曰商處曰賈
賈乃在市而處者故知物賈此特
有賈人者庖人牲當市之故也

內饔中士四人下士八人府二人史四人胥十人徒百人饔割亨煎和之稱內饔所主在內

疏內饔者本職亦稱饔人蓋通官長及徒屬言之左襄二十
八年傳亦云饔人竊更之以鶩云府二人史四人者公食
大夫禮云雍人以俎入陳于鼎南旅人南面加匕于鼎注云旅人雍
人之屬旅食者也案雍人卽饔人旅人卽此官府史之屬少牢饋食
禮有雍人雍正雍府蓋大夫家臣亦有主饔之官雍正爲長雍府卽
其府也　注云饔割亨煎和之稱者據本職文說文食部云饔孰食
也饔卽饔之隸變凡孰食必有割亨煎和故謂之饔字亦省作雝隸
變作雍國語周語云佐雝者嘗焉韋注云雝亨煎之官也賈疏云饔
和也熟食曰饔熟食須調和故號曰饔案賈說亦通云內饔所主在
內者賈疏云以其掌王及后世子及宗廟皆是在內之事案內饔官
寺所在鄭賈並無說攷少牢特牲饋食禮雍爨並在廟門外
則此官所居疑亦當在王宮內路門外與廟寢並相邇也

外饔中士四人下士八人府二人史四人胥十人徒百人外饔所主在外

疏

注云外饔所主在外者賈疏云案其職云掌外祭祀及邦饗孤子耆老割亨皆是在外之事故云所掌在外也案外饔官寺所在鄭賈亦無說攷此官掌外祭祀兼有社稷大社在治朝之右則此官疑亦當在應門內外其有事於四郊丘兆王社明堂大學等則各隨其地而掌事焉

亨人下士四人府一人史二人胥五人徒五十人主爲外內饔煑肉者 疏注云主爲外內饔煑肉者者內饔注云亨煑也據本職云職外內饔之爨亨以饔人雖外內事殊而亨煑之事則同故總設一官不分內外也

甸師下士二人府一人史二人胥三十人徒三百人郊外曰甸師猶長也甸師主共野物官之長 疏甸師者以下至臘人皆掌共野物之官本職云帥其徒以薪蒸役外內饔之事故次於此此官與饔人亨人等職事相通故公食大夫禮云甸人陳鼎七注云甸人冢宰之屬兼亨人者是諸侯禮甸師兼亨人也云徒三百人者賈疏云特多者天子藉田千畝藉此三百人耕耨故多也　注云郊外曰甸者謂即大宰邦甸之地在四郊之外者也本職注云甸在遠郊之外通典凶禮引盧植禮記注說甸人云郊外曰甸去天子城二百里內也與鄭說同爾雅釋地云郊外謂之牧陸釋文云李本牧作田案田甸字通素問六節藏象論王冰注引爾雅作郊外爲甸甸外爲牧雖與李巡本不同而田正作甸盧鄭疑兼本彼文賈疏云案載師云任近郊遠郊之地次即云公邑之田任甸地甸地即在百里遠郊外天子藉田又在南方甸地故稱此官爲甸師也然此官主地事不在地官者以其供野之薦又給薪蒸以供亨飪故在此次亨人也詒讓案甸師主田野之物非取郊外距國二百里之甸地以爲名也大祝職及燕禮大射儀公

食大夫禮士喪禮文王世子喪大記左成十年傳國語周語並謂之甸人士喪注云甸人有司主田野者彼甸人即甸師之屬鄭以主田野釋之則不爲郊外之地可知左傳使甸人獻麥杜注云甸人主爲公田者籍田即公家田也省文亦稱甸穀梁桓十四年傳甸粟而內之三宮范甯注云甸甸師掌田之官也並與士喪注說略同又少儀云臣爲君喪納貨貝於君則曰納甸於有司注云甸謂田野之物此官主籍田及共野物自當以士喪注主田野之說爲正此注別援郊外爲甸爲說與彼不合蓋偶有不照賈疏曲申其說乃謂天子籍田在南方甸地故官稱甸師則尤誤之甚者也攷祭統云天子親耕於南郊以共齊盛諸侯耕於東郊孔疏云鄭云王藉田在遠郊故甸師氏掌之天子太陽故南也諸侯少陽故東也據孔說是鄭本謂藉田在南方之遠郊國語周語云宣王即位不籍千畝三十九年戰於千畝王師敗績於姜氏之戎詩小雅祈父孔疏引孔晁國語注云宣王不耕籍田神怒民困爲戎所伐戰於近郊孔晁謂籍田在近郊雖與鄭孔少異要其在郊則同賈氏本職疏亦從祭統在南郊之說此疏又云在南方甸地以傅合郊外曰甸之義而忘其與祭統之文顯相違盭不亦疏乎籍謂周語說耕籍之禮云王即齊宮王乃淳濯饗醴及期王祼鬯饗醴乃行及籍畢宰夫陳饗王歆大牢然則由國以至籍田之地必道涂不遠故崇朝往反可以逮事孔晁謂在近郊揆之事理實爲允愜若在遠郊則至近亦必在五十里之外甸則又在百里之外古者吉行日五十里必竟日而後至其地於事徒勞義又無取必不然矣至白虎通義耕桑篇云耕於東郊何東方少陽農事始起故曾子問曰天子耕東田而三反之公羊桓十四年傳何注亦云禮天子親耕東田千畝諸侯百畝此又謂天子諸侯親耕同在東郊亦誤又案鄉遂不制井田四郊制同故籍田千畝即十夫之田遂人云十夫有溝是也與井田一井九百畝異此亦足證郊田爲溝洫法

也云師猶長也者地官敘官注義同漢書百官公卿表注引應劭云師者長也文王世子云師者教之以事而喻諸德者也周書謚法篇云教誨不倦曰長是師長並有表率教訓之義故曲禮孔疏引干氏謂凡言師者訓其徒也義亦與鄭略同云甸師主共野物官之長者莊存與云獸人以下四官屬甸師賈疏云或云與地官掌葛掌炭掌蜃委人等同掌供野物故與彼官爲長若然彼屬地官此屬天官越分相領恐理不愜此甸師當與下獸人已下亦供野物爲長也故下數職注不言長明甸師與之爲長但獸人等中士此爲下士下士得與中士爲長者如大史下大夫內史中大夫鄭云大史史官之長彼下大夫與中大夫爲長此下士亦與中士爲長有何嫌也案賈謂甸師下士得與獸人䱷人等中士爲長於理究未合竊疑甸師職任頗重下士或當爲上中士之誤春官內史則非大史之屬官不足取證詳春官敘官疏

獸人中士四人下士八人府二人史四人胥四人徒四十人【疏】獸人者掌共野獸之官也凡野獸謂之獸與家畜爲牲別特牲饋食禮云實獸于杴上東首牲在其西北首東足內則云三牲用薪獸用梅爾雅釋獸釋畜亦分二篇是也獸人國語魯語亦謂之獸虞詳本職疏

䱷人中士二人下士四人府二人史四人胥三十人徒三百人【疏】䱷人者釋文云䱷音魚本又作魚亦作䱷同又音御案說文𩺰部云𤃤捕魚也重文漁篆文𤃤从魚又竹部云篽禁苑也春秋傳曰澤之舟篽重文𩵋籞或作𩵋從又從魚莊述祖云𩵋即馭讀御蓋古音也昭二十年左傳澤之萑蒲舟鮫守之注舟鮫官名鮫當爲𩵋之譌案莊說

是也王維集京兆尹張公德政碑亦有舟漁衡鹿之文可證唐本左傳尚有作歔者但左傳舟歔自是澤虞非𩵼人也詳地官敘官疏此𩵼歔並歔之別體古叚爲捕魚字石鼓文漁字作漁卽从歔之變體釋慧苑華嚴經音義云漁聲類作𩵼歔二體張參五經文字亦云漁𩵼同凡經用古字作𩵼注用今字作漁本職先鄭注及禮運後鄭注引並作漁人用正字也釋文別本作魚亦漁之叚字國語魯語又有水虞韋注亦謂卽漁師詳本職疏云中士二人下士四人者穀梁隱五年傳云魚卑者之事也故以中下士掌之云徒三百人者賈疏引馬融云池塞苑囿取魚處多故也

鼈人下士四人府二人史二人徒十有六人【疏】鼈人者說文黽部云鼈甲蟲也此官掌共介物與下腊人皆有府史徒而無胥與它職不同沈彤云五官之有徒而無胥者殆其事易供而無庸有才智者率之

腊人下士四人府二人史二人徒二十人腊之言夕也【疏】府二人史二人者王引之云大宰疏曰腊人食醫之等府史俱無者以其專官行事更無所須故也據此則腊人下無府二人史二人六字此因上鼈人下醫師皆有府二人史二人之文而誤衍唐石經已然　注云腊之言夕也者賈疏云乾曰腊朝曝於夕乃乾故云腊之言夕或作久字久乃乾成義亦通也阮元云久者夕之誤也惠棟云說文昔乾肉也从殘肉日以晞之與俎同意籀文作𦠆从肉昔夕古字通穀梁傳云日入至于星出謂之昔管子云日昔從事王逸楚辭章句引詩云樂酒今昔是皆以昔爲夕昔之爲物經夕乃乾故言夕或作久久猶昔也國語云厚味實腊毒韋昭曰腊讀若廟昔酒漢之酋久白酒亦云昔酒詒讓案毛詩陳風墓門傳云昔久也文選七命李善注引賈逵國語注云腊久

一珍倣宋版印

也是腊亦得訓久但腊夕聲類相近凡注例云言者多依聲以通其義若前注云腊之言夕庖之言苞是也或本作久義雖可通而非鄭之舊

醫師上士二人下士四人府二人史二人徒二十人醫師衆醫之長 疏 醫師者說文酉部云醫治病工也古者巫彭初作醫賈疏云諸醫皆在此者醫亦有齊和飲食之類故設在飲食之閒也　注云醫師衆醫之長者前注云師猶長也故衆醫之長謂之醫師莊存與云食醫以下四官屬醫師

食醫中士二人食有和齊藥之類 疏 注云食有和齊藥之類者賈疏云案其職云春多酸夏多苦之等皆須齊和與藥同故鄭云食有和齊藥之類故在醫官之內也

疾醫中士八人 疏 疾醫者釋名釋疾病云疾病也客氣中人急疾也案疾醫若今之內科醫也左傳僖二十年晉有醫衍成十年秦有醫緩疑卽此官也

瘍醫下士八人瘍創癰也 疏 瘍醫者若今之外科醫也　注云瘍創癰也者醫師注云身傷曰瘍說文疒部云瘍頭創也癕腫也癰卽癕之隸變又刃部云刅傷也重文創刅或從倉廣雅釋詁云瘍創也本職注云腫瘍癰而上生創者潰瘍癰而含膿血者金瘍刃創也折瘍踠跌者則瘍爲凡創癰之通名孟子萬章篇云孔子於衞主癰疽趙岐注云癰疽癰疽之醫也蓋卽此瘍醫互詳醫師職疏

獸醫下士四人獸牛馬之屬 疏 獸醫者此官專主醫獸故以事類附諸醫之後　注云獸牛馬之屬者明此獸爲牲畜之通稱與獸人及庖人六獸爲野獸對六畜爲家獸者異賈疏云案爾雅在野曰獸在家曰畜畜獸異矣而言獸牛馬者但此職云主治牛馬未必治其野獸對文則畜獸異散文通故爾雅又云兩足而羽謂之禽四足而毛謂之獸既不別釋畜則獸中可以兼牛馬是其牛馬亦有獸稱詒讓案此官亦掌醫馬夏官敘官巫馬下士二人下別有醫四人者彼馬醫蓋散醫故無爵此獸醫通掌畜獸故有爵與彼異也

酒正中士四人下士八人府二人史八人胥八人徒八十人酒正酒官之長 疏 酒正者以下至鹽人八官皆掌飲食膳羞之官故次諸醫官之後說文酉部云酒就也所以就人性之善惡一曰造也吉凶所造起也古者儀狄作酒醪禹嘗之而美遂疏儀狄杜康作秫酒　注云酒正酒官之長者前注云正長也賈疏云此酒正與下酒人漿人爲長注雖不言漿文略也案賈說是也酒正爲酒官之長卽月令之大酋詳本職疏

酒人奄十人女酒三十人奚三百人奄精氣閉藏者今謂之宦人月令仲冬其器閎以奄女酒女奴曉酒者古者從坐男女沒入縣官爲奴其少才知以爲奚今之侍史官婢或曰奚宦女 疏 酒人奄十人者賈疏云以其與女酒及奚同職故用奄人奄不稱士則此奄亦府史之類以奄爲異也云女酒三十人奚三百人者賈疏云則女酒與奚爲什長若胥徒也奚三百人以其造酒故須人多也　注云奄精氣閉藏者說文門部云閹豎也宮中奄閽閉門者奄卽閹之借字掌戮云宮者使守內然此經

宮府小官凡與嬪婦雜處者多以奄爲之不徒守內也云今謂之宦
人者明周之奄人卽漢宦人也漢書惠帝紀顏注應劭云宦官閹寺
也文選宦者傳論李注云宦者養也養闔人使其看宮人案戰國策
趙策有宦者令繆賢又唐六典李林甫注引石氏星經云宦者四星
在帝座西則周時已稱宦人不自漢始矣引月令仲冬其器閎以奄
者鄭彼注云器閎而奄象物閉藏也引之者證此奄人取精氣閉藏
與彼義同月令孟冬仲冬季冬文同此獨引仲冬者偏舉一時以況
義也賈疏謂取十一月一陽爻生以其奄人雖精氣閉藏猶少有精
氣說迂鑿非鄭恉云女酒女奴曉酒者者方言云曉知也謂多才知
知作酒之事者凡酒漿籩醢醯鹽冪七職竝掌飲食粢盛之事故皆
有女奴卽寺人世婦所謂女宮是也云古者從坐男女沒入縣官爲
奴者司厲云其奴男子入于罪隸女子入于舂稾注云奴從坐而沒
入縣官者男女同名說文女部云奴奴婢皆古之辠人也亦引司厲
文案凡女宮皆用刑女猶奄閽皆用刑男也沒入縣官爲奴者秦漢
時通以國家爲縣官史記李斯傳云十公主矺死於杜財物入於縣
官是也史記周勃世家司馬貞索隱云縣官謂天子也所以謂國家
爲縣官者夏家王畿內名縣內卽國都也王者官天下故曰縣官互
詳司厲疏云其少才知以爲奚者春官敘官注云奚女奴也說文女
部云㜎女隸也案奚卽㜎之借字凡此經之奚皆爲女奴對秋官五
隸爲男奴也賈疏云奴者男女同名以其曉解作酒有才智則曰女
酒其少有才智給使者則曰奚惠士奇云呂氏春秋精通篇鍾子期
夜聞擊磬者而悲使人召而問之答曰臣之父不幸而殺人不得生
臣之母得生而爲公家爲酒臣之身得生而爲公家擊磬臣不覩臣
之母三年矣曩所以贖之則無有是故悲也然則古之爲酒者皆女
奴信矣云今之侍史官婢者後漢書鍾離意傳李注引蔡質漢儀云
尚書郎女侍史二人皆選端正者絜被服執香爐燒熏從入臺中給

使護衣服也又漢書貢禹傳云諸官奴婢十餘萬人漢舊儀云省中侍使令者皆官婢擇年八歲以上衣綠曰宮人不得出省門置都監

老者曰婢婢教宮人給使尚書侍中皆使官婢不得使宮人案依衛宏說則漢之侍史卽於官婢中選擇爲之鄭以其類周之女奴與奚

故以爲況云或曰奚宦女者賈疏云漢時有此別號按左氏晉惠公之女名妾稱爲宦女謂宦事秦公子亦云宦女也案賈說非也此別

一說謂此奚卽宦女對前奄爲宦男司刑注云宮者丈夫則割其勢女子閉於宮中若今宦男女也然則漢時官婢猶男之有官奴宦女

猶男之有宦人二者小異宦女非卽官婢之別號也又左傳宦女卽妾媵之稱與漢之宦女亦異俗本宦女作官女尤誤

漿人奄五人女漿十有五人奚百有五十人女漿女奴曉漿者疏漿人者酒正注云漿

今之藏漿也酒漿同以共飲故漿人與酒人同屬酒正而員數則半於酒人以漿輕於酒事省故也　注云女漿女奴曉漿者者女奴與

上女酒同曲禮云納女於國君曰備酒漿酒漿卽是經女酒女漿是也

凌人下士二人府二人史二人胥八人徒八十人凌冰室也詩云二之日鑿冰沖沖三

之日納于凌陰疏凌人者賈疏云案其職云掌冰凡外內饔之膳羞鑑焉以供爲膳羞故連類在此也云徒八十人者以供藏冰之役

故員數多也左昭四年傳說藏冰之事云山人去之縣人傳之輿人納之隸人藏之杜注云輿隸皆賤官彼輿疑卽此徒矣　注云凌冰

室也者本職注同初學記地部引風俗通云積冰曰凌說文仌部云𠗲仌出也詩曰納于𠗲陰重文凌𠗲或从夌案出疑室之譌玉篇仌

部云凌冰室也漢書惠帝紀未央宮凌室災顏注云凌室藏冰之室也引詩云二之日鑿冰沖沖三之日納于凌陰者豳風七月篇文毛

傳云凌陰冰室也賈疏云案詩之所釋謂周之二月夏之十二月之日鑿冰者謂於深山窮谷固陰沍寒之處於是乎取之沖沖鑿冰之意周之三月夏之建寅之正月納冰於凌陰室中案彼又云四之日其蚤獻羔祭韭啓冰之時也鄭荅志以夏十二月取冰二月開冰四月班冰是其常也藏之既晚出之又早晚者建寅乃藏與此周禮十二月藏冰校一月故出之早者四月夏之二月出冰與周禮同今豳土寒故納冰可用夏正月也引之者證凌陰卽此冰室爲一物也

籩人奄一人女籩十人奚二十人竹曰籩女籩女奴之曉籩者 疏 籩人者以下至醢人四職並掌膳羞之事故次凌人之後云女籩十人奚二十人者沈彤云一女籩亦爲二奚之長詒讓案下女醢女醯女鹽女冪等並同與前女酒女漿等一女領十奚異者以其事少用奚不多故也 注云竹曰籩者爾雅釋器云木豆謂之豆竹豆謂之籩說文竹部云籩竹豆也本職注云籩竹器如豆者其容實皆四升云女籩女奴之曉籩者者亦與女酒同

醢人奄一人女醢二十人奚四十人醢豆實也不謂之豆此主醢豆不盡于醢也女醢女奴曉醢者 疏 醢人者說文酉部云醢肉醬也作醢之法詳本職注 注云醢豆實也者本職云掌四豆之實掌客注云豆菹醢器也鄉射禮記云醢以豆注云豆宜濡物云不謂之豆此主醢豆不盡于醢也者于賈疏述注作於黃丕烈云于於古今字經用古字當作于注用今字當作於本書往往錯互案黃校是也賈疏云決上籩人不以籩中之實爲名而以籩爲官號此卽以豆中之實爲官號不謂之豆人此是問辭鄭還自荅豆不盡於醢者其豆之所盛非止此職中四豆之實而已天子豆百二十上公豆四十侯伯豆三十二子男豆二十四上大

夫二十下大夫十六彼有膷臐膮胾炙膾之屬其數甚多是豆不盡盛醢而已若言豆人恐彼並掌之此醢人惟掌此四豆之實而已故不得言豆人而言醢人也案賈云天子百二十豆者據膳夫王饋羞用百有二十品此與公豆四十等並是庶羞但依禮器孔疏引皇侃說天子庶羞百二十品籩豆各六十則天子亦止六十豆耳賈說殊失攷凡庶羞之豆皆別掌於庖人非醢人所共詳膳夫庖人疏云女醯女奴曉醯者者亦與女酒同

醯人奄二人女醯二十人奚四十人女醯女奴曉醯者

疏醯人者釋文云醯本又作醓案說文皿部云醯酸也作醯以鬻以酒廣韻十二齊云醯俗作醓廣雅釋器云醯酢也案醯以鬻和酒爲之故鄭聘禮注云醯穀陽也醢肉陰也內則云三牲和用醯獸用梅鄭彼注云家物野物自相和又說八珍云食漬以醯若醯醷卽梅漿醯與梅醷同類則醯爲酢明矣　注云女醯女奴曉醯者者亦與女酒同

鹽人奄二人女鹽二十人奚四十人女鹽女奴曉鹽者

疏鹽人者江永云鹽地官虞衡之後不設掌鹽蓋王畿內鹽非所產也禹貢青州貢鹽卽今之青登濟萊等處鹽其地在齊職方氏幽州利魚鹽卽今之長蘆鹽其地屬燕左傳郇瑕氏國饒近鹽卽今解州池鹽其地屬晉諸侯各貢所有則鹽人所用其三國之貨貢與鄭注飴鹽爲戎鹽其蕃國之貨寶與意當時侯國產鹽之地或亦設官爲守予其民以斥鹵之地使之取鹽以當賦如角人諸官之法至管仲爲鹽筴始計口而增鹽稅每鹽一升加賦二合而賦始重齊之季世有祈望之守則鹽利盡歸於公民始不得私煮耳　注云女鹽女奴曉鹽者者亦與女酒

同

幂人奄一人女幂十人奚二十人以巾覆物曰幂女幂女奴曉幂者【疏】幂人者賈疏云案其職云掌供巾幂所以覆飲食之物故次飲食官後　注云以巾覆物曰幂者說文巾部云幎幔也周禮有幎人案幂卽幎之變體宋嘉祐石經依說文作幎輪人亦有幎字小爾雅廣服云大巾謂之幂廣雅釋詁云幂覆也云女幂女奴曉幂者者亦與女酒同

宮人中士四人下士八人府二人史四人胥八人徒八十人【疏】宮人中士四人下士八人者此官掌王寢亦主服御之事故次飲食官之後宮人燕禮大射儀公食大夫記少牢饋食禮並謂之司宮公食注云司宮大宰之屬掌宮廟者也燕禮注以司宮爲小宰誤莊存與云掌舍以下三官屬宮人云府二人史四人者大射儀有司宮士卽此宮人之屬吏也

掌舍下士四人府二人史四人徒四十人舍行所解止之處【疏】掌舍者掌王行道館舍之事故次宮人之後聘禮云管人布幕于寢門外注云管猶館也館人謂掌次舍帷幕者也賈彼疏謂卽此官而兼幕人者又左昭元年傳亦云敝邑館人之屬也杜注云館人守舍人也與鄭賈義同　注云舍行所解止之處者說文亼部云市居曰舍釋名釋宮室云舍於中舍息也賈疏云案其職云設車宮壇壝宮帷宮之等並是解脫止息之處故云解止之處也王引之云疏以解爲解脫非也解猶休也息也止也昭五年左傳敝邑休怠杜注曰休解也釋文解佳賣反解止者休止也管子五輔篇曰上彌殘苛而無解舍下愈覆鷙而不聽從

吳子治兵篇曰馬疲人倦而不解舍解舍猶休止也漢書郊祀志曰奉尊之役休而復起繕治共張無解已時解已猶休已也五行志引京房易傳曰歸獄不解玆謂追非張晏曰解止也五行志又曰合朔在夜明旦日食而出出而解孟康曰夜食地中出而止也淮南原道篇曰解車休馬開元占經引石氏星經曰氐爲宿宮休解房又引甘氏星經曰天牀寢舍解息燕休是解與休止同義音佳賣反故鄭云行所解止之處或言解止或言解已或言解息或言解舍或言休解其義一也

幕人下士一人府二人史二人徒四十人幕帷覆上者 疏 幕人者釋文出掌幕二字與經文不合本職釋文仍作幕人則此作掌幕誤也幕人掌次並主張設帷幕之事以備王舍息故次諸宮舍官之後 注云幕帷覆上者者本職注云在旁曰帷在上曰幕詳彼疏

掌次下士四人府四人史二人徒八十人次自脩正之處 疏 府四人史二人者王引之謂當作府二人史四人詳前疏 注云次自脩正之處者廣雅釋詁云次舍也凡於內外以帷簟別爲舍息之處並謂之次脩正猶檀弓云曾子與子貢入於其廄而脩容焉注云更莊飾凡次亦脩正莊飾之所也本職云凡祭祀掌尸次先鄭注云尸次祭祀所居更衣帳更衣亦自脩正之一端正明注疏本作止誤

大府下大夫二人上士四人下士八人府四人史八人賈十有六人胥八人徒八十人大府爲王治藏之長若今司農矣 疏 大府者以下至職幣九職並掌府藏會計之官凡府藏皆

以共王之用既用則須會計故次宮室服御官之後漢書食貨志云太公為周立九府圜法顏注云周官太府玉府內府外府泉府天府職內職金職幣皆掌財幣之官故云九府史記貨殖傳張守節正義說同案泉府屬地官天府屬春官職金屬秋官似不宜與大府等同列九府劉迎王與之謂九府即此大府至職幣九官其說較顏為允曲禮云天子之六府曰司土司木司水司草司器司貨典司六職鄭彼注以為殷制與周法異也此府藏諸官通長屬言之謂之府人左昭十八年傳云使府人庫人各儆其事是也彼又有庫人此經無者左傳孔疏謂通言庫亦謂之府則此諸府可兼庫人月令季春命工師令百工審五庫之量金鐵皮革筋角齒羽箭幹脂膠丹漆毋或不良彼五庫蓋亦九府所晐矣　注云大府為王治藏之長者前注云府治藏左傳隱七年孔疏引風俗通云府藏也藏府私府財貨之所聚也此大府與下玉府內府外府諸治藏官為長故尊之曰大呂氏春秋分職篇說楚葉公發太府之貨予衆是侯國亦有大府也云若今司農矣者漢書百官公卿表云治粟內史掌穀貨武帝太初元年更名大司農續漢書百官志云大司農卿一人中二千石掌諸錢穀金帛諸貨幣是漢時大司農主府藏與周大府職同故舉以為況

玉府上士二人中士四人府二人史二人工八人賈八人胥四人徒四十有八人工能攻玉者

疏賈八人者聘禮云賈人啓櫝取圭授宰即此注亦謂即玉府之賈是也云胥四人徒四十有八人者沈彤云胥爲什長胥一則徒十玉府四胥而徒乃四十八何也必十徒不足供一胥之科法故浮於常也　注云工能攻玉者者即考工記玉人之工考工記總敘注云攻猶治也凡工皆庶人在官者與賈同諸官有造

作之事者並有之

內府中士二人府一人史二人徒十人內府主良貨賄藏在內者疏注云內府主良貨賄藏在內者者良貨賄其物珍貴故藏在內別於外府謂之內府王與之謂當在庫門內也

外府中士二人府一人史二人徒十人外府主泉藏在外者疏注云外府主泉藏在外者者泉布以流通爲用故藏之外舍其官即對內府稱外府也

司會中大夫二人下大夫四人上士八人中士十有六人府四人胥八人胥五人徒五十人會大計也司會主天下之大計計官之長若今尚書疏注云會大計也者大宰注同說文言部云計會也算也賈疏云案宰夫職日計曰成月計曰要歲計曰會故知會大計也詒讓案通言之成要會通曰計而會爲歲計校成要爲大故云大計若司書三歲大計則又大於歲計亦司會所通掌也云司會主天下之大計者小爾雅廣言云司主也說文司部云司臣司事於外者賈疏云其職云逆邦國都鄙官府是句考徧天下云計官之長者莊存與云司書以下四官屬司會云若今尚書者漢書成帝紀建始四年罷中書宦官初置尚書員五人續漢書百官志尚書六人六百石劉注引蔡質漢儀云典天下歲盡集課事志又云凡郡國歲盡遣吏上計蔡氏所云掌天下歲盡集課事即掌歲計也與周司會主計同故舉以爲況

司書上士二人中士四人府二人史四人徒八人司書主計會之簿書疏注云司書

主計會之簿書者司會注云書謂簿書左昭二十五年傳臧會爲郈賈正計於季氏杜注云送計簿於季氏賈疏云古有簡策以記事若在君前以笏記事後代用簿簿今手版故云吏當持簿簿則簿書也

職内上士二人中士四人府四人史四人徒二十人職内主入也若今之泉所入謂之少【疏】注云職内主入也者說文入部云内入也故掌賦入之官謂内之職内云若今之泉所入謂之少内者賈疏云漢之少内亦主泉所入案王氏漢官解云小官嗇夫各擅其職謂倉庫少内嗇夫之屬各自擅其條理所職主由此言之少内藏聚似今之少府但官卑職碎以少爲名王應麟云漢書丙吉傳少内嗇夫白吉曰食皇孫亡詔令注云少内掖庭主府臧之官也

職歲上士四人中士八人府四人史八人徒二十人主歲計以歲斷【疏】職歲上士四人中士八人府四人史八人徒二十人者此官上士中士及史員數皆倍於職内以主出事繁故官吏特多也　注云主歲計以歲斷者邦國會計之事以歲之豐歉爲斷也金榜云王制曰冢宰制國用必於歲之杪五穀皆入然後制國用考之周官經司稼以年之上下出斂法均人均力征以歲上下其斂諸民者每歲不同廩人以歲之上下數邦用以知足否以詔穀用以治年之豐凶小司寇孟冬祀司民獻民數于王王拜受之以圖國用而進退之其國用多寡亦每歲輒異冢宰恆於歲杪制爲式法凡受財用者皆並式法受之故授式法之官名職歲義由此矣

職幣上士二人中士四人府二人史四人賈四人胥二人徒二十人

【疏】職幣者王念孫云主餘財之官也職主也幣餘也所主者財物之餘故次於大府以下諸官之後也案王說是也幣訓餘詳大宰疏

司裘中士二人下士四人府二人史四人徒四十人【疏】司裘者說文衣部云裘皮衣也司裘掌皮二官亦有府藏故次諸府藏會計官之後司裘不與春官司服相次者玉藻注云裘褻也故與內司服及屨人等同屬天官

掌皮下士四人府二人史四人徒四十人

內宰下大夫二人上士四人中士八人府四人史八人胥八人徒八十人內宰宮中官之長【疏】內宰者以下至內豎五官並掌王寢內之事與宮正宮伯職掌內外相備故亦屬大宰賈疏云名內宰者對大宰治百官內宰治婦人之事故名內宰然則大宰不稱外者爲兼統內也詒讓案內宰與小宰相對爲內外小宰治王宮之政令內宰治王內之政令職掌略同也賈謂對大宰未允云下大夫二人者后卑於王故內宰之爵亦降於小宰一等也云上士四人中士八人者公食大夫禮有內官之士注云夫人之官內宰之屬也即此上中士以下是也　注云內宰宮中官之長者與下內小臣閽人寺人內豎等爲長故月令仲冬命奄尹申宮令審門閭謹房室必重閉注云奄尹主領奄豎之官也於周則爲內宰掌治王之內政宮令幾出入及開閉之屬案彼注蓋以此官所領屬官多奄豎故亦稱奄尹實則此官以士人爲之非奄官也呂氏春秋仲冬紀高誘注云閹尹於周禮爲宮人則非是其九嬪以下內官雖亦內宰所教詔然非其屬官賈疏謂與下女史已下爲長非鄭恉也胡匡衷云祭統宮宰宿

夫人鄭注云宮宰守宮官然則諸侯之內宰又謂之宮宰也

內小臣奄上士四人史二人徒八人奄稱士者異其賢也

疏內小臣者賈疏云案其職云掌王后之命正其服位案夏官大僕職云出入王之大命正其服位則此小臣侍后職與大僕侍王同亦是佐后之事故在此用奄者以其所掌在內故儀禮燕禮遂獻左右正與內小臣皆于阼階上鄭彼注云內小臣奄人掌君陰事陰令后夫人之官也詒讓案內小臣者對夏官大僕屬官小臣爲外也王官備故有大僕又有小臣內官略故止有內小臣其侍后與大僕侍王略同不復立內大僕也通言之內小臣亦稱僕故書立政云左右攜僕僞孔傳云左右攜持器物之僕孔疏謂寺人內小臣等是也　注云奄稱士者異其賢也者以其職掌較重當選擇奄之賢者爲之故特有爵也賈疏云案上酒人漿人等奄並不稱士則非士也獨此云以其有賢行命爲士故稱士也案詩巷伯奄官也注云巷伯內小臣小臣於宮中爲近故謂之巷伯必知巷伯與小臣爲一人者以其俱名奄又言巷亦宮中爲近又稱伯長也內小臣又稱士亦是長義故知一人也案賈引詩注即小雅巷伯敘箋義也左襄九年傳令司宮巷伯儆宮杜注云司宮奄官巷伯寺人孔疏亦以司宮爲內小臣巷伯爲寺人與鄭說不同今攷詩敘之巷伯即本詩之寺人孟子杜孔說不誤鄭以內小臣釋之非也內小臣自是司宮故左昭五年傳楚靈王曰吾若以韓起爲閽以羊舌肸爲司宮足以辱晉注釋司宮云加宮刑彼以司宮與閽並舉明以加刑示辱則司宮即此奄士無疑惟儀禮燕禮諸篇司宮爲宮人故與內小臣並見與左傳義異詳前疏胡匡衷云內小臣左傳國語亦單言小臣左傳僖四年與小臣小臣亦斃晉語說此事云飲小臣酒亦斃韋注云小臣官名掌陰事陰命閹士是也

閽人王宮每門四人囿游亦如之閽人司昏晨以啓閉者刑人墨者使守門囿御苑也游離宮也

【疏】閽人者賈疏云以其掌守中門之禁王宮在此故亦在此周禮之內有同官别職則此閽人每門及囿游同名閽人而職别山虞澤虞云每大澤大山及川衡林衡亦是别職同官也别官同職者唯有官連耳詒讓案此閽人無爵則亦庶人在官者也沈彤云閽人內豎案其職則類胥若徒也云王宮每門四人者黃度沈彤並云宮門皋庫雉應路凡五當二十人是也云囿游亦如之者釋文游作斿云本亦作游案說文㫃部云游旌旗之流也从㫃汓聲斿即游之省囿人經及大宰注並作囿游則陸本非也亦如之者亦每門四人也其凡數無攷　注云閽人司昏晨以啓閉者者昏閽聲類同說文門部云閽常以昏閉門隸也祭統云閽者守門之賤者也公羊襄二十九年傳云閽弑吳子餘祭閽者何門人也刑人也賈疏云此釋名閽人之意昏時閉門則此名閽人也晨時啓門則論語謂之晨門也皆以時事爲名耳云刑人墨者使守門者賈疏云此秋官掌戮職文鄭彼注云黥者無妨於禁禦欲使守門案其職云掌守中門之禁言中門則唯雉門耳而言每門者彼言中門據有禁守者言之其實王之五門皆使墨者守之或解以爲王有五門四面皆有中門故言每門義亦通也案禮記云古者不使刑人守門鄭彼注謂夏殷時公羊云閽殺吳子餘祭近刑人輕死之道彼據人君加之寵故云近刑人輕死之道若君有防衛不親近則非近刑人其劓者使守關以其醜惡遠之不得約彼即以十二門皆使墨者也詩云昏椓靡共箋云皆奄人彼据后宮門故使奄者也案依鄭賈說此閽人皆以墨者爲之然詩召旻之昏椓昏即閽也鄭彼箋云昏椓皆奄人也昏其官名也椓椓毀陰者也孔疏云案周禮序官閽人上有內小臣下有寺人內小臣之與寺人皆是奄人爲之閽人與之爲類官居其閒則亦奄人也閽人云王

宮每門四人囿游亦如之然則王宮之與囿游所守門者其官皆曰閽人是閽之用人非獨奄也掌戮墨者使守門宮者使守內刖者使守囿則墨刖皆亦爲閽非獨宮刑者矣但內門則用奄以守之其外門則用墨耳閽人職曰掌守王宮之中門之禁注云中門於外內爲中天子五門雉門爲中門是雉門以內用奄庫門以外用墨其囿則用刖也官與寺人爲類主以奄者爲名月令仲冬命奄尹審門閭謹房室是門房之守皆奄爲之故知閽是奄人之官名也案依孔說墨守門宮守內刖守囿通名閽人其說較鄭賈爲長穀梁襄二十九年傳亦云閽門者也寺人也是宮者爲閽也左莊十九年傳云鬻拳自刖楚人以爲大閽呂氏春秋音初篇說夏后孔甲田取民子以歸子長幕動坼橑斧斫斬其足遂爲守門者韓非子內儲說下篇齊有門者刖跪是刖者亦爲閽也管子揆度篇云自言能爲官不能爲官者劓以爲門父是又以劓者守門也以意求之掌戮所云墨者使守門者疑通凡守城郭宮府諸門者言之司門之門徒亦其一也又云刖者使守囿者蓋卽囿游之閽鬻拳刖跪皆以刖者而守門或侯國之法與此經不同王宮五門之閽蓋當兼用奄墨匠人注云內路寢之裏也外路門之表也是王宮內外以路門爲分限然則皋門至應門爲外當以墨者爲之路門以內爲內當以宮者爲之掌戮所云宮者使守內是也後漢書宦者傳論亦以此閽者守中門之禁爲宦者蓋晉宋以前此經舊說有以此官爲奄人者孔謂雉門以內用奄庫門以外用墨似卽本於彼義亦得通但治朝應門六宮嬪御所不至似不必用奄人耳至賈泥鄭義乃謂不得以王城十二門皆使墨者殊爲失攷又本職所云中門實兼庫雉應諸門言之鄭孔謂專指雉門義固未眩賈引或說謂四面皆有中門則通闈門言之不知闈門雖亦當有閽人然不得稱中門亦未必有四人也云囿御苑也者地官敍官囿人注云囿今之苑說文□部云囿苑有垣也一曰禽獸曰囿

又艸部云苑所以養禽獸竹部云籞禁苑也漢書宣帝紀顏注引蘇林云折竹以繩綿連禁籞使人不得往來律名爲籞此御卽籞之借字大戴禮記夏小正云囿也者園之燕者也呂氏春秋重己篇高注云養禽獸所大曰苑小曰囿淮南子本經訓高注云有牆曰苑無牆曰囿釋玄應一切經音義引字林義同詩秦風駟驖孔疏云有蕃曰園有牆曰囿左傳僖三十三年孔疏云天子曰苑諸侯曰囿以上諸說蓋各舉一端言之實則苑囿通稱此經及地官囿人並稱囿是周制天子稱囿雍氏云禁山之爲苑者非天子囿之名左傳疏說非也淮南注與許說正相反疑傳寫之誤賈疏云案詩云王在靈囿注所以養禽獸天子百里諸侯四十里案孟子齊宣王問孟子云文王之囿方七十里猶以爲小寡人之囿方四十里猶以爲大何也孟子荅文王之囿芻蕘者往焉雉兎者往焉與民同之故以爲小不亦宜乎君之囿民殺其麋鹿者如殺人之罪民以爲大不亦宜乎則文王之囿方七十里者大於諸侯小於天子故也白虎通又云天子百里大國四十里次國三十里小國二十里與孟子不同者白虎通細別言之也案囿王與諸侯大小之制經無正文賈引白虎通義今本佚此文其說與毛詩大雅靈臺傳同公羊成十八年何注云天子囿方百里公侯十里伯七里子男五里皆取一也徐彥疏引司馬法穀梁楊士勛疏引徐邈說並同此依今文家說三等國里數十取一以爲囿與此經不相應也又案天子靈囿在郊故詩駟驖疏云囿諸侯四十里處在於郊靈臺云王在靈囿鄭駁異義引之云三靈辟雍在郊明矣孟子對齊宣王云臣聞郊關之內有囿焉方四十里是在郊也又靈臺疏引五經異義云公羊說天子有囿臺觀鳥獸魚鼈在國之東南二十五里攷周西都文王都豐所作靈囿三輔黃圖云在長安西北四十二里蓋亦於郊內爲之囿人所掌者卽郊囿委人又有野囿則更在郊外彼或亦當有閽人守之又月令孔疏云路門內雖是宮

宮所在亦有林苑焦循亦云左襄十四年傳云衞獻公戒孫文子甯惠子食皆服而朝日旰不召而射鴻于囿二子從之是時二子應召至朝久待不召乃知公在囿故往見是囿在宮中也案依孔焦說王宮中亦有苑囿然其地當甚小與郊囿廣狹迥殊此閽人守宮門亦得兼掌之矣云游離宮也者囿人注釋囿游為離宮小苑鄭蓋謂游即於囿內為宮室說苑正諫篇云咎犯曰便游赭畫是也別於城中王所居之宮故謂之離宮以其可以游觀故謂之游漢舊儀云上林苑中離宮觀七十所皆容千乘萬騎是也賈疏云囿是大苑其門皆使閽人守之也此離宮即囿游之獸禁故彼鄭云謂囿之離宮小苑觀處也或以為游亦謂城郭中與公所為者也案賈引或說蓋謂游在城郭中別於囿在城郭外也今攷晏子春秋諫上篇云景公畋於署梁晏子自國往見公比至衣冠不正不革衣冠望游而馳則游不定在城郭中矣或說未然

寺人王之正內五人寺之言侍也詩云寺人孟子正內路寢

疏寺人者內則云為宮室辨外內深宮固門閽寺守之是寺人守內與閽人守外職掌相備故次閽人之後此寺人亦無爵與閽人同 注云寺之言侍也者寺侍聲類同廣雅釋詁云侍近也詩大雅瞻卬篇時維婦寺毛傳云寺近也是寺侍並訓近寺人者猶言近侍之人也又詩秦風車鄰篇寺人之令陸彼釋文云寺本或作侍是寺侍互通左傳襄二十五年侍人賈舉昭二十五年侍人僚相孟子萬章篇侍人瘠環侍人並即寺人也賈疏云欲取親近侍御之義此奄人也知者見僖二十四年晉文公既入呂郤欲焚公宮寺人披請見公使讓之且辭焉披曰齊桓公置射鉤而使管仲相君若易之行者甚衆豈唯刑臣彼寺人披自稱刑人明寺人奄人也若然寺人既掌內人不掌男子而秦詩云欲見國君先令寺人而掌男

子者彼秦仲宣王命作大夫始大有車馬其官未備故寺人兼小臣是以寺人得掌男子詒讓案車鄰毛傳云寺人內小臣也孔疏云天子之官內小臣與寺人別官也燕禮諸侯之禮也經云獻左右正與內小臣是諸侯之官有內小臣也左傳齊有寺人貂晉有寺人披是諸侯之官有寺人也然則寺人與內小臣別官矣此云寺人內小臣者言寺人是在內細小之臣非謂寺人卽是內小臣之官也內小臣之官與寺人之官猶自別矣案孔說較賈爲長引詩云寺人孟子者小雅巷伯篇文鄭彼箋卽據此經孔說引之者證彼寺人與此同也彼巷伯亦卽此寺人左傳襄九年杜注同詩箋以巷伯爲內小臣非是詳前疏云正內路寢者內與寢義同大戴禮記夏小正傳云燕操泥而就家人入內卽此義漢書鼂錯傳云家有一堂二內彼專謂室爲內與此義微異賈疏云寺人既不得在王之路寢而云正內五人者謂在后之路寢耳若王之路寢不得稱內以后宮故以內言之故先鄭下注后六宮前一後五前一則路寢案賈說是也凡王與后皆路寢一燕寢五路寢爲正燕寢爲小此正內既非王寢明據后路寢言之可知后六寢對王六寢謂之內猶女史云內宮是也云王之正內者后寢亦統於王猶內宰稱后宮爲王之北宮也但此寺人與下內豎雖專繫后路寢其王燕寢及后燕寢側室等亦當有侍御奄豎蓋燕寢卑於正寢或以宂散給事無定員專直故經唯著正內之人數與后六寢亦前一後五詳內宰疏

內豎倍寺人之數豎未冠者之官名 疏 內豎倍寺人之數者王之正內十人也內豎無爵蓋與庶人在官者同

注云豎未冠者之官名者國語楚語云使富都那豎贊焉韋注云豎未冠者也案未冠謂十九以下十五以上故本職注謂之童豎學記注云成童十五以上是也賈疏云春秋左氏傳叔孫穆子幸庚宗婦人而生牛以爲豎官則亦童豎未冠者必使童子爲之者鄭於其職

注云使童豎通王內外之命給小事者以其無與爲禮出入便疾也詒讓案內豎以侍御王內爲名文王世子世子之記曰朝夕至於大寢之門外問於內豎曰今日安否何如周書度邑篇云王至于周自鹿至於丘中具明不寢王小子御告叔旦小子御即此內豎也是內豎亦侍王大寢燕寢明寺人內豎不僅侍后寢矣內豎省文亦稱豎左傳二十八年傳云曹伯之豎侯獳管子小稱篇云管仲對桓公曰公喜內而妬豎刁自刑而爲公治內然則內豎或亦以奄爲之然不盡用奄也

九嬪 嬪婦也昏義曰古者天子后立六宮三夫人九嬪二十七世婦八十一御妻以聽天下之內治以明章婦順故天下內和而家理也不列夫人於此官者夫人之於后猶三公之於王坐而論婦禮無官職 疏 九嬪者此官與世婦女御並王之妾御不列於百官以大宰兼治宮政故以事類屬之全經五篇凡本非屬官而以事類附屬者有三一婦官此九嬪世婦女御女祝女史及春官世婦內外宗等是也一三公地官之鄉老爵尊於大司徒是也一家臣春官之都宗人家宗人夏官之都司馬家司馬秋官之朝大夫都士家士是也三者皆無所繫屬故以其職事相近者附列各官亦大宰八法官屬之變例也 注云嬪婦也者爾雅釋親文釋名釋親屬云天子妾有嬪嬪賓也諸妾之中見賓敬也曲禮鄭注云嬪婦人有法度者之稱孔疏云嬪婦之美稱可賓敬也引昏義以下者以九嬪世婦女御三官經不列其人數故據禮記補之鄭彼注云三夫人已下百二十人周制也內治婦學之法也檀弓云舜葬於蒼梧之野蓋三妃未之從也注云帝嚳而立四妃矣象后妃四星其一明者爲正妃餘三小者爲次妃帝堯因焉至舜不告而取不立正妃但三妃而已謂之三夫人夏后氏增以三三而九合十二人春秋說云天子取十二即夏制也以虞夏及周制差之則殷人又增以三九二十七合三十九人

周人上法帝嚳立正妃又三二十七爲八十一人以增之合百二十一人其位后也夫人也嬪也世婦也女御也五者相參以定尊卑蔡邕獨斷說略同內宰先鄭注亦據彼以釋六宮金鶚云周官世婦女御不言數而昏義謂天子世婦御妻合三夫人九嬪共一百二十人說未可信曲禮云納女於天子曰備百姓鄭注云天子皇后以下百二十人廣子姓也夫百姓亦約舉其大數言之非必限定百人也爲此說者蓋以王制言天子三公九卿二十七大夫八十一元士后之設官當與之準故有百二十人之數然王制所言亦未可信周官六官之屬合三百六十以法周天之度其人數更不止此豈止百二十人邪鄭注以爲夏制昏義以天子立六官三公九卿二十七大夫八十一元士與后立六宮三夫人九嬪二十七世婦八十一御妻兩相比儗其同爲周制可知若以三公以下百二十人爲夏制三夫人以下百二十人爲周制則比儗不倫矣然則王制所言官數指周制言明矣所言周制顯與周官不合且天子之事繁故設官必多后之事簡何必悉與天子相準若王后以準天子而諸侯三卿五大夫二十七上士其夫人何不設三十五人以準之邪后之婦官有世婦女祝女史等官已如此其備又何必有百二十人乎案金說是也此經九嬪世婦女御並不言數昏義所說內官之數與外官相準而外官之數與此經六官之數遠不相應則內官之數亦不可信可知矣依昏義說內官三夫人視三公九嬪視卿世婦視大夫女御視士而鄭內司服屨人注說內外命夫命婦秩次則以九嬪視孤妻世婦視卿大夫妻復與彼文舛異至春官世婦則又兼有宮卿下大夫中士三等此皆與昏義有不能強合者又曲禮云天子有后有夫人有世婦有嬪有妻有妾又以世婦在嬪上與昏義及此經敘內官次第並不合攷九嬪職主贊后非世婦之比追師職又以九嬪在內命婦之外則九嬪必尊於世婦可知曲禮文蓋偶有駁異不爲典要也又案獨斷

云天子一娶十二女象十二月三夫人九嬪攷天子一娶十二女亦見檀弓注引春秋說而白虎通義嫁娶篇引王度記則云天子一娶九女兩文已自差牾蔡氏又以三夫人九嬪合充十二人之數則古絕無是說唯春秋繁露爵國篇說天子立一后一世夫人中左右夫人四姬三良人似卽春秋說十二女之義彼中左右夫人似卽三夫人然又有世夫人及姬良人等尤與禮不合必非周制也又管子小匡篇說齊襄公有九妃六嬪尹知章注云天子九嬪諸侯六嬪亦未知塙否云不列夫人於此官者夫人之於后猶三公之於王坐而論婦禮無官職者阮元云于當作於是也案內宰注亦云夫人如三公從容論婦禮此注與彼同鄭意此經有九嬪世婦女御獨無三夫人明三夫人儗三公三公與王坐而論道無正職三夫人亦與后坐而論婦禮無官職漿人云共夫人致飲于賓客之禮卽此注所謂三夫人也經文止此一見蓋其位尊次於后故事亦彌節猶三公之事亦節於六鄕也

世婦不言數者君子不苟於色有婦德者充之無則闕

疏世婦者世與大義同謂內外命婦之大者曲禮孔疏云婦服也言其進以服事君子也以其猶貴故加以世言之亦廣世胤也案孔說未塙惠士奇云春官世婦其職視宮卿二人其次視下大夫四人其次視中士八人而天官世婦則闕焉康成謂屬春官者如漢大長秋屬天官者乃二十七世婦非也世婦屬天官內宰而職掌禮事故兼屬春官其職本同文有詳略春官世婦云掌女宮之宿戒及祭祀比其具天官世婦亦云祭之日涖陳女宮之具春官世婦云帥六宮之人共齍盛天官世婦亦云帥女宮而濯摡爲齍盛春官世婦則曰大賓客云云大喪云云天官世婦則一言以蔽之曰掌祭祀賓客喪紀之事彼列其目此舉其綱也獨內外宗女不屬天官然內宗云凡卿大夫之喪掌其弔臨春官世婦則曰相內外宗之禮事天官世婦亦云

掌弔臨于卿大夫之喪則又未嘗不同也但此略而彼詳耳案惠謂此世婦與春官世婦職同以經攷之良是竊謂世婦蓋有內命婦外命婦之別此世婦次於嬪御之間則內命婦也春官世婦與內外宗並列則外命婦也職掌雖略同而內外迥別故分屬二官至鄭謂春官世婦為男子則甚誤互詳春官敘官疏　注云不言數者君子不苟於色有婦德者充之無則闕者對九嬪稱九是言數世婦及下女御皆不著人數明必有德乃充不必備數也世婦以下人數衆多故容有不備九嬪以上人少則必備三九之數賈疏謂九嬪無德亦與世婦女御同闕故特互其文令義兩得見誤

女御昏義所謂御妻御猶進也侍也　疏注云昏義所謂御妻者昏義御妻在九嬪世婦之下與此女御差次正相當故知女御卽御妻也御妻又謂之妻曲禮云天子有妻有妾鄭彼注云妻八十一御妻周禮謂之女御以其御序於王之燕寢是也案喪大記云君之喪夫人世婦諸妻疏食水飲諸妻疑亦據侯國之女御言之但御妻在嬪世婦下則不得取齊匹之義荀子君子篇云天子無妻告人無匹也然則女御者其正名御妻者其別稱不為典要者也周書祭公篇云汝無以嬖御固莊后嬖御卽女御之屬此經女御無人數蓋亦不必備員其分列各職者唯內司服女御二人縫人女御八人餘無可攷內宰九嬪兩職又謂之九御亦非其員數昏義御妻八十一人擬八十一元士與此經元士之數不合不宜據彼以定此女御之數前疏已辯之矣云御猶進也侍也者春官敘官注義同廣雅釋詁云御進也又釋言云御侍也獨斷云御者進也凡衣服加於身飲食入於口妃妾接於寢皆曰御

女祝四人奚八人女祝女奴曉祝事者　疏女祝者此官與女史並后宮之官故次嬪御之後惠士奇云女祝視大祝

小祝 注云女祝女奴曉祝事者者謂亦與女酒女奴曉酒同說文示部云祝祭祀主贊詞者案女祝雖無爵位然亦備官后宮且古者巫祝皆世事則女祝疑當以祝官之家婦女爲之與女巫略同鄭槩以女奴當之恐非

女史八人奚十有六人女史女奴曉書者 疏 女史者說文史部云史記事者也惠士奇云女史視大史小史詒讓案亦兼視內史外史詳本職疏 注云女史女奴曉書者者謂通曉文字者亦與女酒同案女史疑當以良家婦女知書者爲之奚乃女奴耳鄭義恐未允春官世婦之屬有女史二人與此官亦異

典婦功中士二人下士四人府二人史四人工四人賈四人徒二十人典主也典婦功者主婦人絲枲功官之長 疏 典婦功者以下三官並主女功之事故次宮官之後云工四人者此不言女工則男工也疑卽以㡛氏之工爲之云賈四人者賈疏云以其絲枲有善惡貴賤之事故須賈人也 注云典主也者廣雅釋詁同說文攴部云敟主也典卽敟之叚字云典婦功者主婦人絲枲功官之長者絲枲並婦功之事此典婦功總掌其事爲下典絲典枲諸官之長也惠士奇云月令染人曰婦官蓋典婦功之屬官

典絲下士二人府二人史二人賈四人徒十有二人 疏 典絲者說文絲部云絲蠶所吐也案凡繒帛皆以絲爲之此官通掌之也

典枲下士二人府二人史二人徒二十人 疏 典枲者賈疏云枲麻也案喪服傳云牡麻者枲

麻也則枲是雄麻對苴是麻之有蕡實者也案枲詳籩人疏淮南子覽冥訓云位賤尚葈惠士奇謂葈與枲通即此典葈是也淮南高注以葈爲葈耳葈名失之案古無木棉凡布皆以麻葛爲之此官通掌之也

內司服奄一人女御二人奚八人內司服主宮中裁縫官之長有女御者以衣服進或當於王廣其禮使無色過

疏內司服者此官與縫人並掌宮中衣服亦是婦功之事故次女功官之後賈疏云以其掌后已下六服言內司服者亦是對春官司服男子服爲內不與春官司服同處者以從內官之例故在此云奄一人者賈疏云以其衣服事多須男子兼掌以與婦人同處故用奄也云女御二人者以王后尊貴其衣服自有法式故以女御內官監領之蓋女御雖於內命婦秩次最卑然尚當尊於無爵之奄故縫人敘亦以女御次奄下而其職則云以役女御以相比例知此官當亦聽於女御女御非此官之屬也若然經不以女御領奄者以內司服官府自以奄主之女御爲內官特兼領其事而不常居其寺故經首列奄次列女御亦變例也 注云內司服主宮中裁縫官之長者說文衣部云裁制衣也又糸部云縫以鍼紩衣也賈疏云長者謂與下縫人爲長云有女御者以衣服進或當於王廣其禮使無色過者謂此女御二人與奄官同職蓋選擇良家女子爲之亦得以禮侍御於王故與前女御同名也賈疏云以此女御還是女奴曉進御衣服者故與女酒女祝女史同號女也以衣服進謂進衣於王王見之或當王意廣其禮得與八十一女御同名欲見百二十人外兼有此女御之禮王合御幸之使王無淫色之過故名女御也案賈說非也女奴乃罪人沒入者至卑賤不得爲侍御下縫人女工在女御之下注謂是女奴則鄭不以女御爲女奴明矣但此與縫人二職之女御當即選上女御爲之鄭似謂在八十一人之外亦未允女御本

無定數不必有八十一人詳前疏

縫人奄二人女御八人女工八十人奚三十人女工女奴曉裁縫者疏縫人奄二人者賈疏云奄有二人亦是縫線事多須有男子故也云女御八人女工八十人者女御亦與奄官同職專掌縫王后之衣服故本職云掌王宮之縫線之事以役女御以縫王及后之衣服明奄官與女工爲女御役每十工以女御一人監領之若然此女御亦非縫人之屬而女工則屬女御又兼屬縫人蓋亦大宰八法官屬之變例也注云女工女奴曉裁縫者者此女工亦於女奴中選充之與女祝女史同語晉語云鄭伯嘉造納女工妾三十人蓋卽此女工韋注以工爲樂師非也又左成二年傳魯賂楚以執鍼織紝皆百人杜注云執鍼女工織紝織繒布者蓋亦女工之別名也

染人下士二人府二人史二人徒二十人疏染人者說文水部云染以染繒爲色案染人亦兼染絲及枲布等許偁舉一耑言之賈疏云案其職云掌染絲帛因婦人衣服故亦連類在此也

追師下士二人府一人史二人工二人徒四人追治玉石之名疏追師者賈疏云在此者職云掌王后之首服爲副編次追衡笄亦因婦人衣服連類在此若然男子首服在夏官弁師者以其男子是陽義又取夏詩萬物長大長大乃冠故在夏官此婦人直取首服配衣故與衣連類在此若然首反處下者以冠屨自相對不與服爲先後故不在上也云工二人者蓋卽以玉人雕人之工爲之注云追治玉石之名者本職注云追猶治也詩大雅棫樸篇追琢其章毛傳云追雕也金曰雕玉曰

琢鄭箋云周禮追師掌追衡笄則追亦治玉也爾雅釋器云玉謂之雕又云玉謂之琢又云雕謂之琢是雕琢並爲治玉之名荀子富國篇引詩追作雕說苑修文篇又引作彫又詩周頌有客篇敦琢其旅孔疏云敦雕古今字案說文玉部云琱治玉也雕彫並琱之借字琱追敦一聲之轉

屨人下士二人府一人史一人工八人徒四人【疏】屨人者說文履部云屨履也賈疏云案其職云掌王及后之服屨故從內官衣服亦連類在此若然追師專掌婦人首服此屨人兼男子屨舃在下體賤故男子婦人同在此官也云工八人者蓋以韋氏之工爲之呂氏春秋召類篇孑罕曰南家工人也爲鞔者也高注云鞔履也作履之工也亦此工之類

夏采下士四人史一人徒四人夏采夏翟羽色禹貢徐州貢夏翟之羽有虞氏以爲緌後世或無故染鳥羽象而用之【疏】夏采者釋文云采或作菜案采菜字通賈疏云在此者其職云掌大喪以冕服復于太祖以乘車建緌復于四郊喪事是終故在末職也詒讓案此官所掌止大喪復一事疑文有闕佚大喪非常復又喪紀之小節不當專設一官也右天官之屬卿一人中大夫四人下大夫十二人上士四十二人中士百十八人下士百七十九人府八十五人史百四十八人胥百七十四人徒二千二百四十人工二十二人賈四十四人凡正官自卿至庶人總三千三十三人又奄上士四人寺人內豎及奄無爵者四十四人內司服縫人女御十人女祝四人女史八人女奴百二十五人奚六百七十二人女工八十人凡女官女庶人總八百九十九人此外九嬪世婦女御無員數閽人每門四人有員數無總數不可計大凡可計者總三千九百八十人注云夏采夏翟羽色者染人云秋染夏注云染

夏者染五色謂之夏者其色以夏狄爲飾又月令季夏命婦官染采鄭彼注云采五色也據此則夏卽謂染五色象夏翟之羽采卽畫繢所謂五采備也此官掌以乘車建旞復于四郊爲飾旞有染鳥羽所謂夏采也穀梁隱五年傳舞夏范注云夏大也大謂大雉大雉翟雉此亦以夏爲夏翟而訓義又小異夏翟詳染人疏云禹貢徐州貢夏翟之羽者禹貢徐州云羽畎夏翟亦詳染人疏云有虞氏以爲緌者鄭據明堂位云有虞氏之旂夏后氏之綏而互易其字又讀綏爲緌其說非也綏卽巾車五路所建之大麾司常九旗之旞也不必著羽其著羽者别爲九旗之旞旌詳本職及巾車司常疏云後世或無故染鳥羽象而用之謂之夏采者賈疏云案冬官考工記有鍾氏染羽夏卽五色也此職中注及彼注皆云緌謂注旄於干首不云翟羽者蓋注文不具耳

周禮正義卷一

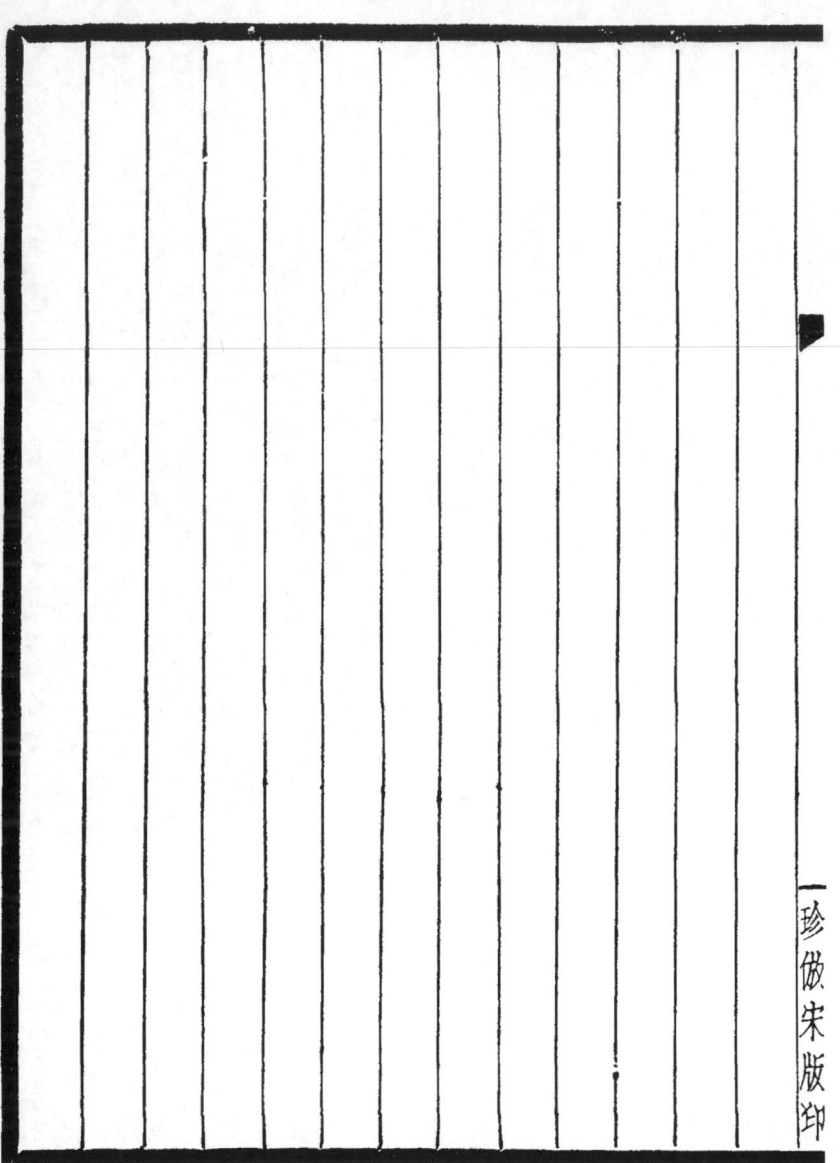

周禮正義卷二

瑞安孫詒讓學

大宰之職掌建邦之六典以佐王治邦國一曰治典以經邦國以治官府以紀萬民二曰教典以安邦國以教官府以擾萬民三曰禮典以和邦國以統百官以諧萬民四曰政典以平邦國以正百官以均萬民五曰刑典以詰邦國以刑百官以糾萬民六曰事典以富邦國以任百官以生萬民大曰邦小曰國邦之所居亦曰國典常也經也法也王謂之禮經常所秉以治天下也邦國官府謂之禮法常所守以爲法式也常者其上下通名擾猶馴也統猶合也詰猶禁也書曰度作詳刑以詰四方任猶倳也生猶養也鄭司農云治典冢宰之職故立其官曰使帥其屬而掌邦治以佐王均邦國教典司徒之職故立其官曰使帥其屬而掌邦教以佐王安擾邦國禮典宗伯之職故立其官曰使帥其屬而掌邦禮以佐王和邦國政典司馬之職故立其官曰使帥其屬而掌邦政以佐王平邦國刑典司寇之職故立其官曰使帥其屬而掌邦禁以佐王刑邦國此三時皆有官唯冬無官又無司空以三隅反之則事典司空之職也司空之篇亡小宰職曰六曰冬官其屬六十掌邦事

疏 大宰之職者天官之正所分掌之職事卽下八法之官職也官各有職百官府所同經惟大宰小宰宰夫云職者以正貳攷其官特尊故別異其文地春夏秋四官並放此云掌建邦之六典者敘官注云建立也經例

言建者並謂修立其政法之書頒而行之六典至九兩即後文治象之法亦即治官官法之總會也六典分屬六官大宰掌治而總建六典者敘官先鄭注云六官皆總屬於冢宰是也云以佐王治邦國者大宰之治外統邦國故穀梁僖九年傳云天子之宰通于四海云一曰治典以經邦國以治官府以紀萬民者國語楚語韋注云經經緯也大戴禮記盛德篇云是故官屬不理分職不明法政不一百事失紀曰亂也亂則飭冢宰又云冢宰之官以成道以之道則國治即治邦國官府之義詩大雅棫樸云綱紀四方鄭箋云以網罟喻為政張之為綱理之為紀白虎通義三綱六紀篇云綱者張也紀者理也大者為綱小者為紀所以張理上下整齊人道也內則云后王命冢宰降德于衆兆民鄭注云天子曰兆民諸侯曰萬民案此散文得通賈疏謂以畿內據近而言非是云二曰教典以安邦國以教官府以擾萬民者盛德記云地宜不殖財物不蕃萬民飢寒教訓失道風俗淫僻百姓散敗曰危也危則飭司徒又云司徒之官以成德以之德則國安即安邦國之義云三曰禮典以和邦國以統百官以諧萬民者爾雅釋詁云諧和也和諧訓同變文以見義盛德記云父子不親長幼無序君臣上下相乖曰不和也不和則飭宗伯又云宗伯之官以成仁以之仁則國和即和邦國諧萬民之義云四曰政典以平邦國以正百官以均萬民者盛德記云賢能失官爵功勞失賞祿爵祿失則士卒疾怨兵弱不用曰不平也不平則飭司馬又云司馬之官以成聖以之聖則國平即平邦國之義云五曰刑典以詰邦國以刑百官以糾萬民者小宰注云糾猶割也察也盛德記云刑罰不中暴亂姦邪不勝曰不成也不成則飭司寇即詰邦國之義云六曰事典以富邦國以任百官以生萬民者盛德記云百度不審立事失理財物失量曰貧也貧則飭司空即富邦國之義治典教典曰官府禮政刑事四典曰百官者亦變文也後文及小宰宰夫詳言之曰百官府略言

之則或曰官府或曰百官其實一也賈疏謂尊天地二官不局其數故不云百官而云官府非也小宰六職及諸官敘首所說與此經小異大同並文偶變易不爲義例　注云大曰邦小曰國者說文邑部云邦國也又口部云國邦也釋名釋州國云大曰邦邦封也封有功於是也案此注析言之故大邦小國大小並據封域所包而言許統言之故邦國互訓不分大小此經上曰邦者據王國而言下曰邦國者總舉大小侯國通言之王國亦曰國故詛祝云作盟詛之載辭以敘國之信用以質邦國之劑信注云國謂王之國邦國諸侯國也賈疏云周禮凡言邦國者皆是諸侯之國此言大曰邦小曰國者止據此文邦在上國在下故爲此解案儀禮覲禮云同姓大國異姓小邦則邦國大小通也云邦之所居亦曰國者此復於大邦小國中析言之明國又爲對野之稱也呂氏春秋明理篇高注云國都也賈疏云此卽據王國而言故上云惟王建國匠人營國方九里與典命國家皆是邦之所居亦曰國也釋文引干注云國天子諸侯所理也邦疆國之境案理當作治陸書傳寫避唐諱改干以國爲天子諸侯所治卽邦之所居也惟以邦爲國境則不分邦大國小與鄭說小異云典常也經也法也者賈疏云爾雅釋詁云典常也孫氏云禮之常也釋言云典經也又云灋者以其經常者卽是法式詒讓案說文丌部云典五帝之書也又引莊都說典大冊也典本訓書冊書冊所以箸政法故又爲典法也毛詩周頌維清傳云典法也典法者治之大經可以常行者故又訓經訓常此並展轉引申之義鄭言此者明典含義甚廣施之尊卑各有所取也云王謂之禮經常所秉以治天下也者卽經邦國之義明上秉之以治下者也云邦國官府謂之禮法常所守以爲法式也者法式者下守之以事上亦與下八法治官府義略同云常者其上下通名者賈疏云經據在上灋據在下至於王與邦國官府俱有常義故云常者上下通名也云擾猶馴也者服不氏注

義同此叚借之義也呂飛鵬云說文手部擾煩也與馴義異牛部犪牛柔謹也馴擾之擾當作犪玉篇曰尚書犪而毅字如此惠棟云春秋傳云乃擾畜龍應劭史記注云擾音柔擾馴也尚書擾而毅徐廣曰擾一作柔犪有柔音故史記或作柔又有馴音故李軌徐邈皆音尋倫反或音而小反失之案惠呂說是也擾卽犪之借字廣雅釋詁云犪馴善也又釋言云馴犪也犪柔亦聲近義通國語齊語云寬惠柔民柔民猶言擾民也地官敘官注云擾亦安也安與馴義亦相成云統猶合也者後八統注云統所以合牽以等物也說文糸部云統紀也紀別絲也別絲必總合之故又引申爲統合之義漢書敘傳張晏注云統合也書周官孔疏引馬融注云統本也百官是宗伯之事也案本與統合義亦相近云詰猶禁也者說文言部云詰問也引申爲訶禁之義廣雅釋詁云詰責也責與禁義亦相成釋文引干注云詰彈正糾察也義與鄭略同引書曰度作詳刑以詰四方者呂刑文僞孔本刑上無詳字大司寇注引書亦作詳刑蓋鄭據今文書爲注本有此字後漢書劉愷傳李注引鄭書注云詳審察之也書僞孔傳云度時世所宜訓作贖刑以治天下四方之民此引之者證詰邦國卽彼詰四方也云任猶傳也者後注同說文人部云任保也引申爲傳立之義釋名釋言語云事傳也傳立也凡所立之功也故青徐人言立曰傳也案傳有立義此經凡作官民以立其職事治土地以立其材產並謂之任大司馬注又云任猶事也事與傳聲義亦同賈疏云傳猶立也東齊人物立地中爲傳欲使百官皆立其功也云生猶養也者本職後注同說文生部云生進也引申爲生養之義大戴禮記夏小正傳云養長也生長義亦同賈疏云冬官主土地所以養民故也鄭司農云治典冢宰之職以下者並據五官敘官文云此三時皆有官唯冬無官又無司空者謂四時之官唯冬官亡闕也云以三隅反之則事典司空之職也者三隅反論語述而篇文謂以春夏秋

三官例之則司空篇首當有使帥其屬而掌邦事之文故知事典司空之職是也云司空之篇亡者謂河閒獻王得周官時亡此篇賈疏謂六國時亡其時以考工記代之非也詳前及考工記總敘疏引小宰職曰六曰冬官其屬六十掌邦事者冬官既亡而小宰六屬有冬官掌邦事之文故引以證司空掌事典也

以八灋治官府一曰官屬以舉邦治二曰官職以辨邦治三曰官聯以會官治四曰官常以聽官治五曰官成以經邦治六曰官灋以正邦治七曰官刑以糾邦治八曰官計以弊邦治

百官所居曰府弊斷也鄭司農云官屬謂六官其屬各六十若今博士大史大宰大祝大樂屬大常也小宰職曰以官府之六屬舉邦治一曰天官其屬六十是也官職謂六官之職小宰職曰以官府之六職辨邦治一曰治職二曰教職三曰禮職四曰政職五曰刑職六曰事職官聯謂國有大事一官不能獨共則六官共舉之聯讀爲連古書連作聯聯謂連事通職相佐助也小宰職曰以官府之六聯合邦治一曰祭祀之聯事二曰賓客之聯事三曰喪荒之聯事四曰軍旅之聯事五曰田役之聯事六曰斂弛之聯事官常謂各自領其官之常職非連事通職所共也官成謂官府之成事品式也小宰職曰以官府之八成經邦治一曰聽政役以比居二曰聽師田以簡稽三曰聽閭里以版圖四曰聽稱責以傅別五曰聽祿位以禮命六曰聽取予以書契七曰聽賣買以質劑八曰聽出入以要會官政謂職所主之法度官職主祭祀朝覲會同賓客者則皆自有其法度小宰職曰以法掌祭祀朝覲會同賓客之戒具官刑謂司刑所掌墨辠劓辠宮辠刖辠殺辠也官計謂三年則大計羣吏之治而誅賞之玄謂官刑司寇之職五刑其四曰官刑上能糾職官計謂小宰之六計所以斷

羣吏之治疏以八灋治官府者釋文云灋古法字案說文廌部云灋刑也平之如水从水廌所以觸不直者去之从廌去重文法今文
省凡經皆作灋注皆作法經例用古字注例用今字也法本爲刑法引申之凡典禮文制通謂之法韓非子難三篇云法者編著之圖籍
設之於官府而布之於百姓者也此八法爲治百官之通法全經六篇文成數萬總其大要蓋不出此八科以大宰一職論之自職首至
末通爲官職其中六典八法之等建立大綱則官法也正月之吉始和布治於邦國都鄙以下行事細別則官常也歲終則令百官府各
正其治受其會聽其致事而詔王廢置三歲則大計羣吏之治而誅賞之受會則官成也廢置誅賞則官刑也計吏則官計也至於率領
貳攷以下則有官屬旁通五官則有官聯其餘六官三百六十職雖爵有尊卑事有繁簡要此八法足以賅之矣賈疏云此八灋雖不云
建亦有建義故鄭注大史職云六典八灋八則冢宰所建以治百官大史又建焉是也上六典云治邦國此八灋云治官府官府在朝廷
之官府也云一曰官屬以舉邦治者賈疏云以下皆單言邦據王國而言之云三曰官聯以會官治四曰官常以聽官治者此八灋皆云
邦治唯官聯官常云官治者亦變文無義例故小宰六聯亦云合邦治賈疏謂官聯言官欲取會合衆官乃始得治官常言官欲取官有
常職各自治其官故二者不言邦而云官失之餘詳小宰疏　注云百官所居曰府者廣雅釋宮云府舍也官也管子度地篇云官府寺
舍文選東京賦薛綜注云官吏所止爲府左隱七年孔疏引風俗通云府聚也公卿牧守府道德之所聚也案府者大名其小者即宮正
次舍之舍注云舍其所居寺是也凡內外衆官皆有府寺長各率其屬而居之賈疏云官府與上府史之府別彼府主藏文書此府是百
官所居處皆是府聚之義也云幣斷也者小宰眡祲掌囚注並同小爾雅廣言云蔽斷也左昭十四年傳叔魚蔽罪邢侯杜注同大司寇

先鄭注引左傳蔽作弊弊卽蔽之借字鄭司農云官屬謂六官其屬各六十者據小宰六屬文屬猶言屬別謂以爵秩尊卑相領隸國語楚語云五物之官陪屬萬爲萬官彼據五官言之義亦同也凡官屬有總屬有分屬有當官之屬有冗散之屬總屬卽六官屬各六十通屬於其正是也分屬若庖人內饔外饔亨人屬膳夫是也當官之屬若宮正中下士以下屬於上士是也冗散之屬若四方之以舞仕者屬旄人國勇力之士屬司右相犬牽犬者屬犬人皆無職名員數是也四者各以尊卑相隸通謂之官屬先鄭舉其大者言之凡六官之屬亦多羸羨不皆六十小宰約舉大數耳詳彼疏云若今博士大史大宰大祝大樂屬大常也者漢書百官公卿表云奉常秦官掌宗廟禮儀景帝中六年更名太常屬官有太樂太祝太宰太史太卜太醫六令丞博士秦官掌通古今武帝建元五年初置五經博士引之者證官大小相屬之事引小宰職曰以官府之六屬舉邦治一曰天官其屬六十是也者以此官屬舉邦治與彼文同故舉以相證六屬止引天官者撮舉六官之首餘不備詳云官職謂六官之職者職者主領之言卽敘官注云各有所職而百事舉也凡三百六十職通謂之官職此舉其大者明之引小宰職曰以官府之六職辨邦治一曰治職二曰教職三曰禮職四曰政職五曰刑職六曰事職者亦證此官職辨邦治與彼文同云官聯謂國有大事一官不能獨共則六官共舉之者大事卽小宰六聯之屬其事衆多則六官之屬相佐助共舉之依小宰云凡小事皆有聯則不必大事而後有聯此據六官共舉者言之故云大事其小事則不必合六官或異官或同官凡各屬共爲一事亦得爲聯儀禮燕食射聘諸篇衆官各執其事亦卽官聯之法故燕禮大射儀注謂庶子與膳宰樂正聯事卽其義也云聯讀爲連古書連作聯者段玉裁云漢以後連貫字皆用連不用聯故司農以今字易古字而又明之曰周秦古書連貫字皆用聯說文耳部曰

聯連也耳連於頰絲連不絕故從耳從絲此古書二字與凡言故書
者不同案段說是也云聯謂連事通職相佐助也者王制注云連猶
聚也謂連聚數官旁通它職互相佐助以合治一事周書大戒篇云
連官集乘同憂若一荀子王制篇云職而不通則職之所不及者必
隊蓋言官聯也藝文類聚職官部引胡廣漢官解詁云光祿大夫與
博士俱以儒雅之選異官通職周官所謂官聯者也說與鄭同引小
宰職曰以官府之六聯合邦治一曰祭祀之聯事二曰賓客之聯事
三曰喪荒之聯事四曰軍旅之聯事五曰田役之聯事六曰斂弛之
聯事者亦證此官聯會邦治彼云合邦治會合義同云官常謂各自
領其官之常職非連事通職所共也者謂各職當官常行之事大史
云祭之日執書以次位常是也每官各有其專領之職事不得相侵
越官常主分與官聯主合義正相反蓋以官職分言之著於書者爲
官法布於行事者爲官常官尊者法與常兼備官卑者則惟奉行官
常而已故宰夫八職一曰正掌官灋以治要二曰師掌官成以治凡
三曰司掌官灋以治目四曰旅掌官常以治數明司以上皆有官法
旅以下則惟有官常也云官成謂官府之成事品式也者謂各官府
所掌之事已成則案其簿書文字攷其品數法式即治會之事司會
云以參互攷日成以月要攷月成以歲會攷歲成此官成正與日成
月成歲成同義司書云凡稅斂掌事者受灋焉及事成則入要貳焉
注云成猶畢也此注云成事猶彼云事成彼要貳亦即官成之要會
也然則鄭所謂成事品式即謂凡官事之有文籍可稽校案驗者小
宰以比居簡稽等爲八成正是此義士師掌士之八成邦汋邦賊之
等亦即最會刑名之簿書王制云百官各以其成質於三官大司徒
大司馬大司空以百官之成質於天子即此官成也賈疏乃謂官自
有成事品式依舊行之則是有司循行故事與官常殆無區別經注
之義皆不如是矣引小宰職曰以官府之八成經邦治一曰聽政役

以比居二曰聽師田以簡稽三曰聽閭里以版圖四曰聽稱責以傅別五曰聽祿位以禮命六曰聽取予以書契七曰聽賣買以質劑八曰聽出入以要會者亦證此官成經邦治與彼文正同後文云以官成待萬民之治注亦釋爲八成與此義同云官法謂職所主之法度官職主祭祀朝覲會同賓客者則皆自有其法度者此注用今字作法也謂邦之大事各有專法箸其禮節名數若今會典通禮之屬一官秉之以授衆官使各依法共治之是謂官法若大司徒之地法小司徒之比法大司馬之戰法後世謂之司馬法縣師之縣法稍人謂之縣師之法皆是也鄭約舉此四者爲下引小宰職文起義耳引小宰職曰以法掌祭祀朝覲會同賓客之戒具者亦以彼云以法與此六法文同彼又云軍旅田役喪荒亦如之此注不及者亦文不備云官刑謂司刑所掌墨辠劓辠宮辠刖辠殺辠也者據司刑五刑文辠古罪字凡經例用古字或作辠注例用今字皆作罪今司刑經並作罪而此注引乃作辠與例不合疑誤詳甸師及司刑疏賈疏云此是正五刑施於天下非爲官中之刑故後鄭不從之也云官計謂三年則大計羣吏之治而誅賞之者據後文凡三年大計與歲計通爲官計先鄭略舉一隅爲釋也云玄謂官刑司寇之職五刑其四曰官刑上能糾職者據大司寇文宰夫官刑注義同凡百官府黜陟廢置誅賞並以此爲斷與司刑五刑異也書舜典云鞭作官刑史記五帝本紀集解引馬融云官刑爲辨治官事者爲刑案鞭亦官府輕刑之一也賈疏云是專施於官府之中於義爲當也云官計謂小宰之六計所以斷羣吏之治者小宰云以聽官府之六計弊羣吏之治與此經官計文亦相會故鄭據彼爲歲計補先鄭義也

以八則治都鄙一曰祭祀以馭其神二曰灋則以馭其官三曰廢置以馭其吏四曰祿位以馭其士五曰賦貢以

馭其用六曰禮俗以馭其民七曰刑賞以馭其威八曰田役以馭其
衆都之所居曰鄙則亦法也典法則所用異異其名也都鄙公卿大
夫之采邑王子弟所食邑周召毛聃畢原之屬在畿內者祭祀其
先君社稷五祀法則其官之制度廢猶退也退其不能者舉賢而置
之祿若今月奉也位爵次也賦口率出泉也貢功也九職之功所稅
也禮俗昏姻喪紀舊所行
也鄭司農云士謂學士
疏
以八則治都鄙者治畿內采邑之通法
也凡三等采邑與公邑地相錯則公邑
與都鄙治法當略同以其可互推故經不具也云一曰祭祀以馭其
神者都家各有常祀又有山川等命祀大宗伯云乃頒祀于邦國都
家鄉邑是也賈疏云采地之中祭祀宗廟社稷五祀下注云凡云馭
者所以敺之內之於善則於祭祀之中宗廟先祖則無可去取至社
稷配食者若取句龍后稷上公有功是內之善也案賈說非也都鄙
命祀亦以地之廣陝爵之尊卑爲差蓋地廣爵尊者所祀神亦尊而
衆地陝爵卑者所祀神亦卑而少是祀命各隨黜陟而改故曰以馭
其神也云二曰灋則以馭其官者後經云乃施則于都鄙而建其長
立其兩設其伍陳其殷置其輔即都鄙之官府皆秉法則以治之也
云三曰廢置以馭其吏者吏謂采邑有地治之吏則計其賢否以詔
廢置也云八曰田役以馭其衆者田役謂凡田獵起徒役也遂人注
云役謂師田若有功作也蓋役事以師田爲最大故經起徒役以田
謂之田役以發兵則謂之師役而功作之事亦賅焉大宗伯軍禮云
大田之禮簡衆也大役之禮任衆也故云以馭其衆賈疏云謂采地
之中得田獵使役於民據此文則鄉大夫得田獵而春秋左氏傳鄭
大夫豐卷請田子產不許者彼常田之外臨祭取鮮唯人君耳大夫
唯得常田故禮云大夫不掩羣亦是常田豐卷亦僭取鮮故子產云
唯君用鮮明大夫不合也　注云都之所居曰鄙者大司徒注義同

釋名釋州國云鄙否也小邑不能遠通也案鄙卽都家居治之邑通界域言之則曰都鄙鄙此猶上文邦國國卽邦之所居官府府卽百官所居也與遂人贊鄙異互詳大司徒疏書蔡仲之命孔疏引馬融云距王城四百里至五百里謂之都鄙鄙邊邑也以封王之子弟在畿內者案此馬氏解詁佚文其說專據大小都而遺家邑又距王城四百里至五百里地兼有公邑亦不必盡爲都鄙其說殊未安故鄭不從也又案此都鄙爲采邑與縣鄙爲公邑亦異凡采邑與公邑地相比經或合舉之宰夫謂之羣都縣鄙司士謂之都家縣鄙蓋四等公邑自甸外其稍縣都三處並與三等采地錯居以其環繞國之邊竟故通謂之鄙所居爲公邑則爲縣鄙所居爲采地則爲都鄙其爲鄙同而曰縣曰都則異都鄙屬於采地之主縣鄙屬於公邑之吏官制迥不同蓋都家爲內諸侯故亦立兩設伍略放邦國之制若縣鄙則天子使吏治之而領以縣師不得有兩卿五大夫之等也云則亦法也者爾雅釋詁云則法也大宗伯大史大司馬注義並同亦者冢上八法明文異義通云典法則所用異異其名也者賈疏云謂典法則三者相訓其義既同但邦國言典官府言法都鄙言則是所用處異故別言之其實義通也劉台拱云都鄙亦有官府所以治之者亦猶王朝之八法也但施於都鄙則曰法則云都鄙公卿大夫之采邑王子弟所食邑者大司徒注同載師云以家邑之田任稍地以小都之田任縣地以大都之田任畺地注云家邑大夫之采地小都卿之采地大都公之采地王子弟所食邑也案都鄙制井田小司徒井牧之法四井爲邑四縣爲都故大夫曰家邑公卿王子弟曰大小都都邑以大小異名散文亦通故經以都鄙賅家邑而注則以采邑食邑通釋大小都左隱元年傳有大都中都小都彼中都卽此小都而小都則卽此家邑明都邑通言不別矣采邑者禮運云天子有田以處其子孫大夫有采以處其子孫白虎通義京師篇云公卿大夫皆食采

者亦與民同有無也公羊襄十五年何注云所謂采者不得有其土地人民采取其租稅爾漢書刑法志顏注云采官也因官食地故曰采地說者不曉采地之義因謂菜地云以種菜非也案何說是也家邑大小都三等采地皆頒田邑以爲祿也凡公卿大夫貴戚有功德得世祿者皆頒邑以爲祿是謂采邑唯疏族新進未得世祿者則賦田斂粟以頒祿是謂祿田賈喪服疏引鄭志云天子之卿其地見賜乃有是采地皆特賜也其在王子弟無官者雖無祿而得以恩澤食邑采邑食邑食其幷主其幷邑治以家宰私臣又子孫得世守之祿田不世守且僅食其田之租稅而不得主其邑各就近屬鄉遂或公邑王官治之若司勳賞地附屬六鄉之比此其異也凡命士有功德者或功臣之後亦閒有采地祭法注云置都立邑爲卿大夫采地及賜士有功者之地是也然士有采地者甚少且里數亦大減其餘則唯頒祿田而已故國語晉語云大夫食邑士食田明恆制士不得有采邑鄭釋三等采地止於大夫王制說縣內三等國亦云其餘以祿士是也其不命之士及庶人在官者則又無祿而唯有稍食以祿與命相將不命則亦無祿也通言之祿田或亦謂之采采地及稍食或亦謂之祿散文不別也其外諸侯入仕者亦受采地以爲祿如其官爵故毛詩鄭風緇衣傳云諸侯入爲天子卿士受采祿公羊定四年何注亦云禮諸侯入爲天子大夫更受采地於京師是也凡三等采地制互詳小司徒載師疏賈疏云親王子母弟與公同處而百里次疏者與六卿同處而五十里次疏者與大夫同處二十五里案禮記禮運云天子有田以處其子孫鄭注中庸云同姓雖恩不同義必同也尊重其祿位所以貴之不必授以官守然則王子母弟雖食采邑未必別有官有官則依公卿大夫食邑不假別言也云周召毛聃畢原之屬在畿內者者左僖二十四年傳富辰云管蔡郕霍魯衛毛聃郜雍曹滕畢原酆郇文之昭也邗晉應韓武之穆也凡蔣邢茅胙祭

周公之胤也杜預春秋釋例土地名云周扶風雍縣東北周城也邵扶風雍縣東南有邵亭畢京兆長安縣西北原河內汝水縣西北原城毛聃闕鄭以此六國並王子弟食邑之在畿內者故引以爲證白虎通義京師篇謂天子太子食采百里與諸侯封同於經無證疑不足據云祭祀其先君社稷五祀者賈疏云案孝經大夫章不云社稷則諸侯卿大夫也若王子母弟及三公稱諸侯者五廟五祀三社三稷故云祀先君社稷五祀也詒讓案先君社稷五祀舉都鄙之常祀而言都宗人注云都或有山川及因國無主九皇六十四民之祀彼皆非常祀故此注不及也云法則其官之制度者都鄙亦有兩卿五大夫等官官各有制度是謂法則也賈疏云謂宮室車旗衣服之等皆不得僭也云廢猶退也退其不能者者說文广部云廢屋頓也引申之人罷棄屏退亦謂之廢檀弓注云廢去也士冠禮注云退去也是廢退義同謂退去其不能者不復用也云舉賢而置之者廣雅釋詁云置立也鄭以此經廢置對文廢爲退去其不能者明置爲舉其賢者而置立之於位也云祿若今月奉也者釋文云奉本或作俸案俸卽奉之俗國語楚語韋注云祿奉也廣雅釋詁云稟奉祿也漢書高后紀列侯幸得餐錢奉邑顏注引韋昭云粟米曰奉續漢書百官志載百官受奉自大將軍三公至斗食佐史奉並云月若干斛所謂月奉也賈疏云古者祿皆月別給之漢之月奉亦月給之故云若今月奉也沈彤云宮正之會稍食宮伯之均秩皆以月終則給祿當亦然蓋漢亦承周法也云位爵次也者謂爵秩尊卑之次卽後文長兩伍殷輔各以爵等尊卑相領屬是也云賦口率出泉也者後注同賈疏云下文九職九賦職賦相繼而言故知賦卽九賦口率出泉也釋文引干云賦上之所求於下案干說蓋通諸賦稅言之是也鄭意蓋以都鄙亦有口泉賈小司徒疏引鄭志說都鄙無口賦者謂其不入於王非謂自全不征也實則後經九賦非口泉鄭說殊不足據詳

後疏云貢功也者廣雅釋詁同說文貝部云貢獻功也丁晏云易繫
辭傳六爻之義易以貢釋文荀作功古貢功通用故鄭訓爲功云九
職之功所稅也者賈疏云亦約下文言九賦上言九職九職任之九
賦斂之是以大府云九賦九功九功卽九職之功故鄭於此以貢爲
功是九職之功出稅也詒讓案後文別有九貢致邦國之用知此貢
非彼九貢者九貢出於諸侯非都鄙所出故以貢爲九職之稅也釋
文引干云貢下之所納於上說與鄭同云禮俗昏姻喪紀舊所行也
者士均注云禮俗邦國都鄙民之所行先王舊禮也管子立政篇云
藏於官則爲法施於國則成俗曲禮云君子行禮不求變俗祭祀之
禮哭泣之位皆如其國之故謹守其法而審行之賈疏謂若士冠禮
若不醴醮用酒是其一隅也今案禮俗當分爲二事禮謂吉凶之禮
卽大司徒十二教陽禮教讓陰禮教親之等是也俗謂土地所習與
禮不同而不必變革者卽十二教之以俗教安彼注云謂土地所生
習是也土均小行人禮俗義並同鄭賈合爲一失之鄭司農云士謂
學士者明此士對官吏而言則非上中下士國語周語韋注云士講
學道藝者也學士卽士之養於學者見樂師大胥小胥職都鄙亦有
學以養士其賢能者則選爲兩鄉五大夫等
其尤賢者亦得升於王朝皆得受祿位也
以八柄詔王馭羣臣一
曰爵以馭其貴二曰祿以馭其富三曰予以馭其幸四曰置以馭其
行五曰生以馭其福六曰奪以馭其貧七曰廢以馭其罪八曰誅以
馭其過
柄所秉執以起事者也詔告也助也爵謂公侯伯子男卿大
夫士也詩云誨爾序爵言教王以賢否之第次也班祿所以
富臣下書云凡厥正人既富方穀幸謂言行偶合於善則有以賜予
之以勸後也生猶養也賢臣之老者王有以養之成王封伯禽於魯

曰生以養周公死以爲周公後是也五福一曰壽奪謂臣有大罪沒入家財者六極四曰貧廢猶放也舜殛鯀于羽山是也誅責讓也曲禮曰齒路馬有誅凡言馭者所以歐之內之於善【疏】以八柄詔王馭羣臣者與內史司士爲官聯也賈疏云大宰以此八柄詔告於王馭羣臣餘條皆不言詔獨此與下八統言詔王者餘並羣臣職掌所依行歲終致事乃考知得失此乃王所操持王不獨執羣臣佐之而已故特言詔也云一曰爵以馭其貴二曰祿以馭其富者爵祿爲予奪置廢之本故首舉之司士云以德詔爵以功詔祿以能詔事以久奠食此不言食者祿亦可以眩食也云四曰置以馭其行者賈疏云有賢行則置之於位故云以馭其行云七曰廢以馭其罪者罪疑當作辠詳前疏云八曰誅以馭其過者誅卽內史之殺爲罰之最重者故以次於末案此經八者唯爵祿爲賞罰通法以下六者則予置生爲賞之事奪廢誅爲罰之事賞罰文別而敘次則正相對若內史八枋則自爵祿之外以予奪置廢生殺皆賞罰自相對爲文故與此文次不同義各有當也自鄭誤解生爲養老誅爲薄責賈氏遂强爲之說謂奪重於誅又謂內史變誅言殺與此義殊並不可通今無取焉　注云柄所秉執以起事者也者說文木部云柄柯也重文棅或从秉是柄本爲斧柯之名以斧柯爲人所執引申之凡有所秉執者皆謂之柄左昭二十三年傳云又執民柄杜注云賞罰爲民柄莊子釋文引司馬彪云棅威權也此八者亦王所秉執威權賞罰之事故謂之八柄也禮運云禮者君之大柄也注云柄所操以治事柄秉聲類亦同內史又借枋爲之管子小匡篇管子曰昔者聖王之治其民也謹用其六秉如是而民情可得而百姓可御桓公曰六秉者何也管子曰殺生貴賤貧富此六秉也國語齊語載其文作六柄案彼六柄御百姓生貴貧富與此同殺卽誅賤卽廢也此馭羣臣增予置爲八柄義亦略同云詔告也助也者說文言部云詔告也爾雅釋詁

云詔助勴也經例凡言詔者並以言語詔告相左助之謂詔訓告大
卜大僕注亦同云爵謂公侯伯子男卿大夫士也者喪服傳注云爵
謂天子諸侯卿大夫士也此八柄據羣臣而言故上不及天子爵下
及士者王制云王者之制祿爵公侯伯子男凡五等諸侯之上大夫
卿下大夫上士中士下士凡五等鄭彼注云爵秩次也又士冠禮記
云以官爵人德之殺也死而謚今也古者生無爵死無謚鄭彼注云
今謂周衰記之時也古謂殷殷士生不爲爵死不爲謚周制以士爲
爵死猶不爲謚耳下大夫也又大行人注云爵者四孤卿大夫士也
此不言孤者孤亦冢卿也白虎通義爵篇云爵有五等以法五行也
或三等者法三光也或法三光或法五行何質家者據天故法三光
文家者據地故法五行含文嘉曰殷爵三等周爵五等各有宜也王
制曰王者之制祿爵凡五等謂公侯伯子男此據周制也殷爵三等
謂公侯伯也又云公卿大夫者何謂也內爵稱也內爵稱公卿大夫
何爵者盡也各量其職盡其才也何以知士非爵禮曰四十强而仕
不言爵爲士至五十爵爲大夫何以知卿爲爵也以大夫知卿亦爵
也何以知公爲爵也春秋傳曰諸侯四佾諸公六佾合而言之以是
知公卿爲爵內爵所以三等何亦法三光也所以不變質文何內者
爲本故不改內也案小宗伯云賜卿大夫士爵則儐又職喪云掌諸
侯之喪及卿大夫士凡有爵者之喪則士得爲爵經有明文白虎通
謂周士非爵與此經義異鄭所不從云詩云誨爾序爵言教王以賢
否之第次也者誨爾序爵大雅桑柔文鄭彼箋亦云教女以次序賢
能之爵與此注同云班祿所以富臣下者韓非子解老篇云祿也者
人之所以持生也凡食稟田邑通謂之祿皆所以富贍臣下故經云
以馭其富也引書云凡厥正人既富方穀者賈疏云尚書洪範文厥
其也方道也穀善也凡其正直之人既以爵祿富之又以善道接之
引之者證以馭其富也案賈說同僞孔傳鄭書注今佚不知與彼同

否以此注引彼文推之疑鄭本釋穀爲祿也云幸謂言行偶合於善則有以賜予之以勸後也者呂飛鵬云左傳曰善人富謂之幸賜予雖未能馭富亦富之漸也故云予以馭其幸詒讓案說文夭部云㚔吉而免凶也幸卽㚔之隸變公羊宣十五年何注云幸僥幸也鄭意幸者僥幸恩澤之言謂諸臣本無功德以言行偶合於善則王亦有以賜予之以廣恩澤弁以爲後人勸也江永云凡賜予皆爲予圭瓚車馬衣服旌旗弓矢鈇鉞虎賁皆予之大者幸與福一例得予則爲幸得生則爲福案江說是也注義未晐云生猶養也者前注同劉敞云生以馭其福福者其人本坐死以親故功貴者議而免之是其福矣楚誅鬭氏而免箴尹克黄改命曰生則此類也江永云生謂以八議生之案劉江說是也易祓李光坡李鍾倫蔣載康俞樾說並同經以生對誅殺爲文則止謂保全臣下使究其年壽耳鄭以養爲訓求之太深於義轉遠矣云賢臣之老者王有以養之者謂老者筋力衰劣故王養以福之云成王封伯禽於魯曰生以養周公死以爲周公後是也者賈疏云此並文公十三年公羊傳文彼云周公拜乎前魯公拜乎後曰生以養周公死以爲周公主此云爲周公後不同者鄭以義言之詒讓案主後聲義並近疑嚴顏文異此引之者證生養義同云五福一曰壽者賈疏云此亦洪範文引之者證賢臣老養之是五福一曰壽故曰以馭其福也云奪謂臣有大罪沒入家財者者說文又部云奪手持隹失之也又攴部云敓彊取也此奪卽敓之借字淮南子本經訓高注云奪取也臣有大罪沒取其家財入官亦謂之奪劉敞云奪者削其田邑祿職惠士奇云左傳莊十九年惠王奪子禽祝跪與詹父田而收膳夫之秩奪田收秩所謂奪以馭其貧也案劉惠說是也鄭鍔說同此奪對予爲文亦謂奪其田祿耳非必盡沒其家財也云六極四曰貧者賈疏云亦洪範文引之者證大罪奪之家貧以馭其貧也云廢猶放也者此引申之義小爾雅廣言云放棄

也莊子釋文引李頤云廢棄也是廢放義同說文攴部云放逐也左傳宣元年杜注云放者受罪黜免宥之以遠案經以廢對置爲文亦止謂廢黜不令在位耳前注云廢猶退也與此義最合此注放棄之說亦似太深也云舜殛鯀于羽山是也者葉鈔本釋文殛鯀作極鮌案說文無鮌字今書舜典亦作殛鯀于洴例當作於各本並誤史記集解引馬融書注云殛誅也羽山東裔也祭法孔疏引鄭志荅趙商云鯀非誅死鯀放居東裔至死不得反於朝禹乃其子也以有聖功故堯興之若以爲殺人父用其子而舜禹何以忍乎而尚書云鯀則殛死禹乃嗣興者箕子見武王誅紂今與己言懼其意有慙德爲說父不肖則罪子賢則舉之以滿武王意也據鄭志則鄭以殛爲放與馬說不同故引以證此廢爲放之義也殛當依宋本釋文作極段玉裁云洪範鯀則殛死釋文殛本又作極左氏昭七年傳堯殛鯀羽山釋文殛亦作極然則堯典殛鯀亦是極字之假借殛之本義訓爲殊殊之訓死也一曰斷也殛之所假借爲極極窮也孟子言極之於所往是也云誅責讓也者司救注云誅誅責也義與此同廣雅釋詁云讓誅責也黃以周云鄭意過與罪對罪重而過輕故誅誅責讓引曲禮曰齒路馬有誅者鄭彼注云路馬君之馬齒欲年也誅罰也賈疏云引之者證誅爲言語責之非有刑罪也內史變誅言殺欲見爲惡不止則殺之劉敞云誅者殺也過當作禍聲之誤耳有馭其福則有馭其禍矣福稱生則禍稱誅矣八柄者先敘賞而後言罰賞則先重罰則後重故誅最後言也內史貳八柄爵祿廢置予奪生七者皆同而其一爲殺殺則誅也俞樾云鄭必以責讓釋誅者疑過失但當責讓不當誅殺耳不知此過字當讀爲禍古禍過通用漢書公孫弘傳諸常與弘有隙雖陽與善後竟報其過史記過作禍是其證也因段過爲禍鄭君遂失其解賈見內史八柄變誅言殺不知其文異義同而曲爲之說胥失之矣案劉俞說是也王安石王昭禹姜兆錫說並

同此經凡言誅雖有訓責讓者而此職之誅以內史證之則不得與殺義歧迕鄭賈說並未允云凡言馭者所以敺之內之於善者此總釋上下兩章也敺釋文作毆案說文彳部云御使馬也重文馭古文御从又从馬又馬部云驅馬馳也重文敺古文驅从攴敺即敺之隸變大戴禮記盛德篇云德法者御民之銜勒也吏者轡也刑者筴也天子御者內史太史左右手也晏子春秋諫下篇云禮者所以御民也轡者所以御馬也蓋使馬以箠策敺之使行引申之凡有所敺使皆曰御經例凡言馭者並有予奪勸懲之謂八則八柄及下八統皆所以令臣民强之爲善猶孟子梁惠王篇云驅而之善故並以馭爲文也

以八統詔王馭萬民一曰親親二曰敬故三曰進賢四曰使能五曰保庸六曰尊貴七曰達吏八曰禮賓統所以合牽以等物也親親若堯親九族也敬故不慢舊也晏平仲久而敬之賢有善行也能多材藝者保庸安有功者尊貴尊天下之貴者孟子曰天下之達尊者三曰爵也德也齒也祭義曰先王之所以治天下者五貴有德貴貴貴老敬長慈幼達吏察舉勤勞之小吏也禮賓賓客諸侯所以示民親仁善鄰

【疏】以八統詔王馭萬民者此親親故賢能庸貴吏賓八者所賅甚廣不止羣臣故經以馭萬民言之賈疏謂民與在上同有此八事故以萬民爲主則保庸達吏諸事非萬民所得與於義難通不可從　注云統所以合牽以等物也者前注云統猶合也廣雅釋詁云牽連也此八統並所以連合上下敘其等差故云合牽以等物也魏氏羣書治要注云統所以總物者也義與鄭同賈疏云物事也謂牽下民使與上合皆有以等其事上行之下效之也云親親若堯親九族也者賈疏述注若上有謂字書堯典云以親九族書釋文引馬鄭注云九族上而高祖下至玄孫凡九族云敬故不慢舊也者大司寇注云故謂舊知也云晏

平仲久而敬之者論語公冶長篇文引之者證敬故之事云賢有善
行也能多材藝者者孔繼汾謂有善行也也疑當作者阮元校同案
詩大雅烝民孔疏引此注作賢有善行者也能多材藝者也疑今本
二句各挩一字內則注云賢猶善也說文能部云能熊屬能獸堅中
故稱賢能而強壯稱能傑也鄉大夫云三年則大比攷其德行道藝
而興賢者能者鄭彼注云賢者有德行者能者有道藝者小司寇議
賢議能注義亦同大司徒十二教又云以世事教能注謂士農工商
之事是賢屬德行能包道藝及四民之事故鄭云有善行多材藝善
行與德行義亦同云保庸安有功者者地官敘官注云保安也又大
司徒注云庸功也司勳云民功曰庸云尊貴尊天下之貴者者廣雅
釋言云貴尊也天下人所尊尚者王亦尊之引孟子曰天下之達尊
者三曰爵也德也齒也者公孫丑篇文引以證尊貴之義彼文云天
下有達尊三爵一德一齒一趙注云三者天下之通尊也引祭義曰
先王之所以治天下者五貴有德貴貴貴老敬長慈幼者證尊貴之
義貴有德即孟子之尊德也貴貴即尊爵也貴老即尊齒也敬長慈
幼二者牽連引之於經無所當也江永云尊貴鄭引孟子三達尊及
祭義證之則貴中兼有爵齒德案江說是也賈疏以孟子爵德當經
進賢使能又以祭義之貴有德爲經之舉賢貴貴爲經之尊貴非鄭
引彼二書之恉云達吏察舉勤勞之小吏也者廣雅釋詁云達通也
說文一部云吏治人者也後注云吏小吏在鄉邑者大宗伯一命受
職注云始見命爲正吏王之下士一命是命士及不命之士並得稱
吏賈子階級篇云古者聖王制爲列等內有公卿大夫士外有公侯
伯子男然後有官師小吏施及庶人彼官師小吏蓋專指中下士及
不命之士言之與此注義亦通也小吏爵秩卑猥有勤勞者則亦察
舉之俾通於上故謂之達檀弓云公之喪諸達官之長杖注云謂君
所命蓋周制公孤上卿皆以世族爲之其大夫士以下則多參用庶

族故小吏積勞亦得馴至達官也此吏與宰夫之羣吏義同詳後疏又此八統與小司寇八辟目正相應達吏當彼議勤之辟鄭云勤勞之小吏蓋隱據彼經爲釋此達吏與進賢使能異賢能者皆有才德殊異於衆故因而進之使之達吏則不必有才德但以任事年久積累勤勞錄而通之蓋以校計年勞振拔困滯卑官平進與後世計資格相似故司士云以德詔爵以功詔祿以能詔事以久奠食彼德功能即此進賢保庸使能久即此勤勞之小吏明勤勞必年久乃著此職與小司寇司士三經義實相通貫也云禮賓賓客諸侯者即後文云以禮待賓客之治是也凡諸侯來朝會王待以不純臣故謂之禮賓小司寇八辟八曰議賓之辟注云謂所不臣者三恪二代之後與彼注專據賓恪諸侯爲釋義與此注小異云所以示民親仁善鄰者釋馭萬民而有賓客諸侯之事賈疏云親仁善鄰左氏隱公六年陳五父之辭親仁善鄰則當禮賓故引以證禮賓也

以九職任萬民一曰三農生九穀二曰園圃毓草木三曰虞衡作山澤之材四曰藪牧養蕃鳥獸五曰百工飭化八材六曰商賈阜通貨賄七曰嬪婦化治絲枲八曰臣妾聚斂疏材九曰閒民無常職轉移執事任猶傳也鄭司農云三農平地山澤也九穀黍稷秫稻麻大小豆大小麥八材珠曰切象曰瑳玉曰琢石曰磨木曰刻金曰鏤革曰剝羽曰析閒民謂無事業者轉移爲人執事若今傭賃也玄謂三農原隰及平地九穀無秫大麥而有粱苽樹果蓏曰圃園其樊也虞衡掌山澤之官主山澤之民者澤無水曰藪牧田在遠郊皆畜牧之地行曰商處曰賈阜盛也金玉曰貨布帛曰賄嬪婦人之美稱也堯典曰釐降二女嬪于虞臣妾男女貧賤之稱晉惠公卜懷公之生曰將生一男

一女男為人臣女為人妾生而名其男曰圉女曰妾及懷公以九質於秦妾為宦女焉疏材百草根實可食者疏不熟曰饉【疏】職任萬民者任民以制國用之法也黄以周云九職者任夫力也任夫力以興功故九職亦謂之九功鄉大夫言國中自七尺以及六十野自六尺以及六十有五皆征之是九職任民之法國語云任力以夫而議其老幼謂此閭師言任農貢九穀以至任虞貢其物各以其所有穀物以充力征是九職徵賦之法司會云以九功之法令民職之財用謂此又云周禮民之受田地而不耕毛者出里布屋粟民之不受田地而無職事者出夫家之征皆示罰也不以為正稅至孟子言廛無夫里之布則知戰國時以成周所以罰惰民閒民之征為經常之賦矣周初征民之常經祇有九職九賦二法而其國用之所仰給者祇在九賦之一征故九賦曰九正也九職力征祇以充府庫以備非常之需而里布夫家之征特以禁閒惰之民尤非國用之所待給也周禮九職中有貢九穀貢布帛二職農貢九穀不出布帛嬪貢布帛不出九穀非一人並征之均人職云凶札則無力征無財賦則經常之征止有力賦兩稅可知案黄說是也穀梁成元年傳云古者立國家百官具農工皆有職以事上桓寬鹽鐵論本議篇云古者之賦稅於民也因其所工不求所拙農人納其穫女工効其功是有民則有職有職則有功九職者謂任民以職事其目有九也民各以其力所能受職而貢其功以為賦稅故大府內府司會謂之九功閭師謂之八貢大府謂之萬民之貢以充府庫蓋任民之貢不為正賦其率亦甚輕故惟實府庫以共餘羨之用下文九賦地稅則為賦法之正大府以共九式之正法用二者迥異鄭以此為正賦對彼為口賦失之遠矣又案此經力征役征亦分二法任力者民以其力自任其職事而共貢均人所謂均地職是也任役者民以其力任國事共軍旅會同及城道之役亦通謂之力征均人所謂均人民牛馬車輦之力政

又云豐年則公旬用三日焉是也力征計戶任夫猶後世之丁稅自老疾及惰民外無不受職共貢役征雖亦計戶任夫而大役不必常有有事受役歲不過三日無事則免不以爲歲征之常科是其異也互詳鄉大夫均人疏云一曰三農生九穀者說文晨部云農耕也閭師云任農以耕事貢九穀是也民事以農爲尤重故九職亦以此爲首云二曰園圃毓草木者閭師云任圃以樹事貢草木是也大司徒注云育生也毓育古今字云三曰虞衡作山澤之材者閭師云任衡以山事貢其物任虞以澤事貢其物彼分爲二以充八貢此則合爲一職其事同也山澤之材即後八材凡山澤所出者皆是作謂藩聚與發之以給用也云四曰藪牧養蕃鳥獸者閭師云任牧以畜事貢鳥獸是也大司徒注云蕃蕃息也云五曰百工飭化八材者閭師云任工以飭材事貢器物是也考工記總敘云或審曲面勢以飭五材以辨民器亦謂此也賈疏云謂百種巧作之工所爲事業變化八材爲器物飭之而已飭勤也勤力以化八材案考工記飭五材先鄭注訓飭爲治此飭化與下文化治義蓋略同說文力部云飭致堅也謂治八材極其堅致化礦樸以成器物也賈訓飭爲勤未塙互詳考工記疏云六曰商賈阜通貨賄者閭師云任商以市事貢貨賄是也考工記總敘云或通四方之珍異以資之亦謂此也云七曰嬪婦化治絲枲者閭師云任嬪以女事貢布帛是也化治謂繅絲擘麻化爲綫縷織成布帛故考工記總敘云或治絲麻以成之枲麻義同管子輕重甲篇有絓絲之籍孟子盡心篇有布縷之征亦謂此也云八曰臣妾聚斂疏材者此民家所養有常主者以其賤故無貢也云九曰閒民無常職轉移執事者自三農至臣妾皆有常職此閒民不任受職止任與人傭賃而即以轉移執事爲職閭師云凡無職者出夫布是也江永云九職任萬民皆任之以生財大學所謂生之者衆也九職外有學士習道藝巫醫卜筮守世事府史胥徒服公事皆非所以生

財故不在九職之數而大司徒幷之爲十有二天下之民盡此矣九
職生財卽閭師之八貢與無職者之夫布然亦稍有不同九職合虞
衡爲一而有臣妾聚斂疏材閭師無疏材之貢而分虞衡爲二亦得
九大府所謂九功者也案江說是也大司徒頒職事十有二于邦國
其稼穡樹蓺作材阜蕃飭材通財化材斂材生材九者與此正同而
別有學藝世事服事三者此九職無之者大宰主財用之總要彼三
者皆無力征非財用所出故不及也　注云任猶傳也者前注同賈
疏云傳謂立也使民之業得立鄭司農云三農平地山澤也者據角
人云掌以時徵齒角凡骨物于山澤之農羽人云掌以時徵羽翮之
政于山澤之農又掌葛云以時徵絺綌之材于山農徵草貢之材于
澤農故以山農澤農與平地之農爲三也彼山澤皆曰農又皆出物
以當邦賦明生九穀爲其本職而後鄭不從者蓋以山澤生穀之地
甚少故易之云九穀黍稷秫稻麻大小豆大小麥者說文禾部云穀
續也百穀之總名稷齋也五穀之長秫稷之黏者稻稌也黍部云黍
禾屬而黏者也以大暑而種故謂之黍麻部云麻枲也尗部云尗豆
也又艸部云荅小豆也麥部云麥芒穀廣雅釋艸云大麥麰也小麥
麳也大豆尗也小豆荅也案先鄭所說九穀今惟稻麥豆名與古同
麻卽籩人之蕡宋以後醫書謂之火麻人詳彼疏其稷今謂之高粱
秫卽高粱之黏者也黍卽今北方之穄其米爲黃米南方或無其穀
後人說稻黍二穀者多淆亂莫辨故爾雅釋草粢稷郭注云今江東
人呼粟爲粢左傳桓二年孔疏引舍人云稷粟也齊民要術引孫炎
說同國語晉語韋注云稷粱也本草陶弘景注云氾勝之種植書無
稷有粱是秫依此諸說是西漢以後並以九穀之粱冡稷秫之名故
先鄭此注舉秫而遺粱其釋鍾氏丹秫亦以爲赤粟粟卽粱也蘇恭
唐本草謂稷卽穄則又九穀之黍與稷相掍唯程瑤田辨黍稷最爲
精析今依用之程氏說黍云說文黍禾屬而黏者也穈穄也禾屬而

黏者黍則禾屬而不黏者穄對文異散文則通稱黍爾雅秬黑黍內則飯黍稷稻粱白黍黃粱鄭注黍黃黍也經傳中見黑黍白黍黃黍不見黑穄白穄黃穄是以知散文通稱黍也穄一曰穄飯用米之不黏者黏者釀酒及為餌餈酏粥之屬故簠簋實穄為之又名曰穄不黏者有穄與穄之名於是黏者得專稱黍矣黍有黑黍白黍赤黍而獨無黃黍惟穄則類多黃者然則黃黍者穄也穄也內則直呼曰黍今人乃以為稷豈不繆哉今山西人無論黏與不黏統呼之曰穄黍又冒黃粱之名呼黏者曰軟黃粱不黏者曰硬黃粱大原以東則呼黏者為黍子不黏者為穄子武邑人亦呼之曰黍子穄子而呼黍之米曰黃米穄之米曰稷米北方稷穄音相邇穄奪稷名承譌日久論者因謂稷穄一物而以黏不黏分黍稷失之矣說文黍穄互釋稷齋互釋其為二物甚明又說稷云稷齋大名也黏者為秫北方謂之高粱或謂之紅粱通謂之秫秫又謂之蜀黍蓋穄之類而高大似蘆月令孟春行冬令首種不入鄭注舊說首種謂稷今以北方諸穀播種先後考之高粱最先粟次之黍穄又次之然則首種者高粱也管子書曰至七十日陰凍釋而藝稷百日不藝稷聞之鳳陽人云彼地種高粱最早諺云九裏種伏裏收管子曰至七十日今之正月也余旁行南北氣候不齊曾未聞有正月藝粱粟者至安徽藝粟遲至五六月烏在其為日至百日不藝也而高粱早種於正月者則南北並有之故曰稷為首種諸穀惟高粱最高大而又先種謂之五穀之長不亦宜乎艮耜詩箋云豐年之時雖賤者猶食黍疏云賤者食稷耳大戴禮無祿者稷饋稷饋者無尸注云庶人無常牲故以稷為主今北方富室食以粟為主賤者食以高粱為主是賤者食稷而不可以冒粟為稷也又云鄭衆班固服虔孫炎韋昭郭璞之流其言稷者類皆冒粟之名陸德明孔穎達賈公彥顏師古並承襲前人之說無能正之者陶通明注本草言書多云稷與黍相似然觀其所著書其所謂

與黍相似者猶是指粟言不謂稷在黍中也至唐蘇恭誤解陶氏與黍相似之云乃目本草載稷不載穄因以穄爲稷而謂與黍爲秈秫破冒粟爲稷之非轉致强分黍爲二穀不知黍中之有穄猶稷中之有秫稻中之有秔也一穀自兼二種安可以黍之不黏者而冒爲稷乎厥後陳藏器因之謂稷如黍黑色宋蘇頌則直謂黏者爲秫不黏者爲黍而孟詵寇宗奭之徒亦踵蘇恭之謬而與蘇頌相反所見不同均之爲誤也案程說是也云八材珠曰切象曰瑳玉曰琢石曰磨木曰刻金曰鏤革曰剝羽曰析者說文木部云材木梃也引申之凡可用之物皆曰材爾雅釋器云金謂之鏤木謂之刻骨謂之切象謂之磋玉謂之琢石謂之磨郭注云六者皆治器之名此卽先鄭所據案珠曰切釋器珠作骨賈疏謂司農讀爾雅本作珠象曰瑳釋器瑳作磋王充論衡量知篇亦云骨曰瑳與此注同革曰剝者說文刀部云剝裂也皮部云剝取獸革者謂之皮羽曰析者廣雅釋詁云析分也司常云析羽爲旌此二者釋器無文先鄭以意增之以足八材之數也江永云八材先鄭本爾雅珠象玉石木金革羽遺摶埴之工且珠之用少當不特設一工宜以曲禮土金石木獸草之六材而益以玉羽案江說亦通云閑民謂無事業者轉移爲人執事者左傳昭五年杜注云閑暇也此民無常職事轉移無定與人爲役故謂之閑民說文辵部云逡遷徙也移卽逡之叚字江永云閑民傭力之人執事於農工商賈圃牧虞衡之家轉徙無常卽閭師之無職者云若今傭賃也者說文貝部云賃庸也史記范睢傳云睢曰臣爲人庸賃一切經音義引孟氏云傭役也謂役力受直曰傭玉篇貝部云賃借傭也案詩周頌載芟侯彊侯以後鄭彼箋云以謂閑民今時傭賃也與先鄭此注說同云玄謂三農原隰及平地者大司徒注云高平曰原下濕曰隰原隰平地卽王制孔疏引五經異義左氏說所謂原防隰皋衍沃也後鄭以原卑於山隰高於澤於生穀爲宜故用易先鄭義其

一爲平地則同賈疏云原及平地可種黍稷之等隰中可種稻麥及
菽也惠士奇云三農者上農中農下農也管子揆度篇曰上農挾五
中農挾四下農挾三小司徒上地中地下地分爲三者以此案惠說
亦通云九穀無秫大麥而有粱苽者此破先鄭說也釋文云苽字或
作菰案菰卽苽之俗後鄭蓋依先鄭膳夫六穀注說而加麻及大小
豆也賈疏云以秫爲赤粟與稷黏疏爲異故去之大麥所用處少故
亦去之必知有粱苽者下食醫云凡膳食之宜有犬宜粱魚宜苽故
知有粱苽也且前七穀之中依月令麥屬東方黍屬南方麻屬西方
豆屬北方稷屬中央故知有稷黍麻豆麥稻與小豆所用處多故知
有稻有小豆也必知有大豆者生民詩云藝之荏菽荏菽大豆后稷
之所殖故知有大豆也案賈疏以秫爲赤粟卽沿先鄭鍾氏注說之
誤粱者今北方之小米也南方謂之粟米說文米部云粱米名也米
㮚實也卤部云㮚嘉穀實也禾部云禾嘉穀也程瑤田云禾粟之有
稾者也其實粟也其米粱也史記索隱載三蒼云粱好粟其證也內
則言飯有粱又有黃粱是粱者白粱也今北方猶呼粟米之純白者
曰粱米賈公彥舍人疏乃云正言粟卽粢也夫粢稷也以粟爲粢是
以粟爲稷此說蓋據郭璞爾雅注乃漢世訓詁相承之語孔穎達於
曲禮稷曰明粢亦釋之曰稷粟也蓋承其誤矣氾勝之種植書不見
稷而云粱是秫先鄭注鍾氏丹秫爲赤粟其注九穀亦有稷無粱然
於六穀則又稷粱並錄韋昭注國語直曰稷粱也顯然與禮經相畔
矣及其注百穀之屬於稷之外又復舉粱稷粱二穀見於經者判然
兩事不知秦漢以後何以溷二穀而一之如呂氏春秋審時篇舉粱
而逸稷其十二紀中所載又舉稷而逸粱月令及淮南子皆因於呂
紀文亦同之淮南子天文墬形主術三訓凡四見諸穀之名皆不見
稷字直謂稷卽粱也後鄭知稷粱之不可以相無也而改司農九穀
之說識卓矣又云食醫宜稌宜黍宜稷宜粱宜麥宜苽見稷則不見

秫內則菽麥蕡稻黍粱秫唯所欲見秫則不見稷故司農說九穀稷秫並見後鄭不從入粱而去秫以其闕粱而秫重稷也案程說是也段玉裁劉寶楠說並同至九穀之說二鄭而外亦多歧異如齊民要術引氾勝之種植書以爲稻米黍麻秫小麥大麥小豆大豆案據本草陶注氾氏所謂秫者卽粱則所謂米者蓋卽指粱之不黏者此與先鄭義略同唯以米易稷耳崔豹古今注又以爲黍稷稻粱三豆二麥其說互有三不知墻指何種此諸說並與疾醫六穀不合不可以說此經苽卽彫胡詳膳夫疏云樹果蓏曰圃園其樊也者載師注義同賈疏云此圃卽載師所云場圃任園地謂在田畔樹菜蔬果蓏者又云案漢書食貨志云田中不得有樹用妨五穀環廬樹桑麻菜茹瓜瓠果蓏應劭曰木曰果草曰蓏張晏曰有核曰果無核曰蓏臣瓚曰木上曰果地上曰蓏劭與瓚義同晏獨異也案載師云場圃任園地則圃在園中故鄭云樹果蓏曰圃園其樊是以詩云折柳樊圃謂與圃爲樊樊其藩蔽也詒讓案毛詩齊風東方未明傳云圃菜園也又將仲子傳云園所以種木也說文口部云種菜曰圃園所以樹果也一切經音義引三蒼論語子路篇集解引馬融說並略同據載師云場圃任園地則不得如毛許說以菜木分屬圃園故鄭易之依鄭義圃樹果蓏甸師注云果桃李之屬蓏瓜瓞之屬則云樹果蓏可通包菜木圃之四畔爲藩籬則謂之園說文爻部云棥藩也樊卽棥之叚字爾雅釋言及詩東方未明傳並云樊藩也詩疏引孫炎云樊圃之藩也與鄭義同至穀梁宣十五年傳云古者公田爲居井竈葱韭盡取焉范注云損其廬舍家作一園以種五菜外種楸桑以備養生送死此謂井田之法於公田中廬舍之旁隙地爲園以種菜木與此園圃專爲毓草木之地迥異詳載師疏云虞衡掌山澤之官主山澤之民者者賈疏云案地官掌山澤者謂之虞掌川林者謂之衡則衡不掌山澤而云虞衡作山澤者欲互舉以見山澤兼有川林之材也

鄭旣二云虞衡掌山澤之官復二云山澤之民者欲見虞衡是官非出稅之人以山澤之民無名號故借虞衡之官以表其民所任者任山澤之萬民山虞澤虞之官非是以任出稅之物但主山澤之民也案賈說是也山林川澤之民屬於虞衡故卽名其民職曰虞衡亦通謂之虞史記貨殖傳引周書二云農不出則乏其食工不出則乏其事商不出則三寶絕」虞不出則財匱少財匱少而山澤不辟矣二云澤無水曰藪者地」官敘官澤虞有大澤大藪中澤中藪小澤小藪注二云澤水所鍾也」水希曰藪水希卽是無水華嚴經音義引韓詩傳二云澤中可禽獸居之曰藪無水故可居禽獸也」蓋析言則藪與澤別統言之則藪澤亦通故職方氏藪澤注二云大澤曰藪是也二云牧牧田在遠郊者據載師二云以牧田任遠郊之地彼注二云牧田畜牧者之家所受田也又鄭司農二云牧田者牧六畜之田後鄭彼注不從先鄭而此注乃正從先鄭彼注義當以此注爲正詳彼疏二云皆畜牧之地者牧爲蕃畜鳥獸之專地其地甚廣載師所任旣別爲區域藪近水澤薦草蕃衍則亦可就之畜牧故經兼舉之閭師八貢止二云任牧不及藪者文省也管子國準篇二云菹菜之壤非五穀之所生也麋鹿牛馬之地春秋賦生殺老彼麋鹿之地卽藪牛馬之地卽牧也江永二云藪牧養蕃鳥獸不必家畜藪牧之民各守其地野鳥獸取之有時是亦所以養蕃之疑藪牧之民有二種其受田於遠郊者則貢家畜其處山澤與邦田之地者則貢野鳥獸家畜入於遂師而遂師以共野牲其卵鳥則掌畜復養而共之野鳥獸入於迹人獸人與掌畜而諸官以共膳人庖人之用案江說是也二云行曰商處曰賈者司市注二云通物曰商居賣貨曰賈義與此同說文商部二云商從外知內也又貝部二云賣行賈也賈市也一曰坐賣售也案商卽賣之叚字白虎通義商賈篇二云商之爲言商也商其遠近度其有亡通四方之物故謂之商也賈之爲言固也固其有用之物以待民來以求其利者也行曰商止曰賈易曰

先王以至日閉關商旅不行后不省方論語曰沽之哉我待價者也卽如是尚書曰肇牽車牛遠服賈用何言遠行可知也方言欽厥父母欲留供養之也案商賈對文則異散文則通故尚書以行爲賈班說非文選西京賦薛注又云坐者爲商行者爲賈蓋誤文云阜盛也者毛詩鄭風大叔于田傳文大司徒司市掌畜注義並同云金玉曰貨者後注云貨貢珠貝自然之物也聘禮記多貨則傷于德鄭彼注云貨天地所化生謂玉也金玉並天地所化生自然之物故謂之貨杜臺卿玉燭寶典引蔡邕月令章句云龜貝金玉之屬曰貨云布帛曰賄者玉燭寶典引月令章句云布帛魚鹽之屬曰賄案此商賈阜通貨賄大司徒十二職事謂之通財說文貝部貨賄並訓云財也漢書食貨志云貨謂布帛可衣及金刀龜貝所以分財布利通有無者也是布帛亦得爲貨蓋對文則異散文得通賈疏云聘禮曰賄用束紡是人所爲曰賄也若然王制云錦文珠玉不粥于市此商賈得通之在市者彼據珠玉有錦文者或彼異代禮也案左氏襄十五年宋人獻玉于子罕子罕寘諸其里使玉人爲之攻之富而後使復其所服氏云富賣玉得富是其得粥玉也案賈說非也王制所說欲防民之奢耳此經主於阜通貨賄義各有當不當援彼疑此又王制錦文與珠玉各異物賈謂珠玉有錦文者尤謬云嬪婦人之美稱也者敘官九嬪注云嬪婦也案此嬪婦指外嬪婦卽典絲之外工與九嬪世婦等內嬪婦異嬪義取可賓敬故爲婦人之美稱詳敘官疏引堯典曰釐降二女嬪于虞者證嬪爲婦人美稱僞孔傳云降下嬪婦也與鄭義同云臣妾男女貧賤之稱者書費誓臣妾逋逃僞孔傳云役人賤者男曰臣女曰妾史記魯世家集解引鄭書注云臣妾廝役之屬也惠士奇云古無奴婢有臣妾易遯九三畜臣妾吉旅六二得童僕貞左昭七年傳謂之皁隸輿臺公羊宣十二年傳謂之廝役扈養周書大聚曰春發枯槁夏發葉榮秋發實蔬冬發薪烝皆臣妾之職也

又云魯國之法贖人臣妾于諸侯者皆取金于府並見呂覽家語故知古之臣妾卽今之奴婢江永云臣妾奴婢也貧民鬻身爲人奴婢閭師無疏材之貢恤其貧也而九職生財必及之賢人掌成市之貨賄人民注人民奴婢卽此經之臣妾也庶人商賈家皆有之云晉惠公卜懷公之生曰將生一男一女男爲人臣女爲人妾生而名其男曰圉女曰妾及懷公質於秦妾爲宦女焉者證臣妾爲男女之賤稱賈疏云左氏傳僖十七年夏晉大子圉爲質於秦云惠公之在梁也梁伯妻之梁嬴孕過期卜招父與其子卜之其子曰將生一男一女招曰然男爲人臣女爲人妾故名男曰圉女曰妾及子圉西質妾爲宦女焉注養馬曰圉不聘曰妾此與文異者鄭以義增之也云疏材百草根實可食者者委人注云疏材草木有實者案疏俗作蔬小爾雅廣物云菜謂之蔬爾雅釋天郭注云草菜可食者通名爲蔬國語魯語云烈山氏子柱能植百穀百蔬韋注云草實曰蔬案據委人注則木實亦得稱疏故月令有能取疏食田獵禽獸者鄭彼注云草木之實爲疏食玉燭寶典引月令章句亦云疏食謂山有榛栗杼橡澤有菱芡鳧茈之屬可以助穀者也此注不及木實者文偶不具上云園圃毓草木據人所種者言之此疏材之草木據地自生者言之以其種別繁多故得百疏之稱矣云疏不熟曰饉者釋文熟作孰案熟卽孰之俗曹憲廣雅音云顧野王玉篇孰字加火未知所出是古無熟字當以釋文爲正爾雅釋天云穀不熟爲饑蔬不熟爲饉果不熟爲荒彼疏作蔬亦俗字也詩小雅雨無正孔疏引李巡注云可食之菜皆不熟爲饉引之者證疏材可共食也

周禮正義卷二

周禮正義卷三

瑞安孫詒讓學

以九賦斂財賄一曰邦中之賦二曰四郊之賦三曰邦甸之賦四曰家削之賦五曰邦縣之賦六曰邦都之賦七曰關市之賦八曰山澤之賦九曰幣餘之賦財泉穀也鄭司農云邦中之賦二十而稅一各有差也幣餘百工之餘玄謂賦口率出泉也今之筭泉民或謂之賦此其舊名與鄉大夫以歲時登其夫家之衆寡辨其可任者國中自七尺以及六十野自六尺以及六十有五皆征之遂師之職亦云以徵其財征皆謂此賦也邦中在城郭者四郊去國百里邦甸二百里家削三百里邦縣四百里邦都五百里此平民也關市山澤謂占會百物幣餘謂占賣國中之斥幣皆末作當增賦者若今賈人倍筭矣自邦中以至幣餘各入其所有穀物以當賦泉之數每處爲一書所待異也【疏】以九賦斂財賄者說文貝部云賦斂也攴部云斂收也經凡征斂通謂之賦此九賦則皆任地以制國用之法也黃以周云九賦者斂田地之租也田地爲正稅故九賦司書亦謂之九正大府職關市之賦以待王之膳服邦中之賦以待賓客四郊之賦以待稍秣家削之賦以待匪頒邦甸之賦以待工事邦縣之賦以待幣帛邦都之賦以待祭祀山澤之賦以待喪紀幣餘之賦以待賜予此言九賦田地之租司會所謂以九賦之法令田野之財用者此也周初征民之常經祇有九職九賦二法而其國用之所仰給者祇在九賦之一征九賦力征祇以充府庫以備非常之需而里布夫家之征特以禁惰閑之民尤非國用之所待給也案黃申

先鄭說是也九職蓋以田稅爲正而宅地稅亦無不晐焉先鄭以載
師任地之法爲釋與司會令田野財用之文㫖合最爲得解書禹貢
九州之賦亦各以上中下三等爲差此卽田賦之正名也蓋此經九
賦自國中至邦都六者並以由內而外地之遠近爲稅法輕重之差
關市山澤以及幣餘之斂於官府者其地廛廁於六處之中而於田
稅之外別爲科率故列於諸賦之後通校各職征賦之法有二一曰
任地卽此九賦地征是也一曰任民前九職之貢與均人人民牛馬
車輦之力政是也國語魯語仲尼曰先王制土籍田以力而砥其遠
邇賦里以入而量其有無任力以夫而議其老幼彼籍田謂田稅賦
里謂廛稅並爲任地之法任力謂力征爲任民之法與此經正同九
賦猶後世之地稅九職猶後世之丁稅而人民牛馬車輦之力政則
猶後世之差徭各自爲一法此職九賦以司會載師證之其爲地征
本無疑義自後鄭以爲口泉而賈疏申其義遂於九職閒民夫布之
外增一泉征又無以處幣餘之賦而經義晦矣云一曰邦中之賦者
載師云以廛里任國中之地以場圃任園地此其地征也六鄉之吏
及閭師場人等斂之云二曰四郊之賦者距國百里四郊六鄉之地
征載師云以宅田士田賈田任近郊之地以官田牛田賞田牧田任
遠郊之地是也六鄉四郊之吏及閭師斂之云三曰邦甸之賦者距
國二百里六遂公邑之地征載師云以公邑之田任甸地是也六遂
之吏及縣師斂之云四曰家削之賦者距國三百里公邑之地征載
師云以家邑之田任稍地是也自此以外至邦都並縣師斂之賈疏
云謂三百里之內地名削其中有大夫采地謂之家故名家削大夫
采地中賦稅入大夫家但大夫家采地外其地爲公邑公邑之內其
民出泉入王家故舉家削以表公邑之民也江永云八則言賦貢以
馭其用則都鄙亦當有賦入於王司勳凡頒賞地參之一食疏云若
采地之稅則四之一與小國入天子同是謂采地有賦此疏謂三等

采邑出泉賦於公卿大夫而三等公邑則出泉賦於王蓋揭采邑表
公邑非是案江說是也賈依後鄭義以此九賦爲口泉與稅異小司
徒疏引鄭志云稍縣都鄙地有公邑之民口率出泉於王也邦國都
無口率之賦故此疏亦本彼爲說不知此賦自是地征非口賦地征
在公邑固全入王采邑雖入其主亦計率貢其餘於王此由誤解賦
字與司勳疏實不相冡也但彼疏謂采地之稅四之一入王亦不塙
耳詳彼疏云五曰邦縣之賦者距國四百里地之地征載師云以小
都之田任縣地是也其公邑之賦全入於王小都采地之賦則計率
貢於王云六曰邦都之賦者距國五百里地之地征載師云以大都
之田任畺地是也亦公邑之賦全入於王大都采地之賦計率貢於
王云七曰關市之賦者司市司關所斂廛征財征是也云八曰山澤
之賦者山林川澤之地征也山虞澤虞川衡林衡斂之云九曰幣餘
之賦者說文食部云餘饒也百官府法用之餘羨職幣所斂者是也
注云財泉穀也者宰夫小司徒注義同說文貝部云財人所寶也
考工記總敘云飭力以長地財謂之農夫財亦指穀言之賈疏云見
外府云掌邦布之出入賜予之財用以此知財中有泉也又知財中
有穀者案禮記喪大記云納財朝一溢米米即是穀故知財中有穀
也詒讓案荀子富國篇楊注云粟米布帛曰財依鄭前注說則布帛
爲賄此財賄並言則財中不含布帛對文則異也但鄭意此賦爲口
泉則以泉爲主其無泉者則入穀及布帛以當泉然此賦實爲地稅
則本不計口爲征而泉穀布帛各隨所有斂之亦不定以泉爲正也
鄭司農云邦中之賦二十而稅一各有差也者賈疏云先鄭約載師
園廛二十而一近郊十一遠郊二十而三故云各有差後鄭不從者
以關市山澤幣餘之賦皆無地稅即上云邦中四郊之等亦非地稅
故不從也案先鄭據載師釋此九賦爲地稅其說塙不可易後鄭及
賈破之非也云幣餘百工之餘者謂百工財齎所用之餘入於官者

大府幣餘之賦先鄭注云幣餘使者有餘來還也與此注說異皆未盡得其義此幣餘之賦乃官府法用之餘不徒出於百工若云在市百工器物之貢則是九職之一與幣餘之賦尤不相涉也云玄謂賦口率出泉也者漢書高帝紀云郡各以其口數率人歲六十三錢以給獻顏注云率計也此卽漢初口率出泉之法廣雅釋言云率計數也謂校計人口令出泉也口率出泉省文亦云口泉與漢小丁之口錢異詳後賈疏云案大府云九貢九賦九功各別又見司會云以九貢致邦國之財用以九賦令田野之財用以九功令民職之財用貢賦及功各別賦為口泉也金榜云先鄭謂邦中之賦二十而稅一謂地稅也後鄭云賦口率出泉謂夫布也二者古皆謂之賦閭師掌國中及四郊之人民六畜之數以任其力以待其政令以時徵其賦八貢與夫布閭師以時徵之通謂之賦是賦者歲入之總名也江永云漢之口率出泉周禮亦有之閭師言凡無職者出夫布是也此因閑民一職轉移執事於人故使出夫布猶後世之丁錢及僱役錢不可以此通釋賦字也案江說是也賦雖為歲入之總名而九賦當以先鄭之說為正蓋自邦布至山澤八者並任地之稅幣餘出於官府雖非地稅而官府亦卽出賦之地故司會云以令田野之財用若是口泉則不得言田野矣載師任地自國宅無征外園廛近郊遠郊甸稍縣都及漆林之征卽此邦中至山澤八賦之法若夫布則閭師與八貢同舉乃九職閑民之征非九賦之正若如鄭說非徒幣餘一賦必不可通而閑民之外農牧虞衡之民旣各有所專任之職事以令貢稅乃復計口令出泉是責倍輸之賦也豈先王之法乎惟管子山至數篇云邦布之籍終歲十錢輕重甲篇云桓公曰寡人欲藉於萬民管子曰不可是隱情也又云則無屋粟邦布之藉國蓄篇云以室廡籍謂之毀成以六畜籍謂之止生以田畝籍謂之禁耕以正人籍謂之離情以正戶籍謂之養贏五者不可畢用故王者徧行而不盡也

以諸文互校彼邦布蓋卽閒師無職者所出之夫布載師民無職事者出夫家之征亦出此布周制本使閒民惰民出之則不以此爲任事者亦出此布抑或變更九職任民之故法改貢物爲入泉皆未可知要所謂籍於萬民籍於正人者實後世口泉之濫觴也管子海王篇又云萬乘之國正人百萬也月人三十錢之籍爲錢三千萬此正人月籍三十錢與山至數篇文異考彼書揆度篇云萬乘之國爲戶百萬戶爲開口千萬人爲當分者百萬人是萬乘之國實有千萬人而止籍其當分之正人百萬蓋亦十賦其一然非周初九賦之制也又案漢書食貨志說周法云有賦有稅稅謂公田什一及工商虞衡之入也賦共車馬甲兵士徒之役充實府庫賜予之用稅給郊社宗廟百神之祀天子奉養百官祿食庶事之費刑法志亦云有稅有賦稅以足食賦以足兵其下卽說丘乘軍賦之法蓋亦以稅當此經之九職賦當此經之九賦與後鄭義略同而以賦爲兼有軍賦則小異攷國語魯語說軍賦歲收一井出稯禾秉芻缶米與井田什一之常稅絕不相冡詳載師疏漢志說稅賦給用與大府九賦分給九式之文尤不合不可以證此經也云今之筭泉民或謂之賦此其舊名與者此舉漢法證賦爲口率出泉也漢舊儀云筭民年七歲以至十四歲出口錢人二十三二十錢以食天子其三錢者武帝加口錢以補車騎馬又令民男女年十五以上至五十六出賦錢人百二十爲一筭以給車馬案此卽鄭所謂筭泉或謂之賦者也漢書高帝紀四年初爲筭賦如淳注引漢儀注與衞敬仲說同賈疏謂漢法民年二十五以上至六十出口賦錢人百二十以爲筭與衞說小異當以衞爲正漢之口錢與筭錢二者不同然其計口出泉則同二者民並謂之賦故漢書昭帝紀如淳注引漢儀注以口錢爲口賦錢鄭惟舉筭泉爲況者以鄉大夫云國中自七尺以及六十野自六尺以及六十有

五皆征之與漢筭泉法約畧相當也黄以周云注口率出泉蓋亦謂計夫賦役故又曰今之筭錢漢有筭錢口錢二法皆計口出錢也筭錢起於高帝貢禹以爲古無賦筭口錢起武帝征伐四夷重賦於民産子三歲則出口錢至於生子輒殺宜令兒七歲去齒乃出口錢二十乃筭筭錢口錢二者分別言之後漢光武紀注引漢儀注分筭錢口錢爲二與貢禹傳合筭錢者已成丁壯而賦之口錢則賦其未成丁壯者高帝紀初爲筭錢文帝紀民賦四十景帝紀二十始傅宣帝紀減民筭三十成帝紀減賦四十皆筭錢也又云漢之筭錢爲古力役之征應入九職不得據以釋九賦案黄說是也鄭以前九職爲地征正賦故以此九賦爲口賦而以漢筭賦況之然漢之算賦與古九職力役之征相類但九職之征受職者各貢其物自閲民外皆不定賦泉漢之筭賦則概令出泉而不貢物其法仍異而鄭以況九賦固野之征則尤不相當也若漢之口錢則取之十四歲以下之小口此皆古之所不征者實爲病民之横斂鄭固不謂周有此法也以管子攷之則東遷以後侯國已有口賦之制漢書食貨志載董仲舒說武帝云秦田租口賦鹽鐵之利二十倍於古則秦亦有口賦此並漢筭賦之濫觴而亦非小丁之口錢但口錢雖横征然似亦起於漢初貢禹謂起於武帝者據産子三歲卽出口錢又加錢三言之耳非前此全無口錢也引鄉大夫以歲時登其夫家之衆寡辨其可任者國中自七尺以及六十野自六尺以及六十有五皆征之者證六鄉之征賦也云遂師之職亦云以徵其財征者證六遂之征賦也云皆謂此賦也者謂鄉大夫遂師二職所云征卽此經之賦並據口泉而言然鄉大夫所云乃力役之征計戸共貢役而不計口出泉先鄭彼注訓征爲給事於義爲近後鄭以爲賦稅乃誤說也遂人財征則據地稅言之雖卽此九賦而亦非口泉此注亦誤詳鄉大夫疏云邦中在城郭者者與鄉大夫國中同彼注亦云國中城郭中也案城中謂王城

方九里之中城之外有郭周書作維篇云乃作大邑成周於土中城
方千六百二十丈郛方七十二里孔晁注云郛郭也案七十二里當
作二十七里此國中注謂兼城郭中言則方二十七里郭門之內並
爲國中矣焦循云隱公五年傳云鄭人伐宋入其郛公聞其入郛也
將救之問於使者曰師何及對曰未及國公怒乃止按公聞其入郛
而使者對以未及國公以其紿己而怒則當時謂郛內爲國也齊語
參其國而伍其鄙韋昭注云國郊以內也鄙郊以外也孟子云請野
九一而助國中什一使自賦鄉大夫職國中對野言與孟子同遂人
掌邦之野注云郊外曰野此野爲甸稍縣都準此則近郊遠郊爲國
中矣又云經典國有三解其一大曰邦小曰國如惟王建國以佐王
治邦國是也其一郊內曰國國語孟子所云是也其一城中曰國小
司徒稽國中及四郊都鄙之夫家載師以廛里任國中之地質人國
中一旬郊二旬野三旬鄉士掌國中是也蓋合天下言之則每一封
爲一國而就一國言之則郊以內爲國外爲野就郊以內言之又城
內爲國城外爲郊蓋單舉之則相統並舉之則各屬也云四郊去國
百里者載師職近郊遠郊注杜子春云五十里爲近郊百里爲遠郊
又引司馬法云王國百里爲郊此四郊據王城四面面各百里遠郊
以內通得郊稱說文邑部云距國百里爲郊亦據遠郊大界言之段
玉裁云周禮之制王城方九里謂之國城中謂之國中城外五十里
爲近郊至百里爲遠郊近郊遠郊見載師近郊經不多見遠郊經文
謂之郊謂之四郊郊之內爲六鄉至二百里爲野野之內爲六遂經
文如大宰小司徒閭師多以國中四郊並舉言四郊即關六鄉在內
但言鄉則未見鄉之所際故言六鄉不可以關四郊也郊者鄉與遂
之閒也國中四郊對舉猶今人云城裏城外也鄭注王制移之郊云
郊鄉界之外者也正謂郊在鄉與遂相接之閒故云鄉界之外者謂
鄉之邊也案段說是也此經凡言郊有包六鄉在內者如此職言四

郊之賦不別出六鄉猶之甸包六遂經止言邦甸之賦也有別郊於
鄉之外者如小司徒大比六鄉四郊之吏遺人有鄉里之委積又有
郊里之委積郊與鄉並舉則郊專指鄉外之餘地言之互詳小司徒
載師遺人疏云邦甸二百里者載師職甸地注引司馬法云二百里
爲州甸即州也云家削三百里者釋文云削本亦作稍又作鄁案說
文邑部云鄁國甸大夫稍稍所食邑周禮曰任鄁地在天子三百里
之內載師職作稍地注云故書稍或作鄁鄁正字削稍同聲段借字
縣師稍人字並作稍載師注又引司馬法云三百里爲野稍即野也
說文云國甸者疑因稍與甸地相比故冡其稱周書作雒篇云制郊
甸方六百里方六百里開方爲地三十同即自稍以內包國中及郊
甸之地也云邦縣四百里者載師職縣地注引司馬法云四百里爲
縣是也云邦都五百里者載師職大都任畺地注引司馬法云五百
里爲都說文邑部亦云周禮距國五百里爲都是也金鶚云邦都即
畺地以其在五百里爲畺界之地故曰畺以其大都所在爲都之宗
故曰都云此平民也者賈疏云謂六曰已上皆是平善之民先王以
農爲本故謂之平民也對七曰已下非農民者爲末作也云關市山
澤謂占會百物者史記平準書各以其物自占司馬貞索隱引郭璞
云占自隱度也案占會百物謂向官自隱度諸物會聚積貯以求利
若食貨志王莽詔云工商能采金銀銅連錫登龜取貝者皆自占司
市錢府順時氣而取之是也賈疏云謂關上以貨出入有稅物市若
泉府廛布總布之等亦有稅物山澤民人入山澤取財亦有稅物此
人占會百物爲官出息易祓云關市之賦如司市所言市征司關所
言關門之征是也山澤之賦如丱人所取金錫玉石角人所取齒角
骨物之類是也案易說是也孟子滕文公公孫丑篇趙注並引此經
關市之賦以明關市之有征稅則趙岐亦以此賦爲即關征市征疑
漢時禮家已有此說而邠卿從之蓋此關市山澤之賦即地稅及貨

賄材物之稅非占會百物者之口賦鄭賈說亦誤云幣餘謂占賣國中之斥幣者一切經音義引漢書音義云斥不用也謂國中之斥幣出而賣之故名斥幣孔廣森云封禪書曰賜欒大乘輿斥車馬帷帳不用者隱度其直受而賣之也賈疏云斥幣謂此物不入大府指斥器物然則斥幣謂物陳積而斥出不用者若占賣之即謂之斥賣貨殖傳烏氏贏畜牧及衆斥賣漢書縣官斥賣董氏財凡四十三萬萬是也賈師注云官有所斥令賣其斥字義同此晏子春秋曰財在外者斥之市是周時已有斥賣之語王念孫云幣餘之賦鄭司農云百工之餘大府注又云幣餘使者有餘來還也二說不同後鄭則以爲占賣國中之斥幣又司書以敘其財受其幣使入于職幣後鄭云亦受錄餘幣而爲之簿書使之入于職幣幣物當以時用之久藏將朽蠹案幣餘之幣非幣帛也用之不盡則有餘凡物皆然不獨幣帛而已幣當讀爲敝敝說文敝帗也一曰敗衣從攴㡀㡀敗衣也象衣敗之形急就章帗敝囊橐不直錢顏注曰帗者幣殘之帛也敝敗衣也是敝爲衣敗殘之名殘則餘矣因而凡物之殘者皆謂之敝餘今時營造用物有餘價賣以還官謂之回殘是也職幣職曰掌式灋以斂官府都鄙與凡用邦財者之幣振掌事者之餘財後鄭曰幣謂給公用之餘是餘財謂之幣較然甚明職幣主餘財之官也斂凡用邦財者之幣謂收用邦財者之餘也司書敘其財受其幣使入于職幣謂受其餘財使入於主餘財之官泉府歲終則會其出入而納其餘後鄭曰納入也入餘於職幣是也古敝字多通作幣魯語不腆先君之幣器即敝器管子輕重甲篇靡幣之川輕重乙篇器以時靡幣即靡敝也孔宙碑彫幣即彫敝也皇象碑本急就章帗幣即帗敝也字或作獘管子小匡篇戎車待游車之獘戎士待臣妾之餘趙策趙以七敗之餘收破軍之獘獘亦餘也合言之則曰獘餘耳先鄭前一說以幣餘爲百工之餘差爲近之後一說謂使者有餘來還則誤以爲幣帛

之餘矣後鄭云幣謂給公用之餘已得其義而又云占賣國中之斥幣餘幣當以時用之久藏將朽蠹則亦誤以爲幣帛之幣豈知幣爲敝之假借讀當如其本字乎案王安石王昭禹易祓薛氏劉迎陳友仁方苞江永莊存與沈夢蘭並據職幣證此幣餘爲式法所用之餘幣而王說尤精塙足正二鄭之誤云皆末作當增賦者者謂關市山澤幣餘三者皆末作與上平民務本業者異當增其口泉也今案此並非口泉幣餘爲官府公用之餘亦非末作鄭說並失之云若今賈人倍筭矣者證末作當增賦也惠棟云此漢律也應劭漢書惠帝紀注云漢律人出一筭筭百二十錢唯賈人與奴婢倍筭云自邦中以至幣餘各入其所有穀物以當賦泉之數者賈疏云以經云斂財賄一財賄卽是穀物取之以當賦泉之數者若漢法人百二十云每處爲一書所待異也者據大府職九賦各有所待若此一曰邦中之賦彼云邦中之賦以待賓客之等是也賈疏云此九賦所得財物給下九式之用九式用處不同故此九賦分爲九處是以每一處爲一書以待其出式謂用財之節度是所待異也江永云關市山澤之賦亦卽在邦中四郊甸稍縣都之中幣餘之賦亦卽八賦中之餘財何以別出三種列而爲九蓋九賦因九式而分者也觀大府職可知矣賓客芻秣工事匪頒幣帛祭祀羞服喪荒好用因國之用財有此九事故於通國之賦先分之爲九以待九式之用酌其所入所出之多寡約略相當準之以爲式焉非謂王之膳服必出於關市國之喪荒必取諸山澤也其財物略相當焉耳他賦與式皆倣此惟幣餘一賦從八式所用之餘而生因王不能無賜予故於八式所用之財常留有餘特設職幣一官掌之是以賦與式皆有九也案江說是也

以九式均節財用一曰祭祀之式二曰賓客之式三曰喪荒之式四曰羞服之式五曰工事之式六曰幣帛

之式七曰芻秣之式八曰匪頒之式九曰好用之式式謂用財之節度荒凶年也羞飲食之物也工作器物者幣帛所以贈勞賓客者芻秣養牛馬禾穀也鄭司農云匪分也頒讀爲班布之班謂班賜也玄謂王所分賜羣臣也好用燕好所賜予【疏】以九式均節財用者此制國用之總要也此皆國之法用大府以九賦正共之財待之因事爲之法式故司書謂之九事金榜云九式者冢宰以歲之上下制之其式凡九王制曰冢宰制國用必於歲之杪五穀皆入然後制國用考之經司稼以年之上下出斂法均人均力征以歲上下其斂諸民者每歲不同廩人以歲之上下數邦用以知足否以詔穀用以治年之豐凶小司寇孟冬祀司民獻民數于王王拜受之以圖國用而進退之其國用多寡亦每歲輒異冢宰恆於歲杪制爲式法凡受財用者皆並式法受之理財之道節用爲本大宰以九式均節財用小宰執邦之九貢九賦九式之貳以均財節邦用又云以官府之六職辨邦治一曰治職以節財用葢其職之轉相佐貳者如此云一曰祭祀之式者若肆師云立大祀用玉帛牲牷立次祀用牲幣立小祀用牲皆有等差又王制說冢宰制國用云祭用數之仂注云筭今年一歲經用之數用其什一卽祭祀用財之式也賈疏云謂若大祭次祭用大牢小祭用特牲之類云二曰賓客之式者若大行人掌客所掌禮籍之等數是也云三曰喪荒之式者賈疏云喪謂若諸侯諸臣之喪含襚贈賵賻賵之類王家之喪所用大非此所共也案賈說非也此喪當通大喪小喪言之凡斂葬祭奠及明器等皆依法式共之王制云喪用三年之仂是也金榜云喪荒大府作喪紀凶荒事出非常不可預爲節度遺人縣都之委積以待凶荒倉人辨九穀之物有餘則藏之以待凶而頒之故耕三餘九耕九餘三以三十年之通雖有凶旱水溢民無菜色此治凶荒之道也云四曰羞服之式者賈疏云謂王之膳羞衣

服所用也釋文二云羞服干二云羞飲食也服車服也服或作膳臧琳二云
干賈本皆作羞服釋文同或作膳係妄改阮元二云大府關市之賦以
待王之膳服注二云膳服卽羞服也此經本作羞服之證案阮說是也
羞卽膳夫庖人所共膳羞酒正有酒式是其一隅服卽司服內司服
弁師屨人所共冠服皆有法式干寶謂兼有車亦是也二云五曰工事
之式者冬官百工造作器物須授以齎材貴賤工沽亦各有法式也
注二云式謂用財之節度者說文工部二云式法也此九者皆國用之
節度多少有常法式者大府所謂凡頒財以式灋授之是也二云荒凶
年也者大司徒注同爾雅釋天二云穀不孰爲饑蔬不孰爲饉果不孰
爲荒說文禾部二云𥝰虛無食也荒卽𥝰之省又凶部二云凶惡也凶年
謂年惡也穀梁襄二十四年傳二云五穀不升爲大饑一穀不升謂之
嗛二穀不升謂之饑三穀不升謂之饉四穀不升謂之康五穀不升
謂之大侵韓詩外傳康作荒荒康古字通墨子七患篇二云一穀不收
謂之饉二穀不收謂之旱三穀不收謂之凶四穀不收謂之餽五穀
不收謂之饑諸書所說凶荒異名此經通言不別也二云羞飲食之物
也者釋文引干注義同此羞爲凡飲食膳羞之通名與膳夫羞用百
有二十品專屬庶羞者異二云工作器物者者漢書食貨志二云作巧成
器曰工賈疏二云若考工所作器物也二云幣帛所以贈勞賓客者者賈
疏二云謂若司儀職上公三問三勞之等皆有束帛聘禮賄用束紡詒
讓案贈賓客猶司儀諸公相朝之致贈聘禮二云公使卿贈如覿幣注
二云贈送也所以好送之也聘禮又二云宰書幣諸侯之宰猶天子大宰
故亦掌幣帛之事但此幣帛之式似當主聘問幣齎之幣而言若贈
勞之幣則上賓客之式內已晐之矣二云芻秣養牛馬禾穀也者說文
艸部二云芻刈艸也又食部二云䬴食馬穀也秣與䬴同小爾雅廣物二云
槀謂之稈稈謂之芻充人注二云養牛羊馬曰芻毛詩小雅鴛鴦二云乘
馬在廏摧之秣之傳二云摧莝也秣粟也箋二云古者明王所乘之馬繫

於廄無事則委之以莝有事乃予之穀案凡刈草及莝禾稾飤牛馬謂之芻以粟飤牛馬謂之秣故云芻秣養牛馬禾穀也江永云賓客來固有幣帛芻秣又別爲二式者王朝遣使存覜省聘問亦用幣帛牛人牧人諸官自有芻秣十二閑之馬用芻秣尤多也案江說是也賈疏偏據聘禮致饔餼芻禾等爲釋說未晐鄭司農云匪分也者廩人注云匪讀爲分是匪分聲轉義同莊述祖云說文匪器似竹筐無分訓惟𢍜有非音說文云𢍜賦事也从業从八八分之也八亦聲讀若頒一曰讀若非周禮借匪作𢍜故司農云匪分也云頒讀爲班布之班者宮伯大宗伯注大史先鄭注讀並同說文頁部云頒大首皃又珏部云班分瑞玉也攴部云攽分也段玉裁云司農謂頒非其義故易爲分瑞玉之班頒古音讀如汾在諄文欣魂痕部班古音在元寒桓刪山仙部合音最近古相假借若讀爲分或讀爲攽則同部假借云謂班賜也者以匪訓爲分班訓爲布匪頒卽謂分布賜予也云玄謂王所分賜羣臣也者賈疏云就足司農班賜之義也江永云匪頒之式見於經者廩人匪頒稍食也宮正內宰王宮后宮之稍食也稾人外內朝宂食者之食也又如膳夫肉脩之頒賜酒正之秩酒宮伯司裘之頒衣裘司裘羅氏之行羽物凌人之頒冰皆匪頒之類是皆有常數者其出於恩好賜予則入好用之式金榜云國語天子之田九畡以食兆民王取經入焉以食萬官周官以九賦待九式之用祿食宜在九式中稾人掌七穀之數以待國之匪頒大宰九式八曰匪頒之式則匪頒者謂祿食與祿食所以代耕恆以歲爲上下由是匪頒有式墨子書歲饉則仕者大夫以下皆損祿五分之一旱則損五分之二凶則損五分之三餽則損五分之四饑則盡無祿稟食而已矣蓋其遺法案江金說是也沈彤說亦略同凡經言匪頒者以羣臣之祿爲最大此外若稍食及歲時之常賜遺人之委積凡著於秩籍爲法所當得者並入此科經例常賜謂之頒非常賜謂之賜典枲

二云頒衣服授之賜予亦如之頒衣服爲匪頒賜予爲好賜其分別甚明合言之則云頒賜膳夫云凡肉脩之頒賜是也此注釋匪頒爲分賜羣臣蓋通畋祿食及常賜言之廩人注又以匪頒爲遺人諸委積不及羣臣之祿賜者以委積爲藏聚米穀倉廩之通稱凡羣臣祿賜之米穀咸出於彼故偏舉爲釋義實互相備也詳廩人疏云好用燕好所賜予者內饔凡王之好賜肉脩注云好賜王所善而賜也大府云幣餘之賦以待賜予注云賜予卽好用也案左傳昭五年云宴有好貨杜注云宴飲以貨爲好又昭七年云楚子享公于新臺好以大屈注云宴好之賜此並因饗燕而賜此好用內饔謂之好賜內府謂之好賜予注並訓好爲善蓋與內小臣好事好令典瑞大行人結好義並略同此注云燕好所賜予亦謂王燕閒與諸侯及親貴諸臣爲恩好而有賜予下經斿貢注亦以燕好爲釋可證則不必專屬饗燕之賜但其賜予在常法頒賦之外故別入好用賈疏以燕飲有所愛好釋注燕好非鄭恉也呂飛鵬云玉府云凡王之好賜內府云凡王及冢宰之好賜予職幣云以詔上之小用賜予皆謂好用職幣疏以爲常賜予誤也小雅鹿鳴燕羣臣嘉賓以幣帛筐篚將其厚意而曰人之好我彤弓天子錫有功諸侯而曰中心好之是其證也

以九貢致邦國之用一曰祀貢二曰嬪貢三曰器貢四曰幣貢五曰材貢六曰貨貢七曰服貢八曰斿貢九曰物貢

嬪故書作賓鄭司農云祀貢犧牲包茅之屬賓貢皮帛之屬器貢宗廟之器幣貢繡帛材貢木材也貨貢珠貝自然之物也服貢祭服斿貢羽毛物貢九州之外各以其所貴爲摯肅慎氏貢楛矢之屬是也玄謂嬪貢絲枲器貢銀鐵石磬丹漆也幣貢玉馬皮帛也材貢櫄幹栝柏篠簜也貨貢金玉龜貝也服貢絺紵也斿讀如圖游之游游貢燕好珠璣琅玕也物貢雜物魚鹽橘柚

【疏】

以九貢致邦國之用者此邦國卽詛祝注云諸侯國也與前邦國通王國言者異九貢卽職方氏云制其貢各以其所有大戴禮記千乘篇云諸侯內貢於天子率名斆地實也是以不至必誅是其事也賈疏云此諸侯邦國歲之常貢則小行人云令春入貢是也大行人云侯服歲一見其貢祀物彼謂因朝而貢與此別也但諸侯國內得民稅大國貢半次國三之一小國四之一所貢者市取當國所出美物則禹貢所云厥篚厥貢之類是也案賈以大行人六服朝貢與此不同故專據小行人春入貢爲釋其說是也但據小行人注則每歲常貢亦六服所貢唯以遣使奉之爲異又大行人朝貢祀嬪器服材貨六貢亦具在此九貢之內是彼職不備九貢而此經則通賅彼六貢二文固足相參證矣又案依大司徒注先鄭說當云大國貢半次國三之一小國四之一賈依後鄭說誤詳彼疏　注云嬪故書作賓者賈疏云言故書者鄭注周禮時有數本劉向未校之前或在山巖石室有古文考校後爲今文古今不同鄭據今文注故云故書作賓段玉裁云周禮以出於山巖屋壁入於秘府者爲故書然則鄭君時所傳爲今書也今書往往與故書不同如今作嬪故作賓是也就故書中亦復互異今書亦然蓋說者既殊而轉寫乖異矣鄭君所見故書非真秘府所藏也亦轉寫之本目爲秘府本耳鄭君擇善而從絕無偏執故司農從故書作賓已從今書作嬪於此可見其例也故賓今嬪此卽賓讀爲嬪大約古字多用假借徐養原云周禮有故書今書之別疏謂劉向未校以前爲古文既校以後爲今文非也以鄭注考之凡杜子春鄭大夫鄭司農所據之本並是故書故書今書猶言舊本新本耳周禮乃古文之學何今文之有劉向校書未卒業子歆續成之周禮蓋歆所校杜子春鄭大夫親從歆問而並據故書作注則故書乃校後之本也臨人注云故書鴈或爲鶉鄉師注云今書多爲屯是故書今書皆非一本然子春等於經文但正其讀不易其字今

書竟改之後鄭就今書以校故書而箸其異同於注詒讓案周禮故書今書與儀禮古文今文不同儀禮自有古今文兩家之學周禮則自劉歆以來止有古文之學無所謂今文徐氏謂故書亦爲校後之本故書今書猶言舊本新本足正賈疏之誤但此經唯祕府所藏河閒獻王所獻者爲祖本或爲古文書與孔壁諸經同此非二鄭所得見然則所謂故書者有杜及二鄭所據之本有後鄭所據之本要皆不必祕府舊帙不過校之今書所出略前耳今書則後鄭所見同時傳寫之帙蓋故書今書皆不能塙定其爲何家之本也至杜鄭所校本外又有賈馬二家亦今書之別本以疏及釋文所引攷之大宗伯圍敗馬本作國敗巾車有握馬本作有幄梓人胷鳴賈馬作胃鳴並不見於注則今書或本甚多鄭亦不能悉校矣夏采注謂士冠禮玉藻故書綏作緌禮經雖有古文而小戴記則本不出壁中無古文而亦得有故書斯亦故書今書不過新舊本之證也鄭司農云祀貢犧牲包茅之屬者大行人後鄭注義同月令云季冬乃命大史次諸侯之列賦之犧牲以共皇天上帝社稷之饗乃命同姓之邦共寢廟之芻豢此即祀貢犧牲之法齊桓公責楚貢包茅見左僖四年傳禹貢亦云荆州厥貢包匭菁茅包茅詳甸師疏云賓貢皮帛之屬者小行人六幣璋以皮注云皮虎豹皮也帛即上注云幣帛所以贈勞賓客者是也賈疏云此九貢皆是諸侯賓之所貢不得特以一事爲賓貢作賓貢者非也王引之云祀與賓相對爲文其爲賓客之事明甚上文以九式均節財用一曰祭祀之式二曰賓客之式地官鄉師閭共祭器州共賓器是其例也祀貢以供王祭祀之事賓貢以供王賓客之事非謂諸侯來賓而貢之因謂之賓貢也賈疏不達先鄭之意而臆爲之解非是案王說是也先鄭以賓貢爲供賓客之貢後鄭因其與幣貢無別故不從其義然以經攷之實當以先鄭爲長若然此注所謂帛者專指供賓客之帛而言其他幣帛並當入幣貢也云器貢

宗廟之器者大行人器物後鄭注云尊彝之屬與先鄭同與此注異賈疏云大行人因朝而貢者得有成器此歲之常貢不得有成器故後鄭不從也江永云器貢若昭十五年左傳魯壺之屬傳曰諸侯之封皆有以鎮撫王室又曰彝器之來嘉功之由疏謂諸侯常貢無成器未確案江說是也莊存與說同互詳大行人疏云幣貢繡帛者說文巾部云幣帛也禹貢貢篚兗州有織文徐州有玄纖縞揚州有織貝荊州有玄纁璣組是也云材貢木材也者說文木部云材木挺也禹貢揚州貢木云貨貢珠貝自然之物也者聘禮記注云貨天地所化生謂玉也珠亦玉之類與貝並天地所化生故云自然之物後鄭則珠入游貢中不爲貨貢也云服貢祭服者卽禹貢玄纁玄纖縞之屬史記夏本紀集解引鄭書注云纖細也祭服之材尚細是也先鄭說服貢亦謂服材非謂制成衣服賈疏謂後鄭不從以大行人因朝而貢有祭服此歲之常貢不得有成服亦非也左桓十五年傳云諸侯不貢車服則成服無貢法大行人貢服物亦非成服互詳彼疏云斿貢羽毛者說文㫃部云游旌旗之流也从㫃汓聲斿卽游之省賈疏述注作游貢疑經本不作斿字先鄭以斿爲旌旗之游旌旗有注羽旄故以羽毛爲釋禹貢揚州荊州並貢羽毛徐州貢羽畎夏翟案毛卽旄人之旄說文犛部云氂犛牛尾也氂正字毛旄假借字旌旗注羽旄詳司常疏云物貢九州之外各以其所貴爲摯者釋文云摯本亦作贄案說文無贄字蓋卽摯之俗經注凡瑞摯字並作摯或作贄者誤也大行人云九州之外謂之蕃國世壹見各以其所貴寶爲摯先鄭蓋以大行人六服之貢與此九貢爲一而物貢在彼六貢之外故別曰蕃國之摯爲釋也賈疏云後鄭不從者以其九州之外世一見無此歲之常貢之法也云肅慎氏貢楛矢之屬是也者國語魯語云仲尼在陳有隼集于陳侯之庭而死楛矢貫之石砮其長尺有咫仲尼曰此肅慎氏之矢也昔武王克商通道于九夷百蠻使各以

方賄來貢於是肅愼氏貢楛矢石砮其長尺有咫韋注云楛木名砮鏃也以石爲之肅愼北夷之國此亦貢其所貴寶之事故引以爲證云玄謂嬪貢絲枲者後鄭依今書作嬪爲釋大行人嬪物注義同禹貢青州貢岱畎絲枲篚檿絲兗州貢絲豫州貢枲國語齊語云桓公伐楚使貢絲於周後鄭以絲枲婦功所用故以當嬪貢也王引之云賓本字也嬪借字也讀當如其本字不當依借字爲解若謂嬪婦化治絲枲因謂絲枲爲嬪貢則下文服貢亦嬪所爲何以不謂之嬪貢乎材貢飭化於百工不聞謂之工貢貨貢阜通於商賈不聞謂之商貢也當以先鄭之說爲長又案秋官大行人使服其貢祀物甸服其貢嬪物嬪亦當讀爲賓祀物祭祀之事所用之物賓物賓客之事所用之物也故書作頻物頻卽賓之借字鄭司農乃誤讀頻物爲嬪物以爲嬪物婦人所爲物後鄭因以絲枲當之豈知大行人之其貢頻物卽大宰之賓貢乎案王說足正後鄭之誤云器貢銀鐵石磬丹漆也者六者皆制器所用禹貢梁州貢鏐鐵銀鏤砮磬荊州貢砥礪砮丹青州貢鉛松怪石徐州貢泗濱浮磬兗州豫州並貢漆錫貢磬錯並是也云幣貢玉馬皮帛也者後鄭以小行人六幣圭以馬璋以皮璧以帛琮以錦琥以繡璜以黼是玉帛皮馬並通稱幣故據增成先鄭之義後注又以玉入貨貢則鄭意以此玉專指圭璋等六玉追琢成器者而言皮亦當專指虎豹皮其它獸皮中裘材者自入服貢中也賈疏引禹貢之熊羆狐狸球琳等以釋此皮玉未憭鄭皆云材貢纁幹栝柏篠簜也者亦與先鄭義同禹貢荊州貢杶幹栝柏說文木部云杶木也重文櫄或从熏鄭考工記總敘注引書杶亦作櫄或鄭本尚書如是賈考工記疏及詩衞風竹竿孔疏引鄭書注云櫄幹栝柏四木名幹柘幹柏葉松身曰栝又揚州厥貢篠簜賈大射儀疏引鄭書注云篠箭簜大竹也云貨貢金玉龜貝也者前注云金玉曰貨說文貝部云古者貨貝而寶龜先鄭說有貝而無金玉龜故後鄭增

成其義禹貢揚州貢金三品荊州九江納錫大龜雍州貢球琳琅金玉龜貢也禹貢揚州貢織貝史記夏本紀集解引鄭書注云貝錦名也則鄭不以爲龜貝賈疏引彼釋此貝亦非云服貢絺紵也者禹貢豫州貢絺紵是也云斿讀如圍游之游者賈疏述注如作爲段玉裁云賈疏作讀爲是游本訓旌旗之流其字省作斿圍游與旌旗之流義不同故雖同字而曰讀爲易其義也圍游見序官阮元云依說文㫃部旌旗之流字作游从㫃汓聲假借爲出游之游出游字或作遊則俗字也先鄭云游貢羽旄游之本義也後鄭云游貢燕好珠璣琅玕游之引申假借之義也易其字之本義故曰讀爲圍游之游其字皆从水凡作斿不从水者亦俗字也凡讀如讀爲皆有仍用本字之例殊之於其義也案段阮說是也後鄭不從游之本義爲釋故云讀爲若作讀如則是僅擬其音不易其義不宜別以燕好爲釋矣游俗作遊者說文游古文作遳之變體詳師氏疏云游貢燕好珠璣琅玕也者段玉裁云地官囿人注囿游囿之離宮小苑觀處也燕好珠璣琅玕皆游觀之物詒讓案後鄭以游爲燕游故釋爲燕好之物禹貢徐州貢淮夷蠙珠荊州篚璣組雍州貢琅玕詩韓奕孔疏引鄭書注云琅玕珠也云物貢雜物魚鹽橘柚者禹貢徐州貢魚青州貢鹽絺海物惟錯揚州包橘柚是也

以九兩繫邦國之民一曰牧以地得民二曰長以貴得民三曰師以賢得民四曰儒以道得民五曰宗以族得民六曰主以利得民七曰吏以治得民八曰友以任得民九曰藪以富得民兩猶耦也所以協耦萬民繫聯綴也牧州長也九州各有封域以居民也長諸侯也一邦之貴民所仰也師諸侯師氏有德行以教民者儒諸侯保氏有六藝以教民者宗繼別爲大宗收族者鄭司農云主謂公

鄉大夫世世食采不絕民稅薄利之玄謂利讀如上思利民之利謂以政教利之吏小吏在鄉邑者友謂同井相合耦耡作者孟子曰鄉田同井出入相友守望相助疾病相扶則百姓親睦藪亦有虞掌其政令爲之厲禁使其地之民守其材物以時入于王府頒其餘於萬民富謂藪中材物

【疏】以九兩繫邦國之民者此聯偏屬以立治教之本也賈疏云言邦國卽據諸侯及萬民而言謂王者於邦國之中立法使諸侯與民相合耦而聯綴不使離散有九事吳廷華云周禮邦國或主天下或主一國此經九兩亦應通天下言之案吳說是也此九兩以有牧以地得民故經云繫邦國之民實則通畿內畿外言之賈疏殊泥惠士奇云繫猶屬也大戴禮文王官人七屬曰國則任貴官則任長學則任師先則任賢族則任宗家則任主鄉則任貞蓋牧以地得民故國則任貴長以貴得民故官則任長以賢得民者師以道得民者儒族則任宗宗以族得民家則任主主以利得民鄉則任貞吏以治得民此文王官人以七屬任之之法周公又分七屬爲九兩者有師以賢得民自有友以任得民有吏以治得民自有藪以富得民則九兩包於七屬也　注云兩猶耦也者說文㒳部云㒳再也兩卽㒳之借字廣雅釋詁云耦兩二也釋名釋親屬云耦遇也二人相對遇也案耦卽相人偶際會之意御覽職官部引舊注云兩耦合之言與鄭義同云所以協耦萬民者說文心部云協同心之龢也明注疏本作協非言立此九兩所以使民自相協耦也云繫聯綴也者廣雅釋詁云聯綴系連也說文系部云繫繫䌫也一曰惡絮系部云系繫也凡連綴字當作系經通叚繫爲之黃丕烈云聯古字連今字注用今字當作連案黃校是也聯連古今字詳前八法官聯疏但舊本並作聯今不敢輒改御覽職官部引舊注云繫者以維持其情性使不離散也大戴禮記作七屬亦取繫屬之義云牧州長也者後建其牧注云以侯伯有功德者加命作州長謂之牧書立政宅乃

牧孔疏引鄭書注亦云州牧劉敞云牧者司牧也謂邦國之君也諸侯世故曰以地得民王安石李光坡方苞莊有可說並略同案劉說較鄭爲眀此牧卽孟子梁惠王篇之人牧趙岐注以爲牧民之君是也此與建其牧之牧微異猶長以貴得民亦與建其長之長異也文王官人七屬一曰國則任貴惠士奇孔廣森並謂於此九兩當牧以地得民其說最塙蓋自畿外九州牧伯五等諸侯及附庸之君與公卿大夫食三等采地凡世守其國邑者通謂之牧鄭云州長固爲牧中之一而別以諸侯爲長公卿大夫爲主則非也云九州各有封域以居民也者九州見職方氏鄭意每州各有大封域以收聚其一州之民故云以地得民今案地者大小國邑之通稱不必一州也鄭以牧專屬州牧遂以地爲專指九州之封域義亦未晐云長諸侯也一邦之貴民所仰也者賈疏云對則大夫稱長諸侯稱君今此上言牧下言長故據諸侯也江永云詩曰克長克君諸侯固有長稱詒讓案諸侯雖得稱長然此長實非諸侯注說非也文王官人七屬三曰官則任長惠士奇孔廣森謂卽此所謂長以貴得民其說足正二鄭之誤蓋此長與諸侯之長及後文都鄙所建之長並異長猶言官長卽公卿大夫士凡有爵位而無國邑者之通稱小宰六屬皆云大事則從其長是也爲其無世守之封采則與牧異無專治之地治則又與吏異此皆以貴領賤故曰長以貴得民所謂民者蓋兼含不命之士及府史胥徒工賈隸役等凡執事於百官府者而言周書作雒篇云士居國家得以諸公大夫亦謂此也鄉大夫云使民與賢出使長之使民與能入使治之其所謂長卽此長以貴得民其所謂治卽下吏以治得民調人云師長之讎眡兄弟彼師長卽此九兩之師與長故與國君之讎眡父文別亦長非諸侯之一證矣若如鄭說以長爲諸侯則諸侯各世有其國與州牧無異亦可以地得民而必區而別之曰以貴得民果何理乎云師諸侯師氏者鄭以經邦國屬侯國故師

儒皆據諸侯師氏保氏官爲釋云有德行以教民者者鄉大夫以德
行屬賢故鄭以有德行釋經以賢得民也詳前䟽賈䟽云師氏職云
以三德三行教國子故知有德行也云儒諸侯保氏有六藝以教民
者者儒行目錄云儒之言優也柔也能安人能服人又儒者濡也以
先王之道能濡其身此經以師儒對文鄭既以師爲諸侯師氏故以
儒爲諸侯保氏彼職云掌養國子以道乃教之六藝故云有六藝以
教民也知道即六藝者宮正云教之道藝鄉大夫云察其道藝藝即
道也大司樂凡有道有德者使教焉注亦云道多才藝者是道藝義
同鄭以德行釋賢六藝釋道深合經恉但此經之師儒於文王官人
七屬當四曰學則任師七曰先則任賢所苞甚廣鄭偏舉師氏保氏
二官爲說則又未晐劉台拱云師即禮經所謂先生鄭注云古者年
七十而致仕老於鄉里大夫名曰父師士名曰少師而教學焉是也
儒即禮經所謂君子鄭注云有大德行不仕者是也俞樾云師者其
人有賢德者也儒者其人有伎術者也說文人部儒柔也術士之稱
是古謂術士爲儒凡有一術可稱皆名之曰儒故有君子儒小人儒
之別此經所謂儒者止是術士耳以道得民者道亦術也國語曰過
五曰道將不行韋注曰道術也儒以道得民謂以道術得民也說此
經者習於後世之言視儒與道皆甚尊於是始失其解矣案劉俞說
得之而未盡也此經之師儒即大司徒本俗六之聯師儒皆通乎上
下之辭師則泛指四民之有德行材藝足以教人者而言上者國學
鄉遂州黨諸小學以逮里巷家塾之師固爲師而兼儒下者如嬪婦
有女師巫醫農工亦皆有師蓋齊民曲藝咸有傳授則亦各有師弟
之分以賢得民祇謂師賢於弟子耳奚必德行純備之賢乎儒則泛
指誦說詩書通該術藝者而言若荀子儒效篇所稱俗儒雅儒大儒
道有大小而皆足以得民亦不必皆有聖賢之道也云宗繼別爲大
宗收族者者即文王官人七屬五曰族則任宗是也喪服傳云大宗

收族者也大傳云同姓從宗合族屬又云別子爲祖繼別爲宗繼禰者爲小宗有百世不遷之宗有五世則遷之宗百世不遷者別子之後也宗其繼別子之所自出者百世不遷者也宗其繼高祖者五世則遷者也又云親親故尊祖尊祖故敬宗敬宗故收族鄭彼注云別子謂公子若始來在此國者後世以爲祖也繼別爲宗別子之世適也族人尊之謂之大宗是宗子也繼禰者爲小宗父之適也兄弟尊之謂之小宗遷猶變易也繼別子別子之世適也繼高祖者亦小宗也先言繼禰者據別子子弟之子也以高祖與禰皆有繼者則曾祖亦有也則小宗四與大宗凡五白虎通義宗族篇云宗者何謂也宗尊也爲先祖主者宗人之所尊也古者所以必有宗何也所以長和睦也大宗能率小宗小宗能率羣弟通其有無所以紀理族人者也宗其爲始祖後者爲大宗此百世之所宗也宗其爲高祖後者五世而遷者也故曰祖遷於上宗則易於下宗其爲曾祖後者爲曾祖宗宗其爲祖後者爲祖宗宗其爲父後者爲父宗父宗以上至高祖宗皆爲小宗以其轉遷別於大宗也別子者自爲其子孫祖繼別者各自爲宗小宗有四大宗有一凡有五宗人之親所以備矣呂飛鵬云大傳云別子爲祖繼別爲宗繼禰者爲小宗王制云大夫三廟一昭一穆與大祖之廟而三鄭注云大夫大祖別子始爵者大傳別子爲祖謂此據此則別子必爲大夫而後得爲後世之太祖其子孫適長因得繼別子而爲大宗若爲士者祗得爲禰於其子而不得爲太祖於其後世故其子孫適長繼禰而爲小宗大祖之廟百世不遷故大宗亦百世不遷族人之同大祖者盡宗之也繼禰之宗止於五世族人之同高祖者宗之也此經宗以族得民當兼大宗小宗言大傳注云小宗四與大宗凡五繫姓弗別綴食勿殊從宗合族此所以得民也案呂說是也百世不遷之宗爲大宗必別子之有爵者荀子禮論篇云大夫士有常宗是也五世則遷之宗爲小宗則通於齊民此經

云得民當兼及小宗但小宗不能統收合族故注唯據大宗言之鄭司農云主謂公卿大夫世世食采不絕者調人注云主大夫君也左昭二十九年傳云齊侯使高張來唁公稱主君史記魯世家集解引服虔云大夫稱主先鄭意此主爲三等采邑之民尊其君之稱後鄭亦從其說今案采邑之主亦得有所食之邑當屬牧以地得民不得云以利得民也劉敞云主讀如孟子觀近臣以其所爲主之主俞樾云有主客因而有臣主晉語載欒氏之臣辛俞曰三世仕家君之再世以下主之蓋再世以下恩義尚殺君臣之分未定故仍從所止之稱而曰主也相沿既久而大夫稱主遂成定名先鄭即以說此經主字恐非周公制禮時之本意也按六曰主與下文八曰友義蓋相近大戴記曾子制言篇云曾子門弟子或將之晉曰吾無知焉曾子曰何必然往矣有知焉謂之友無知焉謂之主然則主也友也皆人所因依者也主即孟子主顏讎由主司城貞子之主利之言利賴也主以利得民謂爲人所利賴也任之言信任也友以任得民謂爲人所信任也調人職曰君之讎眡父師長之讎眡兄弟主友之讎眡從父兄弟彼所謂師長即此二曰長三曰師也所謂主友即此六曰主八曰友也鄭彼注曰主大夫君也亦失之矣案俞援調人及曾子制言證此經之主友其說致塙此主以利得民當文王官人七屬之六曰家則任主蓋凡賓寓之賓旅於所寄之主人與庸賃之閒民於執役之家長並謂之主以皆利賴彼以安故云以利得民也云民稅薄利之者先鄭誤以主爲采地之主故以薄稅爲利若然則牧以地得民獨不可薄稅以利民乎於義不通故後鄭不從云玄謂利讀如上思利民之利者賈疏云上思利民忠也此左氏傳隨季良之辭也段玉裁云注經之例凡言讀如者擬其音凡言讀爲者易其字此皆不用其本字如祝讀如注聯讀爲連是也凡有言讀如讀爲而仍用本字者如利讀如上思利民之利斿讀爲圍斿之斿此蓋一字有數音數

義利民之利音與財利別圓斿之斿義與旗斿別故云讀如讀爲以
別之也利民與財利別者如公羊之伐案殺說是也云謂以政教利
之者破先鄭薄稅利之之說謂以善政善教利民也後鄭說利不爲
薄稅雖與先鄭異而誤以主爲采邑之主則同案此主雖爲主友之
主與利民義亦相通後鄭說爲長云吏小吏在鄉邑者者鄭意此吏
與前達吏義同賈疏云謂若比長閭胥或在鄉或在公邑采邑皆是
易祓云吏如鄉遂公邑之吏李光坡姜兆錫蔣載康說同案易說尤
晐備文王官人七屬二曰鄉則任貞盧辯注云幹事曰貞周禮曰吏
以治得民也鄭說與大戴記義合周書作雒篇云農居鄙得以庶士
亦謂此也惟此經之吏所晐頗廣說文一部云吏治人者也則吏者
凡治民官之通稱與它治事之官不同此吏當通鄉遂公邑凡有地
治之官自鄉大夫至不命之士無問尊卑悉謂之吏以其治民而不
得有其地故曰以治得民不止小吏也云友謂同井相合耦耡作者
者賈疏云鄭意經意非爲同師曰友正是同在井邑之閒共里若里
宰職合耦于耡注云合耦使相佐助者也江永云友以任得民德行
道藝相勸吉相慶凶相恤緩急相救有無相通是也而同井合耦耡
作亦其一呂飛鵬云任卽六行之任大司徒注云任信於友道是也
說文云任保也大司徒五家爲比使之相保注云保猶任也二義相
兼乃備案江呂二說是也此友卽大司徒本俗六之聯朋友蓋通於
四民言之以其各有相保任之義故云以任得民鄭專屬農民偏舉
一耑以見義耳引孟子曰鄉田同井出入相友守望相助疾病相扶
則百姓親睦者滕文公篇文趙注云同鄉之田共井之家共相營勞
也出入相友相友耦也周禮太宰曰八曰友以任得民守望相助助
察姦惡也疾病相扶持扶持其羸弱救其困急皆所以教民相親睦
之道睦和也案疾病相扶下趙本孟子有持字俗本此注亦有惟宋
婺州本嘉靖本無與賈述注合今從之鄭以此友專屬農民故引孟

子鄉田同井爲證孟子據侯國井田之制言之鄉田非卽王國鄉遂之田賈疏謂鄉遂雖不爲井田亦三三相任以出稅與井田同故云同井未得鄭恉又謂或解爲同井水尤謬云藪亦有虞者賈疏云地官澤虞職云每大澤大藪中士二人是藪有虞也惠士奇云川衡林衡山虞澤虞皆國之藪民共之而吏掌之案惠說是也此藪卽凡山林川澤材用所出之土官吏守其地者之通名以其有地守而不主其民則似吏而非吏掌地利而不專其土則似牧而非牧故別屬之藪不必專屬水希曰藪也賈疏謂上八者皆據人而言此藪不據人而言不知鄭云藪亦有虞虞卽主藪之人九兩未有不據人言者也賈以藪爲指其地亦非鄭恉又釋文云藪于云宜作叟今案叟卽叜之俗說文又部云叜老也以富得民不必年老于讀未允云掌其政令爲之厲禁使其地之民守其材物以時入于王府頒其餘於萬民者阮元云澤虞職云使其地之人守其財物以時入之于玉府頒其餘于萬民此王爲玉字之誤案阮校是也于注例當作於此於于錯出誤又澤虞職文民作人材作財與此亦小異蓋先鄭約引以證藪有虞以富得民之事不必盡依元文也云富謂藪中材物者國語周語云藪物之歸也此亦當通山林川澤等凡出材物者而言以富得民民卽指占取材物之民也

周禮正義卷三

周禮正義卷四

瑞安孫詒讓學

正月之吉始和布治于邦國都鄙乃縣治象之灋于象魏使萬民觀治象挾日而斂之正月周之正月吉謂朔日大宰以正月朔日布王治之事於天下至正歲又書而縣於象魏振木鐸以徇之使萬民觀焉小宰亦帥其屬而往皆所以重治法新王事也凡治有故言始和者若改造云爾鄭司農云象魏闕也故魯災季桓子御公立于象魏之外命藏象魏曰舊章不可忘從甲至甲謂之挾日凡十日

【疏】正月之吉始和布治于邦國都鄙者自此至職末並大宰當官專領之職事亦卽八法之官常也和布當讀爲宣布詳後疏大宰於周正月朔日始宣布治典於畿外邦國畿內都鄙不及鄉遂公邑者亦宣布之可知經舉外以包內文不具也月令云季冬天子乃與公卿大夫共飭國典論時令以待來歲之宜注云飭國典者和六典之法也周禮以正月爲之建寅而縣之今用此月則所因於夏殷也案彼飭國典在周正二月故鄭以爲夏殷制云乃縣治象之灋于象魏使萬民觀治象者卽於布治之日縣治象之法於王門之象魏使國中萬民觀之治象之法卽上六典八法已下凡大宰之官法皆是必縣之象魏者古凡典法刑禁之大者皆表縣之門閭卽布憲之義也云挾日而斂之者釋文云挾字又作浹干本作帀案說文帀部云帀周也小爾雅廣言云周浹帀也挾帀義同浹俗字說文所無或本非也干本亦不足據賈疏云斂藏之於明堂於後月月受而行之謂之告朔也又大司寇疏云天子斂藏於明堂諸侯斂藏於祖廟禮運孔疏引熊安生云天子藏舊章於明堂諸侯藏於祖廟知者

以天子視朔於明堂諸侯於祖廟故也穀梁傳云天子頒告朔于諸侯諸侯受乎禰廟非鄭義也案熊說即賈疏所本又左傳哀三年孔疏云地官夏官秋官皆有此言地官云布教縣教象夏官云布政縣政象秋官云布刑縣刑象各縣所掌之事爲異其文悉同惟春官不縣者以禮法一頒百事皆足不可又縣故不縣之　注云正月周之正月者唐會要引干注云正月周正建子之月與鄭說同賈大司徒疏云周禮凡言正歲者則夏之建寅正月直言正月者則周之建子正月也戴震云周禮重別歲年之名直曰正月之吉則知爲周正月二月加歲以明夏以別周則知爲夏時也此周禮之義例也大司徒也凌人掌冰政歲十有二月令斬冰不直曰十有二月而曰歲十有正月之吉始和布教于邦國都鄙又曰正歲令于教官鄉大夫正月之吉受教灋于司徒退而頒之于其鄉吏使各以教其所治正歲令羣吏攷灋于司徒以退各憲之於其所治州長正月之吉各屬其州之民而讀灋正歲則讀教灋如初異正月正歲之名而事不異其爲二時審矣凡言正月之吉必在歲終正歲之前未嘗一錯舉於後其時之相承正月爲建子之月歲終爲建丑之月正歲爲建寅之月也先之以正月之吉布政之始也繼之以正歲於是而後得徧奉以行也六官之長有止言正月之吉不言正歲者上之所慎在宣布之始也六官之屬有止言正歲不言正月之吉者待上之宣布乃齊同奉行也上之布之必不能一日而徧王畿千里之廣下之奉行又同用是日惡能相及乎哉云吉謂朔日者大司徒族師注義並同唐會要引干注亦云吉朔日也毛詩小雅小明篇二月初吉傳云初吉朔日也此即鄭所本夏炘云大宰大司徒鄉大夫州長大司馬大司寇布憲皆言正月之吉鄭皆以周正朔日解之族師月吉鄭以每月朔日解之詩小明初吉毛公亦以朔日解之論語吉月孔安國亦以月朔解之此自來相傳之古訓也說文吉善也亦有始義爾雅元始也賈

逵左僖八年注元善也元訓始亦訓善則吉訓善亦可訓始故凡始皆可謂之吉立春爲春之始日周語先立春九日大史告稷曰自今至於初吉陽氣俱蒸土膏其動稷以告王曰距今九日土其俱動是以立春之日爲初吉謂初春之始日韋注以二月朔日解之亦非也案夏說是也以毛鄭及國語義覈之蓋每月氣朔之始通得爲初吉省文則曰吉詩禮之吉與初吉朔始也周語之初吉氣始也論語之吉月吉謂氣始月謂朔始也與他書泛言吉日者異韓愈李翺論語筆解謂此經月吉論語吉月皆指行吉禮之月日非朔日王引之云經傳凡言吉日者與朔日不同一月之始謂之朔日或謂之朔月或謂之朔日之善者謂之吉日或謂之吉朔日不必皆吉故朔日不可謂之吉日也大宰正月之吉黨正孟月吉日族師月吉皆日之善者日之善者不必在朔日也其在月之上旬者謂之初吉小明二月初吉亦謂二月上旬之吉日也上旬凡十日其善者皆可謂之初吉非必朔日也士冠禮曰令月吉日又曰吉月令辰令也吉也皆善也案王說卽本韓義似亦得通吳廷華方苞說並同今存之以備一義云大宰以正月朔日布王治之事於天下者賈疏云言天下卽經邦國都鄙是畿外畿內徧天下卽鄉大夫職云正月之吉受教法於司徒退而頒之於其鄉吏是司徒布教法從六鄉已下出則此大宰布法亦從六鄉已下出也云至正歲又書而縣於象魏者書謂以治象書於版而縣之說文県部云縣繫也凡書著文字通謂之象司常說旗識云皆畫其象焉杜注云畫當爲書與治象義略同賈疏云此鄭釋經中乃縣必知乃縣是正歲建寅之月者下小宰所以佐大宰彼云正歲縣之與此乃縣爲一事故云正歲縣也易敍云鄭蓋以小宰互文推之其理殊不然小宰正歲所觀不言縣治象則知非大宰縣治象之時也大宰縣治象繼於正月始和之下是以周正建子示萬民以更始之意何必求合乎小宰江永云縣法於象魏疑一歲有兩縣

正月之吉縣之挾日爲萬民觀也正歲則又縣之使屬官觀之也大宰小宰大司徒小司徒大司寇小司寇各言其一耳鄭注謂正歲而縣於象魏與經文承正月之吉者不協案易江說是也此乃縣象正月之吉爲文則非至正歲始縣可知治象等已斂之後藏於明堂非縣則無由觀明正歲小宰等率屬以觀亦縣可知鄭幷萬民觀與百官觀爲一事乃移此正月之縣象於正歲以遷就其文不可從凡地官夏官秋官言縣象者並放此云振木鐸以徇之使萬民觀焉小宰亦帥其屬而往者據小宰云正歲帥治官之屬而觀治象之法徇以木鐸曰不用灋者國有常刑鄭以彼觀治象與此爲一故謂萬民觀之有振木鐸以徇之事又小宰亦率屬而往其說皆非也云皆所以重治法新王事也者謂既布又縣之使百官萬民徧觀所以示重治法正月正歲歲時更始將以除舊布新明布治縣法皆所以新王事也云凡治有故言始和者若改造云爾者賈疏云上六典已下至九兩國法常定今云始和似更新其事改造云爾其實不改王引之云改造不得稱和和當讀爲宣始和布治于邦國都鄙九字爲一句和布者宣布也小司寇職曰正歲帥其屬而觀刑象乃宣布於四方布憲職曰正月之吉執旌節以宣布于四方正與此同月令命相布德和令和亦當讀爲宣謂布其德教宣其禁令也以六書之例求之宣桓皆以亘爲聲宣之爲言和也禹貢和夷厎績鄭注讀和爲桓如淳注漢書酷吏傳曰大版貫柱四出名曰桓表陳宋之俗言桓聲如和今猶謂之和表是其例矣凡大司徒大司馬大司寇言始和布者準此案王說是也鄭司農云象魏闕也者廣雅釋宮云象魏闕也說文山部云巍高也門部云闕門觀也魏卽巍之省爾雅釋宮云觀謂之闕禮運孔疏引孫炎注云宮門雙闕者舊縣法象使民觀之處因謂之闕釋名釋宮室云闕在門兩旁中央闕然爲道也亦謂之魏闕莊子天下篇云心居乎魏闕之下呂氏春秋審爲篇高注云魏闕象魏

也懸教象之法浹日而收之魏魏高大故曰魏闕淮南子本經訓高注義同賈疏云周公謂之象魏雉門之外兩觀闕高魏魏然孔子謂之觀春秋左氏定二年夏五月雉門災及兩觀是也云觀者以其有教象可觀望又謂之闕者闕去也仰觀治象闕去疑事或解闕中通門是以莊二十一年云鄭伯享王于闕西辟注闕象魏也案公羊傳云子家駒謂昭公云諸侯僭天子大夫僭諸侯久矣公曰吾何僭矣哉子家駒曰設兩觀乘大路何氏云天子兩觀諸侯臺門則諸侯不合有觀也若然雉門災及兩觀及禮運云遊於觀之上有觀亦是僭也焦循云釋宮觀謂之闕說文闕門觀也是觀闕一物也禮運云昔者仲尼與于蜡賓事畢出遊于觀之上月令可以居高明注云高明樓觀之屬然則觀卽樓類可登者也春秋定公二年夏五月雉門及兩觀災冬十月新作雉門及兩觀此兩觀在雉門天子則在應門之兩旁也公羊昭二十五年傳子家駒云設兩觀天子之禮也何注云禮天子諸侯臺門天子外闕兩觀諸侯內闕一觀禮器云天子諸侯臺門又云家不臺門注云闍者謂之臺正義云兩邊築闍爲基基上起屋曰臺門郊特牲云臺門而旅樹大夫之僭禮也正義亦云兩邊起土爲臺臺上架屋曰臺門據此則大夫不臺門諸侯不兩觀兩觀者天子也春秋定公三年左傳云邾子在門臺臨廷廷卽指治朝韓詩外傳云吾君有治事之臺是路門亦有臺蓋天子皋路爲臺門應門爲兩觀闕爲專名臺觀爲通名魯之僭在於兩不在於觀也穎容以爲上有所闕失下得書之於闕故謂之闕非取名之義也莊公二十一年左傳云鄭伯享王於闕西辟服虔注云西辟西偏也卽觀之在西者蓋享於其上也詒讓案象魏也闕也觀也以魯制言之三者蓋異名而同物天子諸侯宮門皆築臺臺上起屋謂之臺門匠人門阿卽臺門門屋之阿也天子臺門之兩旁特爲屋高出於門屋之上者謂之雙闕亦謂之兩觀諸侯不得爲兩觀則卽於門臺之上正中

特高其屋出於它門臺之上是謂一觀觀即因門臺為之故亦稱觀臺左僖五年傳云公登觀臺以望而書雲物即雉門兩觀之臺也詩大雅靈臺孔疏引五經異義左氏說謂諸侯觀臺在廟中容廟中亦為臺門矣天子兩觀之北墉附於宮牆自宮內視之不見其闕故曰外闕諸侯就門臺為觀其闕半在門內故曰內闕通而言之雙闕亦單稱闕兩觀亦單稱觀公羊何注謂天子外闕兩觀諸侯內闕一觀可證一觀兩觀同得稱闕也說文門部釋闕為門觀而𩫖部別云𩫖缺也古者城闕其南方謂之𩫖𩫖之與闕義訓不同蓋闕即門觀本不取缺為義則不必雙而後稱闕穀梁桓三年傳云禮諸母昆弟不出闕門大戴禮記保傅篇云過闕則下皆據侯國制言之不必有二闕也釋名以闕然為道訓闕禮運孔疏引熊安生說亦謂當門闕處以通行路似並誤提闕𩫖為一義孔氏又據孫炎說謂闕取相對為雙之義又謂諸侯不得有闕不知一與雙通謂之闕諸侯不得有兩觀者乃不得為雙闕若一闕固得為之矣先鄭及左傳杜注並以闕釋象魏皆不質言一觀兩觀說禮者皆以象魏為兩觀之定名則又非也據公羊載子家駒之言則兩觀為天子之制魯僭設之平諸侯得設一觀謂之闕門不得為兩觀而縣法象魏事宜通於邦國不止周魯有之然則無論一觀兩觀皆巍然而高即通謂之巍闕無論為臺為觀皆可以縣法即通謂之象魏象魏之名起於縣法象不繫於觀之一與兩有與無也凡諸侯三門庫路為臺門雉門為一觀故史記扁鵲傳云出見扁鵲於中闕以其在內外門之中也魯三門雉門亦本當為一觀而僭為兩觀其縣法亦即在雉門故雉門兩觀即為象魏天子五門象魏所在經注並無文其兩觀所在則後鄭閽人及朝士注並謂亦在雉門與魯同玉海宮室引三禮義宗云雉門雉施也其上有觀闕以藏法故以施布政教為名也周禮曰乃垂治象之法於象魏闕也崔氏說謂天子象魏在雉門即賈疏所本蓋推鄭意

謂天子雉門設兩觀因以兩觀爲卽象魏在雉門之外其說非也明堂位說魯制云庫門天子皐門雉門天子應門明魯之庫門爲天子皐門之制魯之雉門爲天子應門之制魯兩觀在雉門則天子兩觀不在雉門而在應門可知戴震孔廣森焦循金鶚並謂周制天子當於應門設兩觀其說甚塙然此經之象魏則又不在應門而在庫門何則庫門以內非萬民所能至而庫門外廷卽朝士所掌三詢之朝衆庶咸在又有嘉石肺石所以平罷民達窮民則萬民皆得至可知五官縣法萬民所觀當於其門殆無疑義若如賈說謂象魏在雉門則萬民得越三詢外朝而入庫門儻謂在應門則萬民并得至雉門以內何以肅門禁乎周書作雒篇云應門庫臺臺者謂庫門爲臺門之制蓋天子五門惟應門爲兩觀餘四門皆爲臺門不設觀魯則雉門爲兩觀路庫爲臺門不設觀它諸侯則雉門爲一觀路庫二門與魯同天子五門不皆設兩觀故周書庫臺之制殊異於應門諸侯三門不皆設一觀故史記中闕之名專屬之中門參互證驗足明其義魯以雉門之兩觀爲象魏天子以庫門之臺門爲象魏凡諸侯以雉門之闕門爲象魏蓋象魏者崇高之名禮器說天子臺門爲以高爲貴則庫門雖不爲觀亦可謂之象魏矣諸侯以庫門爲外門三詢朝所在爲之不必兩觀而後可縣法象也天子門制互詳閽人疏云之朝在庫門內則萬民皆得入庫門故象魏設於雉門象魏恆視外故魯災季桓子御公立于象魏之外命藏象魏曰舊章不可忘者哀三年桓宮僖宮災左傳文忘今本左傳作亡杜注云象魏門闕周禮正月縣教令之法于象魏使萬民觀之故謂其書爲象魏說與先鄭同引之者證象魏爲闕也云從甲至甲謂之挾日凡十日者賈疏云破諸家從甲至癸謂之挾日也若從甲至癸仍有癸日不得通挾故以從甲至甲言之惠士奇云左傳成九年浹辰之閒而楚克其三都正義浹周匝也從甲至癸爲十日從子至亥爲十二辰浹辰者子亥

之辰一帀挾日者甲癸之日一周古挾浹通詩曰使不挾四方毛傳挾達也謂方皇周浹於天下故曰達阮元云挾古浹字周禮毛詩用字正同干本作帀係以意改非也案阮說是也浹卽俗挾字國語越語云浹日而令大夫朝之韋注云從甲至甲曰浹浹帀也韋說與鄭同諸家云從甲至癸差一日者據鄭云凡十日則亦是甲癸一周而云自甲至甲者不外所挾日耳此乃立文小殊不爲異說賈云鄭破之固矣

乃施典于邦國而建其牧立其監設其參傳其伍陳其殷置其輔

乃者更申勑之以侯伯有功德者加命作州長謂之牧所謂八命作牧者監謂公侯伯子男各監一國書曰王啓監厥亂爲民參謂卿三人伍謂大夫五人鄭司農云殷治律輔爲民之平也玄謂殷衆也謂衆士也王制諸侯上士二十七人其中士下士各居其上之三分輔府史庶人在官者

疏乃施典于邦國而建其牧立其監者說文攴部云𢻱敷也也聲讀與施同施卽𢻱之叚字以下皆五等侯國立州牧邦君及卿大夫士以下尊卑相副貳之法建牧以領一州立監以治一國皆謂君也建立義同云設其參傳其伍者國設三卿而以五大夫副貳之以下皆謂臣也傳當爲敷之借字二字聲類同古通說文言部云設施陳也攴部云敷施也是設敷義相近此設傳亦通言之故後都鄙又云設其伍明其義互通也賈疏謂大夫上有卿下有士受上政傳於下受下政傳於上故云傳義未塙胡匡衷云天子六卿諸侯之制半天子故卿止三人也若大夫則不止五人經云傳其伍蓋指副於卿者言之周禮六官之屬卿止六人而中大夫不止小宰小司徒等十二人是其明證案胡說是也此及下經所建邦國都鄙官府官數凡言參伍之等並專指卿長當官副貳之員數實則侯國卿大夫各有上下二等其大夫人數甚衆亦非伍所能盡也餘並放此又案典命云公之孤四命先鄭注云九命上公得置孤卿

一人是公國三卿之上尚有孤伯自侯伯以下並無則非侯國之通法故經無設孤之文也云陳其殷置其輔者輔唐石經初刻作傅後磨改賈疏云殷者三卿下各陳士九人三九二十七輔者謂三卿下各設府史胥徒案賈釋陳殷置輔似失鄭恉詳後疏　注云乃者更申勑之者說文乃部云乃曳詞之難也乃卽乃之隸變乃本爲難詞引申爲重復警戒之言勑依字當爲敕說文力部云勑勞也又攴部云敕誡也案經典多借勑爲敕實則二字音義迥別鄭此注及宰夫閭胥司市遂大夫小臣諸職注並以勑爲敕取通俗也周易釋文引字林作勑亦俗作說文所無鄭意此文與正月縣法相次明亦每年正月之後有此申勑之事後文云歲終則令百官府各正其治受其會聽其致事而詔王廢置蓋大宰通掌邦國百官之歲計而詔王廢置此施邦國都鄙官府等並廢置之大凡與官計事亦相通也若然此施典邦國蓋卽每歲布治以後受會之時更以此典申勑邦國建立牧監以下不可有空闕亦不得有僭濫也下施則都鄙施灋官府並云乃義亦同云以侯伯有功德者加命作州長謂之牧者曲禮云九州之長入天子之國曰牧於外曰侯注云每一州之中天子選諸侯之賢者以爲之牧也外自其國之外九州之中曰侯者本爵也二王之後不爲牧孔疏云天子於每州之中選取賢侯一人加一命使主一州爲牧牧養也言其養一州之人又王制云二百一十國以爲州州有伯八州八伯注云伯長也殷之州長曰伯虞夏及周皆曰牧書立政宅乃牧孔疏引鄭注說同白虎通義封公侯篇云州伯唐虞謂之牧者何尚質使大夫往來牧視諸侯故謂之牧案漢書王莽傳莽以周官王制之文置州牧部監二十五人見禮如三公監位上大夫各主五郡蓋卽據此經爲之其以牧爲州牧卽鄭義所本也依王制說牧卽州長每州一牧掌交云諭九牧之維是九州則九牧而王制云八伯孔疏引鄭注尚書說同又引鄭志張逸問云九州而八伯

者何鄭荅云畿內之州不置伯有鄉遂之吏主之黃以周云凡一州
必有一伯故唐虞分十二州書偁之曰十有二牧夏分九州左傳偁
之曰九牧周亦分九州左傳偁之曰九伯王制云八州八伯承上千
里之外設方伯爲文故止云八州既舉八州當云八伯非畿內無伯
也伏生書傳云惟元祀巡此四嶽八伯此舉巡守畿外爲文故亦曰
八伯鄭據此遂謂畿內無伯是十二牧實止十一牧九牧九伯實止
八牧八伯豈其然與畿內之伯蓋亦二伯中一人兼之案黃說本陳
祥道是也掌交注亦釋九牧爲九州之牧左僖四年傳五侯九伯杜
注及大宗伯疏引賈服說並以爲九州之伯王制疏引鄭志釋左傳
九伯爲每州一小伯與賈服等義不同然亦以畿內爲有一伯則鄭
自有兩解矣至說苑君道篇說周公踐天子位立十二牧方三人此
與周州數不相應殆不足據又牧或以侯或以伯皆擇有功德者爲
之曲禮唯云侯者偏舉爵尊者言之其實兼有伯也以侯伯同七命
州牧職重故加一命爲之若上公九命王之三公八命並不復作牧
故左哀十三年傳云王合諸侯則伯帥侯牧以見於王彼伯謂九命
之伯侯牧即八命之牧與曲禮入曰牧外曰侯之文亦正相應然則
此注及大宗伯注並云侯伯有功德者明牧無上公也然周制雖以
州長爲牧別於分陝之二伯而州牧亦通稱州伯王制注謂殷州長
曰伯周別曰牧及詩邶風旄丘箋謂周牧下別設二小伯以佐牧說
並未塙詳大宗伯疏云所謂八命作牧者者據大宗伯文云監謂公
侯伯子男各監一國者大司馬注云監監一國謂君也說文臥部云
監臨下也五等諸侯雖爵有尊卑皆君臨一國故同謂之監王制云
天子使其大夫爲三監監於方伯之國國三人注云使佐方伯領諸
侯彼謂方伯之國別有天子命卿爲三監此經無文引書曰王啓監
厥亂爲民者賈疏云此是尚書梓材之篇周公封康叔而勑之誥監
是諸侯之義也云參謂卿三人者釋文引干注云三公也案廣雅釋

言云參三也故三卿謂之參周書糴匡篇云大荒卿參告糴卿國語魯語所謂國有饑饉卿出告糴侯國不得立三公于說非也白虎通義封公侯篇云諸侯有三卿者分三事也王制曰大國三卿皆命於天子次國三卿二卿命於天子一卿命於其君小國二卿皆命於其君禮王度記曰子男三卿一卿命於天子案鄭王制注云小國亦三卿一卿命於天子二卿命於其君此文似誤脫耳此說與王度記合胡匡衷云經云設其參不言小國有異則小國亦三卿明矣鄉飲酒義云建國必立三卿是也案胡說是也國語魯語叔孫穆子云諸侯有卿無軍自伯子男有大夫無卿韋注云無卿無命卿也王制曰小國二卿皆命於其君也依韋說則王制文非誤脫與鄭義不同黃以周云王制當作小國二卿皆命於其君不列位於天子大宗伯云三命受位注曰此列國之卿始有列位於王爲王之臣也子男二卿再命未受位於王二卿命於其君一卿亦非命於天子也小國二卿皆未受位於天子故曰伯子男有大夫無卿案黃申國語說亦通侯國之卿未受位於天子者大射儀謂之小卿故鄭彼注云小卿命於其君者也此經云設參通命卿小卿言之也侯國三卿之名經注並無文公羊文八年襄十年何注並謂諸侯有司徒司馬司空三上卿書酒誥有圻父農父宏父僞孔傳以爲司馬司徒司空即諸侯三卿之制王制孔疏引崔氏云三卿者謂立司徒兼冢宰之事立司馬兼宗伯之事立司空兼司寇之事故春秋左傳云季孫爲司徒叔孫爲司馬孟孫爲司空此是三卿也以此推之故知諸侯不立冢宰宗伯司寇之官也案內則鄭注云周禮冢宰掌飲食司徒掌十二教諸侯并六卿爲三或兼職焉又聘禮注云諸侯謂司徒爲宰崔氏蓋本此二注而推其義賈孔禮疏並從其說胡匡衷云諸侯三卿其來已久詩曰乃召司空乃召司徒牧誓及立政言文武未得天下以前制皆曰司徒司馬司空至武王有天下立六卿而三卿遂定爲諸侯之制是

以酒誥梓材但云司徒司馬司空也春秋時有司考者如襄十年傳云子國爲司馬子耳爲司空子孔爲司徒二十五年傳子產入陳司徒致民司馬致節司空致地昭四年傳云吾子爲司徒夫子爲司馬孟孫爲司空此三卿爲司徒司馬司空之證三卿無大宰大司寇之官而左傳楚與宋有少宰又有大宰宋有少司寇又有大司寇則東遷後所僭設不如古也春秋時宋鄭皆有六卿晉有八卿其新上下軍未罷時且有十二卿比天子之卿猶倍之僭妄甚矣詒讓案魯三卿孟氏嘗爲司空而論語子張篇云孟氏使陽膚爲士師是侯國司空兼司寇之證大戴禮記千乘篇說侯國設司徒司馬司寇司空爲四佐名四輔與此經義不合疑晚周之制又案公羊莊元年何注云禮諸侯三年一貢士於天子天子命與諸侯輔助爲政大國舉三人次國舉二人小國舉一人何意蓋謂王制所說大國三卿次國二卿小國一卿命於天子者卽邦國所貢士然禮經及春秋傳咸無其事亦不足信也云伍謂大夫五人者大司徒云五人爲伍故此大夫五人亦謂之伍與彼義同王制大國次國小國並云下大夫五人白虎通義封公侯篇云諸侯五大夫下天子曾子問說諸侯朝於天子云乃命國家五官而后行注云五官五大夫典事者大戴禮記千乘篇云列其五官卽五大夫也賈疏云司徒下二大夫一大夫爲司徒大夫一大夫爲大宰大夫司空下二大夫一大夫主司空事一大夫爲司寇大夫司馬事省闕一大夫故五人檀弓孔疏引崔靈恩云五大夫云下大夫五人者取卿爲言耳司徒之下立二人小宰小司徒司馬之下以其事省立一人爲小司馬兼宗伯之事司空之下立二人小司寇小司空案崔說與賈同惟以五大夫爲小宰小司徒小司馬小司寇小司空則名與天子六官之貳同但無小宗伯耳攷曾子問有小宰卽侯國之制左傳宋有少宰少司馬少司寇楚亦有少宰蓋皆五大夫也崔說較賈爲長又公羊襄十一年傳云作三軍三軍者

何三卿也古者上卿下卿上士下士何注云說古制司馬官數古者諸侯有司徒司空上卿各一下卿各二司馬事省上下卿各一上士相上卿下士相下卿足以爲治襄公益司馬作中卿官踰王制故譏之案公羊所云三卿乃指司馬一官設上卿一下卿二非此三卿然謂諸侯上卿止司徒司空司馬三上卿之下設五下卿則與此注三卿五大夫之義正同五大夫彼云五下卿者此與王制所云下大夫並對上卿言之而立文各異其實皆據上大夫五人言也大射儀之小卿胡匡衷據崔靈恩說亦謂卽指五大夫未知是否鄭司農云殷治律者爾雅釋言云殷中也鄉士云士師受中注云受中謂受獄訟之成也殷與中義近故先鄭以治律釋之謂治法律之官也云輔爲民之平也者賈子保傅篇云誠立而敢斷輔善而相義者謂之輔是輔有平斷之義先鄭釋殷輔二者並望文生訓於經無徵故後鄭不從云玄謂殷衆也者大戴禮記夏小正傳文大宗伯職方氏注義並同云謂衆士也者賈疏云士稱殷與旅同並是衆義故鄭云謂衆士也引王制諸侯上士二十七人者彼文大國次國小國並云上士二十七人是也侯國上士當不止二十七人此亦指副大夫者言之云其中士下士各居其上之三分者王制云次國之上卿位當大國之中中當其下下當其上大夫小國之上卿位當大國之下卿中當其上大夫下當其下大夫其有中士下士者數各居其上之三分鄭彼注云謂其爲介若特行而並會也居猶當也此據大國而言大國之士爲上次國之士爲中小國之士爲下士之數國皆二十七人各三分之上九中九下九以位相當則次國之上士當大國之中中當其下小國之上士當大國之下賈疏云按彼注大國之士爲上次國之士爲中小國之士爲下言數各居其上之三分者此謂盟會立位之序大國之士爲上北面前行上九中九下九次國之士爲後行上士當大國之中士中士當大國之下士下士當其空小國之上士當大

國之下士中士當亥國之下士下士當其空故云數各居其上之三分引之爲破司農殷爲治律案據疏述注各居其上之三分上疑本有數字孔繼汾亦謂今本誤說依王制注說則中士下士各居其上之三分乃據會盟立位而言與上士二十七人之文本不相屬鄭此注牽連引之義實難通賈謂破先鄭殷爲治律亦非其指竊謂此注似以數各居其上之三分爲指人數而言蓋上中下士數當中多於上下多於中中士居上之三分者多於上二分八十一人也下士居上之三分者中對下爲上下多於中二分二百四十三人也引此者所以證士之數甚衆耳若仍如王制注據立位而言則此經本不說立位鄭何必引彼文爲證乎鄭此經注引禮記說與記注固有不盡同者此類是矣又案鄭依王制說五等侯國皆有上中下士公羊襄十一年傳謂侯國有上士下士無中士與禮不合鄭所不據也春秋繁露爵國篇又謂王國亦止元士下士尤謬至侯國之官例降王朝一等凡王朝下士之官在侯國當以不命之士爲之此皆未得正祿謂之士旅食則與庶人在官同但不命之士亦列於職官究與府史小異疑亦當在陳殷之列矣云輔府史庶人在官者者廣雅釋詁云輔助也府史輔助士以治事故謂之輔王制庶人在官者鄭注云謂府史之屬官長所除不命於天子國君者孔疏云府史之屬則周禮大宰云府六人史十有二人云之屬謂工人賈人及胥徒也案庶人在官者孔謂兼工賈及胥徒是也但此輔依鄭義似專指府史而言攷敘官注謂凡府史皆其官長所自辟除胥徒民給徭役者蓋辟除雖不命亦得謂之置若胥徒則以役法徵調之而已此與工賈皆尤卑渫不當在所置之列故鄭不及也賈疏謂輔關胥徒恐非鄭恉

乃施則于都鄙而建其長立其兩設其伍陳其殷置其輔

長謂公卿大夫王子弟食采邑者兩謂兩卿不言三卿者不足于諸侯鄭司農云兩謂兩

丞【疏】乃施則于都鄙而建其長立其兩者畿內采地立長及設官尊卑相副貳之法長卽都鄙之君自兩以下皆其臣也 注云長謂公卿大夫王子弟食采邑者者廣雅釋詁云長君也公卿大夫王子弟亦各自君其采邑故謂之長賈疏云謂公卿王子弟爲采邑之主以是一邑之長故言長案典命云三公八命其卿六命其大夫四命案大宗伯云六命賜官彼注王六命之卿賜官者使得自置其臣治家邑如諸侯則此云長唯據公卿已上大夫四命不合立官此鄭云長謂公卿大夫幷言大夫者以其大夫雖立官不與公卿同亦得稱長是廣解長義其實大夫不合有兩卿五大夫當與諸侯之卿同官事當相兼也王子弟食采邑者謂親王子弟食邑與三公同在五百里畺地各百里其次疏者在四百里縣地各五十里與六卿同已上二者得立兩卿五大夫之等其次更疏者在三百里稍地各食二十五里與大夫同不得立兩卿五大夫亦職相兼也此中唯有都鄙無家邑之名故都鄙中含有公卿大夫春官都宗人家宗人都家並有故公卿入都宗人中大夫則入家宗人中以其公卿雖有大都小都之別而同名都故大夫不得都名直有家稱故在家宗人也至於夏官都司馬家司馬又與家宗人都宗人異故鄭注都司馬唯云三公與王子弟其卿又入家司馬中以其司馬辨尊卑六卿卑又自使其臣爲司馬若叔孫氏之臣名鬷戾王家不爲之立司馬故卿入中若然都鄙之內其號有三若得諸侯之號唯三公王子弟故司裘諸侯熊侯豹侯卿大夫麋侯是卿不入諸侯也若立臣如諸侯卽此文卿與公同若稱長可及大夫亦此注含大夫是也沈彤云疏以大夫降於卿不合有兩卿五大夫豈知卿降於公而亦不容有乎故唯在公則兩爲卿五爲大夫殷爲上士若在卿則兩爲大夫五爲上士殷爲下士蓋爵之等從其長而遞降爵之數從其等而遞減也左定四年傳謂周公舉蔡仲以爲己卿士襄十年傳瑕禽爲王卿士伯輿之

大夫是公之兩爲卿卿之兩爲大夫皆有明徵而其下可例推矣案沈說得之蓋卿以上得具官故大宗伯云六命賜官其大夫則雖亦有私臣疑止得立家宰一人不得備兩伍之數賈疏謂官專相兼是也又案此經凡都家對文者並以公卿采地爲都以載師大都爲公之采地小都爲卿之采地二者同稱都也家則並專據大夫采邑以載師家邑爲大夫之采地夏官敘官注以都唯據三公王子弟而以卿別入家內蓋鄭偶存駁文不足據依賈疏強爲之說非也詳夏官敘官疏凡三等采地秋官朝大夫敘及載師注通謂之國故其君長亦得稱諸侯王制云天子之縣內諸侯祿也穀梁隱元年傳又謂之寰內諸侯是也書立政云大都小伯爲孔傳云大都邑之小長公羊定十一年何注又有采長彼並謂采邑之宰與此經長爲采邑之君異也云兩謂兩卿者亦借兩爲㒳也說文㒳部云㒳再也易曰參天㒳地都鄙立二卿謂之兩猶邦國立三卿謂之參也丁晏云書蔡仲之命正義曰周禮立其兩馬鄭皆云立卿兩人是鄭說與季長同本於師說也詒讓案詩小雅十月之交箋云禮畿內諸侯二卿又王制小國二卿皆命於其君鄭注以爲或者欲見畿內之國二卿與並與此注說同此兩卿當即家宰邑宰之屬喪服傳云公卿大夫室老士貴臣其餘皆衆臣也注云室老家相也士邑宰也賈彼疏云孤卿大夫有采邑者其邑旣有邑宰又有家相若魯三卿公山弗擾爲季氏費宰子羔爲孟氏郕宰之類皆爲邑宰也陽貨冉有子路之等爲季氏家相亦名家宰若無地卿大夫則無邑宰直有家宰孔子爲魯大夫而原思爲之宰是直有家相者也案據鄭賈說則采邑貴臣以室老邑宰爲最尊而爵次則視采主之爵爲降殺故此注云兩卿喪服注則以邑宰爲士也孝經云大夫有爭臣三人邢昺疏引孔安國云家相室老側室又云王肅無側室而謂邑宰案孔王並分家相室老爲二與鄭義不同恐非云不言三卿者不足于諸侯者于當從賈疏

述注作於注例用今字也賈疏云以織外諸侯南面爲尊故得申而立三卿天子三公六卿雖尊以其在天子之下故屈而立兩卿不足於諸侯詒讓案此對上邦國設其參爲說詩十月之交云皇父孔聖作都于向擇三有事亶侯多藏鄭箋以爲譏皇父專權作都立三卿明正法不得立三也鄭司農云兩謂兩丞者呂氏春秋介立篇高注云丞佐也賈疏云以其兩卿丞副其長先鄭以後代之官況之故云兩丞也

乃施灋于官府而建其正立其貳設其攷陳其殷置其輔

正謂冢宰司徒宗伯司馬司寇司空也貳謂小宰小司徒小宗伯小司馬小司寇小司空也考成也佐成事者謂宰夫鄉師肆師軍司馬士師也司空亡未聞其考

疏 乃施灋于官府而建其正者以下皆王朝六官長屬尊卑相副貳之法也 注云正謂冢宰司徒宗伯司馬司寇司空也者賈疏云正長也亦是一官之長案賈據爾雅釋詁義也此正卿六卿所謂大正也周書嘗麥篇王命大正正刑書卽謂大司寇左昭十五年傳孫伯黶司晉之典籍以爲大政杜注釋爲正卿漢書五行志大政作大正亦是也此與宰夫八職之正兼包百官府當職之長者異左襄二十五年傳云六正五吏又云百官之正長師旅杜注云六正六卿彼六正猶此六卿之正彼百官之正猶宰夫八職之正也二者名同而實異詳宰夫疏云貳謂小宰小司徒小宗伯小司馬小司寇小司空也者小宰先鄭注云貳副也賈疏云謂小卿副貳大卿吳廷華云正貳有三有六官之正貳如冢宰等爲正小宰等爲貳是也有一官各爲正貳者如宮正上士爲正中下士爲貳是也有合數官共爲正貳者如膳夫爲食官之長庖人內外饔皆貳之是也案吳謂一官各爲正貳卽宰夫之正是也云考成也者爾雅釋詁文說文攴部云攷敂也又老部云考老也凡訓考成考課考校者皆攷敂引申之義經典多借考爲之此經皆作攷注皆作考亦經用古字注

用今字之例也云佐成事者謂宰夫鄉師肆師軍司馬士師也者以宰夫諸官又次六貳之下故以當六官之考也云司空亡未聞其考者賈疏云案鄉師云及葬執纛以與匠師御匶注云匠師事官之屬其於司空若鄉師之於司徒若然鄉師是司徒之考則匠師亦司空之考而此云未聞者彼文以義約之司空考匠師也無正文故此云未聞也

凡治以典待邦國之治以則待都鄙之治以灋待官府之治以官成待萬民之治以禮待賓客之治成八成禮賓禮也

疏凡治以典待邦國之治者以下並冡上施典則灋而廣言之復兼及官成賓禮也此五者皆云待者說文彳部云待竢也謂竢其事之至持此典則等之書以治之　注云成八成者即小宰之八成也上八法官成注義同賈疏云據上文官成在八法治官府中今特出之者以其八成本待萬民不待官府若不特出之則無此待萬民之事在八法官府者欲見官府執行阮元云此經必言官成者謂以治官府之八成待萬民之治也又欲見此官成即從八法中別出也云禮賓禮也者大宗伯云以賓禮親邦國其別有八皆是也大宗伯掌其禮大宰命其治故此經亦著之

祀五帝則掌百官之誓戒與其具脩祀五帝謂四郊及明堂誓戒要之以刑重失禮也明堂位所謂各揚其職百官廢職服大刑是其辭之略也具所當共脩埽除糞洒

疏祀五帝則掌百官之誓戒者此與大司寇為官聯也賈疏云謂祭前十日已前誓戒百官則大宰掌之云與其具脩者賈疏云使百官供祭祀之具及脩之埽除也　注云祀五帝謂四郊者謂分祀五帝則各於其兆小宗伯云兆五帝于四郊是也賈疏云依月令四時迎氣及季夏六月迎土氣於南郊其餘四帝各於其郊幷夏正祭所感帝於南郊故云祀五帝於四郊也詒讓案凡此經通例有天有上帝有

五帝天即昊天祀北辰上帝爲受命帝在周則祀蒼帝五帝爲五色之帝此上下文有天有五帝而無上帝則五帝內含有蒼帝以受命
帝雖尊然亦五帝之一言五帝可以賅上帝也周夏正南郊雖特崇祀蒼帝然四帝亦配食故注云四郊雖指四時迎氣亦關南郊大祀
賈說深得鄭指但五帝之名依月令即太皞炎帝黃帝少皞顓頊五天帝鄭小宗伯注依春秋緯文燿鉤說謂蒼帝名靈威仰等非也賈
疏亦沿其誤詳掌次及小宗伯疏又案下文有卜日四時迎氣依月令在四立之日則固不卜日然誓戒具脩及前期齋戒臨祭眡滌濯
贊牲玉幣爵之事實與南郊明堂同則此祀五帝自兼四郊迎氣言但下文卜日內不含四郊經注偶未別白言之耳至後賈疏及表記
孔疏謂四郊亦有卜則又失之詳後云及明堂者謂合祀五帝則於南郊之明堂也詩周頌我將序云祀文王於明堂也孝經云昔者周
公郊祀后稷以配天宗祀文王於明堂以配上帝史記封禪書裴氏集解引鄭孝經注云上帝者天之別名也神無二主故異其處避后
稷也祭法云周人禘嚳而郊稷祖文王而宗武王鄭彼注云祭五帝五神於明堂曰祖宗祖宗通言爾亦引孝經宗祀爲釋公羊宣三年
何注國語魯語韋注及唐明皇孝經注釋明堂配帝之義並與鄭同案依鄭說周以稷配郊祀者特祀受命帝也文武配明堂者合祀五
帝也亦謂之禘蔡邕明堂月令論引禮記檀弓云王齊禘於清廟明堂是也蓋以合祀五帝言之則曰大饗帝以先王配食言之則曰祖
宗以所祭之地言之則曰明堂其實一也祭法孔疏引雜問志云春曰其帝大皞其神句芒祭蒼帝靈威仰大皞食焉句芒祭之於庭祭
五帝於明堂五德之帝亦食焉又以文武配之祭法祖文王而宗武王此謂合祭於明堂漢以正禮散亡戴禮文殘缺不審周以何月也
於月令以季秋案祖宗之祭說者不同依鄭祭法注義則爲合祭五帝則以文武配食通典吉禮及唐書禮儀志引王肅駁鄭云古者祖

有功而宗有德祖宗自是不毀之名非謂配食於明堂者也春秋傳曰禘郊祖宗報五者國之典祀也以此知祖宗非一祭審如鄭義則經當言祖祀文王於明堂不得言宗祀也凡宗者尊也周人既祖其廟又尊其祀孰謂祖於明堂者乎鄭引孝經以解祭法而不曉周公本意殊非仲尼之旨也是王肅謂祭法祖宗乃宗廟不毀之名非卽孝經之宗祀金鶚申鄭祖宗義云孝經云周公宗祀文王于明堂以配上帝祭法言四代祖宗次於郊禘之下案祖宗在明堂故明堂非宗廟而亦可稱大祖亦稱清廟清廟詩序云祀文王也周公既成雒邑朝諸侯率以祀文王焉考周書作雒雒邑有明堂明堂位言周公朝諸侯于明堂此明堂在雒邑清廟詩序所謂成雒邑朝諸侯者卽明堂位所謂朝諸侯于明堂也然則率以祀文王者卽祀文王於明堂可知矣若在宗廟之中則大祖后稷在上大王王季皆在安得率諸侯而獨祀文王哉明堂本爲宗祀文王之大廟又無后稷諸神宜率諸侯而祀文王於此也清廟祀文王於明堂明堂可稱大祖其祀卽祖宗之祭可知矣祭法言周人祖文宗武孝經言宗文王似乎不同不知周初武王之時本宗文王及武王沒乃祖文王而宗武王孝經言孝莫大于嚴父配天文王爲周公之父故但舉周公宗祀文王而言之也王肅乃謂祖有功而宗有德宗廟之祭非明堂之祭宋儒皆從之然有虞氏不宗嚳而宗堯堯非舜之祖考安得祀之於宗廟之中與瞽瞍橋牛等並列哉鄭注堯典云文祖猶周之明堂史記云文祖者堯大祖也堯之明堂所宗祀配天者蓋帝嚳也堯崩而舜立因祖帝嚳而宗堯焉瞽瞍橋牛以上爲舜之四親故祀之於宗廟帝嚳爲堯舜之所從受天下者故祀之於明堂明堂爲特祀不與四廟之主並列也幕爲舜之先有功德故爲報祀在宗廟之中魯語所云四代報祀卽祖功宗德之類也殷周之得天下與虞夏受禪不同故明堂祖宗之人卽宗廟祖功宗德之人但宗廟不配天而明堂則配

天此其異耳豈可謂宗廟有祖宗而明堂無祖宗哉且周公制禮之時文武尚在四親廟中未有世室之制安得以文武爲祖宗乎卽至後世文武二廟不遷亦但謂之世室而未嘗稱祖宗竊謂祖功宗德之說當以始祖爲祖功其後有德者則宗之宗無數而祖則一而已如殷有大甲大戊武丁爲三宗祭法言殷人宗湯則有四宗湯且稱宗而不稱祖可知殷之廟惟契稱祖也周人之廟亦豈有二祖哉然則祖宗之祭在明堂審矣明堂無始祖自可以祖宗配帝然禘郊皆以一祖配而明堂乃以祖宗二人並配蓋禘郊是二祭故以二祖分配明堂祇一祭故以祖宗二人並祀案金說是也祭法祖文王宗武王之說本國語魯語展禽語與孝經宗祀文王文不同者鄭祭法注以爲祖宗通言魯語韋注云此與孝經異也商家祖契周公初時亦祖后稷而宗文王至武王雖承文王之業有伐紂定天下之功其廟不可毀故先推后稷以配天而後更祖文王而宗武王也南齊書禮志何佟之議亦云孝經是周公居攝之禮祭法是成王反位後所行如王說殷有三祖三宗並應不毀何故止稱湯契案韋何說足補鄭義金說似亦隱據彼文攷通典吉禮引白虎通云后稷爲始祖文王爲大祖武王爲大宗此卽據祭法郊祖宗三祀言之若廟享則后稷爲始祖卽爲大祖安得別以文王爲大祖乎然則鄭說亦有所本唐書禮儀志長孫無忌申王駁鄭據國語云郊禘祖宗報五者國之祀典也㡿明堂祖宗合爲一祭之非不知文武雖並配五帝而祖宗名自不同段如王說則文武同立世室而區分祖宗二祀則親廟有四豈亦得爲四祀乎其不足以破鄭義明矣又案王鄭祖宗之義不同而說明堂祀五帝則不異故唐書禮儀志云明堂大饗王肅議祀五行帝王涇大唐郊祀錄又引孝經明堂配帝王肅義爲祭昊天上帝案王涇所引與唐志不同今考明堂改祀昊天上帝始於晉武帝泰始閒晉書禮志不云王肅說王氏疑偶誤然泰始之制六朝以後多

依用之或專祀昊天或主昊天而兼配五帝陳祥道禮書馬端臨文獻通考並主兼祀昊天及五帝之說以經考之其不可通有二明堂五室本以崇祀五帝昊天最尊何得下就五帝之室且日至圜丘禮極隆重今相距數月復降饗明堂兩舉大祀既為大數降丘就堂尤嫌輕褻是特祀昊天說之必不可通者也明堂每帝一室各有攸屬今若合祀天帝以昊天與五帝同室於禮難行儻云別為昊天之堂則堂內筵度有定既無可增堂外特置彼此睽隔又乖合配之義是合祀昊天五帝說之必不可通者也又孝經郊祀則云配天宗祀明堂則云配帝鄭以上帝為天之別名者蓋以南郊祭受命帝明堂合祭五帝同稱上帝亦同得稱天實則天之與帝雖可通稱而孝經與此經則顯有不同故晉書禮志引晉武帝太康十年明堂復祀五帝詔云孝經郊祀后稷以配天宗祀文王於明堂以配上帝而周官云祀天旅上帝又曰祀地旅四望四望非地則明堂上帝不得為天也又引摯虞議宋書樂志引顏竣議並同此釋孝經郊祀為即圜丘昊天之祀雖與王肅唐明皇及邢昺疏引孔安國傳說同而釋明堂猶遵鄭義其分別天與上帝則尤明辨析矣蓋孝經之天異於上帝者受命帝與五帝也而此經則掌次大宗伯肆師典瑞司服職金諸職凡言天者並指昊天言上帝者並指受命帝若五帝則直稱五帝不稱上帝蓋孝經與此經文例本不同不能強合而天與上帝之分在兩經各自區別亦必不可合此尤孝經上帝非昊天之塙證也至明堂合祭時日經無正文月令季秋大饗帝鄭志本以為秦制而謂周不審以何月則鄭自不謂周大饗帝必在季秋南齊書禮志王儉議引馬融云郊天之祀咸以夏正五氣用事有休有王各以其時兆於方郊四時合歲功作相成亦以此月總旅明堂此謂祀明堂與南郊同在夏正月攷蔡氏獨斷及續漢書祭祀志並載漢禮南郊北郊明堂同在正月馬氏蓋據漢禮為說魏晉禮同宋制則又與南郊同日

齊志又引蔡仲熊議云鄭志云正月上辛祀后稷於南郊還於明堂以文王配故宋氏創立明堂郊還卽祭是用鄭志之說也蓋爲志者失非玄意也玄之言曰未審周明堂以何月於月令則以季秋案玄注月令季秋大饗帝云大饗徧祭五帝又云大饗於明堂以文武配其時秋也去啓蟄遠矣今案蔡說深得鄭恉蓋明堂時月鄭本未有定論馬氏謂與南郊同月亦無塙證鄭志或謂與郊同日則尤謬盭不足據然正可證鄭說本不定否則鄭門弟子何得妄騰異論邪攷漢書律厤志引逸書伊訓太甲元年伊尹祀于先王誕資有牧方明劉歆說之以爲冬至越茀祀先王於方明以配上帝蓋謂卽明堂宗祀之典所謂祖契而宗湯者劉說雖不甚塙然竊疑西漢諸儒有冬至宗祀明堂之說則與圜丘同月矣此與司服祀五帝服大裘之文亦不相硋其說出於馬鄭以前或尚可馮也鄭駁異義說明堂云五帝各有一室是謂大饗合祭帝各分就其室唐書禮儀志有司奏云季秋大饗五帝各在一室商量不便請依兩漢季秋合饗總於太室黃以周云明堂祀五帝總在太室古禮然也如五室各饗一帝則文王專配一室義非配五卽以武王兼祀亦是位闕其三案黃說近是祭法孔疏云文武之配皆於明堂上或解云武王配五神於下屈天子之尊而就五神在庭非其理也通典吉禮則云五帝及神俱坐於上以文武二祖汎配五帝及五神而祭之案孔杜二說似亦據總祭而言但五室室主一帝則義自別有所取五時告朔布政各就其帝之室此與大饗合祀事不相妨也又齊志引何佟之議云明堂之祀有單有合故鄭云四時迎氣於郊祭一帝還於明堂因祭一帝則以文王配明一賓不容兩主也享五帝於明堂則泛配文武泛之爲言無的之辭其禮既盛故祖宗並配案何氏引鄭說與詩周頌我將孔疏引雜問志同攷鄭三禮注說明堂單祭惟每月聽朔以特牲告其時帝以文武配見玉藻注此外絕無四立迎氣還特祀明堂之文鄭

志間有後人附益不可以是誣鄭也何氏不知引告朔證單祭而信此詭託之謬說其讖蓋遜蔡仲熊遠矣凡郊祀受命帝明堂祀五帝與圜丘祀昊天不同之說互詳大宗伯大司樂疏又案明堂之祭亦卜日鄭以此祀五帝內有明堂則下文卜日內亦含明堂可知賈疏不知而誤爲之說云案下曲禮云大饗不問卜鄭云祭五帝於明堂莫適卜也彼明堂不卜此下經云帥執事而卜日則此祀五帝不合有明堂鄭云及明堂者廣解祀五帝之處其實此處無明堂案賈說非經注義也曲禮大饗不問卜謂不卜應祀與不耳此卽常祀不卜之義非謂不卜日也大饗雖有定月曲禮孔疏引崔靈恩說謂亦用辛日則上中下旬不定豈有不卜日之理表記疏亦謂此注廣解五帝所在其實禮明堂不卜誤與賈同而曲禮疏又云此大饗總祭五帝其神非一若卜其牲日五帝總卜而已不得每帝問卜若其一一問卜神有多種恐吉凶不同故鄭云莫適卜總一卜而已案二疏義異其爲不達鄭恉則一也云誓戒要之以刑重失禮也者說文言部云誓約束也𠬞部云戒警也釋名釋言語云誓制也以拘制之也戒者告以其事警敕其共職誓則警其廢職失禮之事大祭祀恐其失禮故豫以失禮之刑約誓警戒之大司寇云若禋祀五帝則戒之日涖誓百官戒于百族卽大祭祀誓戒之事刑若小宰令于百官府曰其有不共則國有大刑及條狼氏所誓殺墨鞭之類是也凡誓戒與卜同日詳大司寇疏云明堂位所謂各揚其職百官廢職服大刑是其辭之略也者鄭彼注云揚重也大刑重罪也彼文承季夏六月以禘禮祀周公於太廟之下明是祭祀誓戒之事此祀五帝與禘太廟同是大禮其誓戒警敕百官之辭當與彼略同故云是其辭之略也云具所當共者說文𠬞部云具共置也謂百官所當共辨之事祭義云孝子將祭比時具物不可以不備祭統云官備則具備注云具謂所共衆物是也賈疏云祭祀之連事祭祀之具百官共供故云具謂

所當供云脩埽除糞洒者說文彡部云修飾也又肉部云脩脯也經典多借脩爲修修本訓飾引申之埽除宮室壇兆使之絜清亦謂之修中庸脩其祖廟注云脩謂埽糞也說文華部云糞棄除也賈疏云案宮人云掌六寢之脩守祧云其廟有司脩除之是其脩埽除糞洒也詒讓案守祧注以有司爲宗伯典祀云掌外祀之兆守若以時祭祀則帥其屬而脩除隸僕云祭祀脩寢此三官並主內外祭祀脩除之事蓋皆大宰令之矣

前期十日帥執事而卜日遂戒

前期前所諏之日也十日容散齊七日致齊三日執事宗伯大卜之屬既卜又戒百官以始齊

疏 前期十日者釋文云前如字干本同本或作先案前先義同祭統云故先期旬有一日宮宰宿夫人彼言旬有一日者兼祭日數之與此前期十日同云帥執事而卜日遂戒者卜之日遂戒百官以始齊少牢饋食禮筮日與官戒亦同日卽其比例賈疏謂卜戒不同日失之又案五帝之祀四郊迎氣依月令說不卜日然則此卜日專指夏正南郊祭受命帝及季秋大饗明堂言之郊特牲云卜郊受命于祖廟作龜于禰宮卽南郊卜日之事公羊僖三十一年何注云禮天子不卜郊御覽禮儀部引五經異義云春秋公羊說禮郊及日皆不卜常以正月上丁也魯於天子並事變禮今成王命魯使卜從乃郊不從卽已下天子也案公羊說謂魯郊卜日周郊不卜日與禮不合鄭所不從其迎氣則前期十日大宰唯掌其戒事不卜日也賈疏云但四時迎氣冬至夏至郊天等雖有常時常日猶須審慎仍卜日故表記云不犯日月不違卜筮注日月謂冬夏至正月及四時也所不違者日與牲尸也假令不吉改卜後日故箴膏肓云天子郊以夏正上旬之日魯之卜三正下旬之日是雖有常時常日猶卜日也案賈謂四時迎氣亦有卜表記孔疏亦同其說非也迎氣以四立之日月令有明文安得有卜表記上云不犯日月者通二至及正月四時言之下云不違卜筮則

專指二至正月不關四時也蓋犯日月非必犯所卜之日鄭彼注亦未嘗合二語爲一事賈孔自不察耳凡祭祀之卜有四卜應祀與不也卜日也卜牲也卜尸也左僖三十一年傳云夏四月四卜郊不從乃免牲非禮也禮不卜常祀而卜其牲日然則凡常祀皆不卜應祀與不常祀之有定日者則又不卜日此經五帝及下文大神亦先王皆常祀也禮無卜祀唯大旅及所告非常之祭乃有卜祀耳其祭日則自迎氣外凡大祀無不卜者其牲與尸則雖迎氣亦當有卜矣又案凡祀天日常禮並用辛若非常祀則或用丁故續漢書禮儀志劉注引白虎通說郊云春秋傳曰以正月上辛尚書曰丁巳用牲于郊牛一先甲三日辛也後甲三日丁也皆可接事昊天之日案御覽引五經異義春秋公羊說謂郊當以正月上丁魯以上辛郊不敢與天子同此謂王郊用丁魯郊用辛今攷公羊成十七年傳說魯郊用正月上辛無周郊用丁之文若依鄭二禮注義則魯郊當轉卜三正之辛日周郊當卜夏正月之辛日公羊舊說與諸傳注義並不相應疑不足據曲禮孔疏引崔靈恩云郊之用辛者唯夏正郊天及雩大饗明堂耳若圜丘自用冬至日五時迎氣各用其初朔之日不皆用辛今攷圜丘當亦用冬至月之辛日迎氣則用四立之日月令有明文餘祀並當如崔說凡二至圜丘方丘並卜日詳大司樂疏　注云前期前所諏之日也者少牢饋食禮云日用丁己筮旬有一日注云必先諏此日明日乃筮以先月下旬之己筮來月上旬之己又特牲饋食禮云不諏日注云諏謀也士賤職褻時至事暇可以祭則筮其日矣不如少牢大夫先與有司於廟門諏丁己之日是其大夫以上凡祭必先謀所祭之日明日乃筮天子大祀則用卜此注云前所諏之日者卽謂諏日時所謀定之祭日其前十日若祭日用己則於先一旬之戊日諏日己日卜日并祭日數之則云旬有一日外祭日言之則云十日其實同也穀梁哀元年傳說魯郊云我以十二月下辛卜

正月上辛如不從則以正月下辛卜二月上辛如不從則以二月下辛卜三月上辛與此經前期十日卜日禮正合賈疏亦謂依少牢所諏之日卽祭日是也而又謂凡祭祀謂於祭前之夕爲期今言前期十日者明祭前十一日卜是謂經前期之期爲祭之前一日前期十日者爲前此爲期之日以其說推之則己日祭當以先一旬之戊日卜日與少牢注不合非鄭義也云十日容散齊七日致齊三日者散齊七日致齊三日合之爲十日賈疏云案禮記祭統云散齊七日以定之致齊三日以齊之詁讓案祭義云致齊於內散齊於外者祭日用己則先一旬之己日始散齊至乙日散齊期滿亥丙日始致齊至戊日致齊期滿卽祭前一日是二齊適盡十日也云執事宗伯大卜之屬者鄭詩周頌執競箋云執持也經凡言執事並謂諸官非其專掌以連事通職轉相贊助而執持其事者猶大史云凡射事執其禮事以大史本不掌射法也故司會云凡官府都鄙之吏及執事者受財用焉以執事與地治之吏別文亦足相證其職掌所存專共常守者則謂之有司互詳小宗伯疏賈疏云大宗伯職云凡祀大神享大鬼祭大示帥執事而卜日謂宗伯涖卜又案大卜云大祭祀視高命龜故知執事中有宗伯大卜之屬中含有小宗伯及卜師故言之屬詁讓案肆師云凡祭祀之卜日宿爲期詔相其禮又大史云大祭祀與執事卜日彼二官亦當在執事之數鄭不言者之屬中賅之云既卜又戒百官以始齊者士冠禮鄭注云戒警也告也既卜得吉則告百官使始齊是卜與戒及始散齊並同日也大司寇云若禋祀五帝則戒之日涖誓百官戒于百族注云戒之日卜之日也郊特牲亦謂卜之日卽戒百官戒百族賈疏謂卜之後一日乃戒使散齊致齊蓋誤以前期十日爲先祭前爲期之日十日故必移戒始齊之日於卜之次日而後十日齊滿乃適與祭日相接其說與大司寇注義違不足據也大司寇疏則謂卜戒同日不誤

及執事眡滌

濯執事初爲祭祀前祭日之夕滌濯謂溉祭器及甑甗之屬【疏】及執事眡滌濯者與大宗伯爲官聯也釋文云眡本又作視案說文見部云視瞻也从見示聲重文眡古文視眂亦古文視凡經皆作眡注皆作視亦經用古字注用今字之例也陸所見別本作視非經例不足據又說文目部有眂字訓視皃與古文視字別眡滌濯者內外饔亶人世婦鬱人等溉器大宰則監眡之也賈疏云謂至祭前夕大宰眡滌濯案春官小宗伯大祭祀眡滌濯大宗伯亦云宿眡滌濯彼二官親眡滌濯大宰尊亦往涖之　注云執事初爲祭祀前祭日之夕者謂若己日祭此爲戊日之夕也賈疏云案下經及納亨者是祭日此云眡滌濯儀禮特牲亦云前祭日之夕視壺濯及豆籩士卑得與人君同少牢大夫禮當祭日溉祭器者下人君也江永云及執事眡滌濯及與與也謂與諸執事官眡滌濯也小宗伯言及執事者三及執事禱祠于上下神示及執事涖大斂小斂及執事眡葬獻器與此文正相類彼三處鄭皆以執事之官釋之此獨云執事初爲祭祀前祭日之夕非也案江說是也云滌濯謂溉祭器及甑甗之屬者大宗伯注義同釋文云甗本又作甗案說文鬲部甗卽或鬲字此注本少牢禮當以作甗爲正溉疏述注作摡阮元云據此知注中溉本作摡說文曰摡滌也鄭君注禮多作摡凡經注从手之摡俗本多譌从水案阮說是也說文水部溉爲水名非此義大宗伯注釋文載或本亦作摡天官世婦云掌祭祀之事帥女宮而濯摡此滌濯卽濯摡也說文水部云滌洒也濯澣也少牢饋食禮云宗人命滌注云滌溉滌祭器埽除宗廟案彼滌兼埽除宗廟此不言者彼命滌在前期旬有一日至祭日乃云雍人摡鼎匕俎于雍爨廩人摡甑甗匕與敦于廩爨司宮摡豆籩勺爵觚觶凡洗篚于東堂下是命滌與摡相較旬日故知滌中兼有埽除宗廟之事此視滌濯同在祭前之夕又上具脩注以脩爲埽除糞洒故此滌濯注不云埽除也

及納亨贊

王牲事 納亨，納牲將告殺，謂鄉祭之晨，既殺以授亨人。凡大祭祀，君親牽牲，大夫贊之。

【疏】及納亨贊王牲事者，賈疏云案禮記明堂位君肉袒迎牲于門卿大夫贊君及殺訖納與亨人故言納亨云贊王牲事即是卿大夫贊幣一人也　注云納亨納牲將告殺者續漢書禮儀志劉注引干注同禮器注云納牲于庭時當用幣告神而殺牲是也賈疏云謂牽牲入時也禮器云納牲詔于庭殺訖毛以告純血以告殺腥其俎肫解而腥之以此訖乃納與亨人爓祭此言納亨者以牽牲也惠士奇云納牲與納亨異禮運祭玄酒薦毛血爲法太古腥其俎孰其殽爲法中古退而合亨體其犬豕牛羊爲今世之食禮器納牲詔於庭血毛詔於室羹定詔於堂祭義君牽牲穆荅君卿大夫序從此之謂納牲而納亨者謂合亨之後羹定之初薦孰未食之前盛之於俎先以告神於堂也祭禮血腥之屬盡敬心耳要以孰爲正五官奉牲羞其肆肆者六牲之體是爲納亨諸子正之司士割之王親匕之太僕贊之御僕登之先是納牲卿大夫序從而已及入廟繫牲於碑卿大夫袒而封毛取血入以告神於室此所謂贊王牲事者一當朝踐之節一當饋食之時獨言納亨者舉其正也黃以周云下贊王牲事是據未殺爲文故鄭以納牲解之案黃說是也經云贊牲事又下文方及祀日贊玉幣禮神之事故鄭以爲納牲當朝踐之前與經文敘次最合不可易也竊謂迎牲與薦孰二節大宰並有贊事經言納亨者以薦孰賅納牲注則舉納牲以賅薦孰皆互文以見義大祝迎牲注云既隋釁後言迎牲容逆鼎此經云納亨猶彼云逆鼎注云納牲即彼逆牲彼文言逆牲以見逆鼎亦猶此言納亨以見納牲矣云謂鄉祭之晨者續漢志注引干注云謂向祭之晨也鄉向字同司寤氏注云晨先明也賈疏云案檀弓云周人大事以日出故知納亨是饗祭之晨此祭天無裸故先迎牲若宗廟之祭有裸而後迎牲也案曾子問孔疏引熊安生亦據此注說之云郊社五

祀祭祊未迎尸之前已殺牲也以其無灌故也此與賈說所本若然下文享先王納亨當在旦明以後雖亦冢此文而時則早晏不同也
云既殺以授亨人者賈疏云案亨人職外內饔之爨亨謂腥其俎後云凡大祭祀君親牽牲大夫贊之者大祭祀謂天神地示人鬼諸
大祭納牲禮同禮器說大廟之祭云君親牽牲大夫贊幣而從鄭蓋兼采彼及明堂位文賈疏謂專據明堂位非也又案大僕亦云祭祀
贊王牲事彼注云牲事殺割匕載之屬此不言者大宰官尊所贊之事當簡於大僕也

及祀之日贊玉幣爵之事

日旦明也玉幣所以禮神玉與幣各如其方之色爵所以獻齊酒不用玉爵尚質也三者執以從王至而授之

疏 及祀之日者前納亨已爲祭日之晨以尚未行朝踐正祭禮故此別言及祀之日
注云日旦明也者上注云鄉祭之晨爲將明之時日旦明則已明之時
少牢饋食禮云爲期於廟門之外宗人曰旦明行事鄭彼注云旦明旦日質明是也云玉幣所以禮神玉與幣各如其方之色者大宗伯
注云禮謂始告神時薦於神坐賈疏云上云祀五帝以爲迎氣於四郊之外案大宗伯以玉作六器以禮天地四方又云青圭禮東方赤
璋禮南方白琥禮西方玄璜禮北方季夏六月迎土氣於南郊亦用赤璋下云牲幣彼雖幣不是禮神之幣亦云各放其器之色是其禮
神幣與玉亦各如其方色也案鄭賈說未塙大宗伯六器乃禮方明之玉五時迎氣當用四圭有邸不用青圭赤璋等其牲幣則或當依
方色詳大宗伯典瑞疏云爵所以獻齊酒者謂酌五齊以獻尸也通典吉禮引崔靈恩云圜丘用五齊餘感帝迎氣神州等並自醴齊而
下四齊而已案郊祀雖備五齊三酒爲八尊然七獻之禮止用五齊不用三酒此注兼言酒順文便耳其實獻尸無酒也云不用玉爵尚
質也者賈疏云對下經享先王用玉爵尚文此祭天不用玉爵故云尚質詒讓案不用玉爵者六天之祭並用匏爵也郊特牲云器用陶

匏以象天地之性也通典吉禮及聶崇義三禮圖引三禮義宗說並謂祭天爵以匏片爲之郊特牲孔疏說亦同云三者執以從王至而授之者賈疏云謂至祭所而授之王親自執玉幣奠於神坐親酌以獻尸詔讓案即禮器云大夫贊幣而從彼內祭祀贊幣之事外祭祀禮同

祀大神示亦如之大神祇謂天地疏祀大神示亦如之者釋文云示本又作祇案說文示部云示天垂象見吉凶所以示人也祇地祇提出萬物者也此經皆借示爲祇注皆作祇亦經用古字注用今字之例也陸所見別本作祇非經例不足據賈疏云祀大神謂冬至祭天於圜丘祀大祇謂夏至祭地於方澤亦如之者從掌百官誓戒已下贊玉幣爵之事已上皆如祀五帝之禮注云大神祇謂天地者天地謂圜丘祭昊天方丘祭大地也賈疏云此天謂大天對五帝爲小天此地謂大地對神州之地爲小地吳廷華云五帝之外別言大神祇則大於五帝可知故注以天地言之詔讓案大射儀賈疏謂天子祭山川社稷亦有前期十日帥百執事而卜日遂戒等事則經大示亦賅四望社稷注文不具也

享先王亦如之贊玉几玉爵玉几所以依神天子左右玉几宗廟獻用玉爵疏享先王亦如之者賈疏云下別言贊玉几玉爵則天地不用玉几玉爵其言亦如之者謂亦贊王牲事已上不云大者欲見宗廟六享同然注云玉几所以依神者謂先王之神所馮依別於下朝覲會同之玉几爲王所馮依也玉几爲司几筵五几之一詳彼疏云天子左右玉几者賈疏云此是司几筵文彼所云者謂王受諸侯朝覲會同所設今此享先王鬼神之几亦與王平生同故引爲證此享先王有玉几玉爵天地有爵但不用玉飾祭宗廟用玉几天地亦應有賓几不言之者文不具詔讓案天子祭祀左右玉几別於司几筵諸侯祭祀右彫几也其祀天地之几於經無文以司几筵五几差之或當用漆几與云宗廟獻用玉爵者梓人爲

飲器云爵一升說文鬯部云爵禮器也所以飲器象爵者取其鳴節節足足也玉燭寶典及聶氏三禮圖引梁正阮諶禮圖云爵受一升高二寸尾長六寸博二寸傅假翼兌下方足漆赤中畫三周其身大夫飾以赤雲氣黃畫諸侯加飾口足以象骨天子以玉案禮圖說爵制似不甚槁伯依其說則玉爵亦刻木爲之而飾以玉若內宰瑤爵注亦謂以瑤爲飾是也賈疏云按明堂位獻用玉琖謂王朝踐饋獻酳尸時若祼則用圭瓚也程瑤田云玉爵卽玉琖也明堂位曰爵夏后氏以琖殷以斝周以爵此明魯有三代之爵其名不同其爲爵一也行葦之詩云洗爵奠斝毛傳曰斝爵也說文曰斝玉爵也案玉爵名制互詳量人梓人疏

大朝覲會同贊玉幣玉獻玉几玉爵

助王受此四者時見曰會殷見曰同大會同或於春朝或於秋覲舉春秋則冬夏可知玉幣諸侯享幣也其合亦如小行人所合六幣云玉獻獻國珍異亦執玉以致之玉几王所依也立而設几優尊者玉爵王禮諸侯之酢爵王朝諸侯立依前南面其禮之於阼階上

疏注云助王受此四者者州長注云贊助也此經上下文凡言贊者並訓爲助云時見曰會殷見曰同者大宗伯文詳彼疏云大會同或於春朝或於秋覲舉春秋則冬夏可知者釋經云大朝覲卽是會同又不云宗遇之義賈疏云諸侯四時常朝不稱大今朝覲稱大者諸侯爲大會同而來故稱大朝覲大會雖無常期當春來卽是春朝當秋來卽是秋覲當夏來卽是夏宗當冬來卽是冬遇若大同則有常期春東方六服盡來夏南方六服盡來秋冬同經直云大朝覲不言宗遇有宗遇可知在國行朝禮訖乃皆爲壇於國外而命事焉案大同亦無常期賈說非又凡會同皆先行朝禮並詳大宗伯及大行人疏云玉幣諸侯享幣也者鄭意此卽朝後之享大行人公侯伯子男皆廟中將幣三享是也玉幣卽覲禮所云四享皆束帛加璧彼又云侯氏升致命王撫玉侯氏降自西階東

面授宰幣彼宰卽謂大宰也金鶚云古者玉帛通謂之幣玉幣卽瑞
玉也曲禮云操幣圭璧則尚左手司儀言諸侯相朝之禮云再拜授
幣賓再拜送幣者皆謂玉爲幣也案金說亦足補鄭義竊謂此玉幣
當通受玉及受享二者言之鄭金兩義相兼乃備蓋朝覲會同以受
玉爲正禮冢宰贊王不宜遺此而唯贊受享也但此玉幣知不專屬
瑞玉者以內府云凡四方之幣獻之金玉齒革兵器凡良貨賄入焉
彼所云幣獻卽此玉幣玉獻若玉幣專爲瑞玉則朝覲禮畢當以還
侯氏不入內府唯三享圭璋璧琮受而不還乃得入內府耳凡瑞玉
通稱幣及還瑞玉不還享玉並詳司儀疏又案凡朝覲宗遇受朝受
享皆於廟鄭曲禮注謂春秋受贄於朝非也賈疏亦沿其誤詳大宗
伯疏云其合亦如小行人所合六幣云者賈疏云案小行人所合六
幣圭以馬璋以皮璧以帛琮以錦琥以繡璜以黼據彼鄭注五等諸
侯享天子用璧以帛享后用琮以錦則圭以馬璋以皮者謂二王之
後享天子用圭以馬享后用璋以皮則琥以繡璜以黼者子男自相
享法但小行人所云者謂四時常朝不見大朝覲會同法約與四時
常朝同無正文故言云也云玉獻獻國珍異亦執玉以致之者賈疏
云謂三享之外別有獻國珍異亦如三享執玉以致之故言玉獻謂
以玉致獻也易祓云玉獻乃諸侯貢珍之禮大行人之六貢是也案
易說是也鄭意蓋謂享庭實之外別有珍異之獻覲禮目錄云朝宗
禮備覲遇禮省是以享獻不見焉彼云享獻亦謂享別有獻覲禮有
三享之庭實而無珍獻故云享獻不見見所不見者享後之獻若三
享則經有明文安得云不見乎賈彼疏不達鄭意乃引此經說之云
獻謂三享後行私覿私覿後卽有私獻引聘禮記云旣覿賓若私獻
奉獻將命爲證金鶚云私覿私獻者大夫奉君命出使行聘享之後
別以己物獻他國之君故曰私獻諸侯親朝其享天子之物皆己物
也又何私焉案金說足正賈說之誤又經典享與獻亦多通稱爾雅

釋詁云享獻也大戴禮記朝事篇云奉國地重物而獻之此卽兼享獻而言之者也知此玉獻非卽玉享者以覲禮三享庭實皮馬之外無他物而內府說幣獻有金玉齒革兵器良貨賄等明此經玉獻自爲享後六頁之獻不可提於享也享爲正禮獻爲加禮故覲禮不見自賈誤解鄭目錄說者不攷遂以弁疑此注今無取焉云玉几玉所依也者書顧命云王被冕服憑玉几說文几部引作凭玉几云凭依几也有司徹云主人降受宰几宰授几主人受彼大夫祭禮宰贊授尸几與此大宰贊授王几禮例略同玉几詳司几筵疏云立而設几優尊者者卽明堂位云天子負斧扆而立者也賈疏云知立而設者案司几筵云大朝覲大饗射凡封國命諸侯王位設黼依依前南鄉左右玉几是立而設几也几爲坐設今立而設几故云優至尊也云玉爵王禮諸侯之酢爵者大行人注云王禮王以鬱鬯禮賓也酢報飲王也賈疏云案大行人云上公再祼而酢侯伯一祼而酢子男一祼不酢此祼時大宗伯攝祼非冢宰所贊但諸侯酢王用玉爵則冢宰贊王受之故云贊玉爵云王朝諸侯立依前南面者釋文云依本亦作扆案依扆字同司几筵亦作依此並四時朝覲所同賈疏謂專指秋冬朝時亦沿曲禮鄭注之誤云其禮之於阼階上者賈疏云言禮之謂祼諸侯是也知王在阼階上者當依賓主之禮案燕禮主君在阼賓在牖戶之閒故知禮之王在阼階上也詒讓案此亦兼據聘禮禮賓公拜送醴之禮蓋大宗伯酌圭瓚於筵前祼賓王於阼階上拜送也凡祼王不親酌而親拜送詳大行人疏

大喪贊贈玉含玉助王爲之也贈玉既窆所以送先王含玉死者口實天子以玉雜記曰含者執璧將命曰寡君使某含則諸侯含以璧鄭司農云含玉璧琮

【疏】大喪贊贈玉含玉者釋文云含本又作唅案說文玉部云唅送死口中玉也口部云含嗛也則含玉正字當作琀經典多叚含爲之唅又含之俗賈疏云大喪謂王喪贊王爲此二

者也但含玉始死用之贈玉於葬乃用此文後云含玉者用之則有先後此作文先後無義例典瑞弁云飯玉此不云者文不具也案宰夫注云大喪王后世子也賈不從彼注者以后世子喪贈含王不親其事則非大宰所贊唯有母后之喪王當親贈及親含此所贊或當兼彼但不能通於王后故賈專據王喪也又依賈說則大宰亦贊飯玉大祝云大喪相飯彼以飯晐含此經以含晐飯亦互相備也又案士喪禮主人親含云宰洗柶建于米執以從又云宰從立于牀西在右注云宰立牀西在主人之右當佐飯事彼士禮家宰佐含此天子禮雖不親含大宰亦贊含尊卑異而禮例同　注云助王為之也者亦訓贊為助也賈疏云大喪既是王喪云助王者謂助嗣王也云贈玉既窆所以送先王者既夕禮云乃窆主人贈用制幣玄纁束檀弓注云贈以幣送死者於壙也此天子禮蓋以玉加於幣以入壙也贈玉亦用璧詳典瑞疏賈疏云案既夕士禮既窆之謂下棺訖主人贈用玄纁以入壙王喪雖無文應更有加亦當以玄纁為主也所贈亦既窆時也云含玉死者口實者典瑞注云含玉柱左右齻及在口中者公羊文五年傳云含者何口實也何注云孝子所以實親口也緣生以事死不忍虛其口檀弓孔疏引春秋說題辭云口實曰含象生時食也白虎通義崩薨篇云所以有飯唅何緣生食今死不欲虛其口故唅是含為死者口實也云天子以玉者賈疏云此云含玉玉府典瑞皆直云玉無異物之稱對大夫已下不用玉其實亦為璧形案天子含玉互詳典瑞疏引雜記曰含者執璧將命曰寡君使某含者彼注云含玉為璧形其分寸大小未聞引之者證諸侯含以璧也云則諸侯含以璧者雜記所云卽諸侯之禮也鄭說含玉天子以玉諸侯以璧與禮緯同以其說推之則璧當次於玉春秋緯謂諸侯以玉大夫以璧雖不與禮緯合亦以玉璧為尊卑之差璧何氏公羊注作碧說文玉部云碧石之青美者則降於玉宜也然此注明引雜記執

璧之文則不以璧爲碧可知玉璧有異未聞其說賈疏及玉府疏並謂天子含玉亦爲璧形恐非鄭意鄭司農云含玉璧琮者賈疏云爲璧琮之形也詒讓案古書說含玉未有爲琮形者先鄭說疑以朝聘享玉用璧琮意致含亦用是也

作大事則戒于百官贊王命

助王爲教令春秋傳曰國之大事在祀與戎

疏作大事則戒于百官贊王命者象胥注云作使也詩大雅烝民云出納王命王之喉舌賦政于外四方爰發毛傳云喉舌冢宰也與此贊王命義合大射儀云君有命戒射宰戒百官有事於射者注云宰於天子冢宰治官卿也作大事則掌以君命戒於百官然則百官命戒事無大小冢宰並掌之經但舉大事者文不具耳　注云助王爲教令者坊記注云命謂教令明經云贊王命即助王爲教令也引春秋傳者左傳成十三年劉康公語賈疏云上巳云祀五帝及大神祇祭祀大事戒百官訖則此云作大事戒於百官唯戎事也引之者證經大事是戎事連引在祀耳詒讓案司馬法仁本篇說用師云冢宰徵師於諸侯又云天子正刑冢宰與百官布令於軍並戒事戒令之事

王眡治朝則贊聽治

治朝在路門外羣臣治事之朝王視之則助王平斷

疏王眡治朝則贊聽治者江永云古者視朝之儀臣先君入君出路門立於宁偏揖羣臣則朝禮畢於是君退適路寢聽政諸臣至官府治事處治文書如議論政事君有命臣有進言則於內朝大宰所謂贊聽治者於治事處贊之非謂揖羣臣時也　注云治朝在路門外羣臣治事之朝者此王日視朝之朝也路門者王路寢之門路門之外即應門之內天子五門自外而內路門居其後三朝治朝居其中詳閽人及朝士疏惠士奇云王與羣臣治事之朝曰治朝冢宰贊之宰夫掌其法司士正儀辨等而擯之者是也賈疏云王有三朝必知此是路門外朝者但外朝是斷疑獄之朝路寢庭朝圖宗人嘉事二者並於事簡非正朝故知治朝是

路門外司士所掌者也云王視之則助王平斷者此注用今字作視也小宰注云聽平治也淮南子說林訓云是而行之故謂之斷高注云斷治是聽斷義亦相近故云助王平斷也

眂四方之聽朝亦如之謂王巡守在外時疏注云謂王巡守在外時者釋文云守本亦作狩案守狩字通詳士訓疏此謂十二年巡守及殷國時於所至之國聽朝也賈疏云經云四方聽朝故知巡狩時此鄭據依常者而言征伐在外亦有聽朝法以非常法故不言也

凡邦之小治則冢宰聽之待四方之賓客之小治大事決於王小事冢宰專平疏注云大事決於王者即上云王眂治朝則贊聽治彼大治大宰雖助平斷可否必決於王不敢專也云小事冢宰專平者亦訓聽爲平斷也此云小事則大宰聽之不言贊王明大宰專決之不待王命大戴禮記千乘篇云君發禁宰受而行之以時通於地散布於小理亦謂此也

歲終則令百官府各正其治受其會正正處也會大計也疏歲終則令百官府各正其治受其會者並治官之百官計官成也大宰總掌六官會計之事故小宰云贊冢宰受歲會王制亦云冢宰制國用必於歲之杪是也月令季秋云乃命冢宰農事備收舉五穀之要彼蓋月要之屬故經不具也歲終者謂夏正季冬非周之季冬詳宰夫疏注云正正處也者左文十八年傳德以處事杜注云處制也謂平正處制其治也賈疏云經云令百官府各正其治謂正處其所治文書大宰乃受其計會也云會大計也者序官注同司會云以歲會攷歲成宰夫云歲終則令羣吏正歲會是會爲每年之歲計對日計月計爲大與下三歲大計異也

聽其致事而詔王廢置平其事來至者之功狀而奏白王疏聽其致事而詔王廢置者即聽歲會以攷吏治之得失而以八柄之法詔王也曲禮五官致貢曰享注云

貢功也享獻也致其歲終之功於王謂之獻亦引此經爲釋荀子王制篇云本政教正法則兼聽而時稽之度其功勞論其慶賞以時慎脩使五吏克盡而衆庶不偷此冢宰之事也又王霸篇云相者論列百官之具要百事之聽以飾朝廷臣下百吏之分度其功勞論其慶賞歲終奉其成功以效於君當則可不當則廢即此大宰歲終聽致事詔廢置之事也大戴禮記盛德篇云古者天子常以季冬考德以觀治亂得失又云古者天子孟春論吏德行能功管子立政篇云孟春之朝君自聽朝論爵賞校官終五日若然此歲終正治受會正歲尚有考德論吏諸事固亦經義所賅矣賈疏云百官致其治政功狀與冢宰聽斷其所致之功狀文書而詔告於王有功者置之進其爵有罪者廢之退其爵也　注云平其事來至者之功狀而奏白王者亦訓聽爲平也禮器鄭注云致之言至也小宰歲終則令羣吏致事注云使齎歲盡文書來至義與此同又前注云詔告也　奏白與告義同故云平其事來至者之功狀而奏白王也

三歲則大計羣吏之治而誅賞之 事久則聽之大無功不徒廢必罪之大有功不徒置必賞之鄭司農云三載考績

疏 三歲則大計羣吏之治者亦總掌六官大計之事也凡經云羣吏者其義有四一通指百官府關內外鄉大夫士言之此經三歲大計羣吏冢上歲終令百官府正治受會爲文是羣吏即百官府則通乎大小之言也司會云以逆羣吏之治而聽其會冢上官府郊野縣都爲文職歲亦云凡官府都鄙羣吏之出財用受式灋于職歲羣吏冢官府都鄙爲文天府云凡官府鄉州及都鄙之治中受而藏之以詔王察羣吏之治羣吏冢官府鄉州及都鄙爲文則通乎內外之言也小宰云以官府之六敘正羣吏又云以官府之六計弊羣吏之治月終則以官府之敘受羣吏之要歲終則令羣吏致事司書云三歲則大計羣吏之治以逆羣吏之徵令諸言羣吏並通乎羣臣其義並同又

小司徒云令羣吏正要會而致事此雖專指地官之屬然亦通內外
大小諸吏言之也二專指大夫士言之御僕掌羣吏之逆與小臣掌
三公及孤卿之復逆文相備則羣吏不關公卿也三專指士以下小
吏言之宰夫云掌治朝之灋以正王及三公六卿大夫羣吏之位又
云敘羣吏之治彼羣吏在大夫下則卽朝士之羣士又不關大夫也
司市云市之羣吏亦謂所屬市中衆小吏也四專指鄉遂公邑等有
地治之吏言之鄉大夫云鄉老及鄉大夫羣吏獻賢能之書于王又
云正歲令羣吏攷灋於司徒以退各憲之于所治此專指鄉大夫所
屬鄉吏也縣師云三年大比則以攷羣吏而以詔廢置此專指公邑
之吏也小司寇三詢之朝位云羣臣西面羣吏東面又三刺一曰訊
羣臣二曰訊羣吏司刺文同此並以羣吏對羣臣言之朝士外朝之
位云右九棘公侯伯子男位焉羣吏在其後亦以羣吏與孤卿大夫
羣士別文此並通鄉遂公邑都鄙之吏言之也鄭於御僕小司寇朝
士三職之羣吏並以府史釋之不知府史乃庶人在官者不可謂之
吏經凡言羣吏者並無此義互詳小司寇疏賈疏云三年一閏天道
小成則大計會百官羣吏之治功文書云而誅賞之者亦當詔王誅
賞之經不言者冢上廢置文省　注云事久則聽之者以此三年大
計校歲計爲久也云大無功不徒廢必罪之大有功不徒置必賞之
者明經云誅賞重於上文廢置也賈疏云上計當年已有廢置今三
年上大計大無功不徒廢更加罪大有功不徒置更加賞也鄭司農
云三載考績者書堯典文僞古文入舜典白虎通義考黜篇云所以
三歲一攷績何三年有成故於是賞有功黜不肖尚書曰三載攷績
三攷黜陟何以知始攷輒黜之尚書曰三年一攷少黜以地儀禮經
傳通解引尚書大傳云三歲而小考者正職而行事也九歲而大考
者黜無職而賞有功也春秋繁露考功名篇云考績之法考其所積
也諸侯月試其國州伯時試其部四試而一考天子歲試天下三試

而一考前後三考而黜陟命之曰計案依班說則三載考績卽有黜陟依伏董說則三考九年乃有黜陟先鄭引彼釋此經三年大計有誅賞則當與班說同但書謂考諸侯與此經考官府法本異先鄭以彼考績與此大計年數同故引以證義耳實則周制與唐虞不必同也

周禮正義卷四

珍倣宋版印

周禮正義卷五

瑞安孫詒讓學

小宰之職掌建邦之宮刑以治王宮之政令凡宮之糾禁杜子春云宮皆當爲官玄謂宮刑在王宮中者之刑建明布告之糾猶割也察也若今御史中丞

【疏】掌建邦之宮刑以治王宮之政令者天官通掌宮府而小宰宰夫宮正宮伯特治宮政此王宮刑政等皆小宰所專領不佐大宰者也凡施行爲政布告爲令月令注云宮令幾出入及開閉之屬是也云凡宮之糾禁者即士師五禁一曰宮禁此官與彼爲官聯也 注杜子春云宮皆當爲官者子春河南緱氏人劉歆弟子鄭大夫鄭司農皆從受學詳賈序周禮廢興引馬融傳馬鄭序皆不云杜有詁釋之書射人先鄭注引子春說而糾之則注中所述杜義疑皆先鄭所口受著之解詁者後鄭又轉錄之也杜意此節三宮字及職末乃退以宮刑憲禁于王宮諸宮字並當爲官以大宰八灋大司寇五刑並有官刑無宮刑官官字形又相近故破宮爲官段玉裁云凡易字之例於其音之同部或相近而易之曰讀爲其音無關涉而改易字之誤則曰當爲或音可相關義絕無關者定爲聲之誤則亦曰當爲云玄謂宮刑在王宮中者之刑者鄭不從杜易字也釋文謂于氏亦同王宮中謂皋門以內及後宮大司寇五刑不數宮刑而士師五禁以宮禁爲首此宮刑蓋即犯宮禁者之刑也賈疏云後鄭以宮刑宮中之刑不從子春官刑者見秋官司寇已云四曰官刑此小宰不往貳之則不須重掌又見下文觀治象乃退以宮刑憲禁于王宮故知宮刑明矣阮元云經首云掌建邦之宮刑以治王宮之政令末云以宮刑憲禁于王宮宮正宮伯等職皆言王宮經無有言王官

者則宮刑之非官刑審矣云建明布告之者敘官注云建立也凡物建立之則衆共見故引申之凡明白布告亦曰建云糾猶割也察也者宮正寺人大司徒注並同說文糸部云糾繩三合也引申之凡有所繩治並謂之糾大司馬注云糾猶正也廣雅釋詁云割斷也凡物有狐邪者必斷割之乃正故糾訓正亦得訓割也訓察者漢書平帝紀顏注云糾謂禁察也左傳僖二十八年孔疏云糾者繩治之名割察皆繩治之事故鄭兼兩義為釋賈疏云既言糾謂糾舉其非事已發者依法斷割之事未發者審察之云若今御史中丞者賈疏引應劭云秩千石朝會獨坐副貳御史大夫內掌蘭臺圖籍外督刺史糾察百寮續漢書百官志劉注引此職干注亦云若御史中丞與鄭同王聘珍云續漢書百官志御史中丞一人千石本注曰御史大夫之丞也舊別監御史在殿中密舉非法及御史大夫轉為司空因別留中為御史臺率鄭舉以況小宰者謂其殿中密舉非法與小宰掌宮之糾禁相似非必校其官職之大小也黃以周云鄭注舉漢官以況周官有二例其直況之於序官者如大府之為司農司會之為尚書是儗之以其官也其注序官不以況而況之於職內所掌之下者如大司徒掌建邦土地之圖曰若今司空郡國輿地圖里宰以歲時合耦于耡曰若今街彈之室皆儗之以其事也此舉漢御史中丞以況小宰亦謂其糾禁宮事同爾西漢御史中丞內領侍御史外督部刺史主糾察百僚東漢御史中丞屬少府乃糾察宮事故鄭舉以況之非儗其官也

掌邦之六典八灋八則之貳以逆邦國都鄙官府之治逆迎受之

鄭司農云貳副也【疏】掌邦之六典八灋八則之貳以逆邦國都鄙官府之治者此掌大宰治法之副貳與司會司書大史內史為官聯也以下皆佐大宰之事賈疏云大宰本以六典治邦國今還以六典逆邦國之治逆謂迎受鉤考之也大宰本以八法治朝廷官府今

還以八法鉤考官府之治大宰本以八則治都鄙今還以八則鉤考都鄙之治皆鉤考使知功過所在也　注云逆迎受之者小祝注云逆迎也聘禮注云逆猶受也宰夫萬民之逆先鄭注云逆迎受王命者是經言逆者皆爲迎受之義鄭司農云貳副也者大史司勳大司寇大行人注義竝同說文貝部云貳副益也大史司勳注竝云貳猶副也則是以副爲引申之義與許義微異此注不言猶者文不具六典八法八則大宰脩立其書彼爲正本小宰執其副本也

執邦之九貢九賦九式之貳以均財節邦用

疏執邦之九貢九賦九式之貳者此亦治法之副貳大宰脩其正本小宰執其副本與司會司書爲官聯也賈疏云此三者並大宰所掌者以其冢宰制國用九貢九賦斂財賄九式用之事之大者故小宰副貳之然大宰有九職小宰不貳之者以其九職云任萬民小宰若云貳謂任使亦貳之故不言其實九職任之使之出貢用之則小宰亦貳之九貢中兼之矣以其九職亦有九貢故也案依賈說則此九貢卽大宰司會之九貢本據邦國之貢而實兼有閒師之八貢卽大宰九職之貢也大府邦國之貢萬民之貢二者同稱貢故此經亦以一兼二與大宰詳略互見也云以均財節邦用者大宰云以九式均節財用是也

以官府之六敘正羣吏一曰以敘正其位二曰以敘進其治三曰以敘作其事四曰以敘制其食五曰以敘受其會六曰以敘聽其情敘秩次也謂先尊後卑也治功狀也食祿之多少情爭訟之辭

疏以官府之六敘正羣吏者自此六敘至後七事之法竝小宰之官法也羣吏與大宰義同亦通百官府言之賈疏云凡言敘者皆是次敘先尊後卑各依秩次則羣吏得正故云正羣吏也云一曰以敘正其位者謂若司士治朝之朝位小司寇外朝之朝

位皆依爵秩尊卑爲次也云二曰以敘進其治者賈疏云謂鄉大夫
士有治職功狀文書進於上亦先尊後卑也云三曰以敘作其事者
謂國有大事射人作鄉大夫司士作士諸子作庶子皆以尊卑之敘
作之象胥云凡作事王之大事諸侯次事卿次事大夫次事上士下
事庶子亦以敘作事之等差也云五曰以敘受其會者通月要歲會
言之下文云月終則以官府之敘受羣吏之要是也受會詳後疏云
六曰以敘聽其情者後注云聽平治也凡羣臣以事來諮請辦訟者
亦依敘次平治其情實也　注云敘秩次也謂先尊後卑也者說文
攴部云敘次弟也秩次與次弟義同經典多叚東西牆之序爲之此
經例用古字作敘注例用今字作序雖述經文亦然此注仍作敘疑
後人不知注例依經文改之云治功狀也者喪服注云治猶理也謂
所治辦之功效事狀也云食祿之多少者醫師注云食祿也論語衞
靈公篇事君敬其事而後其食集解引孔安國云先盡力而後食祿
經典通稱祿爲食分言之則食與祿別周制命士以上以爵制祿不
命之士及庶人在官者則以事制食此經凡言食者皆與祿別司士
云以功詔祿以久奠食注云食稍食也此云以敘制其食當專屬不
命之小吏言之以其在官前後之敘制其稍食與司士以久奠食事
正同若祿與爵常相因無俟於以敘制之也鄭誤合食與祿爲一賈
疏謂制祿依爵命授之並未得經義祿食之異詳宮正疏云情爭訟
之辭者賈疏云情謂情實則獄訟之情受聽斷之時亦先尊後卑也
惠士奇云聽其情君之所以體臣韓詩外傳言人主之疾十有二發
而隔居其一焉下情不上通謂之隔管子亦言國有四亡其二曰塞
曰侵塞者下情不上通侵者下情上而道止以敘聽其情則通而不
隔行而不塞誰得而侵之黃以周說同詒讓案凡羣吏之爭訟及以
事來諮問請求亦通謂之情下文云聽其治訟即是聽其情內史云
掌敘事之灋受納訪以詔王聽治注亦引此經以敘聽其情明不止

聽爭訟也鄭惠各舉一偏爲釋當兼二義乃備以官府之六屬舉邦治一曰天官其屬六十掌邦治大事則從其長小事則專達二曰地官其屬六十掌邦教大事則從其長小事則專達三曰春官其屬六十掌邦禮大事則從其長小事則專達四曰夏官其屬六十掌邦政大事則從其長小事則專達五曰秋官其屬六十掌邦刑大事則從其長小事則專達六曰冬官其屬六十掌邦事大事則從其長小事則專達大事從其長若庖人內外饔與膳夫共王之食小事專達若宮人掌舍各爲一官六官之屬三百六十象天地四時日月星辰之度數天道備焉前此者成王作周官其志有述天授位之義故周公設官分職以法之

疏以官府之六屬舉邦治者卽大宰八灋之一曰官屬以舉邦治也云一曰天官其屬六十者此並約舉大數實則六官之屬員數多寡不同皆不止六十也云大事則從其長者長謂當官之長不必六官正也若宰夫祭祀從大宰而眡滌濯是其一耑云小事則專達者釋文引干注云達決也案字書達無決訓士昏禮注云達通達也此專達亦謂脩其職事以自通達於王干說非經義檀弓云公之喪諸達官之長杖注云謂君所命雖有官職不達於君則不服斬此小事可專達於王所謂達官也　注云大事從其長若庖人內外饔與膳夫共王之食者以庖人內外饔皆膳夫之屬故從膳夫共王之食蓋大事職任旣重治辦又繁非一官所能獨共故備設長屬長總其成屬則從其長而達於王若司士職以小臣祭僕御僕隸僕爲大僕從者亦此義也六官之

內此類甚多鄭舉一端以況義爾云小事專達若宮人掌舍各爲一官者賈疏云若宮人直掌王之六寢掌舍直掌王之行設梐枑之等二官並是小事又不立長官當官行事故云各爲一官是專達也云六官之屬三百六十者以六乘六十得此數此亦約舉大數也明堂位云夏后氏官百殷二百周三百注云周之六卿其屬各六十則周官三百六十官也此云三百者時冬官亡矣昏義曰天子立六官三公九卿二十七大夫八十一元士凡百二十蓋謂夏制也黄以周云明堂位夏官百殷二百周三百此官之以職計者也昏義王制又舉其副貳之官云三公九卿二十七大夫八十一元士此官之以人計者也夏殷之官必非一職止一人爲之可依周官序官推之兩文互異義不相妨案黄說是也明堂位說三代官數是約舉官職大數所云周三百非不數冬官也昏義所云則三公以下正貳相參佐之數故皆以三三增倍雖與周六官正貳之屬不合然非一代衆官之通數則固無疑也至周代六官大數則冬官已亡餘五官敘官或無員數或有員數無總數無由校計北堂書鈔設官部引五經異義云古周禮說冢宰司徒宗伯司馬司寇司空是謂六卿之屬大夫士庶人在官者凡萬二千通典職官云周內外官六萬三千六百七十五員內二千六百四十三人外諸侯國官六萬一千三十二人內職掌府史胥徒賈人工人奄罪閽蠻夷貉等五隸醫人圉人虎士視瞭及奚漿籩醢醯鹽冪酒祝舂抌饎槀等女職一萬五千九百五十人都計內外官及內職掌人七萬九千六百二十五人今以五官之屬校之並不相應未知其說云何沈彤則以五官五分取一以例冬官六官凡五萬九千三百餘人亦約略推計不能盡合也云象天地四時日月星辰之度數天道備焉者賈疏云依周髀七曜皆云周天三百六十五度四分度之一舉全數亦得云三百六十也言地則與天配合四時言周天亦是地之數十二月亦是周天之數日日行一度月日

行十三度十九分度之七日月所行亦在周天之數星辰謂二十八宿十二次亦在周天數內皆不離三百六十五度四分度之一耳天地四時日月星辰之度數所從言之異耳故尚書洪範云五紀一曰歲二曰月三曰日四曰星辰皆別言之下以曆數總結之亦是類也詁讓案象天地四時謂六官分繫天地春夏秋冬也日月星辰之度數乃指六屬三百六十與周天度相應所謂天道備也賈說未析云前此者成王作周官其志有述天授位之義故周公設官分職以法之者賈疏云鄭依書傳云周公攝政三年踐奄與滅淮夷同時又案成王周官成王既黜殷命滅淮夷還歸在豐作周官則成王作周官在周公攝政三年時周公制禮在攝政六年時故云前此者謂成王前於此時作周官其志謂成王志意有述天授位之義卽彼周官云唐虞稽古建官惟百夏商倍之今予小子訓迪厥官以立太師太傅太保茲惟三公論道經邦燮理陰陽下又云立三孤及天地四時之官是其志有述天地三百六十官位之義故周公設官分職法之也此鄭義不見古文尚書故爲此解若孔據古文尚書多士已下並是周公致政後成王之書周公攝政時淮夷奄與管蔡同作亂成王卽政後又叛成王親征之故云滅淮夷還歸在豐作周官用人之法則彼周官在此周禮後與鄭義異也案賈說非也鄭以書敘滅淮夷卽伐淮夷與踐奄是攝政三年事亦見書成王政敘孔疏引鄭書注又書周官疏引鄭注云周官亡是鄭注本無此篇今所傳僞古文周官非鄭所見且亦無述天授位之說此則真周官之逸說見於他書者故鄭得引之地官敘官疏引鄭志趙商問曰成王周官立大師大傅大保茲惟三公是漢時周官雖亡其壁文逸故猶閒有傳者述天授位之說亦其一矣

以官府之六職辨邦治一曰治職以平邦國以均萬民以節財用二曰教職以安邦國以寧

萬民以懷賓客三曰禮職以和邦國以諧萬民以事鬼神四曰政職以服邦國以正萬民以聚百物五曰刑職以詰邦國以糾萬民以除盜賊六曰事職以富邦國以養萬民以生百物懷亦安也賓客來共其委積所以安之聚百物者司馬主九畿職方制其貢各以其所有

疏以官府之六職辨邦治者此即大宰八灋之二曰官職以辨邦治也賈疏云六官者各有職若天官治職地官教職其職不同邦事得有分辨故云以辨邦治也云一曰治職以平邦國以均萬民以節財用者以下與大宰六典文有異同義並互相備大宰以九式均節財用故云以節財用也云六曰事職以富邦國以養萬民以生百物者書周官孔疏引馬融注云事職掌百工器用耒耜弓車之屬者賈疏云上事典以生萬民生則養也與上同此六職不云官府百官與六典不同者以六職皆當職行事義不及遠故與六典文異也　注云懷亦安也者明與安邦國義同文異詩邶風終風箋云懷安也中庸懷諸侯亦此義云賓客來共其委積所以安之者賈疏云大司徒下有遺人掌十里有廬廬有飲食之等故云共委積也案委積詳遺人疏云聚百物者司馬主九畿職方制其貢各以其所有者並據夏官本職文職方氏所制之貢即出於九畿內侯甸男采衛蠻六畿故政職曰以聚百物

以官府之六聯合邦治一曰祭祀之聯事二曰賓客之聯事三曰喪荒之聯事四曰軍旅之聯事五曰田役之聯事六曰斂弛之聯事凡小事皆有聯鄭司農云大祭祀大宰贊玉幣司徒奉牛牲宗伯視滌濯涖玉鬯省牲鑊奉玉齍司馬羞魚牲奉馬牲司寇奉

明水火大喪大宰贊贈玉含玉司徒帥六鄉之衆庶屬其六引宗伯爲上相司馬平士大夫司寇前王此所謂官聯杜子春弛讀爲施玄謂荒政弛力役及國中貴者賢者服公事者老者疾者皆舍不以力役之事奉牲者其司空奉豕與

【疏】以官府之六聯合邦治者此卽大宰八灋之三曰官聯以會邦治也合會義同賈疏云謂官府之中有六事皆聯事通職然後國治得會合故云合邦治也詒讓案凡官聯有同官之聯事若司市司門司關爲聯事同屬地官是也有異官之聯事若祭祀喪紀六宮之長爲聯事是也異官之屬亦多相與爲聯事若量人云凡宰祭與鬱人受斝歷而皆飲之是夏官之屬與春官之屬爲聯事也云五曰田役之聯事者田役謂起徒役以田獵卽大司馬春蒐夏苗秋獮冬狩是也亦兼晐諸功作之事詳大宰疏云六曰斂弛之聯事者釋文云弛劉本作施音弛杜作施案陸謂杜作施臧鏞堂嚴可均並謂據讀作言之是也蓋杜鄭義本異劉本則涉杜讀而誤陸所不從賈疏云並大宰任九職九貢九賦司徒制貢小司徒令貢賦若通數小官則多矣吳廷華云斂是征賦施是施惠其聯事斂則載師閭師之屬施則遺人旅師之屬皆聯事也云凡小事皆有聯者以上祭祀六者並據大事而言其中亦有小事若小祝云凡外內小祭祀小喪紀小會同小軍旅掌事焉是也至六者之外衆小事則條目尤繁多故經並不悉舉也賈疏云謂司關云掌國貨之節以聯門市之類是也

注鄭司農云大祭祀大宰贊玉幣司徒奉牛牲宗伯視滌濯涖玉鬯省牲鑊奉玉齍司馬羞魚牲奉馬牲司寇奉明水火者此各據本職所謂祭祀之聯事也五官長屬官聯繁夥不可具述故略舉五官之正以明義也云大喪大宰贊贈玉含玉司徒帥六鄉之衆庶屬其六引宗伯爲上相司馬平士大夫司寇前王者亦各據本職所謂喪之聯事也六引引釋文作紖云徐音胤劉音引本或作引案大司徒職亦作引賈疏云司農雖解祭祀及大喪二

事皆不言司空司空亡故也大祭祀唯大宰尊不奉牲宗伯不言奉雞司馬直言奉馬不兼言奉羊司寇不言奉犬皆略不言可知呂飛鵬云喪與荒爲二事鄭司農注喪之聯事已具不言荒者略也掌救荒之事者非一官故有聯事如小宰受幣玉大司徒以十二荒政聚萬民大宗伯以荒禮哀凶札小宗伯職云大裁及執事禱祠于上下神祇士師職云若邦凶荒則以荒辯之灋治之是也云此所謂官聯者聯黃丕烈校改連是也此據大宰文先鄭彼注讀聯爲連則此注聯亦當作連矣云杜子春弛讀爲施者丁晏云遂人與其施舍者注施讀爲弛遂大夫與其可施舍注施讀亦爲弛士均與其施舍注施讀爲弛毛詩矢其文德傳矢施也孔子閒居引詩弛其文德注弛施也古字多通用云玄謂荒政弛力役者賈疏云此經二曰喪荒荒謂年穀不熟大司徒有荒政十二其中四曰弛力弛力役謂廩人歲不能人二釜則令移民就穀是時弛力役也段玉裁云此鄭君不從杜易字也吳廷華云弛當依杜氏作施施與斂出入相對乃稱也王引之云弛舍與賦斂意義不倫無由並舉當以讀施爲是斂者聚也施者散也或先施而後斂或先斂而後施地官旅師掌聚野之耡粟屋粟閒粟而用之以質劑致民平頒其興積施其惠散其利而均其政令凡用粟春頒而秋斂之鄭注曰困時施之饒時收之此先施而後斂也司稼掌巡邦野之稼以年之上下出斂灋掌均萬民之食而賙其急倉人掌粟入之藏有餘則藏之以待凶而頒之此先斂而後施也又鄉師以歲時巡國及野而賙萬民之囏阨以王命施惠司救凡歲時有天患民病則以節巡國中及郊野而以王命施惠遺人掌邦之委積以待施惠鄉里之委積以恤民之囏阨門關之委積以養老孤則掌施惠之事者非一官故曰斂施之聯事也案吳王二說是也云及國中貴者賢者服公事者老者疾者皆舍不以力役之事者賈疏云鄉大夫云國中貴者謂有官爵者賢者謂有德行者服公事者

謂若庶人在官者老謂國中六十者疾者謂廢疾不堪役者皆舍不以力役之事也云奉牲者其司空奉豕與者以先鄭說祭祀之聯事五官皆備惟司空獨闕故補其義小宗伯先鄭注說毛六牲亦云司空主豕月令注云彘水畜也賈疏云司空雖亡案五行傳云聽之不聰時則有豕禍豕屬北方又說卦云坎為豕是豕屬水故知司空奉豕無正文故云與以疑之也

以官府之八成經邦治一曰聽政役以比居二曰聽師田以簡稽三曰聽閭里以版圖四曰聽稱責以傅別五曰聽祿位以禮命六曰聽取予以書契七曰聽賣買以質劑八曰聽出入以要會

鄭司農云政謂軍政也役謂發兵起徒役也比居謂伍籍也比地為伍因內政寄軍令以伍籍發軍起役者平而無遺脫也簡稽士卒兵器簿書簡猶閱也稽猶計也合也合計其士之卒伍閱其兵器為之要簿也故遂人職曰稽其人民簡其兵器國語曰黃池之會吳陳其兵皆官師擁鐸拱稽版戶籍圖地圖也聽人訟地者以版圖決之司書職曰邦中之版土地之圖稱責謂貸予傅別謂券書也聽訟責者以券書決之傅傅著約束於文書別別為兩兩家各得一也禮命謂九賜也書契符書也質劑謂市中平賈今時月平是也要會謂計最之簿書月計曰要歲計曰會故宰夫職曰歲終則令羣吏正歲會月終則令正月要傅別故書作傅辨鄭大夫讀為符別杜子春讀為傅別玄謂政謂賦也凡其字或作政或作正或作征以多言之宜從征如孟子交征利云傅別謂為大手書於一札中字別之書契謂出予受入之凡要凡簿書之最目獄訟之要辭皆曰契春秋傳曰王叔氏不能舉其契質劑謂兩書一札同而別之長曰質短曰劑傅別質劑皆今之券書也事異異其名耳禮命禮之九命之差等　疏

以官府之八成經邦治者此即大宰八灋之五曰官成以經邦治也彼注云官成謂官府之成事品式也案八成與後文歲會月要日成之成義同謂成事品式著於簿書文券可以案驗者其目有八也詳大宰疏云一曰聽征役以比居者賈疏云八事皆聽者舊事爭訟當斷之也政謂賦稅役謂使役民有爭賦稅使役則以地比居者共聽之吳廷華云聽察也政役八者皆邦治比居八者則成典之在簡冊者也八成繫於邦治之大聽訟待獄吏事賈謂八者皆聽斷之事誤案吳說是也此八成皆官府經常之法凡治民者皆取正於是聽與後文聽治訟義同彼注云聽平治也蓋凡咨決校攷辯論陳乞皆平治之所晐矣大司寇云凡諸侯之獄訟以邦典定之凡鄉大夫之獄訟以邦灋斷之凡庶民之獄訟以邦成弊之邦成即此八成彼經與六典八法同舉是獄訟雖以典法成三者爲聽斷而典法成非專爲聽獄訟而設先鄭唯以聽訟說版圖傅別而賈疏遂謂八者專爲聽爭訟之事皆偏舉一端義殊未晐也云二曰聽師田以簡稽者大宗伯軍禮云大師之禮用衆也大田之禮簡衆也師田發衆庶故以簡稽之簿書聽之云三曰聽閭里以版圖者賈疏云在六鄉則二十五家爲閭在六遂則二十五家爲里閭里之中有爭訟則以戶籍之版土地之圖聽決之詒讓案聽閭里者謂畿內界域錯互戶口移徙之事則案版圖以治之云閭里者偏舉鄉遂及郊里言之若在公邑都鄙則爲井邑丘甸猶司書職通畿內而云掌邦中之版亦舉邦中以晐鄉遂都鄙皆文不具也版圖即大司徒司士職方氏司民及有地治諸官所掌是也云四曰聽稱責以傅別者賈疏云稱責謂舉責生子於官於民俱是稱也爭此責者則以傅別券書決之云五曰聽祿位以禮命者禮命謂國之禮籍王之策命若典命內史所掌是也賈疏云謂聽時以禮命其人策書之本有人爭祿之多少位之前後則以禮命文書聽之也江永云爭祿位如周甘人與晉閻嘉爭閻田王

叔陳生與伯輿爭政之類云六曰聽取予以書契者說文予部云予推予也賈疏云此謂於官直貸不出子者故云取予若爭此取予者則以書契券書聽之案取予亦通官民財用頒授之事言之賈謂於官直貸不出子非是云七曰聽賣買以質劑者卽質人所掌者是也賣買亦通官民言之云八曰聽出入以要會者凡斂散經用之會計若司會司書所掌是也賈疏云歲計曰會月計曰要此出入者正是官內自用物有人爭此官物者則以要會簿書聽之 注鄭司農云政謂軍政也者先鄭讀政如字謂軍賦之政事管子小匡篇云卒伍政定於里軍旅政定於郊所謂軍政也然軍政與發兵事同故後鄭不從云役謂發兵起徒役也者說文殳部云役戍邊也國語吳語韋注云役兵也是役本爲兵戍因之凡因事與起徒衆者並謂之役發兵不入鄉田者此爲平時部署征調尚未成軍之事與彼小異也云比居謂伍籍也者小司徒先鄭注云五家爲比故以比爲名大史注云居猶處也賈疏云卽司徒職五家爲比出軍卽五人爲伍惠棟云尉繚子有東伍令史記馮唐傳有尺籍伍符詒讓案先鄭意蓋謂比居卽伍籍與下注版戸籍小異伍籍謂每地人民可任力役者之姓名校比之時亦依軍法聯其什伍戸籍則無論男女老小凡施舍不任力役者亦咸登於版詳略殊也後鄭亦從其說吳廷華云此卽小司徒之比要蓋人民多寡之籍也既考其籍又驗民居之數以實之則役不濫矣案吳說較先鄭爲長易祓孔廣森亦並謂小司徒云凡民訟以地比正之地訟以圖正之彼圖卽下版圖之圖地比卽此比居之比其說亦是蓋每年校比三年大比皆有總要其征役弛舍咸具於書故其治訟卽依此聽之若然比之名義卽起於校比猶簡車徒之簿要卽謂之簡先鄭謂取五家比伍爲名非其義也云比地爲伍因內政寄軍令者賈疏云謂在家五家爲比五比爲閭四閭爲族五族爲黨五黨爲州五州爲鄉若出軍則家出一人則還五人爲伍

是一比長還爲五長領之二十五人爲兩是一閭閭胥卽爲兩司馬
領之以此言之至一鄉出一軍軍將還是鄉大夫爲之是因內政寄
軍令此管子文彼二云作內政司農二云因內政者讀字不同案賈說非
也先鄭蓋據國語齊語管子曰作內政而寄軍令焉彼下文卽說軌
里卒伍之事韋注二云內政國政也因治政以寄軍令也管子小匡篇
寄作寓非先鄭所據因內政與韋注義合蓋以意改亦非讀字不同
也二云以伍籍發軍起役者平而無遺脫也者謂案伍籍以攷夫家可
任之人數而發軍起役則政役均平無過勞亦無遺脫避役之弊也
云簡稽士卒兵器簿書者凡士卒姓名部分兵器種物凡數皆著於
簿書謂之簡稽郊特牲二云簡其車賦而歷其卒伍注二云簡歷謂算具
陳列之也管子問篇二云時簡稽帥牛馬之肥瘠出入生死之會幾何
又侈靡篇二云斷指滿稽斷首滿稽斷足滿稽而死民不服則弊刑之
簿書亦得謂之稽不徒師田矣簿書詳敘官疏二云簡猶閱也者遂大
夫注同廣雅釋詁二云簡閱也左桓六年傳二云大閱簡車馬也阮元二云
釋文出簡閱二字則陸本無猶字二云稽猶計也合也者說文稽部二云
稽留止也引申爲審慎攷計之稱故又訓爲計稽計聲亦相近水經
漸江水酈道元注二云會稽者會計也凡事物法數必攷計而後合同
故又訓爲合廣雅釋詁二云稽合也皆展轉引申之義也稽訓計宮正
及大司馬注義並同二云合計其士之卒伍閱其兵器爲之要簿也者
若鄉師二云凡四時之田簡其鼓鐸旗物兵器脩其卒伍又縣師二云及
其六畜車輦之稽是也要簿亦卽簿書二云故遂人職曰稽其人民簡
其兵器者證簡稽本爲考閱人民兵器之事遂以名其簿書也此注
據遂人以人民屬稽兵器屬簡其實二者亦可互通故鄉師二云稽其
鄉器是器亦曰稽大宗伯二云大田簡衆是衆亦曰簡明通言不別也
引國語曰黃池之會吳陳其兵皆官師擁鐸拱稽者吳語吳王夫差
會晉公午于黃池吳晉爭長吳王乃令服兵擐甲陳士卒百人以爲

徹行百行行頭皆官師擁鐸拱稽韋注云擁猶抱也拱執也抱鐸者恐有聲也唐尚書云稽瞭戟也鄭司農以爲稽計兵名籍也亦引此經聽師田以簡稽爲證先鄭引之者明彼拱稽卽執士卒之簿書也云版戶籍者司民云登萬民之數自生齒以上皆書于版宮伯先鄭注云版名籍也以版爲之今時鄉戶籍謂之戶版釋名釋書契云籍籍也所以籍疏人民戶口也案管子禁藏篇云戶籍田結者所以知貧富之不訾也史記秦本紀云獻公十年初爲戶籍相伍是周時有戶籍之名版詳宮伯疏云圖地圖也者廣雅釋詁云圖畫也司會注云圖土地形象田地廣狹又大司徒云掌建邦之土地之圖蓋自邦國以至閭里皆有圖以辨其區域也云聽人訟地者以版圖決之者小司徒云地訟以圖正之鄭云版者地之夫家田萊之數皆著於版也引司書職曰邦中之版土地之圖者證版爲戶籍圖爲地圖也云稱責謂貸予者予舊本並譌子今據宋婺州本正賈疏云謂貸而生子者若今舉責卽地官泉府職云凡民之貸者以國服爲之息若近郊民貸則一年十一生利之類是也案賈述注亦作貸予是也管子輕重丁篇云桓公曰峥丘之戰民多稱貸負子息以給上之急度上之求孟子滕文公篇云又稱貸而益之趙注云稱舉也有不足者又當舉貸子倍而益滿之史記貨殖傳云子貸金錢千貫又云長安中列侯封君行從軍旅齎貸子錢索隱云子謂利息也貸子蓋漢時常語漢書淮陽憲王欽傳顏注云責謂假貸人財物未償者也案稱當從趙岐訓爲舉稱責猶言舉責也說文冓部云爯舉也此稱卽爯之叚字賈疏謂彼此俱爲稱意故爲稱責非其義說文貝部云責求也今俗作債非云傅別謂券書也者傅別總名爲券書丁晏云說文刀部券契也以刀判契其旁故曰契券釋名釋書契券綣也相約束繾綣以爲限也云聽訟責者以券書決之者凡稱責而抵冒不償或償不如約及未予而誣貸已償而妄索以此成訟

者並以券書之有無眞僞決之云傳傳著約束於文書者淮南子原道訓高注云傳著也謂爲文書列其稱責之數又爲約束何時償還及子息多少並傳著於券書之上此爲整券不中別爲兩也云別別爲兩兩家各得一也者廣雅釋詁云別分也士師亦云傳別先鄭注云若今時市買爲券書以別之各得其一義與此同案此亦傳著約束於文書但其初書時爲一券書訖乃中別爲兩所貸與予者各得其一與傳爲一券止一家得之者異也先鄭士師注又以傳別爲一與此注小異詳彼疏賈疏云二家別釋後鄭不從者名爲券書即是傳著於文書可知後鄭傳別二字共爲一事解之云禮命謂九賜也者曲禮孔疏云公羊云命者何加我服錫者何賜也是其命賜相將也周禮九儀一命受職再命受服三命受位四命受器五命賜則六命賜官七命賜國八命作牧九命作伯案含文嘉九賜一曰車馬二曰衣服三曰樂則四曰朱戶五曰納陛六曰虎賁七曰斧鉞八曰弓矢九曰秬鬯鄭司農以周禮九命與九賜是一也康成以九命與九賜不同九賜謂八命作牧九命作伯之後始加九賜知者王制云三公一命卷若有加則賜二曰衣服之屬是也又宗伯八命作牧注云侯伯有功德加命得專征伐王制云賜弓矢然後征詩云瑟彼玉瓚黃流在中傳曰九命然後賜以圭瓚又尚書文侯仇受弓矢秬鬯左傳晉文公受大路戎路弓矢秬鬯虎賁此皆九命之外始有衣服弓矢秬鬯等之賜故知九賜不與九命同也其公羊說九賜之次與含文嘉不同一曰加服二曰朱戶三曰納陛四曰輿馬五曰樂則六曰虎賁七曰斧鉞八曰弓矢九曰秬鬯異人之說故文有參差大略同也異義許愼說九賜九命鄭康成以爲不同具如前說案孔說未審九賜韓詩外傳白虎通義考黜篇公羊莊元年傳何注並作九錫賜錫義同然此經九命與九賜事不相涉故曲禮夫爲人子者三賜不及車馬後鄭釋三賜而未嘗援九賜爲說先鄭此注雖以九賜釋禮

命而實不謂卽大宗伯九儀之命故先鄭彼注亦總無九賜之說與許氏五經異義說蓋小異曲禮疏謂司農以九命與九賜爲一失其恉矣二云書契符書也者釋名釋書契二云契刻也刻識其數也曲禮二云獻粟者執右契注二云契券要也右爲尊易繫辭傳後世聖人易之以書契李鼎祚集解引九家易二云契刻也金決竹木爲書契案符書者卽質人後鄭注所二云其券之象書兩札刻其側者也此皆合并兩札刻書以爲符信故曰符書說文竹部二云符信也淮南子主術訓二云以一合萬若合符者也蓋書雖分著兩札并而刻其邊側以紀數又析之使取者予者各持其一其人往取則予者并兩札驗其側文合否而後予之也惠士奇二云列子說符二云宋人有遊於道得人遺契者歸而藏之密數其齒曰吾富可待矣契一作挈漢書有租挈及廷尉挈令韋昭曰在板挈也易林大畜之未濟二云符左契古相與合齒案惠說足證符契之義凡符契皆刻其側謂之齒詳質人疏賈疏謂官券符璽之書此據官予民物何得爲符璽之書解之故後鄭不從非也二云質劑謂市中平賈今時月平是也者質人先鄭注二云質劑月平賈也質大賈劑小賈說文刀部二云劑齊也齊平義相近賈疏二云後鄭不從者地官質人二云大市以質小市以劑若今月平賈不合有兩名故不從也孔廣森二云漢書溝洫志注律平價一月得錢二千所謂月平也楊子法言曰一鬨之市必立之平蓋市價以時貴賤故每月更平之景武功臣表梁期侯任當千坐賣馬一匹賈錢十五萬過平臧五百以上免案孔說是也月平者漢時市價蓋每月評定貴賤若今時朔望爲長落也漢書食貨志載王莽令諸司市常以四時中月實定所掌爲物上中下之賈各自用爲其市平卽此月平也二云要會謂計最之簿書者月令季冬農事備收舉五穀之要注二云定其租稅之簿呂氏春秋季冬紀高注二云要簿書也國語魯語二云收攟而蒸納要也小爾雅廣詁二云最凡目質要也說文言部二云計會也算也又曰部二云

最犯而取也又曰會又冖部云冣積也案凡經典之言計最會最最目殿最者皆冣之借字音義並與聚同故公羊隱元年傳云會猶最也何注云最聚也最之言聚若今聚民爲投最今並讀如字非也漢書嚴助傳願奉三年之計最顏注云計凡要也史記周勃世家索隱云最都凡也是計最者總聚事物而算校其名數之言計最則有簿書故此注釋要會爲計最之簿書也簿書詳司會疏云月計曰要歲計曰會者以一月之計少舉其凡要而已故謂之要一歲之計多則總聚攷校故謂之會也云故宰夫職曰歲終則令羣吏正歲會月終則令正月要者證要爲月計會爲歲計也云傳別故書作傅辨鄭大夫讀爲符別杜子春讀爲傳別者後漢書鄭興傳云興字少贛河南開封人也建武六年徵爲太中大夫好古學尤明左氏周官案興作周禮解詁見鄭自敘注凡引鄭大夫義皆其遺說也段玉裁云故書作傅大夫讀爲符故書作辨子春大夫皆讀爲別司農從別不從符作傅別鄭君字從司農而義則有異故又自出其說也辨別二字古多通用如月令章句引別名記卽白虎通之辨名記竊謂此當從故書作辨而以辨讀爲別列於注不當易經文從杜鄭謂辨別義與音本皆同也惠士奇云傅別故書作傅辨杜子春讀爲傅別案荀子性惡篇辨合符驗愚謂辨猶別也合猶傅也傅別猶辨合也蓋辨而別之爲兩合而傅之爲一如符節然詒讓案士師傅別注云故書別爲辨鄭司農云傅或爲付辨讀爲風別之別又朝士凡有責者有判書以治則聽注云故書判爲辨鄭司農讀爲別傅與符付辨與判並聲類相近辨與別亦一聲之轉說文竹部云符漢制以竹長六寸分而相合大夫讀傅爲符蓋亦謂稱責之符信分而相合者也凡此經傳別別字先鄭讀並與大夫子春同後鄭惟朝士從今書作判餘亦並同三君讀蓋因傅義自通不煩破爲符字而別則與一札中別之義尤切故從杜破字也云玄謂政謂賦也者孟子盡心篇趙注云征賦

也廣雅釋詁二云征賦稅也謂若大宰九賦之等二云凡其字或作政或作正或作征者謂政正征聲類同經文三字錯出皆謂賦也或作政者謂此經及遂人二云以起政役又若小司徒之平其政均人之地政力政遂人之平政羽人之羽翮之政都司馬之政學是也或作正者若司書之九正司門之正其貨賄司勳之無國正諸子之司馬弗正是也或作征者小司徒二云凡征役之施舍又旅師二云使無征役又若廛人之廛征大司徒之地征薄征等經文嘗見不復詳舉二云以多言之宜從征者以征賦無正字故於三者之中據其多者從之此後鄭自著其發疑正讀之例也二云如孟子交征利二云者孟子梁惠王篇二云上下交征利趙注二云征取也鄭引之者證征爲斂取賦稅之名賈疏謂引證征是口稅之法非鄭恉吳廷華二云征役力役之征也案吳說是也後鄭讀政爲征得之而釋爲賦稅之征則非二云傳別謂爲大手書於一札中字別之者此增成先鄭義也說文木部二云札牒也士師注二云傅別中別手書也朝士謂之判書又謂之別券管子問篇二云問人之貸粟米有別券者幾何家即此稱責之傳別也又大匡篇二云君與有司爲別契注二云別契謂分別其契以知眞僞也別契與別券義亦同賈疏二云謂於券背上大作一手書字札字中央破之爲二段別之呂飛鵬二云釋名釋書契二云莂別也大書中央中破別之也即今市井合同案呂說是也中字別之謂字一行中分而爲兩劉勰文心雕龍書記篇所謂字形半分者是也傅別破別爲二各執其一責時則各二者以爲驗故史記平原君傳二云操右券以責又孟嘗君傳二云馮驩召諸取錢者能與息者皆來不能與息者亦來皆持取錢之券合之是其證也二云書契謂出予受入之凡要者賈疏二云此予則取予謂若泉府二云凡賒者祭祀無過旬日喪紀不過三月及旅師二云春頒秋斂賒取官物後還無生利之事凡要亦是簿書也詒讓案說文大部二云契大約也凡以文書爲要約或書於符券或載於簿書並謂之書

契若宰夫八職五曰府掌官契以治藏酒正云凡有秩酒者以書契予之質人掌稽市之書契此謂符券之書契故質人後鄭注謂書兩札刻其側是其制也若司會云掌國之官府郊野縣都之百物財用凡在書契版圖者之貳大司馬云羣吏選車徒讀書契此謂簿書之書契也此云聽取予以書契與酒正之書契同自指符券而言故先鄭前注以符書爲釋然取予之數亦自當有簿書符券簿書二者並爲凡要故後鄭又增成其義又案注云出予受入之凡要謂各司府藏之官以物出而予人及以物來入受取藏之者之凡目皆是若酒正有秩酒者授以書契卽所謂出予之凡要也然則取予與出入事本相類而書契與要會異者書契乃未予未取之前豫定其數以爲符信要會則既出既入之後總計其數以待校覈也云凡簿書之最目獄訟之要辭皆曰契者最亦冣取之借字最目猶凡目總目司會注云書謂簿書契其最凡也方言劉歆與楊雄書云欲頗得其最目是最目漢人常語賈疏云簿書之最目曰契卽取予以書契是也獄訟之要辭曰契卽鄭引春秋傳者是也引春秋傳曰王叔氏不能舉其契者左襄十年傳文杜注云契要契之辭賈疏云彼云王叔陳生與伯輿爭政晉侯使士匄平王室使王叔氏與伯輿合要王叔氏不能舉其契此卽獄訟之要辭曰契云質劑謂兩書一札同而別之長曰質短曰劑者賈疏云案地官質人云大市以質小市以劑鄭注大市人民牛馬之屬用長券小市兵器珍異之物用短券言兩書一札同而別之者謂前後作二券中央破之兩家各得其一皆無手書字異於傅別案賈說非鄭情也司市注亦云質劑謂兩書一札而別之也若今下手書言保物要還矣則後鄭意不謂質劑無手書矣綜校鄭義蓋質劑傅別書契同爲券書特質劑手書一札前後文同而中別之使各執其半札傅別則爲手書大字中字而別其札使各執其半字書契則書兩札使各執其一札傅別札字半別質劑則唯札半別

而字全具不半別書契則書兩札札亦不半別也惠士奇二云後漢書
張衡傳應閬二云二云萬方億醜并質共劑章懷注二云質劑猶今分支契
也質劑左氏文六年傳謂之質要荀子王霸篇謂之質律不徒賣買
用之旅師平頒興積斂之民而散之民亦憑質劑以爲信焉又旬計
曰月成月計曰月要歲計曰歲會皆名爲質王制所謂司會以歲之
成質於天子冢宰齊戒受質是也又獄之要辭亦名爲劑大司寇以
兩劑禁民獄是也然則傳別質劑要會二者皆書契之別名也二云傳
別質劑皆今之券書也事異異其名耳者傳別爲券書與先鄭義同
後鄭意質劑與傳別漢時通謂之券書周時則事別爲名破先鄭質
劑爲平賈不爲券書也左傳文六年杜注二云質要券契也二云禮命禮
之九命之差等者若典命五儀五等之命春官敘官注二云命謂遷秩
羣臣之書是也賈疏二云謂若大宗伯九儀從一命受職以至九命作
伯差等有九是也沈彤二云聽祿位以禮命明制祿之多寡本以爵等
而兼命數也自大夫而上以策書之所命皆主乎爵而以數爲之等

以聽官府之六計弊羣吏之治一曰廉善二曰廉能三曰廉敬四曰
廉正五曰廉灋六曰廉辨聽平治也平治官府之計有六事弊斷也既斷以六事又以廉爲本善善其事有辭
譽也能政令行也敬不解于位也正行無傾邪也法守
法不失也辨辨然不疑惑也杜子春二云廉辨或爲廉端【疏】以聽官府之六計弊
羣吏之治者卽大宰八灋之八曰官計以弊邦治也羣吏亦通百官
府言之　注二云聽平治也者說文言部二云訂平議也訂聽聲義相近
國策秦策高誘注二云聽治也此經凡言聽治聽獄訟皆謂平正斷決
其是非義並略同二云平治官府之計有六事者賈疏二云六計謂善能
敬正法辨六者不同既以廉爲本又計其功過多少而聽斷之二云弊
斷也者大宰注同二云既斷以六事又以廉爲本者禮運二云大臣法小

臣廉此六計通大小臣亦以廉爲本也賈疏云此經六事皆先言廉後言善能之等故知將廉爲本廉者絜不濫濁也王安石王昭禹易祓王與之黃以周並訓廉爲察蓋以廉爲覝之借字說文見部云覝察視也讀若鎌於義亦通云善善其事有辭譽也者說文誩部云譱吉也重文善篆文譱从言善即譱之隸省宰夫以法警戒羣吏書其能者與其良者而以告于上注云良猶善也下廉能即能者此廉善即良者謂善於其所司之職事有辭令名譽也云能政令行也者大宰注云能有才藝者司諫云辨其能而任于國事者謂有才藝能任事則政令自行也云敬不解于位也者于注例當作於各本並誤不解于位詩大雅假樂篇文釋名釋言語云敬警也恆自肅警也說文攴部云敬肅也又心部云懈怠也解即懈之借字賈疏云謂敬其職位恪居官次也云正行無傾邪也者賈子道術篇云方直不曲謂之正毛詩大雅小明傳云正直爲正云法守法不失也者此亦注用今字作法也賈疏云謂依法而行無有錯失也云辨辨然不疑惑也者敘官注云辨別也惠棟云辨然不不讀爲否漢官儀解博士云士者辨於然否是也案惠說是也然此疑當作辨辨然不不疑惑也今本捝一不字白虎通義爵篇引傳曰通古今辨然不謂之士說苑修文篇云辨然不通古今之道謂之士辨然不即辨然否也然不既辨故能不疑惑大史注亦云攷案讀其然不是也賈疏謂其人辨然於事分明無有疑惑之事蓋所見本已捝不字故不得其解釋文不爲上不字發音則陸本亦與賈同杜子春云廉辨或爲廉端者賈疏云經本或爲廉端後鄭不從者若爲端端亦正與廉正爲重故不從段玉裁云或爲者志其本之異也子春乃劉歆弟子而所見之本已有乖異不同之處

以灋掌祭祀朝覲會同賓客之戒具軍旅田役喪荒亦如之法謂其禮法也戒具戒官有事者所當共

【疏】以灋掌祭祀朝覲會

同賓客之戒具軍旅田役喪紀亦如之者賈疏云此七事在大宰八法中六曰官法彼在八曰官計上者以其彼有數故在上此官法無數故退在六計下也　注云法謂其禮法也者此亦注用今字作法也賈疏云言禮法謂七者皆有舊法依行若九式云戒具戒官有事者所當共者即大宰誓戒具脩是也彼注云具所當共謂以所當共之事戒所掌之官警其廢闕此經不言誓脩者文不具也

七事者令百官府共其財用治其施舍聽其治訟七事謂先四如之者三也施舍不給役者七事故書爲小事杜子春云當爲七事書亦爲七事

【疏】七事者令百官府共其財用者說文人部云供設也一曰供給此經通借共爲供羊人注云共猶給也外府云凡祭祀賓客喪紀會同軍旅共其財用之幣齎賜予之財用此官即令外府等衆官府共之也云治其施舍者施舍釋文引作弛舍案施舍與弛捨聲類同阮元云凡經云施舍字注皆讀施爲弛此注不言讀爲蓋經本作弛字案阮說是也云聽其治訟者治訟是二事司市云聽其大治大訟小治小訟此治蓋謂以事來咨辯及有所陳訴請求旅師云凡新甿之治皆聽之注云治謂有所求乞也方士云凡都家之士所上治則主之訝士云凡四方之有治於士者造焉注謂讞疑辨事皆其一隅也凡咨辯陳訴請求必有辭故治亦曰辭小司徒云聽其辭訟辭訟即治訟也訟謂爭訟之事管子立政篇云疏遠無蔽獄孤寡無隱治彼以獄與治並舉猶此云治訟也訟亦有辭故通言之訟亦謂之治質人云凡治質劑者朝士云凡士之治有期日注並以聽訟爲釋是也　注云七事謂先四如之者三也者謂冢上計數總爲七事猶內宰云二事也賈疏云七事先四謂從祭祀至賓客云如之者三者從軍旅至喪荒也言以法掌祭祀已下七者皆是上六聯百官聯事通職者然六聯之中不言朝覲會同者以彼賓客中可以兼之以其朝覲會同還是諸侯賓客

之事此七事不言斂弛以其非七事中之大事故退之在下云施舍
不給役者者施疑亦當從釋文引經作弛鄉師注云施舍謂應復免
不給繇役義與此同凡免力役大司徒謂之弛鄉大夫謂之舍兼而
言之則曰弛舍又左氏宣十二年傳云旅有施舍國語周語云縣無
施舍彼施舍乃敂予之假借字與此經凡言施舍者義別云七事故
書爲小事杜子春云當爲七事書亦爲七事者段玉裁改書亦爲七
事爲書亦或爲七事云此杜改定字誤案段校是也釗云小事卽
上云小事皆有聯是也凡非祭祀朝覲會同軍旅田役喪荒之事皆
謂之小事小與七形聲並遠無容故書譌作小俞樾亦云七事上文
既明列其目則但云令百官府共其財用云云足矣不必更斥之曰
七事者全經亦無此例當從故書爲小事案曾俞申故書義亦逕前
六聯一祭祀二賓客三喪荒四軍旅五田役六斂弛皆爲大事而復
云小事皆有聯此上文與彼正同惟無斂弛耳故此亦以小事者爲
更端之文令百官府共其財用等卽上文戒具之事也此明大事則
此官親掌其戒具小官則令他
官共治之耳故書亦足備一義

凡祭祀贊玉幣爵之事祼將之事

又
從
大宰助王也將送也祼送送祼謂贊王酌鬱鬯以獻尸謂之祼祼之
言灌也明不爲飲主以祭祀唯人道宗廟有祼天地大神至尊不祼
莫稱焉凡鬱鬯受
祭之啐之奠之

疏

凡祭祀贊玉幣爵之事者以下至職末並小宰
之官常也玉唐石經及今本並作王岳珂九經
三傳沿革例引越本注疏及建大字本同宋婺州本余本董本建小
字本並作玉段玉裁云凡祭祀二字統五帝大神祇先王而言也此
玉幣爵卽大宰之祀五帝贊玉幣爵故注云又從大宰助王疏云贊
此三者唐石經及越注疏建大字本作王幣爵非也案段說是也阮
元黃丕烈說並同今據正宋書禮志朱膺之議引此經云凡祭祀贊
王祼將之事則疑劉宋時已有此譌本不自唐石經始矣但大宰云

祀五帝贊玉幣爵之事祀大神示亦如之注云不用玉爵尚質也彼下文又云享先王亦如之贊玉爵此凡祭祀有祼將則通享先王而言贊爵內亦當兼有匏木玉諸爵與大宰文同而義則較廣也云又從大宰助王也者州長注云贊助也賈疏云案大宰職云祀五帝贊玉幣爵今此又云祭祀贊此三者謂小宰執以授大宰大宰執以授王是相贊助故云又從大宰助王也云將送也者爾雅釋言文祼將者文到耳詩大雅文王篇殷士膚敏祼將于京毛傳云將行也小宗伯大史注並同云祼送送祼者以將訓送祼送卽是送祼經言毛訓祼將爲行祼與送祼義亦相近云謂贊王酌鬱鬯以獻尸謂之祼者卽宗廟九獻之初獻也大宗伯注云灌以鬱鬯謂始獻尸求神時也賈疏云上云贊玉幣爵據祭天而下別云祼將見據祭宗廟且上大宰不言贊祼將則大宰不贊之故此注云贊王酌鬱鬯也段玉裁云大宰享先王不云贊祼將然則小宰於享先王自助王不同祀五帝從大宰助王故注別之云贊王也案段說是也祼小宰直助王不從大宰毛詩大雅旱麓傳云祭祀之禮王祼諸臣助之諸臣卽指小宰孔疏謂祼亦大宰小宰同助王失之云祼之言灌也者大宗伯玉人注並同說文示部云祼灌祭也毛詩文王傳同案許以祼字从示專屬祭祀之祼大行人五等諸侯之祼先鄭讀爲灌蓋謂賓客當言灌不當言祼也後鄭之意則以祭祀之祼卽爲灌尸與祼賓客字義同廣雅釋詁云灌漬也祼尸祼賓並取酌鬱鬯灌漬之義古音祼灌雙聲後世音讀同此經祭祀賓客之祼通作祼又或借作果論語八佾禮記禮器郊特牲明堂位說祭祀之祼通作灌蓋並以聲義相近通用云明不爲飲主以祭祀者明祼灌之義廟享備九獻朝踐以後七獻皆飲惟二祼不飲故獻九而飲七司尊彝注所謂二祼爲奠而尸飲七是也祼以灌地降神故云主以祭祀云唯人道宗廟有祼者大宗伯云以肆獻祼享先王唯廟享言祼凡賓禮大賓客亦有祼

是祼爲人道故唯宗廟有之也云天地大神至尊不祼莫稱焉者祭天地唯七獻無二祼也禮器云德產之致也精微觀天下之物無可以稱其德者卽至尊莫稱之義賈疏云據大宰祀五帝及大神亦皆不言祼此文又祼將在玉幣爵之下明宗廟有祼天地無祼且大宗伯祀天言禋祭社言血享廟言灌是亦天地無祼也天地大神不灌者不用降祼無妨用秬鬯必若然天地用八尊直有五齊三酒不言秬鬯尊者以其冪人職天地八尊者以與宗廟六彝相對爲文鬯人職秬鬯不入彝尊則別有尊矣不言者略耳不祼者覆載之德其功尤盛欲報之德無可稱焉故無祼直加敬而已其牲用特其器陶匏皆是質略之事故鄭云莫稱焉祭天地既言無灌案宗伯涖玉鬯又案禮記表記云親耕粢盛秬鬯以事上帝上帝得有秬鬯者案春官鬯人職掌共秬鬯下所陳社稷山川等外神皆用秬鬯不用鬱鬱人職用鬱鬯者唯有宗廟及祼賓客耳黃以周云典瑞祼圭止於肆先王玉人祼圭止於祀廟則祀天地不祼明甚表記秬鬯以事上帝謂享酒非祼酒也梁明山賓引表記文以證明堂有祼亦誤詒讓案玉人大璋中璋天子以巡守注謂以事山川則用灌是外神山川亦有灌故鄭云天地大神不祼明非大神或閒有祼非禮之至者也山川有灌則亦用鬱鬯賈說非是云凡鬱鬯受祭之啐之奠之者猶特牲饋食禮尸祭酒啐酒奠觶是也士昏禮啐醴注云啐嘗也雜記主人之酢也嚌之衆賓兄弟則皆啐之注云嚌啐皆嘗也嚌至齒啐入口鄭言此者亦明不爲飲主以祭祀之義賈疏云謂王以圭瓚酌鬱鬯獻尸后亦以璋瓚酌鬱鬯獻尸尸皆受灌地降神明爲祭之向口啐之啐之謂入口乃奠之於地也

凡賓客贊祼凡受爵之事凡受幣之事

唯祼助宗伯其餘皆助大宰王不酌賓客而有受酢大宗伯職曰大賓客則攝而載祼

疏凡賓客贊祼者賈疏云案大行人云上公再祼而酢侯伯一祼而酢

子男一祼不酢謂諸侯來朝朝享既畢王禮之有此灌酢之禮也云凡受爵之事者大宰注云玉爵王禮諸侯之酢爵是也賈疏云謂上公與諸侯酢王之爵王受之云凡受幣之事者大宰注云玉幣諸侯享幣也案受幣疑當兼受瑞玉及三享之玉言之詳大宰疏　注云唯祼助宗伯者據大宗伯云攝祼而大宰不云贊祼小宰非宗伯屬官而贊之者亦官聯也鄭言此者明三者贊同而所贊則異云其餘皆助大宰者大宰職云大朝覲會同贊玉幣玉爵是也賈疏云謂受爵幣二者皆助大宰賓客酢王之時大宰於賓處受而授王王飲訖大宰受爵以授小宰受幣之時亦王親受受以授大宰大宰以授小宰也云王不酬賓客而有受酢者謂王祼諸侯則使宗伯代酌圭瓚王但拜送而已至祼訖諸侯酌玉爵報酢王則王親受飲之不使宗伯代也賈疏云案燕禮使宰夫爲主人是君不酬臣於諸侯亦然受酢是飲酒之事臣不可代君飲酒故有受酢之事也引大宗伯職曰大賓客則攝而載祼者明祼助宗伯之事若賓客爲上公宗伯兼攝后祼則內宰贊之小宰止贊攝王祼也詳彼疏

喪荒受其含禭幣玉之事春秋傳曰口實曰含衣服曰禭凶荒有幣玉者賓客所賙委之禮

疏喪荒受其含禭幣玉之事者賈疏云喪謂王喪諸侯諸臣有致含禭幣玉之事荒謂凶年諸侯亦有致幣玉之事上大宰不言則此小宰專受之案禮記少儀云臣致禭於君則曰致廢衣於賈人則諸侯臣皆得致含也詒讓案雜記說諸侯喪受含禭賵之禮云宰舉璧與圭宰夫舉禭與此王喪小宰受含禭幣玉之事足相比例　注引春秋傳曰口實曰含者公羊文五年傳云含者何口實也文與此注不同或鄭約引之口實詳大宰疏御覽禮儀部引春秋說題辭云口實曰含緣生象食孝子不忍虛其欲竊疑此注所引即說題辭文春秋傳傳當爲說之誤凡鄭注三禮引緯候並稱說詳大司樂疏云衣服曰禭者說文衣部云禭衣死人也

引春秋傳曰楚使公親襚又祱贈終者衣被曰祱是送死衣服當以
祱爲正字今經典並叚襚爲之小爾雅廣名云衣服謂之襚荀子大
略篇云衣服曰襚與此注同公羊隱元年傳云衣被曰襚又穀梁傳
云衣衾曰襚衣服卽䘸衾被之屬白虎通義崩薨篇云襚之爲言遺
也衣被曰襚知死者則贈襚所以助生送死追恩重終副至意也士
喪禮鄭注公羊何注義並同御覽禮儀部引說題辭云衣被曰襚養
死具也疑此亦據說題辭文與上並引春秋說也案襍記云諸侯相
襚以後路與冕服則襚亦有車馬不徒衣服矣云凶荒有幣玉者賓
客所賵委之禮者明凶荒唯有幣玉無含襚也賈疏云案小行人云
若國凶荒則令賵委之彼謂王家賵委諸侯法此謂諸侯賵委王家
法也詒讓案凶荒賵委當以泉粟然必執
幣玉以致之故鄭以幣玉爲賵委之禮也

月終則以官府之敘受羣吏之要主每月之小計 疏 月終則以官府之敘受羣吏之要者以下並小宰總掌六官之官計官成也賈疏云月計曰要故每
月月終則使官府致其簿書之要受之當先尊後卑故言敘詒讓案
酒正云酒正之出日入其成月入其要小宰聽之上六敘云以敘受
其會會亦兼月要也月要事小故小宰專受之不贊冢宰不受曰成
者曰成事尤小故宰夫及當官之長自受不關小宰也羣吏亦通百
官府言之 注云主每月之小計者明月要對曰成則爲大對歲會
則爲小小宰得專主其事也賈疏云言小計對下經歲會爲大計也
若大會則下文冢宰平之 **贊冢宰受歲會歲終則令羣吏致事**使齎歲盡文書來至若今上計 疏
贊冢宰受歲會者賈疏云歲計曰會言冢宰則據百官總焉謂助冢
宰受一歲之計王引之云贊冢宰受歲會當在歲終宰夫職曰歲終
則令羣吏正歲會月終則令正月要大宰職曰歲終則令百官府各
正其治受其會聽其致事是冢宰受歲會在歲終也小宰贊之亦當

在此時案王說是也經文在歲終之前者爲下句發端非冢上月終爲文也云歲終則令羣吏致事者歲終爲夏之季冬詳宰夫疏賈疏云謂使六官各致一年功狀將來考之故也」注云使齎歲盡文書來至者亦訓致爲至也詳大宰疏云若今上計者續漢書百官志云凡郡國歲盡遣吏上計漢法上計於歲盡與周歲終羣吏致事同故舉以爲況賈疏云漢之朝集使謂之上計吏謂上一年計會文書及功狀也丁晏云漢書武帝紀受計於甘泉師古曰受郡國所上計簿也若今之諸州計帳詒讓案左昭二十五年傳云臧會爲郈賈正計于季氏杜注云送計簿於季氏晏子春秋外篇云晏子治東阿上計又淮南子人閒訓說魏文侯時解扁爲東封上計而入三倍是周時已有上計之名漢亦沿周法也

正歲帥治官之屬而觀治象之灋徇以木鐸曰不用灋者國有常刑

正歲謂夏之正月得四時之正以出教令者審也古者將有新令必奮木鐸以警衆使明聽也木鐸木舌也文事奮木鐸武事奮金鐸

疏正歲帥治官之屬而觀治象之灋者亦書縣而觀之經不言縣者以大宰正月縣治象已詳可以互推也此小宰正歲縣治象使治官觀與大宰正月縣治象使萬民觀者爲二事鄭大宰注幷二者爲一云大宰以正月朔日布王治之事於天下至正歲又書而縣於象魏使萬民觀焉小宰亦帥其屬而往其說非也又案依鄭說此治象卽縣於象魏象魏謂萬民所觀於象魏者以其人衆且庶民不得入王之中闕也此百官所觀似不宜與彼同處疑當縣於治朝旁大宰治事之舍卽匠人之九室是也小司徒縣教法小司寇縣刑法蓋亦當各就司徒司寇治事之舍互詳大宰小司徒疏云徇以木鐸者說文彳部云徇行示也司馬法斬以徇徇卽徇之俗云曰不用灋者國有常刑者誓以不用治法之刑常刑謂官刑之常典也大司徒賈疏云常刑者謂二千五百條各依輕重而

受刑法　注云正歲謂夏之正月得四時之正以出教令者審也者
全經凡言正歲者並爲夏正建寅之月別於凡言正月者爲周正建
子之月也爾雅釋天云夏曰歲商曰祀周曰年左傳昭七年孔疏引
孫炎云四時一終曰歲取歲星行一次也周書周月篇云萬物春生
夏長秋收冬藏天地之正四時之極不易之道夏數得天百王所同
其在商湯用師于夏順時革命改正朔以建丑之月爲正亦越我周
王致伐于商改正異械以垂三統至於敬授民時巡狩祭享猶自夏
焉是謂周月以紀于政是周雖建子亦兼存夏正之事也王引之云
爾雅曰正長也建寅之月爲一歲十二月之長故謂之正歲猶月之
朔日爲一月三十日之始而稱朔日也云古者將有新令必奮木鐸
以警衆使明聽也者木鐸有聲故振奮以警衆明堂位云振木鐸於
朝天子之政也注云天子將發號令必以木鐸警衆論語八佾集解
引孔安國云木鐸施政教時所振也賈疏云案禮記檀弓云自寢門
至於庫門振木鐸曰舍故而諱新彼及此文是有命奮木鐸警衆使
民聽之事也案依鄭賈說此觀治象當在庫門內徇木鐸疑亦當自
寢門以至皋門寢門外爲治朝庫門外皋門內爲外朝與明堂位所
說亦正合云木鐸木舌也者鼓人注云鐸大鈴也呂氏春秋仲春紀
高注云鐸大鈴也金口木舌爲木鐸金舌爲金鐸北堂書鈔武功部
引三禮圖云鐸今之鈴其匡銅爲之木舌爲木鐸金舌爲金鐸也揚
子法言學行篇云如將復駕其所說則莫若使諸儒金口而木舌卽
謂木鐸也云文事奮木鐸者此職之治象小司徒之教法宮正司烜
氏之火禁鄉師之四時徵令小司寇之刑象士師之五禁皆以木鐸
徇之又檀弓令舍故諱新月令仲春先雷三日奮木鐸以令兆民左
襄十四年傳及僞古文書胤征正月孟春遒人以木鐸徇于路皆所
謂文事也書僞孔傳云木鐸金鈴木舌所以振文教云武事奮金鐸
者吳子治兵篇云夫鼙鼓金鐸所以威耳賈疏云鼓人云金鐸通鼓

大司馬云兩司馬振鐸是也 乃退以宮刑憲禁于王宮憲謂表縣之若今新有法令云 疏乃退以宮刑憲禁于王宮者謂與觀治象徇木鐸同日徇行既畢而退後憲刑禁禁即前云王宮之糾禁是也此蓋不兼后宮內宰云憲令于王之北宮是后宮內宰憲禁此官所憲者蓋自王六寢以外五門三朝之地通憲之與內宰內外職掌互相備也 注云憲謂表縣之者小司徒胥師小司寇布憲注義並同荀子勸學篇云不道禮憲楊注云憲標表也凡禁令欲衆共知則書而表縣之士師掌五禁亦云書而縣于門閭即所謂憲也列女傳辯通篇云齊景公有所愛槐使人守之植木縣之下令曰犯槐者刑傷槐者死此憲禁蓋亦書刑禁於木表縣之全經凡云憲者如小司徒之憲禁令司市之憲罰胥師小司寇布憲之憲刑禁朝士故書之憲刑貶義並同士師說宮禁等云皆以木鐸徇之于朝書而縣于門閭此憲宮刑與彼事相類蓋書而縣之自寢門以至於皋門與徇木鐸同也賈疏云凡刑禁皆出秋官今云憲禁者與布憲義同故小宰得待秋官刑禁文書表而縣之於宮內也云若今新有法令云者漢時新有法令亦必表縣之使衆共見故舉以爲況

令于百官府曰各脩乃職攷乃灋待乃事以聽王命其有不共則國有大刑乃猶女也 疏令于百官府者此亦冢上正歲爲文百官府通內外言之不徒宮中也此官分就各官府一一戒敕之與觀治象時總於觀象之處徇戒者異又案地官觀教象之令在小司徒與此同而正歲令教官則在大司徒與此兩令同在小宰異者以大宰總六官職重事繁故治官之戒令皆小宰掌之教官事簡故正貳分掌之其事異也云曰各脩乃職攷乃灋待乃事以聽王命者以下並戒令之辭徐幹中論譴交篇引此文待作備亦通職法即大宰之官職官法事謂當職之事也云其有不共則國有大刑者謂

職事有不共舉者則肓刑大司寇五刑四曰官刑上能糾職𠛬糾其不共也大刑謂常刑之大者明堂位魯禘誓戒云百官廢職服大刑注云大刑重罪也書費誓誓師亦云有常刑大刑僞孔傳以大刑爲死刑是也大司徒令教官云常刑與前觀治象及小司徒觀教象小司寇觀刑象之令同此云大刑者以治官所掌尤重故特警之職方氏王將巡守戒於四方亦云國有大刑與此正同　注云乃猶女也者職方氏注同小爾雅廣詁云乃汝也女汝古今字

周禮正義卷五

周禮正義卷六

瑞安孫詒讓學

宰夫之職掌治朝之灋以正王及三公六卿大夫羣吏之位掌其禁令

治朝在路門之外其位司士掌焉宰夫察其不如儀【疏】掌治朝之灋以正王及三公六卿大夫羣吏之位者此司王之正朝與射人司士爲官聯也三公謂大師大傅大保六卿卽六官之正大夫通中下言之三公詳地官敘官疏　注云治朝在路門之外者大宰注義同云其位司士掌焉者賈疏云案司士云正朝儀之位辨其貴賤之等王南鄉三公北面東上孤東面北上卿大夫西面北上王族故士虎士在路門之右南面東上大僕大右大僕從者在路門之左南面西上此羣吏卽羣士是其位也吳廷華云此羣吏當合上中下士及故士等言之司士注約燕禮士東面則士位附於孤後也案吳說是也此羣吏專指命士以下言之朝士外朝之位羣士之外又有羣吏則羣吏與羣士異此以羣士爲羣吏者對文則異散文得通也大宰八統七曰達吏注釋爲小吏此羣吏蓋卽衆小吏矣云宰夫察其不如儀者謂察其位次舛誤及如朝士掌外朝禁慢朝錯立族談者之類

敘羣吏之治以待賓客之令諸臣之復萬民之逆

恆次敘諸吏之職事三者之來則應使辨理之鄭司農云復請也逆迎受王命者宰夫主諸臣萬民之復逆故詩人重之曰家伯維宰玄謂復之言報也反也反報於王謂於朝廷奏事自下而上曰逆逆謂上書【疏】敘羣吏之治者此冡上經爲文則羣吏亦當專指命士以下言之與大宰大計羣吏之治小宰弊羣吏之治義蓋小異也云以待賓客之令者此謂朝聘賓客

之治令猶大宰云待四方賓客之小治也掌訝云凡賓客之治令訝訝治之注云賓客之治謂欲正其貢賦理國事也以告訝訝爲如朝而理之此令卽謂以事令訝而訝爲逹於朝者則此官聽而治之也此蓋賓客之小治不必達於王者其大治則大僕諸侯之復逆非此官所掌也賈疏謂賓客之令謂若大宗伯朝覲會同則爲上相肆師云大朝覲佐儐及大小行人掌客掌訝委人遺人之屬皆是待賓客之官使辨理之非經義也云諸臣之復者賈疏云案夏官小臣職云掌三公及孤卿之復逆復逆並掌之此不言逆者但宰夫直文之不掌事故於文略也又案夏官大僕職云掌諸侯之復逆此諸臣中兼之此宰夫恆敘大僕小臣等辨理此復逆之事也案賈說非也此諸臣亦當謂命士以下與御僕所掌羣吏之逆略同三公六卿及諸侯之復逆皆大僕小臣掌之王與冢宰聽之非此官所職也云萬民之逆者賈疏云案夏官御僕職掌羣吏庶民之復逆彼羣吏與此經羣吏爲羣臣別故鄭彼注羣吏府史以下此不言羣吏及復亦是文略也此宰夫次敘御僕使辨理府史萬民復逆也案賈說亦非也此羣吏專屬命士以下御僕之羣吏則通大夫士言之二經義不甚同而皆非府史詳御僕疏　注云恆次敘諸吏之職事三者之來則應使辨理之者敘注例用今字當作序詳小宰疏鄉師注云敘猶次也鄭以治卽職事謂次序羣吏之班秩尊卑使各自脩其職事也賈疏云此宰夫次敘羣吏諸臣等之治職卽以待賓客以下三事使之應荅不關於事也鄭司農云復請也者廣雅釋詁云告復白語也爾雅釋詁云請告也案復請並謂以言語告白於上曲禮云小閑願有復也後鄭注亦云復白也大戴禮記曾子立事篇云承閑觀色而復之國語齊語云正月之朝鄉長復事孟子梁惠王篇云有復於王者是諸經凡言復者率爲告白之義先秦諸子中以告爲復者尤不可枚數訝士云入復後鄭注云入告王以客至也彼訓復爲告猶先鄭此注

訓爲請也又後鄭此後注及先鄭大僕注並以復爲奏事彼此互校
知二鄭復字訓義本同賈疏謂復是報白之義不得爲請故後鄭不
從非云逆迎受王命者者小宰注云逆迎受之聘禮云宰命司馬戒
衆介衆介皆逆命不辭注云逆猶受也左昭二十五年傳有司逆命
杜注云欲迎受殺生之命故先鄭以迎受王命爲逆但此經逆與復
互文並爲告請之事與聘禮左傳義實不同故後鄭亦不從云宰夫
主諸臣萬民之復逆故詩人重之曰家伯維宰者維疑當作惟詳夏
官敘官趣馬疏此詩小雅十月之交文鄭彼箋云家伯氏冢宰掌建
邦之六典卿也賈疏云知彼宰非大宰而當此宰夫者維宰在司徒
下膳夫上故知是宰夫也此先鄭以官次第當宰夫案鄭彼注冢宰
掌建之六典皆卿也不從司農者諸經單稱宰者皆大宰若宰夫無
單言宰者故爲大宰解之若然大宰在司徒下者彼以權寵爲次不
以尊卑故內史中大夫在膳夫上士之下鄭氏中大夫在趣馬下士
之下案賈說非也漢書古今人表有大宰家伯此卽後鄭詩箋所本
春秋桓四年天王使宰渠伯糾來聘公羊傳云其稱宰渠伯糾何下
大夫也案大宰屬下大夫則宰夫也是宰夫自可單稱宰矣詩孔疏
引王肅說又以宰爲小宰與班及二鄭義並異疑不足據云玄謂復
之言報也反也者此增成先鄭義也公羊隱三年傳與夷復曰先君
之所爲不與臣國而納國乎君者以君可以爲社稷宗廟主也何注
云復報也又毛詩小雅我行其野傳云復反也是復兼報反二義云
反報於王謂於朝廷奏事者大僕先鄭注云復謂奏事與此義同後
鄭意此復直謂在朝廷親以事奏白於王以其取報白反復之義故
謂之復大司寇云凡遠近惸獨老幼之欲有復於上而其長弗達者
士聽其辭以告於上而罪其長後鄭云復猶報也報之者若上書詣
公府言事矣彼注亦訓復爲報而特以上書言事爲況足證此注義
賈疏謂羣臣受王命使臣行之訖反報於王則鄭本無是義凡受命

行事訖而反報都宗人家宗人隸僕直謂之反命並不云復疏說與
經注並不合也二云自下而上曰逆逆謂上書者破先鄭逆爲迎受王
命上書者謂上書言事於王也上書與奏事事亦略同蓋後鄭意復
逆義本互通但諸臣於王親近故以爲於朝廷奏事萬民於王疏遠
或不得於朝廷奏事故但以上書爲說此乃隨文異訓實則復亦可
訓爲上書逆亦可訓爲奏事大司寇注以上書言事解惸獨老幼之
復亦其證矣賈疏二云謂自上而下曰順故自下而上曰逆也言上書
者則今之上表也若然據夏官諸侯諸臣萬民皆復逆並有則此亦
皆有上書奏事耳司農於此注復爲請逆爲迎受王命後鄭不從及
至夏官大僕先鄭注二云復爲奏事逆謂受下奏與後鄭義同故彼
後鄭從之若然是先鄭兩解也案內豎二云掌外內之通令凡小事鄭
注云內后六宮外卿大夫也使童豎通王內外之命給小事者以其
無與爲禮出入便疾內外以大事聞王則大事侯朝而自復若然何
須更有小臣等復逆乎然王者一日萬機或有侯朝自復有大事急
促不得待朝即須非時通傳使聞徹在上者也俞樾二云大僕掌諸侯
之復逆小臣掌三公及孤卿之復逆皆以復逆連文御僕二云羣吏之
逆庶民之復此二云諸臣之復萬民之逆蓋互言之非謂諸臣有復而
無逆萬民有逆而無復也案賈謂此諸臣萬民皆有上書奏事俞說
亦同並是也但先鄭大僕注訓復爲奏事與此訓爲請同賈謂其兩
解則非至逆訓受下奏與此注迎受王命之說同誤後鄭彼注偶失
刊正實則彼職復逆連
舉與此互文義不異也

掌百官府之徵令辨其八職一曰正掌官灋以治要二曰師掌官成以治凡三曰司掌官灋以治目四曰旅掌官常以治數五曰府掌官契以治藏六曰史掌官書以贊治七曰胥掌

官敘以治敘八曰徒掌官令以徵令別異諸官之八職以備王之徵召所爲正辟於治官則冢宰也治要若歲計也師辟小宰宰夫也治凡若月計也司辟上士中士治目若今日計也旅辟下士也治數每事多少異也治藏藏文書及器物賛治若今起文書草也治敘次序官中如今侍曹伍伯傳吏朝也徵令趨走給召呼

疏一曰正掌官灋以治要者正與司皆掌官法者長屬咸有當官之法正則總建之司則分治之詳略雖異而其爲法則同官法官成官常即大宰八法之三也云五曰府掌官契以治藏者官契即小宰八成之書契也並詳大宰小宰疏莊存與云以上宰夫正職下皆攷二宰之事也　注云別異諸官之八職以備王之徵召所爲者敘官注云辨別也賈疏云自正已下爲八職皆備王召呼則正亦備王召呼及所爲也詒讓案此徵令當爲宣布政治亦通晐與發屬斂諸事令即命令也鄭以王之徵召所爲爲釋義未備詳後云正辟於治官則冢宰也者釋文云辟本亦作譬下皆同案辟譬字通鄭意此正爲各官之長與大宰建其正略同但百官府各自有當職之長通謂之正不可偏舉故唯舉大宰以相況以其長屬自相帥領不必與爵秩尊卑之次相當故爲譬況之詞矣云治要若歲計也者要計對文則異散文則通謂都計諸凡之總簿書也惠士奇云要凡目三者皆數也數分爲目目最爲凡凡合爲要皆謂之數管子君臣曰君發其明府之法瑞以稽之立三階之上南面而受要八職首曰要即此荀子曰官人失要則死州里役要邦國比要皆名爲要周官之要在六官六官之要在天官是故冢宰治之司會攷之天子齋戒受之有要而後有凡有凡而後有目有目而後有數尊者治約卑者治詳賈疏云案下文歲終云會月終云要旬終云成此歲云要者但六卿下云要不云會以要當會處故以治要爲歲計也云師辟小宰宰夫也者此亦約舉大宰屬官爲譬況也賈疏云以下文四

曰旅是下士諸官皆名旅其下士之上有上士中士向上差次當三曰司上士之上向上差次有小宰宰夫故知二曰師當小宰宰夫也言辟者亦是六鄉之下皆有此二者若司徒之下小司徒鄉師之類故亦言辟也王引之云宰夫掌敘羣吏之治正也師也司也旅也皆羣吏之待徵令者正非必六官之長師非必六官之貳與大宰職所云建其正立其貳者不同彼專指六官之長與貳此則泛指百官府言之謂百官府各有正師司旅也大射儀有小臣正小臣師鄭注曰小臣師正之佐也正長也又有僕人正僕人師注曰僕人正僕人之長師其佐也又有司馬正司馬師注曰司馬正政官之屬師正之佐也成十八年左傳說晉悼公命百官有卿有公族大夫有大傅有司空有六官之長中軍有尉有佐有司馬有候奄上軍有尉有司馬校正屬御戎司士屬右六騶屬乘馬御而統言之曰師不陵正旅不偪師則所謂正者非專指六官之長而言如中軍尉其下有佐有司馬上軍尉其下有司馬則尉卽是正御戎乘馬御及右各有其屬則皆正也屬於正者卽師旅也襄二十五年傳曰六正五吏三十帥三軍之大夫百官之正長師旅六正已是六卿則正長非卿可知故杜注曰百官正長羣有司也正長爲一有司則師旅可知周語稷徧戒百姓紀農協功乃命其旅曰徇農師一之農正再之后稷三之韋注曰農師上士也農正后稷之佐田畯也故次農師后稷農官之君也故次農正然則農正之位卑於后稷其非命卿可知農師又卑於農正其旅又卑於農師周語又曰至於王吏則皆官正莅事上卿監之是官正非上卿也楚語曰天子之貴也唯其以公侯爲官正而以伯子男爲師旅言公侯伯子男譬若百官之正長師旅爲天子之羣吏也多方曰越惟有胥伯小大多正然則正固有小者王制史以獄成告於正鄭注曰正於周鄉師之屬左傳有卜正工正候正校正隧正四鄉正馬正陶正令正五工正九農正賈正車正牧正庖正是官之小者

亦得名爲正也周官以正名者黨正但爲下大夫鄉大夫職謂之羣吏其他宮正酒正則以士爲之推而至於百官府皆各有正故酒誥稱庶士有正大雅稱鞠哉庶正不必六官之長而後爲正也師則屬於正者故左傳曰師不陵正祭法曰適士二廟官師一廟鄭注曰官師中士下士不必六官之貳而後爲師也案王說甚覈與鄭義足互相備此正與大宰之正異師旅與夏官序官之師旅亦異正固兼有大小師亦通於尊卑如書盤庚云邦伯師長百執事之人僞孔傳云師長公卿是公卿爲師也國語魯語云日中考政與百官之政事師尹維旅牧相宣序民事韋注引賈逵唐固虞翻云師尹大夫官也又楚語云自卿以下至於師長士注云師長大夫是大夫亦爲師也墨子尚同篇引相年之道云夫建國設都乃作后王君公卿大夫師長是師長降於大夫則又眩元士以下矣但鄭約舉大宰當職官屬相譬況則大宰爲正小宰宰夫爲師上中士爲司下士爲旅約略比儗等差如是非謂正必六卿師必中下大夫司旅必士也云治凡若月計也者謂都計諸目之總簿書也奄人注云凡計數之管子幼官篇云計凡付終尹注云凡謂都數也賈疏云上要既當歲會故治凡當月計曰要之處也云司辟上士中士者此亦約大宰屬官之上中士爲譬況也司與師亦通稱若司市稱市師亦稱市司是也云治目若今日計也者謂都計諸數之總簿書也目詳於凡故公羊僖五年傳云一事而再見者前目而後凡也春秋繁露深察名號篇云號凡而略名詳而目目者徧辨其事也凡者獨舉其大也賈疏云從治要向下以次差之此治目當日計曰成之處故云今日計也案注例凡言今者皆舉漢制爲況日成見下文不當云今上治要治凡注亦無今字疑涉下贊治注而誤衍賈所據本已然云旅辟下士也者此亦約舉大宰屬官爲譬況也敘官大宰旅下士三十有二人注云下士治衆事者是也云治數每事多少異也者量人注云數多少也自要以

下以次遞詳至數而纖悉畢備故云每事多少異也云治藏文書及器物者說文艸部新附云藏匿也案正字當作臧藏卽臧之俗一切經音義引三倉云府文書財物藏也云贊治若今起文書草也者續漢書百官志云尚書侍郎主作文書起草鄭以史掌官書故以起文書草爲釋御史掌贊書注亦云若今尚書作詔文賈疏云起文書草乃後判決是爲贊治之法故稱贊治也云治敘次序官中者敘疑亦當作序凡注例用今字雖複述經文亦不用古字詳小宰疏小宰六敘注云敘秩次也賈疏云旣有才智爲什長當次序官中須人驅役之處則科次其徒故云次序官中也云如今侍曹伍伯傳吏朝也者賈疏云漢時五人爲伍伯長也是五人之長言傳吏朝者傳在朝羣吏諸官事務於朝也胥爲什長亦然故舉漢法況之也孔廣森云後漢書宦者曹節傳越騎營五百注曰今俗呼行杖人爲伍百也宋書百官志云舊說古君行師從卿行旅從旅五百人也今縣令以上古之諸侯故立五百以象師從旅從依古義也韋昭云五百字本爲伍伯伍當也伯道也使之導引當道伯中以驅除也周制五百爲旅帥皆大夫不得卑之如此說依韋訓伯讀爲陌依疏如字讀之司服注曰今時伍伯緹衣古兵服之遺色侍曹謂伍伯當日者文王世子注云如今小史直日陳遵爲公府椽史曹事數廢西曹以故事適之侍曹輒詣寺舍白遵是侍曹之法有事當傳告也案孔說是也賈釋伍伯本崔豹古今注義三國志杜瓊傳云自漢以來名官盡言曹吏言屬曹卒言侍曹是侍曹卽隨侍曹吏之卒也鄭言此者以傳吏朝與次序官中事相類故舉以爲證非況胥爲什長賈說失之云徵令趨走給召呼者司市注云徵召也若典祀云徵役于司隸而役之大胥云以鼓徵學士皆召呼之事黃以周云注趨走釋徒召呼釋徵令謂徒者徵召教令者也惠士奇云徵令者傳令也韓非難一曰當世之行事都丞之下徵令者不辟尊貴不就卑賤然則戰國徵令以都

丞猶周之徒也詒讓案經凡言徵者有二一爲徵召若典祀大胥二職所云是也一爲徵斂若戴師云以時徵其賦掌荼云徵野疏材之物是也掌炭云掌灰物炭物之徵令亦專據徵斂言之至司書云以逆羣吏之徵令小司徒云以行徵令鄉師云凡四時之徵令有常者以木鐸徇于市朝閭胥云各掌其閭之徵令則皆通舉宣布政治之事而徵召徵斂二義自晐於其中此經上云掌百官府之徵令亦與小司徒諸職同爲總舉之文而徒掌官令以徵令則自爲徵召掌治教令鄭此注義不誤而釋前百官府之徵令亦爲召呼則非也

掌治灋以攷百官府羣都縣鄙之治乘其財用之出入凡失財用物辟名者以官刑詔冢宰而誅之其足用長財善物者賞之

羣都諸采邑也六遂五百家爲鄙五鄙爲縣言縣鄙而六鄉州黨亦存焉乘猶計也財泉穀也用貨賄也物畜獸也辟名詐爲書以空作見文書與實不相應也官刑在司寇五刑第四者

疏 掌治灋以攷百官府羣都縣鄙之治者此與司會天府爲官聯也賈疏云宰夫是句考之官故以治法考百官及羣都縣鄙鄉遂之內治功善惡也案羣都縣鄙謂采邑之都鄙及公邑之縣鄙鄭賈以縣鄙爲鄉遂非也此內舉官府外舉采邑公邑以晐郊野鄉遂明畿內之治此官通攷之司會云掌國之官府郊野縣都之百物財用凡在書契版圖者之貳以逆羣吏之治而聽其會計大府職內職歲職幣並有官府都鄙之文天府云凡官府鄉州及都鄙之治中受而藏之以詔王察羣吏之治此云羣都縣鄙司會云郊野縣都天府云鄉州都鄙大府諸職則唯云都鄙並詳略互見文不具也云乘其財用之出入者謂以書契版圖及月要歲會通計其財用出入之凡數也云凡失財用物辟名者以官刑詔冢宰而誅之者凡治財用物不如法則有損乏監惡之弊故以詔告冢宰誅之大

司寇官刑上能糾職此卽糾其職之不舉黜其官爵復加以刑罰也云其足用長財善物者賞之者賞謂增其祿秩江永云足用謂度支
有方而用不匱長財謂經理有法而財自生善物如牧養肥充制作精良之類此皆能稱職者故賞之　注云羣都諸采邑也者大宰注
云都鄙公卿大夫之采邑王子弟所食邑是也賈疏云謂大都小都家邑三處也云六遂五百家爲鄙五鄙爲縣者據遂人五酇爲鄙五
鄙爲縣云言縣鄙而六鄉州黨亦存焉者鄭意經縣鄙卽六遂之屬別大司徒六鄉之制五百家爲黨五黨爲州與六遂縣鄙相當經舉
縣鄙以晐州黨明鄉遂之治宰夫通考之也王安石云縣者縣師所掌之縣也王昭禹說同姜兆錫云羣都縣鄙猶司士言都家縣鄙謂
采邑及凡公邑也案王姜說是也經言縣鄙者凡六此職云以考百官府羣都縣鄙之治遂人云造縣鄙形體之灋司常云州里建旗縣
鄙建旗大司馬云縣鄙各以其名鄉以州名司士云周知邦國都家縣鄙之數朝士云則令邦國都家縣鄙慮刑貶鄭司士注云縣鄙鄉
遂之屬義與此注同而司常注則云州里縣鄙鄉遂之官互約言之大司馬注亦云縣鄙謂縣正鄙師至鄰長也則皆謂專指六遂之吏
不兼六鄉與此及朝士注異綜校諸文司常之縣鄙與州里並舉大司馬之縣鄙與鄉州並舉則縣鄙不得晐六鄉可知蓋經凡言縣鄙
者惟遂人之縣鄙爲遂之屬別此外如此及司常大司馬司士朝士諸職皆公邑也縣卽縣師縣士之縣爲四等公邑之通名公邑所居
謂之縣鄙猶大小都所居謂之都鄙非六遂五鄙之縣五酇之鄙左昭二十年傳晏子曰縣鄙之人入從其政偪介之關暴征其私彼縣
亦是公邑故必由偪介之關而入共征役與此經義可互證鄭賈說並失之此職及司士朝士皆舉都家公邑而不及鄉遂者舉外以包
內耳互詳司常大司馬疏云乘猶計也者稾人乘其事注義同說文桀部云乘覆也隸變爲乘乘本訓覆段借爲計數之義賈疏云計者

筭法乘除之名出於此也云財泉穀也者大宰注同云用貨賄也者賈疏云案內府云掌受九貢九賦九功之貨賄以待邦之大用故知用中有貨賄也云物畜獸也者謂庖人六畜六獸之屬若牛馬之等亦動物之種別也案此物卽小宰外府司會司書之百物當通晐動植器械之屬凡周於民之食用者皆是不徒畜獸也注說似未晐詳外府司會疏云辟名詐爲書以空作見文書與實不相應也者呂氏春秋處方篇高注云辟邪也賈子新書道術篇云襲常緣道謂之道反道爲辟蓋辟者差戾之言以空作見卽漢書食貨志所謂多張空簿府臧不實若是則財用物等與實差戾不相應故謂之辟名釋文引干注云辟不當也與鄭義略同賈疏云其人失財用物者則詐爲文書以空物作見在文書與實物不相應是罪人也案鄭賈以辟名通冡財用物三者爲文亦未塙竊謂此文當讀凡失財用爲句物屬下辟名者爲句此經凡掌械器膳服畜獸諸官多云辨其名物蓋異物則異名名與物必相應若以鹽爲艮以惡爲美則物與名違外不相應所謂物辟名也財失則不長用失則不足物辟名則不善上下文正相對自鄭賈以來並失其句讀而義亦晦矣云官刑在司寇五刑第四者者與大宰八法七曰官刑同

以式灋掌祭祀之戒具與其薦羞從大宰而眡滌濯薦脯醢也羞庶羞內羞

疏 以式灋掌祭祀之戒具與其薦羞者式灋卽大宰九式祭祀之式是也小宰注云法謂其禮法也戒具戒官有事者所當共大宰云祀五帝則掌百官之誓戒與其具脩前期十日帥執事而卜日遂戒祀大神示亦如之享先王亦如之此戒與彼事同蓋前祭十日大宰則戒齊宰夫則戒具及薦羞也云從大宰而眡滌濯者賈疏云上大宰職已云祀五帝眡滌濯此宰夫又從大宰而眡之也詒讓案此卽小宰六屬所謂大事則從其長也凡大祭祀眡滌濯在祭前一日之夕詳大宰疏大射儀云前射三

曰宰夫戒宰及司馬彼諸侯大射亦宰夫掌戒天子禮當亦然此不云射者文不具也注云薦脯醢也者膳夫云凡王之稍事設薦脯醢士昏禮贊者薦脯醢注云薦進也有司徹云宰夫自東房薦脯醢彼大夫禮亦其象類也賈疏云案儀禮鄉飲酒鄉射燕禮諸單言薦者皆是脯醢故知此薦亦脯醢淩廷堪云凡獻酒皆有薦禮盛者則設俎士冠禮醴辭曰嘉薦令芳注嘉善也善薦謂脯醢脯籩實醢豆實凡經所謂薦者皆指脯醢也詒讓案此以禮之恆例言之也其祭祀禮盛者則朝事饋食之豆籩謂之薦籩人注云未食未飲曰薦是也籩人二籩之實皆無脯而脯自為加籩之實則又當為羞矣蓋薦與羞繫乎饌之正加禮殺則脯為正入薦內禮盛者則脯不入正籩而為加不拘一例也云羞庶羞內羞者有司徹云宰夫羞房中之羞于尸侑主人主婦皆右之司士羞庶羞于尸侑主人主婦皆左之即宰夫主羞之事鄭彼注云房中之羞其籩則糗餌粉餈其豆則酏食糝食庶羞羊臐豕膮皆有胾醢房中之羞內羞也案庶羞即膷臐膮及籩人醢人之加豆籩內羞即羞豆籩也籩人注云既食既飲曰羞以禮經攷之鄉飲酒燕禮鄉射大射禮羞皆在獻後特牲少牢饋食禮羞皆在尸飯後蓋庶羞內羞為加饌故後設也互詳膳夫庖人籩人醢人疏

凡禮事贊小宰比官府之具

比校次之

【疏】凡禮事者禮唐石經初刻作祀磨改作禮案上云掌祭祀之戒具此別云凡禮事蓋廣晐眾行禮之事石經初刻誤云贊小宰比官府之具者賈疏云上小宰於七事已言以法掌戒具此宰夫贊小宰校次之使知善惡足否也詒讓案聘禮宰書幣命宰夫官具注云命之使眾官具幣及所宜齎亦宰夫比官府之具之一端注云比校次之者大司馬注義同大胥注云比猶校也又春官世婦主云比次也是比兼校次二義謂考校序次之

凡朝覲會同賓客以牢禮之灋掌其牢禮委

積膳獻飲食賓賜之飧牽與其陳數

牢禮之法多少之差及其時也三牲牛羊豕具爲一牢委積謂牢米薪芻給賓客道用也膳獻禽羞俶獻也飲食燕饗也鄭司農云飧夕食也春秋傳曰飧有陪鼎牽牲牢可牽而行者春秋傳曰餼牽竭矣玄謂飧客始至所致禮凡此禮陳數存可見者唯有行人掌客及聘禮公食大夫

疏凡朝覲會同賓客者通四時朝覲及大小會同賓客等而言賈疏云上大宰云大朝覲會同彼言大謂朝覲爲會同而來今此朝覲不言大則朝覲自是四時常朝及會同皆有賓客也案賈說是也但經云賓客似亦當關聘客言之云以牢禮之灋者凡待賓客之禮有牲牢者若大行人云成牢禮是也其法蓋在大宰九式賓客之式而此官掌之以爲官法者荀子王制篇云宰爵知賓客祭祀饗食犧牲牢之數是也云掌其牢禮委積膳獻飲食賓賜之飧牽與其陳數者此與大行人掌客爲官聯也賈疏云下別言委積之等則此牢禮謂饔餼之禮若然委積是賓未至時在道所設聘禮云聘日致饔則饔餼是朝日致之矣今在委積上者以饔餼是禮之大者故先言之且委積非直賓來時共之賓去亦共之在下亦其宜若然飧牢皆殺而云飧牽者以掌客云積視飧牽據積而言之也案依鄭賈義上云以牢禮之法者通下諸禮言之此又云掌其牢禮者牛人注云牢禮飧饔也賈以下文別有飧故唯以饔餼爲釋司儀亦云餼牢賜獻是牢禮猶言餼牢理或然也至掌客云掌四方賓客之牢禮餼獻飲食之等數彼牢禮當晐積及飧而餼別見與此不同者詳略互見無定例也經賓賜之飧牽釋文云一本作賓賜掌其飧牽于本同包慎言云此經注與疏鄭本似無賓賜之三字亦有此三字二鄭不應無一語及之上陳牢禮之法委積一也膳獻二也飲食三也并飧牽而四經文何以於飧牽上獨加賓賜之三字經果變文以別飧牽於上三者注當申釋其義注無釋即知經之本無此三字

也當由于本作賓賜掌其飧牽傳寫譌入鄭本耳案包說近是依今本則牢禮也委積也膳獻也飲食也賓賜也五者總掌其飧牽似以
飧爲孰食牽爲生牢五事者或飧牽兩有或有飧無牽或有牽無飧故綜舉之也依釋文別本則飧牽自專冡賓賜爲文不涉上四者之
事二義絕不同謫繹經文上既云掌其牢禮等則下不得更以賓賜掌其飧牽爲更端之語別本文義爲短若如今本則不徒賓賜二字
鄭賈並無釋據鄭以膳獻爲禽羞俶獻而聘禮記注謂禽羞俶獻卽聘義之時賜司儀客拜禮賜注又云禮賜謂乘禽是賓賜已賅於膳
獻之中經亦不必更見此文況後鄭釋飧爲致飧則自以飧牽與牢禮四者平列既不以飧牽屬賓賜亦不以爲總承上五事之文以經
注參互校之鄭賈本似無賓賜之三字惜於古無徵未敢專輒刪定也　注云牢禮之法多少之差者此亦注用今字作法也詳大宰疏
鄭以此云法則是總舉多少之差與下牢禮據致饔餼言者不同其差數則大行人掌客所說五等諸侯隆殺之等是也云及其時也者
謂其致之先後皆有定時賈疏云案聘禮云賓至大夫帥至于館卿言宰夫朝服設飧又云聘日致饔卽天子待諸侯亦然其委積者從
來至去在道而設之並是時也若然此等之禮並是掌客所主今此復言之者此宰夫雖非正職以其主陳之當知其數故言之耳云三
牲牛羊豕具爲一牢者大行人注義同鄭詩小雅瓠葉序箋云繫養者曰牢說文牛部云牢閑養牛馬圈也凡牲必繫養於牢故祭祀賓
客之牲並謂之牢對文則三牲具曰大牢二牲曰少牢故公羊桓八年何注云牛羊豕凡三牲曰大牢羊豕曰少牢散文則通稱爲牢國
語晉語韋注云凡牲一爲特二爲牢是二牲以上並得牢稱知此牢禮必爲大牢者據聘禮歸飧歸饔餼並以一大牢爲一牢故云牛羊
豕具爲一牢也云委積謂牢米薪芻給賓客道用也者大司徒云大賓客令道脩委積注云少曰委多曰積皆所以給賓客是也賈疏云

依掌客云積視飧牽飧有芻薪及米明委積在道所設亦有芻米薪蒸也且地官遺人云十里有廬廬有飲食三十里有宿宿有委五十里有市市有積是其委積給客道用也案委積詳大司徒疏云膳獻禽羞俶獻也者賈疏云此聘禮記文彼注云禽羞謂成孰有齊和者俶獻四時珍美新物也俶始也言其始可獻也聘義謂之時賜是也詒讓案鄭蓋謂積飧饔餼之外別有膳羞之獻不在常禮之數聘義云燕與時賜無數是也以其膳羞有和齊故謂之膳獻王安石以掌客說之云膳則殷膳大牢之屬是也獻則上介有禽獻之屬是也王昭禹易祓王氏詳說李光坡姜兆錫方苞莊有可蔣載康說並同案王說較鄭尤備掌客說諸侯相朝之禮君殷膳及夫人膳並以大牢牛人亦云積膳之牛則膳不徒詰禽羞俶獻等可知矣云飲食燕饗也者卽掌客云上公三食三饗三燕侯伯再食再饗再燕子男壹食壹饗壹燕是也大宗伯嘉禮云以飲食之禮親宗族兄弟以饗燕之禮親四方之賓客彼飲食與饗燕異此注不別者散文得通且賓客之禮以饗爲最重食燕次之此經唯云飲食明通晐饗燕矣賈疏云鄭以燕饗解飲食卽是飲入燕饗中不解經中食爲食禮者經中言食則食禮自明今云飲食燕饗者欲見飲入燕禮可知饗中又兼燕與食以其饗有米有酒故也詒讓案聘禮說禮賓云宰夫徹几改筵又實觶以醴又薦籩豆脯醢公食大夫禮云凡宰夫之具饌于東房又宰夫設黍稷膳稻則賓客飲食之禮疑宰夫皆親其事不徒掌其法數矣鄭司農云飧夕食也者說文食部云飧餔也餔申時食也孟子滕文公篇趙注云饔飧熟食也朝曰饔夕曰飧黃以周云夕食爲飧之本義古人日食盛夕餕日之餘於禮殺矣故不備禮曰飧飧牽之飧自當以後鄭之說爲正牽謂生牲飧則無生牲且雖有腥而以飪爲先其禮具見聘禮鄭注云飪孰也又云新至尚孰毛詩傳云孰食曰饔義與鄭兩通案黃說是也析言之則朝食曰饔夕食曰飧通

言之則凡熟食並曰饔飧朝聘致饔飧則爲凡食物之通稱飪腥兼備不止熟食矣惟其禮飧殺而饔盛故司儀注云小禮曰飧大禮曰饔餼禮殺者取夕食以爲名禮盛者取朝食以爲名實則致禮本不限以朝夕先鄭就本訓爲說於經義未切故後鄭不從引春秋傳曰飧有陪鼎者左昭五年傳楚薳啓彊曰宴有好貨飧有陪鼎杜注云熟食爲飧陪加也加鼎所以厚殷勤此引以證飧有熟食也云牽牲牢可牽而行者者掌客先鄭注義同後鄭彼注云牽牛牢也聘禮餼二牢陳于門西北面東上牛以西羊豕豕西牛羊豕注云餼生也牛羊在手牽之豕東之是也以其可食則謂之餼以其可牽而行則謂之牽其實一也引春秋傳曰餼牽竭矣者左僖三十三年傳說鄭使皇武子辭秦客云吾子淹久於敝邑唯是脯資餼牽竭矣杜注云資糧也生曰餼牽謂牛羊豕掌客先鄭注亦引左傳此文賈彼疏引舊注云餼死牢牽生牢聘禮疏引彼服虔注云腥曰餼案餼者牲殺而腥致之也對孰牢則曰腥曰生對生牢則曰死牢其義通也此引之者證牲可牽行稱牽之義云玄謂飧客始至所致禮者掌客注義同賈疏云此亦破先鄭案聘禮客始至大夫帥至于館宰夫朝服設飧不待至夕也詒讓案據聘禮則諸侯亦宰夫掌飧與王國同江永云後鄭謂飧客始至所致禮非也此謂或有時賜之小禮餼牽耳始至致飧前言牢禮中已兼之案江不從鄭者以經云賓賜之飧牽耳然經本不定鄭本或無賓賜之文則注說自可通今兩存之云凡此禮陳數存可見者唯有行人掌客及聘禮公食大夫者賈疏云以儀禮三千條內具有諸侯之禮但亡滅者多今存可見者周禮之內有大行人掌客是待諸侯之禮儀禮之內有聘禮公食大夫是待聘客之法皆有陳數考校可知也

凡邦之弔事掌其戒令與其幣器財用凡所共者弔事弔諸侯諸臣幣所用賻也器所致明器也凡喪始死弔而含襚葬而賵贈

其閔加恩厚則有賻焉凡邦之弔事掌其戒令者賈疏云弔謂王使人弔諸侯自弔諸臣須從王行者幷有贈喪之具百官當共故宰夫總戒令之

注云弔事弔諸侯諸臣者明通晐畿外諸侯畿內諸臣也賈疏云案大宗伯云以喪禮哀死亡禮記檀弓曰君臨臣喪巫祝桃茢執戈惡之也天子之禮弔諸臣之法春秋左氏王使榮叔歸含且賵是有弔法故云弔諸侯諸臣也左傳文五年孔疏引何休膏肓云禮尊不含卑鄭箴云禮天子於二王後之喪含爲先襚次之賵次之賻次之於諸侯含之賵之小君亦如之於諸侯臣襚之賵之諸侯相於如天子於二王後於卿大夫如天子於諸侯於士如天子於諸侯臣案雜記疏引釋廢疾說同依鄭說則王於諸侯之妻及臣亦有哀弔之法其於王臣三公當視二王後卿大夫當視諸侯士當視諸侯之臣亦各以差次爲含襚賵之法此弔事通晐之矣又案凡王遣使聘問諸侯此官亦宜掌其戒令聘禮云宰書幣命宰夫官具注云命之使衆官具幣及所宜齎是凡使命禮幣宰夫並掌之經唯言弔事者亦文不具也云幣所用賻也者禮既夕注云賻之言補也助也貨財曰賻少儀云賻馬與其幣大白兵事不入廟門是賻有幣也依既夕文賵贈亦有幣此止云賻者以賻是加恩厚其幣尤多故特言之賈疏云案公羊傳口實曰含車馬曰賵衣服曰襚幣不入含襚賵中故知是賻非也云器所致明器也者檀弓云孔子謂爲明器者知喪道矣備物而不可用也其曰明器神明之也注云神明死者異於生人賈疏述注致上有用字云案儀禮既夕禮云若就器則坐奠于陳注云就猶善也贈無常唯翫好所有則此贈與人亦是賓客就器而云明器者相對言之則檀弓云竹不成用瓦不成味木不成斲琴瑟張而不平之等是主人之明器賓客所致者謂之就器就成也謂善作之名爲就器總而言之皆是神明死者之器故此就器亦名明器也云凡喪始死弔而含襚者據士喪

禮君使人弔襚及親友襚皆在小斂以前彼士禮雖無君致含之文
但主人飯含並在少斂前則王於諸侯諸臣等有致含者亦在小斂
前可知是始死即有弔及含襚之事然此據畿內諸侯及諸臣言之
若畿外諸侯距王國遠者則不限此若文九年榮叔歸含賵含與賵
同歸是也含襚詳大宰疏云葬而賵贈者據禮既夕公賵及親賓賵
贈在祖奠以後又云公使宰夫贈玄纁束在柩行以後是也鄭彼注
云賵所以助主人送葬也贈送也是在將葬之時既夕公贈亦使宰
夫與此經合賵者春秋隱元年經天王使宰咺來歸惠公仲子之賵
公羊傳云喪事有賵賵者蓋以馬以乘馬束帛車馬曰賵何注云賵
猶覆也禮知生者賵賻知死者賵襚穀梁傳亦云乘馬曰賵荀子大
略篇云輿馬曰賵案大行人賈疏引左傳服注以宰咺爲天子宰夫
若然此官主賻賵并奉致之矣贈者既夕云知死者贈記云凡贈幣
無常注云玩好曰贈在所有白虎通義崩薨篇云贈之爲言稱也玩
好曰贈知死者則贈襚所以助生送死追恩重終副至意也云其閒
加恩厚則有賻焉者據既夕禮賻與賵贈同時公羊隱元年傳荀子
大略篇並云貨財曰賻公羊何注云賻猶助也皆助生送死之禮穀
梁傳云錢財曰賻是賻所以加恩厚助其喪費也賈疏云言此者欲
見賻非正禮其賻乃是於死者恩厚乃加之故禮記云弔喪不能賻
不問其所費是恩厚之義也引春秋譏武氏子來求賻者明非加恩
厚則有不賻也賈疏云隱公三年公羊傳云武氏子來求賻何以書
譏何譏爾喪事無求求賻非禮也何休云禮本爲有財者制有則送
之無則致哀而已不當求求則皇皇傷孝子心又云蓋通于下何休
云爾者嫌天子財多不當求下財少可求故明皆不當求之鄭
引此者見王於諸侯諸臣有歸則爾諸侯諸臣亦不得求也 大喪

小喪掌小官之戒令帥執事而治之大喪王后世子也小喪夫人以
下小官士也其大官則冢宰掌

其戒令治 疏 掌小官之戒令者謂小官當共辨及奉行之事宰夫職曰謂共辨 禁戒告令之檀弓云既卒哭宰夫執木鐸以命于宮曰舍故而諱新自寢門至于庫門通典凶禮引盧植注據此經爲釋云戒令卽所謂舍故而諱新之屬案此亦戒令之一耑云帥執事而治之者此官親帥執事官吏治其事也王后世子之喪禮重事繁治通於百官府不必專職之有司故以執事言之詳大宰疏 注云大喪王后世子也者謂王及后世子三者之喪並爲大喪也大宗伯注義同通典引禮記盧注說此經云大喪君也則盧謂大喪不關世子與鄭說異賈疏云大宰云大喪贊贈玉含玉宗伯云朝覲會同則爲上相大喪亦如之鬱人鬯人俱云大喪之渳典瑞云大喪共飯玉含玉贈玉彼皆據王喪唯司寇云大喪前王以爲嗣王皆不爲后世子喪者彼皆不對小喪此大喪對小喪亦王所申服故注爲王后世子也此不言庶子文不具案宗伯注亦以大喪關后世子賈偶失檢又賈大司寇疏謂此注王后專屬后無王亦非鄭恉詳彼疏 云小喪夫人以下者關九嬪世婦女御諸內人之喪也大史注云小喪卿大夫也此下文別有三公六卿諸大夫之喪則此小喪中不兼卿大夫故唯據內人小喪而言賈小祝喪祝疏謂小喪內有王后世子殊誤詳彼疏云小官士也者對六官正貳攷等爲大官也通典引禮記盧注說此經云小官屬官也與鄭說同賈疏云宰夫下大夫所掌而言小官明是士可知云其大官則冢宰掌其戒令者以冢宰爲宰夫之正宰夫既專掌小官明大官當冢宰掌之可知賈疏云冢宰不言者文不具云治謂共辨者喪服傳注云治猶理也考工記總敘注云辨猶具也辨俗作辦說文力部新附云辦致力也賈疏云謂當職合共者共辦之三公六卿之喪與職喪帥官有司而治之凡諸大夫之喪使其旅帥有司而治之旅下士 疏 三公六卿之喪

與職喪帥官有司而治之者此與職喪爲官聯也官有司謂小官之主共喪事者亦謂之公有司職喪云凡公有司之所共職喪令之趣其事是也賈疏云三公六卿喪尊故宰夫與春官職喪帥其於喪家有事官有司而治之治之亦謂共辦之胡匡衷云司主也凡事有專主者謂之有司有司有二義一是事有常職者謂之有司一是事本無常職者行禮時特使人主其事者亦目爲有司也案胡說是也此經凡云有司者並據專主其事之官其本非專主而聯事通職以共其禮者則謂之執事互詳大宰小宗伯疏云凡諸大夫之喪者通中下大夫而言云使其旅帥有司而治之者賈疏云大夫之喪卑賤宰夫不自爲使在己之下其旅三十有二人帥有事於喪家之有司而治之詒讓案旅帥有司亦即官有司家上文省若其私臣則不煩宰旅帥之矣　注云旅家宰下士也者前注云旅辟下士也敘官大宰有旅下士三十有二人宰夫爲家宰之考家宰之旅亦爲宰夫屬官故知其旅即謂家宰下下士也檀弓云孟獻子之喪司徒旅歸四布注亦云旅下士也案魯季氏爲司徒兼爲宰司徒旅猶宰旅也孟獻子爲魯三卿之一故司徒屬官亦治其喪事矣

歲終則令羣吏正歲會月終則令正月要旬終則令正日成而以攷其治治不以時舉者以告而誅之歲終自周季冬正猶定也旬十日也治不時舉者謂違時令失期會

【疏】歲終則令羣吏正歲會者宰夫之官計官成也此總掌治官之歲會與大宰小宰通受六官歲會異賈疏云羣吏則六十官正歲會正猶定也謂一年會計文書總句考之歲計曰會也云月終則令正月要旬終則令正日成者賈疏云謂每月終則令羣吏正其月要月要謂月計曰要也每旬終則令羣吏正其日成日成謂日計曰成也詒讓案依此經則一月三正日成計一歲十二正月要一正歲會也管子立政篇云三月

一校六月一計十二月一著又君臣上篇云是故歲一言者君也時省者相也月稽者官也則一時半歲亦有計事經不具也云而以攷其治者賈疏云言會要成總考之云治不以時舉者以告而誅之者此宰夫之官刑也賈疏云謂告冢宰而誅責之也　注云歲終自周季冬者大司徒注同宋董氏刊本自作目非賈疏云以其正月之吉始和彼正月是周之正月始和布治于天下至今歲終考之是一歲之終故知非夏之歲終也戴震云周禮之書曰歲終曰正歲曰春秋冬夏皆夏時也王引之云歲終與正歲相應鄭注小宰云正歲謂夏之正月則正歲爲夏之孟春歲終爲夏之季冬不得以爲周之季冬也請以四證明之內宰職曰歲終則會內人之稍食稽其功事正歲均其稍食施其功事歲終是夏之十二月正歲是夏之正月言歲終與正歲而一歲盡於此矣故正歲則曰均曰施言其始也歲終則曰會曰稽言其終也若謂歲終爲周之季冬則是夏之孟冬矣孟冬以後尚有兩月豈得遽會其稍食稽其功事乎此一證也眡祲職曰掌安宅敘降正歲則行事歲終則弊其事上言正歲下言歲終明正歲是夏之正月歲終是夏之十二月正歲行事歲終弊之而一歲全矣若謂歲終爲周之季冬則甫及夏之十月十月以後尚有兩月豈得十月遽弊其事乎此二證也小司寇職曰孟冬祀司民獻民數於王王拜受之以圖國用而進退之歲終則令羣士計獄弊訟登中于天府正歲帥其屬而觀刑象歲終在孟冬正歲之閒則爲夏之季冬明矣若謂歲終爲周之季冬夏之孟冬則孟冬祀司民已是夏之孟冬何得又以歲終爲孟冬乎此三證也小宰歲終則令羣吏致事正歲帥治官之屬而觀治象之法大司徒歲終則令教官正治而致事正歲令于教官曰各共爾職脩乃事以聽王命小司徒歲終則攷其屬官之治成而誅賞令羣吏正要會而致事正歲則帥其屬而觀教灋鄉師歲終則攷六鄉之治以詔廢置正歲稽其鄉器鄉大夫歲終則

令六鄉之吏皆會政致事正歲令羣吏攷灋于司徒州長歲終則會其州之政教正歲則讀教灋如初黨正則會其黨政帥其吏而致事正歲屬民讀灋遂大夫令爲邑者歲終則會政致事正歲簡稼器脩稼政士師歲終則令正要會正歲帥其屬而憲禁令于國皆先言歲終後言正歲蓋周以建子之月爲正月其二月則建丑之月而夏之歲終其三月則建寅之月而夏之正歲也故正歲歲終用夏時之名而先歲終而後正歲則周月之次序也若謂歲終爲周之季冬建亥之月則爲周月之最後者矣何以先言歲終後言正歲乎此四證也歲終與夏之正歲爲終始豈與周之正月爲終始乎案戴王二說足正鄭義之誤吳廷華會釗林喬蔭說同云正猶定也者說文正部云正是也事必是而後定故引申之定亦曰正管子法法篇云正也者所以正定萬物之命也云旬十日也者說文勹部云旬徧也十日爲旬云治不時舉者謂違時令失期會者漢書賈誼傳云大臣特以簿書不報期會之閒以爲大故案違時令若十二月之政令先後違其時節失期會謂事之共辦有期限而怠廢不辦失期者也

正歲則以灋警戒羣吏令脩宮中之職事 警勑戒之言鄭司農云正歲之正月以法戒勑羣吏 疏 令脩宮中之職事者亦謂王宮中也檀弓說宰夫命于宮自寢門至于庫門注云庫門宮外門天子謂之皋門然則皋門以內通謂之宮中宰夫皆警戒之矣 注云警勑戒之言者說文言部云警戒也又攴部云敕戒也勑即敕之借字詳大宰疏鄭司農云正歲之正月以法戒勑羣吏者此依今字作法也先鄭亦以正歲爲夏之正月與經凡言正月者異謂夏正月小宰戒令百官府時此官則亦警戒其屬及王宮中羣吏也賈疏云正歲乃夏之正月是其歲始故以法警戒羣吏令脩宮中之職事以謹勑之也

書其能者與其良者而以告于上 良猶善也上謂小宰大宰也鄭司農

二云若今時舉孝廉賢良方正茂才異等　疏　書其能者與其良者者大宰注二云能多才藝者司諫二云掌糾萬民之德以時書其德行道藝辨其能而可任于國事者此書其能者卽書其有道藝而能任國事者又兼書良者小宰六計弊羣吏一曰廉善二曰廉能良卽是善故與能者並書之也賈疏二云上二云令脩宮中之職事則此謂宮中諸吏也正歲之正月則豫選之擬至歲終當舉之也　注二云良猶善也者玉府司裘夏官敘官校人考工記總敘弓人注義並同說文亯部二云良善也良卽亯之隸變良謂有善行次於有德行之賢故師氏三行二曰友行以事賢良也二云上謂小宰大宰也者二官皆宰夫之長賈疏二云以其承上文歲始未是賞時且長自告於王知上非王是小宰大宰鄭司農二云若今舉孝廉賢良方正茂才異等者漢書本紀武帝元光元年初令郡國舉孝廉又文帝二年詔舉賢良方正能直言極諫者又武帝元封五年詔令州郡察吏民有茂才異等應劭二云舊言秀才避光武諱稱茂才異等者超等軼羣不與凡同也案孝廉賢良方正茂才異等三者並漢時薦舉之目賈疏謂異等者四科不同等級各異失之又謂賢良卽經二云良者茂才卽經二云能者今審先鄭此注蓋襍舉漢制爲況非必以賢良屬良茂才屬能故鄉大夫先鄭注二云與賢者謂若今舉孝廉與能者謂若今舉茂才則又以孝廉況與賢茂才況與能與此注可互證矣

宮正掌王宮之戒令糾禁　糾猶割也察也　疏　掌王宮之戒令糾禁者戒令謂戒具徵令之事糾禁亦卽士師之宮禁此官與彼爲官聯也　注二云糾猶割也察也者小宰注同

以時比宮中之官府次舍之衆寡　注　時四時比校次其人之在否官府之在宮中者若膳夫玉府內宰內史之屬次諸吏直宿若今部署諸廬者舍其所居寺　疏　以時比宮

中之官府次舍之衆寡者衆寡謂官府次舍爲文凡吏士有職事常居宮內者爲官府官府之小者爲舍其官府本在外而入內治事或無專職而入共守衞使令暫居更直者爲次官府次舍所居之人通謂之衆寡與小司徒登其鄉之衆寡爲鄉里之民人異而義同宮伯云掌王宮之士庶子凡在版者此下文亦云爲之版以待與彼文相應是士庶子亦在衆寡之內彼職又謂之宮衆蓋自官吏以逮宿衞之士庶子守王宮之閽寺虎士隸民皆通晐於是矣　注云時四時者鄙師注義同謂通四時皆比校之也賈疏云此時是尋常事故爲四時解之案地官鄉師云以歲時巡國及野而賙萬民之囏阨鄭彼注時隨其事之時不爲四時解者彼據囏阨非常故爲隨其事之時不得爲四時也云比校次其人之在否者宰夫注云比校次之此義與彼同宮中官吏員數衆多故宮正以時校次其在否也云官府之在宮中者若膳夫玉府內宰內史之屬者大宰注云百官所居曰府蓋諸官府寺皆在宮外惟此諸官掌王服御膳食及詔王聽治職掌尤近故於宮中爲官寺宮中卽皋門以內也云次諸吏直宿者凡官吏治事士民聽事所居處通謂之次宮伯士庶子所止曰八次司市市官所治曰思次介次皆是穀梁莊十年范注云次止也直宿者或以職事暫留或以更番當直止宿於是者別於官府爲常居之處也賈疏云此次謂若匠人云外有九室九卿治之卽詩云適子之館兮鄭云卿士所之之館在天子之宮中如今諸廬彼二者與此次爲一物此據宮中之官府下宮伯云授八次八舍鄭注衞王宮者彼據宮中官府子弟案依賈說則宮中官吏之次並在路門之外正朝之左右凡諸官府無論寺在內在外其在宮治事各於治朝旁之次或當直宿則亦於次中宿若今之朝房是也次詩鄭風緇衣謂之館亦通謂之官玉藻云在官不俟屨注云官謂朝廷治事處也朝廷卽指治朝左右言之又案凡次舍對文義異散文亦通故左襄二十三年傳

云敬共朝夕恪居官次杜注云次舍也國語魯語云文公欲弛孟文子之宅對曰夫位政之建也署位之表也車服表之章也宅章之次也今有司來命曰將易而次又公欲弛郈敬子之宅對曰今命臣更次於外請從司徒以班徙次魯語之次即所居寺舍世官則以爲宅與朝廷治事之次異也云若今部署諸廬者者賈疏述注今下有時字阮元云時字當有注中屢言若今時詒讓案此亦舉漢法爲況說文网部云署部署也各有所网屬也漢舊儀云宮司馬內營衞周廬晝夜誰何殿外門署屬衞尉殿內郎署屬光祿勳黃門鉤盾署屬少府漢書百官公卿表顏注引胡廣云衞尉主宮闕之門內衞士於周垣下爲區廬區廬者若今之仗宿屋矣藝文類聚職官部引漢官解詁云衞士於周垣下爲廬各有員部唐六典李林甫注引應劭漢官儀云光祿勳有南北廬主事三署主事此注云部署諸廬殆即衞尉光祿勳三署南北廬之屬矣丁晏云漢書金日磾傳小疾臥廬師古曰殿中所止曰廬文選西都賦周廬千列李善注史記衞令曰周廬設卒甚謹張晏曰直宿曰廬云舍其所居寺者宮伯八舍注云舍其休沐之處釋名釋宮室云舍於中舍息也寺嗣也治事者相嗣續於其內也一切經音義引三蒼云寺官舍也後漢書光武紀李注引風俗通云寺司也諸官府所止皆曰寺案鄭意此舍即官寺亦即官府之府蓋府爲百官居寺之大名其屬別謂之舍若今之諸官衙署是也諸吏官寺若在宮外則入宮時治事直宿於治朝之次退直則仍適宮外之寺若親近之官寺既在宮內則治事直宿亦在治朝之次其退直即居其宮內之寺若然寺舍則在內在外不定視其職掌之近遠爲之在外之寺舍則若大司馬注謂軍將營治於國門之屬是也在內之寺舍則若此宮中諸吏及宮正士庶子休沐居八舍是也凡次多在路門外應門內近治朝之處舍則當在應門之外皋門之內與次不同處也

爲之版以待鄭司農云爲官府次

舍之版圖也待待比也玄謂版其人之名籍待待取令及比

疏 爲之版以待者此掌王宮版籍之法與內宰爲官聯也　注鄭司農云爲官府次舍之版圖也者賈疏云先鄭於八成注云版戶籍圖地圖此注連言圖其版版即名籍與後鄭義同詒讓案宮伯先鄭注云版名籍也以版爲之圖亦畫版爲之故通言之圖亦得爲版論語鄉黨篇云式負版者集解引孔安國云負版持邦國之圖籍者也先鄭意此官府次舍所居之人則書於版其宮室所在方位則書於圖以備稽察也云待待比也者說文彳部云待竢也謂竢當比之時案版籍以校比之也云玄謂版其人之名籍者其人即上文官府次舍之衆寡是也後鄭意官府之人但有名籍不必有圖故不從先鄭義云待待戒令及比者亦增成先鄭義以職首云掌王宮之戒令糾禁明施戒令時亦當案版籍也

夕擊柝而比之

夕莫也莫行夜以比直宿者爲其有解惰離部署鄭司農云柝戒守者所擊也易曰重門擊柝以待暴客春秋傳曰魯擊柝聞於邾

疏 夕擊柝而比之者比謂依在版之名籍周歷諸次而校其在否此謂每日小校比與上四時大校比異也　注云夕莫也者釋文云本亦作暮說文夕部云夕莫也又茻部云莫日且冥也廣雅釋詁云莫夜也莫暮古今字云莫行夜以比直宿者爲其有解惰離部署者荀子王制篇楊注云行巡行也離部署即謂離次解亦懈之借字詳小宰疏賈疏云謂直宿即坐持更之人則行夜者擊柝校比直宿人詒讓案藝文類聚后妃部引尚書大傳云雞鳴太師奏雞鳴於階下然後應門擊柝告闢也彼擊柝疑即此官所掌矣鄭司農云柝戒守者所擊也者挈壺氏後鄭注云擊欜兩木相敲行夜時也說文木部云欜判也易曰重門擊欜柝即欜之隸變說文又有欜字云行夜所擊木引易又作欜然則欜正字欜假借字此經字多作欜挈壺氏野廬氏脩閭氏三職字並從橐挈壺氏野廬氏疏引此職同疑今本作柝者誤又案經

凡言擊㰌者有二一爲守衞士民所擊賈所謂持更者也一爲官吏校比諸士民者所擊鄭所謂行夜者也王宮有衞士直宿自兼有持更擊㰌之人此宮正則又擊㰌校比之故先鄭云戒守者義與後鄭云行夜同也孟子萬章篇趙岐注云㰌門關之木也擊椎之也或曰㰌行夜所擊木也趙氏前一義與許鄭並不合不足據引易曰重門擊㰌以待暴客者賈疏云易繫辭文彼又云蓋取諸豫鄭玄注云豫坤下震上九四體震又互體有艮艮爲門震日所出以爲門重門象艮又爲手巽女也應在四皆木也手持二木也手持二木以相敲是爲擊㰌擊㰌爲守備警戒也四又互體爲坎坎爲盜五離爻爲甲冑戈兵盜謂持兵是暴客也又以其卦爲豫有守備則不可自逸是也又引春秋傳曰魯擊㰌聞於邾者左哀七年傳秋伐邾茅成子請告于吳不許曰魯擊㰌聞於邾吳二千里不三月不至何及於我左傳釋文云㰌字又作欜引此二文並證擊㰌爲戒守之事

國有故則令宿其比亦如之

鄭司農云故謂禍災令宿宿衞王宮春秋傳曰忘守必危況有災乎玄謂故凡非常也文王世子曰公有出疆之政庶子以公族之無事者守於公宮正室守大廟諸父守貴宮貴室諸子諸孫守下宮下室此謂諸侯也王之庶子職掌國子之倅國有大事則帥國子而致於大子唯所用之者令宿之事蓋亦存焉

疏 國有故則令宿者國有非常之故當嚴戒守政此官則令士庶子等入宿衞王宮蓋平時唯宮內官吏及士庶子當直者宿有故則令諸不當直者盡入宿衞也云其比亦如之者賈疏云亦如上夕擊㰌已上之事與平常同也 注鄭司農云故謂禍災者大宗伯云以弔禮哀禍烖注云禍烖謂遭水火掌客注云禍烖新有兵寇水火也此作禍災者注例用今字也詳膳夫疏云令宿宿衞王宮者說文宀部云宿止也行部云衞宿衞也宿衞王宮謂吏直止宿宮中爲扞衞也引春秋傳曰忘守必危況有災乎者證火災有

守衛之事賈疏二云左氏昭十八年夏五月宋衛陳鄭災子產授兵登陴子大叔曰晉無乃討乎子產曰小國忘守則危況有災乎彼爲則先鄭二云必讀字不同也二云玄謂故凡非常也者廣雅釋詁二云故事也此經凡言有故者並謂非常事變朝士二云若邦凶荒札喪寇戎之故是也其大者則謂之大故鄭各隨文釋之膳夫注二云大故寇戎之事小司徒注二云大故謂災寇也大宗伯注二云故謂凶烖肆師注二云大故謂水旱凶荒大祝注二云大故兵寇也司險注二云有故喪災及兵也此云凡非常則通朝士凶荒札喪寇戎諸事言之較先鄭爲災之義尤備賈疏又謂及王時出行不在則巡守殷國亦當令宿猶諸侯有出疆之政亦以庶子入守王宮也引文王世子曰公有出疆之政者鄭彼注二云謂朝覲會同也二云庶子以公族之無事者守於公宮者案彼文又二云庶子之正於公族者注二云庶子司馬之屬掌國子之倅爲政於公族者是鄭以彼庶子卽夏官諸子官也二云正室守大廟者注二云正室適子也大廟大祖之廟案正室卽小宗伯之門子大廟謂若后稷廟也二云諸父守貴宮貴室者注二云謂守路寢禮記釋文無貴宮二字王引之謂彼注路寢專釋貴室不當有貴宮二字此注亦後人據禮記誤本加之是也賈疏二云謂同族諸爲父行者貴宮貴室同爲路寢路寢對大廟生人之尊也案賈本已衍貴宮二字故强爲之說禮記孔疏義同皆不足據也二云諸子諸孫守下宮下室者注二云下宮親廟也下室燕寢也賈疏二云亦謂同族之內諸爲子行孫行者也二云此謂諸侯也者以彼文云公族公宮則是諸侯法也二云王之庶子職掌國子之倅國有大事則帥國子而致於大子唯所用之者者據諸子文諸子燕義引作庶子故夏官敘官注二云諸子或曰庶子鄭注文王世子之庶子亦以諸子釋之蓋王國諸子亦得稱庶子故燕義云古者周天子之官有庶子官此注亦二云王之庶子賈疏及燕義孔疏並謂於天子爲諸子於諸侯爲庶子非鄭義也二云令宿之事蓋亦存焉

者賈疏云彼是甲兵不云宿衛故鄭云令宿之事蓋亦存焉存焉者宿衛之事亦在唯所用中引之者欲見國有故中有王出疆巡守征伐皆須令宿增成先鄭義也案賈說亦非也鄭引文王世子及諸子職文者證有故則國子有宿衛之事但國子宿衛雖庶子官所令既入宮則亦由宮正令宿故云蓋亦存焉云蓋者以彼二經無文鄭互推補之也

辨外內而時禁 鄭司農云分別外人內人禁其非時出入【疏】注鄭司農云分別外人內人禁其非時出入者敘官注云辨別也賈疏云謂住在王宮中有卿大夫士等外人謂男子內人謂婦女皆是也此男女自相對爲外人內人其內人非謂內宰職所云內人是刑女在宮中者也案賈說非經注義也此內人外人當謂宮內宮外之人不必分男女也禁之者宮內之人非時不得出宮外之人非時不得入也內則云爲宮室辨外內深宮固門閽寺守之此辨外內與彼義同

稽其功緒糾其德行 稽猶考也計也功吏職也緒其志業【疏】稽其功緒者賈疏云宮正考其宮中卿大夫士功狀及職業多少案此亦當兼關庶子賈說未晐云糾其德行者謂教羣吏及羣子等以六德六行與師氏爲官聯也凡國子皆入王宮左之小學此官所掌者宮中官吏子弟及宿衛士庶子等亦糾其德行下文又云教之道藝明雖貴遊宿衛亦不廢學也　注云稽猶考也計也者稽考小司徒質人注並同稽訓留止引申爲審慎考計之義小爾雅廣言亦云稽考也計訓互詳小宰疏云功吏職也者小爾雅廣詁云功事也廣雅釋詁云職事也凡吏受職則有事事成則有功故職事通謂之功云緒其志業者內宰注云緒業也顧炎武云已成者謂之功未成者謂之緒說文緒絲端也中庸曰武王纘大王王季文王之緒

幾其出入均其稍食 鄭司農云幾其出入若今時宮中有罪禁止不得出亦不得入及無引籍不得入宮司馬殿門也玄謂幾荷其衣服持操及疏

數者稍疏注鄭司農云幾其出入若今時宮中有罪禁止不得出亦
食祿稟不得入者孔廣森云漢書嚴延年傳注張晏曰故事有所
劾奏並移宮門禁止不得入然則在內者見彼劾奏卽不許出矣云
及無引籍不得入宮司馬殿門也者賈疏云言引籍者有門籍及引
人乃得出入也又云司馬殿門者漢宮殿門每門皆使司馬一人守
門比千石皆號司馬殿門也王應麟云元帝紀令從官給事官司馬
中者得為大父母父母兄弟通籍應劭曰籍者為二尺竹牒記其年
紀名字物色縣之宮門案省相應乃得入也顏師古曰司馬門者宮
之外門也衞尉有八屯衞候司馬主衞士徼巡宿衞每面各一司馬
故謂宮之外門為司馬門竇嬰傳太后除嬰門籍不得朝請王嘉傳
為郎坐戶殿門失闌免梁孝王傳梁之侍中郎謁者著引籍出入天
子殿門與漢宮官士異阮元云漢官儀云公車司馬掌殿司馬門司
馬殿門卽殿司馬門也案阮說是也劉向列女傳辯通篇齊鍾離春
傳齊有司馬門則周季已有此制矣云玄謂幾荷其衣服持操及疏
數者者王制注云譏苛察也幾譏苛字並通春官世婦及射人經
注並作苛閽人司關萍氏環人注同比長注又作呵正字當作訶說
文言部云訶大言而怒也荷苛皆叚字呵卽訶之俗賈疏云案閽人
云喪服凶器不入宮潛服賊器不入宮奇服怪民不入宮司門云幾
出入不物者謂衣服視古不與衆同及所操物不如品式者職雖不
同皆是守禁此經直云幾其出入明知有此呵其衣服持操及疏數
此增成司農義也詒讓案疏數者謂出入疏數異於平時則亦幾荷
之云稍食祿稟者內宰稟人掌固注義並同說文禾部云稍出物有
漸也亩部云稟賜穀也賈疏云稍則稍稍與之則月俸是也則下士
食九人中士倍下士上士倍中士大夫倍上士之類其祿與之米稟
故云祿稟也易祓云當是一命以上謂之祿庶人在官者稍食而已
金榜云校人等馭夫之祿宮中之稍食明稍食與祿殊也沈彤云稍

食食之小者校人等馭夫之祿宮中之稍食馭夫爲中士下士宮中則飾圉府史以下觀宮正食官府之衆寡內宰食王內之人民並稱稍食則易說誠然而疏以稍食爲命士以上之祿之通稱誤矣案易金沈三說是也校人先鄭注云稍食謂稟此訓最析司士云以德詔爵以功詔祿以能詔事以久奠食注云食稍食也亦以祿食並言然則有爵則有祿有事則有食故稾人以稍食匪頒二者並舉食異於祿明矣以經考之賦祿或以田或以米粟奠食則一以米粟無以田者自卿以下至命士皆有爵者也故皆給祿不給食祿之多寡有定視命數以爲差小宰云聽祿位以禮命內史云王制祿則贊爲之校人云等馭夫之祿是也不命之士及庶子庶人在官者皆無爵而有事者也故皆給食不給祿檀弓云仕而未有祿者是也食之多寡無定視其事之繁簡功之上下以歲時稽而均之小宰六敘正羣吏云以敘制其食醫師云歲終稽其醫事以四等制其食內宰掌內宮云均其稍食夏官稾人云乘其事試其弓弩以上下其食而誅賞校人云等宮中之稍食是也稍食亦曰稾食聘禮云既致饔旬而稍鄭彼注云稍稾食也是稍食稾食義同墨子七患篇云歲饉則仕者大夫以下皆損祿五分之一旱則損五分之二凶則損五分之三餽則損五分之四饑則盡無祿稾食而已矣無祿而有稾食即所謂稍食也中庸云日省月試既稟稱事注云既讀爲餼餼稟稍食也彼說百工以無祿故有稍食餼稟亦即稾食也大府四郊之賦以待稍秣注云稍秣即芻秣稍秣即給牛馬之稾食也人之稾食謂之稍食猶之牛馬之芻稾謂之稍秣矣稍食通言之或亦謂之祿故王制云庶人在官者其祿以是爲差庶人在官者不得有祿孟子王制所謂祿實即稍食燕禮士旅食注云士衆食謂未得正祿所謂庶人在官者也然則此注以祿稟釋食或亦謂非正祿與燕禮注意略同但經則凡言祿者皆正祿與稍食顯有區別鄭既未別白言之賈疏遂并祿食爲

一使分田制祿之典與詔事奠食之法淆掍無別其失甚矣

去其淫怠與其奇衺之民

民宮中吏之家人也淫放濫也怠解慢也奇衺譎觚非常

【疏】去其淫怠與其奇衺之民者釋文云衺亦作邪案說文衣部云衺褱也邑部云邪琅邪郡此經例用古字作衺注例用今字多借邪爲之詳司諫疏去之者謂擯放不得入宮也　注云民宮中吏之家人也者內宰云分其人民以居之注云人民吏子弟此云吏之家人卽吏子弟也宮中吏卽前注所說膳夫玉府諸官其官府本在宮內故其子弟得相隨入宮但此民與內宰之人民所晐甚廣蓋兼含凡士庶子及虎士守王宮者言之賈疏謂若司隸隸民之類亦是也互詳內宰疏云淫放濫也者孟子滕文公篇趙注云淫放也國語周語韋注云淫濫也云怠解慢也者亦叚解爲懈說文心部云怠慢也懈怠也云奇衺譎觚非常者衺黃丕烈校改邪賈疏云兵書有譎觚之人謂譎詐桀出觚角非常也案賈引兵書未詳所據祭義云雖有奇邪而不治者則微矣與此奇衺義同孔疏云奇謂奇異邪謂邪惡皆據異行之人言又賈子道術篇云方直不曲謂之正反正爲邪奇衺與譎觚非常並謂奇詭不正譎觚猶莊子齊物論云恢恑憰怪彼釋文引李頤云憰乖也孟子梁惠王篇趙注云桀服譎詭非常之服觚怪乖詭並聲轉義略同史記三王世家索隱引此注作譎怪則司馬貞所改不足據也至此經奇衺文凡三見而注悉小異內宰禁其奇衺注云奇衺若今媚道比長有辠奇衺則相及注云衺猶惡也蓋鄭君隨文立訓總其大要義並通也又司救掌萬民之衺惡過失而誅讓之注云衺惡謂侮慢長老語言無忌而未麗於罪者奇衺衺惡義亦相近奇又作倚管子版法篇云植固不動倚邪乃恐荀子榮辱篇云飾邪說文姦言爲倚事又王制篇云姦言姦說姦事姦能遁逃反側之民職而教之須而待之卽所謂奇衺之民也

會其什伍而教之道藝

五人爲伍二伍爲什會之者使之輩作輩學相勸帥且寄宿衞之令鄭司農云道謂先王所以教道民者藝謂禮樂射御書數【疏】會其什伍者說文會部云會合也宮中宿衞士庶子及虎士等亦以軍法部署之以佐守衞而便校比猶諸子掌國子合其卒伍也云而教之道藝者使就王宮左之小學而教之與保氏爲官聯亦猶諸子使國子脩德學道也　注云五人爲伍者小司徒族師及夏官敘官文說文人部云伍相參伍也云二伍爲什者說文人部云什相什保也周書大聚篇云大夫爲什云會之者使之輩作輩學相勸帥者一切經音義引倉頡篇云輩比也說文人部云倫輩也謂倫輩相合比作功事而學道藝也賈疏云宮正掌宮中卿大夫士亦兼掌子弟會謂會合其宮中子弟使之以五人爲伍二伍爲什必會合之者欲使之宿衞時語言相體服容相識是其輩作也及其學問又相親及切磋琢磨是其輩學總是相勸帥也云且寄宿衞之令者賈疏云管子云因內政寄軍令在家時五家爲比在軍還五人爲伍之類此亦五人爲伍二伍爲什使之輩學似若在家也因使之宿衞以寄軍令也鄭司農云道謂先王所以教道民者藝謂禮樂射御書數者御當依保氏作馭詳彼疏管子君臣篇云道也者上之所以導民也賈疏云謂若保氏云掌養國子以道而教之六藝道則師氏三德三行也藝謂禮樂射御書數者亦保氏職文也案少儀問道藝後鄭注云道三德三行也藝六藝賈據彼注義故分道藝爲二王引之云鄉大夫以攷其德行察其道藝德行與道藝分言則道非德行之謂也案道者術也韋昭吳語注道術也道藝卽術藝列子周穆王篇魯之君子多術藝是也道訓爲術藝亦是術故以道藝連文道卽藝也司農言禮樂射御書數先王所以教道民故又謂之道也疏以道爲三德三行非先鄭之意案王說是也凡經云德者並指六德六行而言云道者並指六藝六儀而言兼舉之則曰德行曰道藝此教之道藝道卽是藝與

德行無涉上文云糾其德行乃是六德六行耳大司樂凡有道有德者使教焉後鄭注云道多才藝者德能躬行者是後鄭亦分釋甚明學記注蓋偶有不審不爲典要賈誤會先鄭之恉强分爲二又引保氏養國子以道爲證不知保氏所教之道亦卽藝儀與師氏教德行異職也

月終則會其稍食歲終則會其行事 行事吏職也 疏 月終則會其稍食歲終則會其行事者正宮中官吏之月要歲會亦此官之官成官計也賈疏云稍食謂宮中官府等月祿故至月終會計之歲終則會計行事吏職當考知功過也案稍食與祿異詳前疏 注云行事吏職也者上文稽其功緒注云功吏職也此云行事與上文功是一故注亦同

凡邦之大事令于王宮之官府次舍無去守而聽政令 使居其處待所爲 疏 凡邦之大事者全經各職所掌大祭祀大會同大賓客大喪大師大田諸事皆爲大事此邦之大事王宮有戒守則當謂有寇戒及大喪之事賈疏據左傳國之大事在祀與戎然大祀宮中不必有戒守之事疑此大事不關祀也宮伯邦有大事疏亦惟以寇戎爲釋 注云使居其處待所爲者賈疏云謂使之皆在次舍不得去部所守而聽待政令須有所爲

春秋以木鐸脩火禁 火星以春出以秋入因天時而以戒 疏 春秋以木鐸脩火禁者亦士師宮禁之一端謂於宮中警宮衆與司烜氏脩國中火禁內外職掌互相備也脩火禁亦文事故奮木鐸 注云火星以春出以秋入者明脩火禁必以春秋之義司爟云季春出火季秋內火先鄭注云以三月本時昏心星見於辰上使民出火九月本黃昏心星伏在戌上使民內火火星卽心星詳彼疏云因天時而以戒者卽因出火入火之時而施禁以戒敕之也賈疏云此謂宮正於宮中特宜慎火故脩火禁夏官司爟云掌行火之政令四時變國火以救時疾下又云時則施火

令爲焚萊之時故脩火禁也秋官司烜氏云中春以木鐸脩火禁于國中注云爲季春出火也火禁謂用火之處及備風燥是二月預脩之三月重掌事各有所爲不相妨也案經云春秋不云何月賈據注推之謂當在季春季秋則火出入之後也姜兆錫云春秋謂仲春卯月仲秋酉月也以司烜氏中春以木鐸脩火禁推之可見案依姜說則脩火禁在火出入之先於經義並可通若然司烜氏歲止一脩火禁此官掌宮政於火禁尤重故歲兩脩之與

凡邦之事蹕宮中廟中則執燭

鄭司農讀火絕之云禁凡邦之事蹕國有事王當出則宮正主禁絕行者若今時衞士填街蹕也宮中廟中則執燭宮正主爲王於宮中廟中執燭玄謂事祭事也邦之祭社稷七祀於宮中祭先公先王於廟中隸僕掌蹕止行者宮正則執燭以爲明春秋傳曰有大事於大廟又曰有事於武宮

【疏】凡邦之事蹕宮中廟中則執燭者賈疏云謂祭祀之事王當出入來往時隸僕與王蹕止行人於宮中及廟中也王出向二處當侵晨而行爾時則宮正爲王執燭爲明也詒讓案執燭與宮人閽人爲官聯也此官唯掌執燭本不掌蹕事但其執燭以隸僕之蹕爲節蓋必王親與祭事乃有蹕若小祭祀及祈禱王所不與者則無蹕此官亦不執燭當別使賤者執之燕禮云宵則庶子執燭於阼階上司宮執燭於西階上甸人執大燭于庭閽人爲大燭于門外大射儀亦同鄭注云燭燋也彼司宮爲宮人則庶子當即宮伯所掌之士庶子蓋亦兼屬宮正禮經與此經義不迕也

注云鄭司農讀火絕之云禁凡邦之事蹕國有事王當出則宮正主禁絕行者者邦舊本作國今從宋余仁仲本賈疏云先鄭讀火絕之則火字向上爲句也其禁自與凡邦之事蹕共爲一句宮正既不掌蹕事若如先鄭所讀則似宮正爲王蹕非也武億云司烜氏中春以木鐸脩火禁于國中此即火禁連文之徵案武說是也此凡邦之事與上文凡邦之大事文例亦正同先鄭

讀二句並不辭故後鄭不從又案文選潘岳藉田賦云宮正設門閭之蹕此用先鄭義也李善注引周禮宮正凡邦之事蹕宮中則與二鄭讀並不合不可從云若今時衛士填街蹕也者孔廣森云衛宏漢舊儀曰輦動則左右侍帷幄者稱警車駕則衛官填街騎士塞路出殿則傳蹕詔讓案先鄭意宮正掌宿衛故又為王蹕與漢衛士蹕事相類故舉以為況文選赭白馬賦注引應劭漢官儀亦云大駕鹵簿五營校尉在前名曰填街今本文選注作填衛誤互詳閽人疏云宮中廟中則執燭宮正主為王於宮中廟中執燭者舊本廟中下有則字今據宋本注疏本刪先鄭以蹕與執燭並為宮正之事蹕在宮外執燭則在宮內謂宮廟二處並當執燭也宮正不主宮外之事則不得在外為王蹕宮內之蹕又自有隸僕掌之故後鄭不從云玄謂事祭事也者破先鄭國有事為泛指王出行幸之事賈疏云謂在宮中廟中二處皆有祭事也云邦之祭社稷七祀於宮中者賈疏云小宗伯云左宗廟右社稷在宮中中門之外也依祭法王為羣姓立七祀曰司命曰中霤曰國行曰國門曰泰厲曰戶曰竈案司門云凡歲時之門受其餘則此七祀等是謂羣姓所立者不在宮中也祭法又云王自為立七祀者此則禱祀在宮中者也案社稷當在中門內賈依鄭義謂在中門外非也詳小宗伯疏又案月令注云凡祭五祀於廟孔疏云中霤禮文設祭尸祭中霤在於廟室之中若祀竈祀門祀行皆在廟門外七祀加司命與厲亦當與竈門行等俱在廟門之外祀也總在宮內故宮正注云祭社稷七祀於宮中案如孔說則七祀皆在廟門內外鄭以廟亦在宮中但此經以廟與宮對文明廟以祭祖考為主餘祀並統於宮然則此注與月令注義亦無迕也云祭先公先王於廟中者司服注云先公謂后稷之後大王之前不窋至諸盩是也后稷及大王以後諸王並為先王詳彼疏云隸僕掌蹕止行者者破先鄭為宮正蹕也隸僕云掌蹕宮中之事先鄭彼注云蹕謂止

行者清道後鄭以凡邦之事蹕宮中廟中爲句謂二一處蹕止行人並
隸僕所掌不關宮正閽人云大祭祀喪紀之事蹕宮門廟門與此文
例正相類云宮正則執燭以爲明者賈疏謂王浸晨行執燭爲明案
祭義云周人祭日以朝及闇彼雖謂郊祀其宗廟之祭當亦然然則
及闇亦當執燭爲明也引春秋傳曰有大事於大廟者春秋文二年
經秋八月丁卯大事于大廟三家經並同鄭此引以經爲傳又大事
上有有字蓋偶誤記大事公穀以爲大祫左傳杜注以爲大禘此引
以證祭祀爲邦事也云又曰有事於武宮者昭十五年經春二月癸
酉有事于武宮左傳杜注云武宮魯武公廟此武
宮亦廟也鄭引之者亦以證有事爲祭祀事也

大喪則授廬舍辨其親疏貴賤之居廬倚廬也舍堊室也親者貴者居倚廬疏者
賤者居堊室雜記曰大夫居廬士居堊室

【疏】大喪則授廬舍者賈疏二云大喪謂王喪臣子皆爲之斬衰則同廬舍所居
則異也案此大喪當亦兼先后及王后之喪言之賈說未晐說文手
部二云授予也以廬舍授予當居者二云辨其親疏貴賤之居者惠士奇
云荀子大略曰吉事尚尊喪事尚親故欲辨貴賤先辨親疏既序親
疏又分貴賤同一居廬或宮或袒或隱或顯貴非人君則袒之親非
適子則隱之尚親而兼尚尊也　注二云廬倚廬也者喪大記二云父母
之喪居倚廬不塗君爲廬宮之大夫士襢之既葬柱楣塗廬不於顯
者君大夫士皆宮之凡非適子者自未葬以於隱者爲廬注二云宮謂
圍障之也襢袒也謂不障既夕記二云居倚廬注二云倚木爲廬在中門
外東方北戶白虎通義喪服篇二云所以必居倚廬何孝子哀不欲聞
人之聲又不欲居故處居中門之外倚木爲廬質反古也不在門外
何戒不虞故也故禮閒傳曰父母之喪居倚廬於中門外東牆下戶
北向賈疏二云謂於路門之外東壁倚木爲廬二云舍堊室也者喪大記
云既練居堊室不與人居既祥黝堊注二云黝堊堊室之節也地謂之

黝牆謂之堊又喪服傳云既練舍外寢注云舍外寢於中門之外屋下壘墼為之不塗墍所謂堊室也白虎通義喪服篇云練而居堊室無飾之室賈疏云舍對廬故為堊室堊室者兩下為之與廬異惠士奇云倚廬不塗既葬塗廬塗近乎堊釋名云堊亞也次也先泥之次乃飾以白灰康成謂堊室者屋下壘墼為之蓋柱楣倚壁為一偏壘墼成屋為兩下然則既葬塗之既練壘之既祥又加黝堊總謂之廬故尚書大傳曰高宗有親喪居廬三年此之謂也云親者貴者居倚廬疏者賤者居堊室者雜記云疏衰皆居堊室不廬廬嚴者也注云言廬哀敬之處非有其實則不居然則親者貴者居倚廬亦以親貴主嚴也賈疏云親謂大功以上貴謂大夫以上者居倚廬疏謂小功緦麻賤謂士二者居堊室知義如此者以其經云辨其親疏貴賤明當如此解之也吳廷華云倚廬皆在寢門之東適子當逼寢門餘以次而東蓋以親疏別遠近也又曰貴賤者為異姓之臣言之親者在前疏者在後同姓在前異姓在後案依吳說則同一居倚廬亦自有親疏貴賤之異堊室亦然足與鄭義互相備引雜記曰大夫居廬士居堊室者鄭彼注云謂未練時也賈疏云彼是諸侯之臣其大夫居廬士居堊室彼注士居堊室亦謂邑宰也朝廷之士亦居廬引之者證貴者居廬賤者居堊室一邊之義耳其實為諸侯禮不辨親疏貴賤而別其遠近並為天子之臣也襍記孔疏云按閒傳云斬衰之喪居倚廬既練居堊室此經若練後則大夫居堊室今云大夫居廬明未練時也士若非邑宰未練之前當與大夫同居廬今云居堊室故知是邑宰也必知邑宰者以上文云大夫終喪士練而歸言邑宰之士降於大夫此云士居堊室亦降於大夫故知是邑宰之士也朝廷之士亦居廬者以臣為君喪俱服斬衰故知未練之前士亦居廬也然周禮宮正注云親者貴者居廬疏者賤者居堊室引此雜記云大夫居廬士居堊室則是大夫以上定居廬士以下定居堊室此云朝

廷之士亦居廬與彼不同者尋鄭之文意若與王親者雖云士賤亦居廬則此云朝廷之士亦居廬是也若與王無親身又是士則居堊室則此經士居堊室是也故鄭於宮正之注引此士居堊室證賤者居堊室若與王親雖疏但是貴者則亦居廬也庾氏熊氏並爲此說熊氏或說云若天子則大夫居廬士居堊室則雜記言是也若諸侯則朝廷大夫士皆居廬也邑宰之士居堊室宮正之注是也此義得兩通故並存焉案孔引庾熊二家說卽賈氏所本熊氏或說與雜記注義違此注又不得據諸侯制非鄭恉也依庾熊賈說則喪服斬衰皆居倚廬既練居堊室乃據親者言之襍記所云爲疏者之法則士於君雖斬衰亦降居堊室蓋於貴賤之中復以親疏別爲差次經記各舉一隅不容泥也

周禮正義卷六

周禮正義卷七

瑞安孫詒讓學

宮伯掌王宮之士庶子凡在版者鄭司農云庶子宿衛之官版名籍也以版爲之今時鄉戶籍謂之戶版玄謂王宮之士謂王宮中諸吏之適子也庶子其支庶也

疏掌王宮之士庶子者與諸子爲官聯也凡國子皆掌於諸子其入衛王宮者則別以宮伯領之諸子不掌宮政也云凡在版者者版卽宮正之版宮正通掌宮中官府衆寡之版宿衛士庶子蓋亦晐於其中此官則案宮正之版以令其職事其不入宿衛者別著於司士之版諸子治之　注鄭司農云庶子宿衛之官者謂公卿大夫士之子宿衛王宮者雖有未受爵命者亦謂之官猶庶人在官者亦謂之官也賈疏謂先鄭此注謂若夏官諸子職彼諸子是下大夫此宮伯中士不合掌之故後鄭不從非也諸子雖亦名庶子然彼爲帥領庶子之官經中凡言庶子者乃諸子所屬之人並非宿衛專職先鄭何得援彼釋此乎云版名籍也者宮正注義同云以版爲之者釋名版之義論語鄉黨皇疏云版謂邦國圖籍也古未有紙凡所書畫皆於版故云版也管子宙合篇尹注云版牘也說文片部云版判也牘書版也案判木以書之故謂之版王充論衡量知篇云斷木爲槧析之爲版力加刮削乃成奏牘然則版卽牘之未甚刮削者也亦謂之方硩蔟氏注云方版也云今時鄉戶籍謂之戶版者大胥注同漢書高帝紀詔曰民前或相保聚山澤不書名數顏注云名數謂戶籍也案鄉戶籍者卽謂鄉里戶口之名數也漢時戶籍亦以版書之故又謂之戶版御覽學部引晉令云郡國諸戶口黃籍籍皆用一尺二寸札札卽版也漢戶版制或與晉同云玄謂王宮之士謂王宮中諸吏之適子

也庶子其支庶也者御覽職官部引環濟要略說同此增成先鄭義也諸吏卿宮正注云官府之在宮中者若膳夫玉府內宰內史之屬是也賈疏云吏謂卿大夫士之總號以其宮正掌宮中官府宮伯掌其子弟故也惠士奇云趙策左師觸龍願以其少子補黑衣之缺以衛王宮則知戰國時衛王宮者皆卿大夫之庶子卽夏官諸子職所謂國有大事則帥國子而致於太子文王世子所謂公若有出疆之政庶子以公族之無事者守於公宮公族之無事者國子貴遊子弟也詒讓案稿人饗士庶子後鄭彼注云士庶子卿大夫士之子弟宿衛王宮者與此注同而大司馬王弔勞士庶子注云庶子卿大夫之子從軍者或謂之庶士都司馬掌都之士庶子及其衆庶之戒令注云庶子卿大夫士之子彼二注以庶子爲卿大夫之子不分適庶則士卽指上中下士又與此注微異蓋鄭本無定解以經攷之士庶子不當分適庶此注義非也金榜云公卿大夫之子弟當學者謂之國子其職宿衛者則謂之庶子周官經言士庶子者甚衆宮伯掌王宮之士庶子凡在版者酒正凡饗士庶子皆共其酒外饔饗士庶子掌其割亨之事大司馬王弔勞士庶子則相大會同則帥士庶子而掌其政令都司馬掌都之士庶子之戒令掌固頒其士庶子及其衆庶之守鄭注云王宮之士謂王宮中諸吏之適子庶子其支庶也竊以羣經考之象胥凡作事王之大事諸侯次事卿次事大夫次事上士下事庶子掌客王巡守殷國從者三公眡上公之禮卿眡侯伯之禮大夫眡子男之禮士眡諸侯之卿禮庶子壹眡其大夫之禮周人凡賓客之事射人作卿大夫從司士作士從諸子作羣子從凡庶子於士相差一等故燕禮大射禮於獻大夫獻士後並云主人洗升自西階獻庶子于阼階上如獻士之禮燕義席小卿次上卿大夫次小卿士庶子以次就位於下獻君君舉旅行酬而後獻卿卿舉旅行酬而後獻大夫大夫舉旅行酬而後獻士士舉旅行酬而後獻庶子此其

先後受獻之差王宮之士庶子在版者未聞其數而朝大夫每國庶子八人都則庶子四人司士掌羣臣之版周知卿大夫士庶子之數是庶子雖未受爵王朝而其數已列於羣臣之版如是蓋已命者謂之士司士所云王族故士在路門之右是也未命者謂之庶子大僕所云聞鼓聲則速逆御僕與御庶子是也此公卿大夫之子弟宿衞王宮而或曰士或曰庶子所由名位不同要不以適庶殊也俞正燮云宮伯云王宮士庶子外饔酒正云饗士庶子司士云辨卿大夫士庶子之數象胥云次事上士次事庶子庶子在士下也大僕云聞鼓聲則速逆御僕與御庶子庶子在僕下也掌客云士眡諸侯卿庶子眡諸侯大夫庶子從王禮在士從王下也朝大夫序官云每國庶子八人都則四人其官列在士府史下也燕禮大射禮有庶子執燭阼階上大射儀獲者執薦庶子執俎從之設於乏南與服不氏徒四人等燕禮大射儀之庶子與周官所名庶子者同韓非子內儲說上云商大宰使少庶子之市又云卜皮爲縣令使少庶子佯愛於御史內儲說下云濟陽君有少庶子不見知又云晉平公觴客少庶子進炙國策云秦王庶子蒙嘉呂不韋庶子甘羅韓太子庶子強史記扁鵲列傳云虢門下中庶子蓋典謁者士大夫家有之夏官都司馬云掌都之士庶子戒令家司馬亦如之則都有庶子如卜皮之庶子是也家有庶子如呂不韋之庶子是也史記商君列傳云魏人爲魏相公叔痤中庶子亦家臣也案金俞說並覈金謂士庶子以已命未命爲別亦致塙蓋周時凡貴族子弟無論適庶並謂之國子師氏所教保氏所養諸子所掌者是也國子之中適者謂之門子小宗伯所掌者是也其以才藝選擇爲宿衞及給侍御守圍者謂之士庶子則無適庶之分其備宿衞者亦不必王宮內諸吏之子也凡士庶子或出於王族其在侯國謂之公族故衞宏漢舊儀云周千八百諸侯其長伯爲君次仲叔季爲卿大夫其支屬爲士庶子皆世官位是也或出於

異姓鄉大夫士子弟若趙左師觸龍請以少子衛王宮是也綜校全經士庶子內備宿衛外從巡守且歲時有饗死傷有弔勞職任既親恩禮尤備其爲貴游子弟殆無疑義象胥掌客敘庶子於士之下皆單稱庶子不連士爲文則經之凡言士庶子者所謂士卽上中下士凡王族及羣臣子弟既命而有爵者如司士王族故士是也春秋繁露爵國篇說天子官制云士入仕宿衛天子者比下士蓋卽指此其未命者下士一等則與庶人在官者等以其世家貴胄殊異之故不目庶人而目庶子其他公邑及都家咸有貴族侯國亦有公族世族故亦有庶子若掌固朝大夫諸職及燕禮大射儀所云皆是新序雜事篇云楚莊王中庶子曰臣尚衣冠御郎十三年矣前爲豪矢而後爲藩蔽墨子尚賢上篇又謂之門庭庶子此亦侯國宿衛侍從之庶子以其侍御宮庭故謂之中庶子書康誥又有外庶子外者對中之言謂庶子之不充宿衛者也至韓非子戰國策及史記所說庶子蓋皆良家少年子弟爲家臣給使令者雖職事卑褻然亦周官都家庶子之遺制也夏官諸子職兼掌庶子燕禮謂之庶子正若此經及燕禮大射儀所云庶子卽諸子所掌之人而非官鄭儀禮注誤會燕義之文遂盡以彼庶子爲諸子官非也又小司徒之餘子鄭注云卿大夫之子蓋亦謂卽庶子今案彼餘子乃羨卒與庶子異鄭并爲一亦非詳諸子及小司徒疏

掌其政令行其秩敘作其徒役之事

秩祿稟也敘才等也作徒役之事大子所用

【疏】掌其政令者凡宿衛士庶子所有政治戒令此官並專主之也云行其秩敘者行謂巡行校比之也賈疏云秩謂依班秩受祿敘者才藝高下爲次第王引之云秩敘謂士庶子更番宿衛之次第一月之次謂之秩一歲之次謂之敘故下文月終則均秩歲終則均敘均者齊其勞逸行者巡其先後也里宰以歲時合耦于耡以治稼穡趨其耕耨行其秩敘正同義不得以爲祿稟才等也又鄉師

凡邦事令作秩敘亦謂役邦事之人鄉師爲之次第而頒之使各以其次服役豈有祿稟與才等乎秩與敘同意彼注訓敘爲次是也訓秩爲常則非也案王說是也凡經云秩敘者並當爲豑之借字說文豊部云豑爵之次第也引虞書曰平豑東作今經典通借秩爲之注云秩祿稟也者左莊十九年傳收膳夫之秩杜注云秩祿也荀子彊國篇云士大夫益爵官人益秩庶人益祿楊注云秩祿皆謂廩食也鄭意後文云月終則均秩即宮正云月終則會其稍食故以祿稟爲釋然彼二文實不相涉此義未塙也祿稟詳宮正疏云敘才等也者敘注例當作序詳小宰疏說文攴部云敘次弟也司勳注云等猶差也鄭意後文云歲終則均敘即宮正歲終則會其行事故以才等爲釋此義亦未塙才等謂才高下之等差也云作徒役之事大子所用者據諸子云國有大事則帥國子而致于大子唯所用之又云凡國正弗及是它官不得役國子此宿衞士庶子即於國子中選擇用之鄭意宮伯雖專主宮中士庶子與諸子通掌國子不同然庶子本屬大子則大子有事得役宮衆故據彼文爲釋

授八次八舍之職事衞王宮者必居四角四中於徼候便也鄭司農云庶子衞王宮在內爲次在外爲舍玄謂次其宿衞所在舍其休沐之處

疏注云衞王宮者必居四角四中於徼候便也者賈疏云以其言八似若八方爲四方四維然相徼察來往候望皆便故次舍皆八也孔廣森云此約漢法言之西京賦所謂衞尉八屯者也案孔說是也薛綜西京賦注云衞尉帥吏士周宮外於四方四角立八屯士士則傳宮外向爲廬舍與此注四角四中之制正相似徼候者說文彳部云徼循也人部云候伺望也漢書百官公卿表云中尉掌徼循京師顏注引如淳云所謂游徼徼循禁盜賊也此士庶子亦掌游徼循行宮內外伺望非常也鄭司農云庶子衞王宮在內爲次在外爲舍者王南宮北宮非宿衞所居則內當謂路門外應門內及北宮以後

皆有八次依方位分列其閒凡路門外之次皆在治朝左右八舍則在臯門內及東西北宮周垣之內環繞列處周書克殷篇云王入卽位于社大卒之左孔注云大卒屯兵以衞也國語楚語云樹度於大卒之居案大社在治朝之右而大卒之居與彼相近然則樹或卽宿衞八屯之一與云玄謂次其宿衞所在舍其休沐之處者賈疏云謂宿衞之處稍在前爲之館也舍者若掌舍之舍亦舍息休止之處故鄭爲休沐之處也詒讓案宮正注以次爲諸吏直宿之處舍爲其所居寺義與此注同然則此次亦卽衞士直宿之處舍其聚居之官寺宿衞必分班更迭入直退直則歸休沐初學記政理部云休假亦曰休沐漢律吏五日得一休沐言休息以洗沐也依後鄭義宿衞士庶子當直則宿於路門及闈門外之八次退直休沐則止於臯門內之八舍士庶子之次舍雖並在宮中亦自有內外之別二鄭說本不異賈謂後鄭不從先鄭非也

若邦有大事作宮衆則令之 謂王宮之士庶子於邦有大事或選當行

疏 若邦有大事作宮衆則令之者賈疏云事亦謂寇戎之事作起也謂起宮中之衆使士庶子行則宮伯戒令之詒讓案大事亦當兼大喪戒守及王巡守殷國士庶子從行不徒大師也互詳宮正疏 注云謂王宮之士庶子於邦有大事或選當行者明宮衆卽宿衞士庶子也彖胥云凡作事王之大事諸侯次事卿次事大夫次事上士下事庶子彼下事不作士以上而大事作諸侯等不妨兼及士庶子此大事則或有急變宮衆亦被選當行與彼文不迕也

月終則均秩歲終則均敘以時頒其衣裘掌其誅賞 頒讀爲班班布也衣裘若今賦冬夏衣

疏 月終則均秩歲終則均敘者謂均平其番直之次也鄭前注以秩敘爲祿稟才等義未允惠士奇云宮正之士庶子月終則均秩歲終則均敘猶漢之衞卒唐之府兵也漢之衞卒每一歲而更唐之府兵宿衞者

皆月上然則月終均秩者猶府兵之月上歲終均敘者猶衛卒之歲更蓋番上更休皆有秩敘各得其均案惠說是也此士庶子皆公卿大夫士之子弟雖與漢衛卒唐府兵微異然其更番宿衛則與歲更月上之制略同云以時頒其衣裘者賈疏云夏時班衣冬時班裘注云頒讀爲班班布也者此與大宰匪頒義同彼先鄭注亦云頒讀爲班布之班謂班賜也班訓布大史注亦同小爾雅廣詁云頒布也廣雅釋詁云班布也是頒班義通云衣裘若今賦冬夏衣者鄭舉漢法爲況明此頒爲常賜也漢時宿衛吏士蓋有賦冬夏衣賈疏云賦班也班之與賦皆賜授之義

膳夫掌王之食飲膳羞以養王及后世子食飯也飲酒漿也膳牲肉也羞有滋味者凡養之具大略有四

【疏】掌王之食飲膳羞者掌其等數政令分令饎人酒人漿人庖人籩人醢人等共之云以養王及后世子者春秋僖五年穀梁傳云天子世子世天下也公羊傳云世子猶世世子也白虎通義爵篇云父在稱世子何繫於君也所以名之爲世子何言欲其世世不絕也何以知天子之子亦稱世子也春秋傳曰公會王世子于首止或曰天子之子稱太子尚書曰太子發升于舟案世大字通此經並稱世子唯諸子職云國有大事則帥國子而致於大子明世大得互稱也又司市世子爲國君之子與此異賈疏云舉尊者而言其實羣臣及三夫人以下亦養之案賈兼及羣臣者謂貴近諸臣食於官者若左襄二十八年傳說齊卿有公膳是也膳夫當亦掌其膳羞之法數其退食於家則非此官所掌也 注云食飯也者釋文云飯依字作飰案說文食部云食米也飯食也飰卽飯之俗陸說非淮南子主術訓高注云穀食曰食此食卽六穀之飯食醫謂之六食內則云飯黍稷稻粱白黍黃粱稰穛食蝸醢而苽食雉羹麥食脯羹雞羹析

稌犬羹兎羹是也云飲酒漿也者說文㱃部云㱃歠也飲卽㱃之隷變釋名釋飲食云飲奄也以口奄而引咽之也案酒卽酒正之三酒漿卽下六清而六清內之醴醫亦通爲酒並所以供飲故通謂之飲云膳牲肉也者廣雅釋器云膳肉也謂正饌皆六牲之肉云羞有滋味者者庖人注義同庶羞百有二十品皆肉及菜果之有滋味者故於膳之外別言之案內則載上大夫庶羞二十豆目之爲膳彼庶羞卽此羞六牲之外有雉兎鶉鷃亦名膳者蓋散文得通云凡養之具大略有四者賈疏云下文仍有珍用八物醬用百有二十甕不言之者此舉大者珍醬是饋之小者略而不言

凡王之饋食用六穀膳用六牲飲用六清羞用百有二十品珍用八物醬用百有二十甕

進物於尊者曰饋此饋之盛者王舉之饌也六牲馬牛羊豕犬雞也羞出於牲及禽獸以備滋味謂之庶羞公食大夫禮內則下大夫十六上大夫二十其物數備焉天子諸侯有其數而物未得盡聞珍謂淳熬淳毋炮豚炮牂擣珍漬熬肝膋也醬謂醯醢也王舉則醢人共醢六十甕以五齏七醢七菹三臡實之醯人共齏菹醯物六十甕鄭司農云羞進也六穀稌黍稷粱麥苽苽彫胡也六清水漿醴涼醫酏

【疏】凡王之饋者此王饋食之大數也王舉則此官依法數共而親饋之、注云進物於尊者曰饋者賈疏云據此文云王之饋及少牢特牲皆云饋食是進物於尊者曰饋鄭注玉府云通行曰饋者彼對獻是進物於尊則饋是通行也詒讓案此謂膳夫親進饋於王也說文食部云饋餉也淮南子詮言訓許慎注云饋進食也士虞禮特豕饋食注云饋猶歸也凡經典於生人飲食鬼神祭享通謂之饋亦並取進餉之義本不辨尊卑鄭緣文爲訓耳云此饋之盛者王舉之饌也者食膳飲羞珍醬六者咸備其物是饋饌之至盛者故下注云殺牲盛饌曰舉但此皆通舉大數不必盡用其常食亦

一珍倣宋版印

取具於是而數尤少唯王所欲而進之云六牲馬牛羊豕犬雞也者牧人注義同說文牛部云牲牛完全也引申為凡畜之稱鄭意此六牲即庖人之六畜故彼注云始養之曰畜將用之曰牲是也王引之云此六牲與牧人不同牧人之六牲謂馬牛羊豕犬雞此六牲則牛羊豕犬鴈魚也蓋膳夫之食飲膳羞與食醫之六食六飲六膳百羞相應食醫職曰凡會膳食之宜牛宜稌羊宜黍豕宜稷犬宜粱鴈宜麥魚宜苽牛羊豕犬鴈魚所謂六膳也稌黍稷粱麥苽所謂六食也鄭司農以稌黍稷粱麥苽為六穀其說洵不可易由是推之則牛羊豕犬鴈魚亦膳夫之六牲明矣鴈謂鵝也堯典二生一死贄馬融以二生為羔鴈史記封禪書漢書郊祀志並作二牲蓋羔與鵝皆常畜之物故謂之牲也魚亦可畜之池故亦謂之牲大司馬大祭祀饗食羞牲魚鄭司農曰大司馬主進魚牲是也牛宜稌羊宜黍豕宜稷犬宜粱鴈宜麥魚宜苽猶月令食麥與羊食菽與雞食稷與牛食麻與犬食黍與彘皆以牲配穀鄭未考食醫之文故說之未確案王說是也姜兆錫說同此經所用者生人膳食之六牲牧人所掌者鬼神祭祀之六牲也馬尤為大牲不以供膳羞惟大司馬喪祭奉之明其不常用也云羞出於牲及禽獸以備滋味謂之庶羞者公食大夫禮士羞庶羞注云庶衆也進衆珍味可進者也案庶羞者別於正饌之言凡祭禮食禮三牲骨體腸胃膚魚腊並在俎肉羹湆在鉶及豆醬之醯醢是為正饌此外三牲膗胾炙及他禽獸蟲魚菜果衆物在籩豆者並謂之庶羞是為加饌所以備極珍味故其數特多也賈疏云案公食大夫下大夫十六豆中從膷臐膮已下皆出於牲不見有出禽獸者上大夫加以雉兔鶉鴽此則出禽獸也案據內則庶羞尚有出於蟲魚菜果者鄭賈不言亦文不具也又案此羞百二十品據共王饋食庶羞之大數言之其飲酒則又有籩二者通為百二十王與賓客饗食燕蓋亦用之而數則有隆殺不同其祭禮朝事饋食之豆籩

加豆籩羞籩亦通謂之薦羞詳宰夫籩人醢人疏云公食大夫禮內
則下大夫十六上大夫二十其物數備焉者公食禮載國君食下大
夫之庶羞膷一臐二膮三牛炙四醢五牛胾六醢七牛鮨八羊炙九
羊胾十醢十一豕炙十二醢十三豕胾十四芥醬十五魚膾十六所
謂下大夫十六豆也公食禮又云上大夫庶羞二十加於下大夫以
雉兔鶉鴽則雉十七兔十八鶉十九鴽二十也內則文與公食禮同
惟以牛鮨爲牛膾鴽爲鷃所謂上大夫二十豆也是上下大夫禮其
物數備於彼二經也云天子諸侯有其數而物未得盡聞者賈疏云
此經云百有二十者是天子有其數掌客云上公食四十侯伯三十
二子男二十四是諸侯有其數也天子諸侯之數皆從上大夫二十
豆上加之內則云牛脩及鶉鷃蜩范芝栭已下三十一物鄭注云皆
人君燕食所加庶羞也周禮天子羞用百有二十品記者不能次錄
亦是有其物未盡聞也案賈謂天子庶羞百二十品以籩豆分之則
六十豆也凡食有正豆有庶羞之豆掌客致飧正豆謂之豆庶羞謂
之食其數正等以文差之天子正豆與庶羞蓋皆六十此經醬用百
二十甕正豆卽在其內饋食之庶羞唯有豆其見於掌客公食大夫
禮者並爲豆而無籩而內則牛脩等三十一物鄭並以爲庶羞內有
脩脯蔆棗栗榛皆見於籩人則鄭謂庶羞亦有籩蓋燕飲之所用也
禮器云天子之豆二十有六諸公十有六諸侯十有二上大夫八下
大夫六鄭彼注及掌客注謂彼皆堂上正豆孔疏引熊安生說以爲
正羞醢醢百二十甕之等是也彼疏又引皇侃云天子庶羞百二十
品籩豆各六十今云二十六者說堂上數也堂下東西夾各十七兩
十七合三十四三十四就二十六故合六十也案皇氏以彼爲庶羞
與鄭注及公食禮不合孔亦斥其非是其謂天子庶羞籩豆各六十
則與鄭賈說同是則下大夫正豆十六堂上六庶羞亦十六豆上大
夫正豆二十堂上八庶羞亦二十豆子男正豆二十四堂上十二庶

羞亦二十四侯伯正豆三十二堂上亦十二庶羞亦三十二諸公正
豆四十堂上十六庶羞亦四十天子正豆六十堂上二十六庶羞亦
六十也但天子正豆東西夾各十七鄭違鼎俎奇籩豆偶之義故王
引之㡿其非而謂天子當四十八豆堂上二十東西夾各十四其說
較通然與禮器不合竊疑天子或當五十豆堂上二十六東西夾各
十二經有六十者亦備其數不盡用也庶豆亦五十籩如之故內饔
食醫並云百羞國語周語云百籩荀子正論篇說天子食禮云執薦
者百人侍西房似亦指進庶羞言之云珍謂淳熬淳毋炮豚炮牂擣
珍漬熬肝膋也者並據內則爲說彼文云淳熬煎醢加於陸稻上沃
之以膏曰淳熬鄭彼注云淳沃也熬亦煎也沃煎成之以爲名又淳
毋煎醢加於黍食上沃之以膏曰淳毋注云毋讀曰模模象也作此
象淳熬又炮取豚若將封之刳之實棗於其腹中編萑以苴之塗之
以謹塗炮之塗皆乾擘之濯手以摩之去其皽爲稻粉糔溲之以爲
酏以付豚煎諸膏膏必滅之鉅鑊湯以小鼎薌脯於其中使其湯毋
滅鼎三日三夜毋絕火而后調之以醯醢注云炮者以塗燒之爲名
也將當爲牂牂牝羊也封刳博異語也謹當爲墐聲之誤也墐塗塗
有穰草也皽謂皮肉之上魄莫也糔溲亦博異語也糔讀與滫瀡之
滫同薌脯謂煑豚若羊於小鼎中使之香美也謂之脯者既去皽則
解析其肉使薄如爲脯然唯豚全耳豚羊入鼎三日乃內醯醢可食
也又擣珍取牛羊麋鹿麕之肉必脄每物與牛若一捶反側之去其
餌孰出之去其皽柔其肉注云脄脊側肉也捶擣之也餌筋腱也柔
之爲汁和也汁和亦醯醢與又漬取牛肉必新殺者薄切之必絕其
理湛諸美酒期朝而食之以醯若醷注云湛亦漬也又爲熬捶之
去其皽編萑布牛肉焉屑桂與薑以洒諸上而鹽之乾而食之注云
熬於火上爲之也今之火脯似矣又肝膋取狗肝一幪之以其膋濡
炙之舉焦其膋不蓼注云膋腸閒脂賈疏云是爲八珍彼有糝與飾

彼是羞豆之實非珍故不取二云醬謂醯醢也者據醢人共醢六十甕
醯人共醯物六十甕掌客上公饔餼醯醢百二十甕卽此醬之數也
說文酉部二云醬醢也从肉酉酒以龢醬也爿聲案醬卽醬之俗醢亦
含醓菹醬等言之故論語鄉黨皇疏二云古者醬齊菹三者通名也江
永二云醬者醢醯之總名醢之物有七醢醓豕肉作之又陸產之物有
蚳兔鴈水產之物有蝸蠃魚或閒有之未必皆備內則有卵醬亦魚
醢之類有芥醬則醢人七菹之類漬諸醢而成者也醬物以醯醢爲
主或於烹魚肉時以醬和之濡雞濡鼈醢醬濡魚卵醬是也或於食
魚肉膾脯時以醬配之服脩蚳醢脯羹兔醢麋膚魚醢魚膾芥醬麋
腥醢醬是也凡稱醯醬或單言醢者醯醢也言醢醬者以醢和醬也
濡豚不用醬而三牲和用醯用梅醬作之者爲醷醯醷主酸醢主鹹
公食禮凡炙無醬注二云已有鹹和是也案江說甚覈唯王舉用大牢
則醯醢當兼有牛羊豕肉之醢互詳醢人疏二云王舉則醢人共醢六
十甕以五齏七醢七菹三臡實之醯人共齏菹醯物六十甕者據醢
人醯人文醯醢各六十甕合之正百有二十甕謂醬卽醯醢也甕者
罋之隸變說文缶部二云罋汲缾也旣夕禮注二云甕瓦器其容蓋一觳
廣雅釋器二云罋瓶也甕罋並罋之俗聶氏三禮圖引舊圖二云甕以盛
醯醢高一尺受二斗案依陶人注則觳受斗二升故賈聘禮疏謂甕
與簋同受斗二升禮圖說與旣夕注義不合恐誤鄭司農二云羞進也
者爾雅釋詁文說文羊部二云羞進獻也大司徒牛人小子司士注並
同二云六穀稌黍稷粱麥苽者據食醫文大宰有九穀此止用六者與
倉人注之六米同皆謂穀之有米可爲飯者九穀中有麻與大小豆
並不成米不可爲飯故不用先鄭釋大宰其穀有稷無粱則非也玉
藻說諸侯法二云朔月四簋依注當爲黍稷稻粱孔疏二云以此而推天
子朔月大牢當六簋黍稷稻粱麥苽各一簋也案據孔說則天子唯
朔食備用六穀常食亦止四簋與諸侯朔食同也二云苽彫胡也者食

醫注同說文草部云苽彫苽一名蔣西京雜記云菰之有米者長安人謂之彫胡廣雅釋艸云菰蔣也其米謂之彫胡淮南子原道訓高注云菰者蔣實也其米曰⿱艹彫胡楚辭大招五穀六仞設菰粱只王逸注云菰粱蔣實謂彫葫也案苽菰彫⿱艹彫胡葫字並同唐愼微證類本草引蘇頌圖經云菰卽江南人呼爲茭草者生水中葉如蒲葦其苗有根梗者謂之菰蔣艸至秋結實乃彫胡米也程瑤田云茭草有牝牡之異根成菌者俗呼茭筍其草不抽莖不秀不實根不成菌者爲牡秋末抽莖吐秀結實案程說甚覈淮南子詮言訓云菰飯犓牛弗能甘也古文苑宋玉諷賦云爲炊彫胡之飯是古人有以苽米爲飯內則云苽食論語鄉黨篇云雖疏食菜羹苽祭必齊如也故二鄭以充六穀之一但苽非常食劉向列女傳母儀篇云精五飯蓋以六穀去苽是爲五飯矣云六清水漿醴䣼醫酏者釋文云䣼本又作涼又酏作酡案此卽漿人之六飲也彼文䣼亦作涼酡卽酏之俗陸本非彼六飲中醴醫酏並有清糟據彼注漿涼亦當清糟兩有此云六清者以水唯有清無糟又飲以清爲主故也

王日一舉鼎十有二物皆有俎殺牲盛饌曰舉王日一舉以朝食也后與王同庖鼎十有二牢鼎九陪鼎三物謂牢鼎之實亦九俎

【疏】王日一舉者朔望則大牢常日則少牢皆特殺也云鼎十有二者專據盛食大牢言之鄭賈謂凡王舉皆大牢非也詳後注云殺牲盛饌曰舉者鄭意凡特殺謂之舉而王食則大牢賈疏及玉藻孔疏說同金鶚云舉者殺牲盛饌也大牢少牢特牲皆可言舉不必大牢也膳夫云王日一舉當是少牢玉藻云天子日食少牢朔月大牢諸侯日食特牲朔月少牢降殺甚明可知王日一舉爲少牢也檀弓云國亡大縣邑君不舉玉藻云至於八月不雨君不舉君以諸侯言諸侯日食特牲朔月少牢是特牲少牢皆可稱舉何必大牢乎下文云大喪則不舉大荒則不舉大札則不舉天地有災則不舉邦有大

故則不舉諸不舉承上日一舉而言皆指少牢并句特牲少牢且不舉則大牢不言可知也玉藻言諸侯特牲三俎祭肺而曲禮云歲凶君膳不祭肺是諸侯歲凶不得日食特牲可知天子歲凶不得日食少牢所謂大荒則不舉也大札與天地有災邦有大故更可知矣案金說是也鄭以殺牲盛饌釋舉不實言何牲則亦以特牲以上皆爲舉但此注之意以後賈疏引鄭志說推之則專指大牢耳其曲禮內則注並從玉藻日食少牢之說蓋鄭二禮注自有兩解賈後疏及王制孔疏並謂日食大牢爲周公所制禮日食少牢爲衰世法非也國語楚語云祀加於舉天子舉以大牢祀以會諸侯舉以特牛祀以大牢卿舉以少牢祀以特牛大夫舉以特牲祀以少牢士食魚炙祀以特牲庶人食菜祀以魚韋注云舉人君朔望之盛饌案韋氏以大牢爲天子朔望盛饌則亦謂王日食少牢矣竊謂彼文以尊者曰舉對卑者曰食此可證鄭殺牲盛饌之說彼文特牛少牢特牲並謂之舉此可證金氏舉不必皆大牢之說惟彼舉專指朔望盛饌而言故曰大牢此舉則兼朔望及常日而言朔望大牢日食少牢皆每日特殺即同謂之舉賈子禮篇云天子餽牲而食以優飽也蓋亦指日食少牢而言云王日一舉以朝食也者賈疏云一日食有三時同食一舉案玉藻云皮弁以日視朝遂以食日中而餕餕者餕朝之餘則遂以食之謂朝之食明知先朝食夜乃日中而餕案賈謂一日之食有三時是也三時者續漢書五行志劉注引洪範五行傳鄭注云平旦至食時爲日之朝禺中至日昳爲日之中下側至黃昏爲日之夕是朝食在禺中前故後注云燕食謂日中與夕食明朝食之外尚有日中夕食與玉藻注義同論語鄉黨篇不時不食集解引鄭注云不時非朝夕日中時鄭意蓋謂食必三時通於上下白虎通義禮樂篇云王者所以日四食者何明有四方之物食四時之功也平旦食少陽之始也晝食大陽之始也餔食少陰之始也暮食大陰之始也論語曰

亞飯干適楚三飯繚適蔡四飯缺適秦諸侯三飯卿大夫再飯尊卑之差也弟子職曰暮食復禮士也食力無數庶人職在耕桑戮力勞役飢卽食飽卽作故無數彼謂天子日四食諸侯以下以次遞減與鄭說不同今案此經云王齊日三舉則天子日無四食明矣說文食部云餔日加申時食也申食正在日下側時則已晐於夕食論語亞飯三飯四飯自是一食侑樂之節白虎通說誤云后與王同庖者賈疏云案玉藻云夫人與君同庖鄭注云不特殺則后亦與王同庖可知案依鄭賈說同庖卽謂同食一牢郊特牲云共牢而食同尊卑也列女傳貞順篇衞寡夫人曰唯夫婦同庖故知王與后同庖其母后及世子以下則異庖也云鼎十有二牢鼎九陪鼎三者聘禮致饔云飪一牢鼎九設于西階前陪鼎當內廉牛羊豕魚腊腸胃同鼎膚鮮魚鮮腊膷臐膮陪牛羊豕鄭彼注云陪鼎三牲臛膷臐膮陪之庶羞加也膚豕肉也又公食大夫禮注云牛曰膷羊曰臐豕曰膮皆香美之名也賈疏云鼎十有二者案禮記郊特牲鼎俎奇而籩豆耦者謂正鼎九陪鼎三卽是奇數總而言之卽十二郊特牲孔疏云案聘禮牛一羊二豕三魚四腊五腸胃六膚七鮮魚八鮮腊九是鼎九又有陪鼎膷一也臐二也膮三也詒讓案公羊桓二年何注云禮祭天子九鼎諸侯七卿大夫五元士三也此皆專據正鼎而言少牢饋食禮正鼎五特牲饋食禮正鼎三卽大夫士之祭禮天子時祭及大舉皆大牢故正陪有十二鼎若少牢則牢鼎無牛陪鼎無膷特牲則正鼎又無羊陪鼎又無臐數皆不備十二經舉多以晐少也云物謂牢鼎之實亦九俎者釋經物皆有俎也王制孔疏公羊桓二年徐疏引此經並讀鼎十有二物爲句失之此亦大舉大牢之俎數也俎以載牢鼎之實內饔注云取於鼎以實俎說文且部云俎禮俎也一切經音義引字書云俎肉几也明堂位云周以房俎聶氏三禮圖引三禮舊圖云俎長二尺四寸廣一尺二寸高一尺漆兩端赤中央黑賈疏云

言實卽牛羊豕之類也亦九俎者陪鼎三腳臐膮者謂庶羞在於豆
唯牢鼎之物各在俎故云亦九俎詒讓案若少牢則俎五特牲則俎
三皆不備九經亦舉多以晐少也又陪鼎之實實於二豆此不言者
文略賈疏又云案趙商問王日一舉鼎十有二是爲三牲備焉商案
玉藻天子日食少牢朔月大牢禮數不同請聞其說鄭荅云禮記後
人所集據時而言或以諸侯同天子或以天子與諸侯等禮數不同
難以據也王制之法與禮違者多當以經爲正若然此周禮周公太
平法玉藻據衰世或是異代故與此不同案賈說非也經云鼎十有
二蓋專指朔望盛饌舉之尤盛者言之與上云舉謂朔望與日食者
不同詳略不嫌互見經文固有此例鄭據此謂日食大牢遂㡿玉藻
難據賈孔迺疑其別據衰世或異代法誤益甚矣

以樂侑食膳夫授祭品嘗食王乃食

侑猶勸也祭謂刌肺脊也禮飲食必祭示有所先品者每物皆嘗之道尊者也

疏 以樂侑食者侑依大司樂王大食三宥則字當作宥此疑轉寫
之誤此冡上王日一舉爲文明殺牲盛饌必奏樂與大司樂爲官聯
也玉藻云奏而食注云奏奏樂也白虎通義禮樂篇云王者食所以
有樂何樂食天下之大平富積之饒也明天子至尊非功不食非德
不飽故傳曰天子食時舉樂賈疏云上言王日一舉此云以樂侑食
卽是王制云天子食日舉以樂案論語微子云亞飯三飯四飯鄭云
皆舉食之樂彼諸侯禮尚有舉食之樂明天子日食有舉食之樂可
知案大司樂云王大食皆令奏鍾鼓彼大食自是朔食日舉之樂大
司樂或不令奏故不言之矣無妨日食自有舉食之樂案賈說是也
論語微子皇疏謂大司樂王朔望食乃奏樂日食則不奏王制玉藻
云日奏爲夏殷禮其說不足據左哀十四年傳說宋向巢每食擊鍾
將食又奏是侯國之鄉日食亦奏樂則王日食必奏樂可知矣大戴
禮記保傅篇引靑史氏記說王后就燕室大師持銅而御戶左太宰

持斗而御尸右盧注云大師瞽者大宰膳夫也以相推約王舉在寢亦宜此官與瞽師同御左右若然王日三食朝食最盛其肴樂既大司樂令奏日中夕食禮稍殺或大師令奏與又王后與世子大食亦當有樂肴經文不具也互詳大司樂疏云膳夫授祭者賈疏云謂王將食必祭先膳夫授之曲禮云殽之序徧祭之今徒言祭肺者略舉其首者也詒讓案授祭卽大祝九祭之共祭凡食祭近者授遠者不授燕禮云公祭如賓禮膳宰贊授肺膳宰卽膳夫也授祭互詳大祝疏又案王朝食盛饌其授祭諸事此官之長親侍蔡邕集明堂月令論引古大明堂之禮云日出居東門膳夫是相蓋卽侍王朝食之事也其日中夕食則下云王燕食則奉膳贊祭是也其禮略殺或中士以下更迭侍御與 注云侑猶勸也者毛詩小雅楚茨傳文大司樂三肴注同此亦當作宥肴本訓寬叚借爲勸助之義詳大司樂疏云祭謂刌肺脊也者謂飲食之祭明堂位云有虞氏祭首夏后氏祭心殷祭肝周祭肺說文刀部云刌切也特牲饋食記離肺一刌肺三鄭彼注云離猶挃也小而長午割之亦不提心謂之舉肺刌肺爲尸主人主婦祭今文刌爲切又公食大夫禮云三牲之肺不離注云肺不離者刌之也不言刌刌則祭肺也此舉肺不離而刌之便賓祭也祭離肺者絕肺祭也又特牲饋食禮佐食舉肺脊以授尸尸受振祭嚌之注云肺氣之主也脊正體之貴者先食啗之所以導食通氣賈疏云但祭肺有二種一者名爲舉肺亦名離肺此爲食而有也二者名爲祭肺亦名刌肺此爲祭而有也但舉肺離而不絕祭肺則絕之今此膳夫授祭爲食而授卽舉肺也鄭以經直云祭不言舉又不言離直云祭故云祭謂刌肺也以優至尊故與祭祀同刌肺也若然鄉飲酒鄉射無連言脊今兼言脊者依士虞特牲皆言授肺脊故鄭依之而言案賈說是也禮經通例凡祭祀有祭肺者刌之祭後不嚌又有舉肺者不刌祭則嚌之食禮但有舉肺無祭肺此王食宜用舉肺而

云刌肺者鄭意蓋依公食大夫禮用刌肺以優尊故刌之便王祭也
云禮飲食必祭示有所先者曲禮主人延客祭祭食祭所先進殽之
序徧祭之注云祭祭先也君子有事不忘本也又士昏禮注云必爲
所祭者謙敬示有所先也論語鄉黨皇疏云祭謂祭食之先也夫禮
食必先取食種種出片子置俎豆邊地名爲祭祭者報昔初造此食
者也君子得惠不忘報故將食而先出報也釋文引干注云祭五行
六陰之神與民起居案依鄭賈說凡食祭泛祭先造食之人無所主
命干氏謂祭五行六陰之神五行卽十日六陰卽十二辰六陽六陰
也其說不知何據云品者每物皆嘗之道尊者也者說文品部云品
衆庶也引申爲周徧之義玉藻說君賜臣食之禮云先飯辯嘗羞飲
而侑若有嘗羞者則侑君之食然後食鄭彼注云君將食臣先嘗之
忠孝也不嘗羞膳宰存也彼又云君命之羞羞近者命之品嘗之然
後唯所欲注云必先徧嘗之孔疏云品猶徧也案此云品嘗食
猶玉藻云辯嘗羞也膳夫共王食故掌爲王嘗羞道王使食之

卒食以樂徹于造

造作也鄭司農云造謂食之
故所居處也已食徹置故處
【疏】卒食以樂徹于造者食
終復奏樂徹膳也大戴
禮記保傅篇云食以禮徹以樂賈疏云卒終也天子食終徹器之時
作樂以徹之但天子祭祀歌雍以徹徹食器之時樂章未聞也惠士
奇云以樂徹者荀子正論曰天子曼而饋伐睪而食雍而徹淮南子
主術曰鼛鼓而食奏雍而徹鼛鼓者王大食之所奏也案據惠說則
天子食亦以雍徹與祭祀同詳樂師疏　注云造作也者爾雅釋言
文鄭司農云造謂食之故所居處也已食徹置故處者賈疏云二鄭
義同皆謂造食之處卽廚是也案內則云天子之閣左達五右達五
彼亦是置食處今此不徹於閣者但閣內別置新饌案文王世子末
有原卽此亦不重進故徹於造惠士奇云大祝注云故書造作竈然
則古文造竈通矣吳越春秋勤馬銜枚出火于造閽行而進案造吳

語作竈所謂係馬舌出火竈䆂策傳灼鑽之處亦以造名注造音竈本此玉藻天子皮弁以食日中而餕注云餕者食朝之餘故王卒食則徹於竈以便燅溫而供日中及夕之餕也賈疏謂徹於造者不重進失之矣案惠說甚塙凡餕必燅溫燅溫必於竈竈禮經謂之爨有司徹云乃燅尸俎注云溫尸俎於爨是也若左右達之閣無竈不可以燅溫矣特牲饋食禮饎爨在廟中西壁雍爨在廟門外東南少牢饋食禮雍爨所在同而廩爨則在雍爨北與特牲異故月令注謂竈在廟門外之東但彼諸爨並在廟非常食庖廚饌具之所王饋食在寢以君子遠庖廚之義推之疑當在寢門外蓋與膳夫庖人諸官寺相近王卒食則分徹於二爨庋置以俟餕故荀子正論篇云雍而徹乎五祀五祀亦卽謂竈淮南子主術訓說天子之食云已飯而祭竈或亦謂此與

王齊日三舉

鄭司農云齊必變食

【疏】王齊日三舉者說文示部云齋戒絜也齊卽齋之叚字賈疏云謂散齊致齊齊必變食故加牲體至三大牢案玉藻朔食加日食一等則於此朔食當兩大牢不言之者文不具齊時不樂故不言以樂侑食也孔廣森云賈說於經無文然國語天子舉以大牢祀以會韋昭注曰會會三大牢是天子大祀有用三大牢之法蓋朝踐一牢象朝食饋獻一牢象日中食酳尸又一牢象夕食或齊舉與大祀同也荀子正論曰食飲則重大牢而備珍怪重者兩也殆所謂兩大牢與案天子日食少牢朔月大牢玉藻有明文鄭內則注亦從其說賈謂朔食兩大牢非也孔據楚語韋注天子祀用三大牢謂王齊舉或與大祀同攷古書說天子祭禮雖禘祫殷祭亦無三大牢之文唯掌客云王合諸侯而饗禮則具十有二牢注謂用王禮然王禮十二牢自是致饔餼等盛禮之陳數非日食所用王巡守殷國國君膳用犢則弁下具大牢疑饗食亦當然必無十二牢也然則韋謂王大祀三大牢殆不足據竊謂楚語云祀以會者疑謂禘祫殷祭會合六牲蓋於大牢

之外更增馬牲等大司馬喪祭奉詔馬牲注謂指大遣奠玫士喪禮
士祭以特牲遣奠加一等用少牢以此例之則王時祭用大牢遣奠
加一等用六牲殷祭禮盛亦用六牲與王齊日朝食蓋用大牢日中
及夕食則或少牢或特牲故云三舉蓋特殺卽謂之舉若必三大牢
既無加於飽而徒多殺大牲先王制禮必不如是之後矣至荀子所
謂重大牢者楊倞注云重多也謂重多之以大牢也則不爲兩太牢
卽令如孔說亦戰國時汰後踰制不足以證禮也　注鄭司農云齊
必變食者論語鄉黨篇文集解引孔安國云改常饌引之者證齊日
三舉異於平日一
舉亦所謂變食也

大喪則不舉大荒則不舉大札則不舉天地有裁則不舉邦有大故則不舉

大荒凶年大札疫癘也天裁日月晦食地
裁崩動也大故寇戎之事鄭司農云大故
刑殺也春秋傳曰司
寇行戮君爲之不舉

疏 大喪則不舉者凡不舉並謂不特殺牲也蓋
食魚腊之屬大喪則又不肉食禮尤殺也以
下五者皆王遇喪災減膳之事惠士奇云大喪謂后世子之喪春秋
晉荀躒如周葬穆后既葬而宴宴必奏樂故曰宴樂叔向以爲非禮
又云言大喪則兼包小喪王爲三公六卿錫衰諸侯緦衰大夫士疑
衰皆小喪也子卯尚稷食菜羹王服衰而殺牲盛饌有是理乎則小
喪亦不舉可知也案惠說是也大喪關王后世子詳宰夫疏曲禮云
天子之哭諸侯也爲之不樂食是小喪王不樂食則不殺牲盛饌可
知此不舉皆主王言賈疏謂大喪不舉屬臣子誤　注云大荒凶年
者大宰注云荒凶年此云大荒猶大司樂云大凶春秋經云大饑穀
梁傳云大侵也曲禮云歲凶年穀不登君膳不祭肺鄭注云禮食殺
牲則祭先不祭肺則不殺也玉藻云年不順成則天子食無樂至于
八月不雨君不舉穀梁襄二十四年傳云五穀不升謂之大侵大侵
之禮君食不兼味周書大匡篇云維周王宅程三年遭天之大荒作

大匡王既發命入食不舉白虎通義諫諍篇云禮保傅曰王失度膳
夫徹其膳宰所以徹膳何陰陽不調五穀不熟故王者為不盡味而
食之禮曰一穀不升徹鶉鷃二穀不升徹鳧鴈三穀不升徹雉兔四
穀不升損囿獸五穀不升不備三牲墨子七患篇云五穀盡收則五
味盡御於主不盡收則不盡御故凶饑存乎國人君徹鼎食五分之
三並大荒不舉之事云大札疫癘也者大司徒大宗伯大司樂注及
司關先鄭注義並同說文疒部云疫民皆疾也癘惡疾也釋名釋天
云厲疾氣也中人如磨厲傷物也疫役也言有鬼行役也札截也氣
傷人如有斷截也左昭四年傳云癘疾不降民不夭札杜注云夭死
曰札國語周語民無夭昏札瘥之憂韋注云疫死曰札管子五行篇
云旱札苗死民厲案厲即癘之借字云天烖日月晦食者說文火部
云烖天火曰烖重文灾或从宀火災籀文从巛此經例作烖注例作
災亦或作灾蓋漢時通用災字亦注從今字之例也此注各本並作
烖疑後人依經改之案通言之天地變異皆謂之烖日月晦食者謂
晦與食並為天烖也左文十五年昭十七年傳並云日有食之天子
不舉春秋經僖十五年九月己卯晦成十六年六月甲午晦公羊傳
並云晦者何冥也何注云晝日而冥穀梁僖十五年傳義同賈疏謂
日食在晦朔謬云地烖崩動也者賈疏云左氏書地震及梁山崩是
也詒讓案左成五年傳說山崩川竭君不舉是其事云大故寇戎之
事者大祝注義同朝士云若邦凶荒札喪寇戎之故凶荒札喪上文
已具故知大故唯據寇戎言也檀弓云國亡大縣邑君不舉是寇戎
君不舉之事鄭司農云大故刑殺也者賈疏云引之在下者欲見大
故中含有刑殺之事引春秋傳曰司寇行戮君為之不舉者左莊二
十年傳文杜注云不舉去盛饌先鄭引之者證刑殺不舉之事國語
周語亦有此文韋注則云不舉樂也賈疏謂彼不舉者謂不舉樂此
經數事不舉司農意亦謂不舉樂故引以為證蓋本韋說然非此經

之義先鄭意似亦不如是也王引之云左成五年傳山崩川竭君爲
之不舉降服乘縵徹樂出次襄二十六年傳古之治民者將刑爲之
不舉不舉則徹樂既云不舉又云徹樂則不舉非徹樂矣膳夫王日
一舉之下始云以樂侑食則所謂舉者以盛饌言之非謂作樂明甚
而昭十七年傳三辰有災君不舉漢書五行志引左氏說曰不舉去
樂也則西漢時已誤解矣案王說足申先鄭義但不舉樂亦自是先
秦古說韓非子五蠹篇云司寇行刑君爲之不舉
樂是韋釋不爲無本但於此經義自不相應耳

王燕食則奉膳贊

祭燕食謂日中與夕食奉膳
奉朝之餘膳所祭者牢肉【疏】王燕食則奉膳贊祭者說文手部云
奉承也贊祭即授祭也蓋亦以樂侑
食品嘗食與朝食同　注云燕食謂日中與夕食者說文宀部云宴
安也燕宴之叚字以王日三食日中與夕食饌具減殺別於禮食及
朝食盛饌故謂之燕食與小臣道僕燕出入之燕義略同王制孔疏
謂食禮有二種一是禮食大行人諸公食禮九舉及公食大夫禮是
也二是燕食謂臣下自與賓客旦夕共食鄭注曲禮酒漿處右云此
大夫士與賓客燕食之禮案孔說禮食即此下文王賓客食是也蓋
王無與臣下旦夕燕食之禮故士相見禮君賜臣食注亦以爲禮食
明此王燕食非與羣臣食唯有旦夕自食得爲燕食也賈疏云案上
王日一舉鄭云謂朝食則此云燕食者謂日中與夕相接爲三時案
玉藻天子與諸侯相互爲三時食故燕食以爲日中與夕云奉膳奉
朝之餘膳者玉藻云天子皮弁以日視朝遂以食日中而餕注云餕
食朝之餘也賈疏云則一牢分爲三時故奉朝之餘餕也云所祭者
牢肉者賈疏云案玉藻諸侯云夕深衣祭牢肉鄭注云天子言日中
諸侯言夕天子言餕諸侯言祭牢肉互相挾則天子諸侯朝皆祭肺
日中與夕皆祭牢肉故言所祭者牢肉也贊祭者助王祭牢肉案鄭
玉藻注又云祭牢肉異於始殺也孔疏云早起初殺之時將食先祭

肺以周人重肺至夕將食之時切牢肉爲小段而祭之故云異於始殺也凡王祭祀賓客食則徹王之胙俎膳夫親徹胙俎胙俎最尊也其餘則其屬徹之賓客食而王有胙俎王與賓客禮食主人飲食之俎皆爲胙俎見於此矣疏凡王祭祀賓客食則徹王之胙俎者賈疏云王祭祀謂祭宗廟有胙俎者謂若特牲少牢主人受尸酢戶東西面設主人俎於席前王受尸酢禮亦當然賓客食謂王與賓客禮食於廟賓在戶牖之閒王在阼階上各有饌皆設俎故亦有胙俎此二者皆名胙俎膳夫徹之詒讓案此云王賓客食者對上王燕食爲文言食而饗燕晐於其中燕禮云膳宰徹公俎是燕亦膳夫徹君俎也 注云膳夫親徹胙俎胙俎最尊也者胙俎特牲少牢饋食禮並作胙俎胙阼字通鄭彼注云阼俎主人俎也案說文𨸏部云阼主人階也以下文及少牢注義推之鄭意蓋以東階爲主人之位故卽稱主人之俎爲阼俎祭禮主人受酢雖不在阼階然亦在戶東也賈疏謂以其胙者酢也取王與尸賓相荅酢之義則是讀胙爲酢與司几筵胙席正同然此義止可通於祭祀饗燕若食禮則本無酬酢賈說不可通於彼也祭祀及賓客食雖尊尸賓然王自有常尊故膳夫之長親徹之少牢有司徹注說司馬司士徹俎不使宰夫特徹胙俎者彼大夫禮與王禮異也云其餘則其屬徹之者謂若尸賓之俎則宰夫使其屬徹之賈疏云以其經膳夫徹王之胙俎明非王胙俎則其屬徹之可知膳夫是上士則其屬中士以下是也詒讓案宰夫之屬猶有司徹之宰夫贊者詩小雅楚茨云諸宰君婦廢徹不遲箋云尸出而可徹諸宰徹去諸饌君婦籩豆而已孔疏以諸宰爲卽膳夫及其屬是也其后之俎則內小臣徹之非此官所掌也云賓客食而王有胙俎王與賓客禮食者賓客禮食卽掌客上公三食侯伯再食子男壹食之等王待來朝諸侯以不純臣禮故王亦有胙俎其與聘使及羣臣食則無也賈疏云以其賓

客與祭祀同科故知是禮食非是凡平燕食案公食大夫主君與聘大夫禮食賓前有食君前無食退俟於廂今此天子與諸侯禮食王前有食俎者天子於諸侯其禮異於諸侯與聘大夫故王前有俎云主人飲食之俎皆爲胙俎見於此矣者以此經祭祀及特牲少牢禮主人有胙俎是祭祀飲酒之俎此經賓客食主人有胙俎是食之俎鄭言此者亦見胙俎爲主人俎之通名不專據飲酒酬酢爲義也

凡王之稍事設薦脯醢鄭司農云稍事謂非日中大舉時而閒食謂之稍事膳夫主設薦脯醢玄謂稍事有小事而飲酒

疏注鄭司農云稍事謂非日中大舉時而閒食謂之稍事膳夫主設薦脯醢者賈疏云先鄭意旦起日中食牲牢日中後空食脯醢後鄭不從者玉藻諸侯猶云夕深衣祭牢肉則天子夕食牢肉可知又脯醢者是飲酒肴羞非是食饌若大夫已下燕食有膴無膾設脯無嫌若王之日食不得空薦脯醢故以爲小事飲酒云玄謂稍事有小事而飲酒者此破先鄭義也廣雅釋言云稍稍小也以其爲飲酒之小者別於大事飲酒故謂之稍事若醴醮之屬亦是也士冠禮賓醴冠者薦脯醢又始加醮用脯醢賈疏云案下經燕飲酒謂大事與臣飲酒則此云王之稍事是王小事而飲酒故空設薦脯醢若大飲與食則有牲體會釗云上言賓客食下言燕飲酒而此言王小事飲酒似屬不倫按賓客本有稍禮聘禮記句而稍是也且本經數言稍並注曰稾食漿人稍禮注云王稍所給賓客則此稍事亦當謂給賓客者矣所以知有脯醢者酒人其賓客之禮酒飲酒而奉之注禮酒饗燕之酒飲酒食之酒此謂給賓客之稍漿人共賓客之稍禮注漿人所給六漿而已是稍事賓客有酒漿矣肉必從酒量人所謂饗賓制其從獻脯燔之量是也彼雖王親饗與稍事王不親饗不同要無不可以例推之肆師共設匪罋之禮聘禮記凡致禮皆用其饗之加籩豆則稍事之有脯醢灼然矣但致禮據公食大夫禮使大

夫以侑幣致之則享燕之致禮亦當使大夫而此膳夫爲士者蓋致之則大夫總其事而薦設則士分其職亦猶正共禮酒飲酒使其士奉之與曰凡王之稍事者王之稍有有故不親饗之稍有賓未去留閒之稍故曰凡以舉之案曾說亦通

王燕飲酒則爲獻主鄭司農云主人當獻賓則膳夫代王爲主君不敵臣也燕義曰使宰夫爲獻主臣莫敢與君亢禮

疏王燕飲酒則爲獻主者燕即大宗伯饗燕之燕左昭二十七年傳云齊侯將享公子家子曰其飲酒也乃飲酒使宰獻而請安是飲酒即燕也大宗伯嘉禮云以饗燕之禮親四方之賓客此謂王與諸侯諸臣燕也又文王世子云若公與族燕則膳宰爲主人以此推之則天子之禮賓燕及族燕亦並膳夫爲獻主也 注鄭司農云主人當獻賓則膳夫代王爲主君不敵臣也者王與之周禮訂義引崔靈恩云凡王燕諸侯皆於路寢使膳夫爲主人王不爲主以燕禮輕故君不酌也賈疏云此約燕禮而知案燕禮主人酌酒獻賓賓酢主人主人酌酒獻君君酢主人主人酬賓以後爲賓舉旅引燕義曰使宰夫爲獻主臣莫敢與君亢禮者鄭彼注云宰夫主膳食之官也天子使膳宰爲主人又燕禮云賓升自西階主人亦升自西階注云主人宰夫也宰夫大宰之屬掌賓客之獻飲食者也君於其臣雖爲賓不親獻以其尊莫敢伉禮也天子膳夫爲獻主案依後鄭燕義燕禮注義則是使宰夫爲獻主左傳齊侯飲魯昭公酒使宰獻孔疏亦以宰爲宰夫若然彼爲諸侯燕聘賓及異姓大夫禮與此經王燕及文王世子諸侯族燕使膳夫爲獻主並異而燕義釋文引別本使宰夫作使膳夫林喬蔭黄以周並據聘禮云燕則宰夫獻燕禮亦云主人筵前獻賓膳宰薦脯醢賓升筵膳宰設折俎明主人與膳宰別其說甚析然則燕義別本作膳夫自是譌文蓋古書凡言膳宰即此膳夫雖亦或通稱宰夫而聘禮經記宰夫與膳宰並見明非即膳夫可知燕義之文與彼正合則宰夫

實卽此經天官之攷鄭說自不可易先鄭引燕義以證此經蓋亦同後鄭義故此注引之更無駁易也

掌后及世子之膳羞亦主其饌之數不饋之耳疏掌后及世子之膳羞者賈疏云上云王日一舉注后與王同庖不言世子則世子與王別牲亦膳夫所掌　注云亦主其饌之數不饋之耳者賈疏云案上文凡王之饋食用六穀已下言饋則膳夫親饋之故云品嘗食案內饔共后及世子之膳羞則是后世子內饔饋之故鄭云亦主其饌之數不饋之耳詒讓案大戴禮記保傅篇云古者胎教王后腹之七月而就宴室太宰持斗而御戶右王后所求滋味者非正味則太宰倚斗而言曰不敢以待王太子又云及太子既冠成人則有徹膳之宰太子有過而宰徹其膳盧注云太宰膳夫也並卽此官主后世子饌數之事又后世子大食亦當有樂宥詳前疏

凡肉脩之頒賜皆掌之鄭司農云脩脯也疏凡肉脩之頒賜皆掌之者常賜謂之頒好賜謂之賜經云頒賜蓋兼二賜言之常賜於大宰九式八匪頒好賜則好用也內饔云凡王之好賜肉脩則饔人共之然則凡肉脩之頒賜皆膳夫掌其事饔人共其物聘禮記云肦肉及廋車肦頒字通左襄二十六年傳云是以將賞爲之加膳加膳則飫賜賈子禮篇云乾肉不腐則左右親謂肉脩之頒賜也　注鄭司農云脩脯也者掌客注及說文肉部並同釋名釋飲食云脯搏也乾燥相搏著也又曰脩脩縮也乾燥而縮也腊人後鄭注云薄析曰脯捶之而施薑桂曰鍛脩賈疏云加薑桂鍛治者謂之脩不加薑桂以鹽乾之者謂之脯則脩脯異矣先鄭云脩脯者散文言之脩脯通也

凡祭祀之致福者受而膳之致福謂諸臣祭祀進其餘肉歸胙于王鄭司農云膳夫受之以給王膳疏凡祭祀之致福者者凡都家之命祀及祖王廟等是也都宗人云凡都祭祀致福于國注云都或有山川及因國無主九皇六十四民之祀王

子弟則立其祖王之廟家宗人云凡祭祀致福注云大夫采地之所祀與都同若先王之子孫亦有祖廟則經云凡祭祀所賅甚廣賈疏謂專指諸臣自祭家廟非也云受而膳之者祭僕云凡祭祀致福者展而受之是凡致福者都家宗人致於祭僕祭僕展其體數訖膳夫則受而膳之其非祭祀致福而獻膳則徑致於膳夫玉藻云膳於君有葷桃茢皆造於膳宰膳宰卽膳夫也 注云致福謂諸臣祭祀進其餘肉歸胙于王者丁注例當作於各本並誤致福者少牢饋食禮祝嘏主人云皇尸命工祝承致多福無疆于女孝孫此歸胙曰致福與彼事異而義同少儀云爲人祭曰致福爲己祭而致膳于君子曰膳鄭彼注云攝主曰致福申其辭也自祭言膳謙也依彼注義則此私祭而云致福者亦散文通也但臣奉君命爲國祭祀似亦當有致福管子小問篇云桓公卽位令釁社塞禱祝鳧已疵獻胙是公祀歸胙之證竊疑此經祭祀致福及少儀爲人祭並含公祀私祀言之注家偶不詳省耳又左僖四年傳說晉太子祭齊姜云太子祭于曲沃歸胙于公杜注云胙祭之酒肉穀梁僖十年傳云世子已祠致福于君君田而不在驪姬以酖爲酒藥脯以毒國語晉語說此事略同此雖非君命然亦公祀也又據彼文則致福歸胙酒肉兩有此注止言餘肉不言酒者酒以共飲當酒正受之非此官專職也賈疏述注致福下有者字云致福者凡祭祀主人受福若與王受福然故云致福知諸臣有致胙法者案春秋左氏昭十六年子產云祭有受脤歸脤彼注云受脤謂君祭以肉賜大夫歸脤謂大夫祭歸肉於公也今彼雖據諸侯禮王之臣致胙亦然故云歸胙於王也鄭司農云膳夫受之以給王膳者膳夫受胙於王饋食時則進之以充膳示不虛受其福也

以摯見者亦如之鄭司農云以羔鴈雉爲摯見者亦受以給王膳【疏】以摯見者亦如之者賈疏云謂卿大夫以下新仕爲臣者卿執羔大夫執鴈士執雉來見王亦受以給王膳也

詁讓案此與司士爲官聯也士相見禮受摯復見之而還摯又云士見大夫終辭其摯注云終辭其摯以將不親荅也凡不荅而受其摯唯君於臣耳然則卿大夫士見王亦直受摯不還故膳之也 注鄭司農云以羔鴈雉爲摯見者亦受以給王膳者以大宗伯六摯之內孤執皮帛不中膳羞庶人執鶩工商執雞庶人工商無特見王禮故不數鶩雞也薛季宣云司士曰掌擯士者膳其摯後鄭謂膳者入之於王之膳人然則膳人之所受者受之司士也

歲終則會唯王及后世子之膳不會

不會計多少優尊者其頒賜諸臣則計之 疏 歲終則會者此正膳羞之歲會亦此官之官成也膳夫受庖人諸官之歲會而入之冢宰小宰贊冢宰受而聽之歲終亦謂夏之季冬詳宰夫疏云唯王及后世子之膳不會者賈疏云此膳夫所掌膳羞是其正故世子亦不會至下庖人王及后不會則世子會之彼禽獻是其加故會之 注云不會計多少優尊者者賈疏云依宰夫職會是歲計謂若計則似限尊者有多少若不計則任所用故云不會是優尊者也云其頒賜諸臣則計之者釋經則會也頒賜即上文肉脩之頒賜是也以頒賜與進膳異且當有限制以防濫恩故計之

庖人掌共六畜六獸六禽辨其名物

六畜六牲也始養之曰畜將用之曰牲春秋傳曰卜日曰牲鄭司農云六獸麋鹿熊麕野豕兔六禽鴈鶉鷃雉鳩鴿玄謂獸人冬獻狼夏獻麋又內則無熊則六獸當有狼而熊不屬六禽於禽獻及六摯宜爲羔豚犢麛雉鴈凡鳥獸未孕曰禽司馬職曰大獸公之小禽私之 疏 掌共六畜六獸六禽辨其名物者賈疏云掌共六畜者馬牛羊豕犬雞謂夏官校人地官牛人春官雞人秋官犬人冬官豕人總送六畜與此庖人六獸六禽即下獸人送之此庖人得此六畜六

獸六禽共與膳夫內外饔此禽獸等皆有名號物色案六牲中羊爲夏官羊人所共賈誤遺之又六禽內羔豚犢亦羊人豕人牛人共之舒鴈則掌畜共之獸人共者唯雉麛耳賈據後注謂六禽並獸人所獻說未備豕人文闕賈知屬冬官者依小宰注司空奉豕義補也名物若爾雅釋鳥釋獸釋畜所說種別不同皆辨異之也　注云六畜六牲也者說文嘼部云嘼犍也田部云畜田畜也爾雅釋畜釋文引說文作嘼牲也案凡經典牲畜之畜並嘼之借字左傳桓六年孔疏云爾雅釋畜於馬牛羊豕狗雞之下題曰六畜故鄭衆服虔皆以六畜爲馬牛羊豕犬雞然則先鄭左傳注說亦同後鄭義六牲見膳夫及牧人然膳夫六牲當爲牛羊豕犬鴈魚與此六畜微異牧人之六牲乃正此六畜耳詳膳夫疏又左昭二十五年傳云爲六畜五牲三犧以奉五味蓋六牲中馬不常用故去之犬雞不爲牢故三犧亦不數是皆不出六牲之外而杜注乃以五牲爲麋鹿麏狼兔孔疏引服虔又以爲麏鹿熊狼野豕並取此六獸二鄭義爲釋失之云始養之曰畜將用之曰牲者釋畜牲異名之義養謂豢飤蕃息之用謂共祭及膳說文牛部云牲牛完全也此專據祭祀之牲言之祭牲必完全乃可用許鄭各偏舉一義也引春秋傳曰卜日曰牲者僖三十一年經四卜郊不從乃免牲左傳云禮不卜常祀而卜其牲日牛卜日曰牲杜注云既得吉日則牛改名曰牲引之者證將用曰牲之義鄭司農云六獸麋鹿熊麕野豕兔者此謂田獸也釋文云麕本又作麇亦作麏麞也又云干注麏作麞熊作貆案說文鹿部云鹿獸也麋鹿屬麇麞也籀文作麕麞麋屬麏卽麇之俗干說雖以貆易熊餘與二鄭同貆詳草人疏凡家物謂之牲野物謂之獸特牲饋食禮云實獸于俎上東首牲在其西北首東足內則云三牲用藙獸用梅並以牲獸對文見異與此經義同吳廷華云據內則有兔羹麋膚麋腥鹿脯田豕脯麕脯而不言熊左氏則有熊蹯先鄭言本此云六禽鴈鶉鷃雉

鳩鴿者釋文述于注義同賈疏云此先鄭意取爾雅文四足而毛謂之獸二足而羽謂之禽故爲此解吳廷華云據內則曰雉羹曰鴈宜麥曰爵鷃蜩羹夏官羅氏則曰獻鳩唯鴿無玫云玄謂獸人冬獻狼夏獻麋又內則無熊則六獸當有狼而熊不屬者鄭以獸人有獻狼明文此六獸不宜遺之既有狼則先鄭所數六者之內當去其一以內則膳羞諸獸咸備而獨無熊則不入常膳可知故取彼刪此餘五獸同先鄭說也云六禽於禽獻及六摯宜爲羔豚犢麛雉鴈者賈疏云下文禽獻之內取羔豚犢麛大宗伯六摯之內亦取羔及雉鴈破司農六禽之內有鶉鷃鳩鴿四者於經無所據云凡鳥獸未孕曰禽者通釋此經六禽禽獻及大宗伯以禽作六摯之義未孕曰禽專據獸言之鄭兼云鳥者牽連及之耳又案說文内部云禽走獸總名曲禮鸚鵡能言不離飛鳥猩猩能言不離禽獸孔疏云別而言之羽則曰禽毛則曰獸通而爲說獸亦可曰禽故易曰王用三驅失前禽白虎通云禽者鳥獸之總名禽名通獸者以其小獸可擒故得通名禽也案孔說是也水蟲亦得稱禽故後經禽獻又有鱐鱻鄭云未孕曰禽亦偏舉一義其實鳥獸不論已孕未孕通得禽稱矣引司馬職曰大獸公之小禽私之者以彼文小禽與大獸對舉明以大小異名故引以證鳥獸未孕曰禽之義

凡其死生鱻薧之物以共王之膳與其薦羞之物及后世子之膳羞

凡計數之薦亦進也備品物曰薦致滋味乃爲羞王言薦者味以不褻爲尊鄭司農云鮮謂生肉薧謂乾肉

疏 凡其死生鱻薧之物以共王之膳與其薦羞之物者此冢宰夫治凡之凡義同說文二部云凡最括而言也一切經音義引三蒼云凡數之總名也漢書萬石君傳迺舉集其門凡顏注云凡最計

上六畜六獸六禽爲文也賈疏云此四者或死或生新殺爲鱻乾者爲薧並庖人以與膳夫內外饔以共王之膳 注云凡計數之者與

也云薦亦進也也者爾雅釋詁云薦進也云亦者冢前膳夫先鄭注云羞進也籩人注云薦羞皆進也義同云備品物曰薦致滋味乃爲羞者賈疏云以經羞言膳故云備品物曰薦致滋味乃爲羞以其不言薦卽是滋味之羞若然備品物者謂王舉則共醢六十甕以五齏七醢七菹三臡實之醢人共齏菹醢六十甕是其備品物及三牲之俎皆是也致滋味乃爲羞羞百有二十品故鄭云羞出於牲及禽獸以備滋味謂之庶羞故公食云宰夫自東房薦豆六又云士羞庶羞案賈謂薦內有三牲之俎非經注義也注云備品物者謂正饌依法數備設之不主於味致滋味謂加饌則以味爲主不必備物也此經云共王之膳與其薦羞之物膳者謂牲體之俎薦者謂脯醢羞者謂庶羞內羞故宰夫云掌祭祀之戒具與其薦羞彼注云薦脯醢也羞庶羞內羞又籩人注云未食未飲曰薦既食既飲曰羞三注各舉一隅爲釋義並通也云王言薦者味以不褻爲尊者鄭意大總言之則飲食前所進羞亦謂之薦分言之則有正加尊卑之別正饌爲薦尊於二羞故經於共王細別備舉之實則王后世子云膳羞羞中亦含薦以禮殺於王文不具耳賈疏謂王言薦羞爲進羞備品物蓋誤會鄭恉鄭司農云鮮謂生肉者說文魚部云鱻新魚精也鮮魚名出貉國經典多借鮮爲鱻此經皆作鱻注皆作鮮亦經用古字注用今字之例後鱻羽杜注亦云鮮魚也鱻爲生魚引申爲凡生肉之稱書益稷奏庶鮮食僞孔傳云鳥獸新殺曰鮮是凡鳥獸魚之肉生者並曰鮮矣既夕禮云魚腊鮮獸注云鮮新殺者生肉卽新殺者也云薧謂乾肉者說文死部云薧死人里也又木部云槀木枯也此經薧並爲枯魚乾肉之稱內則則堇荁枌榆亦以乾爲薧蓋皆槀之借字戲人鱻薧釋文載別本作槁槁卽槀字淮南子泰族訓云以奉宗廟鮮犞之具高注云乾肉爲犞犞亦槁之假借字互詳戲人疏

共祭祀之好羞謂四時所爲膳食若荊州之鱃魚青

州之蟹胥雖非常物進之孝也【疏】共祭祀之好羞者此亦庶羞也共與內外饔籩人醢人等爲豆籩之實　注云謂四時所爲膳食者賈疏云謂四時之閒非常美食案依賈義則注膳食疑當爲善食好與善美義同此非正膳不當云膳食也北堂書鈔酒食部引此注作四時之善羞雖有省改而善字不誤云若荊州之鮺魚青州之蟹胥者釋文引字林云胥蟹醬也丁晏云說文魚部䱹藏魚也南方謂之𩶬北方謂之鮺肉部胥蟹醢也釋名釋飲食鮓菹也以鹽米釀魚以爲菹熟而食之也蟹胥取蟹藏之使骨肉解胥胥然也詒讓案鮺即䱹之俗據鄭說則南方亦稱䱹矣胥亦作蝑廣韻四十禡云蝑鹽藏蟹是也云雖非常物進之孝也者此好羞在六畜六獸六禽之外非常用之物必進之者示備珍品以盡孝道也

共喪紀之庶羞賓客之禽獻

喪紀喪事之祭謂虞祔也禽獻獻禽於賓客獻古文爲獸杜子春云當爲獻【疏】共喪紀之庶羞者膳夫云羞用百二十品是也詳彼疏云賓客之禽獻者賓謂朝覲諸侯客謂聘覜鄉大夫及士介此官皆共禽獻以與宰夫使致之也聘禮記云宰夫歸乘禽凡獻執一雙委其餘于面卽賓客禽獻之事彼記又云禽羞俶獻此鄭注云禽羞謂成孰有齊和者則禽獻之外又有禽羞當亦此官共之下云凡用禽獻注云用禽獻謂煎和之以獻王宰夫賓客膳獻注亦以禽羞俶獻爲釋是生孰通得稱獻則比共禽獻亦得兼晐禽羞故經不具也　注云喪紀喪事之祭謂虞祔也者文王世子注云紀猶事也案此喪紀與甸師喪事義同蓋通大小喪言之禮運鄭注云紀絲縷之數有紀喪事有法數故亦謂之紀呂氏春秋音律篇高注云喪紀喪服親疏輕重之紀彼專據服制而言非此經之義賈疏云凡喪未葬以前無問朝夕奠及大奠皆無薦羞之法今言共喪紀庶羞者謂虞祔之祭乃有之天子九虞後作卒哭祭虞卒哭在寢明日祔於祖廟今直云虞祔不言卒哭者舉前後

虞祔則卒哭在其中共庶羞可知吳廷華云庶羞蓋內則及公食大夫禮膷臐膮炙胾等二十豆也士虞禮有胾四豆故注云然詒讓案經云喪紀鄭賈皆謂據喪祭虞祔知不含喪奠者特牲饋食禮注云庶羞主爲尸非神饌也喪奠皆無尸至虞而後立尸明虞祔乃有庶羞喪奠雖有籩豆皆神饌不得爲庶羞也籩人云喪事共其薦籩羞籩彼注以爲殷奠時者據喪奠中有栗脯及糗餌等耳非謂喪奠有庶羞也又案小宗伯既葬詔相喪祭之禮注亦以喪祭爲虞祔之祭然三年之喪虞祔之後尚有練大祥禫諸祭雖爲吉祭而亦在未終喪之內此云喪紀所晐者廣則練祥諸祭庖人亦當共其庶羞不徒卒哭也虞祔詳小宗伯大祝疏云禽獻獻禽於賓客者賈疏云謂若掌客上公乘禽日九十雙侯伯七十雙子男五十雙之類是也云獻古文爲獸杜子春云當爲獻者段玉裁云此字之誤也故曰當爲徐養原云獸爲字之誤古文卽故書也案注云古文者惟此經與㮚氏兩見徐謂古文卽故書是也此卽謂舊本非古文大篆與儀禮古文亦異詳大宰疏又案此及下文言禽獻者凡三此注疊古文不云皆爲獸則下文禽獻字古文及今書自不異杜卽據彼兩文正讀也

凡令禽獻以灋授之其出入亦如之令令獸人也禽獸不可久處賓客至將獻之庖人乃令獸人取之必書所當獻之數與之及其來致禽亦以此書校數之至于獻賓客又以此書付使者展而行之掌客乘禽於諸侯各如其命之數聘禮乘禽於客日如其饔餼之數士中日則二雙

疏凡令禽獻以灋授之者此冢上賓客之禽獻爲文法卽等數著於大宰九式賓客之式者此官受之以爲官法賓客至則依法以授而令之也賈疏云凡朝聘賓客至並致館與之賓客既在館此庖人乃書所共禽獻之數令於獸人以數授之云其出入亦如之者賈疏云既以數授獸人依數以禽入庖人是入也庖人得此禽還依數付使者送向館是出也亦如

之者亦依法授之　注云令令獸人也者賈疏云案獸人云凡祭祀喪紀賓客共其死獸生獸故知令獸人詒讓案六禽有麛雉又掌客注謂乘禽雉鴈之屬鄭意鴈謂野鴈獸人掌野獸幷掌野禽故此注謂唯令獸人也令攷鴈當爲鵝聘禮注說禽獻文有鶩則皆家畜也其雞或亦當有之則宜幷令雞人掌畜等共之注義未備也云禽獸不可久處賓客至將獻之庖人乃令獸人取之者禽獸當繫畜於闌牢不可久處庖中故必待賓客至將獻之時乃令獸人等取而獻之明未獻則不豫取也云必書所當獻之數與之者司書注云法猶數也宰夫凡賓客以牢禮之法掌其膳獻與其陳數是數與法相將故鄭卽以數釋此經之法文選東京賦薛綜注云授與也謂庖人書所當獻禽獸之法數以與獸人等使依書取致之也云及其來致禽亦以此書校數之者獸人等既取禽獸以入致於庖人庖人仍以前所與之書校數其具否云至于獻賓客又以此書付使者展而行之者于注例當作於各本並誤付使者卽付宰夫等也賈疏云解經出亦如之言展而行之者展猶省視也行去也謂將向客館之時省視禽牲然後去云掌客乘禽於諸侯各如其命之數者釋朝賓禽獻之數詳掌客職引聘禮乘禽於客日如其饔餼之數者釋聘客禽獻之數聘禮記云旣致饔旬而稍宰夫始歸乘禽日如其饔餼之數賈疏云言此臣禮不依命數公侯伯之卿三命子男之卿再命皆以爵卿也饔餼五牢日五雙故言日如其饔餼之數詒讓案五等諸侯雖依命數亦依饔餼牢數則每牢十雙如上公九牢乘禽日九十雙是也此臣禮依饔餼牢數則每牢一雙卿五牢而聘義云乘禽日五雙是也云士中日則二雙者亦聘禮記文鄭彼注云中猶閒也不一日一雙大寡不敬也賈疏云謂作介時士爵一日則一雙禽獻不以命數故言閒日則二雙言此者釋經以法授之法則數也

凡用禽獻春行羔豚膳膏香夏行腒鱐膳

膏臊，秋行犢麛膳膏腥，冬行鱻羽膳膏羶。用禽獻謂煎和之以獻王鄭司農云膏香牛脂也以牛脂和之腒乾雉鱐乾魚膏臊豕膏也以豕膏和之杜子春云膏臊犬膏膏腥豕膏也鮮魚也羽鴈也膏羶羊脂也玄謂膏腥雞膏也羔豚物生而肥犢與麛物成而充腒鱐暵熱而乾魚鴈水涸而性定此八物者得四時之氣尤盛為人食之弗勝是以用休廢之脂膏煎和膳之牛屬司徒土也雞屬宗伯木也犬屬司寇金也羊屬司馬火也

【疏】凡用禽獻者此共王之禽獻也上云六禽此又有鱐鱻者魚為小牲亦得稱禽也國語魯語云使水虞登川禽韋注云鼈蜃之屬案彼當亦含有魚蓋水蟲通得謂之川禽與此經義可互證也云春行羔豚膳膏香者以下辨四時所用禽獻之物內則文並同司爟注云行猶用也春秋繁露天地之行篇云飲食臭味每至一時亦有所勝有所不勝之理不可不察也四時不同氣氣各有所宜宜之所在其物代美視代美而代養之同時美者雜食之是皆其所宜也春秋雜物其和而冬夏代服其宜則當得天地之美四時和矣案此經說四時之味所宜即董子所謂春秋雜物其和而冬夏代服其宜也鄭賈以五行休王為說於經無當　注云用禽獻謂煎和之以獻王者賈疏云殺牲謂之用煎和謂之膳用膳相將之言故以煎和解用上言賓客之禽獻此用禽以王為主故言獻王案賈說非也用與行義同此獻王者以備膳羞別於上賓客之禽獻為生致者故注特言煎和也但聘禮賓客有禽羞彼注謂有齊和則亦宜依此法行之此禽獻內雜以王膳為主當亦晐有賓客之羞矣煎和詳內饔疏鄭司農云膏香牛脂也者說文香部云香芳也香香之隸省內則香作薌鄭彼注云牛膏薌薌香字同香臊腥羶皆以其芳臭名膏也賈疏云案內則鄭注釋者曰膏凝者曰脂彼是相對之義通而言之脂膏一也故司農以脂解膏案賈謂通言脂膏是一是也然非先鄭之恉梓人注

二云脂者牛羊屬膏者豕屬故經二云膏統言不別而先鄭及杜釋香羶特言牛脂羊脂辨異名也二云以牛脂和之者謂以牛脂和羔豚之肉爲膳也二云腒乾雉者內則注同此據士相見禮二云冬用雉夏用腒注二云夏用腒備腐臭也內則釋文引盧植亦二云腒雉腊說文肉部二云北方謂鳥腊腒傳曰堯如腊舜如腒案許意蓋謂凡雞鶩鳧鴈之屬乾者通得稱腒於此經及內則義亦得通廣雅釋器二云腒脯也蓋亦指羽鳥之乾脯言之二云鱐乾魚者內則注同籩人膴鮑魚鱐注二云鱐者析乾之出東海說文肉部二云鱐乾魚尾鱐鱐也周禮有腒鱐許所據字與鄭異而義同內則釋文載鱐本又作䐹與許合此鱐即𪓰人之薧夏獻之故國語魯語謂之夏槁矣二云膏臊豕膏也者釋文引干注同說文肉部二云臊豕膏臭也一切經音義引通俗文二云猳臭曰臊並與先鄭說同說文魚部二云鱢鮏臭也引周禮曰膳膏鱢鮏魚臭也阮元二云周禮諸本不同說文引經每兼釋異本蓋膏臊一作膏鱢而其義爲魚臭與鄭以爲豕膏杜以爲犬膏俱互異說文於鱢下引周禮於臊下止存豕膏臭一義則許氏所據古文本作鱢案阮說是也惠士奇說同然臊爲犬臭內饔有明文則不當別爲魚臭之鱢許所據本不及杜鄭本之長又呂氏春秋本味篇二云水居者腥肉玃者臊高注二云肉玃者玃挐肉而食之之謂鷹鵰之屬故其臭臊也高說臊臭與此經及說文並異二云以豕膏和之者亦謂以豕膏和腒鱐爲膳也杜子春二云膏臊犬膏膏腥豕膏也者據內饔文內則注亦二云犬膏臊俞樾二云臊腥羶三者均當以杜說爲定內饔職二云辨腥臊羶香之不可食者羊泠毛而毳羶犬赤股而躁臊豕盲視而交睫腥然則臊以犬言腥以豕言羶以羊言在本經具有明證先鄭以膏臊爲豕膏則與內饔職不合後鄭以膏腥爲雞膏附會土木金火爲義更不足據矣案俞說是也說文肉部二云胜犬膏臭也與杜鄭此注字義又異疑本賈侍中說又許書腥字別爲星見食豕令肉中生小息肉不爲牲臭

亦詳內饔疏云鮮魚也者此亦注用今字也內則注云鮮生魚也對前鱐爲乾魚鮮鱻之借字詳前疏云羽鴈也者內則注同說文羽部云羽鳥長毛也此與司裘羅氏羽物義同乃禽鳥之通名杜據食醫六牲有鴈故專舉鴈爲釋鴈亦即鵝也釋文出鱻羽云鄭云鮮魚也羽鴈也杜云鮮羽鴈也則陸所見本杜注無魚也二字而以鮮羽二字連讀然鴈曰鮮羽於義無取其本殆不足據其所引後鄭說蓋據內則注非此經注義云膏羶羊脂也者內則注云羊膏羶說文羴部云羴羊臭也重文羶羴或从亶是羶本羊臭呂氏春秋本味篇云草食者羶是也云羊脂者亦以有角者脂別之云玄謂膏腥雞膏也者釋文引干注同又云或作雉膏案內則注亦云雞膏腥此無正文後鄭以五牲分屬五行而以時令合之謂秋當用雞膏故不從子春說其實非也又五牲無雉釋文所載或說亦非云羔豚物生而肥者大宗伯注云羔小羊也說文豚部云豚小豕也重文豚篆文从肉豕此釋春行羔豚之義春萬物生長之時羔豚亦肥腯也云犢與麛物成而充者說文牛部云犢牛子也迹人注云麛麋鹿子此釋秋行犢麛之義秋萬物長成之時犢麛亦充實也云腒鱐暵熱而乾者釋夏行腒鱐之義說文日部云暵乾也耕暴田曰暵夏盛暑暵熱故物易乾也云魚鴈水涸而性定者釋冬行魚鴈之義凡六禽六摯之鴈並當爲鵝即舒鴈也前杜釋羽爲鴈當同鄭於大宗伯注則釋鴈爲鴻鴈此注亦然故云水涸性定以鴻鴈亦水鳥也然與經義不合詩周頌潛敘云季冬薦魚鄭彼箋云冬魚之性定孔疏云冬月既寒魚不行乃性定而肥充故冬薦之也云此八物者得四時之氣尤盛爲人食之弗勝是以用休廢之脂膏煎和膳之者此鄭自申其膳和應五行休王之說也內則注亦云此八物四時肥美也爲其大盛煎以休廢之膏節其氣也賈疏云春木王火相土死牛屬中央土夏時金死犬屬西方金雞屬東方木秋時木死羊屬南方火冬時火死又云五行

王相相剋春木王火相土死金囚水爲休廢夏火王土相金死水囚木爲休廢已下推之可知王所勝者死相所勝者囚新謝者爲休廢若然向來所膳膏者皆是死之脂膏鄭云休廢者相對死與休廢別散則死亦爲休廢故鄭以休廢言之也案鄭意當如賈說但膳羞齊和當取性味相成不宜傅合五行休王爲釋且秋行犢麛膳膏腥實爲豕膏豕北方畜秋時金王水相亦非休廢之膏鄭賈說不可從云牛屬司徒土也者大司徒云祀五帝奉牛牲注云牛能任載地類也又牛人掌養牛亦屬司徒是於五行屬土也亦詳大司徒疏云雞屬宗伯木也者雞人掌雞牲屬宗伯是雞屬木詳春官敘官疏云犬屬司寇金也者犬人掌犬牲屬司寇是犬屬金詳秋官敘官疏云羊屬司馬火也者羊人掌羊牲屬司馬少牢饋食禮注引尚書傳云羊屬火凡此諸牲屬五行之說蓋並依洪範五行傳義互詳夏官敘官疏

歲終則會唯王及后之膳禽不會膳禽四時所膳禽獻加世子可以會之

疏歲終則會者正膳羞之歲會亦官成也注云膳禽四時所膳禽獻者即上禽獻四時異物是也云加世子可以會之者禽獻爲加饌輕於正膳經云唯王及后不會則世子不在不會之例可知對前膳夫掌正膳世子亦不會也

周禮正義卷七

珍倣宋版印

周禮正義卷八

瑞安孫詒讓學

內饔掌王及后世子膳羞之割亨煎和之事辨體名肉物辨百品味之物

割肆解肉也亨煮也煎和齊以五味體名脊脅肩臂臑之屬肉物胾燔之屬百品味庶羞之屬言百舉成數

疏注云割肆解肉也者爾雅釋言云割裂也說文刀部云割剝也郊特牲云腥肆爛腍祭注云治肉曰肆小子羊肆注云肆讀爲鬄羊鬄者所謂豚解也大司徒注亦云肆解骨體是肆解卽割裂牲體骨肉之通名故此注釋割爲肆解也儀禮經傳通解續引尚書大傳云殺者中死割者中理凡牲體有豚解體解節解法數不同詳後及小子疏云亨煮也者方言云亨熟也嵩嶽以南陳潁之閒曰亨士冠禮注云煮於鑊曰亨云煎和齊以五味者說文火部云煎熬也方言云煎火乾也凡有汁而乾謂之煎煎和蓋謂煎熬而以五味調和之呂氏春秋仲夏紀高注云和齊和也又本味篇云凡味之本水最爲始五味三材九沸九變火爲之紀調和之事必以甘酸辛苦鹹先後多少其齊甚微皆有自起左昭二十年傳晏子曰水火醯醢鹽梅以亨魚肉燀之以薪宰夫和之齊之以味濟其不及以洩其過並煎和齊五味之義云體名脊脅肩臂臑之屬者淩廷堪云凡牲左體謂之左胖右體謂之右胖前體謂之肱骨又謂之前脛骨肱骨三最上謂之肩肩下謂之臂臂下謂之臑後體謂之股骨又謂之後脛骨股骨三最上謂之肫又謂之膊肫下謂之胳又謂之骼胳下謂之豰中體謂之脊脊骨三前骨謂之正脊中骨謂之脡脊後骨謂之橫脊脊兩旁之肋謂之脅又謂之胸胸又謂之幹脅骨三中骨謂之正脅又謂之長脅前骨謂之

代脅後骨謂之短脅肩上謂之臉又謂之脰肫上謂之髀餘骨謂之
儀殊左右肱股四脊一兩脅二謂之七體又謂之豚解左右肱股骨
各六脊骨三左右脅骨六謂之二十一體又謂之體解節解謂之折
骨折謂之殽脅案淩說二十一體有殽而無髀從少牢賈疏說也朱
子則謂當加兩髀而去殽黃以周云豚解合升是弁髀升體解不升
髀而士虞特牲少牢饋食祝俎皆用髀則髀自在二十一體之中但
神俎升右胖以髀賤不升故少牢禮止十一體爾經言髀不升正明
其爲一體也案黃說是也云肉物胾燔之屬者釋文燔作膰云本亦
作燔案宋本亦作膰說文肉部云胾大臠也又炙部云鐇宗廟火孰
肉燔卽鐇之借字士虞禮注云胾切肉也燔詳量人疏王引之云胾
燔乃割亨煎熬和之異名非肉所本有之名物也與體名爲牲所本有
者義例參差殆非經意今案肉物蓋若大雅行葦篇之嘉殽脾臄少
牢饋食禮之腸三胃三舉肺一祭肺三倫膚九及心舌載于肵俎賓
長羞牢肝之屬凡無骨者皆是案王說是也淩廷堪云皮謂之膚精
者謂之倫膚腹腴謂之腸胃知食味者謂之心舌氣主謂之肺舉肺
謂之離肺又謂之嚌肺祭肺謂之刌肺又謂之切肺肺與正脊謂之
舉肉理謂之膝又謂之奏案此卽所謂肉名也云百品味庶羞之屬
言百舉成數者賈疏云案膳夫職庶羞百有二十品今言百故鄭云
舉成數詒讓案百品味卽後云百羞是也國語周語云品其百籩
亦同凡庶羞之屬濡者實於豆乾者實於籩云百籩者以晐豆也 **王**
舉則陳其鼎俎以牲體實之 取於鑊以實鼎取於鼎以
實俎實鼎曰脅實俎曰載 【疏】王舉則陳
其鼎俎者
舉亦謂殺牲盛饌也賈疏云陳鼎有二一處初陳鼎於鑊西後陳鼎於
阼階下其俎皆陳於鼎西南亦以牲體實之者牲體卽豚解七體體
解二十一體之等皆肆解而實之鼎俎也　注云取於鑊以實鼎取
於鼎以實俎者凡牲必解而亨之於鑊既孰乃取以實鼎亨人注云

鑊所以羹肉及魚腊之器既孰乃脀於鼎是也將薦之則以匕出牲體於鼎而載之於俎也其見於禮經亨鑊升鼎載俎三節皆備者少牢饋食禮云羹定雍人陳鼎五三鼎在羊鑊之西二鼎在豕鑊之西司馬升羊右胖實于一鼎司士升豕右胖實于一鼎雍人倫膚九實于一鼎司士又升魚腊魚十五而鼎腊一純而鼎卒脀皆設扃鼏乃舉陳鼎于廟門之外東方北面北上此取於鑊以實鼎也又云鼎序入司士合執二俎以從司士贊者二人皆合執二俎以相從入陳鼎於東方當序南于洗西俎皆設于鼎西佐食上利升牢心舌載于肵俎上利升羊載右胖下利升豕其載如羊體其載于俎皆進下司士三人升魚腊膚魚用鮒十五而俎腊一純而俎膚九而俎此取於鼎以實俎也凡禮略者或取於鑊卽實之俎鄉飲酒記云其牲狗也亨于堂東北俎由東壁自西階升注云亨狗既孰載之俎是也云實鼎曰脀實俎曰載者卽據少牢饋食文禮他篇脀多言升士冠禮載合升鄭注云在鼎曰升在俎曰載彼升卽脀也通言之在俎亦得謂之脀燕禮脀薦主人于洗北西面脯醢無脀注云脀俎實脀字又作烝國語周語有全烝房烝肴烝肴烝特牲饋食禮作殽脀此脀並謂俎實是脀與載對文則異散文亦通

選百羞醬物珍物以俟饋先進食之時恆選擇其中御者

疏選百羞醬物珍物以俟饋者說文立部云竢待也經典通叚俟爲竢賈疏云百羞者則庶羞百二十醬物者卽醬用百二十罋珍物者諸八珍之類案膳夫云羞用百有二十品此及食醫並云百羞鄭賈謂舉成數竊疑或據王食禮籩豆各五十言之詳膳夫疏初學記帝王部引尸子云君天下者珍羞百種卽此俟饋者謂俟膳夫之饋也王之膳羞內饔但主選不主饋王尊於后世子也　注云先進食之時恆選擇其中御者者小爾雅廣言云選擇也謂於王未進食之時先選擇珍美其中王御者以進之也獨斷云御者進也飲食入於口曰御王引之

云選讀曰僎說文曰僎具也又曰巽具也巽與僎古同聲選百羞醬物珍物者具百羞醬物珍物也文王世子曰養老之珍具是也珍羞
恐其不備而具之故謂之僎案王說亦通共后及世子之膳羞膳夫掌之是乃共之疏注云膳夫掌之是乃共之
者據膳夫云掌后及世子之膳羞賈疏云后世子直言共不言饋者膳夫饋王不饋后世子此內饔言共是親饋故鄭云膳夫掌之是乃
共之辨腥臊羶香之不可食者牛夜鳴則庮羊泠毛而毳羶犬赤股而
躁臊烏皫色而沙鳴貍豕盲眡而交睫腥馬黑脊而般臂螻腥臊羶香可食
者是別其不可食者則所謂者皆臭味也泠毛毛長總結也皫失色不澤美也沙澌也交睫腥腥當爲星聲之誤也肉有如米者似星般
臂臂毛有文鄭司農云庮朽木臭也螻螻蛄臭也杜子春云盲眡當爲望視疏辨腥臊羶香之不可食者此辨禽牲之不中膳羞
者凡牲病則失味且害人故內外饔不以共也內則亦有此文云犬赤股而躁臊者說文肉部云股髀也內則注云赤股股裏無毛也賈
疏云言股裏無毛而走又躁疾云烏皫色而沙鳴貍者烏即掌畜之卵烏鶼鴈雞二牲而言貍內則作鬱彼注云鬱腐臭也云豕盲眡而
交睫腥者盲眡內則作望視眡視古今字詳大宰疏說文目部云睫目旁毛也睫即睞之俗賈疏云豕乃聽物不合望眡此豕眼睫毛交
故云望眡而交睫云馬黑脊而般臂螻者說文呂部云膂背呂也脊即膂之隸變螻內則作漏字通　注云腥臊羶香可食者者賈疏云
即上庖人職所云是也云是別其不可食者則所謂者皆臭味也者敘官注云辨別也經言辨其不可食者明此腥臊羶香與庖人膏腥
等異即論語鄉黨篇云臭惡不食是也臭味謂殠惡之味說文歺部云殠腐气也經典通借臭爲之云泠毛毛長總結也者賈疏云泠毛

謂毛長也毳謂毛別聚結者案依賈說則鄭自以毛長詁泠毛總結詁毳疑注泠毛下當有毳字而今本挩之蓋經於泠毛毳之間著一而字明毳與泠毛是二病下四句文例並同故鄭亦兼釋之內則注云泠毛毳毛別聚於不解者也彼注亦兼舉泠毛毳二字可以互證彼孔疏云泠謂毛本稀泠毳謂毛頭毳結洪頤煊云泠與零同謂毛零落而又毳結案孔洪說是也蓋凡畜病則細毛多零落長毛雖存而糾結不解此注以毛長釋泠毛明細毛零落僅見長毛也以總結釋毳者掌皮云共其毳毛為氈故毛結亦謂之毳內則釋文云泠結毛如氈也陸雖釋泠實毳字義也曲禮牲號云羊曰柔毛注云羊肥則毛柔潤毛零落總結則不柔潤故為病矣云皫失色不澤美也者釋文皫作犥云本又作皫阮元云玉篇皫白色犥牛色不美澤又牛黃白色說文牛部犥牛黃白色从牛麃聲白部無皫字今禮記內則作皫而釋文作麃云本又作皫知皫為俗字案阮以皫為俗字是也但此為鳥色則不得為犥字陸本及玉篇不足據玉篇犥字注亦隱用此注義而以失色為牛色尤譌謬之甚者此字古當止作麃內則注云皫色毛變色也孔疏云皫色其色變無潤澤廣韻三十小引蒼頡篇云麃鳥毛變色字作麃與內則或本同訓為鳥毛變色與此注失色之義亦正合古文苑班婕妤擣素賦有見禽華以麃色之語亦其證也云沙澌也者沙澌一聲之轉說文疒部云𤺺散聲方言云𤺺散也東齊聲散曰𤺺秦晉聲變曰𤺺內則注云沙猶嘶也彼釋文云嘶本作斯孔疏云嘶謂酸嘶古之嘶字單作斯耳案大戴禮記文王官人篇云其聲斯醜盧注云嘶當聲誤為斯澌嘶𤺺斯聲義並相近曲禮云雞曰翰音注云翰長也音鳴也是雞以長鳴為良故鳴聲沙澌則為病也云交睫腥腥當為星聲之誤也者內則注同段玉裁云注舉交睫腥三字者以此腥別於上文腥臊羶香之腥也鄭君說腥為雞膏交睫腥之腥當易為星云內有如米者似星者內則注云星

肉中如米者段玉裁云似星當作曰星謂肉有如米者謂之星如飯之𥻆也許叔重說胜爲犬膏之臭腥爲星見食豕令肉中生小息肉據周禮與鄭所據不同兩司農作腥而一云豕膏一云雞膏許作胜故其字從肉星星亦聲則腥爲正字而胜爲周禮腥臊之正字許所而曰犬膏說又乖異耳阮元云爾雅米者謂之𥻆郭注云飯中有腥亦以腥爲正字詒讓案後鄭因此經腥爲豕病而庖人膏腥注以爲雞膏二者不相當故破腥爲星而別爲之說依許說則腥自爲豕生息肉之正字不必改讀但此經方言氣臭之不可食者不宜腥獨爲肉有如米之名鄭說殆非也此腥實當讀如字庖人之膏腥亦當依杜子春說訓爲豕膏兩經文義本相合鄭岐而二之遂滋曲說耳互詳庖人疏云般臂臂毛有文者釋文云臂徐本作辟案辟卽臂之省內則注云般臂前脛般般然也般蓋辨之借字說文文部云辨駁文也賈疏云鄭荅泠剛童牛之梏木在手曰梏牛無手以前足當之此馬亦然故言般臂惠棟云山海經北山經諸毗之水其中多水馬其狀如馬文臂牛尾郭璞云臂前腳也周禮曰馬黑脊而斑臂膢阮元云釋文般音班注云臂毛有文是亦讀般爲斑也古般斑通郭氏以今字讀之故引作斑案阮說是也斑亦卽辨之俗鄭司農云庮朽木臭也者呂飛鵬云說文广部庮久屋朽木周禮曰牛夜鳴則庮臭如朽木與司農說合詒讓案後鄭內則注云庮惡臭也引春秋傳曰一薰一庮僖四年左傳作蕕杜注云蕕臭草亦與朽木臭之義相近蓋庮蕕聲近義略同釋文引干注云病也廣雅釋詁云痼病也痼庮字亦通云螻螻蛄臭也者內則螻作漏注云漏當爲螻如螻蛄臭也卽依此文爾雅釋蟲云螜天螻郭注云螻蛄也釋文云螻干音漏內病也則干依內則破螻爲漏與鄭正相反焦循云康成以漏爲螻令升以螻爲漏列子周穆王篇云王之廚饌腥螻而不可饗張湛取鄭注云螻蛄臭也方言螻蛄一名杜狗卽今之土狗不聞其臭惡螻從婁

說文婁空也釋名樓言牖戶諸射孔婁婁然也婁爲孔與漏義正同呂氏春秋愼小篇云巨防空螻而漂邑殺人此螻卽漏字空螻卽孔漏也高誘解爲孔穴容螻蛄非是此干氏內病之訓謂內病成孔婁婁然也案焦申于義亦足備一解但據列子腥螻之文則螻自當爲臭味之名螻山海經郭注引此經又作膢螻膢聲類同杜子春云盲眡當爲望視者眡注例用今字作視述經亦然此作眡疑誤杜卽從內則讀也但杜意正謂盲當爲望耳其眡視爲古今字此經用古文禮記用今文經文各從其朔不足相校也鄭彼注云望視視遠也孔疏云謂豕視望揚案左哀十四年傳云陳豹望視杜注云目望陽孔卽本杜義家語辨樂篇王注云望羊遠視也莊子秋水篇盳洋向若而歎彼釋文云本亦作望洋司馬崔云盳洋猶望羊仰視貌莊子盳與此盲字正同揚陽羊洋字並通段玉裁云盲望同音假借子春不云讀爲云當爲者謂爲聲之誤也

凡宗廟之祭祀掌割亨之事凡燕飲食亦如之凡掌共羞脩刑膴胖骨鱐以待共膳掌共共當爲具羞庶羞也脩鍛脯也胖如脯而腥者鄭司農云刑膴謂夾脊肉或曰膺肉也骨鱐謂骨有肉者玄謂刑鉶羹也膴牒肉大臠所以祭者骨牲體也鱐乾魚

【疏】凡宗廟之祭祀掌割亨之事者賈疏云內饔不掌外神言凡者謂四時及祫禘并月祭等皆在其中掌其割亨之事上王后言煎和此不言煎和者鬼神尚質不貴褻味故不言煎和詒讓案大戴禮記諸侯釁廟禮雍人封羊割雞雍人卽內饔也又少牢饋食禮云雍人概鼎匕俎于雍爨又雍人陳鼎五又雍人倫膚九實于一鼎則內祭祀內饔亦陳其鼎俎以牲體實之此文不具也云凡燕飲食亦如之者賈疏云謂王及后世子自燕飲食皆須割亨故云亦如之案賈說是也此食與膳夫燕食同飲亦謂燕居飲酒則與膳夫燕飲酒異其賓客饗食燕皆掌於外饔非此官之

職也云凡掌共羞脩刑膴胖骨鱐以待共膳者謂豫具此七者以待共王后世子之膳不徒掌割亨也　注云掌共共當爲具者以與下共膳文複故破爲具共具形近而誤謂統下羞脩七者皆具之云羞庶羞也者賈疏云庶羞則百二十品是也案詳膳夫疏云脩鍛脯也者膳夫先鄭注云脩脯也白虎通義文質篇云腶脩者脯也公羊莊二十四年何注同案統言之脩脯並爲乾肉析言之則乾肉之不鍛者爲脯鍛者爲脩故腊人注云薄析曰脯捶之而施薑桂曰鍛脩廣雅釋詁云鍛椎也蓋取乾脯雜薑桂椎擣之是爲鍛脩若內則牛脩是也互詳膳夫腊人疏云胖如脯而腥者者亦如脯之薄析但不乾耳膳人注云胖宜爲脯而腥胖之言片也析肉意也說文肉部云胖一曰不孰也經典通段腥爲之互詳腊人疏鄭司農云刑膴謂夾脊肉者先鄭以刑膴爲一物腊人杜注亦云膴胖皆謂夾脊肉會釗云刑不訓夾脊肉據先鄭意當讀爲胂刑从幵聲與胂聲近說文肉部脊夾脊肉也正與先鄭合案會說是也膴說文訓爲無骨腊杜及先鄭亦釋爲夾脊肉者蓋讀膴爲脢也易咸九五爻辭咸其脢釋文引虞翻云脢夾脊肉也孔疏引子夏易傳云在脊曰脢鄭易注云脢脊肉也王肅云脢在背而夾脊字亦作脄內則擣珍用脄鄭注云脄脊側肉也膴與脢聲類相近詩小雅小旻民雖靡膴大雅緜周原膴膴釋文及文選魏都賦李注引韓詩膴並作腜杜鄭二君讀膴爲脢猶韓詩以腜爲膴也集韻十五灰亦云脢或作膴卽其證云或曰膺肉也者腊人先鄭注同說文肉部云膺匈也案此亦讀膴爲脢而說異易咸九五王弼注云脢者心之上口之下心上口下卽當膺之肉也云骨鱐謂骨有肉者者謂牲牢之骨體也鱐不得爲牲體先鄭本疑當作鱐與說文肉部引庖人文同此又以骨鱐爲一物也先鄭意蓋以此字從肉義可通於牲魚故庖人單言鱐則釋爲乾魚此與骨連文則以爲骨之連肉者與後鄭本字義並微異若亦同後鄭作鱐從

魚則形義相將不得通於牲畜矣云玄謂刑鉶羹也者破先鄭刑膴爲一物刑鉶聲類同字通史記敘傳啜土刑亦以刑爲鉶鉶羹見亨人後鄭意刑謂和羹之菜肉也云膴牒肉大臠所以祭者者亦破先鄭夾脊肉膴肉之說說文肉部云牒薄切肉也臠臞也一曰切肉臠也少儀云牛與羊魚之腥聶而切之爲膾注云聶之言牒也先藿葉切之復報切之則成膾然則牒肉大臠者謂薄切肉爲大臠即所謂藿葉切之者但不復報切耳少儀又云魚祭膴注云膴大臠謂刳魚腹也凡進羞必以肉肥美者特爲大臠以擬祭謂之大魚或謂之膴案凡牒肉大臠在牲謂之大在魚謂之膴通言之大亦得名膴此職及腊人之膴是也互詳腊人疏云骨牲體也者謂六牲之骨體祭統云凡爲俎以骨爲主骨有貴賤殷人貴髀周人貴肩凡前貴於後亦即上體名脊脅之屬是也云鱐乾魚者庖人先鄭注同此亦破先鄭骨鱐爲一物也

凡王之好賜肉脩則饔人共之好賜王所善而賜也

疏凡王之好賜肉脩則饔人共之者謂非常賜也常賜亦有肉脩膳夫云凡肉脩之頒賜是也當亦饔人所共經惟言好賜者文不具饔人即內饔稱人者通舉其官長徒屬之言凡此經總舉官屬者皆稱人若射人稱大僕爲僕人大祝稱甸師爲甸人是也左襄二十八年傳云公膳日雙雞饔人竊更之以鶩杜注云卿大夫之膳食彼饔人與此正同凡卿大夫以事在公則有公膳左傳昭四年孔疏謂在官治事官皆給食是也公之膳食亦饔人掌之則不徒好賜也孟子萬章篇云庖人繼肉蓋饔人與庖人通職並掌餽賜之事矣　注云好賜王所善而賜也者鄭詩小雅鹿鳴箋云好猶善也大宰好用之式注云好用燕好所賜予此好賜與好用義同內府又謂之好賜予皆謂王於羣臣有所厚好則賜予之不在常賜之科者也

外饔掌外祭祀之割亨共其脯脩刑膴陳其鼎俎實之牲體魚腊凡
賓客之飧饔饗食之事亦如之飧客始至之禮饔既將幣之禮致禮於客莫盛於饔 疏 掌外祭祀之割
亨者對宗廟六享爲內祭祀也賈疏云謂天地四望山川社稷五祀
外神皆掌其割亨云共其脯脩刑膴者刑亦與鉶通謂鉶羹也詳內
饔疏云陳其鼎俎實之牲體魚腊者賈疏云謂若鼎十有二者也云
凡賓客之飧饔饗食之事亦如之者賈疏云謂所陳之數如宰夫職
所云者也皆以外饔共之故言亦如之案此謂共陳實三者並如祭
祀也賈說未晐公食大夫禮云雍人以俎入陳于鼎南旅人南面加
匕于鼎退卽賓客食陳鼎俎之事 注云飧客始至之禮者宰夫注
義同詳彼疏云饔既將幣之禮者賈疏云案聘禮記云聘日致饔鄭
注云急歸大禮鄭云將幣者卽是聘享也若諸侯來朝亦朝日致之
也詒讓案凡朝聘致饔餼皆在將幣之後故掌客注亦云饔餼既相
見致大禮也左傳隱十年杜注云諸侯相朝逆之以饔餼謂之郊勞
是謂賓至郊卽致饔餼與禮不合謬說不足據又國語周語云周之
秩官曰敵國賓至膳宰致饔韋注云膳宰膳夫也案聘禮宰夫設飧
鄉歸饔餼蓋此外饔共賓客之飧饔亦從其長而致之彼云膳宰者
以外饔是膳夫之屬亦得通稱也云致禮於客莫盛於饔者宋建陽
本作於賓客賈疏述注同疑所見本亦有賓字莫盛於饔者對飧爲
致賓客之殺禮故司儀注亦云小禮曰飧大禮曰饔餼也又掌客注
云大者既兼飧積有生有腥有孰餘又多也賈疏云以其饔之中有
餁有腥有牽又有酒有米兼燕與食其中芻薪米禾又多故云莫盛於饔也 邦饗耆老孤子則掌其割亨
之事饗士庶子亦如之孤子者死王事者之子也士庶子衞王宮者若今時之饗衞士矣王制曰周人養國老於

東膠養庶老於虞庠疏邦饗耆老孤子者聘禮注云饗謂亨大牢以飲賓也說文老部云耆老也曲禮云六十曰耆案饗耆老者言饗以賅食者老亦關四等之老言之王制云凡養老有虞氏以燕禮夏后氏以饗禮殷人以食禮周人脩而兼用之注云兼用之備陰陽也凡飲養陽氣凡食養陰氣陽用春夏陰用秋冬孔疏引皇侃云人君養老有四種一是養三老五更二是子孫爲國難而死王養死者父祖三是養致仕之老四是引戶校年養庶人之老是也又郊特牲云春饗孤子秋食耆老孔疏引熊安生云春饗孤子亦饗耆老秋食耆老亦食孤子案文王世子說天子視學養老之禮云適東序釋奠於先老遂設三老五更羣老之席位焉又云王乃命公侯伯子男及羣吏曰反養老幼于東序是老幼同時並養熊說不爲無徵依郊特牲文蓋老幼並春秋兩養春用饗禮秋用食禮故王制謂周兼脩虞夏殷之禮孔疏引熊氏推鄭義謂四時養老蓋謂春用饗禮夏用燕禮秋冬用食禮又引皇氏說謂春夏雖以飲爲主亦有食先行饗次燕次食秋冬以食爲主亦有饗先行食次燕次饗一日之中三事行畢孔又申鄭義云或鄭因春而言夏因秋而見冬周冬夏不養老也今案皇說繁瀆無理不爲典要據羅氏云仲春羅春鳥獻鳩以養國老而郊特牲又云秋食耆老禮書引尚書大傳云舜五祀秋饗耆老而春食鋪子是虞禮與周略同此皆春秋有養之明文大戴禮記千乘篇云朝孤子八人以成春事息國老六人以成冬事息爲鄉飲酒亦燕之類是冬養又用燕禮矣禮文岐迕難以合一要王制疏謂鄭意止有春秋二養老與諸經及注義皆合近得其正矣凡常禮饗食皆在廟此饗耆老孤子據文王世子說則皆在學也饗士庶子雖無文或當與老幼同王制疏引皇氏說謂饗宿衞及耆老皆用饗禮致仕之老當用正饗房烝與饗來朝諸侯同饗死政之老則用折俎殽烝亦無正文未知是否至說文食部云饗鄉人飲酒也此用詩豳風七

月朋酒斯饗毛傳義詩孔疏謂鄉飲酒禮尊事重故以饗言之是蓋
饗之別義此經凡言饗者並與彼不同饗者老與鄉飲酒雖皆在學
其禮則隆殺迥殊饗禮兼食燕其禮最盛故槁人云若饗耆老孤子
士庶子共其食若用鄉飲酒禮則不得有食矣蓋鄉邑之吏養老於
學容有用鄉飲酒禮者千乘所謂息是也若天子諸侯養老之盛禮
未有不用正饗禮者也凡饗正禮必在廟然亦有不在廟者猶左傳
莊十二年鄭伯享王於闕西辟是也食正禮亦在廟而祭義樂記說
天子食三老五更於大學則天子饗耆老皆於學又何疑乎王制疏
又引熊氏說謂天子一年七養老亦誤詳羅氏疏　注云孤子死王
事之子也者說文子部云孤無父也即司門所謂死政之孤是也賈
疏云謂若左氏哀公二十三年晉知伯親禽顏庚至二十七年齊師
將與陳成子屬孤子三日朝設乘車兩馬繫五邑焉召顏庚之子而
賜之是其禮孤子之法互詳司門疏云士庶子衛王宮者者即公卿
大夫之子宿衛王宮者戰國策中山策云中山君饗都士大夫司馬
子期在焉是饗士庶子之事也凡國子備宿衛者已命者為士未命
者為庶子詳宮伯疏云若今時之饗衛士矣者惠棟云續漢書禮儀
志云饗遣故衛士儀百官會位定謁者持節引故衛士入自端門衛
司馬執幡鉦護行定侍御史持節慰勞以詔恩問所疾苦受其章奏
所欲言畢饗賜作樂觀以角抵樂闋罷遣勸以農桑案前漢饗衛士
於曲臺後漢於平樂觀孔廣森云王尊傳曰正月幸曲臺臨饗罷衛
士衛宏言嘗以正月五日也和熹鄧后紀舊事歲終當饗遣衛士太
后以陰陽不和軍旅數興詔饗會勿設戲作樂引王制曰周人養國
老於東膠養庶老於虞庠者證饗耆老在學也彼下文云虞庠在國
之西郊鄭彼注云東膠亦大學在國中王宮之東虞庠小學也周立小
學於西郊膠之言糾也庠之言養也周之小學為有虞氏之庠制是
以名庠云其立鄉學亦如之孔疏引熊氏云國老謂卿大夫致仕者

庶老謂士也又引皇氏云庶老兼庶人在官者其致仕之老大夫以上當養從國老之法士養從庶老之法詒讓案庶老亦當兼有庶人之老依大司徒注及賈疏義庶人之老蓋七十養於鄉六十養於國九十養於學與鄉大夫士之老異也此職及酒正槁人之饗並兼晐四等之老與遺人司門之養老專指死政之老者異賈疏謂耆老對孤子經者老以死政之老爲主非也東膠卽文王世子之東序祭義樂記通言之則曰大學周大學在南郊王制注以爲在國中王宮之東非周制也白虎通義鄉射篇謂事三老在辟雍辟雍亦卽大學故禮運云三老在學初學記禮部引白虎通則云禮三老於明堂禮五更於大學蓋禮家傳聞之異國老互詳羅氏疏東膠虞庠並詳大司樂疏

師役則掌共其獻賜脯肉之事獻謂酌其長帥疏師役則掌共其獻賜脯肉之事者賈疏云師役者謂出師征伐及巡狩田獵掌共其獻者謂獻其將帥并賜酒肉之事並掌之詒讓案脯籩實肉豆實獻有脯肉若量人從獻脯燔之等賜有脯肉若膳夫肉脩須賜之等是也師役在野外軍中其獻酒事略故唯薦脯醢肉物無牲體之俎也 注云獻謂酌其長帥者對賜兼士徒以下通有之也賈疏云以經獻謂獻酒非獻肉故鄭謂酌其長帥軍將已下至伍長有功者饗獻之

凡小喪紀陳其鼎俎而實之謂喪事之奠祭疏凡小喪紀者大史小喪賜謚注云小喪卿大夫也惠士奇謂當爲諸侯案此小喪紀當亦據王子弟內諸侯言之賈疏據宰夫注義謂夫人以下之喪亦其一耑若卿大夫喪事奠祭則非外饔王官所掌也此與小祝小司馬二經義並小異詳彼疏 注云謂喪事之奠祭者賈疏云謂其殷奠及虞祔之祭皆有鼎俎故云喪事之奠祭也吳廷華云喪紀陳鼎俎自小斂奠始

亨人掌共鼎鑊以給水火之齊鑊所以煑肉及魚腊之器既孰乃脀于鼎齊多少之量疏注云鑊所以煑肉及魚腊之器者說文金部云鑊鑴也淮南子說山訓高注云無足曰鑊士冠禮鄭注云煑於鑊曰亨又特牲饋食禮亨于門外東方西面北上鄭彼注云亨煑也煑豕魚腊以鑊各一爨少牢饋食禮有羊鑊豕鑊是鑊爲煑肉及魚腊之器也云既孰乃脀于鼎者于注例當作於各本並誤此即內饔注所謂取於鑊以實鼎實鼎曰脀也賈疏云案少牢爨在廟門外之東大夫五鼎羊豕腸胃魚腊各異鑊鑊別有一鼎鑊中肉孰各升一鼎故云既孰乃脀于鼎詒讓案王舉牢鼎九當有七鑊牛羊豕魚腊鮮魚鮮腊也腸胃與牛羊同鑊膚與豕同鑊其脀之則異鼎耳少牢腸胃與羊亦同鑊賈說未析又案牢鼎以盛牲體皆既孰乃脀之內則八珍炮豚及牂云鉅鑊湯以小鼎薌脯於其中彼小鼎置於鑊中以煑肉則不待既孰乃脀此官咸掌之也云齊多少之量者齊即分量之法凡亨煑或多洎或少洎此用水多少之量也或爛或孰此用火多少之量也

職外內饔之爨亨煑辨膳羞之物職主也爨今之竈主於其竈煑物疏職外內饔之爨亨煑者王念孫云煑即亨也既言亨則無庸更言煑案鄭注云爨今之竈主於其竈煑物疏云主外內饔爨竈亨煑之事皆是以竈釋爨以煑釋亨而經文原無竈煑二字也唐石經有煑字即涉注文而衍而各本遂沿其誤詩楚茨及左傳桓十四年正義引此有煑字疑亦後人依唐石經加之瓠葉正義云天官亨人掌外內饔之爨亨煑物之名正義以煑釋亨則經文之有亨無煑甚明故知他篇引此有煑字者後人所加也大宰及少牢饋食疏引此皆作職外內饔之爨亨無煑字特牲饋食疏云周禮亨人其職主爨亨之事以供外內饔亦無煑字案王說是也凡經亨煑字例作鬻注乃作煑此經作煑與字例亦不合詳肆師疏經言此者

明此官兩屬外內饔通掌其亨煑之事亦大宰八法官屬之變例也云辨膳羞之物者謂辨別膳夫膳用六牲羞用百二十品之物皆亨而共之　注云職主也者爾雅釋詁文春官夏官秋官敘官注並同云爨今之竈者說文爨部云爨齊謂之炊爨釋名釋宮室云爨銓也銓度甘辛調和之處也楚辭九歎王注云爨炊竈詩小雅楚茨篇執爨踖踖毛傳云爨饔爨廩爨也案外內饔之爨卽禮經之雍爨也少牢饋食禮云雍人摡鼎匕俎于雍爨雍爨在門東南北上注云雍人掌割亨之事者爨竈也羊豕魚腊皆有竈案特牲饋食禮又謂之牲爨魚腊爨少牢雍人卽外內饔天子食祭用大牢則饔爨牛羊豕魚腊鮮魚鮮腊各一竈也少牢別有廩爨在雍爨之北士虞及特牲禮又謂之饎爨乃炊黍稷之竈饎人掌其炊事非亨人所職也鄭儀禮注直釋爨爲竈此獨云爨今之竈者以古時爨竈兩稱漢時則皆稱竈不稱爨故釋之云主於其竈煑物者釋經爨亨之義亨卽煑也煑物謂牲體及魚腊等

祭祀共大羹鉶羹賓客亦如之　大羹肉湇鄭司農云大羹不致五味也鉶羹加鹽菜矣

疏　祭祀共大羹鉶羹者賈疏云大羹肉湇盛於登謂大古之羹不調以鹽菜及五味謂鑊中煑肉汁一名湇鉶羹者謂是陪鼎膷臐膮牛用藿羊用苦豕用薇調以五味盛之於鉶器卽謂之鉶羹若盛之於豆卽謂之庶羞卽公食大夫十六豆膷臐膮等也云賓客亦如之者謂賓客饗食之禮大戴禮記禮三本篇云大饗先大羹是也賈疏云謂若致饔餼及飧禮皆有陪鼎則鉶羹也案鉶與陪鼎異掌客及聘禮載致飧饔餼之禮並有陪鼎又有鉶賈謂鉶卽陪鼎非也鉶實三牲之湇與公食大夫十六豆膷臐膮亦異詳掌客疏　注云大羹肉湇者爾雅釋器云肉謂之羹說文䰜部云䰜五味盉羹也重文羹小篆从羔从美士昏禮大羹湇在爨注云大羹湇煑肉汁也大古之羹無鹽菜今文湇皆作汁彼釋文引字林云湇羹汁也鄭司農

云大羹不致五味也者左桓二年傳臧哀伯曰大羹不致昭其儉也
杜注云不致五味郊特牲云大羹不和貴其質也云鉶羹加鹽菜矣
者明亦是肉湆而加鹽菜之和也掌客注云鉶羹器也公食大夫記
云鉶芼牛藿羊苦豕薇皆有滑又士虞記云鉶芼用苦若薇有滑夏
用葵冬用荁卽鉶羹之菜也互詳掌客疏

甸師掌帥其屬而耕耨王藉以時入之以共齍盛其屬府史胥徒也耨芸芓也王以孟
春躬耕帝藉天子三推三公五推卿諸侯九推庶人終於千畝庶人
謂徒三百人藉之言借也王一耕之而使庶人芸芓終之齍盛祭祀
所用穀也粢稷也穀者稷爲長是以名云在器曰盛

疏 掌帥其屬而耕耨王藉者說文耒部云耕犂也祭統云天子親耕於南郊以共
齍盛諸侯耕於東郊孔疏云鄭云王藉田在遠郊故甸師氏掌之天
子太陽故南也諸侯少陽故東也續漢禮儀志劉注引干寶云古之
王者貴爲天子富有四海而必私置藉田蓋其義有三焉一曰以奉
宗廟親致其孝也二曰以訓于百姓在勤勤則不匱也三曰聞之子
孫躬知稼穡之艱難無違也云以時入之者賈疏云謂麥則夏熟禾
黍秋熟則十月穫之送入地官神倉故云以時入之曾釗云入之之
時當在九月呂氏春秋季秋紀藏帝籍之收於神倉是也疏謂十月
穫之蓋誤以豳風十月穫稻十月納禾稼爲據耳不知豳地晚寒所
穫較遲不足證也案曾說與月令合較賈爲長但經云以時入之自
是隨時進獻以共嘗薦新穀月令入神倉箸於季秋者亦以一年農
事畢於是月故總記於此非謂餘時更無入穀之事也又案此官所
入者入其所穫之粟於廩人也穀梁桓十四年傳云甸粟而納
之三宮三宮米而藏之御廩彼爲諸侯禮此王禮則粢盛之穀當后
監六宮米而藏之矣云以共齍盛者以祭穀尤重故特著之其實王

食用六穀亦此官所共左成十年傳云晉侯欲麥使甸人獻麥明甸人所共不徒祭穀矣　注云其屬府史胥徒也者以經云帥其屬卽其本職之府史胥徒可知據後注則主耕耨者惟徒三百人此兼言府史胥三者雖不主耕耨亦從甸師監視之也云耨芸芓也者釋文云芸本或作耘說文木部云槈薅器也耨卽槈之變體呂氏春秋任地篇云耨柄尺其耨六寸所以閒稼也高注云耨所以耘苗也刃廣六寸所以入苗閒也案槈本為薅器之名因之薅禾亦謂之耨釋名釋用器云耨以鉏嫗薅禾也易釋文引孟喜云耨耘除草也又說文耒部云𦔂除苗閒穢也重文耘𦔂或从芸禾部云秄雝禾本耘卽蕓之省芸芓卽蕓秄之借字詩小雅甫田篇或耘或耔毛傳云耘除草也耔雝本也案芸芓義異耨訓與芸同而鄭兼云芓者漢書食貨志云播種於甽中苗生葉以上稍耨隴草因隤其土以附苗根故其詩曰或芸或芓黍稷儗儗芸除草也耔附根也言苗稍壯每耨輒附根比盛暑隴盡而根深能風與旱據此則耨除草卽隤土以附根芸芓事相因故鄭兼舉以釋耨也云王以孟春躬耕帝藉者月令孟春乃擇元辰天子親載耒耜帥三公九卿諸侯大夫躬耕帝藉鄭注云帝藉為天神借民力所治之田也賈疏云藉田之穀衆神皆用獨言帝藉者舉尊言之詒讓案月令據供祭祀言之謂之帝藉此經據王親耕言之謂之王藉義並通也云天子三推三公五推卿諸侯九推者亦月令文續漢書禮儀志劉注引此注公五推上無三字王念孫據月令孔疏述經及唐月令諸書並無三字謂今本有三字為後人據誤本月令加之其說近是國語周語虢文公說藉田禮云農祥晨正日月底于天廟土乃脈發先時九日王乃使司徒咸戒公卿百吏庶民司空除壇于藉及期王祼鬯饗醴乃行百吏庶民畢從及藉后稷監之膳夫農正陳藉禮大史贊王王敬從之王耕一墢班三之韋注云一墢一耜之墢也王無耦以一耜耕班次也三之下各三其上也

王一發公三卿九大夫二十七也月令疏引賈逵說同詩周頌載芟孔疏引韋說釋之云然則每耕人數如周語其推之數如月令則王一人發而三推公三人發各五推卿九人發各九推大夫推數則無文其大夫雖多見相三之數取二十七人爲之其士蓋八十一人爲之耳續漢志注引盧植云天子耕藉一發九推耒周禮二耜爲耦一耦之伐廣尺深尺伐發也天子及三公坐而論道參伍職事故三公以五爲數卿諸侯當究成天子之職事故以九爲數伐皆三者禮以三爲文呂氏春秋孟春紀高注云禮以三爲文故天子三推謂一發也又引國語說之云謂公卿大夫各三其上公三發卿九發大夫二十七發也案盧說當作一發三推三發九推耒盧孔並參取國語一發班三之文以說月令盧則謂凡發皆以三爲數班三猶言皆三也依其說則王一發三推班三之三發通爲九推三公則一發五推三發爲十五推卿諸侯則一發九推三發爲二十七推也白虎通義耕桑篇引曾子問云天子耕東田而三反之三反卽三發也盧說蓋本於彼孔氏則依賈高韋說以周語一發爲人數而班三爲下各三其上故王一人發而三推公三人發而五推卿五人發而九推賈疏云王三推而一發公五推而三發卿諸侯九推而五發案賈似亦用孔說但卿諸侯五發與孔不合疑當爲九發之誤以上諸說並於月令之文無迕未知鄭意云何至孔說大夫所發人數與賈高韋說同而推數則月令無文孔亦無以說之呂氏春秋孟春紀作卿諸侯大夫九推則校月令多大夫二字是以大夫推數與卿諸侯同白虎通義耕桑篇引祭義云卿大夫七推續漢志注引月令章句說又謂孤卿七推大夫十二推並與月令不合鄭所不取云庶人終於千畝者亦周語文韋注云終盡耕之也鄭引之者證甸師率屬耕藉之事續漢志注引月令章句云士終畝與國語不合不足據云庶人謂徒三百人者據敘官有徒三百人人數衆多故使盡耕千畝也徒卽庶人在

官者故周語云庶人韋注云庶民甸師氏所掌之民也主耕耨王之藉田者義與鄭同云藉之言借也者藉正字作耤說文耒部云耤帝耤千畝也古者使民如借故謂之耤應劭風俗通義祀典篇義同初學記禮部引月令章句續漢書祭祀志注引薛綜二京賦注釋藉田亦並從許鄭義藉毛詩載芟敘國語周語字並作籍呂氏春秋孟春季秋紀並作帝籍田又上農篇云故天子率諸侯耕帝籍田案藉籍並耤之借字故鄭載芟箋云籍之言借也借民力治之故謂之籍田孔疏及周語韋注亦同鄭義明藉籍字雖乖異義實一也北堂書鈔禮儀部引賈逵國語注云天子躬耕籍田助民力也續漢志注引盧植云藉耕也春秋傳曰鄅人藉稻故知藉爲耕也漢書文帝紀藉田顏注引應劭云籍者帝王典籍之常又引臣瓚云親耕本以躬親爲義不得以假借爲稱籍謂蹈籍也顏從瓚說據應說以典籍爲釋則字當爲籍與風俗通說異瓚說以蹈籍爲釋則字當爲藉故後漢書明帝紀李注引五經要義云藉蹈也言親自履蹈於田而耕之卽瓚說所本今案許鄭訓藉爲借卽指使庶人終畝而言其義甚精應氏典籍之言望文生訓固不可通臣瓚蹈藉之說亦淺陋無取而以親耕不得稱叚借妄破鄭義則載芟疏已斥其謬矣云王一耕之而使庶人芸芓終之者謂王一耕三推以發其耑而使甸徒芸芓終其事以王不自終其事故謂之借芸芓在苗生葉以後終之者明自芸芓以後至於穫並庶人共其役也國語周語云王治農於籍耨穫亦於籍韋注云言王亦至於籍考課之則耨穫雖庶人之事王或亦親至監視之矣云齍盛祭祀所用穀也者祭義云是故昔者天子爲藉千畝冕而朱紘躬秉耒諸侯爲藉百畝冕而青紘躬秉耒以事天地山川社稷先古以爲醴酪齊盛於是乎取之敬之至也據此則齍盛關天地山川社稷以至廟享凡內外大小祭祀言之阮元云齍當爲粢經作齍盛注皆作粢盛案阮說是也詳後云粢稷也者爾雅釋詁文

說文禾部云𪗋稷也重文秶𪗋或从次作又食部云餈稻餅也重文粢餈或从米又皿部云齍黍稷在器以祀者據許書則齍為齍盛正字秶為粢稷字粢為餈之或體二字迥別依鄭說則經典齍盛字並當為粢粢即稷也今本爾雅粢稷字亦从米蓋許鄭二家說本不同段玉裁云粢即齍字小宗伯辨六齍之名物注云齍讀為粢六粢謂六穀黍稷稻粱麥苽全經內齍字當以此例之此注上云齍盛下云粢稷也舂人齍盛之米注云齍盛謂黍稷稻粱之屬可盛以為簠簋實肆師表齍盛注粢六穀也在器曰盛明齍皆讀為粢九嬪玉齍注則云玉敦受黍稷之器與說文合案段謂此經齍盛字鄭皆讀為粢是也此注絕不及从禾之秶明與許說不同說文齍字說解與下注盛訓義正同蓋亦即指祭穀猶毛詩小雅甫田傳云器實曰齊器實即謂六穀也蓋許並不以齍為器名韻會引作黍稷器非也九嬪注因玉敦所以盛祭穀故以玉敦釋玉齍猶圭瓚所以盛鬯大宗伯謂之玉鬯非以鬯為器也云穀者稷為長是以名云者釋六穀總名六粢之義說文禾部云稷𪗋也五穀之長白虎通義社稷篇云稷五穀之長故立稷而祭之也又云稷者得中和之氣而用尤多故為長也案續漢祭祀志劉注引援神契郊特牲孔疏引五經異義今孝經說風俗通義祀典篇獨斷說並同續漢志注又引蔡邕月令章句云稷秋夏乃熟歷四時備陰陽穀之貴者亦其義也程瑤田云月令孟春行冬令首種不入鄭注舊說首種謂稷今以北方諸穀播種先後考之高粱最先管子書曰至七十日陰凍釋而藝稷百日不藝稷然則首種為稷稷為五穀長故司農之官曰后稷因之為祭穀之總名也案程以月令首種釋稷為五穀之長其說甚塙賈疏以月令稷屬中央土五行土為長為釋非其義稷即今高粱釋草郭注以稷為粟誤詳大宰疏云云在器曰盛者毛詩小雅甫田傳文肆師注同說文皿部云盛黍稷在器中以祀者也甫田孔疏云在器曰盛據已盛於器也

故桓六年左傳曰絜粢豐盛言為穀則絜清祀器則豐備是指器實為粢在器為盛也案孔說是也凡盛者實於器中之名祭穀黍稷實於簋敦稻粱實於簠通謂之盛然粢盛對文則異散文亦通故閽師云不耕者祭無盛注云盛黍稷也又鬯人禜門用瓢齎杜注云粢盛也國語楚語云天子禘郊之事王后必自舂其粢諸侯宗廟之事夫人必自舂其盛韋注云器實曰粢在器曰盛上言粢此言盛互其文也此皆以粢盛互稱明器實與在器義得兩通故說文齍盛二字訓義略同惟孟子滕文公篇趙注云粢稷盛稻也以盛為稻與粢稷相對古無此訓不可從也

祭祀共蕭茅

鄭大夫云蕭字或為莤莤讀為縮束茅立之祭前沃酒其上酒滲下去若神飲之故謂之縮縮浚也故齊桓公責楚不貢包茅王祭不共無以縮酒杜子春讀為蕭蕭香蒿也玄謂詩所云取蕭祭脂郊特牲云蕭合黍稷臭陽達於牆屋故既薦然後焫蕭合馨香合馨香者是蕭之謂也茅以共祭之苴亦以縮酒苴以藉祭縮酒泲酒也醴齊縮酌

【疏】祭祀共蕭茅者以下共甸田所產之艸物疏果也賈疏云此祭祀共蕭者據祭祀宗廟時有之若共茅外內之神俱用　注鄭大夫云蕭字或為莤莤讀為縮者臧琳云說文酉部莤禮祭束茅加于祼圭而灌鬯酒是為莤象神歆之也从酉从艸春秋傳曰爾貢苞茅不入王祭不供無以莤酒又詩伐木有酒湑我傳湑莤之也箋云王有酒則泲莤之則莤酒字本从艸从酉據說文知左傳作無以莤酒據甸師注知周禮作祭祀共莤茅蓋毛詩周禮左傳皆古文故與六書之旨合今左傳作縮酒司尊彝作數酌皆莤之聲近假借字甸師云莤茅者以茅為莤酒之用當如字讀鄭少贛既從左傳莤酒義而復讀為縮者恐人不識莤字故以今文讀之段玉裁云鄭大夫依或本作莤大夫讀為縮酒之縮說文酉部有莤字許所據同大夫也若王獻之辭中令帖云蓬莤與蘭蕙齊榮蓋謂莤即蕭字非是云束茅立之祭前沃

酒其上酒滲下去若神飲之故謂之縮者賈疏云此鄭大夫之意取士虞禮束茅立几東所以藉祭案賈說是也大夫此注隱據禮經之苴爲釋依士虞禮設饌饗神陰厭時祝取奠觶祭于苴卽所謂沃酒其上左傳僖四年杜注云束茅而灌之以酒爲縮酒國語晉語置茅蕝韋注云蕝謂束茅而立之所以縮酒說並與大夫同說文謂加祼圭而灌鬯酒則是祼事亦用茅論語八佾皇疏說灌法云於太祖室裏龕前東向束白茅置地上而持鬯酒灌白茅上使酒味滲入淵泉以求神也皇說與許略同蓋祭初降神之祼與二祼獻尸事異但祼圭卽圭瓚用以酌鬱鬯非束茅所加許說與禮微迕不知何據至禮經少牢特牲大夫士吉祭無茅苴唯士虞喪祭有之彼賈疏據司巫注謂天子諸侯吉祭亦有苴大夫意或亦當然士虞祭苴在祝酌奠後則王禮九獻祭苴亦當在朝踐後延尸入室時故通典吉禮謂饋孰尸入室時尸舉奠斝祭酒以菁茅謂之縮酒此亦用大夫義謂祭苴在尸舉奠時也據皇侃說則似初降神灌鬯時已有苴攷士虞設苴在初陳饌未迎尸時以相推約義並得通也互詳司巫疏又案春官敘官賈疏引先鄭釋左傳屏攝云束茅以爲屏蔽祭神之處此與大夫束茅沃酒義異而亦祭祀用茅之事則亦此官共之矣云縮浚也者說文水部云浚抒也一曰水下滴瀝漉浚也縮浚並與漉義同左傳僖四年孔疏及論語憲問邢昺疏引浚並作滲說文水部云滲下漉也與浚義略同此冢上酒滲爲文疑作滲爲是然釋文云浚荀潤反劉思順反則劉昌宗及陸本並作浚與孔所見本異云故齊桓公責楚不貢包茅王祭不共無以縮酒者左僖四年傳齊伐楚楚子使與師言管仲對曰爾貢包茅不入王祭不共無以縮酒寡人是徵杜注云包裹束也茅菁茅也書禹貢荊州包匭菁茅史記夏本紀集解引鄭書注云菁茅茅有毛刺者給宗廟縮酒穀梁僖四年傳齊桓公曰菁茅之貢不至故周室不祭范注云菁茅香草所以縮酒楚之

職貢案穀梁云不祭者謂不以菁茅共祭卽左傳所謂王祭不共也
然菁茅荆產當在大宰九貢祀貢之科非甸師所共此引以證茜茅
縮酒之事耳云杜子春讀爲蕭者段玉裁云爲當作從凡二本字乖
異而用一廢一曰從如蕭或爲茜鄭仲師從茜讀縮杜則從蕭是也
鄭君從杜蕭與茅爲二大夫許君茜茅爲一云蕭香蒿也者郊特牲
注同爾雅釋草蕭萩郭注云卽蒿說文艸部云蕭艾蒿也蒿菣也菣
香蒿也詩王風采葛孔疏引陸璣疏云蕭今人所謂萩蒿者是也或
云牛尾蒿似白蒿白葉莖麤科生多者數十莖可作燭有香氣故祭
祀以脂爇之爲香許愼以爲艾蒿非也云玄謂詩所云取蕭祭脂者
大雅生民文毛傳云取蕭合黍稷臭達牆屋先奠而後爇蕭合馨香
也引證祭祀有用蕭從杜讀也引郊特牲云蕭合黍稷臭陽達於牆
屋故既薦然後焫蕭合馨香者今禮記薦作奠馨香作羶薌鄭彼注
云奠謂薦孰時也特牲饋食所云祝酌奠於鉶南是也蕭薌蒿也染
以脂合黍稷燒之羶當爲馨字之誤也奠或爲薦此引薦從或本馨
從改讀凡宗廟之祭有兩度焫蕭此既薦焫蕭在饋食時更有朝踐
時燔膟膋亦焫蕭故祭義云建設朝事燔燎羶薌見以蕭光此注不
言者文不具也云合馨香者是蕭之謂也者郊特牲合馨香本兼黍
稷及蕭二者言之此就經舉證故唯云蕭也云茅以共祭之苴亦以
縮酒者明茅於祭有二用苴以祭酒與縮酒不同不當如大夫說以
苴爲縮酒也御覽百卉部引毛詩義疏云白茅茅之白者古用包裹
禮物以充祭祀縮酒用之案此官所共茅自是畿內所生當卽詩之
白茅也云苴以藉祭者亦據士虞禮有苴彼注云苴猶藉也此卽鄉
師之茅蒩及司巫蒩館之蒩詳彼二職疏賈疏云此甸師共茅與司
巫司巫爲苴以共之此據祭宗廟也鄉師又云大祭祀共茅蒩者謂
據祭天時亦謂甸師氏送茅與鄉師爲苴以共之若然甸師氏直共
茅而已不供苴耳云縮酒泲酒也者泲與滰義亦同凡酒濁者必泲

之而後可酌其用茅者謂之縮不用茅者直謂之泲詩小雅伐木云
釃酒有衍又云有酒湑我毛傳云以筐曰釃以藪曰湑湑莤之也孔
疏云筐竹器也藪草也漉酒者或用筐或用草用草者用茅也詒讓
案湑即所謂縮釃即不用草而泲者故用筐也通言之則縮亦爲泲
故後鄭以泲訓縮此與大夫說縮酒爲束茅立祭前沃酒其
上者異云醴齊縮酌者司尊彝文引之者證茅以縮酒也

共野果蓏之薦

甸在遠郊之外郊外曰野
果桃李之屬蓏瓜瓞之屬

疏 共野果蓏之薦者與場人爲官
聯也薦亦冢上祭祀爲文吳廷
華云薦即中庸薦其時食之薦　注云甸在遠郊之外者敘官注義
同賈疏云案載師公邑之田任甸地在二百里中司馬法百里爲遠
郊今言甸在遠郊外則是二百里中云郊外曰野者毛詩召南野有
死麕傳文遂人縣士注並同說文里部云野郊外也案爾雅釋地云
邑外謂之郊郊外謂之牧牧外謂之野說文冂部用彼文作郊外謂
之野蓋許鄭所見釋地並無牧文此注義即本於彼也凡此經注言
野者有五解對文各有專屬散文則可以相統此注以甸釋野則以
野爲二百里甸之專名也縣師徵野之賦貢注云野謂甸稍縣都也
遂人掌邦之野注同則距王城二百里甸至五百里畺通得野稱也
司會掌國之官府郊野縣都之百物財用注云野甸稍也質人野三
旬注同彼文郊野之外別出縣都則野爲二百里甸三百里稍不兼
縣都也又載師注引司馬法云二百里爲州三百里爲野四百里爲
縣五百里爲都則野又爲稍地之專名內不及甸外不及縣都也又
鄉大夫國中自七尺以及六十野自六尺以及六十有五皆征之注
云國中城郭中也則野爲城郭外可知是王城之外四郊以內亦得
稱野也籍謂藉田當從孔晁說在近郊甸師掌田之官不取二百里
甸爲名此云共野果蓏之薦果蓏出於園圃載師以場圃任園地彼
場人所掌在城外郭內此甸師所掌蓋在郭外近郊之內與藉田相

近亦有種果蓏之園地也。場人掌國之場圃，云凡祭祀賓客共其果蓏；委人掌斂野賦凡疏材，注謂草木有實者。是場人掌附郭之疏材，委人掌六遂以外之疏材，此官掌郭外四郊以內，與彼二官內外正互相備，雖聯事通職，而地守界域則絕不相侵。若然，此野當與鄉大夫之野同，乃對城郭以內爲國中言之。鄭文王世子注以甸人爲郊野官，義尚可通；此注則誤謂甸師以二百里甸名官，遂釋野爲郊外，是直謂專據遠郊外之甸地，非也。藉田在近郊，互詳敘官疏。云果桃李之屬，蓏瓜瓞之屬者，場人注義同。說文木部云：「果，木實也。」又艸部云：「在木曰果，在地曰蓏。」素問藏氣法時論云：「五果爲助。」王冰注云：「五果謂桃李杏栗棗也。」瓜瓞者，爾雅釋草云：「瓞，瓝，其紹瓞。」詩大雅緜孔疏引舍人云：「瓞名瓝，小瓜也。紹繼謂瓞子。漢中小瓜曰瓞。」案統言之則瓜亦得稱果，故喪大記注云「果，瓜桃之屬」是也。賈疏云：「案食貨志臣瓚以爲在樹曰果，在地曰蓏，不辨有核無核；張晏以有核曰果，無核曰蓏。今鄭云果桃李之屬，卽是有核者也；蓏瓜瓞之屬，卽是無核者也。此從張晏之義。」案既夕記鄭注云「實在木曰果，在地曰蓏」，則鄭亦同瓚義，賈說未然。

喪事代王受眚烖。粢盛者祭祀之主也。今國遭大喪，若云此黍稷不馨，使鬼神不逞于王。旣殯，大祝作禱辭授甸人，使以禱藉田之神，受眚烖，弭後殃。

疏喪事代王受眚烖者，與大祝爲官聯也。經喪事皆通晐大小喪而言，唯此云代王受眚烖，則不得有后世子及諸小喪，故賈疏謂專據王喪是也。受眚烖者，亦禳除之意。說文目部云：「眚，目病生翳也。」引申爲災眚。易復上六爻辭云「有災眚」，釋文引鄭注云：「異自內生曰眚，自外曰祥，害物曰災。」又引子夏傳云：「傷害曰災，妖祥曰眚。」是也。書舜典云「眚災肆赦」，非此義。注云粢盛者祭祀之主也者，祭祀有粢盛牲牢酒齊，而以粢盛爲主。以王藉是粢盛所出，甸師主其地，故使掌禱祈之事也。云今國遭大喪，若云此黍稷不馨，使鬼神不逞于王者，于注例當作於名本並誤此釋甸師為王受眚烖所以禱神之意賈疏云逞快也使鬼神不快於王令使王死云既殯大祝作禱辭授甸人者大祝云言甸人讀禱是也王制云天子七日而殯賈疏云見大祝職云授甸人禱辭在大斂後大斂則殯故知在既殯後云使以禱藉田之神者謂藉田之中有王社王稷及籥章云田祖田畯之屬亦是也云受眚烖弭後殃者烖注例用今字當作災大祝注可證今本並作烖疑後人誤依經改謂甸師引咎自責代受其眚災俾嗣王無後殃也

王之同姓有辠則死刑焉鄭司農云王同姓有罪當刑者斷其獄於甸師之官也文王世子曰公族有死罪則磬於甸人又曰公族無宮刑獄成致刑于甸人又曰公族無宮刑不踐其類也刑于隱者不與國人慮兄弟【疏】王之同姓有辠則死刑焉者說文辛部云辠犯法也从辛从自言辠人戚鼻苦辛之憂秦以辠似皇字改為罪又网部云罪捕魚竹网从网非秦吕為辠字案辠罪古今字此經辠罪錯出蓋非其舊注則皆作罪注例用今字也賈疏云周姓姬言同姓者絕服之外同姓姬者有辠者謂凡五刑則刑殺不於市朝於此死刑焉謂死及肉刑在甸師氏必在甸師氏者甸師氏在疆埸多有屋舍以為隱處故就而刑焉案掌囚云凡有爵者與王之同族奉而適甸師氏以待刑殺此中不云有爵者文不具　注鄭司農云王同姓有罪當刑者斷其獄於甸師之官也者官謂甸師所治處也賈疏云此斷獄自是秋官罪定斷訖始適甸師氏而刑殺之若然斷獄不在甸師後鄭不破之者案掌囚云凡有爵與王之同族奉而適甸師氏以待刑殺此經亦云死刑焉甸師氏不斷獄顯然故不破之詒讓案先鄭意刑官就甸師官府斷獄而後刑殺也文王世子云公族其刑罪則纖剸亦告於甸人鄭彼注云纖讀為鍼鍼刺也剸割也告讀為鞫鞫讀書用法曰鞫據此則適甸師氏雖在獄成之後然讀鞫之時因或不服亦容別有讞斷矣引文王世子曰公族有

死罪則磬於甸人者鄭彼注云不於市朝者隱之也甸人掌郊野之官縣縊殺之曰磬引之者明王族無大辟經云死即彼之磬彼諸侯甸人即此甸師氏也通典凶禮引盧植禮記注云磬縊也與此經不合非也引又曰公族無宮刑獄成致刑于甸人又曰公族無宮刑不踐其類也者今禮記踐作翦鄭彼注云翦割截也引之者證經云刑止有墨劓刖三刑也云刑于隱者不與國人慮兄弟者甸師官寺當在與藉田相近郊野之地故云隱文王世子孔疏云若異姓則刑之於市此同姓刑於甸師隱僻之處者不與國人謀慮兄弟也

帥其徒以薪蒸役外內饔之事役爲給役也木大曰薪小曰蒸

疏帥其徒以薪蒸役外內饔之事者外內饔主饔爨須薪蒸以共亨煑故使甸徒取之此官亦與彼爲官聯也其饎人饎爨炊食之薪蒸當亦甸徒所共國語周語云甸人積薪喪大記云甸人取所徹廟之西北扉薪用爨之甸人並即甸徒也薪蒸又可爲燎燭故此官亦兼主燎燭之事左襄三十一年傳云甸設庭燎又燕禮大射儀並云甸人執大燭于庭若然此經薪蒸亦兼共燎燭不止共饔事經文不具也凡此官之薪蒸亦於四郊以內取之其六遂以外之薪蒸則委人掌之故彼職祭祀喪紀皆共薪蒸二官亦互相備也又案公食大夫禮云甸人陳鼎匕與少牢饋食禮雍人陳鼎事同是外內饔陳鼎俎之事甸人亦役之公食注謂彼甸人兼亨人義亦得通　注云役爲給役也者廣雅釋詁云役使也此經凡云役者有二一當官之屬給正長之役如瞽矇役大師縫人役本職之女御是也一異官以連事通職相役如此官役外內饔酒人役世婦罪隸役百官府蠻隸役校人閩隸役掌畜夷隸役牧人貉隸役服不氏是也二者雖有同官異官之別而其爲給事則同賈疏云其徒三百人耕耨藉田千畝其事至閑故兼爲外內饔所役使共其薪蒸云木大曰薪小曰蒸者賈疏引纂要文同委人注云薪蒸給炊及燎爨者

曰薪細者曰蒸說文艸部云薪蕘也蒸折麻中幹也月令收秩薪柴注云大者可析謂之薪小者合束謂之柴薪施炊爨柴以給燎案蒸本爲麻幹借爲小木之名薪蒸卽薪柴也凡薪取大木以給炊爨蒸柴取小木以給燎燭既夕注云燭用蒸是也

獸人掌罟田獸辨其名物罟罔也以罔搏所當田之獸【疏】掌罟田獸者與冥氏穴氏爲官聯也云辨其名物者若爾雅釋獸所釋是也　注云罟罔也者說文网部云罟网也网庖犧所結繩以田以漁重文罔网或从亡䋄或从糸爾雅釋器云鳥罟謂之羅兔罟謂之罝麋罟謂之罞彘罟謂之羉魚罟謂之罛案凡捕鳥獸魚之罔通名爲罟經云掌罟田獸謂獸罟也其鳥罟小而密者羅氏職之其大而疏者則亦此官所兼掌故國語魯語云鳥獸孕獸虞於是乎禁罝羅韋注云獸虞掌鳥獸之禁令罝兔罟羅鳥罟也彼獸虞疑卽此獸人亦兼言鳥罟可諳若然釋器諸罟唯魚罟掌於𩰫人餘罟此官並掌之矣云以罔搏所當田之獸者說文手部云搏索持也左傳莊十一年杜注云搏取也謂張罔遮格搏取之當田之獸卽庖人六獻之屬賈疏云案夏官四時田獵春用火夏用車秋用羅冬用徒四時各有其一以爲主無妨四時兼有罔取當田之獸

冬獻狼夏獻麋春秋獻獸物狼膏聚麋膏散聚則溫散則涼以救時之苦也獸物凡獸皆可獻也及狐狸【疏】冬獻狼夏獻麋者此四時所獻者皆謂鮮獸左宣十二年傳云獸人無乃不給於鮮是也　注云狼膏聚麋膏散聚則溫散則涼以救時之苦也者說文犬部云狼似犬銳頭白頰高前廣後又鹿部云麋鹿屬冬至解角山海經中山經郭注云麋似鹿而大也詩齊風還孔疏引陸璣疏云狼其膏可煎和賈疏云夏苦其大熱故獻麋冬苦其大寒故獻狼案內則取稻米與狼臅膏以爲饘狼之所用惟據取膏爲飾食若麋之所用則多矣詒讓案狼膏聚麋膏散鄭蓋目驗得

之神農本草經云麋脂味辛溫鄭以爲涼與彼正相反未知其審賈疏謂狼山獸山是聚故狼膏聚麋澤獸澤主銷散故麋膏散義亦未塙云獸物凡獸皆可獻也者謂春秋所獻衆多非一獸也詩秦風駟驖篇奉時辰牡毛傳云辰時也冬獻狼夏獻麋春秋獻鹿豕羣獸毛卽本此經爲說亦以獸物爲爲羣獸又鄭士相見禮注云禮有秋獻麛蓋兼據庖人禽獻言之云及狐貍者賈疏云案內則狐去首貍去正脊二者並堪食之物故知獸物中兼獻案賈說未得鄭恉狐貍雖可食然非珍異鄭不宜偏舉之尋此注所以別出狐貍者蓋謂獻裘材也司裘中秋獻良裘季秋獻功裘掌皮秋斂皮則狐貍宜以秋獻可知

時田則守罟

備獸觸攫

疏 時田則守罟者田卽鄉師云四時之田謂春蒐夏苗秋獮冬狩具大司馬職獸人唯守罟不掌逐射之事　注云備獸觸攫者釋文云攫又作擭文選南都賦李注引蒼頡篇云攫搏也又射雉賦注引埤蒼云攫爪持也案攫卽梓人攫閷援簭之攫觸以角攫擭並以爪義得兩通恐獸入罟仍觸攫破罟而逸故豫守其處見入罟則搏取之

及弊田令禽注于虞中

弊仆也仆而田止鄭司農云弊田謂春火弊夏車弊秋羅弊冬徒弊虞中謂虞人釐所田之野及弊田植虞旗於其中致禽而珥焉獸人主令田衆得禽者置虞人所立虞旗之中當以給四時社廟之祭故曰春獻禽以祭社夏獻禽以享禴秋獻禽以祀祊冬獻禽以享烝又曰大獸公之小禽私之公之謂輸之於虞中珥焉者取左耳以致功若斬首折馘故春秋傳曰以數軍實

疏 及弊田令禽注于虞中者贊致禽之事與山虞澤虞甸祝爲官聯也　注云弊仆也者大司馬注同說文犬部云獘頓仆也弊卽獘之俗體云仆而田止者此經及大司馬凡田事言弊者並爲止其本義則皆爲仆此所仆者通關火車羅徒先鄭後注已詳故此不著也詳大司馬疏鄭司農云弊田謂春火弊夏車弊秋羅弊冬徒弊者據大司

馬文謂以火止車止羅止徒止爲止獵之節也此引之者證田止稱弊之義云虞中謂虞人釐所田之野及弊田植虞旗於其中致禽而珥焉者釋文云釐本亦作萊阮元云山虞職作萊山田之野此作釐本作萊者依彼經所改賈本作萊詒讓案釐萊音近字通山虞澤虞大司馬文並作萊此注兼約彼職文疑故書或本有借釐爲萊者故先鄭依用之虞中即虞旗之中禽注於虞中所謂致禽也山虞澤虞通稱虞人釐所田之野亦兼晐山虞萊山野澤虞萊澤野也並詳山虞疏云獸人主令田衆得禽者置虞人所立虞旗之中者釋經令禽注于虞中也廣雅釋詁云銈置也注銈聲類同虞旗澤虞職作虞旌以旌即旗之注析羽者故言旗不言旌猶大司馬蒐田章注言虞人植旌以旌晐旗也云當以給四時社廟之祭者即據大司馬爲說社謂社祊廟謂禴烝云故曰春獻禽以祭社夏獻禽以享禴秋獻禽以祀祊冬獻禽以享烝者大司馬文浦鏜云大司馬職禴作礿下獻作致賈疏云此祭並非四時常祭以田獵得禽牲因享祭之耳案詳大司馬疏云又曰大獸公之小禽私之者亦大司馬文云公之謂輸之於虞中者此兼釋大司馬文明此云令注禽于虞中即彼云大獸公之也云珥焉者取左耳以致功若斬首折馘者此兼釋山虞文亦據大司馬云獲者取左耳詩大雅皇矣篇攸馘安安毛傳云馘獲也不服者殺而獻其左耳曰馘說文耳部云聝軍戰斷耳也春秋傳曰以爲俘聝重文馘聝或从首又又部引司馬法曰載獻聝聝者耳也先鄭意四時大田本以習戰故獲禽取左耳亦法戰伐俘獲斬首取左耳也以致功者謂致其多獲之功云故春秋傳曰以數軍實者左隱五年傳云三年而治兵入而振旅歸而飲至以數軍實杜注云飲於廟以數車徒器械及所獲也引之者證田獵數所獲禽獸亦爲數軍實之事賈疏云案襄二十四年楚薳啓彊如齊聘齊社蒐軍實使客觀之注云蒐數軍實兵甲器械與隱公傳數軍實一也若然注傳兵

甲器械與斬首折馘不同者兵甲器械自爲軍實至於斬首折馘亦是軍實仍於生執囚俘亦爲軍實是以僖公三十三年晉捨秦囚先軫曰隳軍實是也案賈引襄二十四年左傳注蓋賈服義**凡祭祀喪紀賓客共其死獸生獸**共其完者

疏凡祭祀喪紀賓客共其死獸生獸者與囿人爲官聯也李鍾倫云生獸則獸人直供與庖人死獸則付之腊人或鮮之或乾之以共庖人之用也但言祭祀賓客喪紀等不言王膳者省文實王膳亦在其中 注云共其完者者完謂不肆解者下文云凡獸入于腊人或全乾之或解肆乾之是有完有不完者此獸人死生兼共則皆完者也故知此是完者**凡獸入于腊人之**當乾

疏注云當乾之者此謂死獸也此官入之腊人腊人乾之爲脯腊等又入之膳府也**皮毛筋角入于玉府**給作器物

疏皮毛筋角入于玉府者明殺獸則當入其物也冥氏云若得其獸則獻其皮革齒須備彼不獻筋角此又不入齒須等者皆互文見義要隨所有通入之可知 注云給作器物者左隱五年傳云鳥獸之肉不登於俎皮革齒牙骨角毛羽不登於器則公不射明此皮毛筋角亦以中作器物故入之玉府也廛人云凡屠者斂其皮角筋骨入于玉府注云以當稅給作器物也此注不云當稅者彼屠者爲市民私畜故有稅此官掌田獸爲公家物不必入稅故但入皮毛筋角以共用而已賈疏云獸人所得禽獸其中皮毛筋角擇取堪作器物者送入於玉府擬給百工飾作器物**凡田獸者掌其政令**

疏凡田獸者掌其政令者此謂公私小田獵於四時大田之外特取獸者也迹人云凡田獵者受令焉注云令謂時處也此政令亦謂所宜田之時與處及爭訟厲禁之事此官並掌之與迹人爲官聯也賈疏云謂田獵取獸禽者所有政令獸人掌之以其知田獵之法故

䱷人掌以時䱷爲梁月令季冬命漁師爲梁鄭司農云梁水偃也偃水爲關空以笱承其空詩曰敝笱在梁

【疏】掌以時䱷爲梁者禮運注引䱷並作漁古用段字今用正字也詳敘官疏賈疏云取魚之法歲有五案月令孟春云獺祭魚此時得取矣一也季春云薦鮪於寢廟二也又案鼈人云秋獻龜魚也王制云獺祭魚然後虞人入澤梁與孝經緯援神契云陰用事木葉落獺祭魚同時是十月取魚四也獺則春冬二時祭魚也案潛詩云季冬薦魚與月令季冬漁人始漁同五也是一歲三時五取魚唯夏不取案魯語云宣公夏濫於泗淵以其非時里革諫之乃止案王制孔疏謂正月雖獺祭魚虞人不得入澤梁與賈說異未知孰是竊謂賈一歲三時五取魚之說雜撫舊文言之實則四時賓祭隨月皆可取魚惟夏濫之禁國語有明文周書大聚篇云禹之禁夏三月川澤不入網罟以成魚鼈之長亦可證夏不取魚之說然大祭祀賓客俎實有鮮魚則亦自有特取魚之法固不在禁例矣　注引月令季冬命漁師爲梁者賈疏云案月令季冬云命漁師始漁天子親往此注云季冬命漁師爲梁文句不同者鄭以此經有梁字故於月令以義取之非是月令正文案賈說是也鄭引月令者證此官卽彼漁師也呂氏春秋季冬紀高注亦云漁師掌漁官大戴禮記夏小正云十二月虞人入梁疑鄭或兼采彼文但彼虞人當爲澤虞川衡之屬非此䱷人也又國語魯語云古者大寒降土蟄發水虞於是乎講罛罶取名魚登川禽而嘗之寢廟行諸國人助宣氣也韋注云土蟄發謂立春建寅之月蟄始震也水虞漁師也掌川澤之禁令月令季冬始漁乃嘗魚先薦寢廟唐云孟春誤矣案韋以水虞爲漁師則亦卽此䱷人然月令孟冬有命水虞漁師之文二官並命則水虞疑當爲夏正之虞人非卽漁師也韋云掌川澤之禁令則亦兼據川衡職爲釋蓋二官本聯事通職未能質定也又韋意似謂孟春雖得取魚而嘗魚之時當依

月令季冬故庨唐固以爲孟春之誤然依毛詩周頌潛敘則冬春皆有薦魚之事故此經後文亦云春獻王鮪唐說不誤韋爲失糾也鄭司農云梁水偃也偃水爲關空以笱承其空者釋文出水偃云徐本作偃阮元云說文匚部匽匿也人部偃僵也是水偃字當從徐本作偃賈疏云謂偃水兩畔中央通水爲關孔笱者葦薄以薄承其關孔魚過者以薄承取之詒讓案說文木部云梁水橋也毛詩邶風谷風傳云梁漁梁蓋梁本爲橋梁引申爲取魚之梁魚梁絕水爲之爾雅釋宮云隄謂之梁詩衞風有狐綏綏在彼淇梁毛傳云石絕水曰梁王制釋梁注云梁絕水取魚者水偃卽謂絕水也與左襄二十五年傳偃豬之偃義略同宮人注作匽豬故徐邈本此注亦作水匽釋名釋水云潏術也偃水使鬱術也魚梁水碓之謂也毛詩魚麗傳云士不隱塞庶人不數罟詩釋文隱本又作偃偃卽障塞水流之義字又作隁堰隁廣雅釋宮云柤潛隁也後漢書董卓傳僞立隁以爲捕魚李注引續漢書隁作堰並同笱者說文句部云笱曲竹捕魚笱也淮南子兵略訓云魚笱門高注云竹笱所以捕魚其門可入而不得出蓋竹及葦薄皆可以爲笱爲魚梁者先以土石壅水使不流而後於梁中開爲關空使魚得從中出以入於笱關空者關與門關字同義空孔古今字言於魚梁閒爲門孔可開閉而後以笱承其孔以遮魚也夏小正傳云梁者主設罔罟者也則梁亦可設罔罟不徒設笱矣引詩曰敝笱在梁者齊風敝笱篇文引以證梁有空當以笱承之也

春獻王鮪王鮪鮪之大者月令季春薦鮪于寢廟 疏 春獻王鮪者毛詩周頌潛敘亦云春獻鮪鄭箋云春鮪新來獻之者謂於宗廟也 注云王鮪鮪之大者者說文魚部云鮪鮥也周禮春獻王鮪爾雅釋魚云鮥鮛鮪郭注云鮪鱣屬也大者名王鮪小者名鮛鮪詩衞風碩人孔疏引陸璣疏云鮪魚形似鱣而色青黑頭小而尖似鐵兜鍪口在頷下其甲可以摩薑大者不過七八尺益州人謂

之鱣鮪大者爲王鮪小者爲鮛鮪一名鮥肉色白味不如鱣也又云鱣鮪出江海三月中從河下頭來上水經河水篇酈注云鞏縣北有山臨河其下有穴謂之鞏穴直穴有渚謂之鮪渚成公子安大河賦曰鱣鯉王鮪暮春來遊周禮春薦鮪然非時及佗處則無故河自鮪穴已上又兼鮪稱引月令季春薦鮪于寢廟者證此春獻鮪亦謂季春也大戴禮記夏小正云二月祭鮪鮪之至有時美物也鮪者魚之先至者也彼以祭鮪在仲春與月令不同者蓋所聞有異凡薦時物於寢廟皆獻於廟後之寢詳隸僕疏

辨魚物爲鱻薧以共王膳羞鮮生也薧乾也

疏 辨魚物者魚種類繁多辨別其物色若爾雅釋魚是也云爲鱻薧者釋文云薧本又作槁案槁稾字同稾正字薧叚字庖人亦作薧詳彼疏曲禮云稾魚曰商祭鮮魚曰挺祭又內則免薧彼釋文云本又作稾槁即稾之變體國語魯語里革曰稓魚鼈以爲夏槁韋注云槁乾也云以共王膳羞者擇其中膳羞者而共之賈疏云此所共者共於膳夫以共王 注云鮮生也者庖人先鄭注云鮮謂生肉魚肉通稱經作鱻注作鮮者亦經用古字注用今字之例詳庖人疏大戴禮記禮三本篇荀子禮論篇並云大饗俎生魚樂記生作腥少儀又有濡魚並用鮮魚也云薧乾也者庖人先鄭注云薧謂乾肉亦魚肉通稱此薧魚即庖人籩人之鱐也

凡祭祀賓客喪紀共其魚之鱻薧凡䱷者掌其政令凡䱷征入于玉府鄭司農云漁征漁者之租稅漁人主收之入于玉府

疏 凡祭祀賓客喪紀共其魚之鱻薧者與川衡爲官聯也賈疏云此所共者共內外饔以其膳夫不掌祭祀之事云凡䱷者掌其政令者謂公私隨時取魚之事賈疏云凡取魚者所有政令皆漁人掌之以其知取之時節及處所 注鄭司農云漁征漁者之租稅漁人主收之入于玉府者此亦注用今字作漁也于亦當作於大司徒注云

征稅也凡漁者之租稅有二一爲大宰九賦之澤賦卽占受川澤之地稅一爲大宰九職之貢卽漁者一家之力征二者通謂之漁征若月令云孟冬乃命水虞漁師收水泉池澤之賦玉藻云年不順成關梁不租明成年梁有租也管子輕重甲篇亦有澤魚之正正征字通遂師云入野職野賦于玉府漁征卽川澤之職賦故亦入玉府矣賈疏云謂近川澤之民於十月獺祭魚之時其民亦得取魚水族之類其中鬐骨之事堪飾器物者所有征稅漁人主收之送入于玉府以當邦賦也吳廷華云鬐骨之征閭師所謂任虞以澤事貢其物蓋正賦也此疏謂其當邦賦是本廛人斂皮骨注言之蓋鄭以賦爲口率出泉而大宰山澤之賦則又鄭所謂斥賣賦泉故以皮角爲代賦其說與閭師顯背此疏又舉爲說非也案吳說是也此漁征當以魚物爲稅但鮮薨中膳羞者當入膳府故賈謂入玉府者爲鬐骨之屬猶廛人斂珍異入膳府屠者皮角筋骨乃入玉府也但魚鬐骨中用者少或當兼有泉貨耳賈此說本不誤但依鄭說此漁民亦應有口賦當計口入泉故賈據角人諸職有當邦賦之說不知口賦卽九職之貢本貢物而不率泉則鬐骨卽爲正賦不必云當賦也角人諸職以物當邦賦者皆別有義例詳彼疏

鼈人掌取互物鄭司農云互物謂有甲蒳胡龜鼈之屬

【疏】注鄭司農云互物謂有甲蒳胡龜鼈之屬者丁晏云釋名胡互也在咽下垂能斂互物也鄭以互物爲蒳胡取聲相近也盧文弨云呂氏春秋孟冬紀其蟲介高誘注介甲也象冬閉固皮漫胡也漫與蒳音義同廣雅釋詁蒳當也蓋如器之有蓋莊子說劍篇曼胡之纓此當與古係冠者殊必擁其頸與頷下而爲之故亦取名於此耳案丁盧說是也此卽大司徒大司樂之介物先鄭以經不云介物而云互物明取蒳胡爲義互又與冱通左傳昭四年杜注云冱閉也

孔疏亦引此經互物爲釋彼沍爲閉猶釋名云斂互也釋名釋飲食
又云胡餅作之大漫沍然也菡胡漫胡曼胡漫沍皆形容之語聲義
並同說文兩部云㒼平也又𦬇部云芇相當也芇與㒼聲義亦相近
蓋介物皮甲周帀冡合上下必相當也釋文引干注云互對也互對
卽兩甲相當之義掌蜃掌斂互物後鄭注云互物蚌蛤之屬干說與
彼略同蓋龜鼈蚌蛤同爲介蟲亦並稱互物二鄭及干義得兩通矣

以時簎魚鼈龜蜃凡貍物蜃大蛤鄭司農云簎謂以杈刺泥中搏取之貍物龜鼈之屬自貍藏伏於泥中者玄謂貍物亦謂鱴刀含漿之屬

【疏】以時簎魚鼈龜蜃者賈疏云卽下經春獻鼈蜃若然簎魚鼈據所取下經據所獻其時一也 注云
蜃大蛤者䀋人地官敘官赤犮氏注並同國語晉語韋注云小曰蛤
大曰蜃皆介物蚌類也說文虫部云蛤蜃屬有三皆生於海蛤厲千
歲雀所化秦人謂之牡厲海蛤者百歲燕所化也魁蛤一名復絫老
服翼所化也賈疏云月令云雉入大水化爲蜃者是也對雀入大水
化爲蛤爲小蛤釋文引干注云蜃鰌類案說文魚部云鰌鰼也爾雅
釋魚云鰼鰌郭注云今泥鰌則與蜃異物干氏所說未詳其義鄭司
農云簎謂以杈刺泥中搏取之者說文手部云簎刺也周禮曰簎魚
鼈惠士奇云說文說本司農國語魯語矠魚鼈以爲夏槁作矠莊子
則陽篇冬則擉鼈於江作擉列子仲尼篇牢籍庖廚之物作籍殷敬
順釋文謂籍本作簎以竹木圍繞又刺也案簎乃西京賦所謂叉蔟
之所攙捔東京賦瑇瑁不蔟謂貍物也阮元云作簎爲正字作籍爲
聲借字說文簎從手籍省聲故列子竟省手作籍也呂飛鵬云韋昭
國語注矠擆也宋庠補音矠或作擉又作籍蓋簎爲正字矠擉爲同
聲通用字案惠阮呂說是也矠擉籍並與簎同西京賦之叉蔟與擆
同叉卽此注之杈玉燭寶典引孔晁國語注云矠叉取之也文選潘
岳西征賦挺叉來往李注云叉取魚叉也掌蜃注引漢時東萊方言

以蛤灰爲叉灰蓋亦以叉取之初學記漁部引纂文云銛鐵有鉅施
竹頭以之擲黿鼉疑卽所謂杈矣云貍物龜鼈之屬自貍藏伏於泥
中者者呂飛鵬云說文豸部貍伏獸似貙釋文於此經音莫皆反則
讀如埋說文無埋字艸部薶瘞也此經蓋省作貍大宗伯貍沈注云
祭山林曰埋此其例也案呂說是也凡此經貍藏字皆借貍爲之注
或作埋則薶之俗也先鄭意經貍物卽謂龜鼈諸互物自貍者然經
前言龜鼈後別言貍物則貍物不止龜鼈之屬故後鄭補其義云玄
謂貍物亦謂鱴刀含漿之屬者爾雅釋魚鮤鱴刀郭注云今之鮆魚
也亦呼爲魛魚又云蚌含漿注云蚌卽蜃也說文魚部云鮆飲而不
食刀魚也九江有之賈疏云觀此鄭意鱴刀爲一物蚌爲含漿亦一
物孫氏注爾雅刀魚與鱴別非鄭意惠士奇云鱴刀鮆魚也康成蓋
謂魚之貍者多此類不獨龜蜃爲然含漿乃蛤耳非與魚同類其爲
貍物則一也案惠說是也春獻鼈蜃秋獻龜魚此其出在淺處可得之時魚亦謂自貍藏 疏 秋獻龜魚者月令季
夏命漁師伐蛟取鼉登龜取黿彼注引此經及龜人曰凡取龜用秋
時而釋之云是夏之秋也作月令者以爲此秋據周之時也周之八
月夏之六月因書於此似誤也是月令登龜與此經異時故鄭㡿其
誤玉燭寶典引王肅說則云周官獻龜於秋當獻故於末夏而命義
亦通 注云此其出在淺處可得之時者鼈蜃龜魚等貍藏時不可
叉籍必俟其出在淺處時而後可得故或春或秋各隨其時也云魚
亦謂自貍藏者亦謂鱴刀之屬賈疏云若不自貍藏則
在上漁人取之矣故知此魚與龜鼈是自貍藏者也祭祀共蠯蠃
蚳以授醢人蠃螔蝓鄭司農云蠯蛤也杜子春云蠯蜯也蚳蛾子國語曰蟲舍蚳蝝 疏 祭祀共蠯蠃蚳以授醢人者與
川衡爲官聯也賈疏云案醢人有蠯醢蠃醢蚳醢故以此三者授醢
人 注云蠃螔蝓者醢人注同爾雅釋魚蚹蠃螔蝓郭注云卽蝸牛

也王應麟周書王會篇補注引尚書大傳鉅定蠃鄭注亦云蠃蝸牛也案今語以水生者爲蠃陸生者爲蝸牛古人蓋無此分別凡經典之言蚹蠃言蝓蠃注家訓爲蝸爲蝸牛者皆當爲水蠃說文虫部云蝓一曰虒蝓又云蝸蝸蠃也蝸蠃疊韻蠃亦可單言蝸故蠃醢內則及士冠禮注引今文禮並作蝸醢文選張衡東京賦云獻鼈蜃與龜魚供蝸蠯與菱芡彼賦正用此經蓋平子亦以蠃爲蝸薛綜注云蝸螺也螺卽蠃之俗爾雅蚹蠃螔蝓與蠃小者蟠文相比屬足證其同爲水蠃若陸生之蝸牛則本草經謂之陵蠡腥穢不入食品醢人蠃醢必不用是矣鄭司農云蠯蛤也者醢人注同爾雅釋魚云蜌蠯廣雅釋魚云蜌蛤蒲盧也是蠯卽蜌亦通謂之蛤也杜子春云蠯蜯也者釋文云蜯字又作蚌案蜯卽蚌之異文掌蜃注亦作蚌旣夕禮蜱醢鄭注云蜱蜯也蜱與蠯同爾雅釋魚郭注云今江東呼蚌長而狹者爲蠯說文虫部云蚌蜃屬蠯蜌也脩爲蠯圜爲蠇又云蠇蚌屬是蠯亦爲蜯也漢書地理志顏注云蛤似蚌而圓綜校諸說是脩者爲蠯爲蜯圓者爲蜃爲蛤爲蠇而蠯則其尤狹長者先鄭以蠯爲蛤散文通耳杜以蠯爲蜯與說文脩爲蠯合其義較析故後鄭旣夕注亦從之賈疏謂蜯蛤一物非也云蚳蛾子者醢人注同內則蚳醢鄭注云蚳蚍蜉子也爾雅釋蟲云蚍蜉大螘小者螘其子蚳郭注云蚳蟻卵夏小正二月抵蚳傳云抵猶推也蚳螘卵也爲祭醢也說文虫部云蚳螘子也周禮有蚳醢蛾羅也螘蚍蜉也案爾雅釋文引說文蛾作蟻與蟻部𧖴爲蠶𧖴字別引國語云蟲舍蚳蝝者魯語里革語韋注云蚳蟻子也可以爲醢蝝蝠陶也可以食舍不取也說文虫部云蝝復陶也劉歆說蝝蚍蜉子董仲舒說蝗子也案爾雅釋蟲郭注宣十五年公羊何注左傳杜注及孔疏引李巡爾雅注漢書五行志引劉向說並與董同依劉歆說則蝝與蚳異名同物祭統陸產之醢鄭注以爲蚳蝝之屬則似從劉歆說若蝗子害稼不宜舍之且不聞可爲

醢也賈說依董說以蟓爲蝗謂與蚳別連引之恐非鄭意

掌凡邦之籍事

腊人掌乾肉凡田獸之脯腊膴胖之事 大物解肆乾之謂之乾肉若今涼州烏翅矣薄析曰脯捶之而施薑桂曰鍛脩腊小物全乾

【疏】掌乾肉者通牲獸言之也云凡田獸之脯腊膴胖之事者田獸即庖人六獸之屬獸人所入者也蓋此官本正掌共田獸之肉田獸不皆生得其肉鮮少乾多以其習於乾肉之事故并使掌家牲之乾肉若家牲之腥肉則自有庖人內外饔共之非此官所掌也其獸肉則腥乾兼掌故賈疏引鄭志云趙商問腊人掌凡乾肉而有膴胖何鄭荅雖鮮亦屬腊人姜兆錫云牢鼎之實腊與鮮腊爲二鼎則腊人掌乾肉自有枯濶之不同也案姜說是也士昏禮及聘禮公食大夫禮並有鮮腊既夕禮又謂之鮮獸注云鮮新殺者此膴胖蓋亦以獸肉之新殺者制之矣阮元云膴胖之事四字疑衍文下經膴胖始有注若於此先言膴胖二鄭杜氏康成當於此下注矣釋文出胖字音於豆脯之下則陸本尚未誤衍此疏引趙商問腊人掌凡乾肉而有膴胖何亦據下文言之案阮據釋文校於義近是甸祝疏亦引此經掌凡田獸之脯腊而此疏標起止則有之事二字或是後人竄改非賈氏之舊但有此四字於義亦尚可通未敢專輒刪定也 注云大物解肆乾之謂之乾肉者凡牲獸大者不易乾故必解肆其骨體而後乾之以爲俎實禮經謂之乾肉折俎解肆謂亦若腥牲有豚解七體體解二十一體之等也詳內饔疏散文通言凡脯腊之屬並爲乾肉大物乾肉亦通謂之腊少牢饋食禮云腊用麋是也對文析言則乾肉之異於腊者一解肆一全乾也又異於脯脩者一體折爲俎實一薄析爲籩實也姜兆錫云首句言乾肉而下句乃指田獸言之則是牲肉案此乾肉鄭不別牲獸賈謂專屬獸肉姜則謂專屬牲肉今諦審經言凡田獸以下爲區別

之文則乾肉自當兼含牲獸賈姜二義相兼乃備禮經所言者則皆
三牲之肉士冠禮始醮再醮有脯醢三醮乃有乾肉折俎注二云乾肉
牲體之脯也折其體以爲俎士虞記注義同然則此官牲獸兼掌乾
肉之義與禮經亦不異也二云若今涼州烏翅矣者士虞記乾肉注義
同烏翅蓋漢時涼州所出乾肉亦解肆牲體而乾之故鄭以爲況烏
翅名義未詳二云薄析曰脯者說文肉部二云脯乾肉也內則注二云脯皆
析乾肉也案散文脯與乾肉亦通稱凡脯牲獸兩有內則有鹿脯田
豕脯麋脯麕脯此獸脯也又有脯羹注謂析乾牛羊肉此牲脯也齊
民要術作脯法二云用牛羊麞鹿野豕豬肉或作條或作片鄭二云薄析
即謂作片故後注謂胖之言片析肉意鄉射禮記二云薦脯用籩五膱
膱長尺二寸膱鄉飲酒記又謂之挺皆片析之名其長逾尺則雖片
析又近於條矣二云捶之而施薑桂曰鍛脩者內饔注二云脩鍛脯也郊
特牲二云大饗尚腶脩而已矣有司徹注二云腶脩擣肉之脯又內則注
二云腶脩捶脯施薑桂也又二云捶擣之也案腶即鍛之俗省義字又省
作段淮南子道應訓高注二云捶鍛擊也蓋脩亦薄析乾之與脯同故
少儀束脩孔疏謂即十脡脯是亦片析爲膱之證但既析乾之後又
捶擣之使堅實而加薑桂以助其辛烈之味是曰鍛脩內則說八珍
之熬亦先捶之而屑薑桂洒諸上而鹽之乾而食之作鍛脩法蓋與
彼略同凡脩亦牲獸兩有互詳腊夫內饔疏二云腊小物全乾者說文
日部二云昔乾肉也重文𦢊籀文从肉釋名釋飲食二云腊乾肉也案小
物全乾謂小禽獸之屬不解肆者若庖人注二云腒乾雉既夕禮注二云
士腊用兔是也賈疏二云案特牲二云陳鼎于門外棜在其南南順實獸
于上又二云宗人舉獸尾是其全者士用兔是其小物全乾少牢用麋
不二云舉獸尾則未全若然則天子諸侯之所用雖無文其獸必大亦
不必全今二云全者據有全者耳 案賈說是也易噬嗑六三爻辭二云噬
腊肉又六五二云噬乾肉彼釋文引馬融二云晞於陽而煬於火曰腊肉

是腊與乾肉不同但禮經凡言腊者皆田獸田獸之中若麋鹿之屬亦有大物自當解肆乾之不必皆全則亦通謂之腊故莊子外物篇說任公子得大魚離而腊之是卽析乾者也散文腊乾義通故許劉並以乾肉詁昔矣

凡祭祀共豆脯薦脯膴胖凡腊物

脯非豆實豆當爲羞羞聲之誤也鄭司農云膴膺肉鄭大夫云胖讀爲判杜子春讀胖爲版又云膴胖皆謂夾脊肉又云禮家以胖爲半體玄謂公食大夫禮曰庶羞皆有大有司曰主人亦一魚加膴祭于其上內則曰麋鹿田豕麕皆有胖足相參正也大者裁之大臠膴者魚之反覆膴又詁曰大二者同矣則是膴亦牒肉大臠胖宜爲脯而腥胖之言片也析肉意也禮固有腥腍爓雖其有爲孰之皆先制乃亨

疏凡腊物者卽獸腊載於俎者也 注云脯非豆實豆當爲羞聲之誤也者以豆盛濡物與脯爲乾肉不相應也古音豆在侯部羞在尤幽部合音相近故云聲之誤賈疏云案籩人職有栗脯則脯是籩實故云脯非豆實也知豆當爲羞者案籩人職云凡祭祀共其籩薦羞之實鄭云未飲未食曰薦已飲已食曰羞羞薦相對下旣言薦脯明上當言羞脯也案依鄭賈說則羞脯者謂加籩羞籩之實薦脯者謂朝事饋食之籩實則二者皆主籩而言也據爾雅釋器云竹豆謂之籩是籩亦可稱豆而鄭必破豆爲羞者以此經凡言籩豆者皆塙爲二器不相叚借不可援彼釋此也易祓陳友仁姜兆錫江永並據王制天子歲三田一爲乾豆之文證此豆脯不必破字攷王制鄭注云乾豆謂腊之以爲祭祀豆實也賈醢人甸祝及鄉射禮疏王制孔疏並謂脯非豆實而別據醢人注云作醢及臡者必先膊乾其肉釋乾豆之義此與易陳諸說可互通惠士奇又據內則脯羹證脯可爲豆實依諸家說則脯雖不盛於豆而以脯爲醢爲羹則不妨爲豆實此皆不破字而說尚可通附著之以廣異義鄭司農云膴膺肉者內饔注同鄭大夫云胖讀爲判杜子春讀胖爲版

者段玉裁云判版胖古音同在元寒桓刪山先部兩讀爲疑當作讀如此擬其音不必易其字其字從肉則正字也說文半部胖字下曰半體肉也膴字下曰周禮有膴判案段謂兩讀爲當作讀如是也說文肉部引周禮作判者依鄭大夫讀半部胖訓半體者據儀禮二文不相妨也又云膴胖皆謂夾脊肉者此讀膴爲脢也內饔先鄭注亦以膴爲夾脊肉詳彼疏胖者內則鵠鴞胖鄭注云胖謂脅側薄肉也脅側薄肉卽夾脊肉也又云禮家以胖爲半體者禮凡用成牲者皆胖升少牢饋食禮云司馬升羊右胖髀不升肩臂臑膊骼正脊一脡脊一橫脊一短脅一正脅一代脅一皆二骨以並又司士升豕右胖文與升羊同又既夕禮云厥明陳鼎五于門外其實羊左胖髀不升是禮經所謂胖者並謂半體凡吉禮牲皆用右胖變禮反吉用左胖說文亦以胖爲半體肉廣雅釋詁云胖半也並與禮家說同後鄭則謂此膴胖義與左右胖異故亦不從其說云玄謂公食大夫禮曰庶羞皆有大者鄭彼注云大以肥美者特爲臠所以祭也魚或謂之膴膴大也唯醢醬無大引之者證牲獸肉本名大也又引有司曰主人亦一魚加膴祭于其上者此證膴本爲割魚大臠之名也鄭彼注云膴讀如殷冔之冔刳魚時割其腹以爲大臠也可用祭也案禮經本作侑主人皆一魚一魚此鄭所省改引內則曰麋鹿田豕麕皆有胖者內則文胖本作軒鄭彼注云軒讀爲憲憲謂藿葉切也軒或爲胖此鄭依或本引之案彼上文云鹿脯田豕脯麋脯麕脯而云皆有胖明脯乾胖腥文正相對足證胖如脯而腥之義又彼下文云肉腥細者爲膾大者爲軒又云野豕爲軒注軒亦或作胖少儀說野豕爲軒云聶而不切則知內則之胖不爲半體矣云足相參正也者謂有司徹之大可證此經之膴公食禮之膴雖與此膴異物而同爲大臠亦足相證據內則知此胖與禮家半體之胖不同皆足相參正也云大者胾之大臠者釋公食禮文說文肉部云胾大臠也案此謂三牲鳥獸之

腥肉也云膴者魚之反覆者釋有司徹文少儀注云膴大臠謂刳魚腹也案膴覆聲近鄭意刳魚腹取大臠反覆之故謂之膴此膴之本義籩人朝事之籩有膴鮑魚鱐注云膴牒生魚爲大臠是也云膴又詁曰大二者同矣者爾雅釋詁云幠大也膴與幠音義並同言此者膴卽公食禮之大段牒魚大臠之名以名牒肉大臠不當如先鄭及明膴與大雖以魚肉異名義則同也云則是膴亦牒肉大臠者明此杜子春說也內饔注義亦同又說文肉部云膴無骨腊也揚雄說鳥腊周禮有膴判許意蓋以此經膴胖與脯腊同掌故亦釋爲腊物膴爲無骨腊者蓋卽謂牒肉大臠之乾昔者此疑本賈侍中說亦足備一義也云胖宜爲脯而腥者內饔注義同云胖之言片也析肉意也者胖與膴同爲腥肉胖又薄析之不爲大臠卽內則注所謂藿葉切之也廣雅釋詁云片胖半也說文片部云片判木也胖判片聲並相近片絕之卽析肉之意鄭云此者明胖亦如脯之片析不徒爲半體也但脯則析而乾之胖則析而不乾以此爲異阮元云玉篇肉部引作胖之言半也古書片半通用其音義皆同云禮固有腥腍爓雖其有爲孰之皆先制乃亨者賈疏云祭祀之禮胣解而腥之又有體解而爓之又有薦孰之禮禮經固有此三者皆當先制爲胖言此者證胖與膴不同破諸家之意案賈說非也郊特牲云腥肆爓腍祭鄭彼注云腍熟也又祭義云爓祭祭腥而退注云爓祭祭腥爓肉腥肉也湯肉曰爓細繹鄭意蓋謂禮有腥腍爓之薦腥是生肉爓是半生半孰之肉腍是孰肉然雖有孰薦亦必先以生肉依法制割而後亨之明此腊人所掌膴胖亦是未亨之前制之或牒爲大臠或薄析之故得爲腥肉也賈乃謂證胖與膴不同失其指矣

賓客喪紀共其脯腊凡乾肉之事

【疏】共其脯腊凡乾肉之事者賈疏云此所共者共內外饔也

周禮正義卷八

周禮正義卷九

瑞安孫詒讓學

天官冢宰下

疏 天官冢宰下者釋文作天官下云本亦作天官冢宰下案宋以來刻本並與釋文或本同孔繼汾云儀禮之士喪特牲饋食及禮記之曲禮檀弓雜記各有上下篇並漢時舊師所傳周禮則每官爲一篇不殊上下故鄭自敘云凡著三禮七十二篇也石經十二卷之數乃後人所分不知始於何時隋志已然案孔說是也士喪特牲之下篇皆別取篇首之文爲題目與曲禮檀弓雜記上下篇並通計篇數蓋漢時傳本如是故曲禮下鄭目錄云簡策重多分爲上下是也此六官六篇別爲上下蓋亦後人以簡策重多分之然鄭本尚無此分別故不以上下篇計數唐石經作天官冢宰下第二以後五官並通計上下爲十二篇尤誤今不從

周禮　鄭氏注

醫師掌醫之政令聚毒藥以共醫事 毒藥藥之辛苦者藥之物恆多毒孟子曰藥不瞑眩厥疾無瘳

疏 掌醫之政令者掌衆醫療治齊和之政及命令也云聚毒藥以共醫事者毒藥之物出於山澤蓋委人及山虞澤虞等斂聚入之醫師儲以待用也賈疏云謂所有藥物並皆聚之以供疾醫瘍醫等注云毒藥藥之辛苦者藥之物恆多毒者說文艸部云毒厚也廣雅釋詁云毒苦也凡辛苦之藥味必厚烈而不適口故謂之毒藥月令孟夏聚畜百藥鄭注云蕃廡之時毒氣盛素問藏氣法時篇云毒藥攻邪又移精變氣論云毒藥治其內鍼石治其外五常政大論云能毒者以厚藥不勝毒者以薄藥王冰注云藥厚薄謂氣味厚薄者也

鶡冠子環流篇云味之害人者謂之毒積毒成藥工以爲醫是毒藥者氣性酷烈之謂與本艸經所云有毒無毒者異鄭義根據古訓不可易也賈疏謂藥中有毒者巴豆狼牙之類殆未達鄭恉王安石王昭禹鄭鍔姜兆錫莊有可俞樾並謂毒藥爲二即瘍醫職五毒五藥亦通引孟子曰藥不瞑眩厥疾無瘳者滕文公篇文惠棟校余本作若藥不瞑眩厥疾無瘳明汪道昆本同阮元校宋本作藥不瞑眩厥疾弗瘳賈疏作藥不瞑眩厥疾不瘳葉鈔釋文作無瘳盧本仍作不瘳今從嘉靖本宋岳本亦同孟子趙注本作若藥不瞑眩厥疾不瘳國語楚語同賈疏云注云逸書也藥使人瞑眩憫亂乃得瘳愈猶人敦德惠乃治也引之者證藥中有毒之意此是古文尚書說命之篇高宗語傅說之言也不引說命而引孟子者鄭不見古文尚書故也案賈說非也方言云凡飲藥傅藥而毒東齊海岱之閒謂之瞑或謂之眩又云南楚飲毒藥懣謂之頓愍猶中齊言眠眩也國語韋注云瞑眩頓瞀攻己之急也據此是瞑眩亦謂藥氣味辛苦酷烈飲之傅之使人頓悶痛苦即所謂毒也故鄭引以爲證非證藥中有毒也又賈所引孟子趙注與今本少異而義旨校長至東晉僞古文說命有此二語即取孟子爲之鄭注眞古文書本無此篇不足據也

凡邦之有疾病者有疕瘍者造焉則使醫分而治之疕頭瘍亦謂禿也身傷曰瘍分之者醫各有能【疏】凡邦之有疾病者有疕瘍者造焉者宋本經疕瘍上無有字今從唐石經及宋小字本彭元瑞云下獸醫凡獸之有病者有瘍者亦疊有字王念孫云太平御覽疾病部一引此亦疊有字案彭王校是也司門注云造猶至也造謂來至醫師所治之官府也云則使醫分而治之者賈疏云疾病者付疾醫疕瘍者付瘍醫故云分而治之下有食醫獸醫亦屬醫師不來造醫師者食醫主齊和飲食不須造醫師獸醫畜獸之賤使造獸醫故亦不須造醫師　注云疕

頭瘍者說文疒部云疕頭瘍也左襄十九年傳云荀偃癉疽生瘍於頭蓋疕為頭創專名它瘍不得稱疕而疕得通稱瘍故鄭許並云頭故云疕頭瘍謂頭上有瘡含膿血者云亦謂禿也者一切經音義引瘍賈疏云案下瘍醫腫瘍等不言疕此特言疕者腫瘍等可以兼之倉頡篇云疕痂禿也云身傷曰瘍者若瘍醫四種之瘍是也說文疒部云瘍頭創也廣雅釋詁云瘍傷創也內則云頭有創則沐身有瘍則浴爾雅釋訓云骭瘍為微則創凡在頭身及四肢者並謂之瘍鄭以經瘍疕並言疕為頭瘍則瘍直為身瘍故據內則為訓實則疕亦得通稱瘍也云分之者醫各有能者賈疏云疾醫知疾不知瘍瘍醫知瘍不知疾故云醫各有能

歲終則稽其醫事以制其食十全為上十失一次之十失二次之十失三次之十失四為下

食祿也全猶愈也以失四為下者五則半矣或不治自愈 疏 歲終則稽其醫事以制其食者此醫官之官計也歲終亦夏之季冬鄭賈謂周之季冬非也詳宰夫疏小宰注云稽猶計也賈疏云謂疾醫等歲始已來治病有愈有不愈並有案記今歲終總考計之據所治愈不愈之狀而制其食祿五等之差 注云食祿也者小宰六敘云四曰以敘制其食注亦釋食為祿賈疏云食即月俸故以祿解食依序官疾醫中士瘍醫下士案禮記王制下士視上農夫食九人祿中士倍下士十八人祿若然中士祿食有常今差為五等者但功適中者守本祿功高者益之功下者損之欲勉勵醫者故為此五等之差莊存與云食來歲之稍食也案莊說是也疾醫瘍醫爵為中下士則以爵制祿其差止二等既無五等之差且祿與爵常相因有一定之爵則有一定之祿不當稽其事以為之制此制其食即小宰六敘之制食皆謂稍食鄭賈以為祿非也凡命士以上則有祿不命之士及庶人在官者則無祿而有稍食此醫師所屬疾醫瘍醫各八

人皆有祿之命士也然以王國之大而止此醫士十有六人於事必不給周書大路篇云鄉立巫醫具百藥以備疾災是則鄉遂以外亦立醫官之證竊疑疾醫瘍醫兩官當各有散醫無員數亦無爵秩夏官巫馬別有醫四人無爵卽其比例也散醫無爵則亦不受祿但以給事於官受稍食而已此云稽其醫事以制其食者卽稽散醫之事而制其稍食也春官敘官凡以神仕者無數以其藝爲之貴賤之等此官以五等制醫之食卽所謂以其藝爲之貴賤之等與神仕正同若中下士之醫官自當擇其藝之精者爲之叚令方術疏淺不勝其任則黜之耳何煩立五等之差以校其上下哉凡經言食者並與祿異詳宮正疏云全猶愈也者說文入部云全完也引申之疾愈亦爲全莊子徐無鬼篇云今予病少痊釋文引李頤云痊除也痊卽全之俗云以失四爲下者五則半矣或不治自愈者明十失五者幷不得爲下醫也以其術疏纔能得半卽其所得之五亦或是不治自愈非所治之功故不足數也靈樞經邪氣藏府病形篇云上工十全九中工十全七下工十全六八十一難經第十三難說同彼並分工爲三等與此經五等制食異而以十全六爲下工則同

食醫掌和王之六食六飲六膳百羞百醬八珍之齊和調也疏掌和王之六食六飲六膳百羞百醬八珍之齊者並食醫之官法與膳夫庖人內外饔饎人爲官聯也膳夫云凡王之饋食用六穀膳用六牲飲用六清羞用百有二十品珍用八物醬用百有二十甕此云百羞百醬亦舉成數也此並庖人共其物內饔割亨煎和之膳夫饋之食醫唯掌其調和齊量而已注云和調也者弓人注同說文龠部云龢調也讀與和同和卽龢之借字

凡食齊眡春時飯宜溫羹齊眡夏時羹宜熱醬齊眡秋時醬宜涼飲齊眡冬時飲宜寒疏凡食齊眡春時者此

論調和飲食寒溫之齊內則文同蓋卽本此經食齊饎人共六食之齊也賈疏云言食者卽上六食則內則所云食齊一也言飯之齊和眂猶比也四時常溫比於春時云羹齊眂夏時者亨人共羹之齊也賈疏云謂大羹鉶羹菜羹等其所齊和四時常熱故云眂夏時羹宜熱故也云醬齊眂秋時者醢人醯人共齏菹醬之齊也賈疏云案醢人醯人唯有醢醯不言醬卽豆醬也案公食大夫公親設醬醬者食之主言醬則該諸豆實四時皆須涼故言醬齊眂秋時云飲齊眂冬時者酒正漿人共六飲之齊也賈疏云謂若漿人六飲水漿之等四時皆須寒故言飲齊眂冬時飲宜寒故也　注云飯宜溫者以下內則注並同膳夫注云食飯也士昏禮云黍稷四敦皆蓋注云蓋爲尚溫案溫者不寒不熱之謂說文食部云饖飯傷熱也溫則不至於饖矣云羹宜熱者羹者肉湆以熱爲美士昏禮云大羹湆在爨注云爨火上蓋亦尚熱戰國策燕策云昔趙王與代王飲酒酣樂進取熱歠廚人進斟羹羹宜熱而歠之故謂之熱歠云醬宜涼者膳夫注云醬謂醯醢也醯醢之屬不須溫食故宜涼也云飲宜寒者六飲皆以水和齊以寒爲貴楚辭招魂云挫糟凍飲酎清涼些所謂宜寒也

凡和春多酸夏多苦秋多辛冬多鹹調以滑甘各尚其時味而甘以成之猶水火金木之載於土內則曰棗栗飴蜜以甘之堇荁枌榆娩槁滫瀡以滑之 疏 凡和者論調和五味多少之齊也內則文亦同云調以滑甘者說文水部云滑利也此五味益以滑謂之六和禮運云五味六和十二食還相爲質也甄鸞五經算術引彼文質爲滑彼十二食孔疏以爲十二月之食案此味分四時不以月別禮運所云未聞其審　注云各尚其時味而甘以成之猶水火金木之載於土者內則注云多其時味以養氣也春秋繁露五行之義篇云金木水火雖各職不因土方不立若酸鹹辛苦之不因甘肥不能成味也甘者五味之本也土者五行

之主也淮南子墬形訓二云味有五變甘其主也位有五材土其主也
賈疏二云東方木味酸屬春春時調和食酸多於餘味一分南方火味
苦屬夏夏時調和食苦亦多於餘味一分西方金味辛屬秋秋時調
和食辛亦多於餘味一分北方水味鹹屬冬冬時調和食鹹亦多於
餘味一分中央土味甘屬季夏金木水火非土不載於五行土爲尊
於五味甘爲上故甘總調四時內則孔疏二云依經方春不用食酸夏
不用食苦四時各減其時味也經方所二云謂時氣壯者減其時味以
殺盛氣此經所二云食以養人恐氣虛羸故多其時味以養氣也蕭吉
五行大義論配氣味篇二云周禮解有兩家一二云宜從時氣春食須多
酸夏食須多苦一二云多者過也春食過酸宜減其鹹味夏食過苦宜
減其酸味是以後句二云調以滑甘今依前解四時之味各隨時所當
故遂時鹹苦養體之宜土既居總載四時是以四時味兼須甘味以
調之呂飛鵬二云前說卽鄭注各尚其時味之義由後說推之過酸宜
減其鹹味過苦宜減其酸味者治其源也酸爲木味鹹爲水味苦爲
火味水生木木生火減其所生之味而春酸夏苦不至於太過若然
則秋食過辛宜減其甘味冬食過鹹宜減其辛味案蕭吉亦從鄭說
其所述第二說義殊迂曲蕭氏亦不從也引內則曰棗栗飴蜜以甘
之堇荁枌榆娩槁滫瀡以滑之者賈疏二云證經滑甘之所用之物鄭
君注內則荁堇類榆白曰枌娩新生者槁乾也齊人溲曰滫秦人滑
曰瀡謂將此堇已下和溲以滑之詒讓案娩槁內則作免薨禮記釋
文二云薨字又作槀案槀字同羣經音辨女部引禮娩槁滫瀡二云鄭
康成讀攷內則注鄭無異讀音辨所述鄭讀蓋卽指此引內則文疑
賈昌朝所見周禮釋文本作娩槁槁字亦通也又今本內則注娩
作免槁作薨齊秦字互易與賈疏所引不同或賈依此注改之滫者
說文水部二云久泔也內則說爲滫二云爲稻粉糔溲之注二云糔讀
與滫瀡之滫同則滫瀡與糔溲義同並謂以米粉和菜爲滑也　凡會

膳食之宜牛宜稌羊宜黍豕宜稷犬宜粱鴈宜麥魚宜苽 會成也謂其味相成鄭司農云稌稉也爾雅曰稌稻苽彫胡也

【疏】凡會膳食之宜者此論六膳六食牲與穀配合之宜也內則文亦同云牛宜稌者賈疏云依本草素問牛味甘平稻味苦而又溫甘苦相成云羊宜黍者黍即今之穄詳大宰疏賈疏云羊味甘熱黍味苦溫亦是甘苦相成云豕宜稷者稷即今之高粱詳大宰疏賈疏云豭豬味酸牝豬味苦稷米味甘亦是甘苦相成云犬宜粱者粱即今北方之小米詳大宰疏賈疏云犬味酸而溫粱米味甘而微寒亦是氣味相成云鴈宜麥者王引之云鴈謂鵝也爾雅舒鴈鵝李巡注曰野曰鴈家曰鵝對文則鵝與鴈異散文則鵝亦謂之鴈方言鴈自關而東謂之鴚鵝南楚之外謂之鵝說文鴈鵝也莊子山木篇命豎子殺鴈而亨之謂殺鵝也齊策士三食不得饜而君鵝鶩有餘食韓詩外傳及說苑尊賢篇並作鴈鶩有餘粟晏子春秋外篇亦曰君之鳧鴈食以菽粟墨子雜守篇曰寇至先殺牛羊雞狗鳧鴈說苑臣術篇秦穆公悅百里奚之言公孫支歸取鴈以賀漢書翟方進傳有狗從外入齧其中庭羣鴈數十皆謂鵝為鴈也堯典二生一死贄馬融以二生為羔鴈鴈則鵝也史記封禪書漢書郊祀志並作一牲蓋羔與鵝皆常畜之物故謂之牲王制曰庶人春薦韭夏薦麥秋薦黍冬薦稻韭以卵麥以魚黍以豚稻以鴈鴈亦謂鵝也案王說是也賈疏云鴈味甘平大麥味酸而溫小麥味甘微寒亦是氣味相成云魚宜苽者賈疏云魚味寒魚族甚多寒熱酸苦兼有而云宜苽或同是水物相宜案此六者牲穀相配亦取氣味相宜而已賈傳合五行為說經情實未必然也又月令說春食麥羊夏食菽雞季夏食稷牛秋食麻犬冬食黍豕蔡邕集月令問荅謂皆時味所宜與此六牲六穀氣味相成異也

注云會成也謂其味相成者爾雅釋詁云會合也謂齊合諸味相成不爽戾也云

稌稉也者釋文云稉本亦作秔說文禾部云秔稻屬重文稉秔或从更聲稌稻也引周禮曰牛宜稌稻稌也案說文謂秔爲稻屬而以稌稻轉相訓者稌稻爲大名秔則稻之不黏者故爾雅釋文引字林云秔稻不黏者稉黏稻也先鄭意蓋謂食稻宜用不黏者故卽以稉釋稌也引爾雅曰稌稻者釋艸文郭注云今沛國呼稌上以稉釋稌偏舉一種更引爾雅此文明稌稻並爲大名也云苽彫胡也者釋文云彫劉本作凋膳夫注亦作彫詳彼疏

凡君子之食恆放焉放猶依也

疏 凡君子之食恆放焉者禮器注云君子謂大夫以上喪服傳云君子子者貴人之子也注以君子爲大夫及公子月令孔疏引月令章句云君子謂人君以下至位士也白虎通義號篇云或稱君子者何道德之稱也君之爲言羣也子者丈夫之通稱也何以知其通稱也以天子至於民案此經君子當以王爲主而公卿大夫及王子弟之有公膳者亦依此齊和之不下及士庶人與蔡班義小異賈疏云上六食六飲一經據共王不通故下凡食春多酸已下至魚宜苽已上齊和相成之事雖以王爲主君子大夫已上亦依之故云恆放焉　注云放猶依也者廣雅釋詁云放依也墨子法儀篇云放依以從事是放依義同

疾醫掌養萬民之疾病四時皆有癘疾春時有痟首疾夏時有癢疥疾秋時有瘧寒疾冬時有嗽上氣疾癘疾氣不和之疾痟酸削也首疾頭痛也嗽欬也上氣逆喘也五行傳曰六癘作見

疏 掌養萬民之疾病者賈疏云此主療治疾病而云養者但是療治必須將養故以養言之疾病兩言之者疾輕病重故注論語云疾甚曰病謂疾病俱療故兩言之此直言萬民不言王與大夫醫師雖不言或可醫師治之案後注云養猶治也此官

掌治疾病通於上下廣言之故云萬民賈說非云四時皆有癘疾者並據時氣所感病之多者言之云春時有痟首疾者謂春氣不和民感其氣則爲痟痛而在首也左昭元年傳子產論六氣之疾云風淫末疾孔疏引賈逵以末疾爲首疾謂風眩也此痟首疾在春亦風氣所生也云夏時有痒疥疾者說文疒部云痒瘍也疥搔也又虫部云蛘搔蛘也痒卽蛘之叚字俗作癢釋名釋疾病云癢揚也其氣在皮中欲得發揚使人搔發之而揚出也疥齘也癢搔之齒類齘也謂夏氣不和民感其氣則爲創痒而成疥也云秋時有瘧寒疾者說文疒部云瘧熱寒休作病釋名釋疾病云瘧酷虐也凡疾或寒或熱耳而此疾先寒後熱兩疾似酷虐者也謂秋氣不和民感其氣則爲瘧而發於寒也素問瘧論云岐伯曰夏傷於大暑其汗大出腠理開發因遇夏氣淒滄之水寒藏於腠理皮膚之中秋傷於風則病成矣夫寒者陰氣也風者陽氣也先傷於寒而後傷於風故先寒而後熱也病以時作名曰寒瘧又金匱眞言論云秋善病風瘧又陰陽應象大論云夏傷於暑秋必痎瘧與此經義合左昭元年傳云陰淫寒疾亦與此義略同云冬時有嗽上氣疾者謂冬氣不和民感其氣則爲嗽而氣上逆也陰陽應象大論云秋傷於溼冬生欬嗽義亦與此經合注云癘疾氣不和之疾者說文疒部云𤻲惡疾也隸變作癘氣謂四時五行之氣不和者卽後注云病由氣勝負而生是也呂氏春秋仲冬紀行春令則民多疾癘高注云水火相干氣不和故民多疾癘也左昭四年傳杜注云癘惡氣也字亦作厲釋名釋天云厲疾氣也中人如磨厲傷物也案此癘爲四時常疾其大疫亦謂之癘卽膳夫之大札彼注云大札疫癘是也公羊莊二十年傳大瘠者何㾐也何注云㾐者民病疫也㾐與癘聲類亦同云痟酸削也首疾頭痛也者說文疒部云痟酸痟頭痛周禮曰春時有痟首疾案痟削聲類同賈疏云人患頭痛則有酸嘶而痛酸削則酸嘶也丁晏云釋名釋疾病云

酸遻也遻遁在後也言脚疼力少行遁在後似遻遁者也消弱也如
見割削筋力弱也即釋此酸削之義會釗云注意謂頭痛酸削耳若
疏析痟首爲二則頭痛之外何者爲酸削之痛邪說文云酸痟頭痛
左思蜀都賦云味蠲癘痟劉注痟頭病也周禮春多痟首之疾是古
訓不分痟首爲兩解又素問金匱真言論東風生於春病在肝俞在
頸項故春氣者病在頭是感春癘氣爲頭痛內經有明文賈乃別痟
爲酸削之痛非注意矣案曾說是也列子黃帝篇指擿無痟癢張湛
注云痟癢痛癢也張機金匱要略虛勞篇云足酸削巢元方諸病源
侯總論作痠㾡廣韻十二齊云痠𤸵疼痛酸痠聲同痟與嘶𤸵㾡亦
聲相轉神農本艸經云礜石主周痹風溼肢節中痛不可持物洗洗
酸痟是凡首及四肢並有酸痟之痛而春之癘疾其酸痟則多在首
故經云痟而又云首疾也說文以酸痟專屬頭痛義即本此經管子
地員篇云終無痟瘽尹注云痟首疾也亦與許義同賈疏謂頭痛之
外別有酸削之痛非經義云嗽欬也者廣雅釋言同釋文云嗽本亦
作軟盧文弨云說文軟吮也無嗽字玉篇欬上軟也則作軟爲正案
盧說是也原本顧氏玉篇欠部引此經亦作軟又一切經音義引蒼
頡篇云齊郡謂軟曰欬也嗽即軟之俗說文欠部云欬屰气也釋名
釋疾病云欬刻也氣奔至出入不平調若刻物也云上氣逆喘也者
賈疏云向上喘息謂之逆喘詒讓案逆喘即說文所謂屰气也素問
五藏生成論云欬嗽上氣厥在胸中又欬論云久欬不已則使人多
涕唾而面浮腫氣逆也又生氣通天論云秋傷於溼上逆而欬發爲
痿厥然則上氣即因嗽之甚而氣逆爲喘事亦相因故經云嗽上氣
疾也引五行傳曰六癘作見者明癘疾生於五行之氣也賈疏云案
五行傳云五福乃降用彰於下六沴作見一曰貌之不恭是謂不肅
惟金沴木又曰言之不從是謂不乂惟火沴金又曰眡之不明是謂
不哲惟水沴火又曰聽之不聰是謂不謀惟土沴水又曰思之不睿

是謂不聖惟木金水火沴土此其五沴也言六沴者天雖無沴案洪範六極又案書傳致六極之由皆由身之五事一曰凶短折思不睿之誅二曰疾眠不明之誅三曰憂言不從之誅四曰貧聽不聰之誅五曰惡貌不恭之誅六曰弱皇不極之誅據此六極皇極爲屬天王者不極亦有痾疾病并前五者爲六沴彼言沴此鄭注言癘者言沴謂五行相乖沴此言癘癘氣與人爲疫故不同若據五事所致言之四時之疾皆據眠之不明者也又云春是四時之首陽氣將盛惟金沴木故有頭首之疾四月純陽用事五月已後陰氣始起惟水沴火木爲甲疥有甲故有疥痒之疾秋時陽氣漸銷陰氣方盛惟火沴金兼寒兼熱故有瘧寒之疾冬時陰氣盛陽氣方起惟土沴水以土壅水其氣不通故有嗽上氣之疾詒讓案鄭本五行傳亦作沴續漢書五行志劉注引鄭彼注云沴殄也此引作癘者癘沴聲近義通大祝注亦同左傳昭七年孔疏引鄭箴膏肓云厲者陰陽之氣相乘不和之名尚書五行傳六厲是也則又借厲爲之漢書五行志云氣相傷謂之沴沴猶臨莅不和意也與鄭此注癘字訓義略同賈據五行傳以釋此經四時之癘疾與醫家說不必盡合然鄭意或如是附存之以證注義

以五味五穀五藥養其病養猶治也病由氣勝負而生攻其贏養其不足者五味醯酒飴蜜薑鹽之屬五穀麻黍稷麥豆也五藥草木蟲石穀也其治合之齊則存乎神農子儀之術云疏以五味五穀五藥養其病者以下通論治疾之術並疾醫之官法也注云養猶治也者此引申之義養身即所以治病是養與治義相成也云病由氣勝負而生者謂五行之氣相勝則爲病即五行傳五沴之義素問陰陽別論云陰勝則陽病陽勝則陰病陽勝則熱陰勝則寒風勝則動熱勝則腫燥勝則浮溼勝則濡瀉此言陰陽寒熱燥溼氣相勝爲病之事與此注義亦足互相備云攻其贏養其不足者者贏釋文作嬴盧文弨云爾雅釋天夏爲長嬴

注云本或作嬴是古並通用賈疏云夏時病者則五味中食甘五穀
中食稷以甘稷是土之穀味土所剋水是攻其嬴也土生於火土是
火之子食甘稷爲子養母之道故云養其不足也云五味醯酒飴蜜
薑鹽之屬者賈疏云醯則酸也酒則苦也飴蜜卽甘也薑卽辛也鹽
卽鹹也云五穀麻黍稷麥豆也者賈疏云此依月令五方之穀此五
穀據養疾而食之非必入於藥分程瑤田云五穀養疾宜與藏氣相
應故據月令配五行者爲之注素問藏氣發時論粳米甘小豆酸麥
苦大豆鹹黃黍辛靈樞五味篇秔米甘麻酸大豆鹹麥苦黃黍辛五
音五味篇麥苦大豆鹹稷甘黍辛麻酸案五音篇與月令同合觀之
粳稷可互取小豆麻可互取又云綜計諸家言五穀者月令曰麻黍
稷麥豆鄭據之以注疾醫史記天官書顏師古注漢書食貨志盧辨
大戴禮注皆同素問金匱真言論五方之穀曰麥黍稷稻豆鄭注職
方氏之五種曰黍稷菽麥稻漢書地理志引職方氏師古注同管子
地員篇載五土所宜之種曰黍秫菽麥稻淮南子修務訓五穀高注
菽麥黍稷稻漢書音義韋昭曰五穀黍稷菽麥稻也自金匱真言以
下說並不異而五常政大論則又進麻爲木穀至火穀則麥黍互用
以上言五穀者凡十二事雖不能齊一然皆有稷無粱楚辭大招五
穀六仞設菰粱只王逸注五穀稻稷麥豆麻也菰粱蔣實謂雕胡也
王說亦爲有稷無粱周書言五方之穀曰麥黍稻粟菽粟粱也是爲
有粱無稷凡此皆秦漢後稷粱溷一之證也金鶚云鄭注疾醫五穀
據月令爲說其注職方五穀則以爲稻黍稷麥菽有稻而無麻與素
問金匱真言論合趙岐高誘韋昭說皆與此同盧辨楊倞顏師古皆
與疾醫注同王逸以爲稻稷麥豆麻則稻麻並舉而無黍逸周書曰
麥黍稻粟菽則無麻稷而有粟管子曰黍秫菽麥稻則無麻粟而有
秫諸說不一鶚謂五穀者以其爲飯者而言也曰黍稷稻粱麥膳夫
王食六穀食醫會膳食之宜牛宜稌羊宜黍豕宜稷犬宜粱鴈宜麥

魚宜苽內則言飯黍稷稻粱下又言麥食苽食可知六者皆可爲飯
矣內則疏謂諸侯朔食四簋黍稷稻粱天子則加以麥苽可知常食
者黍稷稻粱也苽爲雕胡其米所出頗少惟天子諸侯得暫食而麥
則貴賤皆食之然則六穀去一而爲五穀當存麥而去苽矣若菽與
麻古人用爲籩實不以爲飯是則五穀不當數麻菽矣月令素問逸
周書管子或別有取義皆不可以定五穀之名也案金說是也云五
藥草木蟲石穀也者謂動植庶物入藥分者約有此五類也大觀本
艸引陶弘景本艸序附載本艸經舊目有玉石艸木蟲獸果菜米食
八類鄭此注依經五藥約略數之故與彼不同云其治合之齊則存
乎神農子儀之術云者隋書經籍志引梁七錄有神農本艸經三卷
今存子儀者賈疏云案劉向云扁鵲治趙太子暴疾尸蹷之病使子
明炊湯子儀脈神子術案摩又中經簿云子義本艸經一卷儀與義
一人也若然子義亦周末時人也案賈所引劉向說見說苑辨物篇
今本作子明吹耳陽儀反神子游矯摩蓋傳寫譌舛當據此以正之
韓詩外傳亦載其事作子明灸陽子游案
摩子儀反神其子儀之名與賈引劉說同

以五氣五聲五色眡其死生

三者劇易之徵見於外者五氣五藏所出氣也肺氣熱心氣次之
肝氣涼脾氣溫腎氣寒五聲言語宮商角徵羽也五色面貌青赤
黃白黑也察其盈虛休王吉凶
可知審用此者莫若扁鵲倉公

疏注云三者劇易之徵見於外者者
賈疏云此經三者並是人之病者
氣與聲色其病在內人所不覩見其聲色則知增劇及徵易故云劇
易之徵見於外者也云五氣五藏所出氣也者賈疏云言五藏謂氣
之所藏故云五氣出於五藏云肺氣熱心氣次之肝氣涼脾氣溫腎
氣寒者賈疏云此已下並據月令牲南首而言肺在上當夏故云肺
氣熱心在肺下心位當土心氣亦熱故言次之肝在心下近右其位
當秋故云肝氣涼此三藏並在膈上脾於藏值春故云溫腎位在下

於藏值冬故言寒此二者在膈下此五藏寒熱等據月令成文而說及其醫方之術心屬南方肝屬東方肺屬西方脾屬中央腎屬北方此並據五色而言不據氣之寒熱也案月令春祭先脾夏祭先肺中央土祭先心秋祭先肝冬祭先腎此鄭賈氏所據也月令孔疏引五經異義云今文尚書歐陽說肝木也心火也脾土也肺金也腎水也古尚書說脾木也肺火也心土也肝金也腎水也許慎謹按月令春祭脾夏祭肺季夏祭心秋祭肝冬祭腎與古尚書同鄭駁之云月令祭四時之位及其五藏之上下次之耳冬位在後而腎在下夏位在前而肺在上春位小前故祭先脾秋位小卻故祭先肝腎也脾也俱在鬲下肺也心也肝也俱在鬲上祭者必三故有先後焉不得同五行之氣今醫疾之法以肝爲木心爲火脾爲土肺爲金腎爲水則有瘳也若反其術不死爲劇鄭曾釗云此注本古尚書說以方書攷之殊不然鄭駁異義從今文尚書說蓋二書不作於一時也素問宣明五氣篇五氣所病心爲噫肺爲欬肝爲語脾爲吞腎爲欠爲嚏此經五氣當從之蓋因五氣以審五藏傷則病絕則死呂飛鵬云素問至真要大論岐伯曰厥陰司天風淫所勝病本於脾衝陽絕死不治太陰司天溼淫所勝病本於腎太谿絕死不治少陽司天火淫所勝病本於肺天府絕死不治陽明司天燥淫所勝病本於肝太衝絕死不治太陽司天寒淫所勝病本於心神門絕死不治所謂動氣知其藏也案衝陽足跗上動脈胃氣也木勝土故脾胃病尺澤在肘內廉大紋中肺氣也火勝金故肺大腸病大谿在足內踝後跟骨上動脈腎氣也土勝水故腎膀胱病天府在臂臑內廉下腋三寸亦肺氣也太衝足三指本節後二寸脈動應手肝氣也金勝木故肝膽病神門在掌後銳骨之端動脈心氣也水勝火故心與包絡病五氣絕故不治反是則生案五行主五藏當以駁異義說爲正曾說是也又曾呂二家並據素問說五藏之氣與鄭異而義可通今兩存之云五聲言語宮

商角徵羽也者，賈疏云宮數八十一配中央土，商數七十二配西方金，角數六十四配東方木，徵數五十四配南方火，羽數四十八配北方水，此五聲數多者聲濁，數少者聲清，人之言語似之，故云言語宮商角徵羽也。詒讓案：素問陰陽應象大論云木在藏爲肝，在音爲角，在聲爲呼；火在藏爲心，在音爲徵，在聲爲笑；土在藏爲脾，在音爲宮，在聲爲歌；金在藏爲肺，在音爲商，在聲爲哭；水在藏爲腎，在音爲羽，在聲爲呻。彼五音即此經五聲也。彼五聲，宣明五氣論又謂之五氣，與此經五聲不同。云五色面貌青赤黃白黑也者，賈疏云此據五方，東方木色青，南方火色赤，中央土色黃，西方金色白，北方水色黑，病者面色似之。詒讓案：素問五藏生成篇云五藏之氣，色見青如草茲者死，黃如枳實者死，黑如炲者死，赤如衃血者死，白如枯骨者死，此五色之見死也；青如翠羽者生，赤如雞冠者生，黃如蟹腹者生，白如豕膏者生，黑如烏羽者生，此五色之見生也。又靈樞經五色篇云以五色命藏，青爲肝，赤爲心，白爲肺，黃爲脾，黑爲腎。此並治疾察五色之法。云察其盈虛休王吉凶可知者，賈疏云假令冬時面色黑，其氣寒，聲應羽，此是盈而王，吉可知；若冬時其色黃，其氣熱，聲應宮，此得中央土來剋己，此是虛而休，凶可知；若得東方青色等，則子來助己，亦吉。云審用此者莫若扁鵲倉公者，釋文云扁本亦作鶣，又引漢書音義云扁鵲，魏桓侯時醫人。案：鶣俗字，古書扁鵲字並作扁。史記扁鵲倉公傳云扁鵲者，勃海郡鄭人也，姓秦氏，名越人，爲醫或在齊，或在趙，在趙者名扁鵲。又云太倉公者，齊太倉長，臨菑人也，姓淳于氏，名意，師同郡元里公乘陽慶，傳黃帝扁鵲之脈書，五色診病，知人死生，決嫌疑，定可治，爲人治病，決死生多驗。本傳載二人以氣色等眡死生之事甚衆，故鄭謂其審用此也。

兩之以九竅之變，參之以九藏之動。兩參之者，以觀其死生之驗。竅之變，謂開閉非常。陽竅七，陰竅二。藏之動，謂脈至與不至。正藏五又有胃旁胱大腸小腸脈之大候要在陽明寸口能專是者其惟秦和乎岐伯榆柎則兼彼數術者【疏】注云兩參之者以觀其死生之驗者此冡上文爲義廣雅釋言云參三也周書常訓篇云疑意以兩平兩以參賈疏云上經觀其氣色此經驗其脈候故以參兩言之言兩者謂九竅與所眡爲兩兩與九藏爲參參云竅之變謂開閉非常者說文穴部云竅空也九竅開閉有常若失其常則爲疾病故曰非常云陽竅七陰竅二者素問陰陽象大論云清陽出上竅濁陰出下竅王注云上竅耳目鼻口下竅謂前陰後陰又金匱真言論云東方青色入通於肝開竅於目南方赤色入通於心開竅於耳中央黃色入通於脾開竅於口西方白色入通於肺開竅於鼻北方黑色入通於腎開竅於二陰呂飛鵬云耳目鼻竅各二口竅一陰竅二是爲九竅云藏之動謂脈至與不至者賈疏云謂九藏在內其病難知但診脈至與不至即知九藏之動故云藏之動謂脈至與不至也云正藏五者醫經所謂五神藏也素問五藏別論云五藏者藏精氣而不寫也五行大義云五藏者肝心脾肺腎也藏者以其藏於形體之內故稱爲藏亦能藏受五氣故名爲藏云又有胃旁胱大腸小腸者賈疏云此乃六府中取此四者以益五藏爲九藏也六府胃小腸大腸旁胱膽三焦以其受盛故謂之爲府亦有藏稱故入九藏之數然六府取此四者案黃帝八十一難經說胃爲水穀之府小腸爲受盛之府大腸爲行道之府旁胱爲津液之府天氣之所生其氣象天故寫而不實實不滿若然此則正府也故入九藏其餘膽者清淨之府三焦爲孤府非正府故不入九藏也案賈所引難經見本經第三十五篇及素問五藏別論篇舊注疏本文多譌羨今各據本書校正鄭於五藏之外又取六府之胃膀胱大腸小腸以足九藏之數而舍膽與三焦不數國語鄭語云建九紀以立純德韋注云九紀九藏也正藏五又有胃膀胱腸膽也則幷大小腸爲一而增膽與鄭小異又素問

六節藏象論三部九候論並云形藏四神藏五爲九藏王注云形藏四者一頭角二耳目三口齒四胸中也形分爲藏故以名焉神藏五者一肝二心三脾四肺五腎也神藏於內故以名焉所謂神藏者肝藏魂心藏神脾藏意肺藏魄腎藏志也故此二別爾此說九藏復與鄭韋異今案素問說下部三候肝腎脾胃中部三候肺胸中心上部三候頭角口齒耳目爲三部九候卽九藏故王冰據以爲說雖根據古醫家言然此經九竅內已有耳目口則九藏不當數形藏素問三部九候自是專家之學與此經義不合又靈蘭祕典論別有十二藏之目正藏五及胃膀胱大腸小腸之外以膽膻中三焦亦爲藏足徵方術家展轉增加本無定數矣云脈之大候要在陽明寸口者賈疏云但醫者診脈諸脈皆可據若脈之大候取其要者在於陽明寸口二處而已陽明者在大拇指本骨之高處與第二指閒寸口者大拇指本高骨後一寸是也俞正燮云陽明人迎及衝陽也案俞說是也以靈樞經本輸經脈兩篇攷之人迎爲大腸手陽明脈經脈云起於大指次指之端卽賈所說是也衝陽爲胃足陽明脈本輸云在足跗上五寸陷者是也寸口則爲肺手大陰脈亦名氣口素問經脈別論云肺朝百脈氣口成寸以決死生王注云三世脈法皆以三寸爲寸關尺之分說文寸部云人手卻一寸動脈謂之寸口難經第一難亦云十二經皆有動脈獨取寸口以決五藏六府死生吉凶之法何謂也寸口者脈之大會五藏六府之所終始故法取於寸口也今諦審注意陽明者通晐人迎與衝陽而言寸口者通晐寸關尺而言內經說脈有尺寸而無關蓋魚際至關關至尺各得一寸故對關尺言之寸口雖專屬寸而對陽明言之則三部通得謂之寸口也張機傷寒論敘云觀今之醫按寸不及尺握手不及足人迎趺陽三部不參趺陽卽衝陽張氏論候脈亦於寸尺外特舉人迎趺陽與鄭以陽明寸口並舉其意正同賈釋陽明舉人迎而遺衝陽非鄭恉也云能專是

者其唯秦和乎者左昭元年傳晉侯有疾求醫於秦秦伯使醫和視之卽其人也云岐伯榆柎則兼彼數術者者釋文云榆本亦作俞岐伯榆柎皆黃帝時醫人案今醫家書素問及靈樞經皆述黃帝與岐伯問答語史記司馬相如傳集解引漢書音義云岐伯黃帝大醫榆柎鶡冠子世賢篇淮南子人閒訓並作俞跗史紀扁鵲傳虢中庶子曰臣聞上古之時醫有俞跗治病不以湯液醴灑鑱石橋引案抗毒熨一撥見病之應因五藏之輸乃割皮解肌訣脈結筋搦髓腦揲荒爪幕湔浣腸胃漱滌五藏練精易形張氏正義引應劭云黃帝時醫也漢書藝文志方技家論云大古有岐伯俞拊又經方有泰始黃帝扁鵲俞拊方二十三卷案釋文或本作俞與史記漢志諸書合賈疏云上神農子儀扁鵲倉公秦和等各專一能此二人兼上數術耳

凡民之有疾病者分而治之死終則各書其所以而入于醫師少者曰死老者曰終所以謂治之不愈之狀也醫師得以制其祿且為後治之戒

【疏】死終則各書其所以而入于醫師者書其事以備稽攷亦疾醫之官計也　注云少者曰死老者曰終者說文死部云死澌也人所離也釋名釋喪制云老死曰壽終壽久也終盡也生已久遠氣終盡也檀弓子張曰君子曰終小人曰死鄭彼注云死之言澌也事卒為終消盡為澌案此注以死終為少老之異與檀弓義異鄭隨文解之云所以謂治之不愈之狀也者漢書劉向傳顏注云以由也謂病治之不愈所由情狀云醫師得以制其祿者賈疏云則上十全為上已下是也詒讓案此本上醫師為說則當云制其食鄭合祿食為一未析詳前疏云且為後治之戒者疾病不愈或由醫不應法故書其不愈之狀為後之治此病者之戒使勿復踵其失也

瘍醫掌腫瘍潰瘍金瘍折瘍之祝藥劀殺之齊腫瘍癰而上生創者潰瘍癰而含膿血者

金瘍刃創也折瘍踠跌者祝當爲注讀如注病之注聲之誤也注謂附著藥刮刮去膿血殺謂以藥食其惡肉【疏】掌腫瘍潰瘍金瘍折
瘍之祝藥劀殺之齊者釋文云折劉本作𣂚臧琳云說文艸部𣂚斷也从斤斷艸譚長說折篆文𣂚从手然則今用折字者從小篆也劉
昌宗作𣂚爲古文當從之賈疏云注藥於瘡乃後刮殺而言齊者亦有齊量之宜也詒讓案漢書郊祀志顏注云齊藥之分齊也惠士奇
云劀以砭殺以藥是爲齊　注云腫瘍癕而上生創者者說文肉部云腫癕也又疒部云癕腫也癕卽癰之隸變釋名釋疾病云腫鍾也
寒熱氣所鍾聚也癰痤也氣壅痤否結裹而潰也論衡狀留篇云肉暴長者曰腫此腫瘍亦謂癕創腫結未成膿血者也云潰瘍癕而含膿
血者者素問五常政大論云分潰癰腫王注云潰爛也說文歺部云殨爛也殨正字潰借字此潰瘍謂癰已成膿血潰破者也云金瘍刃
創也者淮南子說山訓高注云金刃劍之屬說文刃部云刅傷也或作𠛱創創卽𠛱之俗釋名釋疾病云創戕也戕毀體使傷也此金瘍卽
謂金刃之傷也左傳成十六年孔疏引服虔云金創爲夷云折瘍踠跌者者後漢書方術傳李注云踠屈損也方言云跌蹷也踠跌謂手
足宛屈及蹷仆因而折損支體故謂之折瘍月令云孟秋命理瞻傷察創視折彼創卽此金瘍折卽此折瘍也云祝當爲注讀如注病之
注聲之誤也者祝注一聲之轉釋名釋疾病云注病一人死一人復得氣相灌注也諸病源候總論云注病注者住也言其連滯停住死
又注易旁人也段玉裁云此易其字而釋其音又釋其義也云注謂附著藥者惠士奇云古人假借多取音同函人甲屬匠人水屬注皆
云屬讀如注音同古文通左傳韎韋之跗注賈服皆云注屬也案惠說是也士冠禮鄭注云屬猶著也注屬著音義並相近附著藥蓋猶
今治創瘍者之傅藥玉燭寶典引崔寔四民月令云正月上除合注藥是也墨子非攻中篇云今有醫於此和合其祝藥之於天下之有

病者而藥之萬人食此若醫四五人得利焉猶謂之非行藥也故孝
子不以食其親忠臣不以食其君墨子之祝藥以食與此經祝藥義
不相應也云刮刮去膿血者說文刀部云劀刮去惡創肉也引周禮
曰劀殺之齊又刮掊把也刮卽㓻之隸變阮元云說文劀刮異義鄭
君謂爲一字詒讓案鄭蓋謂劀刮古今字故經作劀注並作刮亦經
用古字注用今字之例也下注直云刮殺可證釋文出刮去二字似
陸本注上刮字作劀則是以刮釋劀殆非鄭本之舊俗注疏本同非
也惠士奇云大玄達之次七曰達于砭割前亡後賴測曰達於砭割
終以不廢也劀殺猶砭割內經癰瘍宜砭石古者以石爲鍼謂之砭
云殺謂以藥食其惡肉者左傳僖十五年杜注云食消也謂傅藥於
創消其腐惡之肉惠士奇云大玄從之次七曰拂其惡從其淑
雄黃食肉測曰拂惡從淑救凶也注藥以食其肉惡去而善生 凡療

瘍以五毒攻之 止病曰療攻治也五毒五藥之有毒者今醫方有五
毒之藥作之合黃堥置石膽丹沙雄黃礜石慈石其
中燒之三日三夜其煙上著以雞羽埽取之以注創惡肉破骨則盡出

疏 凡療瘍以五毒攻之者以下通論治瘍之術並瘍醫之官
法也以五毒攻之謂腫瘍潰瘍也金瘍折瘍則不用此法 注云止
病曰療者說文疒部云㿨治也重文療或从尞一切經音義引三蒼
云療治病也云攻治也者小爾雅廣詁文龜人考工記總敘注並同
云五毒五藥之有毒者者卽下石膽等五者是也云今醫方有五毒
之藥作之合黃堥置石膽丹沙雄黃礜石慈石其中燒之三日三夜
其煙上著以雞羽埽取之者鄭據漢時瘍醫有此注藥卽古五毒之
遺法也釋文云堥本又作蝥案內則敦牟鄭注云牟讀曰堥也敦堥
黍稷器也孔疏引隱義云堥土釜說文金部云鍪鍑屬也又虍部云
𧇖土鍪也堥鍪字並鍪之借字黃堥蓋卽燒黃土爲鍪抱朴子神仙
金汋經說作丹藥盛用黃土甌注云意是土釜也出在廣州及長沙

豫章臨川鄱陽者皆可用之又此諸郡皆作黃土㽻亦可用之依其
說則黃土㽻又與土釜不同賈疏謂唐時合和丹藥者皆用黃瓦㼜
爲之亦名黃㽻大觀本艸引蘇頌圖經謂黃㽻若市中所貨有蓋瓦
合諸說差異未知其審也丹沙宋本注疏本作丹砂砂卽沙之俗神
農本艸經云石膽主金瘡諸邪毒氣丹砂主身體五藏百病雄黃主
鼠瘻惡瘡疽痔死肌殺百蟲毒礜石主鼠瘻蝕瘡慈石主周痹風溼
又名醫別錄說石膽雄黃礜石並有毒丹砂慈石並無毒蓋五石之
藥成氣性酷烈故謂之五毒不必皆有毒也云以注創惡肉破骨則
盡出者明此藥可食惡肉也大觀本艸引蘇頌云直史館楊嵎瘍生
於頰依鄭注合燒藥成注之創中少頃朽骨連兩牙潰出遂愈案蘇
頌所記足證此注肉破骨出之義

以五氣養之以五藥療之以五味節之

既刮殺而攻盡其宿肉乃養之也五氣當爲五穀字之誤也節節成其藥之力

【疏】以五氣養之者以下三法並四瘍所通用也與疾醫云以五味五穀五藥
養其病略同蓋治瘍之異於治疾者惟祝藥及刮殺之齊耳其養治
之法則不異也　注云既刮殺而攻盡其宿肉乃養之也者賈疏述
注攻下有之字疑今本誤挩刮殺者去其惡肉養之者長其新肉也
此以五藥療之亦長新肉之事療瘍之五藥卽疾醫之五藥非上文
攻瘍之五毒也賈疏謂此文重言五藥者爲下五味節成此藥故須
更言五藥則似攻療爲一事失之云五氣當爲五穀字之誤也者據
疾醫校也惠棟云說文饋客芻米曰氣氣本餼字經傳無五氣之文
內經藏氣法時論云五穀爲養五果爲助五菜爲充故鄭據此五氣
當爲五穀案惠說足申鄭讀惠士奇呂飛鵬並據素問六節藏象論
云天食人以五氣謂五氣卽五行之氣不必改爲五穀亦足備一義
云節節成其藥之力者鄭意蓋謂既服藥之後更以五味節成其藥
之力則五味亦卽疾醫注所云醯酒飴蜜薑鹽之屬非謂五味之藥

賈謂卽下文以酸養骨之類失之

凡藥以酸養骨以辛養筋以鹹養脈以苦養氣以甘養肉以滑養竅

以類相養也酸木味木根立地中似骨辛金味金之纏合異物似筋鹹水味水之流行地中似脈苦火味火出入無形似氣甘土味土含載四者似肉滑滑石也凡諸滑物通利往來似竅

疏凡藥以酸養骨者此通論五味六和之藥養病所宜也云以滑養竅者吳廷華云醫以五行爲宗滑又以通五行之氣凡食醫疾醫皆然此總發之案吳說是也此以五味增滑爲六與上五味不相蒙賈疏謂上云以五味節之卽此五味欲見五味節成五藥故藥味合言非經義　注云以類相養也者賈疏云謂若酸與骨辛與筋之類是也云酸木味木根立地中似骨者白虎通義五行篇云木味所以酸何東方萬物之生也酸者以達生也猶五味得酸乃達也淮南子時則訓其味酸高注云酸之言鑽也萬物鑽地而生管子四時篇云風生木爲骨尹注云骨亦木之類也賈疏云酸木味之等並依洪範及月令爲說也木立地中似骨者謂似人之骨立肉中者故以酸養之云辛金味金之纏合異物似筋者白虎通義五行篇云金味所以辛何西方煞傷成物辛所以煞傷之也猶五味得辛乃委煞也說文辛部云辛秋時萬物成而孰金剛味辛辛痛卽泣出賈疏云人之筋亦纏合諸骨故云似筋而以辛養之也云鹹水味水之流行地中似脈者說文𠂢部云衇血理分衺行體中者重文脈衇或从肉脈卽脈之俗白虎通義五行篇云水味所以鹹何是其性也所以北方鹹者萬物鹹與所以堅之也猶五味得鹹乃堅也素問陰陽應象大論云水主鹹管子水地篇云水者地之血氣如筋脈之通流者也尹注云分流地上若脈也云苦火味火出入無形似氣者白虎通義五行篇云火味所以苦何南方主長養苦者所以長養也猶五味須苦可以養也素問五運行大論云火生苦云甘土味

土含載四者似肉者白虎通義五行篇云土味所以甘何中央者中和也故甘猶五味以甘爲主也素問陰陽應象大論王注云物之味甘者皆土氣之所生也春秋繁露循天之道篇云甘者中央之味也又五行之義篇云甘者五味之本也淮南子原道訓云味者甘立而五味亭矣五行大義引元命苞云甘者食常言安其味也甘味爲五味之主猶土之和成於四行也賈疏云金木水火非土不載故云含載四者似人之肉亦含載筋骨氣脈故以甘養之也案此經辨諸味所養與古醫家言不相應未審其義鄭賈以象類釋之亦無當藥疾之用殆非其本恉今以古醫經校之當是此經文有譌互蓋以酸養骨骨當作氣以苦養氣氣又當作骨馬總意林引公孫尼子云多食甘者有益於肉而骨不利多食苦者有益於骨而筋不利多食辛者有益於筋而氣不利彼言甘益肉辛益筋與此以甘養肉以辛養筋正同而言苦有益於骨足證以苦養氣當作以苦養骨苦既以養骨則酸當以養氣又可知矣素問六節藏象論云肺者氣之本宜明五氣論云心主脈肝主筋脾主肉腎主骨藏氣法時篇云肝用辛補之酸寫之心用鹹補之甘寫之脾用甘補之苦寫之肺用酸補之辛寫之腎用苦補之鹹寫之蓋此經凡言養者皆謂補其本素問以酸補肺即此以酸養氣也以辛補肝即此以辛養筋也以鹹補心即此以鹹養脈也以苦補腎即此以苦養骨也內經諸文皆此經之塙詁自漢以後經文氣骨二字互易鄭賈皆緣誤爲釋遂不可通要之醫藥之術古今不易不可誣也至素問宣明五氣論說五味所禁又云辛走氣氣病無多食辛鹹走血血病無多食鹹苦走骨骨病無多食苦甘走肉肉病無多食甘酸走筋筋病無多食酸五藏生成篇說略同彼云五味所走與此經所養義亦相合而以所走之味多食爲禁者蓋節其太過即藏氣法時篇補寫異用之義與此經文異而理實通也云滑滑石也者神農本艸經云滑石味甘寒主身熱洩澼女子乳

難癃閉利小便蕩胃中積聚寒熱益精氣久服輕身耐飢長年賈疏云以五味酸苦辛鹹甘養骨筋氣脉與肉相配訖前食醫云調以滑甘平常服食五味之外有滑彼滑用堇荁枌榆今此養病五味之外亦宜有滑但於藥分之中慎滑則不得如平常用堇荁等故以滑石解之云凡諸滑物通利往來似以竅者本艸名醫別錄云滑石通九竅六腑津液去留結令人利中是通利往來之藥故可以養竅然鄭云諸滑物似通苹菜之滑而言以其品類衆多而性味大同義得兼含也

凡有瘍者受其藥焉 疏 凡有瘍者受其藥焉者賈疏云即上五藥是也凡國中有瘍不須身來者並於瘍醫取藥焉案此藥亦當兼祝藥及刮殺之藥等言之賈說未晐

獸醫掌療獸病療獸瘍 畜獸之疾病及瘍療同醫 疏 注云畜獸之疾病及瘍療同醫者賈疏云以上之人疾與瘍別醫今此畜病之與瘍同在一醫者重人賤畜故略同在一醫也此醫唯療家畜不療野獸但畜獸義通今以畜解獸故畜獸連言之也

凡療獸病灌而行之以節之以動其氣觀其所發而養之 療畜獸必灌行之者為其病狀難知灌以緩之且強其氣也節趨聚之節也氣謂脉氣既行之乃以脉視之以知所病 疏 注云療畜獸必灌行之者為其病狀難知灌以緩之且強其氣也者投壺注云灌猶飲也謂先灌藥以緩其病使不至增劇可以徐察其狀也賈疏云為其病狀難知故先灌而和緩之以其瘦弱且強其氣力也吳廷華云灌藥必須行之節所謂行藥也又恐其弱故又緩以強之蓋行則氣動病之所發惟動乃見故得觀而養之云節趨聚之節也者釋文云聚本亦作驟案聚即驟之省大司馬云車驟徒趨說文馬部云驟馬疾步也趨驟之節謂或緩或急依節更迭行之以動其氣也云氣謂脉氣者謂血脉之氣發於外者左僖十五年傳慶鄭說小駟云亂氣狡憤陰血

周作張脈僨興外彊中乾所謂脈氣也云既行之乃以脈視之以知所病者謂既適其趨聚之節而脈氣外發參論之乃知其病之所在也

凡療獸瘍灌而劀之以發其惡然後藥之養之食之亦先攻之而後養之

疏 然後藥之養之食之者藥之即以瘍醫之祝藥附著之也　注云亦先攻之而後養之者賈疏云亦上瘍醫以五穀養之養彼注先刮殺盡乃養之此亦然

凡獸之有病者有瘍者使療之死則計其數以進退之

疏 凡獸之有病者有瘍者使療之者謂醫師使獸醫療之也云死則計其數以進退之者獸醫之官計也賈疏云上醫師云十全爲上者唯據疾醫與瘍醫不據獸醫故此云計其數而進退之進退亦謂據功過進退其祿也詒讓案此進退即據醫師進退獸醫下士四人而言猶司士稽士任而進退其爵祿也獸醫之下亦當有散醫無員數則亦當稽其事而以醫師五等制食之法進退其食此經止言進退醫官而不及制散醫之食醫師則唯言制散醫之食而不及進退醫官之事皆互文以見義

酒正掌酒之政令以式灋授酒材式法作酒之法式作酒既有米麴之數又有功沽之巧月令曰乃命大酋秫稻必齊麴糵必時湛饎必絜水泉必香陶器必良火齊必得鄭司農云授酒材授酒人以其材

疏 掌酒之政令者謂作酒及共授之政令此官不掌酒禁以酒禁別有萍氏掌之也賈疏云酒正辨四飲則漿之政令亦掌之今直言掌酒之政令不言漿之政令者但據酒之尊者而言其實漿亦掌之云以式法授酒材者賈疏云酒材即米麴糵授與酒人使酒人造酒既言兼掌漿人則漿之法式及漿材亦授之不言者亦舉尊言也　注云式法作酒之法式者此亦注用今字作法也作酒法式即後文之酒式大宰九式有羞服之式

此酒式蓋又差式中之一耑與云作酒既有米麴之數又有功沽之巧者說文米部云䊭酒母也麴即䊭之俗凡造酒爲麴所用米不同聘禮注云凡酒稻爲上黍次之粱次之是也又用米多少亦有劑數漢書平當傳如淳注引漢律云稻米一斗得酒一斗爲上尊稷米一斗得酒一斗爲中尊粟米一斗得酒一斗爲下尊是也功沽者猶後注云作酒之善惡司兵注云等謂功沽上下義與此同國語齊語云辨其功苦管子小匡篇及荀子王制篇亦並有功苦之語苦與沽亦聲類同蓋凡器物飲食之精者並謂之功粗者並謂之沽作酒之法同而作之則有詳略久速故亦有功沽之巧二者並法式所晐也引月令者仲冬令文彼文饎作熾鄭彼注云酒孰曰酋大酋者酒官之長也於周則爲酒人秫稻必齊謂孰成也湛漬也熾炊也火齊腥孰之調也古者穫稻而漬米麴至春而爲酒案月令注以大酋爲酒人與此注異當以此注爲正彼大酋爲酒官之長此酒正亦與酒人槩人爲長正與彼相應故此注引彼文爲釋彼注蓋偶通長屬言之未及別白耳呂氏春秋仲冬紀高注亦云大酋主酒官也酋醞米麴使之化孰故謂之酋於周禮爲酒正亦與此注義同月令孔疏乃云酒正掌酒之政令及酒出入之事不親監作此大酋監作故爲酒人欲以調停鄭兩注之差互非也鄭司農云授酒材授酒人以其材者嫌酒正自授其所屬胥徒等故特釋之

凡爲公酒者亦如之 謂鄉射飲酒以公事作酒者亦以式法及酒材授之使自釀

疏 注云謂鄉射飲酒以公事作酒者者牛人注云公猶官也此與之閭人公器牛人公牛巾車公車馭夫公馬義同謂爲官所作之酒也賈疏云謂鄉飲酒鄉射飲酒鄉飲酒中有黨正飲酒賓賢能飲酒鄉射飲酒中有州長春秋習射於序又有鄉大夫三年賓賢能後以五物詢衆庶用州長射禮並是鄉射飲酒此數事者皆爲國行禮不可橫斂於民故得公酒其百家爲族不得公酒族祭步神之時合

錢飲酒吳廷華云此亦有祭祀之酒云亦以式法及酒材授之使自釀之者明此不授酒人但授其鄉之有司使自釀之也

辨五齊之名一曰泛齊二曰醴齊三曰盎齊四曰緹齊五曰沈齊泛者成而滓浮泛泛然如今宜成醪矣醴猶體也成而汁滓相將如今恬酒矣盎猶翁也成而翁翁然葱白色如今酇白矣緹者成而紅赤如今下酒矣沈者成而滓沈如今造清矣自醴以上尤濁縮酌者盎以下差清其象類則然古之法式未可盡聞杜子春讀齊皆爲粢又禮器曰緹酒之用玄酒之尚玄謂齊者每有祭祀以度量節作之

疏 辨五齊之名者五齊有滓未泲之酒也注云泛者成而滓浮泛泛然者釋名釋飲食云汎齊浮蟻在上汎汎然也說文水部云泛浮也汎浮皃二字音義相近郊特牲明水涚齊注云涚齊或爲汎齊禮記釋文亦云汎本又作泛同說文米部云糟酒滓也成而滓浮謂酒孰而糟上浮又謂之醠說文酉部云醠泛齊行酒也行酒蓋謂薄酒九章算術盈不足篇云醇酒一斗直錢五十行酒一斗直錢一十泛齊味薄故謂之醠酒醠又疑卽內則之濫互詳漿人疏云如今宜成醪矣者賈疏云宜成說以爲地名故曹植酒賦曰宜成醴醪蒼梧縹清若馬融所云今之宜成會稽稻米清似宜成以爲酒名故劉杳要雅亦以宜成爲酒名二者未知孰是今鄭云宜成醪矣亦未知鄭意酒名地名類下酇白則爲地名王聘珍云釋名釋飲食云酒言宜成醪蒼梧清之屬文選七命李注引張華輕薄篇云蒼梧竹葉青宜城九醞醝據此則宜城之爲地名無疑續漢書郡國志南郡有宜城侯國丁晏云初學記酒類有劉孝儀謝晉安王賜宜城酒啓後漢杜根傳爲宜城山中酒家保李賢注宜城縣故城在今襄州率道縣南其地出美酒今湖廣襄陽府宜城縣林頤山云漢地理志濟南郡有宜成續漢志已省宜城醪當出南郡宜城也文選張平子南都賦酒則醪敷徑寸浮

蟻若蓱醪酒有滓浮在上與泛齊同故舉以相況案王丁林說是也樂史太平寰宇記云山南東道襄州宜城出美酒俗號爲竹葉杯北
堂書鈔酒部引傳玄七謨云甘醪貢於宜城又酒賦云比蒼梧與宜城字並作城可證釋名與此注並作成蓋偶用省叚字也說文酉部
云醪汁滓酒也御覽飲食部引禮記外傳云泛齊俗爲白醪齊民要術引食經有作白醪法以秔米與麴合作之云酒甘如乳則泛齊與
醴齊同爲甛酒但稍濁耳云醴猶體也成而汁滓相將者謂醴之不泲者汁與糟相將未分故禮酌醴必用柶若泲而去其糟則別爲醴
清入四飲內不爲齊也說文酉部云醴酒一宿孰也釋名釋飲食云醴齊醴體也釀之一宿而成醴有酒味而已也許劉言醴成之速鄭
言醴成之濁一各舉一端義不異也御覽飲食部引禮記外傳云醴齊汁滓相將同一醴也卽本鄭義呂氏春秋重己篇高注云醴以糱與
黍相醴不以麴也高氏似亦釋醴爲醴而云以糱與黍作之山海經中山經云其祠糱釀郭注亦云以糱作醴韓詩及漢書顏注則謂醴
少麴多米與高說不同未知孰是云如今恬酒矣者恬卽甛之借字鹽人注亦以恬爲甛舊本北堂書鈔酒食部引韓詩云甛而不泲少
麴多米曰醴漢書楚元王傳顏注云醴甘酒也少麴多米一宿而孰不齊之呂氏春秋高注亦云醴濁而甛賈疏云此醴齊作時恬於餘
齊與酒味稍殊故亦入於六飲云盎猶翁也成而翁翁然葱白色者釋名釋飲食云盎齊盎滃也滃滃然濁色也說文酉部云醠濁酒也
又水部云滃雲气起也泱滃也盎翁卽醠滃之借字盎與翁亦雙聲義近猶泱訓滃也盎齊禮運禮器並謂之醆詳後疏云如今酇白矣
者賈疏云漢時蕭何所封南陽地名酇釋文云酇白卽今之白醝酒也宜作醝作酇假借也案續漢書郡國志酇縣有二一屬南郡一屬
沛國蕭何初封在沛其字本作鄼故說文邑部云鄼沛國縣今酇縣後高后封何夫人則在南陽酇鄼酇異字異音續漢志始誤爲一字

與醝同音者自是酇字史記蕭相國世家索隱引鄒誕生云酇屬沛郡音嵯屬南陽音贊鄒氏雖亦以酇爲酇而音則不誤賈以此注酇爲南陽地名非也依陸說則酇爲醝之借字說與賈異御覽引禮記外傳云盎齊今之白醝酒也亦與陸同惠士奇申陸說云酇讀爲醝廣雅釋器醝酒也南史王元謨傳宋孝武四時詩所謂白醝解冬寒也黃以周說同丁晏亦云玉篇酉部醝白酒也一切經音義引通俗文白酒曰醝賈疏以一爲地名非也案惠丁說是也北堂書鈔酒部引孫詵三公山下禊賦亦云九醞白醝據張華云宜城九醞醝則白醝似亦出宜城沛國之酇南陽之酇皆不聞出美酒其爲聲近叚借字明矣云緹者成而紅赤者釋名釋飲食云緹齊色赤如緹也說文糸部云緹帛丹黃色紅帛赤白色廣雅釋器云緹赤也盎酒成而淺赤色故謂之緹齊矣云如今下酒矣者賈疏云下酒謂曹床下酒其色紅赤故以緹名之惠士奇云詩釃酒有衍說文酉部云釃下酒也謂盝酒以筐汪文臺說同案惠汪說是也賈云曹床下酒曹當作糟下酒蓋糟床盝下之酒緹齊於盎齊益清故鄭以下酒爲釋云沈者成而滓沈者釋名釋飲食云沈齊濁滓沈下汁清在上也案沈齊雖有滓而沈故其酒稍清禮運坊記並謂之澄禮器又謂之清矣云如今造清矣者釋名有蒼梧清卽造清也惠士奇云文選張衡南都賦十旬兼清疑卽此云自醴以上尤濁縮酌者者賈疏云言自醴以上唯有泛齊泛齊滓浮則濁於醴齊汁滓相將者此二者皆以茅泲之故司尊彝云醴齊縮酌郊特牲云縮酌用茅明酌也謂以事酒之上清明者和醴齊以茅泲之使可酌鄭彼注云泛從醴是二者皆縮酌故云自醴已上尤濁縮酌也云盎以下差清者賈疏云案司尊彝云盎齊涗酌鄭注涗清也謂以清酒泲之則不用茅以其盎已清故也鄭注云又云緹沈從盎則亦用清酒泲之呂飛鵬云五齊皆酒之濁者後鄭謂盎以下差清但較泛齊醴齊爲稍清耳其實皆濁酒也案

呂說是也淮南子說林訓云清醠之美始於耒耜高注云醠清酒周禮醠齊是廣雅釋器云清英酒也醠英並與盎聲類同鄭及高誘並
以盎齊爲清於濁齊之中爲差清也故郊特牲說齊注云說猶清也五齊濁泲之使清謂之說齊是鄭謂五齊皆濁與許君訓醴爲濁酒
並不相牾也云其象類則然古之法式未可盡聞者周人作五齊三酒分齊法式經傳無文鄭略依其清濁象類說之故云未可盡聞也
云杜子春讀齊皆爲粢者司尊彝鬱齊醴齊盎齊杜讀同賈疏云子春意見禮運云粢醍在堂粢穀爲緹酒則其餘四齊皆以粢穀爲之
故讀齊皆爲粢詒讓案齊正字粢叚借字杜轉讀齊爲粢者蓋兼據司尊彝故書粢爲齍齍粢字同也禮運注云粢讀爲齊聲之誤也後
鄭說與杜正相反故不從杜讀孔疏云爾雅粢稷也作酒用黍不用稷故粢當爲齊今案杜讀齊爲粢惟取聲類同耳非必取以稷作酒
之義賈說不若孔說之當云又禮器曰緹酒之用玄酒之尚者賈疏述注又作云疑當作又云今本似誤禮器元文緹酒實作醴酒此引
作緹與彼文異杜引之者證此緹齊也云玄謂齊者每有祭祀以度量節作之者後鄭蓋讀齊與月令秫稻必齊之齊同司尊彝先鄭注
讀齊爲齊和之齊與後鄭此注正同亨人注云齊多少之量度量卽謂米麴水火之數量也御覽引禮記外傳云齊者酒人和合之分劑
之名也劑齊字同賈疏云謂祭有大小齊有多少謂若祫祭備五齊禘祭備四齊時祭備二齊是以度量節作之不從子春爲粢者禮運
唯有醍齊稱粢於此五者皆稱齊子春破五齊從一粢於義不可故鄭於禮運注粢當爲齊破一粢從五齊於義可也此五齊與下三酒
及春官鬯人所造鬯酒所以異者五齊三酒俱用秫稻麴蘖又三酒味厚人所飲者也五齊味薄所以祭者也是以下經鄭注云祭祀必
用五齊者至敬不尚味而貴多品五齊對三酒酒與齊異通而言之五齊亦曰酒故禮坊記云醴酒在室醍酒在堂是也其鬯酒者自用

黑黍爲之與此別也案賈說祫禘時祭用齊多少本崔靈恩說詳後及司尊彝疏然賈以祭大小齊多少釋此注則非鄭意又賈謂五齊三酒並秫稻所作與鬯人鬯酒爲秬黍所作異表記孔疏謂五齊之酒卽鬯酒以秬黍爲之二說差異程瑤田則據內則醴兼用稻粱黍三米又聘禮夫人使下大夫歸禮醙黍清皆兩壺明五齊非秬鬯三酒亦不皆用秫稻案程說甚塙蓋五齊酒人所作秬鬯鬯人所作分掌二職不可幷而爲一司尊彝鬱齊亦在五齊之外足證其非同齊鄭禮注旣絕無秬鬯卽五齊之說而前注引月令證作酒之事亦非謂齊酒二者皆必用秫稻賈孔說並不足據

辨三酒之物一曰事酒二曰昔酒三曰清酒

鄭司農云事酒有事而飲也昔酒無事而飲也清酒祭祀之酒玄謂事酒酌有事者之酒其酒則今之醳酒也昔酒今之酋久白酒所謂舊醳者也清酒今中山冬釀接夏而成

【疏】辨三酒之物者三酒已泲去滓之酒也上五齊言名此三酒言物名物相將兩文互相備也物卽謂酒之種別賈疏謂物者材也以三酒所成有時故豫給材令作之非也云一曰事酒二曰昔酒三曰清酒者賈疏云此三酒並人所飲故下云共王四飲三酒也但事酒酌有事人飲之故以事上名酒也昔酒者久釀乃熟故以昔酒爲名酌無事之人飲之清酒者此酒更久於昔故以清爲號祭祀用之此昔酒清酒皆以酒上爲名也御覽飲食部引禮記外傳云三酒者列於堂下臣下相酌酬酢之用吳廷華云三酒不第共祭祀如下王及后世子賓客孤老士庶子皆用之　注鄭司農云事酒有事而飲也者有事謂若特牲少牢饋食禮凡諸執事之人不與尸爲獻酬者也賈疏云謂於祭祀之時乃至卑賤執事之人祭末並得飲之云昔酒無事而飲也者賈疏云亦於祭末羣臣陪位不得行事者並得飲之云清酒祭祀之酒者賈疏云亦於祭祀之時賓長獻尸尸酢賓長不敢與王之神共器尊同酌

齊故酌清以自酢故司尊彝云皆有罍諸臣之所酢此三酒皆盛於罍尊在堂下但此清酒受尸酢故以祭祀言之案禮運孔疏引崔靈恩謂天子祫禘時祭尸酢王與后還用所獻之齊賓長酳尸酢用清酒加爵亦用三酒卽賈說所本郊特牲疏引崔氏則云以清酒酢王昔酒酢后與前說小異通典吉禮亦從其義孔駁之云案司尊彝云皆有罍諸臣之所酢也鄭注云酌罍以自酢不敢與王之神靈共尊罍盛三酒唯云諸臣所酢不言酢王酢后崔氏所說於義疑也案孔說深得鄭恉但三酒所用經本無明文二鄭及崔杜並以意推之於經咸無塙證先鄭之義與後鄭亦未必盡同其以清酒爲祭祀之酒似謂卽獻尸之酒而賈以尸酢賓長釋之者以司尊彝注說獻尸用五齊不得用三酒也然酢賓仍是酌臣不得獨爲祭祀惟加爵酌尸或足當之耳但此自是後鄭及崔氏之義與先鄭意亦未知合否黃以周云清酒既爲祭祀之酒宜崇於助祭之酒何爲事酒昔酒反在祭酒之上事酒昔酒內則謂之白酒鄭注聘禮醙黍清云醙白酒也先言醙白酒尊而謂祭祀用其酒之下不用其尊無是禮也然則執事之酒雖亦用事酒昔酒要不得謂事酒昔酒不用諸祭祀矣案黃糾三酒尊卑差次之舛迕是也以此經齊酒通例言之本皆濁尊於清後注云至敬不尚味是也而依鄭此注義則以清酒最尊昔酒次之事酒又次之先鄭及賈孔說並如是崔靈恩說以清酒酢王昔酒酢后明亦以清酒尊於昔酒也然後鄭聘禮注說則又以白酒尊於清酒鄭二禮注義旣自不同今亦無可質正未敢肊定也云玄謂事酒酌有事者之酒者賈疏云先鄭云有事而飲據有事時飲之後鄭云酌有事者之酒謂有事之人但是有事之人雖不當祭時亦酌酒與之是就足先鄭義也御覽引禮記外傳云事酒新成者酌飲有事謂廟中助祭親事者也廟中以有事者爲榮釋名釋飲食云事酒有事而釀之酒也案二鄭以飲有事釋事酒望文生訓義本不甚塙劉

說與二鄭異而義實長郊特牲孔疏說事酒云謂爲事可新作者亦與劉同郝敬方苞蔣載康黃以周並據少牢宰命爲酒釋此事酒義證尤塙俞樾云事酒者謂臨事而釀者也三酒以新舊爲次疏謂昔酒久釀乃孰清酒更久於昔然則事酒最在前其爲新酒可知矣云其酒則今之醳酒也者郊特牲注亦云事酒今之醳酒皆新成也孔疏云醳是和醳醞釀之名卽今卒造之酒也惠士奇云醳酒有舊有新舊爲昔酒則新爲事酒矣案惠說是也事酒有事而釀則隨時可釀但五齊不必酋醳事酒則必待酋醳而後孰故亦謂之醳酒明酋醳而不甚久者也賈疏謂事酒亦名醲夏成似非云昔酒今之酋久白酒者賈疏云言昔爲久酋亦遠久之義故以漢之酋久白酒況之但昔酒對事酒爲清若對清酒則爲白故云酋久白酒也故晉語云味厚實昔毒酒久則毒也案鄭郊特牲注以味厚腊毒釋昔酒之義故賈亦引國語爲釋而以腊毒爲昔毒文小異今韋本作厚味實腊毒注云腊亟也讀若廟昔酒文選七命李注引賈逵國語注云腊久也又鄭語云毒之酋腊者其殺也滋速依說文日部腊卽昔之籒文其字本同亦皆有久義鄭韋訓讀可互證也說文酋部云酋繹酒也釋名釋飲食云酒酋也釀之米麴酋澤久而味美也醳酒久釀酋澤也醳澤繹字並同說文所謂繹酒蓋兼事酒昔酒言之二酒皆酋繹但以醳之新舊爲異釋名所謂醳酒蓋專指舊醳言之卽此注之酋久白酒也方言云酋熟也自河以北趙魏之閒久熟曰酋蓋事酒酋繹而不必久昔酒必酋繹之久而後成故亦謂之酋久白酒內則酒清白注云白事酒昔酒也是事酒昔酒並白而不清但昔酒酋繹較久故獨得昔名事酒昔酒聘禮亦謂之醙士虞記又作溲酒聘禮之醙清猶內則云清白矣云所謂舊醳者也者郊特牲云猶明清與醆酒于舊澤之酒也彼注云澤讀爲醳舊醳之酒謂昔酒也泲清酒以舊醳之酒者爲其味厚腊毒也賈疏云案彼上注云明酌者事酒之

上也醆酒盎齊泲於舊醳之酒三酒除事酒清酒則云舊醳是昔酒可知也對事酒爲新醳昔酒爲舊醳清酒不得醳名云清酒今中山冬釀接夏而成者清酒酋繹之尤久者也北堂書鈔酒部引袁子正論云中山清酤說文酉部云釀醞也作酒曰釀賈疏云以昔酒爲久冬釀接春明此清酒久於昔酒自然接夏也中山郡名故魏都賦云醇酎中山沈湎千日丁晏云文選魏都賦劉淵林注中山出好酎酒初學記酒類引晉張載酃酒賦中山冬啓醇酎秋發卽鄭所云中山冬釀也詒讓案綜校經注凡齊酒並濁者成速清者成遲五齊最濁成最速故說文以醴爲一宿孰三酒之中事酒較濁亦隨時釀之酋繹卽孰昔酒較清則冬釀春孰清酒尤清則冬釀夏孰月令命大酋爲酒在仲冬鄭彼注云古者穫稻而漬米麴至春而爲酒又別引王居明堂禮云季冬命國爲酒以合三族逸禮與記文相較一月其爲冬釀一也詩豳風七月云十月穫稻爲此春酒毛傳云春酒凍醪也孔疏以爲凍時釀之故稱凍醪又謂卽此注所謂中山冬釀然依鄭義則冬釀春成是爲春酒卽三酒之昔酒此清酒接夏乃成則更久於春酒孔疏謂春酒卽中山冬釀非也又月令孟夏云天子飲酎注云酎之言醇也謂重釀之酒也春酒至此始成彼酎酒以春酒重釀之故夏成此清酒夏成非重釀與彼亦異

辨四飲之物一曰清二曰醫三曰漿四曰酏

清謂醴之泲者醫內則所謂或以酏爲醴凡醴濁釀酏爲之則少清矣醫之字從殹從酉省也漿今之䣶漿也酏今之粥內則有黍酏酏飲粥稀者之清也鄭司農說以內則曰飲重醴稻醴清糟黍醴清糟粱醴清糟或以酏爲醴漿水臆后致飲于賓客之禮有醫酏糟糟音聲與醷相似醫與臆亦相似文字不同記之者各異耳此皆一物

疏辨四飲之物者賈疏云案漿人有六飲此言四者以漿人注酒正不辨水涼者無厚薄之齊故此唯辨四飲之物也 注云清謂醴之泲

者者以別於五齊之醴爲汁滓相將不泲者也凡泲皆謂去汁滓士冠禮云凡醴事質者用糟文者用清賈疏云此鄭據漿人解之漿人云醴此云清故云清謂醴之泲者江永云醴有清有糟而四飲惟有清者蓋糟醴與醴齊同已於五齊中辨之也云醫內則所謂或以酏爲醴者彼注云釀粥爲醴江永云今時北方造黃酒之法先煑黃米爲粥乃入麴糵釀之成酒正與內則注合此惟黃米可釀粥而秫稻則否黃米蓋卽古之黃粱又內則重醴中亦有粱醴蓋炊飯而釀者爲醴煑粥而釀者以酏爲醴也云凡醴濁釀酏爲之則少清矣者明醫雖亦是醴而清濁小異凡醴濁必泲之乃清若以酏爲醴則雖不泲亦少清於醴以酏本含水多也然鄭云少清則醫之糟者雖清於未泲之醴齊而校之已泲之醴清則仍少濁也云醫之字從殹從酉省也者釋文云從殹烏兮反徐烏劍反本或作毉臧琳云醫字正從殹從酉不當言從酉省考賈疏云從殹省者去羽從酉省者去水則賈疏本作從翳從酒省也釋文音烏兮反蓋已誤作殹或作毉卽醫之俗字徐仙民音烏劍反當作蔽翳之翳與賈疏本同今賈疏亦作從醫從酉幸有去羽去水之言可考也說文酉部云醫治病工也殹惡姿也醫之性然得酒而使从酉王育說一曰殹病聲酒所以治病也周禮有醫酒據說文則殹爲病容一曰病聲皆取會意不從翳省而鄭云從翳省者鄭以醫爲諧聲字凡醞釀醴醇等字皆從酉酉卽酒也說文醫下云从酉醫之性得酒而使又云酒所以治病也亦以酉爲酒鄭云從酒省則凡从酒字皆因省從酉是酉酒不同矣惠棟云文當云从殹从酒省段玉裁亦改酉爲酒云鄭意此字俗用爲醫藥字而其字上從殹下從酒省則四飲之一乃此字本義也鄭不言從酒省殹聲者殹翳緊字在古音脂微齊皆灰部醫字古音在之咍部與內則臆字同物同音案惠段說是也臧氏謂徐音及賈疏本並作從翳從羽省亦足正今本之誤然徐賈所見仍是晉宋以後之誤

本非鄭注之舊又案後鄭言此者取醫於文從酒省證其爲酒醴之屬耳許引此經云醫酒則亦以醫爲酒醴玉藻五飲之酒卽此素問有湯液醪醴論篇醫酒卽醪醴與湯液異五齊三酒皆可治病四飲之醫雖亦名醫酒然治病之酒實不必專用醫也云漿今之酨漿也者鄭內則注亦云漿酢酨說文水部漿酉部酨並云酢漿也漿卽漿之正字釋名釋飲食云漿將也飲之寒温多少與體相將順也廣雅釋詁云酪酨䣼漿也案漿酨同物纍言之則曰酨漿蓋亦釀糟爲之但味微酢耳內則又有醷注以爲梅漿蓋亦酨漿之別此漿內通含之矣賈疏云此漿亦是酒類酨之言載米汁相載漢時名爲酨漿也云酏今之粥內則有黍酏酏飲粥稀者之清也者說文酉部云酏黍酒也一曰甛也賈侍中說酏爲鬻清許所云黍酒蓋卽內則之以酏爲醴鄭以爲四飲之醫賈侍中云酏爲粥清則卽此四飲之酏賈說與鄭同也云鄭司農說以內則曰飲重醴稻醴清⿱艹酒黍醴清⿱艹酒粱醴清⿱艹酒或以酏爲醴漿水臆者舊本臆作醷宋建陽本注疏本並作臆釋文云臆本又作醷案建本與陸合今從之內則⿱艹酒並作糟臆亦作醷鄭彼注云重陪也糟醇也清泲也致飲有醇者有泲者陪設之也水清新醷梅漿案二鄭說諸飲並以此經及內則參校爲說而義各異後鄭以彼三醴當此經之清及漿人之醴彼酏醴當此經之醫而彼之臆則卽此經漿之屬先鄭則以彼酏醴與三醴同當此經之清而以彼之臆當此經之醫並與後鄭義異淮謂彼黍酏與漿卽此經之漿與酏水卽漿人之水則與後鄭說同內則又有濫後鄭以當六飲之涼此先鄭不引之疑亦同後鄭說矣云后致飲于賓客之禮有醫酏糟者于注例當作於各本並誤先鄭據此經下文明與內則臆⿱艹酒物同而字異也云糟音聲與⿱艹酒相似醫與臆亦相似者臆舊本亦作醷今從注疏本段玉裁云今內則⿱艹酒作糟疑用是周禮改也司農云糟音聲與⿱艹酒相似謂之相似則非一字也⿱艹酒之本義當是艸類從

艸酒聲故沈重音子由反糟曹聲古讀如聲同在尤幽部糟是正字莤是假借字又云醫與臆音聲亦相似蓋同在之咍部今本內則作
醷者俗製也江永云先鄭以醷釋醫別爲一義未確下言后夫人致禮醫亦有糟醷爲梅漿安得有糟乎案江說是也內則八珍食漬以
醢若醯醷則醷爲醯類明矣故後鄭彼注以爲梅漿此注則以醫與酏醴是一皆不從司農說也云文字不同記之者各異耳此皆一物
者謂內則之莤酒與下文糟爲一物臆與此醫爲一物依後鄭說則莤糟同物而臆醫不同物此引之者廣異義也 掌其厚薄
之齊以共王之四飲三酒之饌及后世子之飲與其酒 后世子不言饌其饋食不
必具設之五齊正用醴爲飲者取醴恬與酒味異也其餘四齊味皆似酒 疏 掌其厚薄之齊以共王之四飲三酒之饌者賈疏云從五
齊已下非酒正所造並是酒人漿人所作故直辨其厚薄之齊饌者謂饌陳具設之也　注云后世子不言饌其饋食不必具設之者說
文食部云籑具食也重文饌籑或从巽是物具爲饌此王饋食主於備品物具設四飲三酒故云饌后世子則不具設故不云饌也云五
齊正用醴爲飲者取醴恬與酒味異也者明經不云共五齊以漿人醴入六飲亦卽上四飲之清餘四齊皆非常飲所用也凡酒以苦爲
正故疾醫注以酒屬五味之苦醴則濁而味甜與它酒異故於五齊之中特取此備六飲之一也云其餘四齊味皆似酒者賈疏云三酒
味厚五齊味薄故言似酒醴恬全與酒味別也 凡祭祀以灋共五齊三酒以實八尊大祭三
貳中祭再貳小祭壹貳皆有酌數唯齊酒不貳皆有器量 酌器所用注尊中者
數量之多少未聞鄭司農云三貳三益副之也大祭天地中祭宗廟小祭五祀齊酒不貳爲尊者質不敢副益也杜子春云齊酒不貳謂

五齊以祭不益也其三酒人所飲者益也弟子職曰周旋而貳唯嗛
之視玄謂大祭者王服大裘袞冕所祭也中祭者王服鷩冕毳冕所
祭也小祭者王服希冕玄冕所祭也三貳再貳一貳者謂就三酒之
尊而益之也禮運曰玄酒在室醴醆在戶粢醍在堂澄酒在下澄酒
是三酒也益之者以飲諸臣若今常滿尊也【疏】凡祭祀以灋共五齊
祭祀必用五齊者至敬不尚味而貴多品 三酒者亦酒正之官
法也賈疏云謂天地及宗廟等總目之言但祭有小大齊有多少各
有常法云以實八尊者五齊則盛以六尊三酒則盛以罍尊各隨其
事而用之也賈疏云五齊五尊三酒三尊此除明水玄酒若五齊加
明水三酒加玄酒此八尊爲十六尊不言之者舉其正尊而言也禮
運孔疏云周禮大祫於大廟則備五齊三酒大禘則用四齊三酒者
醴齊以下悉用之故禮運云玄酒在室醴醆在戶粢醍在堂澄酒在
下四時之祭唯二齊三酒則自祫禘以下至四時祭皆通用也二齊
醴盎也故鄭注司尊彝四時祭法但云醴盎而已其祫祭之法既備
五齊三酒以實八尊祫祭在秋案司尊彝秋嘗冬烝朝獻用兩著尊
饋獻用兩壺尊則泛齊醴齊各以著尊盛之盎齊醍齊沈齊各以壺
尊盛之凡五尊也又五齊各有明水之尊凡十尊也三酒三尊各加
玄酒凡六尊也通斝彝盛明水黃彝盛鬱鬯凡有十八尊故崔氏云
大祫祭凡十八尊案依崔孔義則大祫十八尊大禘十六尊時祭十
二尊司尊彝賈疏說亦同此云實八尊者以崔孔所推大祫禮言之
則一著尊盛泛齊一著尊盛醴齊一壺尊盛盎齊一壺尊盛緹齊以
上四尊皆陳於堂上一壺尊盛沈齊一罍尊盛事酒一罍尊盛昔酒
一罍尊盛清酒以上四尊皆陳於堂下此並據五齊三酒之正尊言
之不數鬱鬯及明水玄酒等尊也又案鄭司尊彝注謂大祫備五齊
崔靈恩推之以爲禘用四齊時祭用二齊賈前疏及郊特牲疏引皇
侃說禮運疏說並同江永則云凡祭祀酒正以法共五齊三酒以實

八尊通言之非一祭中具備也觀司尊彝六尊不並用可見漢儒謂祫大於禘故疏家云祫備五齊禘備四齊此以意言之耳禮運諸篇雜陳天子諸侯宗廟之祭未有及泛齊者則泛齊唯用之祀天地案江謂祫亦不得備五齊與鄭義不同以司尊彝六尊不並用推之似亦可通然經無明文未敢定也互詳司尊彝疏云大祭三貳者賈疏云就三酒人所飲者三度副益之云中祭再貳小祭壹貳者經例凡列次分別數曰一曰二積絫增益數曰壹曰再中祭小祭禮殺獻酬數校少故正酌之外止再度壹度益之也云皆有酌數者賈疏云謂三酒之祭副益等尊皆有酌器盛酒益尊數者謂多少之數　注云酌器所用注尊中者者說文酉部云酌盛酒行觴也淩廷堪云凡酒之器曰勺士冠禮注勺尊斗所以㪺酒也考鄉飲酒兩壺加二勺鄉射兩壺左玄酒皆加勺大射方壺膳尊亦云加勺特牲饋食記兩壺加勺士冠禮醮用酒尊亦加勺蓋酒在尊中必以勺㪺之然後實於爵也士冠禮側尊一甒醴有篚實勺觶角柶士虞禮兩甒醴酒加勺是醴亦用勺也詒讓案此酌卽梓人之勺凡㪺酒以注之尊㪺尊以注之爵皆用勺故說文勺部云勺挹取也勺以酌酒則亦通謂之酌故楚辭招魂王注云酌酒斗也此三酒與五齊雖有貳不貳之異而其用勺注尊則同經於酒言酌於齊言器者互文見義也云數量之多少未聞者酌數若士昏禮酌玄酒三屬于尊之類梓人云勺一升卽其容量而鄭云未聞者謂初注尊及後貳益酌數量數皆未聞酒言數齊言量亦互文也鄭司農云三貳三益副之也者說文貝部云貳副益也王制七十貳膳注云貳副也文選張衡西京賦膳夫馳騎察貳廉空薛綜注云貳爲兼重也賈疏云先鄭之意注酒於尊中爲副子春後鄭亦與之同案賈說是也杜及二鄭並以加益訓貳副貳義亦同也其備加益亦別有尊故易坎六四云樽酒簋貳李鼎祚集解引虞翻云貳副也禮有副樽虞所說副樽卽備加益之尊韓詩

外傳范昭謂齊景公曰願君之倅樽以爲壽倅尊亦卽副尊也然此經三貳再貳壹貳自是就正尊加益之數與副尊不相涉也云大祭天地者肆師立大祀用玉帛牲牷立次祀用牲幣立小祀用牲先鄭彼注云大祀天地次祀日月星辰小祀司命已下依彼注義則先鄭謂天神亦分三等此天地在大祭中則專指圜丘方丘南北郊及五帝而言非謂天神並爲大祭也後鄭說同通典吉禮引崔靈恩說圜丘用五齊餘感帝迎氣神州等並自醴齊而下四齊而已案依崔說則唯圜丘備八尊與大祫同其南北郊迎氣等並與大禘同不得備八尊方丘崔無說當亦同圜丘備八尊蓋二丘與大祫尊數相等二郊與大禘尊數亦相等但無二彝爲異也云中祭宗廟者先鄭意宗廟人鬼先王先公並爲中祭後鄭則以先王爲大祭先公爲中祭與先鄭異云小祭五祀者大宗伯地示之五祀也後鄭說亦同云齊酒不貳爲尊者質不敢副益也者齊酒尸所飲主於尊神故尚質不副益也賈疏云以其主獻尸所用少故不副益杜子春云齊酒不貳謂五齊以祭不益也其三酒人所飲者益也者說亦與先鄭同三酒人所飲主於文故有三益再益一益之差引弟子職曰周旋而貳唯嗛之視者證貳爲副益之義漢書藝文志弟子職一篇在孝經家今在管子第五十九篇彼文云左執虛豆右執挾匕周還而貳唯嗛之視同嗛以齒周則有始尹知章注云貳謂再益食盡曰嗛周還此引作周旋字通彼文本以益食爲貳與此經益酒爲貳義同賈疏謂彼周旋而貳亦爲副益酒尊失之云玄謂大祭者王服大裘袞冕所祭也者賈疏云已下至玄冕所祭並據司服六冕差之冕服有六天地宗廟各有三等故以六冕配之按司服王祀昊天上帝則服大裘而冕祀五帝亦如之祀先王則袞冕祭地亦用大裘是天地宗廟皆有大祭一也云中祭者王服鷩冕毳冕所祭也者賈疏云案司服先公則鷩冕四望山川則毳冕是地與宗廟次祭二也但天之次祀不見衣

服者日月是天之次祀以其大報天主日配以月服大裘春分朝日
秋分夕月兼服玄冕故天之次祀中不見衣服詒讓案後鄭肆師注
以大祀爲天地宗廟中祀爲日月星辰社稷五祀五嶽則大祀有先
公中祀有社稷五祀而無先公並與此注義異金鶚據彼注糾此云
鄭旣以宗廟爲大祭鷩冕以享先公獨非宗廟之祭乎何又以鷩冕
所祭爲中祭也吳廷華亦云先王先公之祭其禮原無隆殺其分袞
冕鷩冕者不過視先王先公之服以爲服所謂不敢以己之尊服臨
先公非以此爲中祭也蓋先公之祭若在親廟之中則與先王之祭
何別若在禘祫則尤爲大祭況據中庸上祀先公以天子之禮是先
公之祀等於先王也案金吳說是也禮器注謂祭先公七獻亦未塙
詳司尊彝疏云小祭者王服希冕玄冕所祭也者釋文云希本又作
絺案作絺者依司服注讀改非鄭之舊司服弁師注說希冕並依經
作希不改字賈疏云按司服社稷五祀則希冕羣小祀則玄冕鄭彼
注山林川澤之屬鄭雖不言風師雨師等之屬中兼之也惟見天地
小祭不見宗廟小祭者馬融以爲宗廟小祭謂祭殤是也祭殤之時
或可亦用玄冕若然則禮器云一獻質謂祭羣小祀當玄冕三獻文
謂祭社稷五祀當希冕五獻察謂祭四望山川當毳冕七獻神謂祭
先公當鷩冕雖不言九獻下云大饗其王事與大饗謂祫祭先王爲
九獻當袞冕禮器下文云大饗不足以大旅大旅當大裘據此一獻
至九獻以此獻數約之故六服差爲三按司服四望山川服毳冕五
獻社稷服希冕三獻社稷在山川下按大宗伯以血祭祭社稷五祀
五嶽而社稷在五嶽上者五嶽與土地異形若畿外諸侯服獻則尊
於王朝之臣社稷號曰土神似若王朝之臣服獻則卑於五嶽而在
五嶽上者似若王人雖微猶敘諸侯之上按王制宗廟之牛角握國
語山川之牛角尺社稷尊於五嶽者彼自從國中之神莫貴於社故
與宗廟同角握詒讓案小司徒舞師後鄭注並云小祭祀王玄冕所

祭則謂小祭惟據玄冕祭不兼希冕祭又肆師小祀後鄭注以爲司
中司命風師雨師山川百物則又謂有山川無社稷五祀義並與此
注異吳廷華云司服明云祭羣小祀則玄冕是小祭只有玄冕若希
冕則在羣小祀之上也鄭以希冕玄冕俱爲小祭與司服經悖案吳
說是也金鶚說亦同然鄭此注及肆師注所定祭祀差次歧迕殊甚
今亦無以質其是否詳肆師及大司樂疏云三貳再貳一貳者謂就
三酒之尊而益之也者凡經作壹注例並作一亦古今字也此說與
杜及先鄭同謂以勺斟酒就三酒之尊注而益之如其數也引禮運
曰玄酒在室醴醆在戶粢醍在堂澄酒在下者釋文云醍本亦作緹
案禮運作醍釋文或本作緹者疑依上經文改緹醍字同司尊彝注
亦引此文釋之作緹與此別本同鄭禮運注云粢讀爲齊聲之誤也
周禮五齊字雖異醆與盎澄與沈蓋同物也奠之不同處重古略近
也案禮運此文謂齊酒等所陳位次此引之者欲證三酒卑在堂下
也凡齊酒陳位詳司尊彝疏云澄酒是三酒也者此專釋酒字不釋
澄也其澄自如禮運注說與沈齊同物禮運疏云此注澄是沈齊案
酒正注澄酒是三酒二注不同故趙商疑而致問鄭荅之云此本不
誤轉寫益澄字耳如鄭所荅是轉寫酒正之文誤益澄字當云酒三
酒也則是與禮運注同然案坊記云醴酒在室醍酒在堂澄酒在下
注又以澄爲清酒田瓊疑而致問鄭荅之云禮運云醴醆醍澄各是
一物皆不言酒故推其意澄爲沈齊酒爲三酒坊記云醴也醍也澄
也皆言酒故因注云澄酒清酒也其實沈齊也如鄭此言坊記所云
醴酒醆酒五齊亦言酒則澄酒是沈齊也是五者最清故云澄酒非
爲三酒之中清酒也是與禮運不異也賈疏亦云案鄭志趙商問禮
運注澄是沈齊今此注澄酒是三酒何鄭荅今解可去澄字若然鄭
本於此注時直云酒是三酒無澄字有澄字者誤當云酒是三酒段
玉裁云按鄭作注時謂澄酒之酒字是三酒以別於上文玄酒之酒

字趙商不善讀鄭荅語蓋忘其有澄字之意矣而賈徑云本無澄字有者誤也是賈誤矣云益之者以飲諸臣者與子春說同賈疏云案司尊彝云皆有罍諸臣之所酢是飲諸臣也云若今常滿尊也者據漢法爲況蓋亦常副益之使酌之不罄後漢書馬融傳廣成頌云山罍常滿藝文類聚雜器物部有宋何偃常滿尊銘即此云祭祀必用五齊者至敬不尚味而貴多品者不尚味謂齊甛而酒苦貴多品謂酒三而齊五也郊特牲云籩豆之薦水土之品也不敢用常褻味而貴多品所以交於神明之義也非食味之道也彼主籩豆言鄭以祭祀用五齊義與彼相類故約彼文爲說

共賓客之禮酒共后之致飲于賓客之禮醫酏糟皆使其士奉之

禮酒王所致酒也王致酒后致飲夫婦之義糟醫酏不泲者泲曰清不泲曰糟后致飲無醴醫酏不清者與王同體屈也亦因以少爲貴士謂酒人漿人奄士

疏共賓客之禮酒者以下皆致朝聘賓之酒也禮酒謂致饗燕之酒凡致酒皆盛於壺其數未聞云共后之致飲于賓客之禮醫酏糟者此后致飲亦與王致饗燕禮相儗掌客諸侯相朝夫人於侯伯有致饗於上公又兼致饗食亦其比例也據掌客聘禮夫人於朝賓聘使致饔餼有壺酒后亦當同此不言者文略亦共之可知賈疏云醫酏糟者言致飲之中取一飲以致之云皆使其士奉之者天府注云奉猶送也江永云酒人漿人與酒正奉之之文雖同而所奉則異酒人漿人奉之於酒正者也酒正奉之奉之於王朝者也案江說是也內宰云致后之賓客之禮注云謂諸侯來朝覲及女賓之賓客然則后致飲於賓客酒正奉之內宰致之 注云禮酒王所致酒也者酒人注云禮酒饗燕之酒王不親饗燕不親食而使人各以其爵以酬幣侑幣致之則從而以酒往是也賈疏云下酒人云賓客之陳酒彼言陳謂若致饔餼列陳於客館中言禮酒不言陳謂饗燕之酒王當親饗燕王

有故則使人就館以酬幣致之案賈說是也凡王致賓客之禮有積有飧有饔餼唯積無致酒之文餘皆有之鄭知此禮酒非飧饔餼者以彼二禮酒人謂之陳酒與禮酒文別故知爲饗燕之酒也鄭又知非王親饗燕之酒者以下云王之燕飲酒酒正奉之彼文含有賓客燕飲之酒若饗禮更盛於燕黨王親饗則宜酒正自奉其酒不當反使其士奉之禮轉殺於燕飲酒也致酒詳酒人疏云王致酒后致飲夫婦之義者明王致饗燕則有酒無飲后致饗燕則有飲無酒互相備也賈疏云酒是陽故王致之飲是陰故后致之是陰陽相成故云夫婦之義云糟醫酏不泲者泲曰清不泲曰糟者說文米部云糟酒滓也糟卽糟之隸變凡醫酏作成時並汁滓相將亦通謂之糟泲去其滓取其汁則謂之清此經醫酏下特著糟字則是不泲者也云后致飲無醴醫酏不清者與王同體屈也者賈疏云對下漿人共夫人致飲於賓客之禮清醴醫酏糟而奉之謂夫人卑於后致三飲醫酏糟上加之以清醴今后尊唯有醫酏二飲無清醴既無清醴醫酏當清今皆不清者以其后尊夫妻片合與王同體故屈夫人卑與王不同體得申故加之以清醴也案王國致飲於賓客后少夫人多者養賓之禮尊者可略卑者宜詳也鄭賈謂以與王同體而屈似非經意云亦因以少爲貴者賈疏云案禮器云有以少爲貴者天子無介祭天特牲是以少爲貴則夫人三飲后二飲是因以少爲貴云士謂酒人漿人奄士者賈疏云酒使酒人漿使漿人皆奄士案序官酒人奄十人漿人奄五人皆不言士此經注皆士者爲官首當是士但非賢故不言士內小臣是奄而稱士鄭云異其賢王昭禹云酒正中士四人下士八人所謂酒正則中士也所謂士則下士也吳廷華云注以酒漿奄士訓經蓋見酒漿二職於賓客酒皆曰奉與此經奉字合遂以內小臣奄士合酒漿之奄人爲此經士字作詁賈又以非賢故不言士釋之其說似是而非蓋序官士大夫皆以爵言酒人止奄十人

漿人止奄五人使酒漿奄人果是士序官何得無士名且使酒漿奄人果不賢故不言士則此經又何得以士目之況此經言后酒漿二職不言后則此經奉之之人何必卽是酒人漿人竊謂酒正一官中士四人下士八人據序官大宰注云自大宰至旅下士轉相副貳如其說是一官之中自有副貳酒正中士正也下士則其副貳也下節王燕飲酒正奉之謂中士四人也此經奉賓客之禮酒當是下士故曰使其士奉之也若以士爲奄士則酒漿奄人既不言士內小臣奄士又非奉禮酒之職所謂奄士者又安指邪案王吳說是也魏校姜兆錫方苞江永蔣載康黄以周說並同

凡王之燕飲酒共其計酒正奉之共其計者獻酬多少度當足也故書酒正無酒字鄭司農云正奉之酒正奉之也

疏凡王之燕飲酒共其計者燕飲酒與膳夫義同亦兼燕賓客及諸臣言之賈疏謂惟指王與羣臣燕飲之酒說殊未晐共計者共酒之時并具計簿奉之云酒正奉之者此燕飲酒王親與故酒正自奉之異於致賓客之禮酒使其士奉之也 注云共其計者獻酬多少度當足也者計謂其數量著於秩籍者凡燕飲酒主人進賓之酒謂之獻賓報主人之酒謂之酢主人先飲以勸賓之酒謂之酬正獻既畢之後酒謂之旅酬旅酬既畢之酒謂之無算爵其多少皆計數量共之當足也云故書酒正無酒字鄭司農云正奉之酒正奉之也者先鄭依故書無酒字則官名未著故特釋之後鄭則以故書今書義並通而有酒字文尤詳備故不從故書也黄以周云酒人於共賓客之禮酒飲酒漿人於共夫人致飲於賓客之禮清醴醫酏糟並曰而奉之不復舉其官爲奉者卽其官可知也此曰正奉之對上文共賓客之禮酒及后致飲於賓客使士奉之爲文

凡饗士庶子饗耆老孤子皆共其酒無酌數要以醉爲度

疏凡饗士庶子饗耆老孤子者此皆於學行之詳外饔疏耆老亦

通四等之老言之王制孔疏引皇侃云饗有四種一是諸侯來朝天子饗之則大行人職云上公之禮其饗禮九獻是也其牲則體薦體薦則房烝國語云王公立飫則有房烝其所云飫即是饗也二是王親戚及諸侯之臣來聘王饗之其酌數亦當依命其牲折俎亦曰殽烝也三是戎狄之君使來王饗之其禮則委饗也其來聘賤故王不親饗之但以牲全體委與之是也四是饗宿衛及耆老孤子則以醉爲度故酒正云凡饗士庶子饗耆老孤子皆共其酒無酌數又云饗致仕之老則當用正饗之禮以其有賢德者不可以褻禮待之其饗死事之老不必有德又是老人不宜久立當用折俎之饗案皇說饗致仕之老與死事之老異禮經無明文未知然否但致仕之老尊卑命數不同死事之老或無爵秩雖用房烝殽烝之禮而酌數不能依命數則亦當無酌數皇說與經義自不迕也　注云要以醉爲度者不豫限酌數要以及醉而止亦不及亂也

掌酒之賜頒皆有灋以行之法尊卑之差　疏掌酒之賜頒者謂王賜頒諸臣及宿衛士庶子等之酒賜謂好賜頒謂常賜與膳夫肉脩之頒賜義同詳彼疏云皆有灋以行之者皆依大宰九式之法行之好賜則有好用之式常賜則有匪頒之式也行與司裘羅氏行羽物義同彼注云行謂賦賜是也　注云法尊卑之差者此亦注用今字也以爵秩之尊卑爲賜頒之差數必與法式相應也

凡有秩酒者以書契授之鄭司農云有秩酒者給事中予之酒秩常也常受酒者國語曰至於今秩之玄謂所秩者謂老臣王制曰七十不俟朝八十月告存九十日有秩　疏凡有秩酒者以書契授之者小宰八成云聽取予以書契注云書契謂出予受入之凡要此書契即出予之凡要也蓋凡有秩酒者此官則案其當得之數爲書契以授其人至其人來取酒又案視書契而後依數授之賈疏謂酒正授使者酒書之多少以爲契要而與之是授酒之時

復與以書契非經義也　注鄭司農云有秩酒者給事中予之酒者賈疏云司農之意謂在朝羣臣親近於王總名給事中王常以酒與之詔讓案給事中謂給事王宮中官吏春官世婦注云女宮刑女給宮中事者晏子春秋外篇云擁札摻筆給事宮殿中並與此義同漢書百官公卿表有給事中加官與此異云秩常也常受酒者秩常爾雅釋詁文鄉師注同引國語曰至於今秩之者楚語云鬬且廷語其弟曰昔鬬子文三舍令尹無一日之積成王聞子文之朝不及夕也於是乎每朝設脯一束糗一筐以羞子文至於今令尹秩之韋注亦訓秩爲常也此引無令尹二字者先鄭所刪彼秩謂脯糗不云有酒先鄭引之證常秩之義耳云玄謂所秩者謂老臣者破先鄭給事中予酒之說也內則云大夫無秩膳彼注云謂年五十始命未甚老也此秩酒與秩膳事同明非老臣不得有故不從先鄭說引王制曰七十不俟朝八十月告存九十日有秩者鄭彼注云不俟朝君揖則退月告存每月致膳日有秩秩常也有常膳引之者明彼云有秩膳亦有秩酒也

酒正之出日入其成月入其要小宰聽之出謂授酒材及用酒之多少也受用酒者日言其計於酒正酒正月盡言於小宰

疏日入其成者以下正酒府之成要所謂官成也宰夫云月終則令正月要旬終則令正日成蓋酒人每日計用酒之多少著之簿書至浹旬則總計十日之成言之酒正正受而聽之也云月入其要者賈疏云謂酒正得酒人日計文書日計其月要至月盡以月計文書入於小宰云小宰聽之者小宰云聽出入以要會是也賈疏云小宰將酒正文書聽斷之知其得失　注云出謂授酒材者賈疏云謂授酒人以其材酒正職首所言者是也云及用酒之多少也者賈疏云謂若共五齊三酒以下是也云受用酒者日言其計於酒正者日計每日計之其事輕數少不必言於小宰故知酒人受酒材及用酒之有司各言其計於酒

正也云酒正月盡言於小宰者酒正總計一月授用酒之數爲月要而言之小宰故小宰云月終則以官府之敘受羣吏之要彼不云受日成是小宰唯聽月要日成則酒正自聽之也

歲終則會唯王及后之飲酒不會以酒式誅賞　誅賞作酒之善惡者　疏　歲終則會者此正酒府之歲會亦官成也亦以十二月之要總會計之小宰云贊冢宰受歲會是歲會當小宰贊大宰聽之經文不具也云唯王及后之飲酒不會者賈疏云不云世子以其酒與膳異膳羞食之正則世子亦不會膳禽食之加世子會之酒亦爲加故亦會之云以酒式誅賞者此酒正之官計也式即上文灋式凡所作之酒如式者爲善不如式者爲惡亦當言於大宰小宰而誅賞之　注云誅賞作酒之善惡者者謂計攷酒人等所作之善惡即上注所謂功沽之巧是也

周禮正義卷九

周禮正義卷十

瑞安孫詒讓學

酒人掌爲五齊三酒祭祀則共奉之以役世婦世婦謂宮卿之官掌女宮之宿戒及祭祀比其具酒人共酒因留與其奚爲世婦役亦官聯疏祭祀則共奉之以役世婦者謂共具齊酒又親奉致之世婦遂共其役也注云世婦謂宮卿之官者賈疏云謂春官云每宮卿一人案鄭賈意此世婦非天官之世婦也然二世婦內外異而職掌略同祭祀皆掌饌具則此世婦不專指春官宮卿明矣縫人職云掌王宮之縫線之事以役女御是亦奄官得爲內嬪婦役之例鄭賈說未晐互詳敘官疏云掌女宮之宿戒及祭祀比其具者亦春官世婦職文引之者明彼具內含有五齊三酒又掌宿戒故有役使之事也云酒人共酒因留與其奚爲世婦役者賈疏云酒人以奚送酒至世婦因爲世婦所役使詒讓案敘官酒人有奚三百人人數衆多故此官率領之留爲世婦役不言女酒者女酒掌爲酒不掌共送饌具之事也云亦官聯者聯黄丕烈校改連是也舊本並誤詳大宰疏賈疏云卽小宰云祭祀之聯事是也

共賓客之禮酒飮酒而奉之酒正使之也禮酒饗燕之酒飮酒食之酒此謂給賓客之稍王不親饗燕不親食而使人各以其爵以酬幣侑幣致之則從而以酒往疏注云酒正使之也者賈疏云酒正云共賓客之禮酒使其士奉之士卽此酒人也彼不言飮酒者禮酒中可以兼之矣吳廷華云酒正言士奉之此經亦言奉者蓋謂酒人奉於酒正而酒正之士奉於賓客疏仍主酒正注奄士說非也案吳說是也黄以周說同互詳酒正疏云禮酒饗燕之酒者此謂三酒也凡饗燕獻酬用之王於

賓客饗食燕通謂之禮故覲禮二云饗禮乃歸但此及酒正之禮酒並謂致之客館者故酒正注又二云王所致酒也二云飲酒食之酒者賈疏二云謂食時有酒者曲禮二云酒漿處右則此非獻酬酒是酳口之酒也詒讓案此謂四飲之醴清也公食大夫禮二云飲酒漿飲俟于東房注二云飲酒清酒也飲酒先言飲明非獻酬之酒也蓋食禮無獻酬唯有酳口故別謂之飲酒公食注清酒賈彼疏謂卽二三酒之清酒吳廷華褚寅亮黃以周謂當爲四飲之清是也此四飲漿人六飲並無三酒二云此謂給賓客之稍者猶漿人共六飲二云共賓客之稍禮別於下陳酒爲致饔餼也掌客二云賓客有喪唯芻稍之受注二云稍人稟也聘禮記注亦以稍爲稟食此下注謂不親饗食歸幣之酒則與稟食別而二云稍者以其歸於客館有以稟食亦得通稱稍故賈疏二云此禮酒飲酒總言王若不親燕飲食則使人致之於客館任賓客稍稍用之故二云給賓客之稍二云王不親饗燕不親食而使人各以其爵以酬幣侑幣致之者聘禮二云若不親食使大夫各以其爵朝服致之以侑幣致饗以酬幣亦如之鄭彼注二云君不親食謂有疾及他故也必致之不廢其禮也致之必使同班敵者易以相親敬也酬幣饗禮酬賓勸酒之幣也又公食大夫禮二云賓三飯公受宰夫束帛以侑若不親食使大夫各以其爵朝服以侑幣致之注二云侑猶勸也主國君以爲食賓殷勤之意未至復發幣以勸之欲用深安賓也賈疏二云彼雖無致燕法案鹿鳴燕羣臣嘉賓有實幣帛則致燕亦以酬幣致之與饗同各以其爵者則諸侯來朝遣三公致饗卿來聘遣卿大夫致饗燕以酬幣致食以侑幣案賈說是也聘禮公于賓壹食再饗燕與羞俶賜無常數彼爲諸侯使卿自相聘之禮禮殺食饗有常數而燕無常數故亦無不親燕致幣之文此天子待來朝諸侯據掌客上公三饗三食三燕諸文下總二云若弗酌則以幣致之是燕有常數與饗食同則不親燕亦有致幣可知故鄭賈並兼言燕也賈掌客疏謂燕禮褻不酌

蓋不致幣聘禮疏亦謂天子諸侯燕皆無酬幣與此疏說自相抵牾不足據胡承珙云周語言先王之燕體解節折而共飲食之於是乎折俎加豆酬幣宴貨以示容合好則燕亦未嘗不用酬幣也案胡說本陳祥道是也詩小雅鹿鳴孔疏亦謂燕當有幣今燕禮不言者文略互詳掌客疏又案鄭知此禮酒非王親饗燕食之酒者以酒正饗士庶子耆老等皆共其酒則王饗賓客亦當酒人從酒正共之不當直使酒人共之也云則從而以酒往者賈疏云謂酒人以酒從使人往客館授與賓客案此當謂奉之於酒正鄭賈說亦誤

凡事共酒而入于酒府 入于酒正之府者是王燕飲之酒酒正當奉之 疏 注云入于酒正之府者是王燕飲之酒酒正當奉之者于注例當作於各本並誤賈疏云此謂酒正所奉者則酒正云凡王之燕飲酒酒正奉之幷共王之四飲三酒之饌亦是酒正奉之以其事非一故言凡事共酒入于酒正之府惠士奇云宰夫職云府掌官契以治藏酒正職云凡有秩酒者以書契授之酒正之出日入其成月入其要成要卽書契府實掌而藏之酒正府二人酒人漿人無府故酒人共五齊三酒漿人共六飲皆曰入于酒府謂入於酒正之府日入其成月入其要也案惠說是也酒人共酒漿人共漿入於酒府固謂入酒漿之物然亦兼入書契以備成要惠說足補注義

凡祭祀共酒以往 不言奉小祭祀 疏 注云不言奉小祭祀者賈疏云上云祭祀共奉之謂大祭次祭此不言奉謂小祭祀王希冕玄冕所祭者故云共酒以往詒讓案大祭祀之酒正親奉之小祭祀不言奉者酒人使人以酒往致主祭祀之有司不親奉之也

賓客之陳酒亦如之 謂若歸饔餼之酒亦自有奉之者以酒從往 疏 注云謂若歸饔餼之酒者賈疏云謂上公饔餼九牢之等案聘禮云卿韋弁歸饔餼牲牢及芻薪米禾等並歸於客館彼八壺設於西序北上天子致禮於諸侯亦當陳於西

序故云賓客之陳酒經直云賓客陳酒不指斥言饔餼鄭不敢正言故言若饔餼之酒案聘禮歸饔餼堂上八壺設于西序北上二以並南陳西夾六壺西上二以並東陳又東夾亦六壺東上西陳即鄭所據也賈唯舉西序所陳未晐又聘禮致飧亦有堂上八壺西夾六壺掌客諸侯相致飧之禮則上公壺四十侯伯壺三十有二子男壺二十有四此陳酒內當亦含致飧鄭不言者文不具也云亦自有奉之者者以經亦不言奉明酒人不自奉之賈疏云謂使卿韋弁歸之者是也云以酒從往者賈疏云謂卿韋弁歸饔餼等之時亦使人以此酒從往致之

漿人掌共王之六飲水漿醴涼醫酏入于酒府王之六飲亦酒正當奉之醴醴清也鄭司農云涼以水和酒也玄謂涼今寒粥若糗飯襍水也酒正不辨水涼者無厚薄之齊

疏 掌共王之六飲水漿醴涼醫酏者此與膳夫爲官聯也六飲自水外並有清有糟而以清爲尤善故膳夫謂之六清玉藻云五飲上水漿酒醴酏彼酒蓋即此醫無涼者涼依先鄭說則晐於酒依後鄭說則晐於酏漿故略之也漿醫酏並詳酒正疏云入于酒府者賈疏云亦入於酒正之府與三酒同以其酒正奉之故也注云王之六飲亦酒正當奉之者賈疏云亦如酒人共酒入於酒府酒正奉之言當者酒正所云有不自奉者唯共王乃奉之云醴醴清也者據內則醴本有清糟二種酒正四飲一曰清膳夫又云六清此六飲之醴雖不言清以酒正例之則此醴亦謂醴之清者可知故云醴清也賈疏謂此醴是不泲者未達鄭恉鄭司農云涼以水和酒也者說文水部云涼薄也以水和酒則味薄黃以周云醴爲醇酒涼爲薄酒先鄭義如此詒讓案依郊特牲及司尊彝文惟明水涗齊與凡酒脩酌祭祀之酒有以水和若常人所飲不當以水和酒故後鄭

不從云玄謂涼今寒粥若糗飯雜水也者廣雅釋器云醇漿也呂飛鵬云說文酉部云醇雜味也則醇爲正字故膳夫六清注作醇涼乃假借字王聘珍云釋名釋飲食云寒粥末稻米投寒水中育育然也糗齺也飯而磨散之使齺碎也詒讓案糗與飯爲二物凡以米乾熬之謂之糗溲水烝炊之謂之飯糗麤襍水謂先熬炊諸米而更和以水與寒粥小異國語楚語韋注云糗寒粥也穆天子傳郭注同章郭所謂寒粥蓋卽此注糗飯雜水所爲矣糗詳籩人疏又以諸和水亦謂之涼內則諸飲有醷及濫鄭彼注云醷梅漿濫以諸和水也以周禮六飲校之則濫涼也紀莒之閒名諸爲濫孔疏云康成以涼與濫是一物則此以諸和水謂以諸雜糗飯之屬和水也諸者衆雜之辭黃以周云諸謂梅諸或以桃諸爲之謂之桃濫釋名桃濫水漬而藏之其味濫濫然酢也孔賈申鄭並以諸爲衆辭非鄭意案黃糾孔賈之誤是也但諦審內則注意醷者煑梅取其汁爲酢漿卽六飲漿之別故云梅漿濫則以乾藔漬水成味故云以諸和水此與寒粥及糗飯襍水異孔合爲一非鄭恉也綜校許鄭諸說蓋涼本爲寒飲故呂氏春秋節喪篇高注又云以冰置水漿於中爲濫是飲本宜寒而涼濫又六飲中之最寒涼者其味襍和衆物唯意所欲故或寒粥或糗飯襍水或以諸和水三者雖不同物以其並是寒水襍和米物故同得涼稱許以襍味詁醇義足通賅鄭二禮注似岐異而實可互相備也許鄭並以涼爲和水與酒不同唯說文酉部有醲字云泛齊行酒也疑漢時禮家說有以內則之濫爲酒名者故字或作醲猶涼亦作醇也楚辭招魂挫糟凍飲酎清涼王逸注云盛夏之時覆甕乾釀提去其糟但取清醇居之冰上然後飲之酒寒涼又長味好飲也惠士奇孔廣森並據彼以證涼濫爲寒涼之飲但依王注則彼爲涼酒此與說文訓醲爲泛齊義略相近然依鄭說則濫無厚薄之齊與酒迥異也云酒正不辨水涼者無厚薄之齊者賈疏云此文六飲并有水

涼酒正辨四飲無水涼以其水則臨時取用涼則至用乃和二者並不須豫辨故言無無厚薄之齊詒讓案水涼無厚薄之齊謂非醞釀所成與酒絕異故酒正不辨之也

共賓客之稍禮

稍禮非飧饔之禮留閒王稍所給賓客者漿人所給亦六飲而已

疏注云稍禮非飧饔之禮留閒王稍所給賓客者者賈疏云謂賓未去留閒王稍稍所給賓者也故以稍言之詒讓案此注釋稍爲留閒王稍所給猶大府注釋稍秣爲稍用之物也聘禮記云既致饔旬而稍鄭彼注云稍稟食也賈彼疏謂以其賓客之道十日爲正行聘禮既訖合歸一旬之後或逢凶變或主人留之不得時反卽有稍禮蓋凡朝聘賓客始至則有飧既行禮則有饔若其有事留閒則別給稟食其禮殺於飧饔蓋有米穀酒漿而無牲牢故鄭聘禮注以稟食爲釋又酒人共賓客之禮酒飲酒而奉之注云此謂給賓客之稍又謂王不親饗食而致幣以酒從往然則賓禮自致飧饔正禮外凡致飲食於客館不必稟食並得稱稍矣云漿人所給亦六飲而已者賈疏云漿人不主酒齊唯主飲故知此稍禮所給六飲而已

共夫人致飲于賓客之禮清醴醫酏糟而奉之

亦酒正使之三物有清有糟夫人不體王得備之禮飲醴用柶者糟也不用柶者清也

疏共夫人致飲于賓客之禮者賈疏云夫人謂三夫人致飲於賓客之禮助上養賓亦致於客館詒讓案三夫人詳敘官疏掌客五等諸侯相朝夫人致禮有壺豆籩壺卽盛酒漿之器也彼夫人爲諸侯夫人與此王后下之夫人異而致禮賓客則略同云而奉之者黄以周云謂奉之酒正　注云亦酒正使之者賈疏云亦謂酒正使酒人漿人奄士也故酒正云醫酏糟皆使其士奉之彼注士酒人漿人奄士故知亦酒正使之案鄭意酒正使漿人奉之賓客其說非也酒人漿人之奄士亦不當稱士賈襲酒正注之誤詳酒正酒人疏云三物有清有糟者明經清糟通醴醫酏三

者言之醴有清糟內則所謂重醴彼注云重陪也致飲有醇者有泲者陪設之也醫卽釀酏爲醴故亦有清有糟酏爲粥清不釀亦有糟者凡泲者爲清不泲者其滓卽爲糟也黃以周云黍酏煑黍爲鬻其稀而清者謂之酏其厚而有滓者所謂酏糟也云夫人不體王得備之者賈疏云對后體王屈故醫酏糟而無清醴也案夫人致飲備於后者卑者之禮賓宜詳也鄭賈說未審亦詳酒正疏掌客致禮公侯伯八壺子男六壺此夫人所致無文五等諸侯宜有降殺其備三飲則同云禮飲醴用柶者糟也不用柶者清也者士冠禮云賓醴冠者贊者洗于房中側酌醴加柶覆之面葉又醴賓以一獻之禮鄭彼注云醴賓不用柶者泲其醴凡醴事質者用糟文者用清是醴有糟用柶清無糟不用柶之事柶者角柶所以扱醴祭之啐之詳玉府疏賈疏云案柶只爲糟設醴既泲而清則不假柶則此經清醴是也

凡飲共之謂非食時【疏】注云謂非食時者謂共渴時之飲非食時酳口漱口之飲也賈疏云上共王六飲食時以共訖此又云凡飲共之故云謂非食時孫希旦云食畢飲酒謂之酳飲漿謂之漱祭祀尸食畢而獻之謂之酳士昏禮合巹而酳樂記云食三老五更於大學天子執爵而酳此皆用酒者也士昏特牲少牢漿皆不設公食禮兼設酒漿而賓但飲漿弟子職曰左酒右漿又曰先生已食弟子乃徹趨走進漱亦但飲漿而已是則禮之重者食畢用酒以酳而無漿輕者兼設酒漿而食畢但飲漿也案孫說甚覈凡六飲全以共飲食時雖有飲以酳漱然唯用酒漿二物不全共也上言共王之六飲雖據王舉言之然亦通舉大數不全用也此云凡飲則所含亦甚廣但非王舉耳而鄭以非食時解之者明此亦具六飲與上同而與食禮唯用酒漿異也公食大夫禮飲酒漿飲鄭彼注云漿飲先言漿別於六飲也彼漿飲是食時漱口之飲而謂其別於六飲者明不兼餘四飲也若然此注云非食時謂通共六飲可知矣

凌人掌冰正歲十有二月令斬冰三其凌正歲季冬火星中大寒冰方盛之時春秋傳曰火星中而寒暑退凌冰室也三之者為消釋度也故書正為政鄭司農云掌冰政主藏冰之政也杜子春讀掌冰為主冰也政當為正正謂夏正三其凌三倍其冰

疏掌冰者說文仌部云仌凍也冰水堅也重文凝俗冰从疑經典通叚冰為仌此當從故書及先鄭讀為掌冰政謂主藏冰出冰之政令也云正歲十有二月令斬冰者左傳隱十年孔疏引干寶云十盈則更始以奇從盈數故言有也案此疑引干氏周禮注義斬冰者檀弓注云斬伐也大學云伐冰之家伐斬義同謂冰堅須斬伐而取之左昭四年傳申豐說藏冰云深山窮谷固陰沍寒於是乎取之又云山人取之縣人傳之輿人納之隸人藏之蓋此官令山人縣人等入山谷斬而納之　注云正歲季冬火星中大寒冰方盛之時者此後鄭誤從杜以正歲連讀也月令季冬之月冰方盛水澤腹堅命取冰冰已入令告民出五種注云此月日在北陸冰堅厚之時也孔疏引三統曆云大寒日在危初度昏昴二度中去日八十度旦心五度中左襄九年傳云心為大火是十二月大寒旦心中卽火星中冰盛之時也案左傳申豐曰日在北陸而藏冰據日躔而言此注云火星中據中星而言同屬季冬天象也此經及月令皆十二月斬冰當月卽納於凌室詩豳風七月篇則十二月鑿冰正月納之與此納校一月詳敘官及後疏引春秋傳曰火星中而寒暑退者左昭三年傳晉張趯語引之者證火星中在季冬大寒之時也今本左傳作火中寒暑乃退賈疏引作火中而寒暑乃退又引注云火星季冬十二月平旦正在南大寒退季夏六月黃昏火中暑退案詩豳風禮記檀弓孔疏李善文選閒居賦注引左傳並作火星中而寒暑乃退疑今本左傳有捝字也賈引注說與杜義同而文異蓋據賈服義云凌冰室也者敘官注同云三之者為消釋度也者入春以後

氣温氷漸消釋故計每歲所用氷數三倍納之於氷室之中則雖有消釋之減不至乏用也云故書正爲政鄭司農云掌氷政主藏氷之政也者先鄭從故書讀掌氷政句斷謂藏氷之政令凌人主掌之也政正聲類同詳小宰疏云杜子春讀掌氷爲主氷也者謂杜讀掌氷爲句訓其義則爲主氷也云政當爲正正謂夏正者段玉裁云此鄭君用杜說改政爲正下屬也攷周禮全書言正歲者皆謂寅月言歲終歲十有二月者皆謂丑月凡言歲者皆謂夏正也言歲十有二月則爲夏正已顯明不必加正字以混於全書內之謂寅月者司農從故書掌氷正爲長王引之云建寅之月爲一歲十二月之長故謂之正歲若建丑之十二月則當謂之歲終何得謂之正歲乎鄭釋小宰正歲命名之義不明其爲一歲之長而但以爲得四時之正於是寅月之名正歲其義不明而夏時十二月遂若皆得四時之正而可以蒙正歲之稱此凌人掌氷正歲十有二月之所以誤讀也案段王說是也云三其凌三倍其氷者賈疏云謂應十石加至四十石卽是三倍其氷也阮元云應十石者三倍之爲三十石案阮說爲長

春始治鑑鑑如甄大口以盛氷置食物于中以禦温氣春而始治之爲二月將獻羔而啓氷

【疏】春始治鑑者釋文云鑑本作監葉鈔釋文監作濫梁履繩云左傳襄九年正義引此文作鑒疑監字當本作鑒詒讓案鑑監濫聲類同古通鑒則俗體也鑑依注當爲金器則是治鑄所成蓋亦㮚氏爲之此官春治之者謂於孟春未出氷時豫備具檢察之慮有漏缺不任用也　注云鑑如甄大口者說文金部云鑑大盆也又缶部云甀小口罌也方言云甄甖也自關而西晉之舊都河汾之閒其大者謂之甄又云罃周洛韓鄭之閒謂之甄案甄卽甀之別據說文甀爲小口罌則鑑蓋大口罌矣說文以鑑爲大盆急就篇顏注云盆斂底而寬上寬上卽大口許說蓋與鄭同呂氏春秋慎勢篇云銘篆著乎壺鑑節喪篇及墨子節葬篇竝作壺濫

鑑俗作鑒廣韻去聲五十九鑑云鑒大瓮似盆是也司烜氏及考工記攻金之工又有鑒燧之鑒與此鑑字同而義別云以盛冰置食物于中以禦溫氣者于注例當作於各本並誤春夏之時食物得溫氣則易敗故用鑑盛冰置食物於冰上以寒之也玉燭寶典引干寶注云鑑金器盛飲食物以置冰室使不茹餲也案依干說鑑盛飲食不盛冰與鄭義小異據下云冰鑑則干義非也云春而始治之爲二月將獻羔而啓冰者謂啓冰則須用鑑故先一月豫治之也詩豳風七月云四之日其蚤獻羔祭韭月令云仲春之月天子乃鮮羔開冰先薦寢廟鄭注云鮮當爲獻聲之誤也獻羔謂祭司寒也祭司寒而出冰薦於宗廟乃復賦之左昭四年傳云祭寒而藏之獻羔而啓之公始用之鄭兼用此諸文啓冰在夏正二月後夏須冰在夏正四月蓋啓後兩月始須之也

凡外內饔之膳羞鑑焉凡酒漿之酒醴亦如之

酒醴見溫氣亦失味酒漿酒人漿人也

【疏】凡外內饔之膳羞鑑焉者此與外饔內饔爲官聯彼二官並於凌人取冰鑑也賈疏云謂王后及世子并饗耆老孤子之等以下文云祭祀此經直云膳羞明非祭祀也二月之後皆須鑑以盛冰故云鑑焉云凡酒漿之酒醴亦如之者此與酒人漿人爲官聯也賈疏云酒謂酒人之酒謂三酒五齊舉酒而言漿人之醴謂六飲舉醴而言亦如之者亦以鑑盛冰　注云酒醴見溫氣亦失味者酒醴得溫則酸而失味也楚辭招魂凍飲王注謂盛夏取清醇居之冰上然後飲之酒寒涼又長味好飲也是亦酒用冰取寒不失味之一端云酒漿酒人漿人也者明與外內饔同爲官名也

祭祀共冰鑑賓客共冰

不以鑑往嫌使停膳羞

【疏】祭祀共冰鑑者謂共冰并共鑑以盛之賈疏云此云祭祀者謂天地社稷及宗廟之等皆共鑑云賓客共冰者謂共致之賓客之館也賈疏云謂諸侯來朝王禮之以饗及饔餼直共冰以往無鑑也

注云不以鑑往嫌使停膳羞者冰用鑑者爲置膳羞其中**大喪共夷**
久不失味賓客膳羞當共新者嫌使停宿故不以鑑往也
槃冰夷之言尸也實冰於夷槃中置之尸牀之下所以寒尸尸之槃
曰夷槃牀曰夷牀衾曰夷衾移尸曰夷于堂皆依尸而爲言者
也漢禮器制度大槃廣八尺 疏 大喪共夷槃冰者左傳所謂喪浴用
長丈二尺深三尺漆赤中 冰也賈疏云亦謂二月已後遭大喪
則共夷槃及冰擧王喪共后世子及三夫人已下小喪亦共之但王
及后有夷槃自外當與諸侯已下同大槃等其世婦已上有冰則與
大夫同女御與士同無冰見賜乃有也 注云夷之言尸也者喪大
記注同夷尸音近得轉相訓士喪禮注亦云夷槃承尸之槃呂飛鵬
引成十七年左傳一朝而尸三卿韓非子載厲公語曰吾一朝而夷
三卿是夷尸訓得通也云實冰於夷槃中置之尸牀之下所以寒尸
者於舊本誤于今據宋婺州本建陽本正喪大記云君設大槃造冰
焉大夫設夷槃造冰焉士併瓦槃無冰設牀襢第鄭注云造猶內也
襢第袒簀也謂無席如浴時牀也禮自仲春之後尸既襲既小斂先
內冰盤中乃設牀於其上不施席而遷尸焉秋涼而止士不用冰以
瓦爲盤併以盛水耳孔疏云既襲謂大夫也既小斂謂士也皆是死
之明日若天子諸侯亦三日而設冰也在襲斂之前也林喬蔭云喪
大記注以襲在室中小斂後則僕於堂明此兩處皆先於牀下造冰
孔疏誤會注意士之有冰者禮明於陳襲事之後未浴之前言用夷
槃則固在死之本日未至厥明案林說是也云尸之槃曰夷槃牀曰
夷牀衾曰夷衾移尸曰夷于堂皆依尸而爲言者也者于黄丕烈校
改於阮元云宋本無者案疏亦無者諸本蓋衍案黄阮校是也此廣
證名夷之義既夕禮夷牀鄭注云朝正柩用此牀又士喪禮云士擧
男女奉尸夷于堂幠用夷衾注云僕之言尸也夷衾覆尸柩之衾也
今文僕作夷案僕夷字同喪大記亦作夷是鄭所據也引漢禮器制

度者賈疏云叔孫通前漢時作漢禮器制度多得古之周制故鄭君
依而用之也依制度云天子大槃廣八尺長丈二尺深三尺漆赤中
此經雖云夷槃無形制故依焉若然此周謂之夷槃漢謂之大槃是
別大異名案喪大記君設大盤者彼諸侯不敢與天子同名夷盤故
名大盤彼大夫云夷盤者卑不嫌得與天子同名其制則小也釋文
云漆赤中用朱漆其中詒讓案漢禮器制度蓋卽後漢書曹褒傳所
云叔孫通漢儀十二篇王充論衡謝短篇云高祖詔叔孫通制作儀
品十六篇亦卽是書惟篇數不同未知孰是喪大記注引漢禮文與
此同彼注又云夷槃小焉周禮天子夷槃士喪禮君賜冰亦用夷槃
然則其制宜同之據彼注說則漢禮夷槃小於大槃鄭意此經夷槃
爲天子禮亦卽禮記之大槃其制
度當與漢大槃同故引以爲釋也

夏頒冰掌事

暑氣盛王以冰頒賜
則主爲之春秋傳曰
古者日在北陸而藏
冰西陸朝覿而出之

【疏】夏頒冰掌事者賈疏云據頒賜羣臣言掌事
者謂主此賜冰多少合得不合得之事　注
云暑氣盛王以冰頒賜則主爲之者此亦讀頒爲班班賜也見大宰
注鄭志引此經亦作班冰大戴禮記夏小正三月頒冰傳云頒冰也
者分冰以接授大夫也彼頒冰在三月與此時異而事則同賈疏云
謂二月之時蠅蟲已生公始用之四月以後暑氣漸盛則賜及羣下
引春秋傳者左昭四年傳申豐曰古者日在北陸而藏冰西陸朝覿
而出之其藏冰也深山窮谷固陰沍寒於是乎取之其出之也朝之
祿位賓食喪祭於是乎用之其藏之也黑牡稻黍以享司寒其出之
也桃弧棘矢以除其災其出入也時食肉之祿冰皆與焉大夫命婦
喪浴用冰祭寒而藏之獻羔而啓之公始用之火出而畢賦自命夫
命婦至於老疾無不受冰賈疏云爾雅云北陸虛也西陸昴也服氏
云火出於夏爲三月於商爲四月於周爲五月陸道也北陸言在謂
十二月日在危一度西陸朝覿不言在則不在昴謂二月在婁四度

謂春分時奎婁晨見東方而出冰是公始用之今此鄭注引朝覿而
出之謂經夏頒冰則西陸朝覿而出冰羣臣用之若然日體在昴在
三月內得爲夏頒冰者據三月末之節氣故證夏頒冰此言夏據得
夏之節氣春秋言火出者據周至於七月詩二之日鑿冰三之日納
於凌室四之日其蚤獻羔祭韭孫皓問藏之旣晚出之又早何鄭荅
豳土晚寒故夏正月納冰夏二月仲春大蔟用事陽氣出地始溫故
禮應開冰先薦寢廟是公始用之也案據賈引服說西陸朝覿謂在
二月是月卽出冰出冰卽獻羔啓冰公始用之左傳杜注則云謂夏
三月日在昴畢蟄蟲出而用冰春分之中奎星朝見東方是謂西陸
朝覿在二月時則公始用冰而出冰則在三月又與服小異詩左傳
孔疏並引鄭志荅孫皓問云西陸朝覿謂四月立夏之時周禮夏班
冰是也是鄭說西陸朝覿又爲四月故引以證此經夏頒冰與二月
開冰爲二事月令孔疏亦云鄭以爲四月之時日在畢昴之星朝見
東方於時出冰以頒賜百官若其初出薦廟時在二月案孔述鄭義
甚析鄭謂立夏昴朝覿東方與夏小正四月昴則見之文正合故左
傳疏引劉炫亦從其說賈疏乃謂鄭據三月末之節氣非也但以左
傳文義推之先藏冰後出冰畢賦更在其後敘次不容淆掍若依鄭
義則四月出冰三月乃云畢賦於理難通審文校義西陸之名通晐
白虎七宿服說塙鑿不可易也至申豐云火出而畢賦服據昭十七
年傳梓慎語釋爲夏之三月以左證左亦自允當杜則云火星昏見
東方謂三月四月中杜意蓋因此經有夏頒冰之文故兼三四兩月
爲釋據夏小正三月頒冰之文則服說專指三月得之竊謂頒冰者
隨時授用非必盡在一時三月之末暑氣初生容已有頒冰之事至
四月以後暑氣大盛則所須尤多左傳及夏正據其初頒時言之故
繫之三月此經則據其頒多時言之故繫之夏明自孟夏至季夏一
時三月頒冰之事凌人悉掌之斯乃立文有異於事無悖此經通例

凡紀時者皆據夏正須冰是夏非春與左傳夏正之文不能强合也**秋刷**刷清也鄭司農云刷除冰室當更內新冰玄謂秋涼冰不用可以清除其室【疏】注云刷清也者爾雅釋詁文郭注云埽刷皆所以爲潔清說文刀部云刷刮也又部云㕞飾也此刷即㕞之借字封人注亦云刷治絜清鄭司農云刷除冰室當更內新冰者謂豫刷除冰室爲十二月內新冰之備也云玄謂秋涼冰不用可以清除其室者後鄭意秋時去內新冰時尚遠故止爲清除其室不用先鄭義也

籩人掌四籩之實籩竹器如豆者其容實皆四升【疏】掌四籩之實者此並與醢人爲官聯也祭祀以籩實乾物分四次薦之朝事加籩皆八籩饋食據賈說亦同羞籩則二籩郊特牲所謂鼎俎奇而籩豆偶是也　注云籩竹器如豆者者論語述而皇疏云竹曰籩木曰豆豆盛葅醢籩盛果實並容四升柄尺二寸下有跗也案籩與豆形制大同蓋亦有校有鐙但編竹作之爲異故爾雅釋器謂之竹豆詳敘官及瓬人疏賈疏云皆面徑尺柄尺亦依漢禮器制度知之也云其容實皆四升者賈疏云據其籩之所受則曰容據其所實𪌉蕡等則曰實四升亦約與豆四升同也案豆容四升見瓬人職

朝事之籩其實𪌉蕡白黑形鹽膴鮑魚鱐蕡枲實也鄭司農云朝事謂清朝未食先進寒具口實之籩熬麥曰𪌉麻曰蕡稻曰白黍曰黑築鹽以爲虎形謂之形鹽故春秋傳曰鹽虎形玄謂以司尊彝之職參之朝事謂祭宗廟薦血腥之事形鹽鹽之似虎者膴膴生魚爲大臠鮑者於煏室中糗乾之出於江淮也鱐者析乾之出東海王者備物近者腥之遠者乾之因其宜也今河間以北煑穜麥賣之名曰逢燕人膾魚方寸切其腴以啗所貴也【疏】朝事之籩者謂宗廟之祭第一次所薦之籩也賈疏云此言朝事謂祭廟二灌之後祝延尸於戶外后薦此八籩江

承云內宰司尊彝疏后薦朝事豆籩在延尸出戶迎牲未入之時禮運孔疏在升首之後薦腥之前今從賈疏蓋尸出在堂席前不可空故先設豆籩案江說是也通典吉禮謂尸初出戶時及薦腥之後有兩次薦豆籩尤誤互詳內宰司尊彝疏左傳僖二十二年孔疏云此等所陳雖爲祭祀下云賓客亦如之是賓客與祭祀不異云其實𪍿蕡白黑形鹽膴鮑魚鱐者釋文云𪍿芳弓反徐又芳勇反或郎第反嚴可均云郎第从豐聲蓋本或作𪍿矣案嚴說是也然鄭以逢釋𪍿說文麥部𪍿讀若馮則自以諧豐聲爲正不當作𪍿陸所載或音不足據此八籩於四等籩爲最尊諸侯以下亦通用之而數有降損不得備用故左傳魯饗周公閱辭白黑形鹽有司徹禮上大夫賓尸四籩則用𪍿蕡白黑是也賈疏云八籩者則𪍿爲熬麥一也蕡爲麻子二也白爲熬稻米三也黑爲熬黍米四也形鹽鹽似虎形五也膴以魚肉爲大臠六也鮑以魚於楅室糗乾之七也鱐爲乾魚八也　注云蕡枲實也者弓人注同說文艸部云蕡襍香艸萉枲實也重文黂萉或从麻賁又朩部云枲麻也此蕡即黂之借字爾雅釋草云枲麻黂枲實御覽百卉部引吳普本艸云麻子一名麻蕡賈疏云案喪服云苴絰子夏傳云苴麻之有蕡蕡是麻之子實也又案疏衰裳齊牡麻絰子夏傳云牡麻者枲麻也則枲麻謂雄麻也若然枲麻無實而解蕡爲枲實者舉其類耳程瑤田云麻大名也無實者枲有實者苴有實則有蕡矣北方藝麻三月下種夏至前後牡麻開細碎花色白而微青苴麻不作花而放勃勃與花初胎時相似名之曰蕡即麻實之穉者牡麻俗呼花麻花落後即先拔而漚之剝取其皮是爲夏麻苴麻俗呼子麻八九月間子熟則落農人拾取之詩言九月叔苴叔拾也拾取子盡乃刈漚其皮而剝之是爲秋麻牡麻有花無蕡言蕡則子見故禮經數穀但曰蕡注者並曰枲實而喪服疏引孫炎直以麻子釋蕡也劉寶楠云玉篇有子曰苴無子曰枲列子楊朱篇昔人

有美戎菽甘枲者呂氏春秋審時篇得時之麻厚枲以均列子呂覽所二云並謂枲實然則枲是大名有子無子皆得偁之而玉篇別言之者有子可通言枲無子不可通言苴也廣韻乃謂有子曰枲無子曰苴非是李時珍本草綱目二云大麻卽今火麻亦曰黃麻案依李說則九穀之麻實曰蕡卽今之火麻人是也程瑤田說同鄭司農二云朝事謂清朝未食先進寒具口實之籩者先鄭不以此朝事爲祭祀之事謂王朝起未食時先進餅餌爲口實也寒具者北堂書鈔飲食部引通俗文二云寒具謂之餲齊民要術二云環餅一名寒具以蜜調水溲麵北戸錄注引證俗音二云𪍑𪍿內國呼爲環餅亦呼寒具惠士奇二云晏子春秋曰晏子侍于景公朝寒公曰請進暖食暖食者漢之寒具也先鄭謂朝事者清朝未食先進寒具口實之籩則饋食加籩皆非祭禮乃王者之饋食燕食可知矣二云熬麥曰麷者有司徹蕡麷設于豆西注二云麷熬麥也方言二云熬聚煎𩞄火乾也凡以火而乾五穀之類自山而東齊楚以往謂之熬程瑤田二云荀子富國篇午其軍取其將若撥麷蓋麥乾煎則質輕撥去之甚易故以爲況詒讓案說文火部二云熬乾煎也重文𪌉熬或从麥作𪌉卽緣熬麥而制字又𩱙部二云𩰲熬也𩰲方言作聚今俗書作炒古所謂熬卽今所謂炒也春秋繁露祭義篇二云夏上尊實尊實麷也夏之所初受也又四祭篇二云礿者以四月食麥也董子說夏上麷蓋亦以爲熬麥但麷不可實於尊尊疑當作算算籑字通籑與籩形制同二云麻曰蕡者以下三者並冡熬爲文有司徹內則注並二云蕡熬枲實也二云稻曰白者有司徹婦贊者執白黑以授主婦鄭注二云白熬稻左傳僖三十年杜注同劉寶楠二云管子地員篇五㯶之土其種白稻是稻偁白也程瑤田謂白當爲白稷亦通二云黍曰黑者有司徹注二云黑熬黍左傳杜注同賈疏二云爾雅有秬黑黍故知黑是黍二云築鹽以爲虎形謂之形鹽者說文竹部二云築擣也釋名釋言語二云築堅實也此謂擣鹽使堅又刻爲虎形也二云故

春秋傳曰鹽虎形者賈疏云左氏僖三十年冬王使周公閱來聘饗有昌歜白黑形鹽辭曰國君文足昭也武可畏也則有備物之饗以象其德薦五味羞嘉穀鹽虎形服云剋形非是築剋爲之故後鄭不從也詒讓案剋與刻通服說與先鄭同呂氏春秋本味篇云大夏之鹽高注云大夏澤名或曰山名在西北鹽形鹽案形鹽即戎鹽御覽飲食部引涼州異物志說戎鹽士人鏤爲虎形殆古之遺制與詳鹽人疏云玄謂以司尊彝之職參之朝事謂祭宗廟薦血腥之事者破先鄭之說謂此朝事即司尊彝朝踐之節也彼注云朝踐謂薦血腥酌醴始行祭事后於是薦朝事之豆籩既又酌獻此於祭宗廟九獻當二獻之前故鄭據以爲說謂之朝事者祭義云二端既立報以二禮建設朝事燔燎羶薌見以蕭光以報氣也薦黍稷羞肝肺首心見閒以俠甒加以鬱鬯以報魄也彼注亦云朝事謂薦血腥時也薦黍稷所謂饋食也孔疏云朝事謂旦朝祭事又郊特牲云坐尸於堂注云謂朝事時也朝事延尸於戶西南面布主席東面時尸薦以籩豆詒讓案祭義以朝事與薦黍稷爲二禮與此經以朝事與饋食並舉同足證朝事即朝踐不當如先鄭清朝進口實之說也賈疏云祭宗廟無血鄭云薦血腥者鄭注論語亦云禘祭之禮自血腥始皆謂毛以告純血以告殺是爲告殺時有血與朝踐薦腥同節故連言血耳非謂祭血也司尊彝疏又云禮器云郊血大饗腥則享祭宗廟無血此云薦血腥者謂肉非謂如別薦血也案禮器孔疏引熊氏說同即賈所本孔氏駁之云案詩小雅論宗廟之祭云執其鸞刀以啓其毛取其血膋則是有用血之明文也熊氏云無血其義非也孔又引皇氏云郊則先設血也後設腥與爓孰大饗之時血與腥同時俱薦當朝事迎尸於戶外薦血腥也雖以大饗爲主其宗廟之祭皆然也案皇孔說是也郊特牲說宗廟之祭明云血祭盛氣也孔疏謂在堂上制祭後又薦血腥時是血與腥同薦也互詳司尊彝大祝疏云形鹽

鹽之似虎者者鹽人注同賈疏云以爲自然似虎形此破先鄭築鹽爲虎形也案左傳杜注云形鹽鹽形象虎依後鄭義云膴膴生魚爲大臠者腊人注云膴者魚之反覆有司徹尸俎五魚侑主人皆一魚皆加膴祭于其上鄭彼注云膴刳魚時割其腹以爲大臠也可用祭也案凡膴肉大臠獸謂之大魚謂之膴通而言之獸肉亦得謂之膴故內饔注云膴牒肉大臠此膴鮑魚鱐並據魚言故知卽牒生魚爲大臠與內饔腊人膴胖爲獸肉別也云鮑者於楅室中糗乾之出於江淮也者釋文云楅本又作煏案煏卽㷉之省楅俗字也說文火部云㷉以火乾肉重文𤒅籀文不省廣韻二十四職云㷉楅同又乾釋文作幹云又作乾阮元云賈疏本亦作乾經乾薧字作乾陸本作幹殆非案阮校是也漢書顏注引並與今本同方言說火乾五穀云關西隴冀以往謂之㷉秦晉之間或謂之聚㷉楅㷉字同糗聚音義亦相近蓋楅糗並爲熬穀引申爲凡以火乾物之通稱謂於楅魚肉之室內爲火以乾之也賈疏以楅室謂楅土爲室失之又說文魚部云鮑饐魚也釋名釋飲食云鮑魚鮑腐也埋藏淹使腐臭也史記貨殖傳鮿千石鮑千鈞裴駰集解引徐廣云鮿膊魚也索隱引聲類韻集云破鮑不相離謂之膊完瀆云鮑正義云謂破開中頭尾不相離爲鮑謂之膊開者也漢書貨殖傳顏注云鮿膊魚也卽今不著鹽而乾者也鮑今之鮑魚也鄭康成以爲鮑於煏室中乾之非也煏室乾之卽鮿耳蓋今巴荆人所呼鰎魚者是也秦始皇載鮑亂臭則是鮑魚耳而煏室乾者本不臭也急就篇注亦云鮑亦海魚加之以鹽而不乾者也案據許劉諸說則鮑爲𩷍魚之未乾者與鄭說異張守節以鮑爲破開中頭尾不相離則與聲類韻集完瀆義亦異皆未知孰是惠士奇云史記鮿千石鮑千鈞鮿卽鱐析乾爲鱐破開爲鮿鮑亦煏乾之但不析耳或云鮑魚誤凡籩實皆乾案惠說近是又賈子新書禮篇云周文王使太公望傅太子發太子嗜鮑魚而太公弗與曰禮鮑

魚不登於俎案禮魚俎皆用生魚不用鮑鱅賈子所說蓋謂鮑魚不登於正俎非不實於籩與此經義不相晐也云鱅者析乾之出東海者乾釋文亦作幹庖人先鄭注云鱅乾魚案鱅蓋與鮑同惟以鹽析其體爲異莊子外物篇說任公子得大魚離而腊之卽析乾之義續漢書郡國志東海郡屬徐州云王者備物近者腥之遠者乾之因其安也者謂膴鮑魚鱅腥乾兼備也近者可以生致故用腥而爲膴遠者不能生致乾之以備物而爲鮑鱅是各因其宜也云今河閒以北煑穜麥賣之名曰逢者續漢郡國志河閒郡屬冀州說文麥部云𪌉煑麥也讀若馮段玉裁云此鄭以方言證司農義也說文讀若馮馮與逢音正同許時馮字已同今馮姓之音矣程瑤田云說文𪍣乾煎也煑亯也鄭從司農說𪍣熬麥曰𪌉又曰煑穜麥與說文所謂𪌉煑麥者蓋同然則𪍣熬煑通也鄭舉漢法之逢以況籩實知其所謂煑者非麥粥也又云穜疑或爲穜稑之穜宿麥也又或爲穬麥之譌案程說近是段玉裁說亦同葛洪西京雜記九月九日正月上辰並食蓬餌蓬逢音義同穜釋文音直龍反正讀爲內宰穜稑之稑程說與陸音合或說則讀爲種穜本草陶注云穬卽宿麥亦謂種麥此卽或說所本宿麥爲秋冬種大小麥之通名穬則大麥之別種也楊倞荀子注引此注亦作種麥云據鄭之說𪌉麥之牙蘖也是讀穜爲種子之種種穜古今字則當音章勇反矣今攷此經注麥麻稻黍四穀並乾熬則麥不宜獨爲牙蘖楊說雖或隋唐舊義然鄭意必不如是也又煑麥宋本賈疏述注作灸麥阮元謂灸當作炙賈所據注蓋本作炙穜麥案說文亦作煑麥則賈引非也御覽飲食部引束晳餅賦云朝事之籩煑麥爲𪌉亦從許及後鄭說云燕人膾魚方寸切其腴以啗所貴也者各本並無也字今從嘉靖本說文肉部云膾細切肉也腴腹下肥也有司徹注謂膴爲刳魚割腹爲大臠是膴正是膴魚腹下腴故引漢時燕俗語爲證也

饋食之籩其實棗㮚

桃乾䕩榛實饋食薦孰也今吉禮存者特牲少牢諸侯之大夫士祭禮也不祼不薦血腥而自薦孰始是以皆云饋食之禮

乾䕩乾梅也有桃諸梅諸是其乾者榛似栗而小

疏饋食之籩者此宗廟之祭第二次所薦之籩也賈疏云此謂朝踐薦腥後堂上更體其犬豕牛羊亨孰之時后薦謂之饋食之籩也云其實棗㮚桃乾䕩榛實者賈疏云其八籩者棗一也栗二也桃三也乾䕩謂乾梅四也榛實五也其於八籩仍少三案乾䕩既爲乾梅經中桃是濕桃既有濕桃乾梅明別有乾桃則注引內則桃諸鄭云是其乾者既有濕桃明有濕梅可知以乾桃濕梅二者添五者爲七籩案桃梅既並有乾濕則棗中亦宜有乾濕復取一添前爲八也必知此五者之中有八者案儀禮特牲少牢士二籩二豆大夫四籩四豆諸侯宜六天子宜八醢人饋食之豆有八此饋食之籩言六不類又上文朝事之籩言八下加籩亦八豈此饋食在其中六乎數事不可故以義參之爲八也郊特牲孔疏引熊安生說此經云乾䕩之中有桃諸梅諸則爲六物實六籩也案熊說與賈不同蓋謂桃兼乾濕而梅棗則否王紹蘭云經文桃與乾䕩並列乾䕩爲乾梅則桃亦乾桃經不言乾桃者舉乾䕩可知故鄭注云有桃諸梅諸明以乾䕩爲梅諸桃爲桃諸猶恐人誤爲溼物故注又云是其乾者是知鄭不以桃爲溼桃矣鄉射記脯用籩注籩宜乾物也禮何以用乾不用溼溼者新也祭主四時棗與桃梅溼者不能時有亦不能同時並有如煑梅以五月煑桃以六月剝棗以八月若籩實用溼臨時豈能備物案王駁賈說甚允吳廷華姜兆錫說並同敖繼公據少牢不賓尸禮四籩棗糗栗脯謂經棗下脫糗栗下脫脯然亦止七籩孫希旦又據曲禮婦人摯脯脩棗栗榛椇皆籩實議補椇爲八籩黃以周云記曰鼎俎奇而籩豆偶籩未有用五者周官當有誤文饋食之籩蓋四其實棗栗䕩榛不用桃內則棗栗榛柹瓜桃李梅杏楂梨鄭注謂人君燕食之庶羞非用

於祭韓非子外儲說左下云魯哀公賜桃與黍孔子先飯黍而後啗桃哀公曰黍者非飯之也以雪桃也孔子對曰黍祭先王爲上盛果蓏有六而桃爲下祭先王不得入廟饋食爲祭之盛禮則其籩不用桃明矣鄭注釋乾䕩引桃諸梅諸今本作桃乾䕩乃後人以注語增之爾古人飲酒之禮籩如豆數而食禮有豆無籩饋食用食禮故籩不必如豆數案黄氏議減籩數與熊說同而數小異但以禮經通例攷之食禮固有豆無籩而飲酒禮有籩則數咸與豆同如士冠禮再醮士虞禮獻祝特牲禮主婦致爵于主人皆二籩二豆少牢禮賓尸用四豆四籩它小禮用脯醢者則皆一豆一籩是無籩則已有則其數未有不與豆相儷者賈氏八籩之說殆不可易黄又議刪經桃字案注既釋䕩爲乾梅而又兼舉桃諸則鄭本實有桃字必非後人妄增韓子謂桃不入廟疑專指生桃言之熊黄說似皆未審竊謂推校禮經凡用饋食之豆恆配以饋食之籩如士虞特牲禮並用二籩棗栗配饋食二豆是也而既夕禮大遣奠四豆脾析蜱醢葵菹蠃醢其四籩爲棗糗栗脯士冠禮再醮士喪禮大斂奠亦並以栗脯配葵菹蠃醢唯有司徹下大夫不賓尸以棗糗栗脯配韭菹醢葵菹醢朝事四豆則變禮也若然以禮例推之則饋食之籩容有糗脯等故說似尚可通但經文闕略衆釋紛牾未敢肊定謹備著之以俟商榷

注云饋食薦孰也者孰古熟字特牲饋食禮注云祭祀自孰始曰饋食饋食者食道也又大宗伯以饋食享先王注云言饋食者著有黍稷司尊彝秋嘗冬烝其饋獻用兩壺尊注云饋獻謂薦孰時后於是薦饋食之豆籩是九獻第五獻之前爓薦體解之時后薦此豆籩也詳膳夫疏云今吉禮存者特牲少牢諸侯之大夫士祭禮也者儀禮特牲饋食禮第十五鄭目錄云特牲饋食之禮謂諸侯之士祭祖禰非天子之士又少牢饋食禮第十六目錄云諸侯之卿大夫祭其祖禰於廟之禮羊豕曰少牢賈特牲疏云曲禮大夫以索牛士以羊豕彼

天子大夫士也此儀禮特牲少牢故知是諸侯大夫士也案鄭以天子諸侯祭禮亡故故舉諸侯大夫士禮之存者爲說也云不祼不薦血腥而自薦孰始是以皆云饋食之禮者賈疏云若天子諸侯則有室中二祼堂上朝踐薦血腥之禮大夫則無此二者而自薦孰始天子諸侯大夫士雖同名饋食仍有少別何者天子諸侯尸食前仍有饋獻一是饋孰陰厭陰厭後尸入室食乃獻大夫士則饋孰與黍稷爲陰厭陰厭前無饋獻以此爲異耳云乾䕩乾梅也者丁晏云說文艸部云䕩乾梅之屬引周禮曰饋食之籩其實乾䕩後漢長沙王始煑艸爲䕩䕩或从潦齊民要術引廣志曰蜀名梅爲䕩大如雁子梅杏皆可以爲油脯黃梅以熟䕩作之云有桃諸梅諸是其乾者者內則載國君之燕食有此二者引以證䕩兼有乾桃也孔疏云王肅云諸菹也也謂桃菹梅菹卽今之藏桃藏梅也欲藏之時必先稍乾之故周禮謂之乾䕩詒讓案凡乾梅乾桃皆煑而暴之大戴禮記夏小正云五月煑梅六月煑桃傳並云煑以爲豆實也籩豆通稱釋名釋飲食云桃諸藏桃也諸儲也藏以爲儲待給冬月用之也云榛似栗而小者榛卽亲之借字說文木部云亲果實如小栗春秋傳曰女摯不過亲栗詩鄘風定之方中孔疏引陸璣疏云榛栗屬有兩種其一種之皮葉皆如栗其子小形似杼子味亦如栗所謂樹之榛栗者也其一種枝葉如木蓼生高丈餘作胡桃味遼東上黨皆饒又云杜陽有亲栗藜生大如杼子中人皮子形色與栗無異也但差小耳

加籩之實蔆芡㮚脯蔆芡㮚脯 加籩謂尸既食后亞獻尸所加之籩重言之者以四物爲八籩蔆芰也芡雞頭也栗與饋食同鄭司農云蔆芡脯脩也 疏 加籩之實者此宗廟之祭正獻之後所羞之籩 注云加籩謂尸既食后亞獻尸所加之籩者謂在九獻第六獻之後尸十五飯畢時司尊彝注云尸卒食王酳之后酌亞獻內宗薦加豆籩是也賈疏云案春官內宗云掌宗廟之

祭祀薦加豆籩以其內宗所薦明主於后又見特牲主婦獻尸二云宗婦執兩籩於戶外主婦受設於敦南主人獻尸之時不見有設籩之事故知唯主於后也少牢主婦不設籩者以其當日賓尸故也其下大夫不賓尸者亦與士同也詒讓案加籩之薦與加爵相因故內宗注釋加豆籩爲加爵之豆籩是也玫左傳僖二十二年云楚子入享於鄭九獻加籩豆六品又昭六年云季孫宿如晉晉侯享之有加籩武子退使行人告曰小國之事大國也得貺不過三獻今豆有加臣下勿堪據左傳說則饗禮亦有加籩豆然在九獻三獻之外而鄭此注及內宰司尊彝注竝以九獻第八獻九獻爲加爵加豆籩卽薦於彼時則以加爵爲在正獻之內禮運孔疏引崔靈恩則云尸十五飯後王酳尸爲七獻后酳尸爲八獻諸侯爲賓者獻尸爲九獻九獻之後謂之加爵孔氏又云案特牲有三加則天子以下加爵之數依尊卑不秖三加也故特牲三加爵別有嗣子舉奠文王世子諸侯謂之上嗣舉奠亦當然陳祥道申崔義云籩人言朝事饋食之籩豆則朝踐饋獻之籩豆也言加籩加豆則加爵之籩豆也特牲禮主人主婦既酳尸然後長兄弟衆賓長爲加爵則加爵不施於亞獻之節鄭說誤案崔陳謂加爵在正獻之外是也薛季宣鄭鍔說同江永金榜亦謂薦加豆籩當在九獻後諸臣獻尸時不在八獻后亞王酳尸時並足正鄭賈之誤互詳內宰司尊彝內宗疏云重言之者以四物爲八籩者四物物各二籩合成八籩嫌物各一籩故重言之云蔆芰也者說文艸部云蔆芰也楚謂之芰秦謂之薢茩爾雅釋艸蔆蕨攈郭注云蔆今水中芰惠士奇云楚語屈到嗜芰有疾屬曰祭我必以芰及祥將薦芰屈建命去之愚謂蔆芡栗脯分實八籩天子之祭禮也特牲有司徹不聞有蔆芡大夫而薦芰是僭用天子之禮也故屈建曰干國之典詒讓案芡非祭物誤云芡雞頭也者說文艸部同方言云葰芡雞頭也北燕謂之葰青徐淮泗之閒謂之芡南楚江湘之

閒謂之雞頭或謂之雁頭或謂之烏頭崔豹古今注云芡雞頭也一名雁頭一名芡葉似荷而大葉上蹙縐如沸實有芒刺其裏如珠可以療饑神農本艸經云雞頭實一名雁喙實一名芰陶注云此即今蔿子莖上花似雞冠故名雞頭云栗與饋食同者饋食栗一籩此加籩栗二籩所實則同醢人四豆朝事與加豆同用醓醢饋食與加豆同用魚醢則一物不嫌兩薦也經作㮚注作栗者亦經用古字注用今字之例鄭司農云蔆芡脯脩者段玉裁云司農云之下脫當言二字謂蔆芡栗脯當作蔆芡脯脩脩段脩也栗與饋食複故易之詒讓案此先鄭改字以避兩薦也有司徹主婦獻尸侑主人並有腶脩若然先鄭以此脯爲乾肉之不鍛者與脩小異故並薦之後鄭則以脯脩同物而栗不妨與饋食同故不從士冠禮再醮兩籩既夕禮大遣奠四籩皆以栗脯並薦亦其證也

羞籩之實糗餌粉餈羞籩謂若少牢主人酬尸宰夫羞房中之羞于尸侑主人主婦皆右之者故書餈作茨鄭司農云糗熬大豆與米也粉豆屑也茨字或作餈謂乾餌餅之也玄謂此二物皆粉稻米黍米所爲也合蒸曰餌餅之曰餈糗者擣粉熬大豆爲餌餈之黏著以粉之耳餌言糗餈言粉互相足

疏 羞籩之實者此亦宗廟之祭正獻之後加爵之前所羞之籩也賈疏云此當王酬尸內饔進之於尸侑等者也案賈謂王酬尸後進羞籩此於王祭宗廟當在明日繹祭時依注義也玉藻孔疏說同然據後世婦云及祭之日涖陳女宮之具凡內羞之物是正祭之日亦當有此羞籩等之進注文偶不具耳詳後又據世婦職則內羞世婦所掌故詩小雅楚茨孔疏云內羞則世婦薦之賈謂內饔進之於經無徵不足據也云糗餌粉餈者賈疏云此爲二籩糗與粉爲一物恐餌餈黏著籩故分於二籩之下 注云羞籩謂若少牢主人酬尸宰夫羞房中之羞于尸侑主人主婦皆右之者者有司徹文鄭目錄云有司徹少牢之下篇也故此引之稱少牢也彼

文於主人酬尸之後云尸侑主人皆升筵乃羞宰夫羞房中之羞于尸侑主人主婦皆右之司士羞庶羞于尸侑主人主婦皆左之注云二羞所以盡歡心房中之羞其籩則糗餌粉餈其豆則酏食糝食房中之羞內羞也內羞在右陰也庶羞在左陽也賈疏云天子祭祀之禮士故取少牢大夫禮解之案有司徹上大夫當日賓尸正祭不設內羞故於賓尸設之此天子之禮賓尸在明日則祭祀日當設之案少牢下大夫不賓尸賓長致爵受酢云宰夫羞房中之羞司士羞庶羞于尸祝主人主婦內羞在右庶羞在左天子之禮賓長受酢後亦當設此內羞庶羞于尸祝及王與后然鄭不引不賓尸而引賓尸者以其設內羞之禮故祇引其一但正祭設於祝賓尸設於侑又賓尸主人酬尸後正祭賓長受酢後爲異耳詒讓案羞籩羞豆於天子祭禮薦於何時經無可攷注以少牢上大夫禮相比況則王禮當於明日賓尸尸酬王後薦於尸侑及王后其正祭之日進內羞止見世婦職而注則無文賈據少牢下大夫不賓尸禮推之謂王禮正祭九獻諸侯爲賓者獻尸受酢後亦有此內羞之薦詩小雅楚茨云君婦莫莫爲豆孔庶爲賓爲客毛傳云豆謂內羞庶羞也繹而賓尸及賓客孔疏云有司徹大夫賓尸尚有二羞明天子之正祭有二羞矣非但正祭所用至繹又用之故云繹而賓尸及賓客也案孔意疑亦與賈同任啓運駁賈正祭之日設二羞於尸祝及王后之說云王不獻祝王與后未交致爵內羞庶羞於何用乎案任謂王不獻祝是也賈鬱人疏亦謂天子無獻祝及佐食之事此疏與彼疏蓋自相抵牾至王禮祭日九獻之後王后自有交致爵之禮故鄭司几筵注云后諸臣致爵乃設席則賈謂正祭有設二羞於王后說自可通也以特牲少牢二禮推之蓋王祭日諸侯爲賓者終獻後王與后交致爵則進羞籩羞豆於尸及王后至長兄弟等爲加爵則進加籩加豆經先加籩而後羞籩者以羞籩輕於加籩故文不次耳王禮經注雖闕略不備

而依大夫士禮推致之尚可得其端緒也云故書餈作茨者徐養原
云茨爲餈之假借鄭司農云糗熬大豆與米也者說文米部云糗熬
米麥也案米蓋謂稻米程瑤田云陳藏器曰糗一名麨和水服之河
東人以麥爲之麤者爲乾糗糧東人以稉米爲之炒乾磨成也釋名
釋飲食云糗齲也飯而磨之使齲碎是也然則糗有擣粉者有未擣
粉者籩實之麷蕡白黑國語設糗一筐以羞子文其糗之未擣粉者
與既夕篇之四籩棗糗栗脯直呼糗餌爲糗則已擣之糗粉於餌者
也左傳陳轅頗出奔鄭道渴其族轅咺進稻醴粱糗腶脩焉杜注糗
乾飯也公羊傳魯昭公走之齊高子執簞食與四脡脯國子執壺漿
曰吾寡君聞君在外餕饔未就敢致糗於從者何休注糗糒也左傳
之粱糗公羊之簞食曰致糗蓋皆謂飯爲糗也今人炊飯令汁乾亦
謂之乾飯然則糗之義本寬也其已擣粉之糗可和水而服之者若
今北方之麪茶南方之麪麩皆其類也其未擣粉而亦可和水者則
鄭注六飲之涼云今寒粥若糗飯雜水是也其已擣粉亦可餅而食
之若玉篇以麲麮爲麵廣韻以爲餅是也合諸言糗者而觀之糗之
爲言氣也米麥火乾之乃有香氣故謂之糗說文熬米麥之訓最爲
得解無論擣與未擣也案程說是也內則注云糗擣熬穀也書費誓
孔疏云糗謂熬米麥使熟又擣之以爲粉也蓋凡乾熬稻粱黍麥豆
諸穀通謂之糗先鄭云熬大豆與米後鄭云熬穀許云熬米麥其義
一也惟糗有擣與未擣兩種先鄭釋糗爲熬豆米以別於粉之爲豆
屑則謂此糗爲熬而未擣者粉餌以擣爲宜故後鄭不從云粉豆屑
也者釋名釋首飾云粉分也研米使分散也此豆屑亦謂磨熬豆爲
粉知爲豆者粉餅餌宜用豆也云茨字或作餈者段玉裁云謂書亦
或作餈也司農從或本云謂乾餌餅之也者釋名釋飲食云餈漬也
烝燥屑使相潤漬餅之也餅弁也溲麪使相合弁也劉說餈與先鄭
同謂乾烝米屑不和水其爲餅餌者烝氣潤漬所成後鄭則直謂和

水爲餅與先鄭異也云玄謂此二物皆粉稻米黍米所爲也者稻米
謂稉米也與黍米皆黏宜爲餌餈故知粉二者所爲也楚辭招魂云
粔籹蜜餌王注云言以蜜和米麪煎作粔籹擣黍作餌此卽粉黍米
之餌也云合蒸曰餌餅之曰餈者說文䰜部云䰞粉餅也重文餌䰞
或从食耳聲食部云餈稻餅也重文粢餈或从米餅麪餈也火部云
烝火氣上行也蒸卽烝之叚字段玉裁云許說與鄭不同謂以稉米
蒸孰餅之如麪餅曰餈今江蘇之餈飯也粉稉米而餅之而蒸之則
曰餌今江蘇之米粉餅米粉團也粉餅則傅之以熬米麥之乾者故
曰糗餌餈則傅之以大豆之粉米部曰粉傅面者也許不言何粉大
鄭云豆屑是也詒讓案依許書則米屑所爲曰餌麥屑所爲曰餅不
屑之米所爲曰餈急就篇顏注云溲麪而蒸熟之則爲餅溲米而蒸
熟之則爲餌列子力命篇張湛注云粢稻餅也味類粔米不碎說並
與許同據鄭說則餌用乾粉合烝之餈則水溲爲餅不乾烝二者同
用粉不用米惟以烝不烝爲異與許說不同餌餈散文亦通故方言
云餌謂之糕或謂之餈是也又初學記歲時部陳元靚歲時廣記引
干寶注云糗餌者豆末和屑米而烝之加以棗豆之味卽今餌餻也
案干說蓋謂擣豆爲末以粉米屑之上合烝之又加以棗使味美也
徐堅所引味下疑有挩字高承事物紀原飲食部引干注作糗餅者
或屑而蒸之以棗豆之味同食亦誤干說以糗爲豆末餌爲屑米烝
之並與後鄭同其用棗者以助餌之甘蓋據晉時作烝餅法齊民要
術有作粳米棗糒法亦略相類餌餻者玉篇食部云蜀人呼蒸餅爲
餻類篇食部云餻丸餌也云糗者擣粉熬大豆者謂取大豆熬之又
擣之爲粉也內則糗餌粉酏注云糗擣熬穀也以爲粉餌與餈旣夕
禮大遣奠有糗注亦云以豆糗粉餌云爲餌餈之黏著以粉之耳者
釋名釋飲食云餌而也相黏而也兗豫曰溏浹就形名之也是餌餈
潤漬皆易黏著故以豆屑粉之使分散也云餌言糗餈言粉互相足

者賈疏云餌言糗謂熬之亦粉之餈言粉擣之亦糗之故言互相足也**凡祭祀共其籩薦羞之實**薦羞皆進也未食未飲曰薦既食既飲曰羞

疏凡祭祀共其籩薦羞之實者賈疏云謂四時禘祫等皆共其籩　注云薦羞皆進也者膳夫庖人注義同云未食未飲曰薦者賈疏云先薦後獻祭祀也據朝踐饋獻時未獻前所薦籩豆朝事饋食之籩是也詒讓案此謂先設之正饌也宰夫注云薦脯醢也朝踐饋食之豆籩及脯醢皆為正饌此與宰夫注各舉一隅為釋詳彼疏云既食既飲曰羞者宰夫注云羞庶羞內羞也賈疏云為尸食後酳尸訖所進羞即加籩之實是也吳廷華云此言加籩以槀羞籩也案吳說是也此據後設之加饌言之加籩豆羞籩豆及庶羞皆加饌也此注與宰夫注亦互相備互詳宰夫疏**喪事及賓客之事共其薦籩羞籩**喪事之籩謂殷奠時

疏喪事及賓客之事共其薦籩羞籩者賈疏云喪事謂大奠時賓客之事謂享燕時亦共其薦籩羞籩　注云喪事之籩謂殷奠時者賈疏云殷尤大也大奠朔月月半薦新祖奠遣奠之類也吳廷華云儀禮之例脯醢皆曰薦始死即有之士喪禮脯醢醴酒奠於尸東是也羞止有庶羞據上疏則加豆籩亦得曰羞據士喪禮小斂止有脯醢則薦籩而已大斂奠兩豆葵菹芋兩籩栗脯兩豆皆饋食之豆是上疏所謂薦兩籩皆加籩是則所謂羞也則大斂已有羞籩疏止以朔奠以下言誤也案吳說是也士喪禮月半不殷奠注云殷盛也士月半不復如朔盛奠下尊者曾子問有殷事朔月月半薦新之奠也又喪服大記主人具殷奠之禮注云殷猶大也朝夕小奠至月朔則大奠案凡喪禮之奠有十惟始卒及朝夕奠為小奠其小斂大斂朔月月半薦新遷祖奠祖奠大遣奠並有牲體為殷奠此注本兼小斂大斂奠言之賈乃漏釋耳又釋名釋喪制云朔望祭曰殷奠所用殷衆也劉氏復偏舉朔望奠為說尤未晐其

士喪禮無月半之殷奠又朔望無籩天子朔望皆有奠其禮尤盛當與士異也互詳牛人喪祝疏又案既夕禮大遣奠又有羞籩之糗庖人云若喪紀之庶羞亦此所謂羞籩也彼注以爲喪祭虞祔不數喪奠者以其未立尸也互詳彼疏爲王及后世子共其內羞於其飲食以共房中之羞疏注云於其飲食以共房中之羞者有司徹云宰夫羞房中之羞又云內羞在左故知內羞爲房中之羞卽糗餌粉餈酏食糝食等是也此卽羞籩之實不及朝踐饋食加籩等者以其非飲食恆禮所用也凡籩事掌之

醢人掌四豆之實朝事之豆其實韭菹醓醢昌本麋臡菁菹鹿臡茆菹麋臡醓肉汁也昌本昌蒲根切之四寸爲菹三臡亦醢也作醢及臡者必先膊乾其肉乃後莝之雜以粱麴及鹽漬以美酒塗置甀中百日則成矣鄭司農云麋臡麋骭髓醢或曰麋臡醬也有骨爲臡無骨爲醢菁菹韭菹鄭大夫讀茆爲茅茅菹茅初生或曰茆水草杜子春讀茆爲卯玄謂菁蔓菁也茆鳧葵也凡菹醢皆以氣味相成其狀未聞疏掌四豆之實者此並與籩人醢人爲官聯也說文豆部云豆古食肉器也梪木豆謂之豆詩大雅生民篇于豆于登毛傳云木曰豆瓦曰登豆薦菹醢也登大羹也王涇大唐郊祀錄引三禮圖云豆以木爲之受四升高尺二寸桼赤中案此四豆以盛菹醢則皆木豆也與瓬人所爲瓦豆異正字當作梪經典通作豆凡祭祀以豆盛濡物亦分四次薦之朝事饋食加豆皆八豆羞豆則二豆與籩人四籩數正相當也賈疏云言四豆之實者豆與籩並設節數與四籩同時亦謂朝事饋食加豆羞豆之實是也云朝事之豆者賈疏云亦謂朝踐節八豆並后設之云其實韭菹醓醢昌本麋臡菁菹

鹿臡茆菹麇臡者釋文云醓本又作盜案盜即䀋之譌詳後賈疏云
於豆內齏菹之類菜肉通全物若牒爲菹細切爲齏又不言菹者皆
是齏則昌本之類是也詒讓案此第一豆亦最尊故左僖三十年傳
魯饗周公閱辭昌歜禮經惟聘禮致饔餼全用此八豆公食大夫禮
六豆則無茆菹麇臡上大夫八豆注謂因六豆而加以葵菹蝸醢少
牢饋食禮則用韭菹醓醢葵菹蠃醢皆參用饋食之豆有司徹上大
夫賓尸則唯用韭菹醓昌菹醢皆不備用亦禮之殺也又案郊特牲
云恆豆之菹水草之和氣也其醢陸產之物也加豆陸產也其醢水
物也注云此謂諸侯也天子朝事之豆有昌本麋臡茆菹麇臡饋食
之豆有葵菹蠃醢豚拍魚醢其餘則有雜錯云也詩大雅既醉孔疏
云記言恆豆加豆鄭引朝事饋食則以朝事爲恆饋食爲加取其水
陸相配與記同者而證之以恆加相亞宜爲朝事與饋食故不爲饋
外之加焉其餘錯雜者於醢人云朝事之豆有韭菹菁菹非水草也
饋食之豆有蜃蚳醢蜃非陸產蚳非水物故言雜錯也案依郊特牲
注說則四豆惟朝事爲恆豆饋食以下三豆並爲加豆與此經加豆
爲第三豆異郊特牲孔疏謂彼加豆亦即此經第四豆與詩疏俻異
於義雖可通然非鄭恉也但此經四豆之實水陸錯出與禮記所說
亦不相應鄭以爲天子禮異理或然矣　注云醓肉汁也者說文肉
部云肬肉汁滓也又血部云䀋血醢也禮有䀋醢以牛乾脯粱䴭鹽
酒也無醓字聘禮注云醓醢汁也又公食大夫禮注云醓醢醢有醓
畢沅校本釋名釋飲食云醓多汁者曰醓醓瀋也宋魯人皆謂汁爲
瀋毛詩小雅行葦傳云以肉曰醓醢案說文云禮有䀋醢者許所見
儀禮周禮經文並作䀋醢也二徐本作禮記非今從段玉裁校刪依許
說則肬爲肉汁滓䀋爲血醢二義不同然禮經無血醢而鄭說醓醢
正與許書肬字說解同竊謂正字當本作肬䀋乃後來孳生字二禮
及毛詩並作醓此經別本又作盜皆䀋之變體漢時禮家說蓋有以

一　珍倣宋版印

醓爲血醢者許遂別以䀋隸血部實則與䏙是一字也凡禮經單言醢不著牲獸者並卽三牲之醢醢是肉非血許說未塙段玉裁云許云汁滓者謂醢不同湆也凡醢醬皆有汁而牛乾脯獨得䀋名者六畜不言牲名他醢醬不言䀋立文錯見之法汁卽鹽酒所成言皆胜物非有孰汁也毛傳云以肉曰醓醢大鄭云醓醢肉醬也皆言肉以包汁不言何肉者蓋謂周禮六牲之肉下文醓醬麋鹿麇兔鴈在六獸六禽內可證也許但言牛乾脯者舉六牲之一以包其餘也案段說是也凡醢皆有汁故實於豆行葦孔疏謂肉醢特有多汁故以醓名其無汁者自以所用之肉魚鴈之屬爲名非也又內則記大夫庶羞二十牛炙牛胾羊炙羊胾豕炙之下並有醢孔疏引熊氏云此經承牛羊之下則是牛肉羊肉之醢以其庶羞故得用三牲爲醢若其正羞則不得用牲故醢人職無云牲之醢也今案熊說亦非也此經醓醢卽是三牲之醢安得謂醢人職無牲醢乎云昌本昌蒲根者公食大夫禮注云昌本昌蒲本菹也呂氏春秋任地篇云冬至後五旬七日菖始生高注云菖菖蒲水草也又克己篇注云本根也昌蒲根菹又謂之昌歜左僖三十年傳云饗有昌歜籩人疏引左傳服注云昌歜昌本之菹歜玉篇欠部作歜義未詳韓非子說難篇呂氏春秋遇合篇並云文王嗜昌蒲菹高注亦云昌本之菹本草草部云菖蒲一名昌陽生上洛池澤及蜀郡嚴道一寸九節者良案古昌本當用此本草別有白昌證類本草引陳藏器云卽今之溪蓀也一名昌陽生水畔人亦呼爲菖蒲一名水菖蒲根色正白去蚤蝨白昌不可爲菹非古昌本也云切之四寸爲菹者賈疏云蓋以一握爲限一握則四寸也詒讓案士虞禮注云菹刌刌卽切也昌本後文在五齏之內此云爲菹者菹齏散文得通有司徹亦云昌菹其切之皆以四寸爲度也詳後疏云三臡亦醢也者對文則有骨爲臡無骨爲醢散文則通有司徹凡臡亦並通曰醢云作醢及臡者必先膊乾其肉乃後莝之雜

以粱麴及鹽漬以美酒塗置甀中百日則成矣者此釋作醢及臡之
法膊乾者說文肉部云膊薄脯膊之屋上方言云膊暴也燕之外郊
朝鮮洌水之閒凡暴肉謂之膊釋名釋飲食云膊迫也薄椓肉迫著
物便燥也莝者說文艸部云斬芻也急就篇顏注云細斫稾也此引
申爲細切肉之稱蓋先析肉爲薄片暴乾之爲脯復細切之和粱麴
等物以爲之說文說作醢醢法與此正同粱麴者以粱米爲麴漢書
平當傳如淳注引漢律云粟米一斗得酒一斗爲下此粱麴卽粟米
所作之麴也甀者小口甖詳淩人疏賈疏云案王制云一爲乾豆鄭
注云謂腊之以爲祭祀豆實也脯非豆實亦謂作醢始得在豆與此
先膊乾其肉義合鄭司農云麋臡麋骭髓醢者說文骨部云骭骹也
髏骨中脂也爾雅釋訓郭注云骭腳脛案髓卽髏之變體若依此說
則鹿麋諸臡並骭髓醢矣此於經無論故後鄭不從云或曰麋臡醬
也者說文酉部云醢肉醬也廣雅釋器云醢醬也此又一說直謂麋
肉爲之與前麋骭髓醢說異以諸醢通例校之後說爲是云有骨爲
臡無骨爲醢者亦或說也謂臡醢但以有骨無骨爲異不用骭髓也
爾雅釋器云肉謂之醢有骨謂之臡郭注云醢肉醬臡雜骨醬說文
肉部云腝有骨醢也重文臡腝或从難釋名釋飲食云醢有骨者曰
臡臡昵也骨肉相傳昵無汁也醢晦也晦冥也封塗使密冥乃成也
公食大夫禮後鄭注云醢有骨謂之臡與先鄭說同云菁菹韭菹者
說文艸部云菁韭華也又韭部云韭菜名一穜而久者故謂之韭廣
雅釋艸云韭其華謂之菁玉燭寶典引四民月令云八月收韭菁作
擣韲賈疏云以菁爲韭菁於義不可後鄭不從若爲菲字菲則蔓菁
於義爲是後鄭不應破之明本作韭不作菲也阮元云考疏云以菁
爲韭菁於義不可後鄭不從據此是先鄭作菁菹韭菁菹也韭華謂
之韭菁漢人語尚如此後人奪下菁字賈時不誤案阮說是也上已
有韭菹不當複出故先鄭以韭菁菹爲釋別於上文韭菹爲韭葉也

賈所見別本蓋作菲菁葅疏當云菲菁則蔓菁蓋菲韭形近菲菁又與韭菁聲相轉故互誤今本有捝字說文訓菁爲韭華知不作韭華葅者以別本作菲若爲菲華則義不可通賈不安云於義爲是也爾雅釋艸云菲芴郭注云卽土瓜也又菲蒠菜注云菲草生下溼地似蕪菁華紫赤色可食據郭說則菲似蕪菁而實非一物惟段公路北戸錄云蕪菁小學篇曰芴菁與釋艸菲芴字同故賈云卽蔓菁也云鄭大夫讀茆爲茅茅菹茅初生者而茅聲相近鄉師大祭祀共茅蒩杜注云蒩當爲菹以茅爲菹案茅初生所謂荑也毛詩邶風靜女傳云荑茅之始生也玉燭寶典引夏小正云二月時有見荑始收荑也者取以爲豆實也今大戴禮記荑作秭誤又引詩草木疏云正月始生其心似麥欲秀其中正白長數寸食之甘美蓋茅初生可作菹故小正取爲豆實矣賈疏謂茅不可食誤云或曰茆水草者卽後鄭所謂鳧葵也祭統水草之菹鄭注云芹茆之屬段玉裁云此大夫所引或說不改字又一說也云杜子春讀茆爲卯者段玉裁改卯爲茆云杜子春以茆不見於經傳易爲魯頌薄采其茆之茆鄭申之曰鳧葵知鄭必申杜者若非杜說則鄭當云茆當爲茆鳧葵也且今本杜說讀茆爲卯殊不可通若云讀茆如卯亦當訓爲何物惟杜破字作茆則鳧葵之解已在其中鄭特明言之耳陸氏作釋文賈氏作正義時注文已譌繆又不知卯丣本二聲茆茆必二字誤謂本一字故不能𨓁正周禮釋文茆音卯北人音栁魯頌釋文茆音卯徐音栁皆混茆茆爲一字泮水本是茆字訓鳧葵說文艸部可證韋昭音萌藻反則韋時茆已誤爲茆矣漢律厤志冒茆於卯茆字僅見於此又云按杜不云茆當爲茆而云讀爲茆者古音卯聲丣聲同在尤幽部凡易其字而音韻同部者皆曰讀爲也案段據說文定茆字當爲茆諧丣聲不當從卯其說自是但杜鄭說字形聲正別不盡與許同證以漢志冒茆之文及韋昭萌藻之讀蓋漢時自有從艸卯聲之字至許君乃

定其字為諧开聲然开卯古音同部未必卯聲之必不可諧也竊疑
杜鄭自作茆字此當云讀茆如卯非正其字乃擬其音耳管子五行
篇卯菱尹注云卯鳧葵早春而生也字亦作卯可證云玄謂菁蔓菁
也者書禹貢孔疏引此注蔓作蕒鄭坊記注云葑蔓菁也陳宋之閒
謂之葑方言云豐蕘蕪菁也關之東西謂之蕪菁陳楚之郊謂之豐
郭注云豐今江東音嵩字作菘也公食大夫禮菁菹注云菁蕒菁菹
也蔓蕪蕒竝一聲之轉詩邶風谷風釋文引草木疏云葑蔓菁也郭
璞云今菘菜也案齊民要術有作蕪菁菹法又云菘菜似蕪菁無毛
而大說文艸部云蘆菔似蕪菁實如小尗者則蕪菁乃蘆菔之類似
非卽菘也本草陶注云蘆菔是今溫菘其根可食葉不中噉蕪菁根
乃細於溫菘而葉似菘好食其子與溫菘甚相似小細爾俗人蒸其
根及作菹皆好但小薰臭爾又引唐本注云蕪菁北人又名蔓菁根
葉及子乃是菘類與蘆菔全別陶及唐本草說亦小異綜校諸說蕪
菁殆卽蘆菔之細而長者葉似菘而實非菘郭說之誤明矣云茆鳧
葵也者茆段玉裁亦改為茆詩魯頌泮水篇薄采其茆毛傳云茆鳧
葵也說文艸部及廣雅釋艸竝同詩孔疏引草木疏云茆與荇菜相
似葉大如手赤圓有肥者箸手中滑不得停莖大如匕柄葉可以生
食又可鬻滑美江南人謂之蓴菜或謂之水葵諸陂澤水中皆有魯
頌釋文云茆干寶云今之鼩𪖐草堪為菹江東有之何承天云此菜
出東海堪為菹醬也鄭小同云江南人名之蓴菜生陂澤中草木疏
同又云或名水葵一云今之浮菜卽猪蓴也本草有鳧葵陶弘景以
入有名無用品解者不同未詳其正沈以小同及草木疏所說為得
詒讓案據鄭小同陸璣沈重說鳧葵卽蓴菜而後漢書馬融傳李注
云鳧葵葉團似蓴生水中今俗名水葵證類本草菜類蓴下引蜀本
圖經亦云葉似鳧葵此竝分鳧葵與蓴為二與鄭陸說異又本草經
云鳧葵生水中卽莕菜也又引唐本注及圖經竝云卽荇菜莕荇字

同今攷詩周南關雎孔疏引陸疏說荇菜浮在水上顏之推家訓書證篇亦說荇菜云黃華似蓴江南俗亦呼爲猪蓴若然荇菜本浮生又別名猪蓴是陸引一云浮菜即猪蓴者即以鳧葵爲荇菜與本草經說同也故證類本草草類鳧葵下引唐本注云南人名猪蓴又引別本注駮之云猪蓴與鳧葵全不相似蓋魏晉以來釋鳧葵者或謂即蓴或謂是荇菜則似蓴而非蓴諸說舛異要不出此二者以詩攷之荇見關雎茆見泮水傳箋及陸疏並分別釋之則鳧葵是蓴而與荇不同物殆可無疑矣云凡菹醢皆以氣味相成其狀未聞者賈疏云經云韭菹醓醢已下兩兩相配者皆是氣味相成之狀不可知故云其狀未聞

饋食之豆其實葵菹蠃醢脾析䗪醢蜃蚳醢豚拍魚醢

蠃螔蝓蜃大蛤蚳蛾子鄭司農云脾析牛百葉也䗪蛤也鄭大夫杜子春皆以拍爲膊謂脅也或曰豚拍肩也今河閒名豚脅聲如鍛鎛

疏 饋食之豆者賈疏云亦與饋食之籩同時而薦云其實葵菹蠃醢者說文艸部云葵菜也葵即葵之隸變齊民要術引四民月令云九月可作葵菹金鶚云葵類最多爾雅釋草云莃菟葵芹楚葵說文云茆鳧葵孳鳧葵又爾雅齧苦堇郭注云今堇葵也又荍蚍衃注云今荊葵也又菺戎葵注云今蜀葵此六者皆有葵名亦以其可食而味滑也然皆似葵爲葵之類非即葵也今秋葵一名側金盞六月放花大如椀鵝黃色紫心六瓣朝開暮落隨即結子諸葵惟蜀葵根苗嫩時可食秋葵嫩時食之尤佳鮑昭葵賦云豚耳鴨掌今觀秋葵其葉如鴨掌則秋葵即葵菜之葵明矣云脾析䗪醢蜃蚳醢豚拍魚醢者賈疏云此八豆之內脾析蜃豚拍三者不言菹皆齏也詒讓案士冠再醮士喪大斂奠士虞特牲二豆並用葵菹蠃醢士喪大遣奠四豆又加以脾析蜱醢亦士禮殺不得全用八豆也

注云蠃螔蝓蜃大蛤蚳蛾子者鼈人注並同大戴禮記夏小正云二月抵蚳蚳螘卵也爲祭醢

也鄭司農云脾析牛百葉也者既夕注云脾讀爲雞脾肶之脾脾析百葉也說文肉部云脾土藏也膍牛百葉也一曰鳥膍胵胵鳥胃也段玉裁云既夕注云脾讀爲雞脾肶之脾內則鵠奥注奥脾肶也肶與斯斯與析音近故釋脾析爲脾肶雞鵠皆有脾肶謂胃也郎許所謂鳥膍胵也鄭與許字異而音義同謂之百葉者胃薄如葉碎切之故云百葉未切爲膍胵既切則謂之脾析謂之百葉也此胃也而經注何以謂之脾蓋如今人俗語脾胃連言故以脾之名加於胃也經文脾析說禮家容有讀爲膍者故許從之不得與土藏同名也莊子耕桑楚臘者之有膍胲司馬云膍牛百葉也是也大雅加肴脾臄脾蓋亦謂百葉許以牛百葉系諸獸系諸已成之豆實故以鳥膍胵爲別一義實則皆謂胃也廣雅云百葉謂之膍胵渾言之也案段說是也鄭既夕注必讀脾爲雞脾肶者以別於土藏之脾許君則徑定其字爲膍與鄭義小異又說文肉部云胘牛百葉也廣雅釋器云胃謂之胘然則脾析也脾肶也膍胵也百葉也胘也五者皆胃之異名既夕注云百葉不云牛賈彼疏云醢人天子禮容有牛此用少牢無牛當是羊百葉故不云牛然則凡牲胃並有百葉之稱不徒牛矣云蠯蛤也者鼈人先鄭注同云鄭大夫杜子春皆以拍爲膊謂脅也者段玉裁云以拍爲膊卽讀拍爲膊也易其字而訓爲脅詒讓案士喪禮特豚兩胉鄭彼注云胉脅也今文胉爲迫文選東京賦毛炰豚胉李注引此經作胉蓋兼據禮古文改山海經西山經有窮鬼居之各在一一搏郭注云搏猶脅也案說文無胉字古蓋無正字故段借作拍胉迫及膊搏聲類並相近也凡成牲體解左右脅各分爲三前曰代脅次曰長脅後曰短脅豚未成牲則唯解左右脅爲二禮所謂兩胉是也云或曰豚拍肩也者段玉裁云此又一說不易字而訓爲肩拍不得訓肩此是讀拍爲髆說文曰髆肩甲也案段說是也惠士奇說同士喪禮小斂奠云兩肩亞兩胉亞此拍與胉字同彼肩胉相亞則

拍非肩明矣故後鄭不從云今河閒名豚脅聲如鍛鎛者段玉裁云此鄭君援方言以證前說之是也河閒謂豚脅爲鎛則易拍爲膊訓脅宜矣膊訓薄脯膊之屋上非謂脅也而依河閒語言則字用膊加訓脅可矣拍古音與膊鎛同鍛鎛卽段氏爲鎛器也古段鍛通用

豆之實芹菹兔醢深蒲醓醢箈菹鴈醢筍菹魚醢芹楚葵也鄭司農云深蒲蒲蒻入水深故曰深蒲或曰深蒲桑耳醓醢肉醬也箈水中魚衣故書鴈或爲鶉杜子春云當爲鴈玄謂深蒲蒲始生水中子箈箭萌筍竹萌

【疏】加豆之實者國語周語韋注云加豆謂既食之後所加之豆也賈疏云此加豆之實亦與加籩之實同時設之詒讓案加豆亦爲加爵時內宗所薦之豆在正獻之後鄭司尊彝注謂在九獻第八獻時所薦誤也詳籩人疏云深蒲醓醢者賈疏云醓醢與朝事之豆同云筍菹魚醢者魚醢亦與饋食同猶籩人加籩之實栗與饋食同也 注云芹楚葵也者爾雅釋艸文郭注云今水中芹菜說文艸部云芹楚葵也又菦菜類蒿周禮有菦菹詩魯頌泮水薄菜其芹箋云芹水菜也案鄭郭並以芹爲楚葵卽水芹也許則以此芹菹字當爲菦而楚葵之芹別一艸未知孰是水菜之芹神農本艸經又作水靳陶注云其二月三月作英時可作菹及孰爚食之又有樝芹可爲生菜亦可生噉俗中皆作芹字案芹正字靳俗作陶說誤鄭司農云深蒲蒲蒻入水深故曰深蒲者說文艸部云蒻蒲蒻之類也又蒲水艸也可以作席深卽蒻之叚借字詩大雅韓奕毛傳云蒲蒲蒻也齊民要術引詩義疏云蒲深蒲也周禮以爲菹謂蒲始生取其中心入地者蒻大如匕柄正白生噉之甘脃又煑而以苦酒浸之如食筍法大美今吳人以爲菹輪人注云今人謂蒲本在水中者爲弱案弱蒻字同深蒲蓋蒲始生嫩葉未出水者故可爲菹許以蒻爲蒲蒻之類則不以爲一物與二鄭說異云或曰深蒲桑耳者神農本艸經有桑耳名醫別錄

〻云味甘一名桑菌一名木麥說文艸部〻云蕈桑葽也葽木耳也案桑耳卽桑葽謂木耳之生於桑者齊民要術〻云作木耳菹取棗桑榆柳樹邊生者是也內則燕食庶羞有芝栭孔疏引庾蔚之〻云無華葉而生者曰芝栭今春夏生於木可用爲菹盧植〻云芝木芝也王肅〻云無華而實者名栭栭卽葽也然桑耳爲深蒲其說無據故後鄭亦不從〻云醓醢肉醬也者言肉以包汁與後鄭前注義同〻云箈水中魚衣者段玉裁〻云說文艸部曰菭水青衣也从艸治聲此先鄭說也然則先鄭本作菭今本經文作箈混誤不成字洪頤煊〻云詩采菽正義引此作菭菹案段洪校是也祭統孔疏引經亦作菭說文菭字注今本作水衣段從爾雅音義引說文校改又釋草〻云藫石衣郭注〻云水苔也一名石髮江東食之魚衣水衣石衣蓋異名同物然此經先鄭本固當作菭後鄭本則自作箈故釋爲箭萌蓋二鄭本自不同注偶未別自釋之耳孔引作菭則與後鄭說不合今不據改〻云故書鴈或爲鶉者說文隹部〻云雗鶵屬也鶉卽雗之借字公食大夫禮上大夫庶羞有雉兎鶉鴽杜子春〻云當爲鴈者段玉裁〻云爲宜作從故書本不畫一杜從其長者也〻云玄謂深蒲蒲始生水中子者子亦謂蒲嫩葉也說文艸部〻云蒻蒲子可以爲平席蓋深蒲卽蒲之少者故謂之子可作席其初生者可爲菹後鄭說與先鄭及許同但先鄭不〻云蒲子故增成其義〻云箈箭萌者不從先鄭本作菭也箈卽䈞之俗爾雅釋艸〻云䈞箭萌郭注〻云萌筍屬也引周禮曰䈞菹鴈醢說文竹部〻云䈞竹萌也箭矢竹也御覽兵部引字統〻云箭者竹之別大身小葉曰竹小身大葉曰箭箭竹主爲矢因謂矢爲箭案郭引此經作䈞者從爾雅文改也釋文出箈字〻云爾雅作䈞則經本不與釋艸同可知〻云筍竹萌者亦爾雅釋艸文竹謂大竹也詩大雅韓奕孔疏引孫炎〻云竹初萌生謂之筍又陸璣疏〻云筍竹萌也皆四月生唯巴竹筍八月九月生始出地長數寸鬻以苦酒豉汁浸之可以就酒及食說文竹部〻云

筍竹胎也段玉裁云許意筍箁不以大竹小竹分別筍謂掘諸地中者如今之冬筍箁謂已抽出者如今之春筍與鄭說不同也

羞豆之實酏食糝食　鄭司農云酏食以酒酏爲餅糝食菜餗蒸玄謂酏餈也內則曰取稻米舉糔溲之小切狼臅膏以與稻米爲餈又曰糝取牛羊豕之肉三如一小切之與稻米稻米二肉一合以爲餌煎之

疏　羞豆之實者此亦謂房中之羞也賈疏云此羞豆之實亦與羞籩之實同時設之云酏食糝食者賈疏云謂餈與糝食爲二豆　注鄭司農云酏食以酒酏爲餅者賈疏云酏粥也以酒酏爲餅若今起膠餅文無所出故後鄭不從案賈云起膠餅膠卽教也漢書李陵傳注引孟康云媒酒教玉篇酉部有酵字云酒酵酵卽教之俗程瑤田云起膠餅齊書永明閒詔太廟四時祭薦宣皇帝起麪餅卽此也蓋蒸餅饅頭之類可充籩實而以爲豆實宜後鄭不從也云糝食菜餗蒸者說文米部云糂以米和羹也一曰粒也重文糝古文糂从參又䰞鬲部云鬻鼎實惟葦及蒲陳留謂鍵爲鬻重文餗鬻或以食束釋名釋飲食云糝黏也相黏黐也餗字又作蔌爾雅釋器云菜謂之蔌詩大雅韓奕其蔌維何維筍及蒲毛傳云蔌菜殽也案依說文爾雅則菜餗同物但唯蒸菜不得稱糝諦審先鄭此注似用許書後一義以餗爲鍵易鼎覆公餗釋文引馬融亦云餗鍵也穀梁僖二十四年楊士勛疏又引馬云謂糜也蓋先鄭意以菜與鍵粥合蒸之是謂糝食凡以米和菜通謂之糝但菜多而米專用屑者爲羹內則說羹有和糝鄭注云凡羹齊宜五味之和米屑之糝是也菜少而米或用屑或用粒者則爲糜糜故說文糝亦訓粒又米部云糜糝也糟米和也是也凡羹糜皆煑之而先鄭云蒸之者以糜多淖必蒸之乃可爲豆實也後鄭別取內則爲釋故不從先鄭云玄謂酏餈也者說文䰞鬲部云鬻鬻也重文餰鬻或从食衍聲賈疏云案雜問志云內則餈次糝周禮酏次糝又酏在六飲中不合在豆且內則有餈

無酏周禮有酏無餈明酏餈是一也故破酏從餈也段玉裁云此鄭君破酏字從内則之餈也酏與餈皆粥也而酏薄餈厚小切狼臅膏與稻米爲餈尤餈之至厚者說文鬻或作餰鬻也酏賈侍中說爲鬻清鄭注四飲曰酏今之粥酏飲粥稀者之清也然則酏餰各物者析言之周禮謂餈爲酏者統言之鄭云酏餈也且餰字今音諸延切古當讀衍平聲與酏雙聲故周禮以酏爲餈也酏食之酏與四飲之酏異猶内則羞糗餌紛酏之酏與黍酏之酏異引内則曰取稻米舉糔溲之小切狼臅膏以與稻米爲餈者内則餈本作酏鄭彼注云糔溲博異語也糔讀爲滫瀡之滫同狼臅膏臆中膏也以煎稻米則似今膏餍矣此周禮酏食也此酏當從餰彼注義與此同段玉裁云據襍問志則内則本作餈字注中此酏當從餈謂周禮此酏字當從内則作餈字言此酏者以別於六飲之酏也今本内則作酏淺人所改案段說是也阮元說同呂飛鵬云考工記注瓚讀餈餍之餍餍古人饡字餈與饡似爲一物然釋名云肺臊臊饡也以米糝之如膏饡也則饡爲糝糝食矣蓋以膏煎米則爲餈以糝和肉則爲餍餍矣云又曰糝取牛羊豕之肉三如一小切之與稻米稻米二肉一合以爲餌煎之者鄭彼注云此周禮糝食也賈疏云三如一者三肉等分小切之者謂細切之稻米二肉一者謂米二分肉一分合以爲餌煎之也餈糝二者皆有内則文故不從先鄭然則上有糗餌彼餌無肉則入籩此餌米肉俱有名之爲糝糝即入豆案易鼎卦九四鼎折足覆公餗其刑剭凶鄭注云糝謂之餗震爲竹竹萌曰筍筍者餗之爲菜也是八珍之食臣下曠官失君之美道當刑之於屋中案上膳夫注八珍取肝膋不取糝鄭注易糝又入八珍中者以其糝若有菜則入八珍不須肝膋若糝無菜則入羞豆此文所引是也八珍則數肝膋故注不同

凡祭祀共薦羞之豆實賓客喪紀亦如之爲王及后世子共其内羞

王舉則共醓六十甕以五齊七醢七菹三臡實之齊當爲齏五齏昌本脾析蜃豚拍深蒲也七醢醓蠃蠯蚳魚兔鴈醢七菹韭菁茆葵芹箈筍菹三臡麋鹿麇臡也凡醓醬所和細切爲齏全物若牒爲菹少儀曰麋鹿爲菹野豕爲軒皆牒而不切麇爲辟雞兔爲宛脾皆牒而切之切葱若薤實之醢以柔之由此言之則齏菹之稱菜肉通

疏 凡祭祀共薦羞之豆實者薦豆朝事饋食之豆也羞豆加豆羞豆也禮經又有膷臐膮胾炙謂之庶羞又膳夫羞用百有二十品亦爲庶羞其半爲豆亦此官所共以羞豆恆法故經不具也云賓客喪紀亦如之者賓客謂饗食燕及致飧饔餼喪紀謂殷奠及虞祔等又既夕禮明器有甕醯醢檀弓云宋襄公葬其夫人醯醢百甕王禮亦當有之云王舉則共醓六十甕以五齊七醢七菹三臡實之者此與膳夫醢人爲官聯也賈疏云凡祭至內羞一與籩人同王舉則共醓六十甕此以下與籩人異以其王舉不共籩實唯有豆實王舉謂王日一舉鼎有十二則醢人共醓六十甕以醓爲主其實有五齏七菹等淩廷堪云禮經通例食禮則有豆無籩飲酒之禮則豆籩皆有故公食大夫豆無籩鄉飲鄉射燕禮大射豆籩皆有特牲尸入九飯有豆無籩主婦亞獻主人獻賓豆籩皆有少牢尸入十一飯有豆無籩有司徹祭畢賓尸豆籩皆有案王舉用食禮故有豆無籩淩說足與賈說相證析言之則齏菹臡與醢別統言之則齏菹臡得通稱醢故五齏七醢七菹三臡總爲醢六十甕也又案禮器云天子之豆二十有六諸公十有六諸侯十有二上大夫八下大夫六鄭注謂天子朔食之豆孫希旦云醢人朝事之豆八饋食之豆八加豆八羞豆二合爲二十六天子全用之而公以下遞減焉案依孫說則王大舉正饌亦即此四種豆於數頗合亦足備一義也　注云齊當爲齏者明此與酒正五齊異也說文韭部云𩐁墜也从韭次朿皆聲重文齏𩐁或从齊是齏即𩐁之或

體從齊得聲曲禮飯齊醬齊並以齊爲齏字段玉裁云此定爲聲之誤也故曰當爲云五齏昌本脾析蜃豚拍深蒲也者賈疏云此據豆內不言菹者皆是齏以次數之有此五而已云七醢醓醢蠃醢蠯蚳魚兔鴈醢七菹韭菁茆葵芹箈筍菹三臡麋鹿麇臡也者並據上經去復重計之云凡醯醬所和者據膳夫云醬用百有二十罋通醯醢言之但此官共醯六十罋與醯人共醯物六十罋別職則此齊醢菹臡之屬皆未和醯者也蓋齊菹等雖皆以醯作之作成之後亦仍有和醯不和醯之別鄭言醯醬所和明醬物調和之通法耳云細切爲齏者釋名釋飲食云齏濟也與諸味相濟成也莊子列御寇篇云韲粉又大宗師篇釋文引司馬彪云韲碎也是齏爲切和細碎之名故菜肉之細切者通謂之齏細切卽少儀注所云報切之是也云全物若䐑爲菹者說文艸部云菹酢菜也又血部云𧖴醢也又肉部云䐑薄切肉也釋名釋飲食云菹阻也生釀之遂使阻於寒溫之閒不得爛也一切經音義引通俗文云全物爲菹案全物謂小物不及四寸者全而不切䐑謂薄切之但不細切耳此經昌本爲五齏之一而前注云切之四寸爲菹是細切䐑切皆以四寸爲度細切者蓋若今之肉絲䐑切者卽內則少儀注所謂藿葉切之蓋若今之肉片士喪禮大斂奠毼豆兩其實葵菹芋注云齊人或名全菹爲芋蓋葵長過四寸以爲菹當䐑切之今喪奠禮略亦全而不切故禮經特著芋文耳非恆法也互詳內饔疏引少儀曰麋鹿爲菹野豕爲軒皆䐑而不切麇爲辟雞兔爲宛脾皆䐑而切之切葱若薤實之醯以柔之者舊本麋麇互譌今據宋董氏本及注疏本正釋文出皆䐑云本或作⿰月聶下同案禮記文䐑並作聶鄭注云聶之言䐑也此軒辟雞宛脾皆菹類也其作之狀以醯與葷菜淹之殺肉及腥氣也內則亦有此文案此注作䐑者薄切肉之正字少儀作聶者聲近段借字釋文作⿰月聶者又聶之異文鄭引彼文者明彼菹軒卽此七菹之屬辟雞宛脾卽此五齏之

屬也云由此言之則齏菹之稱菜肉通者賈疏云鄭案三豆之內七菹皆菜無肉五齏之內菜肉相兼若據少儀齏菹之菜肉通也詒讓案鄭因此七菹皆菜而少儀云麋鹿爲菹故又據彼明齏菹惟以細切不細切爲別不分菜肉也依說文則菹爲酢菜之專名少儀麋鹿之菹似當爲薀之借字與鄭義少異**賓客之禮共醢五十罋**致饔餼時疏賓客之禮共醢五十罋者賈疏云賓客謂五等諸侯來朝也天子致饔餼與之醢詒讓案客內亦兼侯國卿大夫來聘者其致饔餼亦共醢也　注云致饔餼時者賈疏云案掌客上公之禮醯醢百有二十罋侯伯百罋子男八十罋此共醢五十罋并醢人所共醢五十罋共爲百罋此據侯伯饔餼之禮舉中言之明兼有上公與子男若然則上公百二十罋與王數同者據二王之後王所尊敬者而言其同姓諸侯唯魯得與二王後同其餘同姓雖車服如上公從侯伯百罋而已又案掌客上公已下並是諸侯自相待法天子待諸侯亦與之同又案聘禮待聘臣亦云醯醢百罋得與諸侯同者彼別爲臣禮禮有損之而益故子男之卿百罋其數多於君案子男卿醯醢不得多於君賈說未允詳掌客疏**凡事**

共醢

周禮正義卷十

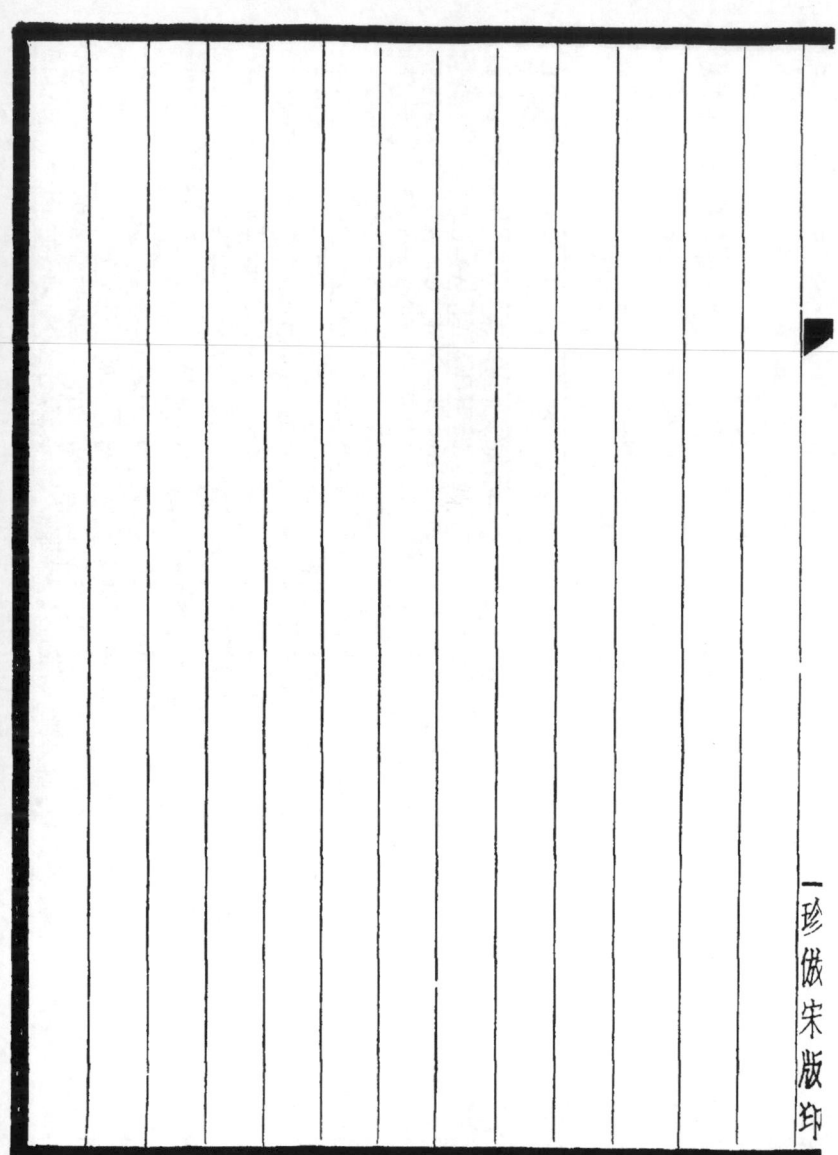

瑞安孫詒讓學

醯人掌共五齊七菹凡醯物以共祭祀之齊菹凡醯醬之物賓客亦如之齊菹醬屬醯人者皆須醯成味疏掌共五齊七菹凡醯物者此亦共豆實與醯人爲聯事也五齊齊亦當爲齏下齊菹同凡醯人共齊菹此官則以醯和之以成其味也云以共祭祀之齊菹凡醯醬之物者賈疏云醯人連言醬者并豆醬亦掌詒讓案經言共五齊七菹而云凡醯物則醯物卽指齊菹之和醯者此祭祀云凡醯醬之物者醯亦卽和醯之齊菹醬卽未和醯之醢也凡經言醬者多爲醯醢之通名若膳夫云醬用百有二十罋內饔云醬物是也此職醯醬並言則醯及醬爲二物但醬有二有和醯不和醯之別士昏禮饌于房中醯醬二豆注云醯醬者以醯和醬生人尚褻味又公食大夫禮宰夫自東房授醯醬賈彼疏云祭祀無此法以生人尚褻味故有之據鄭賈說則和醯之醬爲褻味祭祀所無此醯醬之物共祭祀之用則醯與醬各自共之非和醯之醬明矣故賈別以醬爲豆醬豆醬卽醯人豆實之醢未和醯者也云賓客亦如之者此當弁共和醯之醬而云如祭祀者明其法數略同賈疏云上經云賓客之禮據饔餼此云賓客據饗食致之　注云齊菹醬屬醯人者皆須醯成味者內則說麋鹿魚爲菹等並切葱若薤實諸醯以柔之注謂釀菜而柔之以醯殺腥肉及其氣至將食時又有以醯和醬是齊菹醬之類並須醯以柔之且成其酢味故醯人兼掌之也　王舉則共齊菹醯物六十罋共后及世子之醬齊菹賓客之禮共醯五十罋凡事

共醓疏王舉則共齊菹醓物六十甕者明醓物卽齊菹之和醓者六十甕內無徒醓也王舉尚褻味明當有和醓之醬矣賈疏云共齊菹醓物六十甕者幷醓人六十甕卽膳夫醬用百有二十甕是也云共后及世子之醬齊菹者賈疏云案醓人共其內羞不言齊菹此云齏菹以其與醓人共掌齏菹須醓故就醓人爲言詒讓案后世子所共甕數經無文以禮等推之疑后數當與王同世子當與掌客上公同亦皆六十甕與云賓客之禮共醓五十甕者賈疏云與醓人五十甕總共爲百甕亦據侯伯舉中言之

鹽人掌鹽之政令以共百事之鹽政令謂受入教所處置求者所當得疏以共百事之鹽者謂祭祀賓客膳羞等用鹽爲和其事衆多言百以晐之　注云政令謂受入教所處置者凡海鹽產鹽之處以鹽來入此官並受之又區其種別處置其所則教令之云求者所當得者謂求鹽共用各依其所當得者與之若祭祀當得苦鹽散鹽賓客當得形鹽散鹽膳羞當得飴鹽是也

祭祀共其苦鹽散鹽杜子春讀苦爲盬謂出鹽直用不湅治鄭司農云散鹽湅治者玄謂散鹽鬻水爲鹽疏注云杜子春讀苦爲盬者苦盬聲類同故杜讀從之典婦功先鄭讀同說文鹽部云盬河東鹽池也袤五十一里廣七里周百十六里史記貨殖傳索隱引伊說云盬鹽河東大鹽案小司馬所引卽伊氏周禮注佚義也賈疏云盬謂出於鹽池今之顆鹽是也段玉裁云凡周禮苦讀爲盬者甚多故杜比例知之也魏了翁云苦鹽自對下文飴鹽不改爲盬亦可案酈說亦通水經涑水注說鹽池云土人鄉俗引裂沃麻分灌川野畦水耗竭土自成鹽卽所謂鹹鹺也而味苦號曰鹽田鹽盬之名殆資是矣案曲禮云凡祭宗廟之禮祭用鹹鹺注云大鹹曰鹺然則祭祀之鹽貴其大鹹爾雅釋言云鹹苦也郭注云苦卽大鹹淮南子墜形訓云鍊苦生鹹苦鹽卽大鹹也酈道元謂河東

鹽池鹽盬味苦然則苦鹽盬鹽義本兩通不必破字矣宋史食貨志
二云引池而成者曰顆鹽周官所謂盬鹽也與賈說同蓋以味言則曰
苦鹽以形言則曰顆鹽也互詳典婦功疏二云謂出鹽直用不湅治者
說文水部二云湅瀾也賈疏二云對下經鬻鹽是湅治者也鄭司農云散
鹽湅治者者史記索隱引伊說云散鹽東海煑水爲鹽也案伊亦用
鄭義賈疏二云下經自有鬻鹽是湅治故後鄭不從二云玄謂散鹽鬻水
爲鹽者對上盬鹽非鬻水所爲鹽也釋文於下經鬻鹽始發音疑此
注鬻字本作煑注例用今字也互詳肆師疏說文鹽部二云鹽鹹也古
者夙沙初作鬻海鹽釋玄應一切經音義引說文二云天生曰鹵人生
曰鹽管子地數篇二云請君伐菹薪煑沸水爲鹽案鬻海水爲鹽所謂
人生者也宋史食貨志二云鬻海鬻井鬻鹻而成者曰末鹽周官所謂
散鹽也案禹貢青州貢鹽職方氏幽州其利魚鹽皆鬻海之鹽也又
案苦鹽味大鹹爲鹽之最貴者散鹽則味微淡用多而品略賤祭祀
則次於苦鹽賓客則次於形鹽故謂之散散之爲言襍也說文肉部
二云㪔襍肉也散卽㪔之隸變此經凡言散者皆麤沽猥襍亞次於上
之義故屨人散屨次於功屨巾車散車次於良車充人之散祭祀別
於五帝先王之祭旄人之散樂別於雅樂司弓
矢之散射別於師田之射事異而義並相近也
賓客共其形鹽散鹽
形鹽鹽之
似虎形
疏 賓客共其形鹽散鹽者依左僖三十年傳說則惟饗大
賓客有形鹽其燕食及小賓客並用散鹽也又籩人祭
祀朝事之籩亦有形鹽上祭祀不言共者文
略　注云形鹽鹽之似虎形者籩人注同
王之膳羞共飴鹽后及
世子亦如之
飴鹽鹽之恬者
今戎鹽有焉
疏 王之膳羞共飴鹽者饋食尚褻味故
鹽以甘爲貴也　注云飴鹽鹽之恬
者者廣雅釋器二云飴餳也內則棗栗飴蜜以甘之飴味甘故鹽味甘
者亦謂之飴鹽又內則說人君燕食有卵鹽疑卽此恬卽甜字詳酒

正疏云今戎鹽有焉者神農本艸經云戎鹽味鹹一名胡鹽生胡鹽山及西羌北地酒泉福祿城東南角賈疏云卽石鹽是也惠士奇云御覽飲食部引涼州記曰青鹽池出鹽正方半寸其形似石甚甜美涼州異物志曰鹽山二岳三色爲質赤者如丹黑者如漆作獸辟惡佩之爲吉名曰戎鹽可以療疾則戎鹽不徒供膳羞兼可療疾病又土人鏤爲虎形大小如意明鹽人形鹽亦用戎鹽也詒讓案依鄭說則戎鹽蓋鹹而微甜呂氏春秋本味篇云伊尹曰和之美者大夏之鹽殆卽戎鹽與

凡齊事鬻鹽以待戒令 齊事和五味之事鬻鹽湅治之 疏 注云齊事和五味之事者若食醫掌和王之六膳百羞百醬八珍之齊須調和五味者皆用鹽以爲鹹也齊和詳內饔疏云鬻鹽湅治之者鬻注例當作煑凡注複述經文亦不用古字說文䰞部云鬻亯也重文煑鬻或从火此鬻鹽通上苦鹽等言之呂飛鵬云監爲鹽池凡出鹽之所皆得稱監故未煎之鹽亦稱監郊特牲煎鹽之尚疏云煎者煎此自然之鹽鍊治之也此注云湅治之殆卽所謂煎鹽與

冪人掌共巾冪 共巾可以覆物 疏 掌共巾冪者說文巾部云巾佩巾也案佩巾以拭物卽內則之紛帨又有盥巾亦其類玉府掌王之燕衣服注謂有巾則此官唯掌賓祭及王飲食覆物之巾佩巾盥巾非其所掌賈疏謂此巾兼以拭物非也 注云共巾可以覆物者敘官注亦云以巾覆物曰冪謂巾冪卽是巾之可以覆物者以別於佩巾不可以覆物也國語周語云淨其巾冪韋注云巾冪所以覆尊彝也案冪卽冪之俗大射儀云膳尊兩甒冪用錫若絺燕禮云公尊瓦大兩冪用綌若錫特牲饋食禮云覆兩壺卒奠冪又記云籩巾以綌纁裏士昏禮云醯醬二豆菹醢四豆兼巾之公食大夫禮云簠有蓋冪是尊彝甒壺籩豆簠簋皆有冪冪以布及葛爲之

亦通謂之巾士昏禮及特牲記所云是也聶氏三禮圖引舊圖云籩巾圓一幅又云覆饌巾士大夫以緇布赬裏諸侯天子以玄布纁裏禮圖所云蓋巾冪之通制也其牲鼎之覆以茅爲之禮經謂之鼏與巾冪異

祭祀以疏布巾冪八尊以疏布者天地之神尚質

【疏】祭祀以疏布巾冪八尊者賈疏云祭天無灌唯有五齊三酒實於八尊疏布者大功布爲冪覆此八尊此據正尊而言若五齊加明水三酒加玄酒則十六尊皆以疏布冪之也案依通典吉禮引崔靈恩說則唯圜丘方丘備五齊三酒乃有八尊其二郊及迎氣止四齊三酒則唯七尊加明水玄酒則十四尊也詳酒正疏

注云以疏布者天地之神尚質者郊特牲云黼黻文繡之美疏布之尚反女功之始也又禮器云犧尊疏布鼏此以素爲貴也注云鼏或作冪案鼏即冪之借字疏布鄭不云何布賈以爲大功布蓋據士喪禮大小歛奠冪並用功布故鄉射記疏謂喪中之冪皆用疏布明祭冪雖尚質不當降於喪冪也今攷喪服經有疏衰又有大功布小功布彼注云疏猶麤也大功布其鍛治之功麤沽之閒傳云大功七升八升九升小功十升十一升十二升國語魯語云子服之妾衣不過七升之布七升布即大功布也攷士喪禮喪大記及司巫注引逸禮並有功布鄭士喪注云功布鍛濯灰治之布也故賈孔咸以七升大功布釋之然既夕云甕二冪用疏布甒二冪用功布則疏布非即功布竊疑功布既爲大功布則疏布當即六升之布蓋疏衰之布雖自三升以上而閒傳說斬衰受服六升七升而後謂之成布則五升以下雖有疏名而尚未得爲成布七升以上則加以麤功而不僅稱疏是疏布之縷六升不當以七升以上之大功布概之明矣賈疏云鄭知此經祭祀是天地之神者以其下經畫布冪六彝是宗廟之祭用六彝即知此疏布冪八尊無祼是天地可知又見禮器云大路素而越席疏布冪彼皆據祭天則疏布是祭天地可知舉天地則四望

山川社稷林澤皆用疏布皆是尚質之義也詁讓案禮運說宗廟之祭亦云疏布以冪則內祭祀亦有用疏布冪者孔疏謂彼記雜陳夏殷諸侯之禮未知然否疏布巾蓋用素布一幅爲之陳祥道謂下言畫布巾則疏布不畫可知是也郊特牲以疏布別於黼黻文繡明疏布尚質無黼黻之文矣

以畫布巾冪六彝 宗廟可以文畫者畫其雲氣與 疏 以畫布巾冪六彝者用玄纁錫布一幅爲巾而畫之也賈疏云言六彝者雞彝鳥彝斝彝黃彝虎彝蜼彝此六彝皆盛鬱鬯以畫布冪之此舉六彝對上經八尊無鬱鬯以言宗廟有鬱鬯其實天地亦有秬鬯之彝用疏布宗廟亦有八尊亦用畫布互舉以明義也案賈說祭天地亦有秬鬯之彝蓋陳而不祼詳鬯人司尊彝疏又燕禮公尊冪用綌若錫注云冬夏異也依鄭彼注義則天子諸侯冪當用錫夏則以絺綌黃以周云凡尊冪錫爲上絺次之綌又次之錫布之細者也絺葛之細者也大射冪用錫若絺燕禮冪用綌若錫惟君得用錫也或絺或綌亦惟其所用上得兼下鄭以爲冬夏之別非其義也鄉飲酒士昏特牲皆用綌是士以綌爲正也畫布爲布之細者即錫也案黃說與鄭小異於義亦通錫布依鄭雜記注義爲七升半依金榜說則當爲十五升金說爲允其布精於功布於差次亦正符合也 注云宗廟可以文者賈疏云以其用畫布對上疏布爲質故言宗廟可以文云畫者畫其雲氣與者賈疏云三禮通例所言畫者解皆以爲畫雲氣謂畫爲五色之雲俱無正文故言與以疑之詁讓案鄭君諸經注凡言畫者多以雲氣爲說如射人及鄉射記之畫侯司几筵及書顧命之畫純司常之畫象喪大記之畫荒皆以爲雲氣蓋皆意爲之說於經典無塙證王昭禹黃以周謂下文凡王巾皆黼則畫布巾亦畫黼其說亦通

凡王巾皆黼 四飲三酒皆畫黼周尚武其用文德則黻可 疏 凡王巾皆黼者王飲食覆物之巾若曲禮云爲天子削瓜者副之巾以絺

之類別於上覆尊彝之巾爲祭祀所用也又據典絲注則王盥巾亦有畫黼賈疏云凡王之覆物之巾皆用黼文覆之言凡非一四飲三酒之外籩豆俎簋之屬皆用之　注云四飲三酒皆畫黼者謂以玄纁布一幅爲巾而畫以黼文飲食不用五齊故不言也其布蓋亦以錫及絺綌四飲三酒詳酒正職云周尚武者賈疏云黼者白與黑作斧文取金斧斷割之義周以武得天下尚武故用黼也詒讓案黼斧字通周書器服篇記明器有斧巾卽此黼巾也云其用文德則黻可者亦鄭以意言之明不必皆用黼也賈疏云謂若夏以揖讓得天下是文定天下則當用黑與青謂之黻兩已相背也若然易云湯武革命殷亦以武得天下則亦用黼耳

宮人掌王之六寢之脩六寢者路寢一小寢五玉藻曰朝辨色始入君日出而視朝退適路寢聽政使人視大夫大夫退然後適小寢釋服是路寢以治事小寢以時燕息焉春秋書魯莊公薨于路寢僖公薨于小寢是則人君非一寢明矣疏掌王之六寢之脩者釋文云脩本亦作修案修正字經例用借字作脩大宰祀五帝則掌百官之誓戒與其具脩注云脩掃除糞洒是也注云六寢者路寢一小寢五者說文宀部云寢臥也㝱部云寢病臥也案㝱省變作寢凡宮寢並取寢息爲名釋名釋宮室云寢寢也所寢息也賈疏云路寢制如明堂以聽政路大也人君所居皆曰路曲禮孔疏云案周禮王有六寢一是正寢餘五寢在後通名燕寢其一在東北王春居之一在西北王冬居之一在西南王秋居之一在東南王夏居之一在中央六月居之凡后妃以下更以次序而上御王於五寢之中也胡培翬云天子六寢路寢一小寢五路寢則正寢小寢則燕寢也正寢之一天子至士所不殊惟燕寢有隆殺耳詒讓案路寢大僕謂之大寢燕寢見女御亦曰小寢者對大寢言之也此王六寢自相對爲大小與后寢無涉公羊莊三十二年何注云夫人居小

寢左傳僖三十三年杜注及檀弓孔疏引服虔說並以小寢爲夫人寢彼以夫人寢對君寢爲小寢與此注義異鄭匠人注謂天子路寢制如明堂而此注云路寢一小寢五則鄭意路寢者一寢而五室十二堂小寢五者五寢寢各一堂二房一室也小寢雖不如明堂制然五寢方位亦與明堂五室同故曲禮疏說五小寢並依匠人五室注義一寢居中而四寢分居四維蓋深得鄭恉內宰先鄭注說后六宮後五前一與後鄭說王寢制正同然鄭路寢如明堂制之說實未塙李如圭云書顧命成王崩於路寢其陳位也有設斧扆牖閒南嚮則戶牖閒也西序東嚮東序西嚮則東西序也西夾南嚮則夾室也東房西房則左右房也賓階面阼階面則兩階前也左塾之前右塾之前則門內之塾也畢門之內則路寢門也兩階戺則堂廉也東堂西堂則東西箱也東垂西垂則東西堂之宇階上也側階則北階也然則鄭謂天子路寢如明堂制者蓋未必然案顧命路寢東西房側階之制不可通於明堂李氏所駁甚當江永金鶚說並同明堂位孔疏引尚書大傳多士傳云天子堂廣九雉三分其廣以二爲內五分其內以一爲高東房西房北堂各三雉伏傳亦謂路寢有東西房及北堂足證其必不爲明堂制矣喪大記孔疏引熊氏說謂天子路寢左房則東南火室右房則西南金室欲以傳合東西房與五室爲一制說殊牽強亦不足據互詳大史匠人疏又案伏傳說路寢制有東西房北堂而無室依禮經北堂皆在東房之後則言房可以晐北堂而室必不容不見義並難通豈伏意謂北堂在室後或舉堂以見室與引玉藻曰朝辨色始入者釋文云辨本又作別案禮記作辨辨別聲近義通詳敘官疏鄭彼注云羣臣也入入應門也辨猶正也別也賈疏云謂羣臣昧爽至門外辨色始入應門云君日出而視朝者彼上文云朝服以日視朝於內朝鄭注云內朝路寢門外之正朝也然則此視朝亦謂內朝云退適路寢聽政使人視大夫大夫退然後適小

寢釋服者鄭彼注云小寢燕寢也釋服服玄端賈疏云朝罷君退適路寢之時大夫各鄉治事之處君使人視大夫大夫退還舍君然後適小寢釋去朝服服玄端云是路寢以治事小寢以時燕息焉者玉藻聽政在路寢是路寢以治事聽政畢則適燕寢是燕寢以時燕息故女御云掌御敘于王之燕寢但路寢爲王之齊宮凡齊疾亦於彼居息故大戴禮記盛德篇云此天子之路寢也不齊不居其室是路寢亦有居息之時矣云春秋書魯莊公薨于路寢僖公薨于小寢者莊三十二年僖三十三年經文公羊莊公傳云路寢者何正寢也穀梁說同云是則人君非一寢明矣者據玉藻及春秋經諸侯非一寢明天子宜有六寢也春秋定十五年經公薨于高寢穀梁傳云高寢非正也左傳杜注亦云高寢宮名不於路寢失其所是高寢非正寢故鄭不引又說苑脩文篇云春秋曰壬申公薨于高寢傳曰高寢者何正寢也曷爲或言高寢或言路寢曰諸侯正寢三一曰高寢二曰左路寢三曰右路寢高寢者始封君之寢也二路寢者繼體君之寢也其二何曰子不居父之寢故二寢繼體君世世不可居高祖之寢故有高寢名曰高也路寢其立柰何高寢立中路寢左右然則天子之寢柰何曰亦三承明繼體守文之君之寢曰左右承明路寢謂之承明何曰承乎明堂之後者也案說苑說承明文有缺佚大意蓋以始受命之王居中承明猶諸侯之有高寢也公羊莊二十二年何注云天子諸侯皆有三寢一曰高寢二曰路寢三曰小寢父居高寢子居路寢孫從王父妻從夫寢夫人居小寢案劉何說天子亦三寢與此經乖其說高寢亦與穀梁傳不合並鄭所不取至諸侯寢數此注無文賈疏云天子六寢則諸侯當三寢亦路寢一燕寢一側室一內則所云者是也喪大記孔疏云諸侯三寢一正者曰路寢二曰小寢夫人亦有三寢一正二小案賈孔二說不同以孔爲長黄以周云天子諸侯之寢見於經傳者止有路寢小寢所謂燕寢高寢者皆小寢

也祭義云卜三宮夫人世婦之吉者鄭注諸侯夫人三宮半王后也亦兼正寢言以此例之則諸侯三宮亦正寢一小寢二可知也側室不得謂之寢賈疏非胡培翬云內則妻將生子及月辰居側室注疏解此經爲大夫之制謂夫正寢之室在前燕寢在後側室又次燕寢在燕寢之旁是大夫有燕寢有側室矣既夕記月朔若薦新則不饋于下室賈疏以下室爲燕寢則士有燕寢矣內則云庶人無側室者及月辰夫出居羣室庶人無側室則士得有側室矣若諸侯小寢二與大夫士同爲燕寢一側室一不幾上下亡等乎案黃胡說是也金鶚亦謂側室非小寢並足正賈說之誤春秋僖公二十年五月西宮災公羊傳云西宮者何小寢也小寢則曷爲謂之西宮有西宮則有東宮矣魯子曰以有西宮亦知諸侯之有三宮也又穀梁桓十四年傳云甸粟而納之三宮三宮並諸侯夫人三宮之證鄭此注及內宰注以后六宮儗王六寢則亦謂侯國夫人三宮與君三寢相儗可知六宮兼路寢言之則侯國三寢三宮亦兼路寢言可知綜校鄭義孔說自塙又文王世子云諸孫守下宮下室注云下室燕寢是燕寢通稱下室而不得爲側室側室蓋在后燕寢之兩旁而別自爲院故內則云夫齊則不入側室之門孔疏謂側室在燕寢之旁亦南鄉是側室別有門而南鄉足以明其制又側室大戴禮保傅篇引青史氏記謂之宴室詳內宰疏

爲其井匽除其不蠲去其惡臭

井漏井所以受水潦蠲猶絜也詩云吉蠲爲饎鄭司農云匽路廁也玄謂匽豬謂霤下之池受畜水而流之者

疏 爲其井匽者井匽當讀爲屏匽說文广部云屏蔽也謂於宮寢隱處爲之匽又爲屏以爲隱蔽屏亦作屏墨子旗幟篇云爲屏三十步而爲之圜高丈爲民圂垣高十二尺以上匽即圂也云除其不蠲去其惡臭者即井匽掃除之事此官以時除其不絜之物說文歺部云殠腐气也臭即殠之借字惡臭尤不絜之甚者去亦除也 注云井漏井所以受

水潦者蓋直承霤之下於地爲小溝所以受接承霤之水潦使漏泄於宮外者其形若井故謂之漏井御覽禮儀部引傳玄五祀議云中霤祭於漏井是也云𧑐猶絜也者小爾雅廣詁云𧑐潔也段玉裁云圭訓絜𧑐不訓絜因音同而以猶通之案段說是也𧑐卽圭之借字詳蜡氏疏引詩云吉𧑐爲饎者小雅天保篇文毛傳亦訓𧑐爲潔故引以爲證賈疏云案秋官蜡氏云大祭祀令州里除不𧑐注云𧑐讀如吉圭惟饎之圭圭絜也此云𧑐彼注云圭不同者彼蓋是三家詩故與此不同鄭司農云匽路廁也者說文匚部云匽匿也广部云廁清也謂於宮中路旁隱匿之處爲廁溷是謂之匽惠士奇云井匽一名偃一名屏匽莊子庚桑楚篇云觀室者周於寢廟又適其偃焉郭注偃謂屏廁寢廟則以饗燕屏廁則以偃溲此井匽乃屏廁之明證而後鄭謂漏井匽豬者非也戰國策燕策宋王鑄諸侯之象使侍屏匽廣雅釋器云圊圂屏廁也王念孫云急就篇云屏廁清溷糞土壤屏與庰通開元占經甘氏外官占引甘氏云天溷七星在外屏南外屏七星在奎南注云天溷廁也外屏所以障天溷也又引甘氏讚云天溷伏作抒廁糞土屏蔽擁障宴溷莫睹宴亦廁也字本作匽又作偃匽與屏皆取隱蔽之義宮人爲其井匽井字疑是幷字之譌幷屏古字通屏匽謂廁也據下文云除其不𧑐去其惡臭則以匽爲路廁者是也案惠王說甚塙但先鄭不釋井字疑以井匽爲二蓋不知井爲幷之譌也云玄謂匽豬謂霤下之池受畜水而流之者者破先鄭說也丁晏云左傳襄二十五年規偃豬杜注偃豬下濕之地鄭云匽豬義與偃豬同戲人注梁水偃也釋文徐本作匽古偃匽通用稻人注偃豬者畜流水之陂也詒讓案說文雨部云霤屋水流也故凡屋檐耑水下注之處通謂之霤鄉飲酒禮磬階閒縮霤燕禮設洗篚于阼階東南當東霤又賓所執脯以賜鍾人于門內霤是也此云霤下之池蓋卽掌舍先鄭注所謂受居溜水以涑橐者亦謂之承霤檀弓

云池視重霤鄭彼注云如堂之有承霤也承霤以木爲之用行水亦宮之飾也今宮中有承霤云以銅爲之孔疏云重霤者屋承霤也以木爲之承於屋霤入此木中又從木中而霤於地故謂此木爲重霤也天子則四注四面爲重霤案據孔說則王六寢並四面爲承霤霤以行水故亦謂之池喪車之池蓋依此爲名漢書宣帝紀神爵元年詔曰金芝九莖產於函德殿銅池中顏注引如淳云銅池承霤也則漢時猶名承霤爲池矣

共王之沐浴

沐浴所以自絜清

疏 共王之沐浴者內則云外內不共湢浴則王寢中當亦有浴室此官兼掌之也此謂共王燕居無事時之沐浴與鬯人王齊事之淬浴用秬鬯女巫歲時祓除釁浴用香薰草藥異共之者喪大記注說喪禮天子沐黍平時沐穨當同此官共其潘汁及浴用巾席盤杅之屬並具而奉之 注云沐浴所以自絜清者釋文云本亦作清案說文水部云沐濯髮也浴洒身也瀞無垢薉也又仌部云清寒也絜清之清卽瀞之借字瀞淨亦古今字與凊字別或本非是鄭言此者明與上文脩除糞絜事義同也

凡寢中之事埽除執燭共鑪炭凡勞事

勞事勞褻之事

疏 凡寢中之事者明此官專掌六寢以內凡喪祭及王燕居之事無大小皆共給之也云埽除者說文土部云埽弃也此卽上云脩是也詳隸僕疏大射儀云司宮埽所畫物大射雖不在寢宮人蓋亦掌其埽除之事矣云執燭者昏執之以爲明也宮正云凡邦之事蹕宮中廟中則執燭彼注以爲祭事蓋在寢外宮廟之中則宮正執燭若平時在寢內則此宮人執之二職互相備亦官聯也燕禮云司宮執燭于西階上司宮卽宮人燕在寢故亦此官執燭公食大夫禮司宮具几筵注云司宮太宰之屬掌宮廟者也卽據此官言之彼食禮在廟故注兼云宮廟燕禮注以司宮爲小宰失之云共鑪炭者說文金部云鑪方鑪也王燕居寒則共鑪炭爲溫蓋掌炭共炭此官以共王二宮

相與爲聯事也　注云勞事勞褻之事者謂上三者
之外凡王之六寢中勞苦卑褻之事宮人並掌之　四方之舍事亦
如之從王適四方及會同所舍　疏　注云從王適四方及會同所舍者賈疏云爲王
及會同所舍巡守征伐及會同所舍之處亦如上掌凡勞褻
之事詁訓讓案王行所至之地則掌舍爲
宮以舍宮人亦從而掌其舍中之事也

掌舍掌王之會同之舍設梐枑再重故書枑爲柜鄭司農云梐榱梐
也柜受居溜水涑槖者也杜子
春讀爲梐枑梐枑謂行馬玄謂　疏　掌王之會同之舍者統下三宮四
行馬再重者以周衞有外內列門等言之賈疏云會同者謂時見
曰會殷見曰同皆爲壇於國外與諸侯相見而命以致禁之事焉王
至壇所舍息也案賈據會同常禮之行於國城外者唯爲壇壝宮而
已其十二年王巡守會諸侯於畿外方岳及殷國道路較遠或於道
廬宿市之舍則備此三宮四門各隨時地設之會同詳大宗伯疏
注云故書枑爲柜者宋婺州本建陽本董氏本嘉靖本並作拒下同
葉鈔本釋文亦作拒案拒卽柜之誤今依宋互注本正徐養原云司
會參互故書互爲巨杜子春讀爲參互脩閭氏互欜故書互爲巨鄭
司農云當爲互互是古者梐枑之枑或通作互互與巨形聲相似故作
柜則讀爲枑作巨則讀爲互杜鄭各依字讀之鄭司農云梐榱梐也
者先鄭蓋以梐爲榱之借字爾雅釋宮云桷謂之榱郭注云屋椽說
文木部云桅梠也榱秦名爲屋椽周謂之榱齊魯謂之桷案桅卽屋
椽端橫木釋文云榱戚疏闕反盧文弨云當本亦作椽段玉裁云榱
字不當有此音非是闕字有誤則戚本當作欜字通俗文曰閉門機
曰欜案欜椽義同然椽與疏闕音遠疑段說近是云柜受居溜水涑
槖者也者賈疏云掌舍掌閑衞不掌絜淨之事又行止之處未卽有
蟲可涑先鄭輒依故書柜而爲溜水涑槖又柜非必是受溜水之物

於義未可故後鄭不從段玉裁云此司農從故書作柜涑橐竦讀如盥漱之漱橐釋文當洛反讀爲祏集韻祏當洛切滴也受居溜水涑橐者今之格霤是也謂霤水下其閒漱之祏之疏云涑蟲岳珂橐音妒葉林宗抄宋本釋文及宋槧周禮橐當洛反蓋皆讀橐爲蠹似非也會同之舍爲壇不屋不應有欜及格霤等故後鄭從子春作梐枑訓行馬也案段說甚覈先鄭以柜爲受居溜水之物溜霤字通卽宮人後鄭注云霤下之池受畜水而流之者漢人所謂承霤者也說文水部云涑滁也漱盪口也二字音義不同釋文云涑徐劉色溝反戚色胄反是徐邈劉昌宗竝如字讀而戚衮則讀爲漱蓋與匠人注漱齧字同段從戚讀於義自通但涑橐疏釋爲涑蟲釋文則讀橐爲蠹猶掌染草釋文音橐爲妒也此與賈義正同段則據今本釋文讀橐爲祏皆未知孰得先鄭之恉曾釗則謂橐卽欜字脩閭氏注欜東兩版爲之此注云橐蓋以接柜所受水而瀉於地者形制與欜同故借名橐若然涑橐卽謂漱洒其承霤之木中空如欜者義亦得通也至惠士奇曾釗又竝謂柜卽渠之省惠又引荀子非相篇渠匽爲釋挨之聲義亦似符合但諦審經義竊疑柜與掌固樹渠字同其義當爲藩落士方氏王巡守則樹王舍注云爲藩羅是也脩閭氏互欜古文苑揚雄城門校尉箴用彼文作柝柜與此故書正同蓋交木爲行馬謂之梐樹木爲藩落謂之柜二者皆以備守衞故經竝舉之以此釋故書或可備一義與云杜子春讀爲梐枑梐枑謂行馬者說文木部云梐梐枑也枑行馬也周禮曰設梐枑再重段玉裁云杜易柜爲枑鄭君從杜也司農梐枑爲二物杜梐枑爲一物枑與柜形聲皆相似說文枑字下云行馬也引周禮柜字下不引周禮亦是從子春說不從故書案段說是也行馬以木相連比交互爲之故謂之梐枑枑字亦作互脩閭氏先鄭注云互謂行馬所以障互禁止人也亦謂之閑虎賁氏舍則守王閑注云閑梐枑六韜軍用篇云三軍拒守木螳螂

劍刃扶胥廣二丈百二十具一名行馬是周時有行馬之名漢時因之藝文類聚職官部引漢官儀云光祿勳門外特施行馬以旌別之是也云玄謂行馬再重者以周衞有外內列者周衞謂周帀王舍爲藩衞師氏云朝在野外則守內列注云內列藩營之在內者也是周衞有外內列之證然則設梐枑再重者內列一重外亦一重也賈疏云此梐枑所施唯據下文車宮壝宮止宿而言其帷宮無宮暫止之間未必有此梐枑也

設車宮轅門　謂王行止宿阻險之處備非常次車以爲藩則仰車以其轅表門

疏　設車宮轅門者以下設三宮四門之法宮之爲言營也凡野舍爲營域以象牆壁通謂之宮司儀說壇壝宮有四門則三宮及無宮並設四門可知　注云謂王行止宿阻險之處備非常次車以爲藩則仰車以其轅表門者以下云爲壇壝宮是平地築土爲宮此不築土而以車爲宮明是阻險之處暫以此備非常次車以爲藩謂野處無牆垣則以車相次比爲藩落也孫子軍爭篇曹注云以車爲營曰轅門卽本此經賈疏云言仰車以其轅表門者謂仰兩乘車轅相向以表門詒讓案凡兵車乘車曲輈大車直轅兩制不同此會同設車宮當用兵車則轅當爲輈經注散文不別也又轅門亦建旜穀梁昭八年傳說蒐狩之事云艾蘭以爲防置旃以爲轅門范注云轅門卬車以其轅表門楊士勛疏云謂以車爲營舉轅爲門又建旃以表之並與鄭義同此會同之舍雖與蒐狩異車宮轅門之制則一也又韓非子十過篇云智伯與韓魏圍晉陽二君朝智伯而出遇智過於轅門之外則軍旅亦爲轅門矣惠士奇云漢衞青擊匈奴以武剛車自環爲營蓋師古車宮之遺意

爲壇壝宮棘門　謂王行止宿平地築壇又委壝土起堳埒以爲宮鄭司農云棘門以戟爲門杜子春云棘門或爲材門

疏　注云謂王行止宿平地者賈疏云以下文二者非止宿之事唯有此壝宮及上文車宮爲止宿但險阻平地二所不同故

知是止宿平地也云築壇又委壝土起堳埒以爲宮者司儀云將合諸侯則令爲壇三成宮旁一門注云合諸侯謂有事而會也爲壇於國外以命事宮謂壝土以爲牆處所謂爲壇壝宮也又覲禮云諸侯覲于天子爲宮方三百步四門壇十有二尋深四尺注云四時朝覲受之于廟此謂時會殷同也宮謂壝土爲埒以象牆壁也案此并所謂壇壝宮也壇謂宮內之土堂壝則通壇外之營域言之祭法注云封土爲壇書金縢云三壇同墠書釋文引馬融云壇土堂蓋壝者委土之名凡委土而平之爲墠於墠之中封土若堂爲壇墠之外四面圍繞擁土若牆垣爲堳埒三者通謂之壝故大司徒設其社稷之壝注云壝壇與堳埒也又鬯人社壝注云壝謂委土爲墠壇廣雅釋丘云堳埒庢也說文土部云埒庳垣也鄭意築土高起爲壇又於壇外四面委土爲庳垣令高出於墠使有庢埒卽所謂宮也賈疏謂掘地爲宮土在坑畔而高爲堳埒司儀疏亦謂掘地爲塹壝土爲堳埒當牆處則似爲溝塹矣殊誤又聘禮未入竟壹肆爲壝壇彼但壝土爲壇不爲堳埒故下云無宮與此壇壝宮異也鄭司農云棘門以戟爲門者小爾雅廣器云棘戟也說文戈部云戟有枝兵也讀若棘明堂位越棘大弓鄭注云棘戟也左隱十一年傳子都拔棘杜注同案戟詳冶氏疏棘戟古同讀故經典戟字多作棘壇壝宮無屋於壝旁樹戟以表門戟門卽於壝旁爲之故覲禮注云諸侯入壝門卽此棘門也惠士奇云戰國策楚策楚考烈王卒李園入宮置死士於棘門之內則知古者宮門皆立戟矣杜子春云棘門或爲材門者存異文也宋世犖云詩斯干如矢斯棘韓詩棘作朸聲類朸古材字案宋說是也棘朸材三字古音同部故棘門或爲材門其義未聞賈疏云閔二年衛文公居楚丘國家新立齊桓公共門材先令豎立門戶故知棘門亦得爲材門卽是以材木爲門也案賈說亦通

爲帷宮設旌門

謂王行晝止有所展肆若食息張帷爲宮則樹旌以表門

疏 為帷宮設旌門者，與幕人掌次司常為官聯也。注云「謂王行晝止有所展肆，若食息」者，肆即肄之借字。賈疏云：「見下曲禮云：君命大夫與士肄。鄭云：肄，習也。君有命，大夫則與士展習其事。則此亦王與羣臣晝止有所展肄者。云若食息者，非直有展肄，亦有食息之時。」案曲禮經注肄並作肄，賈引作肆，與彼釋文所載別本同。惠士奇云：「聘禮未入竟，壹肄，為壝壇，畫階，帷其北，無宮。蓋張帷以象宮室，帷一面而闕其三，不成宮也。」案惠說近是。彼聘使展肄，疑兼用帷宮無宮之制。蓋帷宮正法，張帷周帀為垣，又於中張帷幕為次，不僅帷其北也。左宣十八年傳公孫歸父墠帷而復命於介，穀梁襄十八年傳亦有墠帷之文，似皆與聘禮略同。云「張帷為宮，則樹旌以表門」者，幕人注云「在旁曰帷」，謂帷帳為宮也。賈疏云：「案司常云會同賓客置旌門，注引此掌舍為帷宮設旌門，則旌門司常置之，掌舍主掌之。其旌門則司常所云析羽為旌者也。」詒讓案：大司馬以旌為左右和之門，注云：「軍門曰和，今謂之壘門，立兩旌以為之。」國語齊語「執枹鼓立于軍門」，韋注云：「軍門立旌為軍門，若今牙門矣。」又云「渠門赤旂」，注云：「渠門，兩旂所建以為軍門，若今牙門矣。」是渠門亦即旌門。此帷宮為會同之舍，大會同六軍從行，故旌門之制亦與軍門同也。依韋昭說，似諸侯旌門用大旂，但龍旂色青，今齊語云赤旂，則當是鳥隼之旟，以其注析羽於干首，故謂之旌。若天子制，似當用大常而注析羽也。至毛詩小雅車攻傳說田禮云「褐纏旃以為門」，與穀梁傳謂「置旃以為轅門」同，則因王侯所載旗並為通帛之旜，蓋旜旌皆五旗之通制，故詩孔疏謂彼即此及大司馬之旌門，賈大司馬疏同，是也。五旗通有旜旌，詳司常、大司馬疏。又覲禮云：「至于郊，王使人皮弁用璧勞，侯氏亦皮弁迎于帷門之外。」鄭注云：「郊舍狹寡，為帷宮以受勞。」引此職帷宮旌門。然則旌門蒙帷宮為名，亦得謂之帷門矣。

無宮則共人門。注 謂王行有所逢遇，若住遊觀，陳列周衞，則立長大之人以表門疏無宮則共人門者聘禮注云無宮不壝土畫外垣也此無宮亦王行道路暫駐故不壝土畫外垣則立人以表門云共者謂選擇其人而立之也　注云謂王行有所逢遇若住遊觀者謂王行在道或與諸侯逢遇或無所逢遇而暫住遊觀則不為宮但立人門以二者皆行道倉卒簡略之事不久停止故也云陳列周衛則立長大之人以表門者謂列人為周衛當門處則選擇長大之人以表之也惠士奇云虎士立為門四翟各持兵故曰人門公羊昭二十五年傳以遇禮相見以人為菑何注云菑周埒垣也所以分別內外衛威儀則人門若人垣矣案惠說是也公羊云以遇禮相見亦如在道逢遇陳列周衛其禮疏略與此注可互證此雖云無宮蓋亦列人為菑故孫子軍爭篇曹注云以人為營人門是也

凡舍事則掌之王行所舍止疏注云王行所舍止者言雖非會同若巡守獮田之類王行所舍止其事皆掌舍掌之

幕人掌帷幕幄帟綬之事王出宮則有是事在旁曰帷在上曰幕幕或在地展陳于上帷幕皆以布為之四合象宮室曰幄王所居之帳也鄭司農云帟平帳也綬組綬所以繫帷也玄謂帟王在幕若幄中坐上承塵幄帟皆以繒為之凡四物者以綬連繫焉疏掌帷幕幄帟綬之事者賈疏云掌王帷在傍施之像土壁也幕則帷上張之像舍屋也幄帷幕之內設之帟者在幄幕之內承塵綬者條也以此條繫連帷幕幕人掌此五者王出宮則送與掌次張之　注云王出宮則有是事者謂王在宮寢室之內則無張帷幕諸事明此幕人所掌諸事惟王出宮乃有也然幄帟二者在宮亦或張之故韓詩外傳云天子居廣廈之下帷帳之內旃茵之上詩大雅抑云相在爾室尚不媿于屋漏鄭彼箋釋屋為幄孔疏云禮之有帷幕皆於野張之以代宮室其宮內不張幕也幄則室內亦有之

云在旁曰帷在上曰幕者說文巾部云在旁曰帷帷在上曰幕幕覆食案亦曰幕釋名釋牀帳云帷圍也所以自障圍也幕幕絡也在表之稱也廣韻四覺引三禮圖云四旁及上曰帷案禮圖兼上言之未析帷亦謂之容荀子正論篇云天子居則設張容容即帷也與巾車車裳帷爲容同楊注以容爲羽衛非也賈疏云帷在下幕在上共爲室今之設幕則無帷在下爲異也云幕或在地展陳于上者于注例當作於賈疏云案聘禮云管人布幕官陳幣史展幣皆於幕上聘禮又賓入境至館皆展幣是幕在地展陳於上云帷幕皆以布爲之者賈疏云案既夕禮云明衣裳用幕布其帷在幕下明亦用布故知二者皆用布至於覆棺之幕則用繒故禮記檀弓云布幕衛也繒幕魯也明天子亦用繒覆棺不張設故用繒也案檀弓孔疏引崔靈恩說亦謂此帷幕皆用布與襯棺之幕用繆別即賈所本既夕記鄭注云幕布帷幕之布升數未聞也案史記孔子世家孔子見衛夫人夫人在絺帷中絺亦布也雜記說諸侯道死用緇布裳帷則帷幕或上下通用緇布與云四合象宮室曰幄者賈疏引顏延之纂要說同釋名釋牀帳云幄屋也以帛衣版施之形如屋也小爾雅廣服云覆帳謂之幄幄幕也廣韻四覺引三禮圖云上下四旁悉周曰幄案四合者謂上下四旁湊合相遮覆也象宮室有棟宇四壁之形蓋兼帷幕之用而較小故詩抑鄭箋云屋小帳也孔疏云雜記云諸侯行而死於道緇布裳帷素錦以爲幄而行則幄在帷幕之內帷幕是大帳則幄爲小帳也案孔說是也幄正字當作握亦作屋詳巾車疏云王所居之帳也者左傳哀十四年杜注云幄帳也釋名釋牀帳云帳張也張施於牀上也案幄即覆帳故云王所居之帳史記周本紀云有火自上復于下至于王屋流爲烏王屋亦即王所居之幄也鄭司農云帟平帳也者廣雅釋器云帟帳也平帳者謂平施於人上異於幄幕等爲穹隆下覆之帳也云綬組綬所以繫帷也者說文糸部云綬韍維也

組綬屬也內則孔疏云組紃條也薄闊為組似繩者為紃案玉藻說天子以下佩玉皆有組綬蓋凡織絲為薄闊之組以為繫者通謂之
組綬此組綬以連繫帷與敹維佩系同材也云玄謂帟王在幕若幄中坐上承塵者廣韻四覺引三禮圖云在上曰帟賈疏云在幕謂下
掌次云師田則張幕設重帟是王在幕設帟之事若幄中有帟者掌次云朝日祀五帝則張大次小次設重帟次即幄是幄中坐上有承
塵也詒讓案檀弓注云帟幕之小者所以承塵釋名釋牀帳云小幕曰帟張在人上奕奕然也又云承塵施於上以承塵土也案承塵即
平帳以其平施於坐上則謂之平帳以其承塵土則謂之承塵後鄭此說即增成先鄭之義玉篇巾部云帟平帳也又承塵也分為二義
非賈疏謂後鄭不從先鄭平帳義亦誤云幄帟皆以繒為之者說文糸部云繒帛也賈疏云以其布帷幕之內宜細密又案喪大記有素
錦褚褚即幄彼喪用錦明此用繒可知案賈知素錦褚即幄者據雜記云其輤素錦以為屋注云輤象宮室屋其中小帳襯覆棺者彼屋
亦與幄同又周書王會篇云成周之會墠上張赤帟陰羽又云堂後東北為赤帟焉浴盆在其中其西天子乘車立焉青帟陰羽鳧旌又
云外臺之四隅張赤帟為諸侯欲息者皆息焉命之曰爻閭孔晁注云帟帳也陰鶴也以羽飾帳然則吉時之帟蓋以采繒為之周書帟
有羽飾此經無者文不具也云凡四物者以綬連繫焉者謂帷幕幄帟四者並以綬連繫之以便張也

凡朝覲會同軍旅田役祭祀共其帷幕幄帟綬

共之者掌次當以張

【疏】凡朝覲會同軍旅田役祭祀共其帷幕幄帟綬者賈疏云此一經皆供與掌次使張之此云朝覲會同即掌次云諸侯朝覲會同是也此云軍旅田役即掌次云師田彼師即此軍旅彼田即此田役是也此云祭祀即掌次云大旅及朝日祀五帝是也此數事皆共帷幕幄帟綬與掌次案田役謂四時大田起徒役詳大宰

疏注云共之者掌次當以張者明此官唯掌共不掌張事也

大喪共帷幕帟綬爲賓客飾也帷以帷堂或與幕張之於庭帟在柩上疏大喪共帷幕帟綬者宰夫注云大喪王后世子也遂師云大喪使帥其屬以幄帟先注云幄帟先所以爲葬窆之閒先張神坐也是大喪亦當共幄此不言者文不具注云爲賓客飾也者明喪當去飾而共此四者是爲賓客設飾賓客謂諸侯君臣來朝聘及來奔喪弔賻者也云帷以帷堂者堂謂路寢之堂賈疏云謂若喪大記及士喪禮始死帷堂小斂徹之及殯在堂亦帷之也云或與幕張之於庭者庭亦謂路寢堂下賈疏云案尚書顧命云出綴衣於庭鄭云連綴小斂大斂之衣於庭中爾時在庭應設此帷幕無正文故云或也有解者云爲王襲經在庭故有帷幕按喪大記諸侯踊阼階下襲經於序東雖王禮亦當哭踊在阼階下何因反來庭中襲經乎恐不可也詒讓案此帷幕亦以布爲之依檀弓注說天子禮別有覆棺之緣幕當亦此官共之又墨子節葬篇說送葬亦有屋幕則不徒張之於庭矣云帟在柩上者掌次注云張帟柩上承塵又檀弓注云帟張於殯上殯上卽柩上也據遂師注大喪葬窆時張神坐亦設帟注不言者亦文不具

三公及卿大夫之喪共其帟唯士無帟王有惠則賜之檀弓曰君於士有賜帟疏三公及卿大夫之喪共其帟者此亦謂張殯上之帟也賈疏云掌次云諸侯再重孤卿大夫不重則此云三公不云諸侯與孤掌次云諸侯與孤不云三公者三公卽是諸侯再重此不云孤孤與卿大夫同不重幕人不張故略不言注云唯士無帟王有惠則賜之者以士賤不得備物士喪禮亦無帟引檀弓曰君於士有賜帟者證有惠則賜蓋亦此官共之

掌次掌王次之灋以待張事法大小丈尺疏掌王次之灋者掌次之官法也賈疏云次者則舍也言次

謂次止言舍謂舍息二云以待張事者賈疏二云王出宮則幕人以帷與幕等送至停所掌次則張之案賈說未晐廣雅釋詁二云張施也凡王次張施陳設之事此官悉掌之故下經氈案亦二云張明張事不徒設帷幕幄帟等矣蓋凡王次皆幕人司几筵共其物掌次掌其事三官相與爲官聯也凡張帷幕等並以木爲柱橑而後施以繒布故呂氏春秋音初篇二云幕動坼橑委人喪紀共其木材注亦二云木材給張事是也　注二云法大小丈尺者此亦注用今字也司書注二云法數也謂大小丈尺之數賈疏二云大小者下文有大次小次是也丈尺之數未聞

王大旅上帝則張氈案設皇邸大旅上帝祭天於圓丘國有故而祭亦曰旅此以旅見祀也張氈案以氈爲牀於幄中鄭司農二云皇羽覆上邸後版也玄謂後版屏風與染羽象鳳皇羽色以爲之

疏王大旅上帝則張氈案設皇邸者釋文二云皇邸一本作皇羽邸阮元二云此因注二云皇羽覆上經亦誤衍羽字疏二云見經皇是鳳皇之字故知以皇羽覆邸上是賈疏本不衍羽字也案阮說是也以下並王之張事王大祭祀皆設大次小次以爲休息之所氈案皇邸卽張設於次中賈疏謂王坐所置是也氈案二云張皇邸二云設者說文言部二云設施陳也與張文異義同故下文又二云設重案矣　注二云大旅上帝祭天於圓丘者經注例凡圓字皆作圜此疑誤賈疏二云見下經別二云祀五帝則知此是昊天上帝卽與司服及宗伯昊天上帝一也卽是大司樂冬至祭天於圓丘之事也案鄭賈意經雖言大旅實卽圓丘之大祀也依此注則上帝指昊天而言大宗伯及典瑞皆二云旅上帝注並二云上帝五帝也職金旅上帝賈疏亦以五帝爲釋二說不同攷禮器二云大饗之禮不足以大旅大旅具矣不足以饗帝注二云大旅祭五帝也饗帝祭天家語郊問篇王肅注同彼二云大旅不足以饗帝饗帝卽圓丘之祭大旅既次於饗帝則此注以大旅上帝爲祭天於圓丘者非也禮器注說以大旅爲祭五帝

與大宗伯典瑞諸注義同然此職下文別出祀五帝明上帝與五帝異則以上帝爲通晐五帝者亦非也蓋帝之與天雖可互稱而此經則塙有區別通校全經凡云昊天者並指圜丘所祭之天凡云上帝者並指南郊所祭受命帝二文絕不相通此職云大旅上帝大宗伯云旅上帝及四望典瑞云祀天旅上帝又云祀地旅四望職金云旅于上帝玉人云旅四望凡言旅者並指非常之祭而言所旅者止於上帝四望不云旅昊天旅五帝則知旅祭上不及昊天下不徧及五帝此大旅上帝自專指有故祭受命帝與南郊之祭帝同而禮不同與圜丘昊天之祭則迥不相涉也蓋受命帝在五帝之中爲特尊而卑於昊天旅上帝有張氈案設皇邸則祀昊天亦同可知旅禮略而郊祀詳旅有張設則郊祀亦同又可知經舉上帝而不及昊天者明舉卑可以見尊舉大旅而不及郊祀者明舉略可以見詳經固有此文例也凡上帝與昊天五帝不同互詳大宰大宗伯肆師典瑞疏南齊書禮志載江淹王儉議並謂南郊爲旅上帝又引孔晁云五帝佐天化育故有從祀之禮旅上帝是也案孔晁治王肅之學蓋亦以郊丘爲一南郊祀昊天以五帝配是爲旅上帝則亦以旅爲郊也王議又引馬融說以爲夏正總旅明堂舊唐書禮儀志載唐人亦有釋典瑞旅上帝爲衆祭五帝者黎幹表難之云旅雖訓衆出於爾雅及爲祭名春官訓陳注有明文若如所言旅上帝便成五帝則季氏旅於泰山可得便是四鎮邪案黎說是也馬王諸家之說其不可通有四此經云大旅下文又別云祀五帝則上帝非即總祀五帝可知叚令大旅與祀同此五帝經何以爲別異之文乎其不可通一旅爲總祭古無是說大宗伯典瑞玉人並云旅四望望祀各就其方無總祭之法若如馬說豈得復有總祭四望之禮乎其不可通二大宗伯以旅上帝爲國有大故之祭若南郊則常祀之最大者不得待有大故始行之其不可通三眡瞭說大旅有廞樂器與大喪同笙師說大旅陳

器亦然明大旅之禮與常祭不同若郊祀用盛樂豈得但厥陳之其
不可通四也凡大旅與圜丘不同帝與南郊帝同而祭不同互詳大
司樂疏云國有故而祭亦曰旅者明旅本爲有故特祭之專名常祀
不名旅也賈疏云案大宗伯國有大故則旅上帝及四望是國有故
而祭謂之旅案詳大宗伯疏云此以旅見祀也者賈疏云但此下文
五帝見正祀其旅見於大宗伯大宗伯昊天不云旅故此見此文不
言正祀故鄭以因旅見之欲見有故昊天亦旅之故云以旅見祀詒
讓案大宗伯注云旅陳也陳其祭事以祈焉禮不如祀之備也據彼
注則旅與祀禮小異此經云王大旅上帝不云祀上帝不宜大旅有
張氈案設皇邸之等大祀反無之故鄭謂經言旅以見祀明旅有此
張設則祀亦有不待言也然以經攷之昊天似無旅法鄭賈並謂昊
天亦有旅非也云張氈案以氈爲牀於幄中者掌皮云共其毳毛爲
氈以待邦事釋名釋牀帳云氈旃也毛相著旃旃然也說文毛部云
氈撚毛也木部云案几屬牀安身之几坐也案對文則案與牀異散
文則通凡牀以木爲之此注云以氈爲牀者言以氈覆牀上爲之猶
後牀上覆重席謂之重案也賈疏云牀上著氈卽謂之氈案據鄭云
於幄中則知不徒設氈案皇邸而已明知幷有大次小次之幄與下
祀五帝互見之也鄭司農云皇羽覆上者樂師皇舞先鄭注云以羽
冒覆頭上衣飾翡翠之羽然則此皇邸先鄭意疑亦當爲翡翠之羽
覆邸上與後鄭皇爲象鳳皇羽義異賈疏謂先鄭亦以皇爲鳳皇羽
疑非先鄭意云邸後版也者謂氈案後之植版也爾雅釋器云邸謂
之柢凡物根柢必在後故後版謂之邸輈人以大車後轅爲邸與此
義略同云玄謂後版屏風與者賈疏云此增成司農義言後故者謂
爲大方版於坐後畫爲斧文言屏風者據漢法況之無正文版言與
以疑之呂飛鵬云康成三禮圖云扆從廣八尺畫斧文於其上今之
屏風也賈云爲大方版於坐後畫爲斧文是卽以後版屏風爲斧依

一珍倣宋版印

案呂說是也。釋名釋牀帳云「屏風，所以屏障風也」。爾雅釋器郭注謂射容形如牀頭小曲屏風，此戺案即牀而設後版，蓋與漢晉牀頭屏風正相類，故後鄭舉屏風以申先鄭後版之說，然不云畫黼。賈據司几筵注謂黼依制如屏風，因謂此皇邸亦畫斧文，不知此皇邸以皇羽覆上，不必更畫斧文也。屏風亦見燕丹子及史記孟嘗君傳，則戰國時已有此稱，不始於漢矣。云「染羽象鳳皇羽色以爲之」者，樂師皇舞注云「皇，雜五采羽如鳳皇色，持以舞」。王制云「有虞氏皇而祭」，注云「皇，冕屬也，畫羽飾焉」。凡禮經言皇者，鄭並以鳳皇羽爲釋。爾雅釋鳥云「鳳，其雌皇」。山海經南山經云「丹穴之山有鳥焉，其狀如雞，五采而文，名曰鳳皇」。此象鳳皇羽色，亦謂染羽爲五采也。賈疏云：「案尚書禹貢『羽畎夏翟』，謂羽山之谷貢夏翟之羽，後世無夏翟，故周禮鍾氏染鳥羽象鳳皇色以爲之，覆於版上。明堂位及司几筵皆云黼扆，此不在寢廟無扆，故不得云黼扆，故別名皇邸。」案賈說非也。鳳皇羽與夏翟羽色並備五采，鄭各望文爲訓，故不同耳。爾雅釋器云「牖戶之閒謂之扆」，此皇邸大旅所用，既不在牖戶之閒，雖形制相近，而畫飾迥異，不得謂即黼依之別名也。典絲疏說亦同。

朝日，祀五帝，則張大次、小次，設重帟、重案；合諸侯亦如之。

朝日，春分拜日於東門之外。祀五帝於四郊。次謂幄也。大幄，初往所止居也。小幄，既接祭退俟之處。祭義曰「周人祭日，以朝及闇，雖有强力，孰能支之？是以退俟，與諸臣代有事焉」。合諸侯於壇，王亦以時休息。重帟，復帟。重案，牀重席也。鄭司農云「五帝，五色之帝」。

疏 「朝日祀五帝」者，亦冢王爲文，此皆大祀，王親與祭，則有此張設之事。五帝尊於日月，而經先云朝日，後云祀五帝者，各隨文便，無義例。云「則張大次小次，設重帟重案」者，賈疏云：「大幄小幄，但幄在幕中，既有幄，明有帷幕可知。設重帟者，謂於幄中設承塵。重案者，案則牀也，牀言重，謂牀上設重席，不言戺及皇邸，亦有可知。」

上氈案不言重席亦有重席可知互見爲義　注云朝日春分拜日於東門之外者玉藻云天子玄端而朝日於東門之外鄭注云朝日春分之時也東門謂國門也覲禮云天子乘龍載大旂象日月升龍降龍出拜日於東門之外反禮方明彼注云此謂會同以春者也此云拜日於東門之外兼用玉藻覲禮兩文覲禮所記雖非春分朝日其禮略同也春分朝日秋分夕月卽日月之正祭鄭說本馬融詳典瑞疏云祀五帝於四郊者賈疏云案小宗伯兆五帝於四郊是也此謂四時迎氣案月令立春於東郊立夏於南郊季夏六月迎土氣亦於南郊立秋於西郊立冬於北郊謂靈威仰之屬案詳小宗伯疏云次謂幄也者敘官注云次自脩正之處凡祭祀朝覲之所必張幄以爲自脩正之處經云大小次次卽幄四合象宮室者也云大幄初往所止居也小幄既接祭退俟之處者賈疏云必兩次設幄者大幄謂王侵晨至祭所祭時未到去壇壝之外遠處設大次王且止居故云大幄初往所止居也接祭者與羣臣交接相代而祭去壇宜近置一小幄退俟之處引祭義曰周人祭日以朝及闇者祭義云郊之祭也大報天而主日配以月夏后氏祭其闇殷氏祭其陽周人祭日以朝及闇鄭彼注云闇昏時也陽日中時也朝日出時也夏后氏大事以昏殷人大事以日中周人大事以日出亦謂此郊祭也以朝及闇謂終日有事案彼注謂郊祭此注引之證朝日祀五帝與郊祀略同亦終日有事也云雖有強力孰能支之是以退俟與諸臣代有事焉者強力謂強有力也聘義云聘射之禮至大禮也質明而始行事日幾中而后禮成非強有力者弗能行也挈壺氏注云代猶更也以其竟日有事雖有強力亦不能支故王與諸臣更番迭進王以次退俟於幄得以暫息不至疲券云合諸侯於壇王亦以時休息者明合諸侯亦於壇內外設大小次及重帟重案也合諸侯卽大宗伯云時見曰會殷見曰同賈疏云案司儀合諸侯爲壇三成是也云重帟復帟者

復宋本嘉靖本並作複今從注疏本廣雅釋詁云復重也賈疏云謂兩重爲之詒讓案周書王會篇說成周之會墠及爻闍皆張赤帟蓋卽重帟也云重案牀重席也者牀不可以言重故知爲覆重席賈疏云案司几筵莞筵繅席次席三重此言重席亦當有此三重與重帟不同案賈意重案當有三重席與重帟止兩重帟文同義異但司几筵三種席謂加席也與重席本不同以禮經重席之例言之天子當莞筵五重玉藻云天子之席五重是也此經注並無重席之數疑覆案之席與設於地不同或不必備五重後文諸侯不云重案則是不重與禮器亦異是其證也重席詳司几筵疏鄭司農云五帝五色之帝者卽蒼赤黃白黑五天帝是也詳大宰及小宗伯疏

師田則張幕設重帟重案不張幄者於是臨誓衆王或迴顧占察【疏】師田則張幕設重帟重案者亦冡上王爲文謂大師及四時大田王親行者也賈疏云謂出師征伐及田獵則張幕者爲王設坐不言帷者亦有可知 注云不張幄者於是臨誓衆王或迴顧占察者謂師田有誓衆之事故設平帳之帟而不設四合象宮室之幄使四旁皆見以便王之迴顧占察說文見部云覘窺視也占卽覘之段字方言云占視也凡相竊視南楚或謂之占自江而北凡相候謂之占然則占察猶言視察司稽司門注並云視占是也

諸侯朝覲會同則張大次小次大次亦初往所止居小次卽宮待事之處【疏】諸侯朝覲會同者以下並諸侯之張事賈疏云此謂與諸侯張之若四時常朝在國內今言朝覲會同爲會同而來故在國外與大宰大朝覲會同一也案經言朝覲者明四時常朝亦張大小次也賈謂因會同而朝不關常朝非經義云云則張大次小次者賈疏云亦如上文大小次丈尺則減耳詒讓案張大小次則亦當有帟案但不重耳又聘禮記云宗人授次次以帷少退于君之次鄭彼注云主國之門外諸侯及卿大夫之所使者

次位皆有常處賈彼疏云凡爲次君次在前臣次在後故云少退於君之次則諸侯卿大夫來聘問亦有次此經不言者文略　注云大次亦初往所止居小次卽宮待事之處者賈疏云鄭云初往止居者謂宮外也卽宮者應是宮內言宮卽司儀所云宮方三百步壝土爲之是也言待事者欲於幄中待事辨否案賈據會同言之其朝覲之次則在皋門外及廟門外覲禮云諸侯前朝皆受舍于朝同姓西面北上異姓東面北上鄭彼注云受舍于朝受次于文王廟門之外言舍者尊舍也天子使掌次爲之諸侯上介先朝受焉此卽朝覲卽宮待事之次也但覲禮注謂朝覲受次在文王廟門外而依小宗伯注廟在雉門外則非三朝所在小司寇注雖有外朝在雉門外之說然以朝士校之自是譌文今攷定廟當在路門外則正當治朝然鄭實無是義又齊僕大行人注謂朝覲王有車迎出大門之法則諸侯待事亦不宜唯在廟門外鄭彼注義舛迕甚多故賈彼疏云若天子春夏受享諸侯相朝聘迎賓客者皆有外次有外次於大門外者則無廟門外之內次天子覲遇在廟者有廟門外之內次無大門外之外次案賈蓋亦知鄭義之難通故爲此說以斡旋之然究不塙也江永云朝覲當有大次在外朝有小次在廟門外覲禮所謂前朝皆受舍于朝是也覲禮言旅見則分同姓西面異姓東面若其特朝則次當張之門外西方而東面以爲止居待事之處掌訝云及將幣爲前驅至於朝詔其位入復入復至行禮爲時久則侯氏宜於大次止居以待乃交擯天子許入於是侯氏入大門至廟門外入於小次以待事案江說與聘禮覲禮義並合是也凡四時朝覲禮亦無異詳大宗伯疏

師田則張幕設案 鄭司農云師田謂諸侯相與師田玄謂此掌次張之諸侯從王而師田者 【疏】師田則張幕設案者賈疏云文承上諸侯謂諸侯從王師田卽張幕設案者也不言重則無重席亦應有單席於牀也　注鄭司農云師田謂諸侯相與

師田者先鄭意上張幕設重帟重案爲天子師田此文承上諸侯朝覲會同之下故當爲諸侯相與師田與上天子師田異也云玄謂此掌次張之諸侯從王而師田者者賈疏云後鄭不從先鄭者以其天子掌次不合與諸侯國內張幕故云掌次張之以明非諸侯相與師田也此至下所云次者謂以繒爲幄帳案聘禮記所云次或以帷及席皆得與此掌次所云次別也案賈意上大小次注以次爲幄據幕人注幄以繒爲之故謂此及下所云次並以繒爲幄帳與聘禮記次以帷布爲之者別又士冠禮賓就次注云次門外更衣處也以幄幕簟席爲之賈彼疏謂士卑或張簟席故此疏亦云或以帷及席皆得竊謂行禮有次通於尊卑幄帷雖繒布異材然皆可爲次此經諸次所設不同既無用幄之明文則或亦得含有帷席之次賈必謂其與聘禮次別殆失之固矣　孤卿有邦事則張幕設案有邦事謂以事從王若以王命出也孤王之孤三人副三公論道者不言公公如諸侯禮從王祭祀合諸侯張大次小次師田亦張幕設案

疏 孤卿有邦事則張幕設案者此畿內諸臣之張事孤卿不設幄次降於諸侯也　注云有邦事謂以事從王者賈疏云謂若上王大旅上帝朝日祀五帝合諸侯及師田等數事王親行則從王往也云若以王命出也者賈疏云若祭祀則容王有故不親羣臣攝之若諸侯使臣時聘殷覜王不親行則於國外使羣臣受之是王命出也云孤王之孤三人副三公論道者者北堂書鈔設官部引五經異義云古周禮說天子立三公曰太師太傅太保無官屬與王同職故曰坐而論道謂之王公又立三少以爲之副曰少師少傅少保是爲三孤又引環濟要略云少師少傅少保是爲三孤副助三公者也孤者不掌官榮然孤特也書僞古文周官說與周禮說略同僞孔傳云孤特也言卑於公尊於卿特置此三者論語微子皇氏義疏引鄭書微子注云少師者大師之佐孤卿也亦從古周禮說王引

之云漢書百官公卿表曰大師大傅大保是爲三公又立三少爲之副少師少傅少保是爲孤卿與六卿爲九焉是鄭注所本也案三少出大戴禮記保傅篇曰於是爲置三少皆上大夫也曰少保少傅少師是與大子宴者也未嘗以爲周禮之孤周禮言三公者皆箸其數曰三若孤實有三人則亦當箸其數曰三孤矣乃通考全經言孤者凡二十有一皆但謂之孤無言三孤者則孤之數必非三人未可以保傅之三少當之也幕人三公及卿大夫之喪共其帟典命王之三公八命其卿六命掌客從者三公眡上公之禮卿眡侯伯之禮皆言三公而不言孤孤已在卿之內故也經凡以孤卿並言者皆不箸卿之人數以卿與三公對言則曰六卿而不言孤豈非以孤在六卿之內則不得於孤之外更數六卿亦不得於六卿之外更言孤乎蓋六卿中有秉國政者其位獨尊故謂之孤孤者獨也譬之大國之卿晉士會受黻冕之命而將中軍宋樂喜爲司城以爲政位在六卿之列而又獨尊也周書大匡篇王乃召冢卿三老三吏大夫百執事之人朝于大庭孔注曰冢卿孤卿蓋爾雅冢大也六卿之中孤爲大故曰冢卿也穆天子傳百辟冢卿亦孤也郭注以爲冢宰失之昭四年左傳叔孫卒杜洩將以路葬南遺謂季孫曰冢卿無路介卿以葬不亦左乎杜注曰冢卿謂季孫介次也則季孫爲冢卿孟孫叔孫爲介卿可知季孫秉國政故謂之冢卿也其位在六卿之首其數則一人而已不得有三也自班氏作表誤以三少爲孤而康成沿襲之於是東晉古文尚書竊其說以入周官曰少師少傅少保曰三孤而孤之爲官遂失其本義矣又案以周禮之孤爲三人其誤始於新莽漢書王莽傳曰置大司馬司允大司徒司直大司空司若位皆孤卿蓋莽建立周禮見周禮屢言三公孤卿則妄以孤爲三公之佐而置三公司卿以放效之至班氏作表又以大師大傅大保爲三公而少師少傅少保爲孤卿官名雖異而以孤爲三人分屬三公則沿新莽之誤案

王謂孤爲冢卿卽在六卿之中非三少其說致塙孤者執政之卿亦謂之卿士詩小雅十月之交說皇父卿士在家伯維宰之上鄭箋以宰爲冢宰則皇父爲孤卿可知左隱九年傳載鄭莊公爲王左卿士與虢公忌父爲右卿士竝爲政左隱三年杜注謂卿士王卿之執政者執政必孤卿而有左右是有二孤矣蓋孤爲諸卿中執政者之稱無專職亦無定員但不可以三少强充其數耳通言之孤在卿中爲特尊秩次亞於三公故亦通稱公卿飲酒禮諸公大夫注云大國有孤四命謂之公是也卿士爲孤而亦爲諸卿之通稱故書洪範云卿士惟月師尹惟日孔疏引鄭書注云卿士六卿掌事者又匠人注以三孤六卿爲九卿亦非詳彼疏云不言公公如諸侯禮從王祭祀合諸侯張大次小次師田亦張幕設案者以經言孤卿不及三公故鄭補其義賈疏云謂如上諸侯之禮中唯有會同師田無言祭祀鄭云祭祀者王於會同與祭祀同云亦如之則諸侯從王祭祀亦與會同同若然三公從王祭祀亦與從王會同同也　凡喪王則張帟三重諸侯再重孤卿大夫不重張帟柩上承塵疏凡喪王則張帟三重諸侯再重孤卿大夫不重者賈疏云以其王以下至孤卿大夫兼有后及三夫人已下故言凡以廣之也后與王同三重世子三夫人與諸侯同再重九嬪二十七世婦與孤卿大夫同不重一而已八十一御妻與士同無帟有賜乃得帟也此諸侯謂三公王子母弟若畿外諸侯掌次不張之金縢云凡兩物積累方可言重若只一物則不可言一重故再重之下卽曰不重而無一重之文　注云張帟柩上承塵者詳幕人疏　凡祭祀張其旅幕張尸次旅衆也公卿以下卽位所祭祀之門外以待事爲之張大幕尸則有幄鄭司農云尸次祭祀之尸所居更衣帳疏凡祭祀張其旅幕張尸次者賈疏云祭祀言凡者天地宗廟外內祭祀皆有羣臣助祭其臣旣多不可人人獨

設故張旅幕旅衆也謂衆人共幕諸祭皆有尸尸尊故別張尸次注云旅衆也者序官注同云公卿以下卽位所祭祀之門外以待事
者上經孤卿有邦事則張幕設案注謂以事從王又謂公如諸侯禮從王祭祀設大次小次是公從祭當特設次卿從祭當特張幕則此
注公卿以下蓋外公卿言之謂中大夫以下待事則衆人共居旅幕以其無專幕也通典吉禮說大祫云掌次於廟外之東設主人及公
卿以下次幕林喬蔭云尸次差設於廟門外之西案林蓋據聘禮注賓次在門西推之於義近是杜謂設於門東恐未塙賈疏云若宗廟
自有廟門之外若外神於郊則亦有壝宮之門門外並有立位云爲之張大幕者以其旅居人衆取足相容故特爲大幕也云尸則有幄
者以經云張尸次與上朝祀五帝設大次小次同爲四合之幄也少牢饋食禮云祝迎尸于廟門之外特牲饋食禮云祝迎尸于門外注
云尸自外來代主人接之就其次而請則尸次亦於廟門外張之鄭司農云尸次祭祀之尸所居更衣帳者掌訝云次于舍門外後鄭注
云次如今官府門外更衣處士冠禮大射儀注並同卽用先鄭義次張帷幕爲之故謂之帳賈疏云未祭則常服至祭所乃更去常服服
祭服也故言更衣射則張耦次耦俱升射者次在洗東大射曰遂命三耦取弓矢于次疏射則張耦次者通三射而
言賈疏云天子大射六耦在西郊賓射亦六耦在朝燕射三耦在寢此六耦三耦據諸侯射者若衆耦則多但無常數耳案天子大射當
在東郊南郊燕射亦具六耦賈說並誤詳司裘大司馬射人疏　注云耦俱升射者者卽大司馬云若大射則合諸侯之六耦射人云王
六耦諸侯四耦孤卿大夫士三耦是也左襄二十九年傳云射者三耦杜注云二人爲耦曲禮孔疏云射法每兩人相對以決勝負名之
曰耦耦貴賤必對故卿與卿耦大夫與大夫耦或奇餘不足則使士備耦案大射君與賓耦卿大夫自相耦賈疏云案大射鄉射耦皆兩

珍倣宋版印

兩揖讓升自西階鄉兩楹之閒履射物南面而射射訖又兩兩揖讓降自西階云次在洗東者鄭大射儀注云耦次在洗東南案彼經上文云設洗于阼階東南然則耦次又在洗之東南亦卽阼階東南也此注不言南者文不具又案大射注據射宮庭中言也燕射於路寢亦有阼階唯賓射於治朝無堂階以意推之賓射耦次其在路門外東塾之東南與引大射曰遂命三耦取弓矢于次者賈疏云證次中有弓矢其耦立位在次北西面至射乃命三耦入次取弓矢引之者以天子之次無文雖六耦不同設次則與諸侯同也儀禮鄉射乃是州長射士禮其中兼有鄉大夫詢衆庶之射並無次故堂西比耦也

掌凡邦之張事

大府掌九貢九賦九功之貳以受其貨賄之入頒其貨于受藏之府頒其賄于受用之府

九功謂九職也受藏之府若內府也受用之府若職內也凡貨賄皆藏以給用耳良者以給王之用其餘以給國之用或言受藏或言受用又雜言貨賄皆互文

疏 掌九貢九賦九功之貳者此並掌財用府藏官之官法與大宰正副相贊者也太宰云以九職任萬民以九賦斂財賄以九貢致邦國之用此官並執其法籍之貳賈疏云太宰掌其正此官掌其副貳者以其物入大府故也云以受其貨賄之入者明凡貨賄之入此官總受之也賈疏云九貢謂諸侯九貢自然有金玉曰貨布帛曰賄九賦謂畿內之九賦口率出泉九職如三農園圃之類亦有不出貨賄者皆言受其貨賄之入者雖以泉穀爲主民欲得出貨賄者則取之以當邦賦之數故太宰云九賦斂財賄是其不要取泉也案九賦者畿內田野之稅九功者萬民職事之征賈依大宰注說以九賦爲口泉非也並詳大宰疏 云頒其貨于受藏之府頒其賄于受用之府者賈疏云言大府雖自有府其物仍分置于衆府 注云九功謂九職

也者司會＝云以九功之灋令民職之財用故知九功卽九職之功授其事則爲職獻其成則爲功其實一也管子乘馬篇＝云賈而不爲官賈者與功而不與分焉工而不爲官工者與功而不與分焉彼功卽此九功之功與功而不與分謂使爲賈工者各自貢其功若閭師商賈百工之貢不與分者不須以食也賈疏＝云以其九職任萬民謂任之使有職事故大宰＝云九職大府斂貨賄據成功言之故＝云九功其本是一故＝云九功九職也江永＝云九功中臣妾不貢疏材此舉其大綱未暇細別閭師乃分析言之＝云受藏之府若內府也者據內府＝云掌受九貢九賦九功之貨賄良兵良器以待邦之大用是受藏之府職金＝云入其玉石丹青于守藏之府注亦＝云守藏者玉府內府也黃以周＝云玉府內府皆藏貨賄之良以待王之大用大用不常有故謂之受藏之府明不遽出也詒讓案鄭意蓋謂玉府內府外府皆爲受藏之府唯＝云內府者文不具也＝云受用之府若職內也者據職內＝云以逆邦國之賦用是受用之府鄭意蓋謂職內職歲職幣皆爲受用之府唯舉職內者亦文不具也金榜＝云受藏之府受用之府六官之屬具有之在天官則玉府內府外府其較著者也職內掌邦之賦入職歲掌邦之賦出蓋各執其出入之總以贊逆會乃計官之屬故與司會司書職相亞次非謂邦賦盡入於職內盡出於職歲也案金說是也此經受藏受用之府所晐甚廣若酒人漿人酒飲並入酒府廛人市布入泉府珍異入膳府之屬凡百官之有府者並得受之注唯舉內府職內二官以見例耳＝云若者卽是比儗之詞非謂受藏專屬內府受用專屬職內也＝云凡貨賄皆藏以給用耳者以貨爲金玉賄爲布帛皆給用之物賈疏＝云鄭欲以藏用互文貨言藏者以其善物賄言用者以其賤物其實皆藏皆用故言凡貨賄皆藏以給用耳＝云良者以給王之用者若內府待邦之大用玉府掌王之良貨賄之藏是也＝云其餘以給國之用者若職內邦國之用是也＝云或言受藏或

言受用又雜言貨賄皆互文者賈疏云言受藏謂內府言受用謂職內皆藏以給用言藏亦用言用亦藏是互文也雜言貨賄者言貨兼有賄言賄亦兼有貨亦是互文但二者善惡不同故別言之耳

凡官府都鄙之吏及執事者受財用焉

【疏】凡官府都鄙之吏者此吏通冢官府都鄙爲文謂王朝衆官及都鄙采邑咸有官吏猶司會云掌國之官府郊野縣都百物財用此內舉官府外舉都鄙以通晐郊野縣等明畿內之官吏通掌之文不具也采邑之吏雖各屬其主然亦兼正於王官若都家宗人司馬及邑長等有大法用如受王命祭祀發軍役之等亦受財於大府也云及執事者者執事謂非其專職暫來治事者故於官府都鄙之吏外別言之詳大宰疏云受財用焉者官吏與執事凡有應用財物者皆於此官受之以此官通管諸府也

凡頒財以式灋授之關市之賦以待王之膳服邦中之賦以待賓客四郊之賦以待稍秣家削之賦以待匪頒邦甸之賦以待工事邦縣之賦以待幣帛邦都之賦以待祭祀山澤之賦以待喪紀幣餘之賦以待賜予

待猶給也此九賦之財給九式者膳服即羞服也稍秣即芻秣也謂之稍稍用之物也喪紀即喪荒也賜予即好用也鄭司農云幣餘使者有餘來還也玄謂幣餘占賣國之斥幣

【疏】凡頒財者以下冢上文而辨九賦九貢九功所用之異也大宰注云財泉穀也此當通貨賄言之賈疏云大宰云九賦斂財賄九式用之此大府頒與九式用之但事相因故二處別言九賦之物也此所頒之財即大宰斂財賄一也云以式灋授之者明此官亦掌九式之貳也當頒財時各攷案法式爲書并授其人使依法式用之所用與式必相應也金榜云大宰制

式法以歲上下凡受財用者皆以式法授之爲其所用多寡歲各不同職歲職曰凡官府都鄙羣吏之出財用受式法于職歲此大府須財亦令職歲授之式法也云關市之賦以待王之膳服者賈疏云自此以下並與九式事同但文有交錯與九賦不次江永云以某賦待某事蓋約計其財用之相當爲之式法非必以其地之所出給此用也金榜云大府頒其貨于受藏之府頒其賄于受用之府分别其貨賄入于諸府未嘗以邦中四郊之等區爲九處如山澤之賦以待喪紀而川衡祭祀賓客其川奠澤虞祭祀賓客其澤物之奠其非專以待喪紀甚明餘可類推案江金說是也此亦以九賦地稅與九式法用約略相當足相待給耳至其用之則緩急贏朒亦自有彼此通移之法固不可一概論也　注云待猶給也者外府注同此引申之義也說文彳部云待竢也凡儲物竢其用時而給之亦爲待故小宗伯注云待者有事則給之是也賈疏謂鄭謂大宰斂得九賦之財給九式之用待來則給之故云待猶給非是訓待爲給非鄭恉也云此九賦之財給九式者者據大宰文見經云式法卽九式之法也九賦地稅爲賦斂之正故以待九式之正法用明餘法用不得取此也云膳服卽羞服也者此據大宰九式文彼注云羞飲食之物也膳卽飲食之善者故兩職互文云稍秣卽芻秣也者亦據九式文謂給牛馬之禾穀也掌客云賓客有喪唯芻稍之受注云芻給牛馬稍人稟也與此異者芻稍對文則異散文可通以禾穀給牛馬亦猶人之給稟食故通得稱稍矣云謂之稍稍用之物也者釋芻秣亦曰稍秣之義說文禾部云稍出物有漸也芻秣亦以漸頒之故云稍用之物云喪紀卽喪荒也者亦據九式文呂飛鵬云九式言喪荒注云荒凶年也此經言喪紀者不一庖人共喪紀之庶羞注云喪紀喪事之祭外饔凡小喪紀注云謂喪事之奠祭則喪紀祇可云喪事不可兼云荒也案呂說是也大宰九式有喪荒此有喪無荒者荒非常事不可豫爲節

度故文不具也詳大宰疏云賜予卽好用也者以九式有好用無賜予彼注云好用燕好所賜予是也凡賜有常賜有好賜常賜者歲時頒賜著於秩籍者好賜則常賜之外以恩澤特受賜非恆典也常賜謂之頒上匪頒內已晐之明此賜予專據好賜言也凡經云賜予者並爲好賜詳內饔及大宰疏鄭司農云幣餘使者有餘來還也者先鄭意聘使當有幣帛故有餘來還謂之幣餘也賈疏云案大宰司農注幣餘百工之餘與此注不同者蓋是司農互舉以相足後鄭不從者聘使之物禮數有限何得有餘來還又且有餘來還何得有賦故後鄭不從云玄謂幣餘占賣國之斥幣者大宰幣餘之賦後鄭注同案幣餘幣當讀爲敝二鄭說並誤詳大宰疏

凡邦國之貢以待弔用此九貢之財所給也給弔用給凶禮之五事【疏】凡邦國之貢以待弔用者邦國九貢爲數不多不及九賦九功之富又無泉穀之貢故專儲以待弔用也江永云以待弔用亦謂取之諸侯者還用之諸侯耳非謂弔用必取給于九貢而九貢必不可爲他事用也　注云此九貢之財所給也者據大宰云以九貢致邦國之用書禹貢孔疏引鄭書注云貢者百功之府受而藏之卽謂此大府等也賈疏云案大行人六服諸侯因朝所貢之物與大宰九貢歲之常貢雖曰時節不同貢物有異要六服之貢與九貢多同亦入弔用之數云給弔用給凶禮之五事者明與宰夫云凡邦之弔事掌其戒令與其幣器財用爲專據弔諸侯諸臣者異也賈疏云案大宗伯云凶禮哀邦國之事下云有喪禮荒禮弔禮禬禮恤禮五禮皆須以財貨哀之故云給凶禮之五事詒讓案鄭知弔用非卽凶禮之弔禮者以弔禮所用無多故以凶禮五事總釋之

凡萬民之貢以充府庫此九職之財充猶足【疏】凡萬民之貢以充府庫者此卽上文九功亦卽閭師之八貢也任民以九職而使貢其功以當賦故謂之功亦謂之貢九功之財數亦少於九賦以

充府庫者積儲以備九賦九貢之不足及他小用亦取諸此也江永云此對邦國之貢言之卽九功所出之財貨非別有貢物也黃以周云此言九職力征閭師職所謂掌國中及四郊之人民六畜之數以任其力以時徵其賦是也力征其所入者少祗以充府庫不若九賦之待用廣也賈氏疏鄭以九功爲田賦九賦爲口錢則是以田地之正稅充府庫而口賦之餘稅反給邦國之大用無是理也案黃說是也 注云此九職之財者卽上九功之財也賈疏云案大宰云九職任萬民此上文又云九功此貢卽是九賦之功所稅故知此是九賦之財也又九貢言入帀用九賦言入九式有餘財亦入府庫是以上文掌九貢九賦受其貨賄頒於受藏受用之府也云充猶足者廣雅釋詁云充滿也說文几部云充長也高也引申爲滿足之義故云充猶足也

凡式貢之餘財以其玩好之用謂先給九式及帀用足府庫而有餘財乃可以共玩好明玩好非治國之用言式言貢互文 疏 凡式貢之餘財者此亦卽幣餘之財以共賜予外尚有羨賸也云以共玩好之用者說文玉部云玩弄也沈夢蘭云九式九貢之餘財以供玩好之用者如禹貢球琳琅玕蠙珠之屬國語楚語白珩先王之玩也何寶焉謂之玩好之用正不貴異物之意也 注云謂先給九式及帀用足府庫而有餘財乃可以共玩好明玩好非治國之用者賈疏云經言餘財明知先給九式及帀用足府庫之餘也經言式貢者式卽上文九賦之財給九式之餘也貢卽上文邦國之貢及萬民之貢也云言式言貢互文者賈疏云式謂九賦貢謂九貢及萬民之貢但賦言式據用而言其實亦有賦貢據貢上爲名亦有用故云互文也案此式謂九式所用之餘雖據用而言然亦兼有斂卽幣餘之入職幣又以式灋斂之者也賈說未析

凡邦之賦用取具焉賦用用賦 疏 凡邦之賦用取具焉者明大府爲財用之總會凡邦用無大小悉取

具於是官也　注云賦用用賦者用賦猶言用財明與上九賦異也賦用亦見職內賦皆謂財用之總名又職內云賦入職歲云賦出義並同賈疏謂上有九賦九貢九功此特言賦明兼有九貢九功亦取具焉失之

歲終則以貨賄之入出會之

疏歲終則以貨賄之入出會之者此通掌諸府藏官之官成司會云以歲會攷歲成亦與彼為官聯也大府受諸府之歲會而入之冢宰冢宰受而聽之賈疏云貨賄之入者謂九貢九賦九功入來至大府言出者大府以貨賄分置於衆府及給九式之用亦是至歲終總會計之

周禮正義卷十一

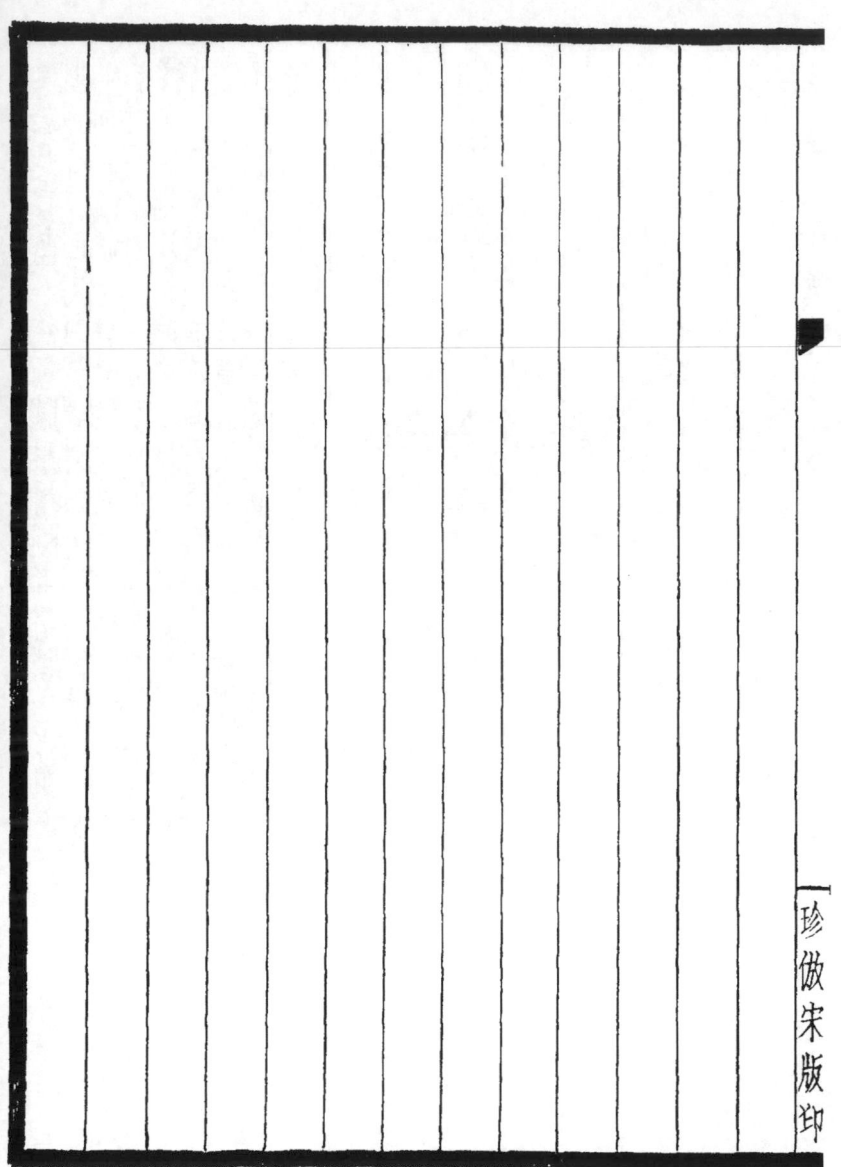

周禮正義卷十二

瑞安孫詒讓學

玉府掌王之金玉玩好兵器凡良貨賄之藏良善也此物皆式貢之餘財所作其不良又有受而藏之者【疏】掌王之金玉玩好兵器凡良貨賄之藏者兵謂五兵器謂車旗用器卽內府良兵良器是也此經司兵及它職云五兵兵甲兵革者皆單言兵不繫器爲文大司馬云軍器則又不言兵凡云兵器者並兵與器爲二鄭賈多釋爲軍器則與內府不合非也大宰注云金玉曰貨布帛曰賄則金玉玩好兵器亦良貨賄之種別此金玉玩好兵器及良貨賄卽大宰九賦之稅所造及九職之功所貢者故遂師云入野職野賦于玉府明此官爲其受藏之府內府亦掌良貨賄此官蓋掌其尤良中王之服御者亦與彼爲官聯也易祓云獸人曰皮毛筋骨入于玉府𩼈人曰凡𩼈征入于玉府廛人曰斂其皮角筋骨入于玉府澤虞曰掌國澤之政令守其財物以時入之于玉府職金亦曰入其金錫于爲兵器之府入其金石丹青于守藏之府此其玩好兵器良貨賄之物玉府皆掌而藏之矣　注云良善也者宰夫注義同云此物皆式貢之餘財所作者賈疏云案上大府云式貢之餘財以供玩好之用彼玩好之中兼有金玉兵器故知式貢餘財也云其不良又有受而藏之者者賈疏云卽上大府云受藏受用之府是也詒讓案以經云良貨賄明惟良者乃入此官其不良者仍入內外府諸官也

共王之服玉佩玉珠玉佩玉者王之所帶者玉藻曰君子於玉比德焉天子佩白玉而玄組綬詩傳曰佩玉上有葱衡下有雙璜衝牙蠙珠以納其閒鄭司農云服玉冠飾十二玉【疏】共王之服玉佩玉珠玉者此皆王服

御之玉也江永二云有法度之玉典瑞掌之良貨賄之玉玉府藏之服
玉佩玉珠玉食玉含玉皆良貨賄之玉也詒讓案說文玉部二云珠蚌
中陰精也此珠玉則當是小玉圓好如珠者或亦琢玉爲之非蚌珠
也爾雅釋地二云南方之美者有霍山之多珠玉焉彼珠卽小玉也荀
子賦篇二云旋玉瑤珠不知佩也則古珠或以瑤爲之毛詩衞風木瓜
傳二云瓊瑤美石玉石散文亦通　注二云佩玉者王之所帶者者說文
人部二云佩大帶佩也釋名釋衣服二云佩倍也言其非一物有倍貳也
有珠有玉有容刀有帨巾有觿之屬也案容刀諸物所謂事佩也與
玉佩異賈疏二云謂佩於革帶之上者也引玉藻曰君子於玉比德焉
者彼下文卽說天子以下佩玉事故引以證王必佩玉之義聘義文
亦略同二云天子佩白玉而玄組綬者亦玉藻文鄭彼注二云綬者所以
貫佩玉相承受者也賈疏二云所佩白玉謂衡璜琚瑀玄組綬者用玄
組條穿連衡璜等使相承受引詩傳者賈疏謂是韓詩案月令孔疏
引韓詩外傳文與此同然今本外傳無此語疑出韓詩內傳也國語
晉語韋注引詩傳及大戴禮記保傅篇賈子容經說佩玉並略同二云
佩玉上有葱衡者大戴禮保傅盧注二云衡平也賈疏二云衡橫也謂葱
玉爲橫梁案說文玉部二云珩佩上玉也所以節行止也衡卽珩之叚
字徐堅初學記器物部引三禮圖二云衡長五寸博三寸上平爲衡案
御覽及聶氏三禮圖引並作博一寸疑徐引非是玉藻二云一命再命
幽衡三命葱衡注二云衡佩玉之衡也青謂之葱又二云天子佩白玉公
侯佩山玄玉大夫佩水蒼玉世子佩瑜玉士佩瓀玟則天子以下佩
玉各異所謂蔥衡者卽大夫佩水蒼玉之衡此鄭引詩傳成語故仍
其舊文不復改易實則天子當佩白玉衡不佩蔥衡國語晉語二云白
玉之珩六雙楚語亦二云楚之白珩蓋卽天子所佩白玉衡也又詩傳
云上有蔥衡賈孔疏義並謂佩上止有一衡而宋本大戴禮及賈子
月令章句三禮舊圖漢書五行志注並二云上有雙衡初學記器物部

引魚豢魏略亦云有雙璜雙珩琚瑀衡牙蠙珠爲佩者乃漢明帝采古文始制也任大椿云攷衡之爲義惟一梁上橫追飾之衡轅人之衡與佩上之衡名義相似蓋以一衡爲上端下屬三組中組以貫瑀衝牙旁組以貫兩琚及雙璜也若有兩衡何以貫三組乎況三禮舊圖明云衡長五寸若雙衡則一尺矣佩繫身旁而容一尺之衡其不適於體甚明故雙之作蔥當以韓詩爲正案任說甚覈孔廣森亦據儀禮經傳通解校改保傅雙衡爲蔥衡但據玉藻則天子以下佩衡玉色各異大戴禮諸書並通論佩制與詩說不同不宜概沿三命蔥衡之文陳奐黃以周並從舊本大戴禮作雙衡陳氏云珩爲佩玉最上之名行步下則雙璜與衝牙成聲上則珩與珩成聲采芑篇有瑲蔥珩傳瑲珩聲謂卽雙珩之聲也鄭引詩傳者三家釋采芑之蔥珩後儒因改大戴禮雙字爲蔥字天子白珩大戴言天子之珩不得爲蔥珩明矣案依陳說則韓傳詁詩自作蔥衡戴記述禮又自作雙衡兩文不可強合其論實允當晉語說白珩以雙計亦足爲保傅佐證但任謂衡之義取一梁上橫與車衡義同其說則固不誤蓋雜佩之玉不一今以條組交午貫穿若非以一衡總攝兩端則縣之華帶必有散亂之弊聲亦安能成節乎衡之不能與璜同爲平列分縣揆之物理殆無疑義竊謂古佩玉自有雙衡而實非平列似當以兩玉重絫縣之其形蓋橫平而上微隆起爲鈍角下微容邪剡旁出爲岐足故晉語韋注云珩形似磬而小楚語注又云珩上之橫者韋所謂象磬而上橫者自據漢以後橫縣之磬爲象然則三禮舊圖云上平曰衡亦對雙璜側垂大較言之實則衡上隆而下窐與橫磬略同固非正平也其縣之則上下重沓相去當不逾數分動則下衡之首與上衡恆相摩切故不藉衝牙而自能瑲然成聲而三組分貫於上下衡之中與兩旁則與一衡無異自無不能總攝之患揆校文制於禮或有合乎云云下有雙璜衡牙者保傅盧注云半璧曰璜玉藻云佩玉有

衡牙鄭注云居中央以前後觸也孔疏云凡佩玉必上繫於衡下垂三道穿以蠙珠下端前後以懸於璜中央下端懸以衡牙動則衡牙前後觸璜而爲聲所觸之玉其形似牙故曰衡牙皇氏謂衡居中央牙是外畔兩邊之璜以衡牙爲二物若如皇氏說鄭何得云牙居中央以爲前後觸也賈疏云謂以組懸於衡之兩頭兩組之末皆有半璧曰璜故云雙璜又以一組懸於衡之中央於末著衡牙使前後觸璜故言衡牙案賈說是也依皇侃說則璜一名牙衡牙者以衡璜得名與鄭賈說異保傅盧注云衡在中牙在傍說亦與皇同初學記及聶氏三禮圖引舊圖云下有雙璜徑三寸衡牙長三寸綜校諸說璜蓋以徑三寸之璧而中析之每璜肉蓋徑一寸其好半徑則五分也長皆如其全徑衡牙長三寸橫設璜閒其兩角適切璜好之中以雙璜肉各一寸并衡牙三寸爲五寸與上衡之長適相準此亦衡橫懸之義證也云蠙珠以納其閒者大戴禮保傅云玭珠以納其閒琚瑀以雜之盧注云納於衡璜衡牙之閒玭亦作蠙總曰玭珠而赤者曰琚白者曰瑀或曰瑀美玉琚石次玉書禹貢云淮夷蠙珠孔疏引鄭注云蠙珠珠名說文玉部云玭珠也宋弘云淮水中出玭珠玭珠珠之有聲者重文作蠙云夏書玭从虫賓賈疏云蠙蜂也珠出於蜂故言蠙珠納其閒者組繩有五皆穿珠於其閒故云以納其閒案賈蓋謂蠙爲蜂之別種因以名其珠耶本鄭義也玉藻疏謂佩組三道皆穿以蠙珠賈更及邪繫二組午貫四維故有五組與孔義實同也續漢書輿服志劉注引月令章句云佩上有雙衡下有雙璜琚瑀以雜之衡牙蠙珠以納其閒初學記器物部引三禮圖文略同又云璜中橫以衡牙以蒼珠爲瑀案此並讀衡牙蠙珠以納其閒爲句與盧辯及賈孔兩疏異漢書五行志顏注說同蓋衡牙居兩璜之閒亦得爲納閒然鄭讀實不如是也依大戴記雜佩又有琚瑀毛詩鄭風有女同車傳云佩有琚瑀所以納閒此注引詩傳則無琚瑀唯有蠙珠賈

疏又云案毛詩傳衡璜之外別有琚瑀其琚瑀所置當於懸衡牙組之中央又以二組穿於琚瑀之內角斜繫於衡之兩頭於組末繫於璜案諦繹賈說似以琚瑀爲一玉且唯中組設之與蠙珠偏綴五組不同而盧辯及三禮舊圖並謂琚瑀卽珠續漢輿服志注引顏延之纂要云琚瑀所以納閒在玉之閒今白珠也似亦以蠙珠與琚瑀爲一珠乃玉珠非蜯珠魏略以蠙珠爲琕珠說文玉部云琕石之美者則魚說雖不以琕珠琚瑀爲一而亦不以爲蜯珠並與賈義異任大椿云保傅篇先言葱衡及雙璜衡牙特舉上下兩端也上下玉名旣著於是始言上下之閒貫以玭珠而玭珠之中又閒以琚瑀之玉其云琚瑀以雜之猶云琚瑀以閒之也鄭風佩玉瓊琚毛傳佩有琚瑀所以納閒閒猶中也謂琚瑀納在衡璜衡牙之中也大戴禮注亦謂玭珠納衡璜之閒不及琚瑀蓋彼注以琚瑀爲玭珠別名非玉也則佩上下惟有衡璜二玉欲明玭珠在納玉閒惟得云納於衡璜之閒耳今攷雜佩以贈之傳雜佩者珩璜琚瑀衡牙之類珩璜衡牙與琚瑀並舉珩璜衡牙旣爲玉則琚瑀亦爲玉明矣故說文玉部皆云瑀石之似玉者說文云琚瓊琚玉篇亦云琚玉也續漢志孝明皇帝乃爲大佩衡牙雙璜皆以白玉然則漢志明以白玉爲琚瑀則琚瑀不得爲玭珠矣案任謂琚瑀非玭珠是也賈前疏謂琚瑀以白玉爲之與續漢志同則亦不謂與蠙珠爲一任說與賈正合琚瑀納閒似五組皆當有之與蠙珠相錯共處而賈前疏則謂唯中組有之古書所說不詳宋以後說者皆謂瑀在中組雙琚在旁咸無塙證今亦無以定之經云佩玉蓋通衡璜衡牙及琚瑀蠙珠言之佩以玉爲主言玉可以晐石珠也鄭司農云服玉冠飾十二玉者賈疏云案弁師掌五冕袞冕十二旒鷩冕九旒毳冕七旒絺冕五旒玄冕三旒皆十二玉冕則冠也弁師又有皮弁韋弁冠亦皆十二玉故云冠飾十二玉也詒讓案弁師又有玉笄玉瑱當亦在服玉之內先鄭不言者文不

具又月令春服蒼玉夏服赤玉中央土服黃玉秋服白玉冬服玄玉後鄭彼注云凡所服玉謂佩飾及所佩者之衡璜也呂氏春秋孟春紀高注則直訓服爲佩彼不言佩玉故服玉內兼有佩玉此服玉在佩玉之外故先鄭止舉冠飾之玉爲釋也王齊則共食玉玉是陽精之純者食之以禦水氣鄭司農云王齊當食玉屑

疏注云玉是陽精之純者者賈疏云但玉聲清清則屬陽又案楚語云王孫圉與趙簡子言曰玉足以庇蔭嘉穀使無水旱之災則寶之珠足以禦火則寶之服氏云珠水精足以禁火如是則玉是火精可知案賈說非也易說卦傳云乾爲玉故爲陽精白虎通義考黜篇云玉者德義之至也故爲陽精之純者云食之以禦水氣者大戴禮記勸學篇及管子侈靡篇並云玉者陽之陰也故勝水此謂玉可以禦水氣義蓋與彼同但齊居路寢何必以禦水氣未審厥恉賈疏謂恐起動多故須玉以禦水氣亦未塙鄭司農云王齊當食玉屑者楚辭離騷云精瓊靡以爲粻王注云精鑿也靡屑也精鑿玉屑以爲儲糧是古有食玉屑之法賈疏云其玉屑研之乃可食俞正燮云太平御覽引吳普本草云玉泉一名玉屑神農岐伯雷公甘三輔黃圖云武帝銅盤玉杯承露和玉屑服之以求仙道皆食玉也惠士奇云食玉掌於玉府而不掌於膳夫則玉非可食之物矣左傳成十七年聲伯夢或與己瓊瑰食之食玉者含象聲伯夢而惡之則玉非可食之物益明曾釗云方書亦有食玉法然非經義也膳夫職云王齊日三舉是齊食加日食一等其器必有用玉者玉藻正義天子朔月太牢當六簋盛舉則八簋禮器注鏤簋謂刻而飾之天子以玉然則食玉蓋卽簋歟日食朔食並有簋玉府獨共王齊者變食亦變器也案先鄭說蓋據漢時神仙服食家言若俞氏所舉是也然其說不經於古未聞殆不足據惠氏糾之甚允通校諸家之說惟曾說較爲近理蓋王齊備盛饌則饌具之器亦宜備飾食玉者殆卽以玉飾食器若玉

敦玉豆之類皆是與

大喪共含玉復衣裳角枕角柶

角枕以枕尸鄭司農云復招魂也衣裳生時服招魂復魄于大廟至四郊角柶角匕也以楔齒士喪禮曰楔齒用角柶楔齒者令可飯含玄謂復於四郊以綏

【疏】大喪共含玉者此與典瑞爲官聯也賈疏云大喪謂王喪含玉璧形而小以爲口實此不言贈玉飯玉者文不備江永云含玉玉府典瑞兩官並共豈玉府共之於典瑞而典瑞乃共之以含與案江說近是此大喪疑亦通包王后世子之喪賈說未晐含玉詳大宰疏云復衣裳者與司服爲官聯也共與夏采祭僕隸僕等用之說文巾部云常下帬也重文裳常或从衣凡復時所用吉服燕服咸襦裳具有故經兼云衣裳也賈疏云王始死招魂復魄之衣裳不在司服者司服所掌是尋常衣服玉府所掌皆王之美物其衣服美者亦玉府掌之但所復衣裳用死者上服故玉府供之案賈說非也司服云大喪共其復衣服彼官所掌自裘冕以下弁冠諸禮服無不備共則其美者不宜轉在此官據下經云掌王之燕衣服則此復衣裳疑亦當爲燕衣服王喪復於大小寢或兼用燕服也士冠禮大小斂皆祭服散衣並列彼注釋散衣爲袍襺之屬卽下經燕衣服也若然司服所共者祭服此官所共者殆卽散衣二官互相備與司服又有斂衣服奠衣服廞衣服當亦祭服散衣並有經皆不具也　注云角枕以枕尸者說文木部云枕臥所薦首者詩唐風葛生云角枕粲兮毛傳云齊則角枕蓋枕尸用齊時枕也旣夕記始死云設牀第設枕喪大記沐浴之後云設牀襢第有枕含一牀襲一牀遷尸於堂又一牀皆有枕席君大夫士一也彼枕皆卽此角枕鄭司農云復招魂也者夏采先鄭注云復謂始死招魂復魄與此注義同楚辭招魂王敘云招者召也以手曰招以言曰召魂者身之精也士喪禮說復云北面招以衣卽謂招魂也檀弓孔疏謂招魂者是六國以來之言未塙云衣裳生時服者謂王生時常御之服明

與明器之衣服異也云招魂復魄于大廟至四郊者于注例當作於各本並誤此亦據夏采文先鄭意彼文雖云以乘車載綏復於四郊亦兼有衣裳矣云至四郊者明自內及外皆祭僕復小廟隸僕復小寢大寢而言也云角柶角匕也者說文木部云禮有柶柶匕也又匕部云匕所以比取飯一名柶廣雅釋器云柶匙匕也士冠禮側尊一甒醴有篚實勺觶角柶鄭彼注云柶狀如匕以角為之者欲滑也喪大記孔疏云柶以角為之長六寸兩頭曲屈聶氏三禮圖云醴有柶用角為之鉶有柶用木為之舊圖云柶長尺櫼博三寸曲柄長六寸漆赤中及柄端又云疏匕亦形如飯桑以棘為之長二尺四寸葉長八寸博三寸其柄葉通疏皆丹漆之桃匕漆柄末及淺斗中皆朱柄葉長短廣狹與疏匕同案禮凡扱醴扱羹並以柶蓋與匕飯匕牲體之匕形略同而用異據士冠禮角柶有枋有葉舊禮圖說匕亦同禮圖之櫼即聘禮之櫼士冠禮之葉鄭注云葉柶大端是也云以楔齒者卽據士喪禮文彼注云為將含恐其口閉急也喪大記疏云楔柱也以柶柱張尸齒令開也引士喪禮曰楔齒用角柶者證角柶楔齒之事喪大記云小臣楔齒用角柶綴足用燕几君大夫士一也則天子禮亦與士同故鄭引士禮為證也楔齒必用角柶者蓋以始死不能猝辦喪器因以生時所用之角柶斷去其櫼而用其曲柄故喪大記疏謂角柶長六寸與三禮舊圖角柶曲柄之長正合以其楔齒卽謂之楔既夕記所云楔貌如軛上兩末蓋柶末斷時上耑之柄有末而下耑則為櫼上銳下圓止有一末至斷去其櫼則曲柄乃有兩末正與車軛相似但車軛上附於衡下扼牛領兩末必下向此楔齒則兩末上向為異耳至於角柶曲柄乃其本制非為楔齒乃屈之也賈疏乃謂如枇杷拔屈中央楔齒則似謂不去其櫼而別屈其中央士喪禮疏亦云此角柶與扱醴角柶制別故屈之如軛蓋謂遇喪時別制此楔齒之角柶與生時所用形制不同誤也云楔齒者令可飯含

者含釋文作哈案哈卽含之俗詳大宰疏謂始死時柱齒令不閉以
待飯含也云玄謂復於四郊以綏者後鄭意復衣裳止用於廟寢也
賈疏云案夏采云以冕服復於大祖以乘車建
綏復於四郊言此者破先鄭於四郊亦以衣服掌王之燕衣服衽席
牀笫凡褻器燕衣服者巾絮寢衣袍襗之屬皆良貨賄所成笫簀也鄭司農云衽席單席也褻器清器虎子之屬【疏】掌王
之燕衣服衽席牀笫者賈疏云謂燕寢中所有衣服之屬衽席者亦
燕寢中臥席牀笫者謂燕寢中牀簀也 注云燕衣服者巾絮寢衣
袍襗之屬者明非燕居上服玄端服也賈疏云巾絮者案內則左佩
紛帨紛帨卽巾也又婦事舅姑佩有線纊此絮則纊也寢衣者論語
鄉黨云必有寢衣長一身有半鄭注云今小臥被是也袍襗者案毛
詩云豈曰無衣與子同袍與子同襗是也王念孫云絮與帤通帤亦
巾也說文帤巾帤也巾帤卽巾絮也方言幪巾也大巾謂之帤嵩嶽
之南陳潁之閒謂之帤郭璞音奴豬反漢書周勃傳大后以冒絮提
文帝應劭注曰陌額絮也晉灼曰巴蜀異物志謂頭上巾爲冒絮說
苑正諫篇吳王蒙絮覆面而自刎謂以巾絮覆面也亦通作挐風俗
通義怪神篇以挐巾結兩足幘冠之是也疏以絮爲纊失之釋文不
爲絮字作音蓋誤以爲絲絮之絮矣案王說是也說文衣部云被寢
衣袍襺也襗絝也禮器云纊爲襺縕爲袍襌爲絅帛爲褶廣雅釋器
云襗袍長襦也襗亦作澤釋名釋衣服云袍丈夫著下至跗者也袍
苞也苞內衣也汗衣近身受汗垢之衣也詩謂之澤受汗澤也秦風
無衣篇與子同澤箋云澤褻衣近汙垢案澤襗字通詩箋雜記注及
論語鄉黨皇疏引鄭注並以袍澤爲褻衣蓋凡著袍襺者必內著襗
次著袍次著中衣次加禮服爲表故賈聘禮疏云凡服四時不同假
令冬有裘襯身襌衫又有襦袴襦袴之上有裘裘上有裼衣裼衣之
上又有上服皮弁祭服之等若夏則以絺綌絺綌之上則有中衣中

衣之上復有上服若春秋二時則衣袷褶袷褶之上加以中衣中衣之上加以上服也案賈說四時衣法甚覈此注禪卽襯身禪衫袍卽襦之長者通言之亦得爲禪故廣雅禪袍並訓長襦而說文又訓禪爲絝也凡中衣以內之衣通爲褻衣燕居容有不加上衣或弁不加裼衣中衣若玉藻所謂振絺綌表裘者故亦通謂之燕衣服自褻爲司裘所掌外餘中衣及絺綌禪褶袍襺等此官盡共之矣中衣裼衣互詳司裘疏云皆良貨賄所成者賈疏云見上文云凡良貨賄之藏故知此良貨賄所成云第簀也者說文竹部云第牀簀也簀牀棧也爾雅釋器云簀謂之第郭注云牀版也喪大記注云襢第袒簀也案第爲牀上竹木之棧亦通謂牀爲第方言云牀齊魯之閒謂之簀陳楚之閒或謂之第與此經義小異鄭司農云衽席單席也者賈疏云案曲禮云請衽何趾鄭注云衽臥席又案斯干詩云下莞上簟內則云斂枕篋簟席襡器而藏之司農云單席則臥之簟席案賈說是也曲禮云請席何鄉請衽何趾彼文以衽爲臥席對席爲坐席言之此經衽席與牀第並舉則衽席並爲寢臥之席可知士昏禮御衽于奧媵衽良席在東北止是臥席稱衽亦稱席也既夕記云設牀第當牖衽下莞上簟此士禮遷尸之席與生時臥席同禮器孔疏引熊氏云天子臥席則亦下莞上簟詩斯干所云是也詩小雅疏亦謂寢臥之席自天子以下莞簟同依熊孔說則此經衽席卽下莞上簟之臥席也先鄭云單席者禮器云天子之席五重此臥席蓋下鋪莞席五重而上加簟席不重不重卽單席也先鄭意經衽爲親身之簟席席則在下之莞席衽席異物猶內則簟席對文鄭注亦云簟席之親身也若然衽席單席乃專釋衽字因文便連言席猶酒正注澄酒三酒專釋酒字而連言澄也凡禮經同席而絫設之謂之重異席則謂之加上席有再加而皆止一席故曰單單者不重之謂非無加之謂也詳司几筵疏云褻器清器虎子之屬者說文衣部云褻私服引申之凡

私褻之用器亦謂之褻器丁晏云史記萬石君傳石建取親中裙廁牏集解呂靜云楲窬褻器也音威豆賈逵解周官楲虎子也窬行清也孟康曰廁行清窬行清中受糞函也東南人謂鑿木空中如曹謂之窬鄭云清器猶行清也義本賈君說文廁清也廣雅圊廁也清圊古今字案丁說是也賈景伯蓋以楲窬詁此褻器而申釋其義急就篇云屏廁清溷糞土壤顏注云清言其處特異餘所常當加潔清也釋名釋宮室云廁或曰圊言至穢之處宜常修治使潔清也蓋漢時名廁爲清故謂受糞之器爲清器清器卽行清謂以木爲函可移徙者通謂之廁與宮人之匽爲地廁別虎子盛溺器亦漢時俗語後漢書獻帝紀李注引漢官儀云侍中分掌乘輿服物下至褻器虎子之屬西京雜記云漢朝以玉爲虎子以爲便器使侍中執之行幸以從是也說文木部云楲楲窬褻器也與賈鄭義同賈疏云案內豎及葬執褻器以從遣車彼褻器振飾類沐之器與此注不同彼從葬於死者不用清器故爲類沐之器

若合諸侯則共珠槃玉敦　敦槃類珠玉以爲飾古者以槃盛血以敦盛食合諸侯者必割牛耳取其血歃之以盟珠槃以盛牛耳尸盟者執之故書珠爲夷鄭司農云夷槃或爲珠槃玉敦歃血玉器

【疏】若合諸侯者謂時見曰會殷見曰同司盟云凡邦國有疑會同則掌其盟約之載及其禮儀是也其十二年巡守殷國亦有盟法左昭十三年傳晉叔向曰明王之制使諸侯歲聘以志業閒朝以講禮再朝而會以示威再會而盟以顯昭明杜注云十二年王巡守盟于方嶽之下彼聘朝會年數雖不與此經同而十二年巡守則一足爲巡守有盟之證四者之盟封人所謂大盟也云則共珠槃玉敦者王大盟此官共槃敦以盛牛耳及血其諸侯自相與盟非玉府所共也共之者奉其器以授司盟及戎右三官相與爲官聯也歃畢則又受而藏之　注云敦槃類者廣雅釋器云𣪘盂也𣪘敦字同詩衛風氓孔疏引孫炎爾

雅注云敦器似盂士喪禮云黍稷用瓦敦有蓋又啓會面足注云敦有足則敦之形如今酒敦少牢饋食禮云主婦自東房執一金敦黍有蓋又云敦皆南首注云敦有首者尊者器飾也飾蓋象龜形賈氏彼疏引孝經鉤命決云敦規首上下圜相連聶氏三禮圖引舊圖云敦受一斗二升漆赤中大夫飾口以白金案少牢注謂敦飾蓋象龜形蓋者疑辭賈彼疏謂唯蓋象龜聶圖從之非鄭恉也依鄭孫諸說則敦之形制蓋與簋相近亦有首有蓋有足又有無足者士喪禮謂之廢敦注云廢敦無足者是也此玉敦當有足與金敦同金鶚云明堂位有虞氏之兩敦周之八簋是敦爲虞器周用簠簋亦兼用敦然簠簋爲天子諸侯之器而敦則大夫士用之內則言父母之敦牟非餕莫敢用是大夫士常食用敦也士昏禮黍稷四敦皆蓋是昏禮用敦也少牢饋食禮主婦執一金敦黍又云上佐食取黍稷于四敦是祭祀用敦也士喪禮朔月奠有黍稷用瓦敦士虞禮饗設二敦于俎南是喪禮用敦也經典並無天子用敦之文玉府玉敦會盟所用器非祭器也九嬪凡祭祀贊玉齍玉齍者玉簠簋也鄭注玉齍玉敦誤云珠玉以爲飾者賈疏云此槃敦應以木爲之將珠玉爲飾耳案賈說是也禮器之敦皆木器而飾口以金瓦敦則無飾此玉敦蓋亦以木爲之而飾口以玉珠槃亦以琢玉小珠爲槃口之飾云古者以槃盛血以敦盛食者牛人祭祀共牛牲弁共盆簝先鄭注云盆所以盛血是祭祀盛血用瓦盆此槃則以木爲之形制蓋與盆相近敦盛食者內則注云敦牟黍稷器也九嬪玉敦注亦以爲玉敦與此器同而用異賈疏云案特牲少牢皆敦盛黍稷以槃盛血雖無文郊血及血以告殺當以槃盛血也案賈說與牛人不合恐非是鄭意恆制槃盛血敦盛食盟則以槃承耳敦盛血不與常同也左傳僖二十三年曹僖負羈饋晉公子盤飧則槃亦可以盛食不定以盛血矣云合諸侯者必割牛耳取其血歃之以盟珠槃以盛牛耳者說文欠部云歃歠

也國語晉語韋注云歃飲血也此據戎右玉敦辟盟與贊牛耳爲二事明珠盤盛耳不盛血也曲禮孔疏云盟者殺牲歃血誓于神也盟法先鑿地爲方坎殺牲于坎上割牲左耳盛以珠盤又取血盛以玉敦用血爲盟書成乃歃血而讀書云尸盟者執之者明大會同王尸盟卽王自執牛耳也賈疏云尸猶主也小國主盟故使執牛耳也知此珠盤玉敦爲盟而設者案戎右云盟則以玉敦辟盟遂役之贊牛耳桃茢彼注云役之者傳敦血授當歃者割牛耳取血助爲之及血在敦中以桃茢拂之是以知珠盤玉敦爲盟而設若然執牛耳是小國尸盟者也若以歃血則大國在先故哀公十七年吳晉爭先國語曰吳公先歃晉亞之旣言爭先是以知大國當在先若諸侯相與盟則大國戎右執牛耳也案賈說非也左定八年傳晉師將盟衞侯于鄟澤衞人請執牛耳杜注云盟禮尊者涖牛耳主次盟者衞侯與晉大夫盟自以當涖牛耳故請之又哀十七年傳公會齊侯盟于蒙孟武伯問於高柴曰諸侯盟誰執牛耳季羔曰鄫衍之役吳公子姑曹發陽之役衞石魋武伯曰然則彘也杜注云執牛耳尸盟者鄫衍則大國執發陽則小國執據時執者無常故武伯自以爲可執孔疏云劉炫以爲小國恆執牛耳何得云執者無常黃以周云依禮諸侯相與盟大國執發陽之役吳不盟宋皇瑗又臣魯衞無大小故石魋執杜劉說胥失之詒讓案以左傳諸文覈之則執牛耳者必尸盟尸盟者必大國其常法也亦有時以小國尸盟則卽以小國執牛耳其變禮也故襄二十七年左傳宋之盟晉楚爭先叔向謂趙孟曰諸侯歸晉之德只非歸其尸盟也且諸侯盟小國固必有尸盟者是小國亦有尸盟之謂然則執牛耳必尸盟不分大國小國賈及劉氏規杜並謂執牛耳必小國杜預春秋釋例云盟者殺牲載書大國制其言小國尸其事此卽劉賈諸說所本然與哀十七年傳注不合今攷鄫衍吳盟則公子姑曹執發陽吳不盟則衞石魋執似當以大國執爲正

伯蒙之盟魯與齊盟齊大於魯何以孟武伯自謂當執牛耳則杜謂執者無常說自可通賈又謂歃血必大國在先尸盟則小國不知先歃鄭是尸盟故宋之盟晉楚爭先叔向以非歸其尸盟爲說又戎右贊牛耳亦非卽執牛耳賈乃云若諸侯相與盟則大國戎右執牛耳此與戎右職不合又與小國尸盟執牛耳之說自相違伐並非也左傳定八年孔疏又云盟用牛耳卑者執之尊者涖之衛人請執牛耳請使晉大夫執牛耳鄭衍吳爲盟主不知盟禮當令小國執牛耳而自使其臣執之是分執牛耳涖牛耳爲二尤誤云故書珠爲夷鄭司農云夷槃或爲珠槃者段玉裁云司農從或本作珠鄭君從之也徐養原云珠夷形聲不同各爲一字凌人共夷槃冰依尸而爲言者也此不應與之同名故不從故書詒讓案徐鍇本說文冏部說盟禮作朱盤玉敦疑故書或本有作朱者朱與夷形近與珠聲同故傳寫互異與云玉敦歃血玉器者玉敦所以承血而傳歃之也春秋釋例云盟者珠槃玉敦以承流血而同歃又史記平原君傳平原君適楚毛遂謂楚王之左右曰取雞狗馬之血來毛遂奉銅盤而跪進之楚王當歃血而定從於殿上據彼二文則槃亦以歃血或通言不別也

凡王之獻金玉兵器文織良貨賄之物受而藏之謂百工爲王所作可以獻遺諸侯古者致物於人尊之則曰獻通行曰饋春秋曰齊侯來獻戎捷尊魯也文織畫及繡錦

疏凡王之獻金玉兵器文織良貨賄之物受而藏之者並謂臣民獻之於王者玉府則受而藏之以備共御也注云謂百工爲王所作可以獻遺諸侯者鄭以此經云王之獻與內府四方之幣獻文例相似彼幣獻爲四方所進獻則此王獻亦據王所獻遺言之故謂此經金玉兵器等皆是百工爲王作藏之玉府以備獻遺諸侯者百工則考工記攻金刮摩設色諸工是也云古者致物於人尊之則曰獻者鄭又釋天子遺諸侯物稱獻之義檀弓云仕而未

有祿者君有饋焉曰獻鄭彼注云君有饋有饋於君與此注尊之曰
獻義同賈疏云若正法上於下曰賜下於上曰獻若尊敬前人雖上
於下亦曰獻是以天子於諸侯云獻案月令后妃獻繭鄭注謂獻於
后妃知此王之獻金玉非是獻金玉於王者案下內府職凡四方之
幣獻之金玉彼是諸侯獻王入內府藏之不得在此故知金玉是獻
遺諸侯者也況諸侯中兼有二王之後二王之後王所尊敬自然稱
獻也若王肅之義取家語曰吾聞之君取於臣曰取與於臣曰賜臣
取於君曰假與於君謂之獻以此難鄭君鄭君弟子馬昭之等難王
肅禮記曰尸飲五君洗玉爵獻卿況諸侯之中有二王之後何得不
云獻也案依王肅說則此經云獻亦爲下獻於王劉敞易祓黃度林
之奇王與之方苞林喬蔭黃以周說並同江永云注謂王用以獻遺
諸侯恐不然此謂臣下有獻於王如曲禮所謂大夫私行反必有獻
少儀所謂君將適他臣如致金玉貨貝于君是也四方之幣獻則入
之內府王引之云獻者獻於王也諸侯獻金玉兵器文織良貨賄之
物於王則玉府爲王受而藏之若魯僖公納玉於王十瑴之類是也
若謂王獻諸侯之物則受而藏之者當在諸侯不得在玉府矣且何
以別於下文凡王之好賜乎內府凡適四方使者共其所受之物而
奉之鄭彼注曰王所以遺諸侯者彼爲王遺諸侯之物故曰共曰奉
此爲諸侯獻王之物故曰受曰藏不可比而同之也至內府凡四方
之幣獻之金玉齒革兵器凡良貨賄入焉與此相同所謂官聯也若
謂內府所掌玉府不應與之同則內府掌共王及冢宰之賜予玉府
何以亦共王之好賜乎殆失之矣案江王申王肅說並通少儀臣致
襚於君則曰致廢衣於賈人彼注引此經爲釋似亦以獻屬臣獻君
言之足正此注之誤云通行曰饋者說文食部云饋餉也廣雅釋詁
云饋遺也餉遺並通行之辭賈疏云言通行者上於下下於上及平
敵相於皆可云饋康子饋藥陽貨饋孔子豚皆是上於下曰饋膳夫

職云王饋用六穀及少牢特牲稱饋食之禮並是於尊者曰饋朋友之饋雖車馬不拜是平敵相饋故鄭云通行曰饋引春秋曰齊侯來獻戎捷尊魯也者莊三十一年經六月齊侯來獻戎捷左傳云非禮也凡諸侯有四夷之功則獻于王王以警于夷中國則否諸侯不相遺俘杜注云捷獲也獻奉上之辭又釋例云獻者自下奉上之稱遺者敵體相與之辭傳曰諸侯不相遺俘齊侯失辭稱獻失禮遺俘故因其來辭見自卑也以其大卑故書以示過杜例與鄭此注義同賈疏云然三傳皆不解獻義今鄭引者以齊大於魯言來獻明尊之則曰獻未必要卑者於尊乃得言獻云文織畫及繡錦者月令文繡有恆注云文謂畫也說文糸部云織作布帛之總名也又帛部云錦襄邑織文也書禹貢兗州厥篚織文偽孔傳云織文錦綺之屬荀子禮論篇楊注云文織染絲織爲文章也任大椿云鄭破文爲畫織爲錦繡其實錦織而繡刺鄭蓋以大通言之也詒讓案月令注云祭服之制畫衣而繡裳又玉藻士不衣織注云織染絲織之蓋大夫以上服皆染絲織之織成文則爲錦織成繒而畫之則爲文刺之則爲繡畫兼布帛言之雖屬文亦得爲織繡錦皆帛之有文采者雖屬織亦得爲文故鄭兼釋之

凡王之好賜共其貨賄

疏凡王之好賜者內饔注云好賜王所善而賜也案好賜與大宰好用內府好賜予義同賈疏謂王於羣臣有恩好因燕飲而賜之貨賄未析詳大宰內饔疏好用殿九式之末其事較輕而此及內府外府職歲職幣五官通掌之者此及內府共其貨賄外府職歲職幣則共其財用貨賄財用分儲諸官府或此有彼無不能一律故必衆官通共乃能具給也

內府掌受九貢九賦九功之貨賄良兵良器以待邦之大用大用朝覲之班

賜【疏】掌受九貢九賦九功之貨賄良兵良器者賈疏云此九貢以下而言受卽是大府所云九貢已下頒之於受藏之府是也案彼注云受藏之府若內府也則此九貢等由大府而來內府皆受藏之也良兵良器此是冬官百工所作亦由大府而來良兵謂弓矢殳矛戈戟五兵之良者良器謂車乘及禮樂器之善者詒讓案九功卽九職貨賄卽九職商賈之貢良兵良器卽九職百工之貢也其九貢九賦亦有之九貢九賦九功並詳大宰大府疏 注云大用朝覲之班賜者鄭意此大用對職幣詔上之小用賜予故亦以班賜爲釋謂若覲禮賜侯氏車服又云重賜無數注云重猶善也所加賜善物多少由恩也此貨賄良兵良器之等亦所以共重賜也賈疏云掌給九式及弔用是大府所給也好賜之用玉府所給也此又言以待邦之大用是朝覲須賜可知黃以周云內府之大用謂祭祀賓客喪紀會同軍旅之大財用也注專以朝覲之須賜言似偏案黃說是也此大用與外府職幣小用相對爲文當通包九式之法用與大府長屬同共不得強爲區別鄭賈說並未晐

凡四方之幣獻之金玉齒革兵器凡良貨賄入焉 諸侯朝聘所獻國珍【疏】凡四方之幣獻之金玉齒革兵器者大宰大朝覲會同有玉幣玉獻之等是朝會之幣獻也聘禮云賓之幣唯馬出其餘皆東注云馬出當從廄也餘物皆東藏之內府是聘之幣獻也二者蓋皆藏於內府職方氏注云齒象齒也華犀兕革也詳彼疏云凡良貨賄入焉者賈疏云其不良者入於職內給國之用此良者入內府以給王之用 注云諸侯朝聘所獻國珍者國珍謂侯國所出之珍物大戴禮記朝事篇云奉國地所出重物而獻之明臣職也是也賈疏云覲禮所云匹馬卓上九馬隨之龜金竹箭分爲三享是也諸侯遣臣聘所獻國珍者謂若聘禮束帛加璧庭實乘皮之等是也此因朝聘而貢先入於掌貨賄入其要於大府乃始通之於內府也

案賈謂朝覲庭實有龜金竹箭本鄭覲禮注說似未塙詳大行人疏凡適四方使者共其所受之物而

奉之王所以遺諸侯者疏凡適四方使者者猶小行人云使適四方彼注云適之也賈疏云謂使公卿以下聘問諸侯若大行

人所云閒問省覜之等云共其所受之物而奉之者此物亦據貨賄及良兵良器等而言凡使者所當受之物內府則依法式共而奉與

之 注云王所以遺諸侯者者謂享幣之外別有賜遺者也賈疏謂卽上王之獻金玉兵器等亦襲玉府注之誤凡王及冢

宰之好賜予則共之冢宰待四方賓客之小治或有所善亦賜予之疏注云冢宰待四方賓客之小治者據大宰

文此卽敘官注云百官總焉則謂之冢是也云或有所善亦賜予之者說文予部云予推予也好賜予卽內饔玉府之好賜也注訓好爲

善與內饔注義同

外府掌邦布之入出以共百物而待邦之用凡有灋者布泉也布讀爲宣布之布

其藏曰泉其行曰布取名於水泉其流行無不徧入出謂受之復出之共不物者或作之或買之待猶給也有法百官之公用也泉始蓋

一品周景王鑄大泉而有二品後數變易不復識本制至漢唯有五銖久行王莽改貨而異作泉布多至十品今存於民閒多者有貨布

大泉貨泉貨布長二寸五分廣寸首長八分有奇廣八分其圜好徑二分半足枝長八分其右文曰貨左文曰布重二十五銖直貨泉二

十五大泉徑一寸二分重十二銖文曰大泉直十五貨泉貨泉徑一寸重五銖右文曰貨左曰泉直一也疏掌邦布之入出者此官爲

九府之一凡圜法鑄造及賦入之泉布此官總掌其入出之事與泉府爲官聯也惠士奇謂此邦布卽閭師之夫布亦卽荀子富國篇所

謂刀布之斂又管子輕重甲篇云屋粟邦布今案管子之邦布卽載師之里布亦泉入之一耑也詳載師疏　注云布泉也者載師司市廛人羊人巫馬注並同檀弓注云古者謂錢爲泉布所以通布貨財國語周語韋注云泉者金幣之名古曰泉後轉曰錢云布讀爲宣布之布者段玉裁云凡言讀爲者必易其字此未易其字而曰讀爲何也雖未易其形而易其義也布字枲織爲本義宣布爲引伸之義以布可舒卷而引伸之也鄭恐人疑經謂布匹故舉引伸之義以易本義云其藏曰泉其行曰布者明泉布異名同物以行之曰布故取宣布之義漢書食貨志顏注云布亦錢耳謂之布者言其分布流行也云取名於水泉其流行無不徧者漢書食貨志云貨寶於金利於刀流於泉布於布束於帛注引如淳云流行如泉也史記貨殖傳計然曰財幣欲其行如流水云入出謂受之復出之者謂凡納邦布者皆入於外府其須用者則外府復出之也云共百物者或作之或買之者作之謂出泉市材使官工營作之買之謂直出泉市已成物不須作者及動植諸物皆是也云待猶給也者大府注同云有法百官之公用也者此亦注用今字也謂官府之公用著於大宰九式之法者鄭意經云待邦之用凡有灋者與倉人灋用義正同賈疏以待邦之用謂國家非常所用凡有灋者謂在朝官府依常法用之強爲分別非鄭恉也云泉始蓋一品周景王鑄大泉而有二品者漢書食貨志云太公爲周立九府圜法錢圜函方輕重以銖周景王時患錢輕將更鑄大錢單穆公曰不可古者天降災戾於是乎量資幣權輕重以救民民患輕則爲之作重幣以行之於是有母權子而行民皆得焉若不堪重則多作輕而行之亦不廢重於是乎有子權母而行小大利之今王廢輕而作重民失其資能無匱乎王弗聽卒鑄大錢文曰寶貨案國語周語亦載此事在景王二十一年韋注云單穆公曰古者有母平子子權母而行則二品之來自古而然矣鄭君云錢始一

品至景王而有二品省之不熟也案韋說是也云後數變易不復識本制者謂秦及漢初泉法數變易不復識古圜法之本制也云至漢唯有五銖久行者漢食貨志云漢興以為秦錢重難用更令民鑄莢錢孝文五年乃更鑄四銖錢其文為半兩武帝更造錢幣令縣官銷半兩錢更鑄三銖錢重如其文明年有司更請郡國鑄五銖錢案漢初莢錢四銖三銖之屬皆不久即罷惟五銖終漢世行之故云唯五銖久行云王莽改貨而異作泉布多至十品者漢食貨志云王莽居攝變漢制以周錢有子母相權於是更造大錢徑寸二分重十二銖文曰大錢五十又造契刀錯刀契刀其環如大錢身形如刀長二寸文曰契刀五百錯刀以黃金錯其文曰一刀直五千與五銖錢凡四品並行莽即真以為書劉字有金刀迺罷錯刀契刀及五銖錢而更作金銀龜貝錢布之品名曰寶貨小錢徑六分重一銖文曰小錢直一次七分三銖曰幺錢一十次八分五銖曰幼錢二十次九分七銖曰中錢三十次一寸九銖曰壯錢四十因前大錢五十是為錢貨六品直各如其文大布次布弟布壯布中布差布厚布幼布幺布小布小布長寸五分重十五銖文曰小布一百自小布以上各相長一分相重一銖文各為其布名直各加一百上至大布長二寸四分重一兩而直千錢矣是為布貨十品是王莽異作泉布多品之事也云今存於民閒多者有貨布大泉貨泉者言莽亡後所作泉布並廢至鄭君時民閒所存者惟此三品為多也云貨布長二寸五分廣寸首長八分有奇廣八分其圜好徑二分半足枝長八分其右文曰貨左文曰布重二十五銖直貨泉二十五者漢食貨志云天鳳元年罷大小錢改作貨布長二寸五分廣一寸首長八分有奇廣八分其圜好徑二分半足枝長八分閒廣二分其文右曰貨左曰布重二十五銖直貨泉二十五即鄭所據也云大泉徑一寸二分重十二銖文曰大泉直十五貨泉者亦據漢志文已詳前宋建陽本無貨泉二字亦通賈

疏云案彼大泉直五五十不云五十言五十五者亦誤當從五十爲正也詒讓案周語注引此注作文曰大泉五十與漢志同疑今本說誤彼注又引唐固說以大泉爲周景王所鑄亦誤云貨泉徑一寸重五銖右文曰貨左曰泉直一也者亦天鳳元年所作漢志云貨泉徑一寸重五銖文右曰貨左曰泉枚直一是也

共王及后世子之衣服之用凡祭祀賓客喪紀會同軍旅共其財用之幣齎賜予之財用

齎行道之財用也聘禮曰問幾月之齎鄭司農云齎或爲資今禮家定齎作資玄謂齎資同耳其字以齊次爲聲從貝變易古字亦多或

【疏】共王及后世子之衣服之用者謂共泉與司服內司服追師弁師屨人王府諸官用之也云凡祭祀賓客喪紀會同軍旅共其財用之幣齎者以下並專屬王之用不關后世子也亦並共泉與之賈疏云幣齎之財用謂王使公卿已下聘問諸侯之行道所用則曰幣齎案經云財用之幣齎與下賜予之財用互文疏以文例整齊之則云幣齎之財用凡疏述經注不必盡依元文也此幣卽小行人六幣之等與職幣義異祭祀以下五者所用幣齎蓋謂共王及諸臣行道之用及問勞大小賓客若祭祀有助祭喪紀有弔送會同軍旅則或來會或徵告皆有財幣賈專據聘問言則與經總承上五事者不相應矣云賜予之財用者卽內饔好賜亦卽大宰之好用詳大府疏易祓云此卽上文所謂待邦之用凡有法者也法九式是也共王及后世子衣服之用則大宰羞服之式祭祀賓客喪紀會同軍旅之幣齎賜予之財用則又大宰祭祀賓客喪荒芻秣匪頒好用之式　注云齎行道之財用也者漢書食貨志云行者齎居者送顏注云齎謂將衣食之具以自隨也廣雅釋言云齎裝也漢書霍去病傳約輕齎顏注云齎字與資同謂資裝也案依鄭巾車注則齎本訓財而此特云行道之財用者以經幣齎與財用連文不當總訓爲財

故以行道別之然則此賮猶言持也謂行道所持之財用小宗伯云大賓客受其將幣之賮注云謂所賮來貢獻之財物此幣賮義當與彼同彼爲賮來之物此爲賮去之物凡禮幣及行道辨裝通爲幣賮皆外府所共也通言之賮卽爲財用少儀云君將適他臣如致金玉貨貝於君則曰致馬資於有司彼馬資與此幣賮義亦略同引聘禮曰問幾月之賮者聘禮記記聘使將行之禮云既受行出遂見宰問幾月之資鄭彼注云資行用也古者君臣謀密草創未知所之遠近問行用當知多少而已古文資作賮案彼依今文作資此經字與古文同故鄭卽從古文作賮引之也鄭司農云賮或爲資者謂故書或本也不云故書者文略丁晏云掌皮先鄭注賮或爲資典婦功注故書賮爲資杜子春讀爲資典枲注故書賮作資攷工記注故書資作齊杜子春云齊當爲資古賮齊資並通用云今禮家定賮作資者先鄭據聘禮記今文作資與古文異今禮家卽謂禮今文家也云玄謂賮資同耳其字以齊次爲聲從貝變易古字亦多或者段玉裁云此司農說禮家定賮當作資而鄭君非之謂二字皆可用賮從貝齊聲資從貝次聲實一字也古字亦多或者謂古字多或體如說文多云某或从某字者是也說文貝部資貨也賮持遺也不云是一字似較鄭君爲長詒讓案賮資兩文杜許並分爲二先鄭則兩列其字不敢決定後鄭則徑合之故全經字並定賮而訓解則兼取許書二義如巾車毀折入賮於職幣鄭不從杜讀爲資而從其資財之訓此與許書資字說解同者也此職幣賮注謂行道之財用小宗伯將幣之賮注謂賮來之財物掌皮歲終則會其財賮注云所給予人以物曰賮槀人掌受財于職金以賮其工注云給市財用之直典婦功以授嬪婦及內人女功之事賮注云謂以女功之事來取絲枲曰行道曰賮來曰給予曰來取此並與許書賮字說解持遺之義略同而曰財用曰財物曰絲枲則又兼取資財之義然則後鄭雖合二字爲一不及許

之分析而隨文作訓義則二者兼備未嘗偏持一說矣至考工記總敘或通四方之珍異以資之注云資取也操也此亦與持遺義同依許書正當作齎而鄭顧從資者以彼記故書作齎爲齎之同聲叚借字義更不及資之明切故不得不從今書耳

凡邦之小用皆受焉皆來受

疏凡邦之小用皆受焉者小用蓋共三夫人與諸王子以下之衣服及大宰九式之小者若小司馬云小祭祀會同饗食師田喪紀等諸事之用又大府有王玩好之用皆是對上文共王后世子衣服及祭祀賓客喪紀會同軍旅等財用爲邦之大用也凡大用小用皆爲法用則皆此官共其泉布賈疏謂外府所納泉布所積既少有小用則給之若大用則取餘府失之 注云皆來受者謂主用者來取外府給之彼則受也經文云皆受嫌此官受彼故特釋之

歲終則會唯王及后之服不會

疏歲終則會者此正邦布之歲會外府之官成也云唯王及后之服不會者膳夫注云不會計多少優尊者是也賈疏云言王及后不會以衣服異於膳羞與所加禽獸故通世子可以會之也

司會掌邦之六典八灋八則之貳以逆邦國都鄙官府之治逆受而鉤考之

疏掌邦之六典八灋八則之貳者此執國典之副與小宰大史內史爲官聯也司會總天下會計之成爵尊任重凡治官官法之大者並大宰掌其正本此官掌其副貳其職蓋亞於六卿故大戴禮記盛德篇云六官以爲轡司會均人以爲軜又大司寇邦大盟約之盟書司會皆受其貳而藏之則約劑之屬亦其所掌不徒典法則矣互詳大宰小宰疏 注云逆受而鉤考之者小宰注云逆迎受之又鄉師注云逆猶鉤考也鬼谷子權篇陶弘景注云求其深微曰鉤國語晉語韋注云考校也鉤考亦謂鉤求考校之察其是非也

以九

貢之灋致邦國之財用以九賦之灋令田野之財用以九功之灋令民職之財用以九式之灋均節邦之財用掌國之官府郊野縣都之百物財用凡在書契版圖者之貳以逆羣吏之治而聽其會計

郊四郊去國百里野甸稍也甸去國二百里稍三百里縣四百里都五百里書謂簿書契其最凡也版戶籍也圖土地形象田地廣狹

疏以九貢之灋致邦國之財用者以下總掌財用之法與小宰大府爲官聯也賈疏云九貢卽是大宰九貢其所貢之物出於諸侯邦國言之財用謂諸侯於其民什一取之既取得民物大國貢半次國三之一小國四之一所貢之物皆市取土毛貢於天子則禹貢所云厥篚厥貢是也故云致邦國之財用此卽小行人云春令入貢是謂歲之常貢大行人因朝而貢者所貢無常不應使司會致之案賈說邦國之貢據大司徒後鄭注說謂次國貢三之一小國貢四之一義與彼經不合詳彼疏云以九賦之灋令田野之財用者明九賦爲地稅之正法也上九貢出於畿外邦國以其自遠而至故曰致此及下九功並出於畿內以其斂之於近故曰令謂以其書令凡稅斂之吏依法征之也賈疏云此九賦卽大宰所云九賦斂財賄是也言法者謂口率出錢多少有其定法九賦之內惟有關市幣餘國中非田野自外四郊邦甸家稍邦縣邦都山澤盡是田野據多言之故曰令田野之財用案九賦卽畿內之地稅故經云令田野之財用若如鄭賈說以爲口賦則與經義不相應矣九賦關市幣餘之賦卽出於官府賈後疏謂官府不出賦亦誤並詳大宰疏云以九功之灋令民職之財用者九功與大府內府義同大宰以九職任民而貢其功猶後世之口賦鄭賈謂卽什一之地稅非也詳大宰內府疏云以九式之灋均節邦之

財用者與大宰同上三者爲斂入之法此爲頒出之法故云均節詳大宰疏二云掌國之官府郊野縣都之百物財用凡在書契版圖者之貳者此與宰夫司士職方氏司民爲官聯也賈疏二云案大宰九賦一曰邦中二曰四郊此不言邦中而言官府者以官府在邦中故舉官府以表邦中其實官府不出賦也百物財用者以其民之出賦不必皆使出泉以百物當之亦得故大宰二云九賦斂財賄則此百物財用一也但九式用九賦大宰均節而用之此司會主鉤考故亦言之矣此書契版圖下文司書掌其正此司會主鉤考故掌其副貳曾釗云此經不掌賦蓋謂掌官府郊野縣都之百物財用之在書契版圖者之貳逆羣吏之治而聽其會計耳不必謂舉官府以表邦中也當以掌國之官府郊野縣都之百物財用凡在書契版圖者之貳絕句其言書契謂官府之書契版圖謂郊野縣都之版圖百物財用謂官府郊野縣都之出入賈疏讀財用絕句誤矣案曾說是也黃以周說同此經官府蓋通六官所屬百官府言之郊野縣都則自國城外極於五百里畺此官總攷其會計職掌蓋通於畿內不及國中者言郊以包國中文不具也百物財用者宰夫注二云財泉穀也用貨賄也物畜禽也案百物者小宰六職二云政職以聚百物事職以生百物又見外府司書綜校諸文則百物當通晐大司徒五地動物植物及閭師百工所貢器物之等言之宰夫注義殊未晐也百官府及郊野縣都皆有府藏委積廋牧則各有財物存儲及出入故職內有官府都鄙財入之數職歲有官府都鄙財出賜之數凡此財用出入之數則在書契官祿民賦之數則在版田野地產之數則在圖經二云在者明官府郊野縣都百物財用之總要咸具於此官府之長郊野縣都之吏各分執其正本此官則通執其副貳以待會計也賈疏乃以此爲專據九賦言之遂謂官府爲邦中之賦百物爲出物以當泉賦其誤甚矣又曰書卽司會之屬官所掌版圖亦卽副貳賈謂彼掌其正亦誤云

以逆羣吏之治而聽其會計者謂據書契版圖等以考吏治之舉廢羣吏與大宰小宰義同亦通內外百官府言之詳大宰疏賈疏云羣吏謂朝廷官府下及羣都縣鄙羣臣之治皆逆而鉤考之羣吏以會計文書送於司會者司會皆聽斷之　注云郊四郊去國百里者大宰注義同此四郊兼六鄉當通王城以外至百里界言之賈謂據遠郊言誤云野甸稍也者賈人注同甸師注云郊外曰野縣士注云距王城二百里以外至三百里曰野是也蓋甸稍在鄉郊之外縣都之內此及遺人賈人諸職通謂之野縣師遂人縣士經注並以野爲甸稍縣都之通名此文郊野之外別出縣都故知野不兼縣都也此野當兼六遂公邑家邑言之云甸去國二百里稍三百里縣四百里都五百里者大宰注義並同此縣都當通公邑大小都言之云書謂簿書者謂會計之書著於簿籍者釋名釋書契云笏或曰簿可以簿疏物也案孟子萬章篇云孔子先簿正祭器趙注亦以簿爲簿書則周時已有簿書之名賈疏謂舉漢法而言非也互詳敘官及小宰疏云契其最凡也者小宰注云凡簿書之最目獄訟之要辭皆曰契是也最凡與最目義同賈疏云此之書契即小宰八成取予以書契之類最凡謂計要之多少以爲契要案亦詳小宰疏云版戶籍也者小宰先鄭注同小司寇司民之民數凡登於天府者司會皆受其貳即所謂版也云圖土地形象田地廣狹者據司書大司徒並云土地之圖形象謂方圓邪正之形田地廣狹謂廣輪步畝之數並載於圖也

以參互攷日成以月要攷月成以歲會攷歲成參互謂司書之要貳與職內之入職歲之出故書互爲巨杜子春讀爲參互

疏以參互攷日成者此官贊冢宰總掌六官會計之事與小宰爲官聯亦所謂官成也賈疏云司會鉤考之官以司書之等相參交互考一日之中計算文書也黃以周云日謂十日日成謂旬日之成猶浹旬謂之浹日也宰夫職云歲

終令正歲會月終令正月要旬終令正日成文義與此相同則日成爲十日之成可知也云以月要攷月成以歲會攷歲成者月要歲會卽小宰八成所謂聽出入以要會也賈疏云月計曰要亦與諸職參互考一月成事文書也歲計曰會以一歲之會計考當歲成事文書注云參互謂司書之要貳與職內之入職歲之出者賈疏云案司書職云凡稅斂掌事者受法焉及事成則入要貳焉又案職內云掌邦之賦入又案職歲云掌邦之賦出云參互鉤考明知有此三官出內事共鉤考之云故書互爲巨杜子春讀爲參互者脩閭氏云掌比國中宿互㰒者注云故書互爲巨鄭司農云巨當爲互與此義同互巨形聲並相近故傳寫易譌掌舍梐枑故書枑爲柜杜讀柜爲枑亦其比例

以周知四國之治以詔王及冢宰廢置

周猶偏也言四國者本逆邦國之治亦鉤考以告

疏以周知四國之治者以歲成贊冢宰大計攷天下吏治之舉廢亦所謂官計也云四國者舉外以包內此官總掌邦計凡邦國官府都鄙鄉遂公邑之治皆其所通掌也云以詔王及冢宰廢置者大宰云歲終則令百官府各正其治受其會聽其致事而詔王廢置又八則治都鄙三曰廢置以馭其吏是大宰本以廢置詔王司會既受諸會計官之歲計而聽之又入之冢宰而以吏事之得失詔王及冢宰以六官之官計爲其所專司也廢置亦通內外官吏及官長等凡治脩舉者則進置之怠弛者則黜廢之王制云天子齊戒受諫司會以歲之成質於天子冢宰齊戒受質大樂正大司寇市三官以其成從質於天子鄭彼注云歲終羣臣奏歲事市司市也從從於司會也此卽攷歲成詔王及冢宰廢置之事　注云周猶偏也者大司徒小司徒司稼大祝司險注並同說文口部云周密也又勹部云匊帀偏也凡經典訓周偏者皆匊之借字廣雅釋詁云周偏也云言四國者本逆邦國之治亦鉤考以告者賈疏云案上云掌邦之六典以逆

邦國之治逆卽鉤考也方苞云月令每歲季秋制諸侯來歲所賦於民輕重之法貢職之數則古者邦國之要會皆達於天子矣

司書掌邦之六典八灋八則九職九正九事邦中之版土地之圖以周知入出百物以敘其財受其幣使入于職幣九正謂九賦九貢正稅也九事謂九式變言之者重其職明本而掌之非徒相副貳也敘猶比次也謂鉤考其財幣所給及其餘見爲之簿書故書受爲授鄭司農云授當爲受謂受財幣之簿書也玄謂亦受錄其餘幣而爲之簿書使之入於職幣幣物當以時用之久藏將朽蠹【疏】掌邦之六典八灋八則九職九正九事邦中之版土地之圖以周知入出百物以敘其財者此通掌治官官法官成官計之書及王畿版圖之法以攷會計與小宰大府大司徒大史內史職方氏司民爲官聯也邦中之版者大宰注云邦中在城郭者此官職事通於畿甸則不當止掌王城內民數之版蓋以王城爲官府人民所萃故舉以晐百縣文不具也土地之圖者卽職方氏天下之圖此則據畿內言之賈疏云言掌邦之六典已下至周知入出百物已上所掌與司會同者以其司會主鉤考司書掌書記之司書所記司會鉤考之故二官所掌其事通焉九職卽司會九功也九正卽司會九賦九貢也九事卽司會九式也邦中之版土地之圖卽司會版圖也周知入出百物者卽司會百物財用一也敘謂比次其財知用多少云受其幣使入于職幣者賈疏云百官所用餘財送來與司書司書受其幣使入於職幣之官不入本府案受其幣幣與大宰大府幣餘之賦義同幣當讀爲敝敝卽官府所用之餘也鄭賈並如字釋之非經義詳大宰疏　注云九正謂九賦九貢者賈疏云案上司會有九賦九貢此司書則有九正無九賦九貢故知九正則是九賦九貢也云正稅也者讀正爲征也釋文云九正音征注

同案陸音是也司勳先鄭注云正謂稅也司門注云正讀為征征稅
也此不著其讀者文略與司勳注例同九賦為地稅故掌交謂之九
稅征稅義同九貢雖出於邦國亦征於民而共其物故亦通謂之正
正征字通詳小宰疏賈讀正如字以謂九賦九貢正稅也為句謂此
二者之財皆出於正稅依其說則正為正共之義非鄭恉也云九事
謂九式者賈疏云九式據用財言之九事據用財所為之事其理一
也云變言之者重其職明本而掌之非徒相副貳也者賈疏云謂變
九賦九貢言九正變九式言九事也重以其職明本而掌之非徒相
副貳也其相副貳者謂司會六典八法八則之貳是也案鄭賈意蓋
謂司書自掌九正九事之正本不徒如小宰大府職內職歲掌其副
貳故變文以見義也云敘猶比次也者敘注例當作序詳小宰疏說
文攴部云敘次弟也敘本為事有次弟之義引申之凡比例次弟亦
謂之敘故云敘猶比次也云謂鉤考其財幣所給及其餘見為之簿書
者漢書王莽傳顏注云見現在也餘見亦見申屠嘉傳蓋漢時常語
謂百官府所藏財幣除已給用外餘留見在者經云敘其財注兼言
幣者鄭以受幣為幣帛也賈疏云司書周知入出百物以敘其財明
知敘其財者所給諸官餘不盡者卽以餘見為之簿書擬與司會鉤
考之云故書受為授鄭司農云授當為受者授從受得聲故傳寫易
誤段玉裁云此從司農以為聲之誤而改之也丁晏云典婦功注授
當為受聲之誤也掌葛注故書受或為授杜子春云當為受云謂受
財幣之簿書也者先鄭不知幣當讀為敝而以為幣帛故云財幣之
簿書其說非也云玄謂亦受錄其餘幣而為之簿書使之入於職幣
者此從先鄭以授為受而以幣為餘幣義長於先鄭云幣物當以時
用之久藏將朽蠹者賈疏云釋經百官餘幣不入於本府而入於職
幣之意若入本府卽是久藏將恐朽爛蠹敗故入職幣使人占賣之
本在生利也詒讓案後鄭雖以幣為餘幣而兼以幣物為說義仍未

燎凡上之用財用必攷于司會上謂王與冢宰王雖不會亦當知多少而闕之司會以九式均節邦之財
用疏凡上之用財用必攷于司會者王引之云經兩用字複出文不
成義下用字蓋因注而衍賈疏云此經上之用財必考於司會
者又云司會以九式均節邦之財用者據此則注文作財用經文則
作用財不得云用財用也唐石經始誤衍案王說是也此用字疑卽
下經民之財用之挩文誤移著此者司書爲司會之屬故凡財用之
出必就司會攷而書之以備要貳也 注云上謂王與冢宰者以冢
宰爲天官之正司書卽冢宰之屬故亦謂之上也賈疏云案內府職
云凡王及冢宰賜與則共之明此上中有冢宰可知云王雖不會亦
當知多少而闕之者明王之用財亦在司書司會所攷之列但爲簿
書時闕其數示不爲限制耳賈疏云案上膳夫庖人及外府等皆言
王及后不會此經上之用財必考於司會者此之所考但知多少而
闕之非是會計與王爲限云司會以九式均節邦之財用者據司會
文以司會爲計官之長司書乃其屬故必考於彼也三歲則大計羣吏之治以知民之財器械
之數以知田野夫家六畜之數以知山林川澤之數以逆羣吏之徵
令械猶兵也逆受而鉤考之山林川澤童枯則不稅疏三歲則大計羣吏之治者亦贊大宰治官計也大計者通計畿內百官府
之吏察其政治得失羣吏與大宰小宰司會義同詳大宰疏云以知
民之財器械之數以知田野夫家六畜之數者王引之云賈疏釋經
曰以知民之財用器械之數者民之財用謂幣帛多少則所據經文
財下有用字財用器械相對爲文與田野夫家六畜山林川澤文義
不相稱也唐石經始脫用字案王說是也民之財用謂家有恆產稽
其貧富器若鄉師輂輦鄉器遂大夫稼器械謂兵甲旗物田野可食

之士夫家可任之民六畜則馬牛之等凡案比所及者皆總攷其數也此案比任士任民財用百物之數卽小司徒之比法三年大比與大計事相因也州長云三年大比則大攷州里以贊鄉大夫廢興縣師云三年大比則以攷羣吏而以詔廢置彼因大比而察吏與此因大計而知任士任民之數事同蓋田野之蕪闢戶口之息耗咸與吏治之舉廢相通故大計與大比皆三年一舉而其條法簿要互相出虞衡所掌任土任民之餘亦比法之所及也賈疏云案大司徒地有入亦與小司徒鄉大夫縣師爲官聯也云以知山林川澤之數者此謂宣布法令通晐徵役徵賦二義詳宰夫疏賈疏云逆謂鉤考也此十等不言丘陵墳衍原隰者略言之也云以逆羣吏之徵令者徵令司書知民之財器已下川澤已上恐其羣吏濫徵斂萬民故知此本數乃鉤考其徵令也　注云械猶兵也者明經言器械猶玉府內府云兵器也說文廾部云兵械也木部云械一曰器之總名也少儀不度民械注云械兵器也公羊莊三十二年傳俄而牙殺械成何注云有攻守之器曰械是械器義同析言之則凡師田攻守甲兵之屬通名爲械也云逆受而鉤考之者司會注同云山林川澤童枯則不稅者釋名釋長幼云山無草木曰童賈疏云山林不茂爲童川澤無水爲枯所稅者稅其有今山林不茂則無材木川澤無水則無魚鼈蒲葦故不稅之

凡稅斂掌事者受灋焉及事成則入要貳焉　法猶數也應當稅者之數成猶畢也【疏】凡稅斂掌事者受灋焉者稅斂通任地任民之征賦言之法卽前九職九正之法掌斂事之官並是此官受法數依而斂之也掌事謂地治之吏及執事凡專司徵斂者皆是賈疏謂若地官閭師旅師諸徵斂之官今攷凡征賦國中四郊閭師斂之鄉遂鄉師遂師與閭師同斂之公邑縣師斂之旅師唯斂三粟則非稅斂之正也賈說未晐云及事成則入要貳焉者此稅斂之官成也事畢則有成卽

司會所謂日成月成歲成各官皆爲要會其正本入大宰副本則入司書也賈疏云及事成收斂畢入要謂寫一通副貳文書名爲要入司書必來受法又入要貳者以司書知財器已下之數擬後鉤考之也 注云法猶數也者此亦注用今字也法訓數者引申之義管子七法篇云尺寸也繩墨也規矩也衡石也斗斛也角量也謂之法是凡會計等數並謂之法也云應當稅者之數者賈疏云即上田野夫家之等是其本出稅者之數也云成猶畢也者說文戊部云成就也引申爲凡事終畢之稱士喪禮獻素獻成注云飾治畢爲成亦其義也

凡邦治攷焉考其法於司書

疏 凡邦治攷焉者謂政治有疑互辨訟不決者皆就此官攷之賈疏謂吏治之善惡非也 注云考其法於司書者經作攷注作考亦經用古字注用今字也邦治有成法皆藏於司書故還就考之也

職內掌邦之賦入辨其財用之物而執其總以貳官府都鄙之財入之數以逆邦國之賦用辨財用之物處之使種類相從總謂簿書之種別與大凡官府之有財入若關市之屬

疏 掌邦之賦入者此計官財入之官成也賈疏云謂九職九貢九賦之稅入皆掌之獨云賦入者賦是總名下言賦者皆此類也云辨其財用之物而執其總者此官唯主百官府財入之凡總其受藏則各自有職之者但辨使各從其類耳不必皆入於職內之府也云以貳官府都鄙之財入之數以逆邦國之賦用者此及職歲職幣三職並云官府都鄙之財即司會所云掌國之官府郊野縣都之百物財用也舉官府都鄙以通包郊野縣等明其無不掌也賈疏云都鄙謂三等采地采地之稅四之一言貳者謂職內受取一通副貳文書擬鉤考以逆邦之賦用者職內既知財入之數鉤考用賦多少知其得失案賈謂采地之稅四之一入王者據小司徒注義其說未塙詳小

司徒疏　注云辨財用之物處之使種類相從者敘官注云辨別也謂分別其賦入之財物自以種類相從而藏之賈疏云但賦之所入先由職內始至大府大府分致於衆府以是分別使衆類相從案賈說非也此官雖自有府藏然唯掌會計不掌徵斂故總辨百官府之財用亦仍就各職當官之府分別存儲蓋職內職歲通掌財之出入亦止執其凡總財入不必皆由職內受入大府財出亦不必皆由職歲受大府而出之故經於職幣有斂幣振財之文而此及職歲兩職則無之足以明之矣云總謂簿書之種別與大凡者種別謂名物之細目大凡謂多少之都數也凡衆物出入細目則以種類分別書之又辜較其都數二者並總爲簿書說文糸部云總聚束也淮南子本經訓高注云總凡也云官府之有財入若關市之屬者賈疏云司關司市皆屬地官關市皆有出稅故知官府之有財入若關市也言之屬者兼有城十二門亦有稅入案百官府又有幣餘之入賈說未晐

凡受財者受其貳令而書之

受財受於職內以給公用者貳令者謂若今御史所寫下本奏王所可者書之若言某月某日某甲詔書出某物若干給某官某事

疏凡受財者受其貳令而書之者賈疏云其有官府合用官物而受財者並副寫一通勑令文書與職內職內然後職內依數付之又云若然職內主入職歲主出職內分置於衆府所以得有物出與入者職內雖分置衆府職內亦有府貨賄留之者故得出給故大府職云頒其賄於受用之府鄭注云受用之府若職內是也案賈說非也此官唯掌書貳令不必自出給財物詳後　注云受財受於職內以給公用者者鄭意職內掌財用之物凡受財者即向職內受之知給公用者別於賜予爲私用非職內所給然諦審經義實不如鄭說蓋此受財者即謂以上令受財於百官府如受泉者即自向外府泉府取之但以令送致此官書其副貳以備鉤考非必皆此官取百官府之財以授之也云貳

令者謂若今御史所寫下本奏王所可者者鄭舉漢制爲況也續漢書百官志云侍御史十五人六百石掌察舉非法受公卿羣吏奏事有違失舉劾之是漢時御史掌受章奏凡臣下上書上可其請御史蓋寫其本爲副貳與此職書貳令事相類鄭云若今御史明此御史自是漢官而云王所可者順文便也賈疏不察乃據春官御史職云掌贊書是其用官財者先奏白王王許可則御史贊王爲辭下職內職內則書之爲本案然後給物與之依其說則鄭不當言今失之遠矣又案依鄭義推之則此貳令當爲王及冢宰所下之令其正令下所出財用之府而別以貳令下職內使書之此並據國之大用及非常之頒賜言之若尋常小用自有式法不必有專令也云書之若言某月某日某甲詔書出某物若干給某官某事者丁晏云獨斷云詔書羣臣有所奏請尚書令奏之下有制天子荅之曰可若下某官云云亦曰詔書又奏左方下附曰某官臣某甲上駁議曰某官某甲議其合於上意者又報曰某官某甲議可詔讓案此亦約漢制爲說某甲謂日辰與獨斷某甲謂人姓名異詳馮相氏疏某事謂因某事而給財說文敘後云十月十九日中黃門饒喜以詔書賜召陵公乘許沖布四十匹卽日受詔朱雀掖門敕勿謝此漢時書臣下受賜物之例職內書公用蓋亦類此

及會以逆職歲與官府財用之出

亦參互鉤考之

疏 及會以逆職歲與官府財用之出者卽以所執財用之總與所書之貳令以攷歲會贊司會而與職歲職幣共校計之也賈疏云言會者謂至歲終會計以逆職歲者逆謂鉤考也職歲主出職內主入以己之入財之數鉤考職歲出財之數又云與官府財用之出者謂職歲出財與官府所用之數並鉤考之 注云亦參互鉤考之者亦訓逆爲鉤考與司會司書注義同賈疏云按司會以參互考之鄭彼注云參互謂司書之要貳職內之入職歲之出以三官相鉤考此職內逆職歲明兼有司書之

要貳故言參互言亦者亦如大府也而敘其財以待邦之移用亦鉤考今藏中餘見爲之簿移用謂轉運給他用足以相況也

疏而敘其財以待邦之移用者此鉤考幣餘之財與職幣爲官聯也注云亦鉤考今藏中餘見爲之簿者亦冡上司書云以敘其財明其文義同也但此承上官府財用爲文則職內雖是有府藏而其所比次鉤考爲之簿者則廣晐衆有府藏官而言賈疏謂此斂財亦謂比次職內藏中餘見爲簿書以待邦之移用若然職內既非常府其所藏者唯當歲所用故用不盡者移用之非經注義也云移用謂轉運給他者說文辵部云遂遷徙也移即遂之叚字廣雅釋詁云移轉也謂當官有餘財更轉運給他官之用遺人掌邦之委積以待施惠注云委積者廩人倉人計九穀之數足國用以其餘共之所謂餘法用也職內邦之移用亦如此也彼遺人之委積亦儲餘財移給他用足以相況也

職歲掌邦之賦出以貳官府都鄙之財出賜之數以待會計而攷之以貳者亦如職內書其貳令而編存之

疏掌邦之賦出者此計官財出之官成也此官亦唯主百官府財出之凡總其出給各自有職之者不必職歲自取給之也賈疏云職內主入職歲主出職內所入於衆府所用之多少皆主之故云掌邦之賦出但九貢九賦九功之用皆主之特言賦者亦如職內云賦賦是總稱也云以貳官府都鄙之財出賜之數者賜即下云凡上之賜予是也賈疏云職內云以貳官府都鄙之財入之數此職歲亦貳官府都鄙之財出賜之數二官一入一出皆書其貳共相鉤考故職內云以逆邦國之賦用此職歲云以待會計而考之其事通也　注云以貳者亦如職內書其貳令而編存之者說文糸部云編次簡也賈疏云職內云凡受財者受

其貳令而書之此官主出所出亦皆由上令所出前後不同亦皆書其貳令編存爲案以待會計而考之也

凡官府都鄙羣吏之出財用受式灋于職歲百官之公用式法多少職歲掌出之舊用事存焉【疏】注云百官之公用式法多少職歲掌出之舊用事存焉者此亦注用今字作法也百官公用卽外府邦用有法者式法卽大宰九式之法與大宰頒財式法同凡百官府及都鄙羣吏出財用皆須依放九式之法爲多少之節度以其爲職歲歲常所秉以用事故卽就之受出財舊法式以須授之也

凡上之賜予以敘與職幣授之敘受賜者之尊卑【疏】凡上之賜予以敘與職幣授之者此與職幣爲官聯也王及冢宰凡賜予之用當以幣餘之財給之則是出於職幣之府以此官掌財出之數故兼治其事二官同授之且攷其會計也賜予謂好賜亦卽大宰九式好用之式也晏子春秋諫上篇云景公燕賞於國內萬鍾者三千鍾者五令三出而職計莫之從職計蓋卽此職歲職幣之屬　注云敘受賜者之尊卑者敘注例當作序此與小宰六敘義同謂若數人同受賜則各依其秩次尊者先授卑者後授職歲與職幣同敘之也

及會以式灋贊逆會助司會鉤考羣吏之計【疏】注云助司會鉤考羣吏之計者此贊司會而與職內職幣共攷會計之書也州長注云贊助也司會注云逆受而鉤考之賈疏云案司會以逆羣吏之治而聽其會計此官主式灋出財用至歲終會計之時則以式法贊助司會鉤考會計之事

職幣掌式灋以斂官府都鄙與凡用邦財者之幣幣謂給公用之餘凡用邦財者謂軍旅【疏】掌式灋以斂官府都鄙與凡用邦財者之幣者此官掌大宰九職幣餘之賦亦依式灋校計其財用有贏餘者而斂之　注云幣謂給公用之餘者幣讀爲敝敝餘也詳大宰疏給公用之餘

謂九式所用之餘也故還以式法斂之云凡用邦財者謂軍旅者以其在官府都鄙之外也惠士奇謂邦財者外府凡祭祀賓客喪紀會同軍旅財用之幣齎皆是也案惠說近是凡者辜較之辭蓋通關諸法用而言鄭謂專指軍旅似未晐

振掌事者之餘財 振猶抍也檢也掌事謂以王命有所作爲先言斂幣後言振財互之

疏 注云振猶抍也檢也者檢舊本作檢今據宋建陽本注疏本正說文手部云檢拱也非此義王念孫云經言斂言振注言抍言檢皆謂收取之也中庸振河海而不泄鄭注曰振猶收也張揖注上林賦同孟子萬章篇曰金聲而玉振之也廣雅曰收斂抍取也又抍收也孟子梁惠王篇狗彘食人食而不如檢趙岐注曰檢斂也漢書食貨志贊引孟子作不知斂斂亦收也振抍檢斂四字同義故曰振猶抍也檢也賈不曉振字之義又不曉抍字檢字之義乃云以財與之謂之抍此誤以抍爲抍濟之抍知其足剩謂之檢此誤以檢爲檢察之檢案王說是也云掌事謂以王命有所作爲者賈疏云以其上經官府已下是其國家常事此別言掌事是王命有所作爲詒讓案大府云凡官府都鄙之吏及執事者受財用焉此掌事餘財即吏及執事者所受財用之餘也惠士奇云巾車之毀折入其齎泉府之賒貸納其餘是爲掌事者之餘財案惠說亦注義所晐云先言斂幣後言振財互之者互之猶庭氏注云互言之王念孫云上言斂幣而不言振財下言振財而不言斂幣者言幣則兼財言財則兼幣互文耳故云先言斂幣後言振財互之賈誤以振爲振濟之振又云今於上文直言斂不言振亦振之下言振財有餘亦斂之可知故言互之也此不得其解而強爲之辭案王說亦是也

皆辨其物而奠其錄以書楬之以詔上之小用賜予 奠定也故書錄爲祿杜子春云祿當爲錄定其錄籍鄭司農云楬之若今時爲書以著其幣

疏 皆辨其物而奠其錄者此

計官餘財之官成也賈疏云上經既斂得幣皆當辨其物知其色類
及善惡而奠其錄者謂定其所錄簿書色別各入一府云以書楬之
者賈疏云謂府別各爲一牌書知善惡價數多少謂之楬云以詔上
之小用賜予者內府云以待邦之大用注云大用朝覲之班賜彼注
以須賜釋大用疑鄭意此賜予亦卽小用矣今攷外府云共賜予之
財用又云凡邦之小用皆受焉是賜予與小用自是二事小用法用
之小者猶倉人云餘法用蓋大用小用皆不出大宰九式之外但以
事分大小遂有差別耳幣餘爲羨餘之財故以共小用又大府云幣
餘之賦以待賜予故此亦以詔賜予也賈疏云詔猶告也職幣旣知
府內則告上之王與冢宰小用賜予之事此謂常賜予玉府所云凡
王之好賜共其貨賄及內府云凡王冢宰之好賜此二者非常賜予
外府及典絲臬三官言賜予者與此職幣同亦是國家常賜予案賈
說非也此賜予亦謂好賜與常賜予異又案大府云凡式貢之餘財
以共玩好之用彼亦據幣餘之財而言則此小用內當亦兼有玩好
之用矣並詳大宰及大府疏　注云奠定也者司市小史弓人注並
云奠讀爲定是奠定聲近義亦通也云故書錄爲祿杜子春云祿當
爲錄者祿錄聲類同亦通作綦周書王會篇云堂下之東面郭叔掌
爲天子綦幣焉孔注云綦錄諸侯之幣也彼幣爲幣帛與此異而錄
義與此同云定其錄籍者杜亦訓奠爲定也廣雅釋詁云錄具也說
文竹部云籍簿也凡財物之名數具於簿籍故通謂之錄奠其錄謂
次第財幣名物善惡多少記錄定著於簿籍也鄭司農云楬之若今
時爲書以著其幣者職金云辨其物之媺惡與其數量楬而璽之先
鄭注云楬書其數量以著其物也國語晉語韋注云著附也案楬者
櫫杙也此云以書楬之猶典婦功云物書而楬之泉府云物楬而書
之並謂書其名數於杙以爲表識而附
著之其物之側也楬詳泉府職金疏　**歲終則會其出**【疏】歲終則會其出者此

正幣餘之歲會職幣之官成也賈疏云以其職幣主出故歲終與司會會之下贊之亦謂贊司會會之事也　凡邦之會事以式灋贊之

周禮正義卷十二

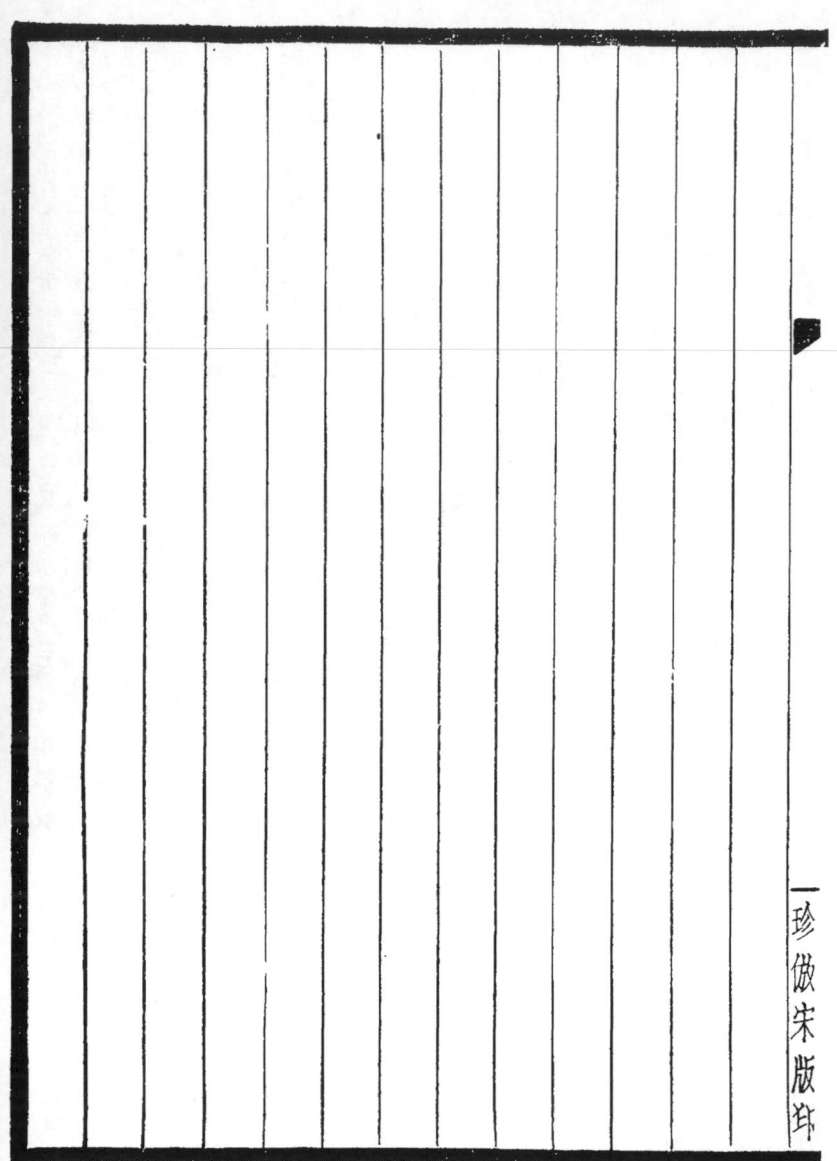

周禮正義卷十三

瑞安孫詒讓學

司裘掌爲大裘以共王祀天之服鄭司農云大裘黑羔裘服以祀天示質 疏掌爲大裘者與司服爲官聯也云以共王祀天之服者祀天據冬至圜丘祀昊天天神之最尊者言之夏正南郊祀受命帝及春祭蒼帝冬祭黑帝亦服大裘故司服云祀昊天上帝則服大裘而冕祀五帝亦如之此經言祀天以晐五帝互文以見義也其夏祭赤帝季夏祭黃帝秋祭白帝揆之時月皆不得服裘賈謂通四時祭天皆共之不限六天之大小非也又祭地之服經注並無文賈疏云案孝經緯鉤命決云祭地之禮與天同牲玉皆不同言同者唯據衣服則知崑崙神州亦用大裘可知案郊特牲孔疏引王肅聖證論說謂祭天地皆大裘又崔靈恩說謂崑崙神州亦用大裘此並賈氏所本王制疏亦云按詩昊天有成命郊祀天地也天地相對則祭地亦用大裘故孝經援神契云祭地之禮與祭天同亦據衣服同也案孔亦從王崔說通典吉禮說同陸佃云大裘冬裘也冬日至然後服以祀天若夏祀天則惟袞而已其祭地蓋亦如之故曰凡四時之祭祀以宜服之先儒謂崑崙神州亦服大裘按司裘曰掌爲大裘以共王祀天之服則祀地不服大裘以夏日至不可服裘故也案陸說是也方丘祭大地在夏至北郊依賈典瑞疏說在七月皆不得服裘孝經緯雖說祭天地同禮然無祭地服大裘明文鄭亦無是義王崔賈孔並馮肊推測不足據也 注鄭司農云大裘黑羔裘者司服先鄭注及玉藻後鄭注義並同唐郊祀錄引三禮義宗云祭天所以用大裘者則黑羔裘也黑者象天色之玄大者擬覆燾垂蓋隋書禮儀志引禮圖云大裘之服羔正黑者爲之

並本二鄭義賈疏云裘言大者以其祭天地之服故以大言之非謂裘體後大則義同於大射也祭服皆玄上纁下明此裘亦羔裘之黑者故知大裘黑羔裘詒讓案大裘用黑者取其與冕服玄衣相稱用羔者取其質也凡冕服弁服冠服並有裘經唯云掌爲大裘而不及衮冕以下之裘者玉藻狐青裘注以爲玄衣之裘孔疏引熊氏云謂六冕及爵弁也案熊以彼注通晐六冕則是謂大裘亦爲狐青裘與鄭義顯違孔氏墨守注義不宜從而不糾撟之義疏恆例皆不可通竊疑熊說六冕當作五冕蓋推鄭意王六冕自大裘外餘五冕服皆不服羔裘此乃申玉藻注義其與此注義仍不相晐也詩召南羔羊孔疏引劉焯劉炫則云司服職云王祀昊天上帝則服大裘而冕以下冕不復云裘司裘職云掌爲大裘以共王祀天之服亦不別言衮冕以下之裘明六冕與爵弁同用大裘之羔裘矣案二劉謂六冕同羔裘與玉藻注不合玉藻疏亦申熊難劉而羔羊疏轉從劉說自相違伐亦孔氏之疏也賈後疏以玉藻注玄衣爲指玄端服則賈意亦與劉同金榜云大裘以共王祀天之服節服氏掌祭祀衮冕六人維王之大常郊祀裘冕二人執戈送逆尸從車自衮冕九章以下不得服大裘可知也案金說是也據先鄭後注以示質爲釋是專屬祀天而言若它祭祀當備文采以明差次無爲皆取示質之義何必與祀天同用黑羔裘乎互詳司服及後疏又案玉藻疏引皇氏云凡云冕及爵弁無裘孔疑其文無所出今攷六冕內明有大裘而云無裘皇侃必不至蒙固如是竊疑皇說無裘當作羔裘蓋卽二劉說所本玉藻注狐青玄衣皇亦謂玄端與劉說同卽其塙證也孔氏所見皇義字已譌互故不可通耳云服以祀天示質者謂羔色純黑不及狐裘之華縟也賈疏云以其衮已下皆有采章惟此大裘更無采章故云質案鄭志大裘之上又有玄衣與裘同色亦是無文采玉海車服引三禮義宗云大裘其服無章其冕無斿天道至尊難可比擬舍去雕

一珍倣宋版印

飾服以其質金榜云玄衣更有上衣玉藻大裘不裼言不得免上衣見裼衣也大裘上衣十二章案金說是也左傳哀十年孔疏云裘上裼衣裼衣之上乃有朝祭正服裘上有兩衣也依孔說是凡裘上有裼衣裼衣之上有上服亦謂之襲衣鄭志謂大裘上有玄衣者玉藻注云凡裼衣象裘色是也但審後鄭意蓋謂裼衣及上衣並純玄無文先鄭亦質之義或亦如此今攷大裘固裼玄衣而上衣則當以袞龍十二章爲襲冕則十二斿不得如鄭崔賈說也詳司服弁師疏

中秋獻良裘王乃行羽物

良善也中秋鳥獸毨因其良時而用之鄭司農云良裘王所服也行羽物以羽物飛鳥賜羣吏玄謂良裘玉藻所謂黼裘與此羽物小鳥鶉雀之屬鷹所擊者中秋鳩化爲鷹中春鷹化爲鳩順其始殺與其將止而大班羽物

【疏】中秋獻良裘者唐石經誤作仲秋今從宋本正凡經四仲字並作中釋文亦不誤良裘謂王冕弁冠服之裘次於大裘者也玉藻云君衣狐白裘錦衣以裼之君子狐青裘豹褎玄綃衣以裼之麛裘青犴褎絞衣以裼之羔裘豹褎緇衣以裼之狐裘黃衣以裼之注云天子狐白之上衣皮弁服與狐青裘蓋玄衣之裘黃衣大蜡時臘先祖之服也金榜云凡冕服爵弁服皆玄上纁下玉藻狐青裘注云玄衣之裘熊氏謂五冕及爵弁也君用純狐青大夫士雜以豹褎近得其實狐白裘錦衣麛裘絞衣皮弁服之裘也羔裘緇衣冠弁服之裘也韋弁服韎韋衣裳韎者赤黃之閒色故羔羊正義云兵事既用韎韋衣則用黃衣狐裘春秋傳臧之狐裘敗我于狐駘是也鄭疑黃衣狐裘爲蜡時臘祭先祖之服與郊特牲黃衣黃冠而祭爲一事榜謂黃衣黃冠庶人之祭服也故曰野夫黃冠黃冠草服也案金綜合鄭孔及皇熊說冕弁冠諸服之裘致塙張惠言宋緜初說並同此良裘卽通晐彼諸裘言之也云王乃行羽物者此官掌裘又兼掌羽物與羅氏爲官聯也 注云良善也者宰夫注義同云仲秋鳥獸毨毨

者此卽書堯典中秋鳥獸毛毨之異文賈疏引鄭書注云毨理也毛更生整理惠棟云釋文云𣯃音毛案𣯃當爲髦字之誤也尚書云中秋鳥獸髦毨中冬鳥獸𣯃髦涉下而誤耳案惠說是也說文毛部云𣯃毛盛也从毛隼聲虞書曰鳥獸𣯃髦毨仲秋鳥獸毛盛可選取以爲器用說文之𣯃卽今書鳥獸氄毛之氄字此注毨字與𣯃形近惠謂涉彼而誤近是鳥獸𣯃髦惟見說文鄭注尚書與許本同異今無可攷此毛毨之爲𣯃毨蓋鄭君涉筆之誤非鄭所讀堯典如是也𣯃傳寫又誤作𣯃後人不敢輕易而依今書讀之故陸音毛亦非謂𣯃卽毛字玉燭寶典引此注作毛毨蓋六朝舊讀如是集韻六豪云毛或作𣯃又誤采陸音古實無是字也云因其良時而用之者此中秋季秋兩獻裘並謂獻已成之裘凡皮以乾久爲良必非新取卽獻而鄭言此者蓋謂前年中秋取裘材次年中秋裘成乃獻而用之與取時正相應亦得取毛毨爲良之義掌皮云秋斂皮冬斂革春獻之注云皮革踰歲乾久乃可用獻之獻其良者於王以入司裘給王用彼秋斂皮卽取裘材之時至次年春皮乾久始獻之入司裘旣入司裘乃須與裘氏制之成裘至中秋季秋而獻之以兩職經注合校可以得其義也鄭司農云良裘王所服也者先鄭意此良裘不辨何裘但是王所服凡冕服弁服之裘皆是以尊者所親御當擇毛物純縟人功密致者獻之故稱良裘對下功裘爲卿大夫所服也云行羽物以羽物飛鳥賜羣吏者羅氏行羽物注云行謂賦賜義與此同云玄謂良裘玉藻所謂黼裘與者彼文云唯君有黼裘以誓省大裘非古也鄭彼注云黼裘以羔與狐白雜爲黼文也省當爲獮獮秋田也國君有黼裘誓獮田之禮賈疏云案彼文云唯君有黼裘以誓獮獮是仲秋田獵之名彼獮田用黼裘與仲秋獻良裘同時皆不爲寒設故知此良裘則與彼黼裘一也案賈說非鄭恉也注以黼裘說此良裘亦因黼裘唯天子諸侯誓省得服其文最縟玉藻與大裘同舉明視

它裘爲特尊故舉以爲釋非謂此專爲仲秋獮田而獻不爲寒設也但五冕祭服之裘與黼裘同爲大裘之次不宜不在良裘之列此經之義自以先鄭說爲最晐又黼裘鄭玉藻注謂以羔與狐白雜爲黼文然羔之與狐麤縟迥殊相雜爲文恐非所宜孔廣森謂錯白黑羊皮爲之於義可通而終嫌其太樸竊疑當以狐白雜狐青爲之乃得相稱耳且黼裘珍貴固宜與五冕之裘同用狐也又案玉藻之誓省鄭讀爲誓獮於經無徵且依其說則上服當爲冠弁服是降於五冕爵弁韋弁皮弁服之裘不得爲尤舍矣陳祥道讀省如字謂祭祀服以聽誓命省牲鑊其說近是惠士奇戴震孔廣森宋綿初說同竊謂黼裘蓋天子諸侯齊服之裘祭前誓省服齊服與正祭不同互詳司服疏至家語郊問篇說郊禮云天子大裘以黼之王注云大裘爲黼文也此以黼裘爲卽大裘其說殊謬蓋王肅采郊特牲文私定不足辯也云此羽物小鳥鶉雀之屬鷹所擊者者賈疏云案夏官羅氏仲春羅春鳥行羽物彼注云羽物若今南郡黃雀之屬彼黃雀卽此雀之屬此鶉與雀亦是鷹所擊故連言鶉也云中秋鳩化爲鷹中春鷹化爲鳩者月令仲春鷹化爲鳩無中秋鳩化爲鷹之文惟王制云鳩化爲鷹然後設罻羅不著時月鄭知爲仲秋者以春生秋殺鷹鳩因時氣而化二仲爲春秋之中經雖無文可互相推定也大戴禮記夏小正云正月鷹則爲鳩五月鳩爲鷹此與月令文乖鄭所不用故月令季夏鷹乃學習孔疏引鄭志焦氏問云仲秋乃鳩化爲鷹仲春鷹化爲鳩此六月何言有鷹學習乎張逸荅曰鷹雖爲鳩亦自有真鷹可習矣玉燭寶典引月令章句云鷹以中春化爲鳩中夏陰氣起而復爲鷹此兼據小正爲說非鄭義也云順其始殺與其將止而大班羽物者逐釋此經中秋行羽物及羅氏中春行羽物一年二次行羽物並順始殺與止殺之時也

季秋獻功裘以待頒賜功裘人功微麤謂狐青麛裘之屬鄭司農云功裘卿大夫

所服【疏】季秋獻功裘者國語周語云單襄公曰隕霜而冬裘具韋注云孟冬天子始裘故九月可以具案彼冬裘蓋兼此良裘功裘言

之具裘之時始於中秋盡於季秋言隕霜者舉其最遲之期限也大戴禮記夏小正云九月王始裘則季秋天子已衣裘矣賈疏云按詩

云七月流火九月授衣此季秋則是九月授衣之節云以待須賜者須謂常賜若宮伯掌宮中士庶子云以時須其衣裘是也賜謂好賜

非常賜也詳膳夫疏賈疏云功裘之內有羣臣所服之裘故言以待須賜　注云功裘人功微麤者謂攻皮之工裘氏作之功有精麤猶

典婦功有良功苦功上文良裘之功最精良此裘功微麤苦則亞次於彼者故直謂之功裘也云謂狐青麛裘之屬者賈疏云案玉藻君

子狐青裘豹褎麛裘青豻褎彼云君子鄭云君子大夫士也以其彼云豹褎青豻褎褎用雜故為大夫士若君則用純引此者證功裘中

有此狐青麛裘以待須賜玉藻仍有羔裘狐裘亦是臣之所服裘不引之者之屬中含之矣若然狐青裘者鄭玉藻注云蓋玄衣之裘天

子下至士玄端之服皆服之又云麛裘者鄭彼注引孔子素衣麛裘謂是君臣視朔之服案玉藻狐青裘玄衣孔疏引皇氏云玄衣謂玄

端也劉氏同賈說即本於彼孔又引熊安生說謂玄衣即指冕服爵弁服是也詳前疏劉氏之意蓋以五冕之裘同黑羔裘則狐青裘玄

衣不得復為五冕之衣故必易為玄端而後可申其說亦以玄端衣與狐青色足相配也詩邶風旄丘孔疏說亦同金榜云玉藻狐青裘

玄綃衣以裼之皇氏以玄衣為玄端則玄綃衣以裼為以帛裏布矣案金說足證熊劉之誤賈氏從之疏矣詩召南羔羊孔疏又謂鄭意

功裘以待須賜大夫士明狐青非冕服之裘以申劉氏之說亦非也賈又以麛裘為視朔之服者玉藻疏云天子視朝服皮弁服狐白錦

衣士不衣狐白熊氏云用麛裘素裼也諸侯在國視朔則素衣麛裘卿大夫士亦皆然故論語注云素衣麑裘視朔之服是也又案賈謂

此功裘內含有諸狐裘及羔裘是也但據經以待頒賜之文則不關王自服之裘可知然則狐羔諸裘皆宜屬諸侯及卿大夫士所服言之後鄭上艮裘注不及狐青裘則似王所服裘自黼裘外皆入此功裘恐非經義也鄭司農云功裘卿大夫所服者先鄭以艮裘爲王所服故此功裘爲卿大夫所服亦通冕服弁服玄端服之裘而言也其說亦較後鄭爲長

王大射則共虎侯熊侯豹侯設其鵠諸侯則共熊侯豹侯卿大夫則共麋侯皆設其鵠

大射者爲祭祀射王將有郊廟之事以射擇諸侯及羣臣與邦國所貢之士可以與祭者射者可以觀德行其容體比於禮其節比於樂而中多者得與於祭諸侯謂三公及王子弟封於畿內者卿大夫亦皆有采地焉其將祀其先祖亦與羣臣射以擇之凡大射各於其射宮侯者其所射也以虎熊豹麋之皮飾其側又方制之以爲臯謂之鵠著於侯中所謂皮侯王之大射虎侯王所自射也熊侯諸侯所射豹侯卿大夫以下所射諸侯之大射熊侯諸侯所自射豹侯羣臣所射卿大夫之大射麋侯君臣共射焉凡此侯道虎九十弓熊七十弓豹麋五十弓列國之諸侯大射大侯亦九十參七十干五十遠尊得伸可同耳所射正謂之侯者天子中之則能服諸侯諸侯以下中之則得爲諸侯鄭司農云鵠鵠毛也方十尺曰侯四尺曰鵠二尺曰正四寸曰質玄謂侯中之大小取數於侯道鄉射記曰弓二寸以爲侯中則九十弓者侯中廣丈八尺七十弓者侯中廣丈四尺五十弓者侯中廣一丈尊卑異等此數明矣考工記曰梓人爲侯廣與崇方參分其廣而鵠居一焉然則侯中丈八尺者鵠方六尺侯中丈四尺者鵠方四尺六寸大半寸侯中一丈者鵠方三尺三寸少半寸謂之鵠者取名於鳱鵠鳱鵠小鳥而難中是以中之爲雋亦取鵠之言較較者直也射所以直己志用虎熊豹麋之皮示服猛討迷惑者射者大禮故取義

衆也士不大射士無臣祭無所擇故書諸疏王大射者王與諸侯諸侯則共熊侯虎侯杜子春云虎當爲豹臣射於大學其禮大於賓射燕射鄉射故謂之大射也射義孔疏云凡天子諸侯及卿大夫禮射有三一爲大射是將祭擇士之射二爲賓射諸侯來朝天子入而與之射也或諸侯相朝而與之射也三爲燕射謂息燕而與之射其天子諸侯大夫三射皆具其士無大射其賓射燕射士皆有之案鄉射記云唯君有射于國中其餘否注云國中城中也謂燕射也則是大夫士有鄉射無燕射但士當亦有大射孔說並未塙孔又不及鄉射者以鄉遂之吏主其事王與諸侯咸不與也漢書吾丘壽王傳又謂大射之禮自天子降及庶人未知塙否詳後及梓人疏云則共虎侯熊侯豹侯設其鵠者以下並大射前三日共與射人張之二官相與爲官聯也 注云大射者爲祭祀射王將有郊廟之事以射擇諸侯及羣臣與邦國所貢之士可以與祭者射者可以觀德行其容體比於禮其節比於樂而中多者得與於祭者賈疏云禮記射義云天子大射謂之射侯射侯卽云天子將祭必先習射故知大射是將祭而射也郊謂祭五天帝於四郊不言圜丘祭昊天亦有可知廟謂祭先王先公皆是也以射擇諸侯至得與於祭皆射義文案彼云天子以射擇諸侯卿大夫士卽云是故古者天子之制諸侯歲貢士於天子試之射宮其容體比於禮其節比於樂而中多者得與於祭而中少者不得與於祭是其大射擇諸侯羣臣貢士得與祭之事也詒讓案凡大射皆因祭而射其事有三一爲天子春試邦國之貢士其禮最大梓人所謂張皮侯而棲鵠則春以功是也二則四時郊廟祭前擇助祭之臣三則四時大田校獲鄉大夫相與射時田有享礿享烝及方社之獻則亦祭事也三者皆爲祭而舉而以能詔事亦卽行於其閒故有擇諸侯鄉大夫士及得中爲諸侯之說本原禮意蓋因畿內外諸侯與官府學士等皆本無職事而來助祭觀禮者其人衆多不

容盡取故必射以擇之漢書食貨志說諸侯貢士於天子云行同能偶別之以射將祭擇士亦此意也若遠方侯服祗奉職貢宗祝有司共脩職掌雖亦與射而豈在擇取之列哉云諸侯謂三公及王子弟封於畿內者者王制云天子之縣內諸侯祿也彼內諸侯通公卿大夫凡食采者而言此惟言三公者以別於下卿大夫也王子弟據親子弟食都者而言此諸侯知非畿外諸侯者畿外諸侯大射得用三侯大射儀所謂大侯九十參七十干五十與此不同又非司裘所共故也云卿大夫亦皆有采地焉者賈疏云案載師大都任畺地是此諸侯也又云小都任縣地家邑任稍地是其卿大夫亦皆有采地焉詒讓案據載師注公卿大夫通謂之采地此惟言卿大夫有采地者以經以卿大夫與諸侯別文故也又依大宰載師疏說王子弟疏者亦食縣稍則當與卿大夫同射麋侯云其將祀其先祖亦與羣臣射以擇之者大射儀鄭目錄云諸侯將有祭祀之事與其羣臣射以觀其禮數中者得與於祭不數中者不得與於祭是諸侯祀先祖與羣臣射以擇之之事也卿大夫亦有廟有臣故得與諸侯同云凡大射各於其射宮者明大射射宮在國外與賓射在朝燕射在寢不同也賈疏云從王以下至大夫大射各自於其西郊之學射宮之中案賈謂在西郊之學者謂虞庠也樂記云武王克殷散軍而郊射左射貍首右射騶虞鄭注云郊射為射宮於郊也左東學也右西學也大射儀云公入驁鄭注云此公出而言入者射宮在郊以將還為入又鄉射記於郊則閭中注云於郊謂大射也大射於大學王制曰小學在公宮之左大學在郊案以樂記及大射鄉射諸注校之禮大射必在郊學而鄭說學制謂天子大學在國小學在郊諸侯反是故賈氏謂天子大射在西郊之虞庠小學諸侯大射在郊之大學樂記孔疏說亦云然蓋鄭所謂各於其射宮者說本如是今攷天子大射之宮見於經者有二一在東郊為壇壝宮大戴禮記虞戴德篇云諸侯會朝

于天子天子以歲二月爲壇于東郊抗大侯規鵠豎物九卿佐三公三公佐天子天子踐位諸侯各以其屬就位乃升諸侯之教士教士執弓挾矢揖讓而升履物以射是也此天子春與邦國貢士大射公卿及諸侯咸在即所謂春以功也其禮最盛而人尤衆故不於大學而於郊壇若歲時大祭擇士及王與羣臣或國中學士射則當在大學中學之辟雍諸子云春合諸學秋合諸射射即辟雍也惟射宮本無定所射於東郊即以壇宮爲射宮射於大學即以辟雍爲射宮注說固足以晐之矣蓋鄭謂大射在郊其壝而謂天子郊學爲小學則失之賈孔謂王大射在西郊之虞庠尤誤之甚也射義云天子將祭必先習射於澤已射於澤而後射於射宮彼澤宮在靈囿之中與射宮辟雍異地大司馬注謂大射於澤實據習射言之非大射射宮之正也諸侯大射亦各於其國郊之大學鄉大夫大射則各於所近鄉學庠序之中孟子滕文公篇云序者射也此指州序等而言即鄉大夫所射非天子大射之所亦非大學之東序也周學制異同及射宮並詳大司樂及諸子疏云侯者其所射也者鄭鄉射禮大射儀注並云侯謂所射布也小爾雅廣器云射有張布謂之侯說文矢部云侯春饗所䠶侯也从人从厂象張布矢在其下案三射之侯制雖小異而以布爲之則同云以虎熊豹麋之皮飾其側者賈疏云侯中上下俱有布一幅夾之所飾者唯有兩侯之側故云飾其側也云又方制之以爲𦤎謂之鵠著於侯中者於舊本誤于今據宋余仁仲本正𦤎釋文云本亦作準丁晏云說文土部埻䠶臬也从土𦤎聲讀若準木部臬射準的也𦤎即埻之省文賈疏云梓人爲侯廣與崇方故云方制之質者正也所射之處故名爲質三分其侯鵠著於侯中案丁說是也說文亯部云𦤎孰也讀若純非此義釋文或本作準者準即埻之借字賈本𦤎又作質故釋質爲正而不及𦤎詩小雅賓之初筵孔疏引鄭此注亦作質是孔賈所見本同今本疏述注仍作𦤎者宋人

以疏合注時改從釋文也質與墉義同毛詩賓之初筵傳云的質也荀子勸學篇亦云質的說文詁臬爲準的是墉臬的質同物方制之爲辜謂如其飾侯之皮制之正方以爲其侯之鵠若虎侯則虎飾而虎鵠熊侯則熊飾而熊鵠它皆放此云所謂皮侯者據梓人文鄭說以鵠卽辜與諸儒不同詳後朱大韶云侯皆以布爲之其曰虎侯熊侯豹侯麋侯豻侯者據侯中言鵠用皮爲之故掌於司裘蓋用皮之存毛者故得辨其爲虎熊豹麋豻云王之大射虎侯王所自射也熊侯諸侯所射豹侯卿大夫以下所射者以三侯之尊卑遞推知之賈疏云卿大夫更言以下者兼有士亦射豹侯云諸侯之大射熊侯諸侯所自射豹侯羣臣所射者降於天子也云卿大夫之大射麋侯君臣共射焉者卿大夫唯有麋侯故知君臣共射之也云凡此侯道虎九十弓熊七十弓豹麋五十弓者大射儀注云量侯道謂去堂遠近也天子大射侯道之數禮無明文鄭依大射儀畿外諸侯大射侯道及射人所言九節七節五節推之射人注說賓射侯道亦同白虎通義鄉射篇云天子射百二十步諸侯九十步大夫七十步士五十步明尊者所服遠卑者所服近也案此漢時禮家之異說蓋因大射儀諸侯大侯九十弓推之天子侯道當遠於諸侯故謂天子百二十步步卽弓也今攷匠人市朝一夫不過百步若百二十步凡七十二丈射宮之庭未必有如此之廣其說殆不足據云列國之諸侯大射大侯亦九十參七十干五十者釋文云干本又作豻案大射儀作干鄭讀爲豻豻卽豻之或體詳射人疏此並據大射儀彼文云司馬命量人量侯道與所設乏以貍步大侯九十參七十干五十鄭彼注云鄉射記曰侯道五十弓考工記曰弓之下制六尺則此貍步六尺明矣大侯熊侯謂之大者與天子熊侯同參讀爲糝糝雜也豹侯者豹鵠而麋飾下天子大夫也干讀爲豻豻侯者豻鵠豻飾也鄭意畿外諸侯得同天子用三侯與畿內諸侯止得用熊侯豹侯異故云列國之

諸侯以別之云遠尊得伸可同耳者賈疏云對此經畿內諸侯之近尊不得同於天子三侯云所射正謂之侯者天子中之則能服諸侯諸侯以下中之則得爲諸侯者大射儀注亦云尊者射之以威不寧侯卑者射之以求爲侯案梓人云毋或若女不寧侯不屬于王所故抗而射女是天子中之則能服諸侯也祭義云射侯者射爲諸侯也射中則得爲諸侯射不中則不得爲諸侯是諸侯以下射中之則得爲諸侯也此明射以攷德有德者宜爲王侯失德者則忝其爵位非眞以射爲黜陟也書益稷云侯以明之僞孔傳云當行射侯之禮以明善惡之教亦此義也楚辭大招王注云王者當制服諸侯故名布爲侯而射之古者選士必於鄉射心端志正射則能中所以別賢不肖也王說與鄭亦略同鄭司農云鵠鵠毛也者說文鳥部云鵠鴻鵠也賈疏云先鄭意以鵠字與鴻鵠鵠字同故爲鵠毛解之案梓人云張皮侯而棲鵠毛非可棲之物故後鄭不從云方十尺曰侯四尺曰鵠二尺曰正四寸曰質者毛詩齊風猗嗟傳亦云二尺曰正賓之初筵疏云周禮鄭衆馬融注皆云十尺曰侯四尺曰鵠二尺曰正四寸曰質則以爲侯皆一丈鵠及正質於一侯之中爲此等級王肅亦云二尺曰正四寸曰質又引爾雅云射張皮謂之侯侯中者謂之鵠鵠中者謂之正正方二尺也正中謂之槷方六寸也槷則質也舊云方四寸又云方六寸爾雅說之明宜從之此肅意唯改質爲六寸其餘同鄭馬也賈逵周禮注云四尺曰正正五重鵠居其內而方二尺以爲正大於鵠鵠在正內雖內外不同亦共在一侯鄭於周禮上下檢之以爲大射之侯其中制皮爲鵠賓射之侯其中采畫爲正正大如鵠皆居侯中三分之一其燕射則射獸侯侯中畫爲獸形卽鄉射記所謂熊侯白質之類矣射人注說畫正之法云其外之廣居侯中三分之一中言二尺與毛傳二尺曰正同也案據此說則先鄭及馬氏並謂鵠最大正次之質最小三射之侯中皆有此三等後鄭說則以

皮侯棲鵠不爲正采侯設正不爲鵠正鵠大小同而侯異其皮侯之
鵠采侯之正又各隨侯中之大小爲增減二說不同王肅據小爾雅
廣器文定質爲六寸餘並從先鄭義賈說稍異而亦以正鵠爲一並
與後文義殊金鶚云射侯有正鵠先儒皆分大射賓射其說始於鄭
中庸射義注云畫布曰正棲皮曰鵠釋文曰大射則張皮侯而棲鵠
賓射則張布侯而設正也竊以爲非也詩齊風云終日射侯不出正
兮言正而不言鵠此但稱魯莊公之善射非必賓射也射義云射者
各射己之鵠言鵠而不言正此泛言射義非必大射也且大射賓射
既別則燕射亦宜有異若亦名正鵠是無別也若別有其名何不見
於經乎即或混同於大射賓射其取義亦不確獸侯爲獸形有似於
皮侯當名爲鵠然畫布非棲皮有類於采侯又當名爲正殊難處置
惟無以處夫獸侯故知正鵠之不可分屬皮侯采侯也小爾雅云鵠
中者謂之正正齊風毛傳云二尺曰正鄭司農云十尺曰侯四尺曰鵠
二尺曰正四寸曰質據此可知正鵠但有內外之分而無畫布棲皮
之異也正象內志之正鵠象外體之直故正在內而鵠在外鵠居侯
中三分之一天子侯中丈八尺鵠方六尺畿外諸侯亦然畿內諸侯
侯中丈四尺鵠方四尺六寸大半寸大夫士侯中一丈鵠方三尺三
寸少半寸侯國大夫與王朝諸侯同士與王朝大夫同正亦居鵠中
三分之一天子正方二尺畿外諸侯同畿內諸侯正方一尺五寸少
半寸大夫士正方一尺一寸一分有奇魯是畿外諸侯故毛傳以二
尺曰正正解之非謂凡正皆二尺也司農二尺曰正本於毛傳亦可見
正在鵠中也侯中有鵠又有正本當兼言正鵠其單言正或言鵠者
省文也以中正中鵠皆可謂中故正鵠可偏舉也第正鵠雖皆可謂
中而尤以中正爲善故齊風言不出正也鄭注射人所謂中二尺者
專指九十步五采之侯與毛傳二尺曰正合但毛不專屬采侯而鄭
專屬采侯是爲異耳考工記云張皮侯而棲鵠但言鵠而不言正者

以正在鵠中言鵠則正可知故省之也下云張五采之侯張獸侯并
不言鵠蒙上省文不言可知也鄭因采侯不言鵠遂謂此畫布爲正
與棲皮之鵠異誤矣朱大韶申先鄭馬王說云鵠與正相連不與侯
連故曰棲曰設居侯中者謂之鵠居鵠中者謂之正射義云發而不
失正鵠者又云失諸正鵠是中正謂之中中鵠亦謂之中居正中者
謂之質賓之初筵發彼有的傳的質也荀卿勸學篇質的張而弓矢
至淮南兵略訓高注的射準也是也侯未有不設正鵠者故經但言
鵠不言正以正居鵠中舉鵠而正賅焉矣鄉射記天子熊侯白質諸
侯麋侯赤質大夫布侯畫以虎豹士布侯畫以鹿豕凡畫者丹質質
即二寸曰質之質於布侯皮侯皆曰質則質居正之中可知案金朱
據毛馬先鄭說定正在鵠內無大射賓射之分又謂鵠居侯中三分
之一正亦居鵠中三分之一其說近是竊謂侯中大小取數侯道弓
二寸以爲侯中鄉射記有明文三分侯廣而鵠居一梓人亦有明文
馬鄭王諸儒不容不見而謂侯鵠正質內外大小四等爲一定之數
者蓋假大夫士諸侯侯中之度約舉大數以明大小之差也鄒漢勛
云鄉射記鄉侯十尺鄭馬言侯方十尺者據鄉侯也四尺曰鵠亦據
鄉侯取成數言之其實三分取一侯丈八尺者鵠六尺侯丈四尺者
鵠四尺六寸三分寸之二侯丈者鵠三尺三寸三分寸之一案鄒說
是也五十弓之侯中十尺鵠方三尺三寸少半寸其正依金說當方
一尺一寸一分有奇而云四尺曰鵠二尺曰正者約舉成數也據先
鄭說正之內尚有質楚辭大招云三公穆穆登降堂只諸侯畢極立
九卿只昭質既設大侯張只執弓挾矢揖辭讓只彼正據大射大侯
言之而亦設昭質足證先鄭義質亦謂之的故毛詩荀子並以的質
同論韓非子外儲說左及問辯二篇並云設五寸之的是質小於正
古有明徵質居正中蓋亦當居正三分之一則五十弓侯之質當方
三寸七分強而先鄭云四寸曰質者亦舉成數也先鄭梓人注云設

身廣一丈兩个各一丈凡爲三丈彼云身一丈與此注十尺曰侯同彼爲設數則此注亦爲設數非侯之通制可知侯鵠正質隨侯道爲大小故質槷的爲一物而馬鄭說質四寸小爾雅說槷六寸韓非說的五寸其非一定之數又可知矣今參取馬鄭王及金氏義推定天子以下侯制蓋凡侯皆爲侯中及鵠正質三等其侯中及鵠正大小之差當如金說其正內之質則九十弓之侯質方六寸六分強與小爾雅六寸之槷文合七十弓之侯質方五寸一分強與韓非五寸之的文合而五十弓之侯與馬鄭四寸之質亦相近可以釋諸說之紛互矣至賈景伯說正大於鵠則於古無可證鵠方二尺與梓人文尤不合金榜謂蓋段侯中六尺明之然以鄉射記推之六尺之侯侯道止有三十弓禮經侯道未有如是之近者則亦不可通也云玄謂侯中之大小取數於侯道鄉射記曰弓二寸以爲侯中則九十弓者侯中廣丈八尺七十弓者侯中廣丈四尺五十弓者侯中廣一丈尊卑異等此數明矣者此鄭據鄉射文明侯中之數隨侯地之遠近而各異以破先鄭十尺曰侯之說也引考工記云梓人爲侯廣與崇方參分其廣而鵠居一焉者鄭彼注云崇高也方猶等也高廣等者謂侯中也引之者明鵠大小之度出數於侯中以破先鄭四寸曰鵠之說也云然則侯中丈八尺者鵠方六尺侯中丈四尺者鵠方四尺六寸大半寸侯中一丈者鵠方三尺三寸少半寸者大射儀注說大侯糝侯豻侯之鵠同賈疏云以其侯中丈八尺三六十八故鵠居六尺侯中丈四尺者取丈二尺三四十二得四尺有二尺在又取一尺八寸三六十八又得六寸有二寸在寸各爲三二寸併爲六分取二分各爲三分寸之二卽是大半寸也侯中一丈者取九尺三三而九得三尺一尺在又取九寸得三寸仍有一寸分爲三得一分故云少半寸詒讓案鄭言此者亦破先鄭侯十尺鵠四尺之說然先鄭實假設之數與鄉射梓人文本不相戾後鄭以未瞭云謂之鵠者取名於鳱鵠鳱

鵠小鳥而難中是以中之爲雋者大射儀注以此訓爲第一說云或
曰鵠鳥名射之難中中之爲俊是以所射於侯取名也淮南子曰鳱
鵠知來案鄭引淮南子氾論訓文今本鳱作乾高注云乾鵠鵲也廣
雅釋鳥云鳱鵠雒也說文隹部云雗雗鷽也鳥部云鷽雗鷽山鵲知
來事鳥也鳱雒並雗之異文鵠與鷽亦聲相近依高張說則鳱鵠即
今之喜鵲說文則以爲山鵲二者種類略同釋文引劉昌宗鳱音雁
金鶚亦謂古字鳱與雁通鵠與鶴通鳱鵠猶鴻鵠也非小鳥案劉音
金說與先鄭鵠毛之義相近然與許鄭諸家說鳱鵠並不合未知是
否中之爲雋者本左昭十二年傳其以中雋也之文謂以中小爲雋
異也云亦取鵠之言較較者直也射所以直己志者大射儀注義同
此說較鳱鵠之義爲優金鶚云鵠與梏聲同爾雅釋詁云梏直也梏
轉聲爲較故釋詁較亦訓直鄭注射義云鵠之言梏也梏直也然則
鵠本作梏或作較其作鵠者古字假借耳云用虎熊豹麋之皮示服
猛討迷惑者射者大禮故取義衆也者說文侯字注云天子射熊虎
豹服猛也諸侯射熊豕虎大夫射麋麋惑也白虎通義鄉射篇云天
子所以射熊何示服猛遠巧佞也熊爲獸猛巧者非但當服猛也亦
當服天下巧佞之臣也諸侯射麋者示遠迷惑人也麋之言迷也大
夫射虎豹何示服猛也班氏所說即鄉射記之獸侯與此經大射侯
異而釋義亦與鄭許同云士不大射士無臣祭無所擇者大射儀注
云士無臣祭不射射義疏亦謂士唯有賓射燕射金榜駁之云大射
主於擇士天子諸侯將祭於是乎行之鄉大夫士無將祭擇士之事
因射誓衆選賢孔子射於矍相之圃是其遺事射義古者諸侯之射
也必先行燕禮鄉大夫士之射也必先行鄉飲酒之禮射義釋大射
儀之義遂廣及鄉大夫士明士亦得行大射金鶚云士亦有大射射
人云士以三耦射犴侯大射儀言士射干其明證也鄭注射人以爲
賓射非也先儒皆謂士無臣故無大射然攷之特牲饋食禮有宗祝

一 珍倣宋版印

佐食雍人所謂有司也士冠禮云有司如主人服注云有司羣吏有事者謂主人之吏所自辟除府史以下也夫羣吏雖不可謂臣而旣爲士治事卽當考校其功豈得無大射乎史記云諸儒大射於孔子冢此亦可見士有大射矣大夫士大射之地先儒謂不可考案鄉射記云唯君有射于國中其餘否是大夫士之射在郊射義云孔子射於矍相之圃鄭注矍相地名此當爲大射孔疏以爲賓射非也蓋大夫士大射皆於國外射圃也胡匡衷云特牲饋食禮有私臣則士有臣矣左傳云士有隸子弟又云士臣皁蓋士得以其子弟及府史之屬爲臣也案依二金及胡說則士亦有臣得行大射其說亦較鄭爲長云故書諸侯則共熊侯虎侯杜子春云虎當爲豹者賈疏云虎侯是天子大侯不宜在諸侯熊侯之下故不從也段玉裁云說文侯天子射熊虎豹諸侯射熊虎此從故書以熊侯爲最貴天子諸侯同之射人王以六耦射三侯鄭司農云三侯熊虎豹也與許云天子射熊虎豹合然則經文本作王大射則共熊侯虎侯豹侯司常熊虎爲旗熊在虎上詁讓案論語八佾篇集解引馬融云天子有三侯以熊虎豹皮爲之亦以熊貴於虎與先鄭及許同又鄉射記天子熊侯諸侯麋侯大夫布侯畫以虎豹士布侯畫以鹿豕彼指鄉射燕射之侯亦以熊貴於虎竊疑此經故書天子則虎侯先熊侯諸侯則熊侯先虎侯兩文錯異先鄭及馬季長許叔重讀並改天子三侯首熊侯次虎侯而諸侯二侯則仍故書之舊後鄭從杜子春說不改天子三侯而破諸侯虎侯爲豹侯以合三侯之次二說不同由所讀各異也

大喪廞裘飾皮車皮車遣車之革路故書廞爲淫鄭司農云淫裘陳裘也玄謂廞興也若詩之興謂象似而作之凡爲神之偶衣物必沽而小耳【疏】大喪者賈疏云謂王喪詁讓案亦當關后世子喪詳宰夫疏云廞裘者亦與司服爲官聯也賈疏云謂明器中之裘卽上良裘功裘等云飾皮車者與巾車車僕司常校人爲官聯

也賈疏云亦謂明器之車以皮飾之　注云皮車遣車之革路者巾
車王五路有革路注云革路輓之以革而漆之天子遣車亦備五路
此革路亦稱皮車皮革散文通新序雜事篇云中行穆子皮車十乘
謂兵車也車僕云大喪廞革車彼注云言興革車則遣車不徒戎路
廣闕苹輕皆有焉則此飾皮車亦通駭五戎車蓋皆司裘飾訖與車
僕廞之巾車又云大喪飾遣車則此官所飾者唯革路而已餘玉金
象木四路並巾車飾之也云故書廞爲淫鄭司農云淫裘陳裘也者
司服大師司兵注義並同徐養原云廞之爲淫蓋聲之誤然先鄭直
訓淫爲陳是不必改從廞也說文广部廞陳輿服於庭也字從今書
義同先鄭然則淫與廞皆可訓爲陳也爾雅釋詁廞熙興也此後鄭
所本而不能通其義於淫曾釗云淫與陳聲近詩行葦以引以翼引
本或作淫爾雅引陳也則司農訓爲陳正合古義詒讓案司服司兵
先鄭注並云淫讀爲廞則先鄭亦不從故書也此與大師注獨無讀
爲廞之文疑所引不備陳衮謂爲明器之衮將葬則與明器遣車等
同陳之既夕禮葬前一日於祖廟載飾柩訖云陳明器于乘車之西
卽廟之中庭許君以陳輿服於庭解廞卽隱據彼經也其葬日至壙
亦當如既夕云陳器于道東西既窆則亦與司服廞衣服同藏於椁
中也云玄謂廞興也者爾雅釋詁文大司樂大師笙師典庸器巾車
司兵注並同後鄭亦以廞裘爲明器之裘而訓義則與先鄭異段玉
裁云此鄭君不從故書作淫司農訓陳也書或作廞故鄭君從之爲
之說如此說文所據周禮亦作廞與後鄭同詒讓案全經五篇大喪
言廞者十有六職此司裘廞裘也司服共廞衣服也大司樂涖廞樂
器也大師帥瞽而廞也小師與廞也眡瞭笙師鎛師籥師廞樂器也
典庸器廞筍虡也司干廞舞器也巾車飾遣車遂廞之行之也車僕
廞革車也司常建廞車之旌也司兵廞五兵也圉人廞馬也先鄭皆
訓爲陳後鄭皆訓爲興謂作之賈司兵疏云先鄭廞皆爲陳後鄭皆

不從以爲廞歟與解之者見司服云大喪共其復衣服斂衣服奠衣服廞衣服掌其陳序圉人職云凡賓客喪紀牽馬而入陳廞馬亦如之以此言之廞歟陳既別則廞不得爲陳以與象爲義也姜兆錫申先鄭說云廞卽陳也爲王喪異其文耳笙師云大喪廞樂器大旅陳樂器眡瞭則云大喪廞樂器大旅亦如之是廞陳異文同義也巾車云大喪飾遣車遂廞之行之飾而遂陳其義甚明若遣車既飾矣而又云遂與似而作之義可通乎王引之說同案姜王說是也凡廞者陳而不用之名司服之陳序冢上復斂奠廞四者衣服而言故廞衣服之外復言掌其陳序圉人所云凡賓客喪紀牽馬而入陳者指駕車之眞馬而言故鄭注云啓後所薦馬以其陳而不用與塗車芻靈異故下別言廞馬亦如之也要之凡器物之陳而不用者謂之廞亦可謂之陳故大旅之廞笙師謂之陳既夕禮言陳明器而不言廞明言陳猶言廞也其用者則謂之陳而不可謂之廞故圉人云陳馬又云廞馬明兩文不相涉也後鄭以爾雅有廞興之訓遂據以易先鄭之說而於巾車注仍云廞興也謂陳駕之則自知其不可通而兼用先鄭之義亦足徵其非達詁矣云若詩之興謂象似而作之者後鄭意此廞訓興與六詩比興之興同義釋名釋典藝云興物而作謂之興荀子禮論篇云明器貌而不用是明器雖不用亦象似生時所用之物而作也云凡爲神之偶衣物必沽而小耳者孔廣森云偶寓也謂作假物寄寓其象史記見木偶人與土偶人相與語索隱音寓韓延壽傳曰賣偶車馬下里爲偶物者棄之市道漢郊祀有木寓龍一駟木寓車馬一駟寓車馬卽偶車馬也案孔說是也偶衣物謂明器賈疏讀偶衣句斷失之既夕記說明器云弓矢之新沽功注云沽示不用又喪服注云沽猶麤也荀子禮論篇云具生器以適墓略而不盡貌而不功明不用也爲偶衣物麤略而小亦示不用之義

凡邦之皮事掌之歲終則會唯王之裘與

其皮事不會【疏】凡邦之皮事掌之者凡聘享庭實及弁冠鳥帶席襆諸器服用皮革者皆是后亦當有裘經不言者文略云歲終則會者正裘及凡皮事之歲會司裘之官成也歲終謂夏之季冬周之二月也鄭宰夫注謂是周之季冬失之詳彼疏

掌皮掌秋斂皮冬斂革春獻之皮革踰歲乾久乃可用獻之獻其良者於王以入司裘給王用【疏】掌秋斂皮冬斂革春獻之者賈疏云許氏說文獸皮治去其毛曰革秋斂皮者鳥獸毛毨之時其皮善故秋斂之革乃須治用功深故冬斂之乾久成善乃可獻故春獻之也宋綿初云凡連毛者曰皮裘材也去毛者曰革練治之革曰韋此云革蓋兼韋言之冠與帶之材也　注云皮革踰歲乾久乃可用者釋經秋冬斂春乃獻之之義鄭意凡裘材皆於前年秋取之故獸人春秋獻獸物注云及狐狸即取裘材也詩豳風七月云一之日于貉取彼狐狸爲公子裘彼仲冬取者民間取獸時或略後與此經不必同也依經注義秋斂春獻並屬裘材其司裘中秋獻良裘季秋獻功裘則獻已成之裘獻成距斂皮已期歲其獮乾久可知其韋革亦以乾久爲善故釋名釋喪制云凡五材膠漆陶冶皮革乾槁乃成也云獻之獻其良者於王以入司裘給王用者以共尊須擇良者故特獻之也皮革兩者皆獻其良者入司裘皮以爲王裘革以給帶鳥及皮車等之用

遂以式灋頒皮革于百工式法作物所用多少故事【疏】遂以式灋頒皮革于百工者此冢上春獻爲文謂既獻之後遂依式法頒之於百工也案敘官司裘之下無工則凡皮革之良者雖獻於王入司裘仍沿此官頒之於工其不良者則此官直頒之於工不入司裘也百工者即考工記總敘云攻皮之工五函鮑韗韋裘又彼注說百工云衆言之是也賈疏謂獻良者入司裘其餘乃入百工是入司裘者即不復頒工似非經義　注云式法作物所用多少故事者此亦注用

今字作法也蔣載康云式灋卽九式之灋指工事言賈疏云作若共裘氏作裘函人作甲胄謂皮革皆有用物多少之數有舊法者也

其毳毛爲氈以待邦事當用氈則共之毳毛毛細縟者【疏】注云當用氈則共之者氈詳掌次疏賈疏云謂若掌次張氈案是當其用氈則掌皮共毳毛與冬官使作氈與掌次也云毳毛毛細縟者者說文毳部云毳獸細毛也一切經音義引三蒼云毳羊細毛也凡氈以毳毛爲之淮南子齊俗訓云越人見毳不知其可以爲旃也旃氈字同

歲終則會其財齎財斂財本數及餘見者齎所給予人以物曰齎今時詔書或曰齎計吏鄭司農云齎或爲資【疏】歲終者亦謂夏之季冬云則會其財齎者此正皮革之歲會亦此官之官成也　注云財斂財本數者賈疏云謂四方所有皮革之入掌皮之數是本數也詒讓案大宰注云財泉穀也此財蓋謂所斂皮革直泉多少之本數云及餘見者者餘見謂所用餘皮革見在者也詳司書疏賈疏云謂出給不盡見在庫者也云齎所給予人以物曰齎者此亦謂給予百工也稾人云掌受財于職金以齎其工注云齎給市財用之直墨子非樂篇說爲舟車云萬民出財齎而予之此經義與彼同段玉裁云此與許君齎訓持遺合案詳外府疏云今時詔書或曰齎計吏者孔廣森云漢書文翁傳曰買刀布蜀物齎計吏以遺博士詒讓案計吏卽上計吏詳小宰疏齎計吏乃以賜物畀計吏使持與所賜之人非卽賜計吏也賈疏謂有詔賜與計吏則曰齎殊失攷鄭司農云齎或爲資者外府注同亦謂故書或本也

內宰掌書版圖之灋以治王內之政令均其稍食分其人民以居之版謂宮中閽寺之屬及其子弟錄籍也圖王及后世子之宮中吏官府之形象也政令謂施閽寺者稍食吏祿稟也人民吏子弟分之使

衆者就寡均宿衛【疏】掌書版圖之灋以治王內之政令者，匠人注云內路寢之裏也。王路寢以內至於北宮，凡王及后夫人所居之舍，此官通掌之。蓋皋門以內通為王宮，路門以內通為王內，此官治王內之政令，與小宰治王宮之政令，內外互相備也。王內與敘官王之正內、女史內宮專指后宮言者異。惠士奇云：王宮后宮皆曰王內，版圖政令，宮正宮伯分治之，而內宰則兼治之者也。云均其稍食分其人民以居之者，俞樾云：均者據版以均之也，人之多寡在版也；分者據圖以分之也，地之廣狹在圖也。注云版謂宮中閽寺之屬及其子弟錄籍也者，小宰注云版戶籍也，又宮正注云版其人之名籍，蓋凡戶籍名籍並謂之版。宮中閽寺即內小臣、閽人、寺人、內豎之屬本在宮中者。鄭意閽寺本身固著錄籍，其子弟或通籍得入宮者，內宰亦書之也。云圖王及后世子之宮中吏官府之形象也者，王居南宮，后居北宮，世子亦自有宮。內則注云古者命士以上年十五父子異宮，喪服傳亦謂有東宮，有西宮，有南宮，有北宮。若然，世子居東宮，羣王子則居西南北三宮，與王及后所居南北宮異。其后寢亦有王女之宮，猶公羊莊元年傳所謂羣公子之舍是也。自后世子以下諸宮皆統於王宮，故此官并掌之。大宰注云百官所居曰府，吏官府之形象，謂吏人所居之府寺，其方位界域廣狹遠近，悉書其形象於圖也。凡經言版圖，圖並謂地圖。小宰聽閭里以版圖，注云圖地圖也；司會凡在書契版圖者之貳，注云圖土地形象田地廣狹，義並與此同。云政令謂施閽寺者者，賈疏云以其閽人主中門之禁，寺人掌王之內人之戒令，內宰為之長，故知政令者施之於閽人寺人也。不言內小臣及內豎者，蓋亦施之也。云稍食吏祿稟也者，稟舊本誤廩，今依注疏本正，宮正注義同。賈疏云吏即閽寺子弟宿衛后宮者，宮正所均謂宿衛王宮者，以米稟為祿之月俸，均之者當知見在空闕也。詒讓案：稍食者稟食也，與正祿異，詳宮正疏。云人民吏子弟者，鄭意王內非庶民所居明人民爲在宮中官吏之子弟宮正去其淫怠與其奇衺之民注云民宮中吏之家人也義與此同惠士奇云宮伯之士庶子宮正之衆寡內宰之人民一也古者兵出於民故曰夫家衆寡又曰人民虎賁掌虎士司右掌勇力之士皆人民也案惠說是也后宮之朝及門垣蓋皆有宿衞故後文有北宮糾守之事此人民當兼晐士庶子及夏官之虎士秋官之隸民凡備衞守共使役者皆是若宮中官吏其身在宮給事或得弁攜子弟之無職事者同居然其官寺當在路門以外不得在北宮也若然此官及宮伯宮正所掌蓋皆通王宮后宮宿衞吏士言之並互詳宮正疏云分之使衆者就寡均宿衞者宿宿衞人數衆寡必分使相等所以均其勞役且使遞迥周密無疏懈之患

以陰禮教六宮鄭司農云陰禮婦人之禮六宮後五前一王之妃百二十人后一人夫人三人嬪九人世婦二十七人女御八十一人玄謂六宮謂后也婦人稱寢曰宮宮隱蔽之言后象王立六宮而居之亦正寢一燕寢五教者不敢斥言之謂之六宮若今稱皇后爲中宮矣

疏注鄭司農云陰禮婦人之禮者昏禮毋戒女曰夙夜毋違宮事媒氏注云納幣用緇婦人陰也凡禮之涉婦人者通謂之陰禮後文凡建國佐后立市祭之以陰禮注云陰禮婦人之祭禮大司徒云以陰禮教親則民不怨注云陰禮謂男女之禮是也又內小臣云掌王之陰事陰令媒氏云凡男女之陰訟並以事涉婦人故謂之陰與此義同云六宮後五前一者賈疏云天子謂之六寢宮人所云者是也后亦象王立宮亦後五前一在王六寢之後爲之南北相當耳詒讓案王六寢前路寢一後燕寢五一居中其四分居四隅后六宮亦然詳宮人疏云王之妃百二十人后一人夫人三人嬪九人世婦二十七人女御八十一人者昏義云古者天子后立六宮三夫人九嬪二十七世婦八十一御妻以聽天下之內治此卽先鄭所本敘官後鄭注亦引彼文其說實未可信詳

敘官疏云玄謂六宮謂后也者賈疏云先鄭意以陰禮婦人之禮教六宮之人自后以下至女御後鄭意以婦人之禮教后一人六宮卽后也詒讓案後鄭意下文別出九嬪則此六宮不得通晐嬪御其三夫人班秩雖在九嬪之上究不可與后並言明此六宮當專屬后故不從先鄭說也云婦人稱寢曰宮宮隱蔽之言者此六宮卽后所居之寢與匠人室中度以几宮中度以尋以宮對室主外之圍繞言者異宮人王六寢直稱寢此后稱宮不稱寢宮之爲言營也營繞周帀卽隱蔽之義婦人所居以隱蔽爲宜故異其名也云后象王立六宮而居之亦正寢一燕寢五者中先鄭前一後五之義明后寢與王同宮人注說王六寢云路寢一小寢五路寢卽正寢小寢卽燕寢也后燕寢五中及四方諸侯夫人燕寢三則中及東西左襄九年傳魯穆姜薨于東宮卽三寢之一也云教者不敢斥言之謂之六宮者后尊與王同內宰主內教不敢斥言后故以后之宮言之也云若今稱皇后爲中宮矣者衞宏漢舊儀云皇后稱中宮王應麟云哀帝紀中宮注云皇后之宮云昏禮毋戒女曰夙夜毋違宮事者據士昏禮文明婦人主宮事故后稱宮也

以陰禮教九嬪

教以婦人之禮不言教夫人世婦者舉中省文 疏 注云教以婦人之禮者與上先鄭說同云不言教夫人世婦者舉中省文者賈疏云司農意上文教六宮之人詁此復教九嬪者先鄭意以九嬪掌婦學之法使之教九御故內宰更別教之也後鄭意下文別教九御故知此教三夫人已下不言三夫人世婦者舉中以見上下省文

以婦職之灋教九御使各有屬以作二事

正其服禁其奇衺展其功緒

婦職謂織紝組紃縫線之事九御女御也九九而御於王因以號焉使之九九爲屬同時御又同事也正其服止踰後奇邪若今媚道展猶錄也緒業也故書二爲三杜子春云當爲二二事謂絲枲之事 疏 以婦

職之灋教九御使各有屬以作二事者婦職卽大宰九職七曰嬪婦化治絲枲此官亦以職事授內嬪嬪婦而贊九嬪教九御也王引之云謂以婦職之灋教九御使各有屬也案王說是也九御屬九嬪此官九嬪掌婦學之灋以教九御各帥其屬而以時御敘于王所卽此所使各從其長以施教作事也云禁其奇衺者釋文云衺本亦作邪案經例用古字作衺注例用今字作邪或本非是詳宮正司諫疏奇衺之禁亦士師宮禁之一端也 注云婦職謂織紝組紃縫線之事者釋文云線本亦作綫案線綫字同詳縫人疏此卽化治絲枲之事內則云女子執麻枲治絲繭織紝組紃學女事以共衣服鄭彼注云紃絛孔疏云紝爲繒帛皇氏云組是綬也然則薄闊者爲組似繩者爲紃賈疏云織紝爲一事組紃又爲一事縫線又爲一事三者皆婦職也案詩注云王后織玄紞公侯夫人紘綖卿之內子大帶大夫命婦成祭服士妻朝服庶士以下各衣其夫貴賤皆有職者彼云雖貴無得遊手率先之意非如此絲枲二事貴其功緒也上文世婦以上皆直言陰禮不言職此言職者以其世婦以上貴無絲枲等職業之法故也云九御女御也者以其次九嬪之後故知卽女御也國語周語云內官不過九御魯語云天子日入監九御使潔奉郊禘之粢盛韋注云九御九嬪之官主粢盛祭服者也案此上文云以陰禮教九嬪與教九御別則九御非卽九嬪也韋說非九御亦謂之諸御莊子德充符篇云爲天子之諸御不爪翦不穿耳是也云九九而御於王因以號焉者九九而御於王卽九嬪注所謂女御八十一人當九夕是也今案女御人數未塙詳敘官疏云使之九九爲屬同時御又同事也者鄭意九嬪九人女御八十一人爲九嬪之屬是每九嬪一人領女御九人亦卽大宰八法官屬之義也九九爲屬各自相從以御於王又同受職作事使分別班秩不相雜廁內嬪婦與外百官府固無不同矣賈疏謂九人爲一屬屬猶聚也非經注之義云正其服止踰

後者踰後謂踰越僭後服其所不當服者也依內司服注女御服褖衣今依金榜說女御亦得服展衣詳彼疏云奇邪若今媚道者此注用今字也史記建元以來侯者年表云將陵侯史子回妻宜君淫斷婦人初產子臂膝以爲媚道弃市又外戚世家云長公主譏栗姬挾邪媚道陳皇后挾婦人媚道鄭以媚道即婦人奇邪之事故舉以爲況云展猶錄也者說文尸部云展轉也引申爲校錄之言聘禮注云展猶校錄也謂校比紀錄之以考其高下也云緒業也者廣雅釋詁同宮正注亦云緒其志業云故書二爲三杜子春云當爲二二事謂絲枲之事者段玉裁云此鄭君從杜定爲字誤而改之也王引之云故書作三是也三事謂祭祀賓客喪紀之事祭祀賓客喪紀謂之三事猶祭祀朝覲會同賓客軍旅田役喪荒小宰謂之七事也下文云大祭祀贊九嬪之禮事凡賓客之祼獻瑤爵皆贊凡喪事佐后使治外內命婦正其服位曰祭祀曰賓客曰喪事所謂三事也正其服位所謂正其服也亦如大僕祭祀賓客喪紀正王之服位矣案此作事冡上婦職爲文則杜鄭破字義自允協但王申故書於義亦通黃以周說同今附存之

大祭祀后祼獻則贊瑤爵亦如之

謂祭宗廟王既祼而出迎牲后乃從後祼也祭統曰君執圭瓚祼尸大宗執璋瓚亞祼此大宗亞祼謂夫人不與而攝耳獻謂王薦腥薦孰后亦從後獻也瑤爵謂尸卒食王既酳尸后亞獻之其爵以瑤爲飾

疏 大祭祀后祼獻則贊者此與外宗爲官聯也內宰祭祀贊后祼獻猶小宰祭祀贊王祼將之事賈疏云大祭祀謂祭宗廟也后祼者謂室中二祼后亞王祼尸獻謂朝踐饋獻后以玉爵亞王而獻尸此三事內宰皆佐后祼時以璋瓚授后獻時以玉爵授后故云則贊也云瑤爵亦如之者唐石經贊下疊一贊字則讀贊瑤爵亦如之爲句阮元云亦如之者謂亦贊也正下文所謂皆贊也若瑤上復有贊字則不可通唐石經非案阮說是也嚴可均

亦據疏云瑤爵亦如之者亦贊之也謂少一贊字爲是今不據增賈疏云謂尸卒食王酳尸后亞王而酳尸則內宰以瑤爵授后后親酌盎齊以酳尸亦贊之也案朝踐饋獻亦用瑤爵鄭賈謂用玉爵非也詳後　注云謂祭宗廟者明不關外祭也賈疏云以其天地山川社稷等外神后夫人不與又天地無祼此云祼故知經云大祭祀者據宗廟而言也但宗廟之祭四時與禘祫六享皆有此祼獻瑤爵之事故總言宗廟也案賈說是也亦詳小宰疏云王既祼而出迎牲后乃從後祼也者此王初祼后亞祼爲宗廟九獻首二祼之節祼尸於室中迎牲於門外故言出也此注謂迎牲在后亞祼之前司尊彝注先說后以璋瓚酌亞祼次引郊特牲既灌然後迎牲則謂迎牲在后亞祼之後禮運孔疏引崔靈恩說從此注義謂王出迎牲后乃從灌賈司尊彝疏則謂此注取王事自相亞故先言王祼出迎牲后乃後祼其實以彼注爲正今案王祼則后亞祼事本相次但初祼既畢則王無事已可以出不必待后畢祼而後出也王出之後后方送祼逮王迎牲而入則后祼已訖是王出在后送祼之先入在后畢祼之後二注文本無牾也云祭統曰君執圭瓚祼尸大宗執璋瓚亞祼此大宗亞祼謂夫人不與而攝耳者明后亞祼亦執璋瓚也鄭彼注亦云大宗亞祼容夫人有故攝焉孔疏云大宗主宗廟禮者以亞祼之禮夫人親爲之此不云夫人而云大宗者記者廣言容夫人有故故大宗伯代夫人行禮執璋瓚亞祼之禮云獻謂王薦腥薦孰后亦從後獻也者鄭以此獻與祼對文見異謂當九獻中四獻六獻之節也賈疏云案禮記禮運云腥其俎孰其殽鄭云腥其俎謂豚解而腥之孰其殽謂體解而孰之是其薦腥薦孰也此二者是堂上朝踐饋獻之節室中二灌訖王出迎牲時祝延尸於戶外之西南面薦八豆八籩王牽牲入以血毛告訖以此腥其俎薦於神前王以玉爵酌醴齊以獻尸后亦以玉爵酌醴齊以獻尸也朝踐訖乃孰其殽薦於神前王以

玉爵酌盎齊以獻尸后亦玉爵酌盎齊以獻尸名為饋獻江永云內
宰及司尊彝疏延尸出戶在二灌訖王出迎牲之時禮運孔疏在血
毛詔於室之後今從賈氏蓋尸主在堂而血毛詔於室郊特牲下文
所謂求而未之得也案江說是也互詳司尊彝疏又依崔靈恩義薦
腥薦孰之獻當在後文瑤爵內凡后獻皆用瑤爵不用玉爵則獻當
與裸為一鄭說非經義詳後云瑤爵謂尸卒食王既酳尸后亞獻之
者謂當九獻中七獻八獻之節也賈疏云案儀禮鄭注云諸侯尸十
三飯天子尸十五飯尸食後王以玉爵酌朝踐醴齊以酳尸謂之朝
獻后亦於後以瑤爵酌饋獻時盎齊以酳尸謂之再獻故云后亞獻
也禮運疏云崔氏以為后獻皆用瑤爵鄭鍔云自三獻以至九獻王
皆以玉爵后皆以瑤爵康成特指八獻時所用之爵恐非也江永云
凡后獻皆用瑤爵言瑤爵亦如之所以別於裸用璋瓚耳金榜云司
尊彝注云朝獻謂尸卒食王酳之再獻者王酳尸之後后酌亞獻諸
臣為賓又次后酌盎齊備卒食三獻也於后亞獻內宗薦加豆籩明
堂位曰灌用玉瓚大圭爵用玉琖加用璧角璧散又鬱人職曰受舉
斝之卒爵而飲之則王酳尸以玉爵也王酳尸用玉爵而再獻者用
璧角璧散可知也鄭意蓋以后與諸臣再獻者當明堂位之加爵則
以璧角璧散與此瑤爵為一是加用瑤爵也賈孔之徒申注義者謂
后未酳尸以前不用瑤爵朝踐饋食皆酌玉爵以獻與王同唯崔靈
恩以為后獻皆用瑤爵九獻之外諸臣加爵用璧角璧散杜佑依用
其說榜案周人祭祀賓客之禮王以圭瓚裸后以璋瓚亞裸其裸器
既殊大宰以玉爵贊王內宰以瑤爵贊后其爵制亦異故內宰又言
凡賓客之裸獻瑤爵皆贊裸獻也瑤爵也對文並舉后之正獻具是
矣特牲饋食禮加爵在正獻後天子之禮諸臣為加爵於時內宗獻
加豆籩王與后咸不親其事然則內宰所贊非加爵章章著矣又云
祭統獻之屬莫重於裸故謂之裸獻鄭君分釋裸獻為二非也案鄭

江金從崔說后獻皆用瑤爵是也黃以周說同凡九獻內四獻六獻八獻后皆用瑤爵鄭說謂六獻以前后獻並同王用玉爵至八獻始用瑤爵賈孔禮疏並襲其誤不可從云其爵以瑤爲飾者謂刻木爲爵而以瑤飾之若大宰之玉爵也毛詩衞風木瓜傳云瓊瑤美石說文玉部云瑤玉之美者木瓜釋文引說文作美石與毛義同楚辭九歌王注云瑤石之次玉者然則瑤次於玉故祭祀獻尸王用玉爵后用瑤爵祭統云尸飲五君洗玉爵獻卿尸飲七以瑤爵獻大夫亦瑤爵降於玉爵之證也賈疏依司尊彝注說謂后以瑤爵亞酳尸郎明堂位之角散彼云璧此云瑤不同者瑤玉名瑤玉爲璧形飾角口則曰璧角角受四升爵爲總號故鄭云其爵以瑤爲飾禮運明堂位孔疏說亦同並非也詳前金榜說及司尊彝疏

正后之服位而詔其禮樂之儀薦徹之禮當與樂相應位謂房中戶內及阼所立處疏正后之服位者賈疏云服謂若內司服褘衣已下六服皆正之使服當其用位謂后助祭之位正之使不失其所云而詔其禮樂之儀者賈疏云后之行禮之時皆合於樂節各當其威儀皆內宰告后使依於法度 注云薦徹之禮當與樂相應者內宗云掌宗廟之祭祀薦加豆籩及以樂徹則佐傳豆籩外宗云佐王后薦玉豆眡豆籩及以樂徹亦如之王后以樂羞齍則贊是后薦徹當與樂相應之事賈疏云案九嬪職云贊后薦徹豆籩是后薦徹也天子之禮薦時歌清廟及徹歌雍是薦徹皆有樂節但內宰所詔唯詔禮耳經兼云樂者禮樂相應也案賈知徹歌雍者據樂師小師注義也江永云漢書禮樂志秦漢之樂乾豆上登歌猶古清廟之歌疏謂薦時歌清廟其說蓋本此云位謂房中戶內及阼所立處者賈疏云但天子諸侯祭禮亡今云位謂房中者案儀禮特牲云主婦亞獻尸尸拜受主婦北面拜送主婦北面拜者避內子及尸酢主婦主婦適房中南面祭酒及主人致爵于主婦亦於房中南面拜受

爵至於少牢主婦入戶西面獻尸及酢主婦無入房之文卽此云位謂房中戶內者據特牲士禮而言也案少牢有司徹云主人位于阼階上獻尸侑訖主婦乃洗爵于房中出實爵尊南西面獻尸尸拜于筵上受主婦西面于主人席北拜送爵云主人席北卽當阼階故云阼所立處此約有司徹而言也

贊九嬪之禮事助九嬪贊后之事九嬪者贊后薦玉齍薦徹豆籩

【疏】注云助九嬪贊后之事者州長先鄭注云贊助也以九嬪職祭祀無特行禮之事明九嬪禮事卽贊后之事也云九嬪者贊后薦玉齍薦徹豆籩者賈疏云引九嬪職贊后爲后薦玉齍薦徹豆籩等是九嬪贊后之事卽是內宰助九嬪九嬪贊后也

凡賓客之祼獻瑤爵皆贊謂王同姓及二王之後來朝覲爲賓客者祼之禮亞王而禮賓獻謂王饗燕亞王獻賓也瑤爵所以亞王酬賓也坊記曰陽侯殺穆侯而竊其夫人故大饗廢夫人之禮

【疏】凡賓客之祼獻瑤爵皆贊者賈疏云賓客則王同姓及二王後以其非一故云凡以廣之二云祼者謂行朝覲禮訖卽行三享之禮享訖乃禮賓於戶牖之閒獻謂饗燕賓客后亦助王獻賓瑤爵謂王饗燕酬賓時后亦助王酬賓皆贊助于后也案此祼獻與大祭祀同亦專屬祼后之獻賓亦以瑤爵賈依鄭義分祼獻爲二而以瑤爵別爲酬賓失之詳後　注云謂王同姓及二王之後來朝覲爲賓客者者賈疏云見大行人云上公之禮再祼而酢侯伯一祼而酢子男一祼不酢則是上公乃有再祼王先一祼次后再祼按孝經緯云二王之後稱公則知二王之後有后祼也又案巾車云同姓金路鄭云王子母弟雖爲侯伯畫服如上公則此云王之同姓亦謂爲侯伯得與上公同再祼亦有后祼可知若同姓爲子男者則與異姓同一祼無后祼也故鄭云謂王同姓及二王之後來朝覲爲賓客者但祼時大宗伯代后至於拜送則后則內宰亦贊后拜送爵詒讓案依大宗伯注疏王與后二祼皆宗伯攝

爲之二祼皆有贊攝王祼時則小宰贊小宰云凡賓客贊祼是也攝后祼時則內宰贊此經所云是也小宰注謂贊祼爲助宗伯則此贊祼亦助宗伯可知賈謂贊后拜送失之云祼之禮亞王而禮賓者大行人云王禮再祼而酢是祼卽禮賓也凡賓主人行禮畢主人待賓用醴則謂之禮不用醴則謂之儐鬱鬯亦醴類也故通稱禮也詳司儀疏云獻謂王饗燕亞王獻賓也者賈疏云后之祼者饗燕亦與焉案掌客云上公三饗三食三燕侯伯再饗再食再燕子男一饗一食一燕無飲酒之禮惟有饗燕耳饗者亨大牢以飲賓立行禮在廟獻依命數爵盈而不飲燕禮其牲狗行一獻之禮四舉旅降脫屨升坐其爵以醉爲度饗燕皆有獻賓酬賓后亦助王獻賓酬賓之事內宰皆贊后也案此亦當以祼獻爲一事饗禮上公九獻初獻二獻爲祼侯伯七獻子男五獻初獻爲祼其祼後獻酒則以瑤爵與祼獻異也鄭賈說非互詳大行人疏云瑤爵所以亞王酬賓也者鄉飲酒禮賓酢主人後主人實觶酬賓注云酬勸酒也案酬者謂主人先飲以勸賓也詩小雅彤弓箋云飲酒之禮主人獻賓賓酢主人主人又飲而酌賓謂之醻醻猶厚也勸也酬卽醻之或體江永云瑤爵亞王酳賓之爵注謂亞王酬賓之爵非也以幣酬賓之禮惟獻末王一行后則無酬凡后獻皆用瑤爵金榜云禮婦人於賓有獻無酬案江金說是也引坊記曰陽侯殺穆侯而竊其夫人故大饗廢夫人之禮者今坊記穆侯作繆侯鄭彼注云同姓也其國未聞大饗饗諸侯來朝者也鄭以天子饗諸侯后助獻賓無正文故引諸侯相饗夫人獻賓爲證明后禮與諸侯夫人同也

致后之賓客之禮

謂諸侯來朝覲及女賓之賓客【疏】注云謂諸侯來朝覲者謂爲后致禮於來朝覲之諸侯也掌客注云夫人致禮助君養賓也后致禮於諸侯亦所以助王養賓賈疏云謂若酒正云致后之賓客之禮其掌客致夫人之禮彼諸侯夫人致禮於賓客法明后亦致牢禮於賓客鄭

注掌客凡夫人禮皆使下大夫致之則此內宰亦下大夫也云及女
賓之賓客者賈疏云謂織內同姓諸侯夫人有會見王后之法故亦
致禮焉
凡喪事佐后使治外內命婦正其服位
使使其屬之上士內命婦謂九嬪世婦女御鄭
司農云外命婦卿大夫之妻王命其夫后命其婦玄謂士妻亦爲命婦
【疏】凡喪事佐后使治外內命婦正其服位者賈疏云喪言凡
則王及后世子已下皆是以其皆有服位故云凡以廣之凡有喪事
內宰皆佐后使其屬官治外內之命婦正其服之精麤位之前後也
注云使使其屬之上士者以經云使治則是內宰自使其當官之
屬治之內宰下大夫其屬最尊惟上士故知使上士也賈疏謂以外
內命婦卑故內宰不自治之非經義此外命婦關卿妻不盡卑也云
內命婦謂九嬪世婦女御者此皆內宮之嬪御故謂之內玉藻云唯
世婦命於奠繭鄭注云奠猶獻也凡世婦已下蠶事畢獻繭乃命之
以其服是內嬪御亦有命也賈疏云不言三夫人者三夫人從后不
在治限故不言也案賈說是也肆師大喪禁內外命男女之衰不中
纏者彼注內命女王之三夫人以下與此注不同據追師云爲九嬪
及外內命婦之首服是內命婦不數九嬪則三夫人更不數可知喪
大記注亦云內命婦君之世婦若然經凡言內命婦命女者唯當數
世婦女御耳三夫人九嬪位尊殆非內宰肆師所治也二注說並未
塙互詳內司服疏鄭司農云外命婦卿大夫之妻者喪服經大夫命
婦傳云命婦者其婦人之爲大夫妻者也鄭彼注云命者加爵服之
名自士至上公凡九等君命其夫則后夫人亦命其妻矣案據鄭彼
注則喪服傳大夫妻關上公及卿妻言之與此經以卿大夫妻爲外
命婦合至國語魯語以卿之內子與命婦並舉韋注云卿之適妻曰
內子命婦大夫之妻也釋名釋親屬云卿之妃曰內子子女子也在
閨門之內治家也大夫之妃曰命婦婦服也服家事也夫受命於朝

妻受命於家也屨人注又專以孤妻爲內子卿大夫妻並爲命婦與此經說復小異皆析言之也統言之則卿大夫妻同受后夫人命亦通稱外命婦矣云王命其夫后命其婦者與喪服注義同玉藻云君命屈狄再命褘衣一命襢衣士褖衣鄭彼注云君女君也此子男之夫人及其卿大夫士之妻命服也禮天子諸侯命其臣后夫人亦命其妻以衣服所謂夫尊於朝妻榮於室也案后命命婦蓋使女史賜以衣服與王格廟策命諸臣禮不同玉藻又云唯世婦命於奠繭其他則皆從男子蓋外命婦各從其夫內命婦不得從君則特命於獻繭時矣云玄謂士妻亦爲命婦者此增成先鄭義肆師內命女注亦通卿大夫士妻爲說賈疏云夏殷之禮爵命不及於士周之禮上士三命中士再命下士一命夫尊於朝妻榮於室明士妻亦爲命婦可知若然喪服命夫命婦皆據大夫不含士者彼據降服不降服爲說故唯據大夫爲命夫其妻爲命婦不及士也詒讓案析言之則士妻不得稱命婦故魯語云列士之妻釋名釋親屬云士庶人曰妻妻齊也夫賤不足以尊稱故齊等言也喪大記云士妻不當斂則爲命婦出屨人注亦分士妻與命婦爲二此經通言之則外命婦得下關士妻也互詳大司寇疏

凡建國佐后立市設其次置其敘正其肆陳其貨賄出其度量淳制祭之以陰禮

市朝者君所以建國也建國者必面朝後市王立朝而后立市陰陽相成之義次思次也敘介次也陳猶處也度丈尺也量豆區之屬鄭司農云佐后立市者始立市后立之也祭之以陰禮者市中之社先后所立社也故書淳爲敦杜子春讀敦爲純純謂幅廣也制謂匹長玄謂純制天子巡守禮所云制幣丈八尺純四䄕與陰禮婦人之祭禮

疏凡建國者與敘官建國義同亦謂營都也云佐后立市者以后命於北宮後周垣之外立三市而兼治其市政與司市爲官聯也云設其次置其敘

者謂設置市官所治官舍又分置其市肆之行列即司市以次敘分地而經市之事也云正其肆陳其貨賄者謂內宰令市官使列肆各以類相從即司市以陳肆辨物而平市之事也云出其度量淳制者淳釋文作濘案說文水部云濘淥也从水𦎫聲淳即濘之隸變謂內宰以所定度量之法式出與司市質人等官使數率齊一以防抵冒爭訟之弊即司市以度量成賈而徵儥之事也　注云市朝者君所以建國也者亦辨方正位之一耑也云建國者必面朝後市者據匠人文後謂在王宮之北詳彼疏云王立朝而后立市陰陽相成之義者賈疏云王立朝即三朝皆王立之也后立市者即此文是也朝是陽王立之市是陰后立之獨陽不生獨陰不成故云陰陽相成之義也詒讓案后立市謂建國之時以后命立之特取陰陽相成之義其實市事非后所與也云次思次也敘介次也者釋文云介或作分非孔繼汾云介篆文作𠆰隸省作分其作分者分之譌也詒讓案思次介次見司市職彼注云思次若今市亭也介次市亭之屬別小者也賈疏云案司市注次謂吏所治舍思次介次也若今市亭然敘肆行列也與此注不同者鄭望文解之彼經無肆文故以敘爲行列并思次介次共爲一所解之此文自有肆文故分思次介次別釋也王安石云次其官之次司市所謂思次介次是也敘其地之敘司市所謂各於其地之敘是也肆謂陳物之肆肆長所謂各掌其肆之政令是也王昭禹易祓方苞姜兆錫蔣載康說並同俞樾云司市職云以次敘分地而經市以陳肆辨物而平市則彼經亦有肆文也鄭以敘爲肆之行列與下句肆字自不相妨蓋敘者統諸肆而言之也肆者就一肆而言之也乃於此經分次爲思次敘爲介次義殊未安司市職云上旌于思次以令市市師涖焉而聽大治大訟胥師賈師涖于介次而聽小治小訟凡萬民之期于市者辟布者量度者刑戮者各於其地之敘以敘與介次別言之可知此注之非矣案王俞說是也敘

蓋市肆行首當市朝者胥及肆長所治處與思次介次並異詳司市
疏云陳猶處也者司市注云陳猶列也陳列卽處置之義謂分別其
貨賄使各處其肆不相雜廁卽肆長所云名相近者相遠實相近者
相爾是也云度丈尺也者司市大行人注並同此關五度也漢書律
曆志云度者分寸尺丈引也所以度長短也本起黃鍾之長以子穀
秬黍中者一黍之廣度之九十分黃鍾之長一爲一分十分爲寸十
寸爲尺十尺爲丈十丈爲引而五度審矣云量豆區之屬者司市大
行人注義並同亦關五量也左昭三年傳晏子云齊舊四量豆區釜
鍾四升爲豆各自其四以登於釜釜十則鍾杜注云四豆爲區區斗
六升四區爲釜釜六斗四升鍾六斛四斗漢律曆志云量者龠合升
斗斛也所以量多少也鄭司農云佐后立市者始立市后立之也者
謂建國始立市時后命內宰營其廛肆之等明市舍皆官授市人不
得私建也但此專據王城內三市言之其國外鄉遂公邑家邑之等
皆有市則皆其長吏立之不必盡稟命於王后也云祭之以陰禮者
市中之社先后所立社也者市中不得有他神位而周制百家以上
則得立社社故知先后命立市時亦幷命爲羣姓立社卽祭法所謂置
社是也詳大司徒疏云故書淳爲敦杜子春讀敦爲純純者故書作敦
杜讀爲純今經作淳者從今書也質人亦作淳杜讀同徐養原云質
人壹其淳制杜子春云淳當爲純純謂幅廣玄謂淳讀爲淳尸盥之
淳淳純音同古字通用至管子君臣篇丈民縡制作縡注以爲古準
字蓋淳純皆有準音此字以純之左傍淳之右傍合而成之說文所
無乃俗體也云純謂幅廣也者質人注同說文巾部云幅布帛廣也
淮南子天文訓云幅廣二尺七寸漢書食貨志云周注布帛廣二尺
二寸爲幅鄉射禮注云今官布幅廣二尺二寸後疏引鄭志又謂二
尺四寸爲幅蓋據帛言之故王制孔疏謂布廣二尺二寸帛廣二尺
四寸鄭孔說與班說異不知杜從何說也云制謂匹長者說文匚部

二云匹四丈也漢食貨志說同淮南子天文訓云四丈而爲匹一匹而
爲制是制卽一匹之長也管子乘馬篇云季絹三十三制當一鎰韓
非子外儲說右上篇云終歲布帛取二制焉此制似皆卽匹之異名
字又作製說苑復恩篇云吳赤市使於智氏假道於衞甯文子具紵
絺三百製將以送之是也依杜及淮南說則制卽媒氏之兩布帛每
端長二丈合兩端而成匹則四丈也然據鄭引巡守禮則制長丈八
尺又是一端之長與杜及淮南書並不合又王制云度量數制鄭彼
注云制布帛幅廣狹也是制又爲幅廣矣云玄謂純制天子巡守禮
所云制幣丈八尺純四帜與者後鄭依今書作淳讀亦依子春爲純
而義小異制幣丈八尺卽幣之長純四帜卽幅之廣後鄭釋純與杜
同而釋制則與杜異也天子巡守禮蓋禮古經逸篇之一聘禮注又
引朝貢禮云純四只制丈八尺既夕禮賈疏亦謂丈八尺曰制朝貢
及巡守禮皆有此文今案帜只並咫之叚字賈疏引鄭志趙商問云
天子巡守禮制丈八尺純四帜何荅云巡守禮制丈八尺咫八寸四
咫三尺二寸又大廣四當爲三三八二十四二尺四寸幅廣也古三
四積畫是以三誤爲四也惠士奇云淳與純通純猶全也既夕禮贈
用制幣玄纁束注云丈八尺曰制二制合之十制五合然則丈八爲
端名曰制幣蓋用之鬼神者也曲禮曰量幣古之幣帛有純有制全
曰純量曰制吉凶禮用制賓嘉禮用純詒讓案淳制之義杜以純爲
幅廣制爲匹長鄭引逸禮雖與杜義小異而以純爲廣度制爲長度
則一然既夕及逸禮並云制幣聘禮又云釋幣制玄纁束既云釋幣
而又別之曰制則制非匹長之通名鄭據逸禮謂凡制幣皆丈八尺
其說自可馮但周制布帛一端二丈今云丈八尺則制乃布帛長度
之不足者依此經云出其淳制賈人云壹其淳制則淳制自當爲布
帛廣長之正法乃純廣猶是恆度而匹長乃專舉丈八尺之制廣贏
而長不足於文例既爲參差且內宰所出賈人所壹匹長皆不足於

常度又何理乎惟惠氏以爲純卽媒氏純帛之純全者爲純不全者爲制嘉賓禮用純吉凶禮用制通校禮經無不符合今依其義更爲申繹鑴謂說文刀部云制裁也是制者裁布帛之名因以爲端幅尺度減少之稱蓋古者布帛廣度不同而一端之長則咸以二丈爲正如其正度者謂之純純不必專屬長度也取其純者裁而減之或減其長不及二丈或減其廣布不及二尺二寸帛不及二尺四寸者則皆謂之制制亦不必專屬長度也昏禮納幣用純帛者卽長二丈廣二尺四寸如其正度之帛也士昏記云皮帛必可制明其爲不裁制之全帛矣鄭媒氏注破純爲緇失之聘禮旣夕禮及逸禮所云制幣皆丈八尺蓋於長二丈之常度減去二尺是謂之制逸禮又云純四咫者四依鄭志當爲三謂匹長雖減而幅廣則猶是二尺四寸之全度然旣經裁減則究非全帛故謂之制幣也然則純者廣長完全之正法制者廣長裁減之別法凡賓嘉禮必用其類故用純帛取其全也吉凶禮用幣或焚或埋備物而已故用制幣取其易共義各有當也至於民閒買賣蓋亦純制兩有然制雖減常度亦自有差節不能任意減省曲禮謂祭祀之禮幣曰量幣蓋祭祀用制幣度雖不足仍須中量若雜記云魯人之贈也廣尺長終幅此則制幣之減省太甚者正所謂不中量者矣然則純贏制朒二者不同而皆爲布帛之準法通於禮俗故內宰出之賓人又壹之也至管子君臣篇云衡石一稱斗斛一量丈尺一綍制稱卽指衡石量卽指斗斛則綍制卽指丈尺言可知若管子輕重甲篇云纂組一純戰國策秦策云錦繡千純高注云純束也穆天子傳云錦組百純郭注云純匹端名說苑善說篇云文織百純此與管子韓子淮南子之制並卽布帛匹束之通名與此經純制及媒氏純帛義咸不相涉也又案依此注義淳制爲布帛之專稱通言之布帛亦得稱度量故幣曰量幣王制云布帛幅廣狹不中度量不粥於市是也云陰禮婦人之祭禮者前先鄭注云陰

禮婦人之禮此據祭市社而言故知爲婦人之祭禮然外祭祀非后所與或亦命內宰帥女祝以禮就祭之與

中春詔后帥外內命婦始蠶于北郊以爲祭服

蠶于北郊婦人以純陰爲尊郊必有公桑蠶室焉

【疏】中春者謂夏之中春也凡經言春夏秋冬者並據夏時詳大司樂疏云詔后帥外內命婦始蠶于北郊者此內宰詔后親桑之事說文蚰部云蠶任絲蟲也引申之凡蠶桑之事通謂之蠶月令季春后妃齊戒親東鄉躬桑注云后妃親采桑示帥先天下也東鄉者鄉時氣也是明其不常留養蠶也留養者所卜夫人與世婦孔疏云按此經是季春躬桑內宰云仲春者以仲春既帥命婦躬桑浴種至季春又更躬桑浴蠶也故熊氏云案馬質注云蠶爲龍精月直大火則浴其種是二月浴種也祭義云大昕之朝奉種浴于川注云大昕季春朔日是三月又浴蠶也皇氏云二月浴之三月乃躬其義非也詒讓案此經親蠶以中春與月令躬桑祭義浴種時月並不同熊安生據馬質注謂浴種有二月三月兩浴賈疏及詩大雅瞻卬孔疏並從之黃以周云蓋中春詔后始蠶季春朔日乃入蠶室也依周官中春始蠶故鄭注馬質引蠶書二月浴種依戴記季春始蠶故注祭義以爲季春朔日浴種此各據本書以爲言耳似非重浴案黃說與皇侃同於理近是大戴禮記夏小正云三月妾子始蠶亦蠶事盛於三月之證也又月令云蠶事既登分繭稱絲效功又孟夏云蠶事既畢后妃獻繭乃收繭稅注云后妃獻繭者內命婦獻繭於后妃收繭稅者收於外命婦此經無夏獻繭及收繭稅之事蓋文不具又案夏小正傳云先妾而後子何也曰事有漸也言事自卑者始若然王女亦有蠶事不徒命婦矣云以爲祭服者月令說親桑云以共郊廟之服是也穀梁桓十四年傳云王后親蠶以供祭服孟子滕文公篇云夫人蠶繅以爲衣服詩豳風七月毛傳云祭服玄衣纁裳任大椿云經傳言祭服者多據冕

弁服內宰祭義祭服謂冕服也士喪禮祭服次散衣次喪大記小斂
之衣祭服不倒謂爵弁皮弁也賈疏云禮記祭義亦云蠶事旣畢遂
朱綠之玄黃之以為祭服此亦當染之以為祭服也　注云蠶于北
郊婦人以純陰為尊者于當作於注例復述經文亦不用古字祭統
云天子親耕於南郊以共齊盛王后蠶於北郊以共純服諸侯耕於
東郊亦以共齊盛夫人蠶於北郊以共冕服鄭彼注云東郊少陽諸
侯象也夫人不蠶於西郊婦人禮少變也賈疏云鄭以諸侯為少陽
是天子以純陽為尊則后蠶於北郊純陰為尊也詒讓案月令注說
公桑蠶室云收以近郊之稅則北郊謂近郊五十里之內孔疏謂公
桑在國北近郊是也惠士奇云公羊桓十四年何休注曰禮天子親
耕東田千畝諸侯百畝后夫人親西郊采桑以共粢盛祭服白虎通
耕桑篇曰耕於東郊何東方少陽農事始起桑於西郊何西方少陰
女功所成漢儒之說皆不合周官云郊必有公桑蠶室焉者祭統云
古者天子諸侯必有公桑蠶室近川而為之築宮仞有三尺棘牆而
外閉之及大昕之朝君皮弁素積卜三宮之夫人世婦之吉者使入
蠶于蠶室奉種浴于川桑于公桑風戾以食之又案呂氏春秋上農
篇云后妃率九嬪蠶於郊桑於公田是公桑即公田
所種之桑又於其處築養蠶之室二者同在北郊也**歲終則會內人**
之稍食稽其功事內人主謂九御【疏】歲終者謂夏之季冬鄭賈以為周季冬非也詳宰夫疏云則會內人之稍食者
此正內宮之歲會也稍食亦謂稟食依鄭義內人為女御稟食當視
命士之祿依沈彤江永說為女府史女工女奴等則稟食當視府史
胥徒此官皆總攷其歲會亦內宮之官成也云稽其功事者正內宮
之官計也上以婦職之法教九御云展其功緒功事與功緒略同彼
隨時展省之此歲終又總稽攷其成功典絲典枲並云歲終則各以
其物會之事略同也賈疏云稽計也又當計女御絲枲二者之功事

以知多少注云內人主謂九御者前注云九御女御也寺人典婦功注義同女御云以歲時獻功事卽此功事也賈疏云按典婦功授嬪婦及內人女功之事齎嬪婦旣是九嬪世婦明內人是九御也沈彤云內人謂女酒女籩之等而上及女府女史也女御與九嬪世婦皆爲內命婦內宰注已言之且閽人於外內命婦出入爲之辟而內人之出入無帥則幾是又其下於內命婦之徵又云女給事自外而入役宮中其非刑女有家者食當視在官庶人也江永亦云此卽典婦功之內人與典絲之內工是宮中專治女功者詒讓案經言內人者凡六此職云會內人之稍食稽其功事一也內小臣云祭祀賓客喪紀正內人之禮事二也閽人云凡內人公器賓客無帥則幾其出入三也寺人云掌王之內人及女宮之戒令又云掌內人之禁令凡內人弔臨于外則帥而往立于其前而詔相之四也內豎云若有祭祀賓客喪紀之事則爲內人蹕五也典婦功云授嬪婦及內人女功之事齎六也通校諸文蓋內人所晐甚廣當上關女御下兼女府史及女酒女籩內工等凡內宰會其稍食稽其功緒及寺人掌其戒令禁令典婦功授其事齎者並通上下言之凡內小臣正其禮事弔臨于外寺人詔相之及內豎爲之蹕者則專指女御而言若止屬女府史以下何得與祭祀賓客喪紀之禮事且寺人爲之詔相內豎爲之蹕乎若閽人幾其出入者則又專指女府史以下而言鄭及沈江各舉一偏爲釋相兼乃備也佐后而受獻功者比其小大與其麤良而賞罰之獻功者九御之屬鄭司農云烝而獻功玄謂典婦功曰及秋獻功

疏佐后而受獻功者者賈疏云謂內宰佐助后而受女御等獻絲枲之功布帛等云比其小大與其麤良者說文鹿部云麤鹿超遠也米部云粗疏也麤卽粗之叚字賈疏云布帛之等縷小者則細良縷大者則麤惡今言麤不云惡言良不云細者互見爲義也案依賈說則小大卽

麤良經不宜複出殆非也竊謂此云比其小大與其麤良卽典婦功所謂辨其苦良比其小大也小大者凡枲布絲帛之功麤疏者爲大功精密者爲小功喪服大功小功注云大功布者其鍛治之功麤沽之彼大小功賈子新書六術篇作大紅細紅並專據布言之左閔二年傳云衞文公大布之衣大帛之冠杜注云大布麤布大帛厚繒則繒帛亦有小大並其義也但喪服注釋冠沽功爲麤功云麤功大功也賈說似隱據彼注則與此經義不相當蓋此經之麤卽典枲之苦功先鄭謂卽麻功良卽典絲之良功先鄭謂卽絲功是也麤良者別絲枲而比之小大者通絲枲而比之以經證經二事顯異自後鄭典絲典枲注不從先鄭說賈氏此疏遂弁小大麤良爲一其誤甚矣注云獻功者九御之屬者女御注云以歲時獻功事是也典婦功注云國中嬪婦所作成卽送之不須獻功時故此注亦專據內嬪婦爲釋賈疏云上文云以婦職之法教九御明所受獻功還是九御之屬可知鄭司農云烝而獻功者國語魯語公父文伯母曰王后親織玄紞公侯之夫人加之以紘綖卿之內子爲大帶命婦成祭服列士之妻加之以朝服自庶士以下皆衣其夫社而賦事烝而獻功男女效績愆則有辟古之制也韋注云冬祭曰烝烝而獻布帛之功也此卽先鄭所本凡烝祭以孟冬則獻功亦在是月管子輕重乙篇云大冬營室中女事紡織緝縷之所作也此之謂冬之秋詩鄘風定之方中箋謂營室中在小雪時則正是孟冬管子所言與魯語合此蓋魯齊制與此經不必同姜兆錫謂此獻功爲內工獻功於后在歲終卽所謂烝而獻功若外工獻功於典婦功則在秋其事異姜蓋以此經冢上歲終爲文先鄭意或當如是廟享正祭雖不在季冬而冬祭通得稱烝則國語義與此經亦尚可通唯典婦功秋獻功實通內外工言之姜謂專屬外工究無塙證未知果得先鄭意否耳云玄謂典婦功曰及秋獻功者後鄭以後經有明文故不從先鄭說也賈疏云不從先

鄭者以其內宰佐后受明是婦官所造還是典婦功女御等秋獻功也

會內宮之財用計夫人以下所用財【疏】會內宮之財用者此遙冢上歲終爲文亦內宮之歲會官成也　注云計夫人以下所用財者明后之財用不會也凡共三夫人九嬪世婦等之財用亦當有常秩與外官之祿相類女御以下則有稍食賈疏云以其云內宮是總六宮之內所有財用皆會計之

正歲均其稍食施其功事憲禁令于王之北宮而糾其守均猶調度也施猶賦也北宮后之六宮謂之北宮者繫于王言之明用王之禁令令之守宿衛者【疏】正歲均其稍食施其功事者賈疏云正歲謂建寅之月歲始故總均宮中所受稍食月俸之人歲始又施其女功絲枲之事詒讓案國語魯語云社而賦事則當在中春彼外嬪婦於家受事校內宮遲一月亦不相遠也云憲禁令于王之北宮而糾其守者卽小宰云凡宮之糾禁彼又云乃退以宮刑憲禁于王宮注云憲謂表縣之但彼通掌王宮此官則唯掌北宮禁卽士師之宮禁此官與彼二官爲聯事也賈疏云糾其守者謂宿衛之子弟糾其惰慢者也　注云均猶調度也者大司樂先鄭注云均調也又司稼注云均謂度其多少此均其稍食亦謂案其位之尊卑功之勤惰爲稍食之多少使之均調也云施猶賦也者此段借之義也說文㫃部云施旗皃又攴部云敳敷也讀與施同施卽敳之借字管子山權數篇賦籍藏龜尹注云賦敷也敳賦同訓敷故施亦訓賦大戴禮記曾子天圓篇盧注云施賦也賦功事猶國語云賦事矣云北宮后之六宮者古者宮必南鄉王路寢在前謂之南宮大戴禮記盛德篇云待朝在南宮是也后六宮在王六寢之後對南宮言之謂之北宮左襄十年傳云子國子耳刦鄭伯以如北宮又哀十七年傳云衛侯夢于北宮是侯國後宮亦稱北宮也賈內小臣疏云對王六寢在南以后六宮在北故云北宮也云謂

珍倣宋版印

之北宮者繫于王言之明用王之禁令令之者阮元云疏引注于作於此非案阮校是也此釋經云王之北宮明后雖自主六宮仍統於王也后宮所憲之禁令即小宰所建之宮刑亦士師五禁之一故云用王之禁令令之云守宿衞者者大司寇軍刑上命糾守注云守不失部伍此宮官糾守亦謂糾察宿衞吏民使不失部伍也賈疏云謂若宮伯所掌士庶子者也

上春詔王后帥六宮之人而生穜稑之種而獻之于王

六宮之人夫人以下分居后之六宮者古者使后宮藏種以其有傳類蕃孳之祥必生而獻之示能育之使不傷敗且以佐王耕事共禘郊也鄭司農云先種後孰謂之穜後種先孰謂之稑王當以耕種于藉田玄謂詩云黍稷穜稑是也夫人以下分居后之六宮者每宮九嬪一人世婦三人女御九人其餘九嬪三人世婦九人女御二十七人從后唯其所燕息焉從后者五日而沐浴其次又上十五日而徧云夫人如三公從容論婦禮

疏上春者天府注云上春孟春也

注云六宮之人夫人以下分居后之六宮者者明此六宮之人通晐衆嬪御與上文以陰禮教六宮專指后一人者異也云古者使后宮藏種以其有傳類蕃孳之祥者番蕃之省明放岳本及注疏本並作蕃與釋文不合釋文又云孳本又作滋案孳滋聲義同謂皆取生育之義象類同也云必生而獻之示能育之使不傷敗者生者謂不朽蠹即舍人所辯以共獻者也此亦取生育不傷之義云且以佐王耕事者謂佐王孟春躬耕帝藉之事也詳甸師疏云共禘郊也者國語魯語云天子日入監九御使潔奉禘郊之粢盛又楚語云天子郊禘之事王后必自春其粢是也賈疏云禘謂祭廟郊謂祀天舉尊言之其實山川社稷等皆用之也鄭司農云先種後孰謂之穜後種先孰謂之稑者釋文云穜本或作重案如字書禾旁作重是穜稑之字作童是穜殖之字今俗則反之稑本又作穋案陸說是也說文禾部

云種先種後孰也从禾重聲稑疾孰也从禾坴聲詩曰黍稷種稑重文穋稑或从翏穜孰也从禾童聲經注穜稑字正字當作種經之種注藏種先種後種耕種字正字當作種穜稑字此及舍人司稼凡三見及籩人注穜麥字並作穜陸所謂俗反互易也釋文或本作重卽種之省稑作穋則或體也管子地員篇云羣土之長是惟五粟其種大重細重白莖白秀五塥之土其種大穋杞細穋杞黑莖黑秀呂氏春秋任地篇云種稑禾不爲稑種重禾不爲重是以粟少而失功高注亦云晚種早孰爲稑早種晚孰爲重續漢書禮儀志劉注引賀循云稑早也穜晚也又引干寶周禮注云穜晚稻稑之屬稑陵穀黍稷之屬今案據管呂書說則種稑者蓋衆穀之通名黍稷稻粱麥並有此先種後孰後種先孰之異種也賀循說稑早穜晚專據孰時言之與毛詩七月傳說同干注謂穜稑有原隰之異漢以前絕無此說不知令升果何所據也云王當以耕種于藉田者于注例亦當作於各本並誤謂后獻種在王耕藉之先王受此穜稑之種乃以耕種於王藉也月令耕藉在孟春與此后獻種同月藉田亦詳甸師疏云玄謂詩云黍稷穜稑是也者豳風七月魯頌閟宮並有此文穜稑毛詩並作重穋毛傳云後孰曰重先孰曰穋詩釋文云本又作種稑說文禾部引詩同呂氏春秋任地篇高注引詩作重稑字並小異賈疏云此增成先鄭義亦以其先鄭直云先種後種不見穀名後鄭意黍稷皆有穜稑云夫人以下分居后之六宮者每宮九嬪一人世婦三人女御九人其餘九嬪三人世婦九人女御二十七人從后唯其所燕息焉者賈疏云此以下亦是增成先鄭義所分居者唯據九嬪以下三夫人不分居亦得爲三夫人以下也每宮九嬪一人者九嬪九人六宮各一人則三人在也世婦二十七人六宮每宮三人則九人在也女御八十一人六宮宮各九人餘二十七人在也其餘謂不分者故云其餘九嬪三人世婦九人女御二十七人也后不專居一宮須往

卽停故云唯其燕息焉金鶚云王后六宮一正寢五小寢六宮兼正寢而言正寢非居息之所也九嬪世婦女御或分居或隨后一宮十三人已不能容若王后至其宮又加四十人何以容之乎案金說是也此經九嬪世婦女御敘官並不言數又不見三夫人固不可援昏義內官百二十人之說以定其居又后六宮正寢爲聽內治及齋居之宮金謂非居息之所亦至當不易匠人九嬪所居之九室乃內宮之朝治事處非宮人居息之所竊謂六宮除正寢及燕寢中宮爲后自居外餘四宮爲嬪御所居其旁尚有側室則內官之爵秩較卑者居之諸侯三宮夫人亦自居一宮餘一宮及側室爲嬪御所居公羊僖二十年何注說三寢云夫人居中宮少在前右媵居西宮左媵居東宮少在後皆不足據也以經攷之后雖有六寢內官所居者則唯在五小寢經通言之云六宮之人耳互詳敘官九嬪疏又案后夫人寢數或六或三等殺有定而側室之數則多少無定取足容居處而已其室蓋在后燕寢之旁后生子亦就之故內則注云凡子生皆就側室卽通王后以下言也大戴禮記保傅篇云青史氏之記曰古者胎敎王后腹之七月而就宴室盧注云宴室郟室次宴寢也亦曰側室案宴燕字通盧謂卽側室是也其云郟室者郟側之誤內則云妻將生子及月辰居側室注云側室謂夾之室次燕寢也此卽盧所本然古書無以夾室爲側室者宋本內則注夾作夫於義較長盧所據本蓋已譌作夾故又譌爲郟殆不足馮也賈宮人疏謂側室卽爲燕寢之一亦誤云從后者五日而沐浴者謂五日則退居宮休沐也內則云五日則燂湯請浴三日具沐是沐浴以五日爲期也云其次又上十五日而徧云者賈疏云鄉所分居六宮九嬪以下皆三分之一分從后兩分居宮假令月一日一分從后至月五日從后者五日滿則右邊三宮之中舊居宮者來替此從后者從后者又來入右邊三宮從后者至十日又滿則左邊三宮者來替此從后者從后者來居

左邊三宮又至十五日則三番總遍故云十五日而遍云夫人如三公從容論婦禮者敘官注義同婦禮即上文陰禮是也賈疏云王后六宮夫人有三分居不遍因即尊之三公坐與王論道三夫人尊卑與三公同三公侍王三夫人亦侍后居故取以證三夫人不分居宮之義也

周禮正義卷十三

周禮正義卷十四

瑞安孫詒讓學

內小臣掌王后之命正其服位命謂使令所爲或言王后或言后通耳疏掌王后之命正其服位者賈疏云敍官云奄上士四人案夏官大僕云掌正王之服位出入王之大命則大僕掌王命及服位此小臣亦云掌王后之命正其服位則小臣侍后與大僕侍王同也詒讓案大僕屬官又有小臣掌王之小命此內小臣職掌與小臣相當后宮事少故不設內大僕則不問大命小命皆內小臣掌之也正服位者從內宰也大僕掌王視治朝之位則后視內宮之朝內小臣亦當掌其位毛詩衞風碩人傳云君聽朝于路寢夫人視內事于正寢亦相擬也正后服位互詳內宰疏注云命謂使令所爲者說文口部云命使也內則注云命謂使令謂后於宮內外有所使令及所求爲皆掌其事也云或言王后或言后通耳者賈疏云以此經及上經皆云王后下文則皆云后鄭恐人以爲別有義意故云通耳無義例也

后出入則前驅道也疏后出入則前驅者后乘車出入此官爲之前驅而道亦猶大僕王出入則自左馭而前驅小臣王之燕出入則前驅也注云道之者漢書溝洫志顏注云道引也謂前驅爲道引也

若有祭祀賓客喪紀則擯詔后之禮事相九嬪之禮事正內人之禮事徹后之俎擯爲后傳辭有所求爲詔相正者異尊卑也俎謂后受尸之爵飲于房中之俎疏若有祭祀賓客喪紀則擯者賈疏云此三者后皆有事九嬪以下從后往也三事皆與后爲擯贊也云詔后之禮事者猶大僕祭祀賓客喪紀詔王灋儀小臣詔相王之小灋

儀也內宰云大祭祀正后之服位而詔其禮樂之儀春官世婦云祭祀詔王后之禮事大賓客之饗食亦如之大喪及王后有㨾事於婦人則詔相此官蓋從內宰詔相王后而與世婦爲官聯也云相九嬪之禮事正內人之禮事者此兼爲內命婦相禮也內人亦謂女御詳內宰疏內宰云贊九嬪之禮事春官世婦云相外內宗之禮事此官亦從內宰而與世婦爲官聯也云徹后之俎者賈疏云謂后於東房中受尸酢之俎內小臣徹之　注云擯爲后傳辭有所求爲者賈疏云后爲上三事須物則小臣擯贊而傳辭與諸司求物供所爲也詒讓案說文人部云儐導也重文擯或从手凡禮經言擯或接賓或詔禮皆取導引贊侑之義此擯當亦爲導贊鄭謂傳辭義亦同而云有所求爲者蓋以下文別云詔禮則此擯非禮事可知故意其傳辭賓因有所求爲也互詳大宗伯疏云詔相正者異尊卑也者明三者文異事則一也賈疏云后尊云詔詔告而已九嬪稍卑則言相相佐助之言也女御卑直正之而已云俎謂后受尸之爵飲于房中之俎者于注例當作於賈疏云天子諸侯祭禮亡案特牲薦俎乃受尸之酢次主婦酳尸尸酢主婦於東房中受尸之酢亦有薦俎后之俎小臣所徹亦約與士禮主婦之俎同也

后有好事于四方則使往有好令於卿大夫則亦如之

后於其族親所𩛩者使往問遺之【疏】后有好事于四方則使往者好事恩澤之事與大宰好用內饔好賜義略同四方與內府使適四方義同並謂畿內諸侯也云有好令於卿大夫則亦如之者於經例當作于石經及各本並誤好令亦恩澤之命令此官爲傳之此猶大僕掌三公孤卿之弔勞小臣掌士大夫之弔勞也此四方諸侯云好事卿大夫云好令者亦互文見義賈疏謂后雖無正令施與卿大夫時有言教至焉故云云令后於畿外全無言教所及故云事未嘗　注云后於其族親所𩛩者使往問遺之者詩鄭風遵大路

箋云好猶善也賈疏云后有族親在四方謂畿外諸侯於王有親謂若魯衞晉鄭之等也於卿大夫亦謂同姓族在朝廷者也王后意行所善遺小臣往以物問遺之案注云其族親所善當亦指后己族黨及昏姻之親言并專謂王族也賈謂若魯衞晉鄭未晐

掌王之陰事陰令 陰事羣妃御見之事若今掖庭令晝漏不盡八刻白錄所記推當御見者陰令王所求爲於北宮 [疏] 掌王之陰事陰令者賈義云天子理陽道后治陰德鄭注云陰德謂主陰事陰令也然則陰事陰令內小臣掌之王后治之矣 注云陰事羣妃御見之事者敘官注云御猶進也侍也以是婦人之事故謂之陰事與內宰陰禮義同賈疏云謂若九嬪職後鄭所云者是也云若今掖庭令晝漏不盡八刻白錄所記推當御見者者續漢書百官志掖庭令一人六百石宦者掌後宮貴人采女事漢舊儀云掖庭令晝漏未盡八刻廬監以茵次上婕妤以下至後庭訪白錄所推當御見案漢儀訪白錄所當作白錄所記謂錄次所記宮人之名籍此注與彼正同也鄭以此內小臣亦掌羣妃御見之事故以漢法爲況云陰令王所求爲於北宮者亦以王令婦人之事故謂之陰令賈疏云謂若縫人女御爲王裁縫衣裳及絲枲織紝之等皆是王之所求索王之所造爲者也案北宮詳內宰疏

閽人掌守王宮之中門之禁 中門於外內爲中若今宮闕門鄭司農云王有五門外曰皋門二曰雉門三曰庫門四曰應門五曰路門路門一曰畢門玄謂雉門三門也春秋傳曰雉門災及兩觀 [疏] 掌守王宮之中門之禁者士師五禁有宮禁此其一端亦與彼爲官聯也 注云中門於外內爲中者鄭意中門即雉門在外二門之內內二門之外於五門爲第三也司儀諸公臣相爲國客云出及中門之外問君客再拜對與聘禮公出及大門內問君賓對文同又左昭二十五年傳說臧氏逐臧會執諸季氏中

門之外平子怒曰何故以兵入吾門是諸侯三門大夫二門中門皆
在外門內則天子中門亦必在外門內矣但此經中門之禁當兼庫
雉應三門言之詳後云若今宮闕門者續漢書百官志劉注引漢官
秩云平城門爲宮門水經穀水注引洛陽故宮名有朱雀闕白虎闕
蒼龍闕北闕南宮闕也是東漢時宮門並有闕鄭以周雉門爲王宮
中門亦有闕與漢制同故舉以爲況鄭司農云王有五門外曰皋門
二曰雉門三曰庫門四曰應門五曰路門者朝士先鄭注同賈疏云
司農庫門在雉門內爲中門詒讓案天子五門此經唯師氏司士匠
人有路門應門其皋門庫門見詩及禮記雉門見春秋經及禮記並
詳後毛詩大雅緜傳云王之郭門曰皋門依毛說則皋門非王之宮
門與明堂位說不合先鄭所不從也其五門名義玉海宮室引三禮
義宗云天子宮門有五法五行曰皋門曰庫門曰雉門曰應門曰路
門皋門者王宮之外門皋之爲言高也謂其制高顯也庫門因其近
庫卽以爲名也雉門雉施也其上有觀闕以藏法故以施布政教爲
名也應門謂應接諸侯羣臣常在此門之內也路門路寢之門也案
雀以五門雉門在庫門內則依後鄭說與先鄭異亦詳後云路門一
曰畢門者書顧命云二人雀弁執惠立于畢門之內僞孔傳云路寢
門一名畢門卽本先鄭說孔疏云下云王出在應門之內出畢門始
至應門之內知畢門卽是路寢之門一曰畢門也賈疏云言路門者
路大也人君所居皆曰路以大爲名言畢門者從外而入路門爲終
畢云玄謂雉門三門也者賈疏云破先鄭雉門爲二門必知雉門爲
中門者凡平諸侯三門有皋應路詩云乃立皋門皋門有亢乃立應
門應門將將者是也若魯三門則有庫雉路故明堂位說魯制二兼
四云庫門天子皋門則庫門向外兼皋門矣又云雉門天子應門則
雉門向內兼應門矣既言庫門向外兼皋門雉門向內兼應門則天
子五門庫門在雉門外明矣案賈據朝士注及詩大雅緜箋義也後

鄭說天子門數亦同先鄭惟以雉門第二庫門在其外與先鄭異故朝士注云明堂位說魯公宮曰庫門天子皋門雉門天子應門言魯用天子之禮所名曰庫門者如天子皋門所名曰雉門者如天子應門此名制二兼四則魯無皋門應門矣檀弓曰魯莊公之喪既葬而經不入庫門言其除喪而反由外來是庫門在雉門外必矣如是王五門雉門爲中門是鄭據彼二文故知雉門當爲三門也今考天子五門之次後鄭此說塙不可易明堂位說魯制以庫門當天子皋門雉門當天子應門皋門於五門爲最在外古無異說則庫門必在雉門外可知魯庫門既在雉門外則天子庫門必不在雉門內又可知先鄭說與明堂位亦不合宜後鄭之不從也其諸侯三門之制則當從劉敞說有庫雉而無皋應魯與凡諸侯並同朝士注及詩箋並謂諸侯有皋應而無庫雉非也詳朝士疏明堂位雖以庫雉二門爲魯制當天子之皋應實則天子五門兼有庫雉非天子有皋門無庫門有應門無雉門也孔廣森云郊特牲記王之郊也獻命庫門之內周書作雒亦有應門庫臺案孔說是也郊特牲正據天子郊禮言之故上有卜之日王立於澤之文作雒亦塙是雒邑之制御覽禮儀部引周書逸文說明堂制亦有庫門雉門其說雖與匠人不合然可證天子本有庫雉二門二鄭之義不可易也至此經之中門先鄭謂是庫門後鄭謂是雉門並據第三門言之今攷五門之次以雉門爲三門當依後鄭說爲正然此中門實不專屬雉門當兼庫雉應三門言之蓋五門以路門爲內門皋門爲外門餘三門處內外之閒故通謂之中門猶之治朝與三詢之朝對燕朝言之通稱外朝也司儀之中門據侯國制止三門則中門自專屬雉門與此小異敘官賈疏又載或說謂王宮四面皆有中門其說殊謬竊謂天子五門本皆有閽人此獨言掌守中門之禁以皋門內之外朝三詢觀法之地嘉石肺石所在萬民皆得出入其守禁較寬又有師氏同守之非閽人所專司唯

庫門以內三門廟社府庫及官府次舍羅列其閒地居要近閽人專掌其守禁故經特舉中門言之非謂中門之外遂非閽人所守也金鶚云閽人王宮每門四人是外門亦有守也但中門之禁較嚴故特言中門非謂外門無禁也案金說是也檀弓記曾子與子貢弔於季氏閽人弗內二子入於其廏而脩容焉蓋季氏大夫二門亦各有閽人守之閽人弗內者不得入中門也入廏脩容者已得入大門也郊特牲庫門注云庫或爲廏是廏庫同處天子諸侯庫門所由得名大夫則在大門內也此雖非王侯制然可證中門門禁嚴於外門閽人所譏察尤謹於是矣引春秋傳曰雉門災及兩觀者賈疏云定公二年夏五月壬辰雉門及兩觀災公羊傳曰曷爲不言雉門災及兩觀主災者兩觀也主災者兩觀則曷爲後言之不以微及大也今鄭所引不與彼傳同者鄭勦傳非彼正文也引之者證魯有三門雉門有兩觀爲中門則知天子五門雉門亦爲中門有兩觀矣詒讓案鄭正據公羊文故不引春秋經也穀梁傳亦云其不曰雉門災及兩觀何也災自雉門始也後鄭推魯禮以合天子謂王五門亦雉門設兩觀玉海引崔氏義宗及賈疏說並同孔廣森云明堂位曰庫門天子皋門雉門天子應門春秋經書雉門及兩觀災魯之兩觀於雉知王之兩觀當於應案孔說是也戴震焦循說同天子五門惟應門爲正門故特設兩觀其餘四門並爲臺門一觀魯無應門故於雉門設兩觀此魯禮不可以概天子之制也互詳大宰疏

喪服凶器不入宮潛服賊器不入宮奇服怪民不入宮

喪服衰絰也凶器明器也潛服若衷甲者賊器盜賊之任器兵物皆有刻識奇服衣非常春秋傳曰尨奇無常怪民狂易

【疏】喪服凶器不入宮者以下宮門糾禁之事卽士師之宮禁也金鶚云自皋門以內卽是王宮曰不入宮則外門有守明矣中門惟臣得入凡民皆不得入非特喪服凶器等不得入也注云喪服

衰絰也者賈疏云案下曲禮云苞屨扱衽厭冠不入公門苞屨謂杖齊衰扱衽斬衰初死服厭冠緦小功冠檀弓云士唯公門說齊衰服問注云大功免絰鄭云衰絰義出於彼也曲禮孔疏云此云苞屨扱衽不入公門服問云唯公門有稅齊衰注云不杖齊衰也於公門有免齊衰則大功有免絰也如鄭之言五服入公門與否各有差降熊氏云父之喪唯扱上衽不入公門冠絰衰屨皆得入也杖齊衰則屨不得入不杖齊衰衰又不得入其大功絰又不得入其小功以下冠又不得入此厭冠者謂小功以下之冠故云不入公門凡喪冠皆厭大功以上厭冠宜得入公門也案據鄭孔說則喪服不得入公門者以五服輕重為差輕者不得入重仍得入者蓋君以事召之往朝則服重者得喪服入公門其非入朝時仍不得入故此經概云喪服不入宮也白虎通義喪服篇云凶服不敢入公門者明尊朝廷吉凶不相干故周官曰凶服不入公門即約此文云凶器明器也者家人注同曲禮云書方衰凶器不以告不入公門鄭彼注云此謂喪在內不得不入當先告君耳凶器明器也賈疏云案士喪禮主人所造曰明器賓客所致曰就器此經凶器亦應兼有就器而云凶器明器者以主人明器為主也案明器詳宰夫疏云潛服若衷甲者者廣雅釋器云潛隱也左哀六年傳潛師閉塗杜注云潛師密發也逸周書文政篇云同惡潛謀孔注云潛謀潛密之謀也此潛服亦謂姦人隱密而襲戎服者左襄二十七年傳云將盟于宋西門之外楚人衷甲杜注云甲在衣中是也云賊器盜賊之任器者司厲云掌盜賊之任器貨賄先鄭注云任器謂盜賊所用傷人兵器是也云兵物皆有刻識者謂有刻識文字可辨仞說文敘說秦八體有殳書即刻識兵器之書也賈疏云案定十年侯犯以郈叛叔孫氏之甲有物是也云奇服衣非常者說文大部云奇異也淮南子脩務訓高注云非常曰奇六韜上賢篇云奇其冠帶偉其衣服此姦人也荀子非相篇云奇衣婦飾

楊注云奇衣珍異之衣引春秋傳曰尨奇無常者左閔二年傳晉侯使太子申生伐東山皋落氏衣之偏衣佩之金玦罕夷曰尨奇無常
金玦不復杜注云偏衣左右異色其半是公服尨襍色襍色奇怪非常之服引之者證奇服卽非常之服也云怪民狂易者漢書王子侯
表樂平侯訢病易免顏注云病狂而改易其本性也又五行志成帝綏和二年男子王褒入北司馬門殿東門上前殿入非常室中收縛
考問病狂易不自知入宮狀案說文廾部云𢺕脈𢺕也狂易字當爲𢺕之叚借釋文云易徐音陽依徐音則當爲𢺕字蓋易之形誤

凡內人公器賓客無帥則幾其出入三者之出入當須使者符節乃行鄭司農云公器將持公家器出入者幾謂無將帥引之者則苛其出入

疏凡內人者謂女府史以下詳內宰疏 注云三者之出入當須使者符節乃行者九嬪注云帥猶道也使者謂道引之人若寺人掌內人及女宮相道其出入之事內豎爲內人蹕卽內人之帥掌訝國賓客至爲前驅凡從者出則使人道之卽賓客之帥其公器亦各有有司帥之也鄭知又有符節者以掌節云門關用符節注云符節者如今宮中諸官詔符也蓋此三者本於宮門出入無禁者亦必有帥道符節乃得行防姦盜也鄭司農云公器將持公家器出入者者牛人公牛注云公猶官也彼職又云公任器亦卽此公器也云幾謂無將帥引之者則苛其出入者釋文云苛本又作呵案將帥引之者謂使人道引之出入無則幾之也苛者訶之叚字呵卽訶之俗亦卽宮正注所謂幾荷也詳彼疏

以時啓閉時漏盡

疏以時啓閉者司宮中諸門之啓閉猶司門掌授管鍵以啓閉國門也 注云時漏盡者謂宮門夜漏盡則啓晝漏盡則閉也儀禮經傳通解引尚書大傳云雞鳴太師奏雞鳴於陛下然後夫人鳴佩玉於房中告去也然後應門擊柝告辟也然後少師奏質明於陛下鄭注云辟啓也然則王宮啓門在質明之前

矣賈疏云漏盡者謂若夏至晝則日見之漏六十刻夜則四十刻冬至晝則日見漏四十刻夜則六十刻就時之間大判九日校一刻

凡外內命夫命婦出入則爲之闢辟行人使無干也內命夫卿大夫士之在宮中者

疏 凡外內命夫命婦出入則爲之闢者釋文云闢本又作辟案闢辟聲類同字亦通然經當本與注同作辟釋文所載或本是也凡此經辟人字並作辟大司寇凡邦之大事使其屬蹕注云故書蹕作避杜子春云避當爲辟謂辟除姦人也蓋杜鄭校定字例如是若此經故書作闢杜鄭不宜無說足證其誤互詳大司寇疏　注云辟行人使無干也者釋文云辟避也案說文辟部云辟法也干部云干犯也此謂辟除行人使無干犯而已不止行也凡經辟人字大司寇杜注小司寇先鄭注並訓爲辟除卽辟法引申之義後鄭義亦當同陸訓爲避義雖得通而非杜鄭之恉亦詳大司寇疏云內命夫卿大夫士之在宮中者者賈疏云謂若宮正所掌者也對在朝卿大夫士爲外命夫鄭雖不解外內命婦其外命婦則揔外內命夫之妻內命婦卽三夫人已下也案賈說是也肆師大喪禁外內命男女之衰不中灋者注云外命男六鄉以出也內命男朝廷卿大夫士也彼內命男統朝廷卿大夫士此內命夫注云在宮中則餘朝廷卿大夫士並爲外命夫與彼不同者六鄉以出外命夫不常在宮中閽人不當爲辟故知自以在宮對朝廷爲外內也外內命婦詳內宰疏

掌埽門庭門庭門相當之地

疏 掌埽門庭者通掌五門之庭凡埽除之事宮人云凡寢中之事埽除則王路寢以內之埽除宮人掌之此官掌寢外五門門庭之埽除與彼爲官聯也　注云門庭門相當之地者門外霤以外相當之地也說文广部云庭宮中也又廴部云廷朝中也王五門唯路門內燕朝爲庭以外諸門庭皆無屋宇當爲廷作庭者假借字也凡五門路門庫門外並爲朝廷應門雉門皋門外雖不爲朝而皆

有廷其廟門闈門外亦然蓋每門門廡所覆地謂之門基基以外皆門廷也賈疏謂閽人掌中門則門相當之地唯中門外之地若餘門庭則各有守門者埽之非也凡五門門廷其袤蓋皆百步詳匠人疏

大祭祀喪紀之事設門燎蹕宮門廟門燎地燭也蹕止行者廟在中門之外【疏】大祭祀喪紀之事設門燎蹕宮門廟門者大祭祀在宮中者唯有宗廟六享及大社是也喪紀亦冢大爲文宰夫注云大喪王后世子也賈疏云大喪以下朝廟及出葬之時宮中及廟門皆設門燎蹕止行人也　注云燎地燭也者謂樹地之大燭非人所執者也說文火部云燭庭燎大燭也士喪禮注云燭燋也火在地曰燎執之曰燭燕禮甸人執大燭於庭閽人爲大燭於門外彼諸侯禮此經天子祭祀喪紀閽人亦設門燎門燎即大燭也司烜氏凡邦之大事共墳燭庭燎注云樹於門外曰大燭於門內曰庭燎皆所以照衆爲明此燭在門外曰門燎彼門外曰大燭門內曰庭燎者燭爲大名蓋人執者不得稱燎在地者得通稱燭也門燎之制當與庭燎同而數較少詳司烜氏疏云蹕止行者者鄭氏大司寇注義並同又隸僕先鄭注云蹕謂止行者清道若今時儆蹕段玉裁云說文走部趩止行也足部無蹕字今周禮皆作蹕惟大司寇釋文作趩詒讓案蹕者清道禁止人不得行辟者禁人干犯不干犯者仍得行二字義異互詳大司寇疏云廟在中門之外者鄭謂中門即雉門小宗伯云左宗廟右社稷注云庫門內雉門外之左右是也今案廟當在應門內路門外之左右鄭說非是詳彼疏

凡賓客亦如之【疏】凡賓客亦如之者賈疏云賓客在宮中廟謂若饗食在廟燕在寢皆爲設門燎及蹕止行人

寺人掌王之內人及女宮之戒令相道其出入之事而糾之內人女御也女

宮刑女之在宮中者糾猶割察也【疏】相道其出入之事而糾之者道唐石經作導說文寸部云導導引也導正字道叚借字訝士掌訝二職道字石經亦皆作導宋本並作道與釋文合今從之相道謂詔相帥道之糾謂察其不從戒令者　注云內人女御也者內宰注云內人主謂九御女御即九御也詳彼疏典婦功先鄭注義亦同云女宮刑女之在宮中者者春官世婦注義同賈疏云謂男女沒入縣官爲奴者王昭禹云女宮若女奚之類是也沈彤云女宮即奚也序官酒人奚在女酒下注以奚爲宮女禁暴氏奚與隸並稱注以奚爲女奴女奴即司厲入舂槀之女子宮女即掌戮守內之宮者是一者即在宮刑女故知女宮爲奚也案王沈說是也云糾猶割察也者小宰注義同

若有喪紀賓客祭祀之事則帥女宮而致於有司有司謂宮卿世婦【疏】則帥女宮而致於有司者於經例當作于石經及各本並誤　注云有司謂宮卿世婦者賈疏云案春官宮卿世婦云掌女宮之宿戒及祭祀比其具此既言致於有司明是男子官宮卿所掌女宮也非是下文世婦之帥女宮者也詒讓案經言有司容有它官得役女宮若內宰及內外宗之屬皆是不徒世婦也春官世婦與天官世婦內外異而職掌同此有司不當專指宮卿言之鄭說未晐

佐世婦治禮事世婦二十七世婦【疏】注云世婦二十七世婦者賈疏云上云有司是宮卿世婦恐此亦是彼世婦故云二十七世婦以寺人是奄者故得佐世婦治禮事禮事即世婦所掌祭祀賓客喪紀之事是也案此亦當兼有宮卿世婦鄭賈說亦未晐

掌內人之禁令凡內人弔臨于外則帥而往立于其前而詔相之從世婦所弔若哭其族親立其前者賤也賤而必詔相之者出入於王宮不可以闕於禮【疏】注云從世婦所弔者賈疏云鄭知從世婦不自弔臨者此

直言凡內人弔臨于外不指斥其事故知不自弔臨案世婦職云掌弔臨于卿大夫之喪故內人得從之也云若哭其族親者此兼以哭釋臨也襍記說弔禮先唯致弔後臨則哭是析言之弔臨小異鬯人云凡王弔臨共介鬯注云以卑適尊曰臨是鄭釋弔臨通言不別但此內人非內宮尊官嫌不得取臨卑之義故兼釋爲哭也詳鬯人疏賈疏云王后有哭族親之法則內人女御亦往哭之云立其前者賤也者樂記云宗祝辨乎禮儀故後尸商祝辨乎喪禮故後主人是凡詔相必居後此寺人詔相女御等則立於其前明以其賤故不與他詔相禮同也云賤而必詔相之者出入於王宮不可以闕於禮者以內人出入王宮當閑習禮法不可有闕失故雖賤亦使寺人詔相之也

內豎掌內外之通令凡小事內后六宮外卿大夫也使童豎通王內外之命給小事者以其無與爲禮出入便疾內外以大事聞王則俟朝而自復【疏】注云內后六宮外卿大夫也者后六宮通命於卿大夫之事春官世婦掌之不使內豎則此內外之通令謂王以小事通命於后六宮及卿大夫皆內豎掌之、也云使童豎通王內外之命給小事者以其無與爲禮出入便疾者敘官注云豎未冠者之官名故云童豎以其未成人故無與爲禮又出入便疾宜於給小事也經云通令令命義同文王世子云問於內豎之御者注云內豎小臣之屬掌外內之通命者卽據此經爲說云內外以大事聞王則俟朝而自復者賈疏云經云凡通小事復白也明大事待朝自復不使內豎也

若有祭祀賓客喪紀之事則爲內人蹕內人從世婦有事於廟者內豎爲六宮蹕者以其掌內小事【疏】若有祭祀賓客喪紀之事則爲內人蹕者賈疏云皆謂在廟時若然祭祀在廟謂禘祫四時之

祭祀也賓客在廟謂饗食時也喪紀在廟謂喪朝廟爲祖奠遺奠時也皆爲內人蹕止行人也 注云內人從世婦有事於廟者者內人亦謂女御也女御云凡祭祀贊世婦賈疏云內人卑不專行事案下世婦職云掌祭祀已下三事與此經三事同明此內人從世婦而灌溉及爲粢盛也云內豎爲六宮蹕者以其掌內小事者以蹕爲止行人既不關禮事內人又卑故使童豎爲之亦內小事之類也惠士奇云內豎爲王后之喪蹕又爲內人蹕內人六宮之人則蹕之名通上下矣至秦天子出入稱警蹕諸侯出入稱課促惟至尊乃蹕也案惠說是也冢人云凡諸侯及諸臣葬于墓者爲之蹕則諸侯諸臣皆得稱蹕矣

王后之喪遷于宮中則前蹕

及葬執褻器以從遺車 喪遷者將葬朝于廟褻器振飾類沐之器

【疏】王后之喪遷于宮中則前蹕者賈疏云謂七月而葬將葬而朝七廟則亦使內豎在車前蹕止行人也詒讓案此后喪將葬朝於祖廟準王禮蓋亦以葬前八日啓殯即朝祖每廟一日七日而畢明日而遂葬也云及葬執褻器以從遣車者此亦小事之尤勞辱者也賈疏云謂朝七廟訖且將行在大祖廟中爲大遣奠苞牲取下體天子大牢苞九箇遣車九乘后亦同使人持之往如墓則此內豎執褻器從遣車之後以其遣車載牲體鬼神依之故使執褻器從之者若生時亦執褻器從也 注云喪遷者將葬朝于廟者于注例當作於各本並誤既夕禮云遷于祖用軸鄭彼注云遷徙也徙於祖朝祖廟也檀弓曰殷朝而殯於祖周朝而遂葬蓋象平生將出必辭尊者此遷于宮中與彼遷于祖義同故曾子問孔疏引鄭志云崇精問曰葬母亦朝廟否焦氏荅曰婦未廟見不朝廟耳內豎職云王后之喪朝廟則爲之蹕也是母喪亦朝廟明也朝祖禮互詳喪祝疏云褻器振飾類沐之器者振飾與抿拭同爾雅釋詁云抿拭刷清也士喪禮抿用巾注云抿晞也清也古文抿皆作振說文巾部

云飾㕞也讀若式又水部云沬洒面也重文須古文沬从頁頮卽須
之或體書顧命王乃洮頮水書釋文引馬融注云頮頮面也案此㙯
器蓋既夕禮明器用器燕器之屬賈疏云玉府云凡㙯器鄭注以爲
清器虎子不爲振飾頮沬器者彼據生時故與牀笫等連文但死者
器物雖皆不用仍法其威儀者故此注㙯器爲振飾頮沬之器不爲
清器虎子也知有振飾頮沬器者案特牲爲尸而有槃匜并有簞巾
巾爲振飾槃匜爲盥手明其頮面沐髮亦有之故
既夕禮用器之中有槃匜是送葬之時有㙯器也

九嬪掌婦學之灋以教九御婦德婦言婦容婦功各帥其屬而以時
御敘于王所 婦德謂貞順婦言謂辭令婦容謂婉娩婦功謂絲枲自
九嬪以下九九而御於王所九嬪者既習於四事又備
於從人之道是以教女御也教各帥其屬者使亦九九相與從於王
所息之燕寢御猶進也勸也進勸王息亦相次敘凡羣妃御見之法
月與后妃其象也卑者宜先尊者宜後女御八十一人當九夕世婦
二十七人當三夕九嬪九人當一夕三夫人當一夕后當一夕亦十
五日而徧云自望後反之孔子曰日者天之明月者
地之理陰契制故月上屬爲天使婦從夫放月紀
疏 掌婦學之灋者九嬪之官
法也匠人云內有九室九嬪居之賈彼疏謂九室爲教九御之所是
卽嬪婦教學之宮也 注云婦德謂貞順婦言謂辭令婦容謂婉娩
婦功謂絲枲者昏義云古者婦人先嫁三月祖廟未毀教於公宮祖
廟既毀教於宗室教以婦德婦言婦容婦功彼注義與此同昏義所
云詩周南葛覃毛傳以爲古者女師之教若然女官與女師所教異
而四事則同劉向列女傳有貞順篇又後漢書列女傳曹昭女誡婦
行篇云女有四行一曰婦德二曰婦言三曰婦容四曰婦功夫云婦
德不必才明絕異也婦言不必辯口利辭也婦容不必顏色美麗也

珍倣宋版印

婦功不必工巧過人也清閑貞靜守節整齊行己有恥動靜有法是謂婦德擇辭而說不道惡語時然後言不厭於人是謂婦言盥浣塵穢服飾鮮潔沐浴以時衣不垢辱是謂婦容專心紡績不好戲笑潔齊酒食以奉賓客是謂婦功案曹大家論四行卽本此經四事也賈疏云案內則云姆教婉娩聽從執麻枲治絲繭織紝組紃故鄭君此注婦德謂貞順當彼聽從此云婦容謂婉娩還當彼婉娩也此云婦功謂絲枲還當彼執麻枲已下惟婦言注與彼少異此注以婦言謂辭令彼內則注以婉爲言語婉之言媚也謂容貌也不同者以彼經無四事之言故分婉娩爲二事以充四德此有四者之言故并婉娩爲容貌別以辭令解婦言然彼以婉娩亦兼婦言者以其言語婉順亦得爲容貌故也云自九嬪以下九九而御於王所者內宰注釋九御云九九而御於王所因以號焉與此義同女御注云王不就后宮息故凡嬪御皆就御於王所毛詩邶風靜女傳云后妃羣妾以禮御於君所女史書其日月授之以環以進退之是也云九嬪者既習於四事又備於從人之道是以教女御也者賈疏云釋經使九嬪教女御之意既習於四事卽經婦德之等是也云又備於從人之道謂御序之事卽經各帥其屬以時御敘于王所是也云教各帥其屬者使亦九九相與從於王所息之燕寢者謂女御八十一人爲九嬪之屬是一九嬪領九女御以御於王寢兼以受婦職故內宰云以婦職之灋教九御使各有屬以作二事注云使之九九爲屬同時御又同事也經云王所卽謂王之燕寢女御云掌御敘于王之燕寢是也賈疏云亦九九相與從王者亦上居宮及以作二事皆九人相配故以亦之也云御猶進也勸也進勸王息者廣雅釋詁云御進也言以夕進接於王勸王燕息也云亦相次敘者敘注例當作序此作敘者蓋後人依經改後敘哭注亦云次序可證詳小宰疏賈疏云亦上居宮有次敘也云凡羣妃御見之法月與后妃其象也者謂羣妃御見之法

半月更直周而復始象月及后妃星也淮南子天文訓云月者陰之
宗檀弓注云后妃四星其一明者爲正妃餘三小者爲次妃案卯史
記天官書云天極星後句四星末大星正妃餘三星後宮之屬也索
隱引援神契云辰極橫后妃四星從端大妃光明神仕注云祭地方
澤象后妃亦謂此也云卑者宜先尊者宜後者賈疏云案禮運云三
五而盈三五而闕后以下法之故從微嚮著卑者宜先從著嚮微卑
者宜後也云女御八十一人當九夕世婦二十七人當三夕九嬪九
人當一夕三夫人當一夕后當一夕亦十五日而徧云者鄭意以九
嬪世婦女御並九人而當一夕三夫人三人而當一夕后則專夕也
鄭所說夫人九嬪世婦女御之數並據昏義文其所云當夕者並謂
更迭當直非必王之接於寢也內則云故妾雖老年未滿五十必與
五日之御鄭注以五日之御爲諸侯之制謂夫人當一夕兩媵一夕
姪娣兩兩而御五日而徧也詩小雅采綠毛傳亦云婦人五日一御
孔疏引王肅則云大夫以下之制此並無明文要嬪御以敘侍御於
君與遠色之義不相妨也惟昏義所說內官之數則非周法蓋不足
據詳敘官九嬪疏云自望後反之者謂望前則先卑後尊故先女御
次世婦次九嬪次三夫人而後及后若望後則反是先后次三夫人
次九嬪次世婦而終於女御皆放月盈闕之義賈疏云言亦者亦上
居宮引孔子曰日者天之明月者地之理陰契制故月上屬爲天使
婦從夫放月紀者賈疏云孝經援神契文但彼是孔子所作故言孔
子云也日者天之明者本合在天月者地之理者本合在地今以陽
尊而陰卑月乃爲天契制所使故云陰契制上屬爲天使是以月上
屬於天隨日而行婦從夫放月紀者解后已下就王燕寢而御之意
案左傳敘孔疏引春秋感精符亦云月者陰之精地之理也與孝經
緯說略同鄭引此者取婦從夫放月紀證后妃象月御於王十五日
而徧之義賈說非鄭意契制之義賈釋未明通典吉禮云日者陽精

屬天月者陰精屬地陰道挈制於陽故月屬天而從於陽彼文蓋隱
據孝經緯而以契制爲挈制則是讀契爲挈同聲叚借字也又曲禮
孔疏引此注而釋之云月紀是星也案孔
云星疑亦指后妃星然月紀之義未詳

凡祭祀贊玉齍贊后薦徹豆籩

玉齍玉敦受黍稷器后進之而不徹故書玉爲王杜子春讀爲玉

疏 凡祭祀者賈疏云后無外事唯有宗廟禘祫與四時
月祭等云贊玉齍者以下並與外宗爲官聯也賈疏云伯祭祀之時
男子進俎婦人設豆籩齍盛贊助也助后薦玉齍也江永云羹定詔
於堂之後乃延主於室徙堂上朝踐饋食豆籩入室設於尸席前俎
入設於豆東后乃薦玉齍設於俎南案江說是也祭祀贊后薦玉齍
者以特牲少牢饋食禮約之蓋當四獻之後設陰厭時后則以玉齍
薦黍稷外宗云王后以樂羞齍則贊則九嬪與外宗同贊之也云贊
后薦徹豆籩者詩小雅楚茨孔疏云后夫人所主籩豆唯有朝事饋
食之籩豆后薦之耳於周禮加豆籩則內宗薦之內羞庶羞則世婦
薦之詒讓案朝踐饋食后凡二次薦豆籩九嬪亦與外宗同贊之祭
畢又同贊后徹之故外宗云佐王后薦玉豆眡豆籩及以樂徹亦如
之其加豆籩內宗薦之內宗卑於九嬪則加豆籩此官蓋不贊之也
又案豆籩中內羞爲世婦所薦庶羞則當小子薦之孔謂二羞並世
婦薦未塙詳世婦小子疏

注云玉齍玉敦受黍稷器者鄭亦讀齍
爲粢六粢爲祭穀故以玉飾受黍稷之器卽謂之玉粢猶圭瓚盛鬯
謂之玉鬯也詳甸師及宗伯疏祭祀饌兼有稻粱亦得稱粢鄭知此
玉齍內不關受稻粱器者以稻粱爲加饌內宗薦之亦九嬪所不贊
也賈疏云案明堂位云有虞氏之兩敦周之八簋則周用簋特牲少
牢大夫士用敦今周天子用玉敦者明堂位明魯得兼用四代之器
用敦明天子亦兼用可知云玉敦者謂以玉飾敦謂若玉府云珠槃
玉敦但彼以珠槃盛牛耳玉敦盛血此玉敦盛黍稷爲異耳金鶚云

明堂位敦爲虞器周用簠簋亦兼用敦然簠簋爲天子諸侯之器而敦則大夫士用之玉藻云諸侯朔月四簋是常食用簠簋也掌客上公簠十侯伯八子男六簋則同用十二是享賓用簠簋也禮運言陳其簠簋祭統言八簋之實曾子問言天子嘗禘郊社五祀之祭簠簋既陳是祭祀用簠簋也皆未有言敦者可知敦非天子諸侯之器也舍人云凡祭祀共簠簋實之陳之則知此玉齍者玉簠簋也經典並無天子用敦之文玉府云若合諸侯則共珠槃玉敦此會盟所用非祭器也天子之祭既有簠盛稻粱簋盛黍稷雖有敦將焉用之案金謂天子祭祀當用簠簋不用敦是也但此職所贊后薦者唯正饌則玉齍止有玉簋無玉簠也至外宗云玉豆則豆籩亦飾玉此唯云玉齍贊豆籩不云玉者以已詳於彼亦互文見義也簠簋詳舍人旅人疏玉敦詳玉府疏云后進之而不徹者賈疏云豆籩云贊薦徹玉齍直贊不云薦徹明直贊進之而已案禮器云管仲鏤簋注云天子飾以玉此直云玉敦則簋亦飾以玉而不云者但玉敦后親執而設之故特言之其簋則九嬪執而授后后設之若少牢主婦親受韭菹醓醢其餘婦贊者授主婦主婦設之故不言也案依金鶚說則玉齍卽玉簋非玉敦賈強爲分別非也詩小雅楚茨云諸宰君婦廢徹不遲箋云君婦謂后也尸出而可徹諸宰徹去諸饌君婦籩豆而已孔疏云周禮宰夫無徹饌之文膳夫云凡王祭祀賓客則徹王之胙俎注云膳夫親徹胙俎胙俎最尊也其餘則其屬徹之然則徹饌者膳夫也案孔說是也賈外宗疏亦據楚茨謂宰徹黍稷彼宰卽膳夫也有司徹下大夫不賓尸章注謂宰夫徹敦亦可證膳夫徹齍之說若然則唯豆籩后薦后徹九嬪外宗贊之其玉齍則后薦膳夫徹九嬪外宗唯贊薦不贊徹也云故書玉爲王杜子春讀爲玉者以王齍無義而玉齍見大宗伯故杜讀從之段玉裁云此鄭君從杜謂字之誤若而改之也篆體玉與王皆三畫惟玉三畫勻王上二畫相近不勻若

有賓客則從后當贊后事疏若有賓客則從后者與內宗爲官聯也注云當贊后事者賈疏云后之有事於賓客者唯有諸侯來朝王覲饗燕后當助王饗燕時九嬪從后往也大喪帥敘哭者亦如之亦從后帥猶道也后哭衆之次序者乃哭疏大喪帥敘哭者亦如之者與肆師春官世婦內宗外宗爲官聯也敘哭通始崩哭及殯後朝莫哭言之賈疏云大喪謂王喪帥敘哭者謂若外內命婦哭時皆依尊卑命數在后後爲前後列位哭之故須帥道使有次敘也案大喪亦容有后喪賈說未晐注云亦從后者以經冢上云亦如之明亦從后贊事也云帥猶道也者說文巾部云帥佩巾也又辵部云達先道也經典多叚帥爲達以其非本義故云猶道也云后哭衆之次序者乃哭者亦注用今字作序也肆師序哭注云序使相次秩也喪大記注說諸侯喪哭位云女子立於夫人後準彼文則王喪當亦然明后在前先哭三夫人以下至內外宗命婦等乃各以尊卑次序繼哭也哭位次詳肆師疏

世婦掌祭祀賓客喪紀之事帥女宮而濯摡爲齍盛摡拭也爲猶差擇疏掌祭祀賓客喪紀之事帥女宮而濯摡者以下並與春官世婦職掌略同亦官聯也女宮即刑女之在宮中者詳寺人疏賈疏云此婦人所掌祭祀謂祭宗廟賓客謂饗食諸侯在廟喪紀謂大喪朝廟設祖奠與大遣奠時爲此三事則帥女宮而濯摡案少牢饔人摡鼎俎廩人摡甑甗司宮摡豆籩皆使男子官不使婦人者彼以大夫家無婦官及無刑女故並使男子官此天子禮有刑女及婦官故與彼異也云爲齍盛者齍亦當讀爲粢詳甸師疏注云摡拭也者說文手部云摡滌也詩大雅泂酌篇可以濯溉毛傳云溉清也彼釋文溉作摡爾雅釋詁云拭清也案濯摡即滌濯也曲禮云器之溉者不寫注云溉謂陶梓之器不溉謂萑竹之器也此濯摡亦謂陶梓之器少牢饋食禮

廩人摡甑甗匕與敦于廩爨若然天子禮有玉齍簠簋等皆此官帥女宮摡之於廩爨也云爲猶差擇者謂簡擇米之精鑿者供之旣夕
記夏祝淅米差盛之注云差擇之後漢書和熹鄧皇后紀詔曰自非供陵廟稻粱米不得導擇是祭祀齍盛必差擇之也賈疏云祭祀黍
稷春人舂之饎人炊之皆不使世婦故此爲非舂非炊是差擇可知也詒讓案國語楚語觀射父曰天子禘郊之事王后必自舂其粢諸
侯宗廟之事夫人必自舂其盛穀梁文十三年傳云禮宗廟之事君親割夫人親舂又桓十四年傳云甸粟而內之三宮三宮米而藏之
御廩漢書五行志劉向說御廩夫人八妾所舂米之藏以奉宗廟者也彼爲諸侯禮則天子禮宜亦后帥六宮舂其粢意者舂人旣舂之
後后帥六宮更精舂之鄭云差擇或亦含此義又賈特牲饋食禮疏引易歸妹上六云女承筐無實士刲羊無血鄭注云宗廟之禮主婦
奉筐米若然鄉祭之晨女宮或當奉米以授饎人炊之與特牲士禮主婦視饎爨事相儗與　及祭之日涖陳女宮
之具凡內羞之物涖臨也內羞房中之羞　疏　及祭之日涖陳女宮之具凡內羞之物者此謂祭祀世婦掌視內羞
幷薦之也詩小雅楚茨云君婦莫莫爲豆孔庶毛傳云豆謂內羞庶羞也則庶羞亦婦官所兼涖也莊有可云陳具陳酒漿醢醯巾冪舂
饎諸具也　注云涖臨也者州長黨正小宗伯大司樂大司馬大司寇注並同說文立部云竦臨也老子釋文云莅古無其字說文作竦
案涖莅並竦之俗體云內羞房中之羞者即籩人羞籩之實糗餌粉餈醢人羞豆之實酏食糝食也內羞皆穀物女宮所共與庶羞爲內
外饔所共異故謂之內羞又謂之房中之羞見有司徹賈疏云案少牢皆從房中而來故名爲內羞案詳籩人疏　掌弔臨于
卿大夫之喪王使往弔　疏　掌弔臨于卿大夫之喪者亦與內宗爲官聯也此后使弔臨臨謂哭也詳寺人奄人疏莊存與

云必貴戚之卿大夫也　注云王使往弔者賈疏云案內宗云凡卿大夫之喪掌其弔臨注云王后弔臨諸侯而已是以言掌卿大夫云文同而注異者彼上文云王后有事則從大喪序哭者哭諸侯亦如之彼文與后事相連彼主於后此上文無后故知此王使往也若然后無外事彼弔諸侯謂三公王子母弟若畿外諸侯則后不弔以其王爲三公六卿錫衰諸侯緦衰后不弔畿外諸侯既輕於王之卿卿既后不親弔畿外諸侯不親弔可知若然喪大記諸侯夫人弔卿大夫士之喪者以其諸侯臣少故不分別尊卑夫人皆弔之也案司服公卿大夫皆王親弔之此文使世婦往弔者此蓋使世婦致禮物但弔是大名雖致禮亦名爲弔是以大僕云掌三公孤卿之弔勞注云王使往小臣云掌士大夫之弔勞注云致禮同名爲弔是其事也此所弔不言三公與孤者文不具也案鄭賈說非也此世婦與春官世婦內外異而職掌同此所云弔臨于卿大夫之喪者亦后使與內宗共弔臨卿大夫之喪耳鄭以天官春官兩世婦有男女之異遂謂內宗是后使此是王使賈疏申鄭又曲爲之說不知王使弔臨自有大僕小臣何爲復遣世婦乎至王於諸臣之喪贈致禮物則自有含襚賵賻之禮不爲弔賈謂致禮亦名爲弔說尤牽强又引小臣注致禮今本彼注無此文彼疏述注亦無所未詳也

女御掌御敘于王之燕寢　言掌御敘防上之專妬者于王之燕寢則王不就后宮息　【疏】注云言掌御敘防上之專妬者者敘注例當作序各本並誤謂令嬪御等以尊卑敘次更迭御侍於王卽所以防變寵之專妬也賈疏謂鄭解不使九嬪世婦掌房之意使女御掌之官卑不敢專妬殊非鄭恉云于王之燕寢則王不就后宮息者于注例當作於各本並誤胡培翬云王六寢其一爲正寢治事之處而所居恆在於燕寢后夫人以下分居六宮其有當御者則就於王之燕寢此古者王后居寢之制也賈疏云破舊說

云王就后宮者故鄭云此也案詩召南小星孔疏引尚書大傳云古者后夫人將侍君前息燭後舉燭至於房中釋朝服襲燕服然後入御於君雞鳴大師奏雞鳴於階下然後夫人鳴佩玉於房中告去列女傳周宣姜后傳說后夫人御於君之禮同後漢書明帝紀李注引韓詩章句亦云人君退朝入於私宮后妃御見去留有度應門擊柝鼓人上堂退反宴處體安志明並后妃御見就王燕寢之證

以歲時獻功事 絲枲成功之事 疏 以歲時獻功事者即典婦功云秋而獻功是也縫人注云女御裁縫王及后之衣服亦功事之類又黃佐六藝流別引尚書大傳云季夏命世婦治服章案此經世婦無治婦功之文而女御即世婦之屬伏傳所云或即此官功事之一耑與

注云絲枲成功之事者即九嬪婦功之事內宰佐后受之者也呂氏春秋上農篇云春夏秋冬皆有麻枲絲繭之功以力婦教也列女傳母儀傳云詩曰婦無公事休其蠶織言婦人以織績為公事者也休之非禮也案劉引詩大雅瞻卬文所述蓋三家詩義彼公事即此功事毛詩說為外政非也管子問篇云問處女操工事者幾何人工事亦即功事公功工並聲近義同大戴禮記夏小正云三月妾子始蠶執養宮事彼宮事即女宮之功事亦兼蠶織言之

凡祭祀贊世婦 助其帥涖女宮 疏 注云助其帥涖女宮者亦訓贊為助也賈疏云上世婦職云掌祭祀賓客喪紀帥女宮及祭之日涖女宮之具故知此贊者助其涖女宮也

大喪掌沐浴 王及后之喪 疏 注云王及后之喪者賈疏云王及后喪沐用潘浴用湯始死為之於南牖下但男子不死於婦人之手今王喪亦使女御浴者案士喪禮浴時男子抗衾則不使婦人今王喪沐或使婦人而浴未必婦人或亦供給湯物而已亦得謂之掌也方苞云注非也大祝職大喪始崩以肆鬯渳尸則非女御所掌明矣疏謂或使婦人供給湯物亦非也肆師職大喪大渳以鬯則築鬻

卺人職大湄設斗共其釁卺則共給湯物不以婦人明矣經所以不明著王后者男不死於婦人之手士庶人且然況天子乎以外官掌之則大喪爲王以婦官掌之則大喪爲后不待言耳案方說是也此大喪蓋專繫后及母后言之依宰夫注男大喪含世子則此女大喪或亦含王姬故下文又別言后喪注兼舉王則誤也賈疏依違其說亦非喪大記云御者入浴小臣四人抗衾御者二人浴其母之喪則內御者抗衾而浴士喪禮云外御受沐入乃沐浴鄭注云外御小臣侍從者又既夕記云御者四人抗衾而浴其母之喪則內御者浴鄭注云內御女御也彼注據士禮女御謂女子侍御者雖非此官而可證喪禮沐浴男用外御女用內御其別至嚴王喪不當使女御沐浴明矣惟王喪沐浴於經無文大祝湄尸乃浴之一節其勞辱之事非所掌也以意求之似當是御僕沐浴此下文云后之喪持翣御僕亦云大喪持翣然則后之有女御與王之有御僕職正相準彼職不云大喪沐浴者文不具耳

后之喪持翣

翣棺飾也持而從柩車

疏注云翣棺飾也持而從柩車者檀弓云飾棺牆置翣周也注云翣以布衣木如攝與喪大記注云漢禮翣以木爲筐廣三尺高二尺四寸方兩角高衣以白布柄長五尺車行使人持之而從旣窆樹之於壙中後漢書趙咨傳李注引三禮圖云翣以竹爲之高二尺四寸廣三尺衣以白布柄長五尺葬時令人執之於柩車旁也說與鄭同惟云以竹爲之與鄭異說文羽部云翣棺羽飾也天子八諸侯六大夫四士二下垂釋名釋喪制云翣齊人謂扇爲翣此似之也象翣扇爲淸涼也呂氏春秋節喪篇僂翣以督之高注云翣棺飾也畫黼黻文狀如扇插於僂邊又淮南子氾論訓高注云翣狀如今要扇畫文插置棺車箱以爲飾案巾車后輦車有翣棺飾蓋與彼相類僂卽縫人之柳也依高說是翣插柳邊車箱之中非人執以從車則持翣當與旅賁氏持輪齊右道右持馬義同謂扶翣維持之不爲

持執之義與鄭說異賈疏〻云案禮器〻云天子八翣又漢制度皆戴璧后喪亦同將葬向壙之時使此女御持之左右各四人故〻云持而從后柩車也案天子翣制互詳縫人疏

從世婦而弔于卿大夫之喪從之數蓋如使者之介〻云

疏注云從之數蓋如使者之介〻云者賈疏〻云王之妃妾〻三夫人象〻三公九嬪象孤卿二十七世婦象大夫女御象元士但介數依命數爲差則王之大夫四命世婦之從亦四人以無正文故言蓋言〻云以疑之也

女祝掌王后之內祭祀凡內禱祠之事內祭祀六宮之中竈門戶禱疾病求瘳也祠報福

疏注〻云內祭祀六宮之中竈門戶者以經內祭祀專屬王后則是內宮之羣小祀祭統〻云內祭則大嘗禘是也彼王以宗廟爲內祭祀與此后內祭祀異也賈疏〻云依祭法王立七祀有戶竈中霤門行泰厲司命后亦與王同今鄭直〻云內祭祀竈門戶者以其婦人無外事無行與中霤之等其竈與門戶人所出入動作有由后亦當祀之故言竈與門戶也案月令春祀戶夏祀竈秋祀門后祀之時亦當依此也〻云禱疾病求瘳也祠報福者說文示部〻云禱告事求福也小宗伯注〻云求福曰禱得求曰祠報福即得求而報之故曰祠鄭以凡災變祈禱非后所與故唯以疾病禱祀爲釋下文招梗禬禳亦〻云以除疾殃是其證也

掌以時招梗禬禳之事以除疾殃鄭大夫讀梗爲亢謂招善而亢惡去之杜子春讀梗爲更玄謂梗禦未至也除災害曰禬禬猶刮去也卻變異曰禳禳攘也四禮唯禳其遺象今存

疏掌以時招梗禬禳之事者此四者並宮中祈禳之小事后所不親與者則女祝專其事也招梗禬禳與小祝侯禳事略同賈疏〻云此四事並非常求福去殃之事以時者謂隨其事時不必要在四時也〻云以除疾殃者說文歺部〻云殃咎也除疾殃與

男巫春招弭以除疾病義同　注云鄭大夫讀梗爲亢者丁晏云梗
从更聲亢聲相近後漢書樊宏傳封族兄忠更父侯卽亢父也說
文秔从禾亢聲或从更作稉云謂招善而亢惡去之者說文手部云
招手呼也男巫招弭注云招招福也左傳宣十三年杜注云亢禦也
大夫意招梗二祭相對一爲招善使來一爲禦惡使去也然與禬禳
無別故後鄭增成其義賈疏云招者招取善祥梗者禦捍惡之未至
云杜子春讀梗爲更者梗更聲類同杜以此梗爲除舊更始之祭故
破字爲更也惠士奇云管子四時篇云脩除神位謹禱弊梗弊當作
幣續漢禮儀志曰周人火德以桃爲梗言氣相更也風俗通祀典亦
曰梗者更也歲終更始受介祉也招者旁招招以茅謂福祥引之來
梗者更始更用幣謂凶咎遷之去云玄謂梗禦未至也者段玉裁云
大夫子春皆易字鄭君不易也方言曰梗猛也韓趙之閒曰梗凡艸
木刺人自關而東或謂之梗詒讓案此增成大夫義災異未至先祭
祀豫禦之是謂之梗對下禬禳皆爲災害已至之祭也說文示部云
禦祀也疑卽所謂梗矣云除災害曰禬禬猶刮去也者大祝六祈三
曰禬注云禬告之以時有災變也神仕注云禬除也賈疏云禬者除
去見在之災金鶚云禬刮聲相近故以刮訓之說文云禬會福祭也
謂除去疾殃所以會福也案金說是也藝文類聚禮部引說文云禬
除惡之祭也與今本說文異依鄭義經凡云禬者有三此禬與大祝
六祈詛祝禬禜之禬爲一皆爲祭名神仕之禬則與庶氏之禬爲一
爲禬災害之通語其音讀如潰大宗伯之禬則與大行人小行人之
禬爲一爲會財救災之事與祭祀之禬不相涉也云卻變異曰禳者
說文示部云禳磔禳祀除癘殃也古者燧人禜子所造風俗通義祀
典篇云禳者卻也聘禮禳乃入注云禳祭名也爲行道累歷不祥禳
之以除災凶山海經中山經平逢之山其祠之用一雄雞禳而勿殺
郭注云禳亦祭名謂禳卻惡氣也賈疏云禳者推卻見在之變異云

禳攘也者禁殺戮注云攘猶卻也禳爲卻變異之祭義與攘同禳攘同聲字亦相通左昭十七年傳禳火釋文云禳本亦作攘月令季春九門磔攘釋文作禳並其證云四禮唯禳其遺象今存者漢書地理志云左馮翊雲陽有越巫䑩鄭祠三所䑩卽說文辛部辜古文姑之譌鄭卽禳之叚字䑩鄭卽月令之磔攘是漢時有禳祠其招梗禬三者漢時並無其制故云唯禳遺象存也

女史掌王后之禮職掌內治之貳以詔后治內政內治之法本在內宰書而貳之疏掌王后之禮職者謂典禮之職事也云掌內治之貳以詔后治內政者猶內史掌王之八枋之灋以詔王治執國法及國令之貳以攷政事也　注云內治之法本在內宰書而貳之者賈疏云案內宰職云掌書版圖之法以治王內之政令此云掌內治之貳故知內治之法本在內宰掌此女史書而貳之也**逆內宮**鉤考六宮之計疏逆內宮者猶內史執國灋及國令之貳以逆會計也賈疏云言內宮亦對王之六寢爲內宮謂六宮所有費用財物及米粟皆當鉤考之也詁讓案左成十八年傳云齊侯使士華免以戈殺國佐于內宮之朝杜注云內宮夫人宮據彼則諸侯夫人宮亦稱內宮與此王后六宮稱內宮同蓋后六宮在王燕寢之後南北正相當內則云適子庶子見於外寢注云外寢君燕寢也是后夫人寢對君寢爲內外以方位言之則曰北宮以內外言之則曰內宮其實一也　注云鉤考六宮之計者鄉師注云逆猶鉤考也鉤考詳司會疏　**書內令**后之令疏書內令者書於方策以授內小臣使施行之猶內史掌書王命外史掌書外令也毛詩邶風靜女傳云古者后夫人必有女史彤管之法史不記過其罪殺之后妃羣妾以禮御於君所女史書其日月授之以環以進退之生子月辰則以金環退之當御者以銀環進之著於左手既御著於右手事無大小記以成法又釋

名釋首飾云以丹注面曰的此本天子諸侯羣妾當以次進御其有月事者止而不御重以口說故注此丹於面女史見之則不書其名於第錄也然則女史兼書王之陰事與內小臣爲官聯不徒書內令矣 注云后之令者明與內小臣掌王之陰令異也賈疏云內令亦對王令爲內故鄭云后之令謂書而宣布之於六宮之中也

凡后之事以禮從

亦如大史之從於王

疏 注云亦如大史之從於王者賈疏云案大史職云大會同朝覲以書協禮事及將幣之日執書以詔王注云告王以禮事此女史亦執禮以從王后故云如大史之於王

典婦功掌婦式之灋以授嬪婦及內人女功之事齎

婦式婦人事之模範法其用財舊數嬪婦九嬪世婦言及以殊之者容國中婦人賢善工於事者事齎謂以女功之事來取絲枲故書齎爲資杜子春讀爲資鄭司農云內人謂女御女功事齎謂女功絲枲之事

疏 掌婦式之灋者此官掌嬪婦絲枲功事之官法也云以授嬪婦及內人女功之事齎者釋文云齎本亦作粢阮元云當云本亦作資粢者字之誤也段玉裁亦改粢爲資云亦作資者乃依注改經之本也案阮段校是也凡經齎字故書或作資後鄭皆從齎外府注以資爲齎之或體則此職經文必不從資可知陸校別本不足據杜許二鄭說齎資二字異同詳外府疏 注云婦式婦人事之模範者說文工部云式法也又木部云模法也爾雅釋詁云範法也是式與模範義同此卽大宰九式羞服之式凡服物式法施於嬪婦者也云法其用財舊數者此亦注用今字也賈疏云此卽典絲典枲所授絲枲多少並有舊數依而授之云嬪婦九嬪世婦者賈疏云案內宰以作二事及婦功唯據九御而言不見九嬪世婦有絲枲之事此言嬪婦者但三夫人無職九嬪已下

皆有之但女御四德不備須教之九嬪世婦素解不須教之其實有婦職也是以魯語云王后織玄紞公侯夫人紘綖卿之內子大帶則貴賤皆職事也云言及以殊之者容國中婦人賢善工於事者者賈疏云案下內司服注言及言凡殊貴賤也此云及非直殊貴賤亦含國中婦人故云容也必知有國中婦人者以下典絲云頒絲于外內工注云外工外嬪婦也故大宰職云嬪婦化治絲枲是其國中婦人有嬪婦之稱也詒讓案鄭意九嬪世婦亦內人而經云以授嬪婦及內人爲殊別之詞者以嬪婦爲大名所晐甚廣容外嬪婦之賢善工於事者亦得與焉其內人則專屬宮人而言故經言及以殊之鄭知此嬪婦非專屬外嬪婦者以外嬪婦爲九職之一通於萬民人數衆多其功事不必皆由官授也云事齎謂以女功之事來取絲枲者外府注云齎行道之財用也掌皮注云所給予人以物曰齎引申之彼來取而此給予以財物亦得爲齎考工記總敘注云資取也後鄭外府注謂齎資字同故此注兼以來取爲訓絲枲亦卽資財也賈疏據外府注行道曰齎爲釋未達鄭恉互詳彼疏又案大戴禮記子張問入官篇云是故夫工女必自擇絲麻良工必自擇齎材蓋絲麻卽女功之齎材故此注亦以絲枲釋事齎矣云故書齎爲資杜子春讀爲資者段玉裁改讀爲資爲讀爲齎云此故書作資子春易爲齎而鄭君從之也今本作杜子春讀爲資便是讀資爲資不可通矣杜易其字司農則不易字讀從故書作資大約諸家皆訓資爲貨訓齎謂持遺分別與說文解字合案段說是也杜意經文故書齎資錯出凡爲給予之義者當從齎凡爲財貨之義者當從資故此故書作資而杜讀爲齎巾車毀折入齎于職幣故書作齎而杜讀爲資二注正相反可以推其分別二字之例矣依後鄭外府注義則齎資一字資卽齎之或體故於此職從杜作齎而於巾車則不從杜作資賈疏不知杜讀資當爲齎乃謂鄭不破子春者從上注義可知不復重言亦非也

鄭司農云內人謂女御者寺人後鄭注義同案此內人卽典絲之內工蓋通女御以下內嬪婦之賤者言之詳內宰疏云女功事資謂女功絲枲之事者先鄭從故書作資與杜及後鄭讀異其以絲枲釋事資則與後鄭同故附引之**凡授嬪婦功及秋獻功辨其苦良比其小大而賈之物書而楬之**授當爲受聲之誤也國中嬪婦所作成卽送之不須獻功時賈之者物不正齊當以泉計通功鄭司農云苦讀爲盬謂分別其縑帛與布紵之麤細皆比方其大小書其賈數而著其物若今時題署物【疏】凡授嬪婦功者授當讀如字此嬪婦亦通內外言之云及秋獻功者謂夏之季秋毛詩豳風七月云九月授衣又云八月載績傳云九月霜始降婦功成可以授冬衣矣載績絲事畢而麻事起矣是婦功成於秋末之證 注云授當爲受聲之誤也者段玉裁云凡字之誤聲之誤易之例皆曰當爲賈疏云以其上文已授女功故知此爲受詒讓案此又言授嬪婦功者爲下言獻功辨賈書楬之事發端明必先授乃獻典絲典枲兩職並先言頒授而後言獻功卽其證也易祓李光坡姜兆錫並謂此不當破字得之注說誤云國中嬪婦所作成卽送之不須獻功時者賈疏云以其經受嬪婦功在秋獻功上故不待秋獻功也案鄭意當如賈說蓋鄭既破授爲受故以受嬪婦功爲受國中嬪婦無定時對下秋獻功爲內人九御受獻有定時也實則經云秋獻功自統內外嬪婦言之注說非經義也云賈之者物不正齊當以泉計通功者賈疏云婦人雖等受絲枲作有麤細善惡故以泉計而通爲功布絹惡者盡其材猶不充功布絹善者少送以充功直故云泉計通功也鄭司農云苦讀爲盬者舊本挩云字今據宋婺州本校補賈疏述注亦有段玉裁云毛詩鴇羽傳云盬不功至也四牡傳云盬不堅固也杜子春於盬人讀苦爲盬謂出盬直用不湅治意義正同依說文則盬爲河東鹽池亦非正字也

鹽人苦鹽讀爲鹽而下文云鬻鹽鄭云湅治之然則凡鹽之粗觕者爲鹽因以爲凡物粗觕者之名也案投說是也呂氏春秋誣徒篇云從師苦而欲學之功也高注云苦讀如鹽會之鹽不精至也史記五帝本紀器皆不苦窳正義云苦讀如鹽麤也又平準書云鐵器苦惡國語齊語云辨其功苦韋注云苦脃也淮南子時則訓云工事苦慢高注云苦惡也則苦不破字亦可通云謂分別其縑帛與布紵之麤細皆比方其大小者敘官注云辨別也先鄭以典絲云受良功典枲云受苦功故以良功爲絲功縑帛苦功爲枲功布紵也賈疏云司農之意以典婦功是都司總掌故分別布帛其典絲卽唯主絲絲爲良者也典枲唯主布布爲苦者也若後鄭之義卽以典婦功主良典絲典枲主苦者又以絲枲之中各自有苦良若然經云苦謂就良中苦者也詒讓案此辨苦良比小大與內宰云比其小大與其麤良同義比麤良者謂校其絲功與枲功也比小大者通絲帛枲布校其功之麤疏與精密也先鄭蓋以縑帛細與布紵麤釋經之苦良而縑帛布紵中又各有麤細二等麤者謂之大細者謂之小受功時又通校之據經云辨其苦良則此官無論苦功良功通主其授受辨比之事不得謂專受良功也此當以先鄭說爲正賈申後鄭說謂經云苦謂就良中苦者失之互詳內宰及典絲典枲疏云書其賈數而著其物者職幣注云楬之若今時爲書以著其幣謂以木爲杙而書其賈數以附著其物之上故謂之楬詳職幣職金疏云若今時題署物者釋名釋書契云書稱題題諦也審諦其名號也亦言第因其第次也書文書檢目署署予也題所予者官號也蓋漢時凡書物有所表識亦謂之題署故舉以爲況

以共王及后之用頒之于內府

疏以共王及后之用頒之于內府者與內府爲官聯也賈疏云此於典絲典枲處受其良好者入此典婦功藏之待王及后之用故藏之於內府也詒讓案大府注以內府爲受藏之府又

其府藏在內故嬪婦之功共王及后之用者亦須藏於彼彼職不言共王及后之用者文不具也

周禮正義卷十四

珍倣宋版印

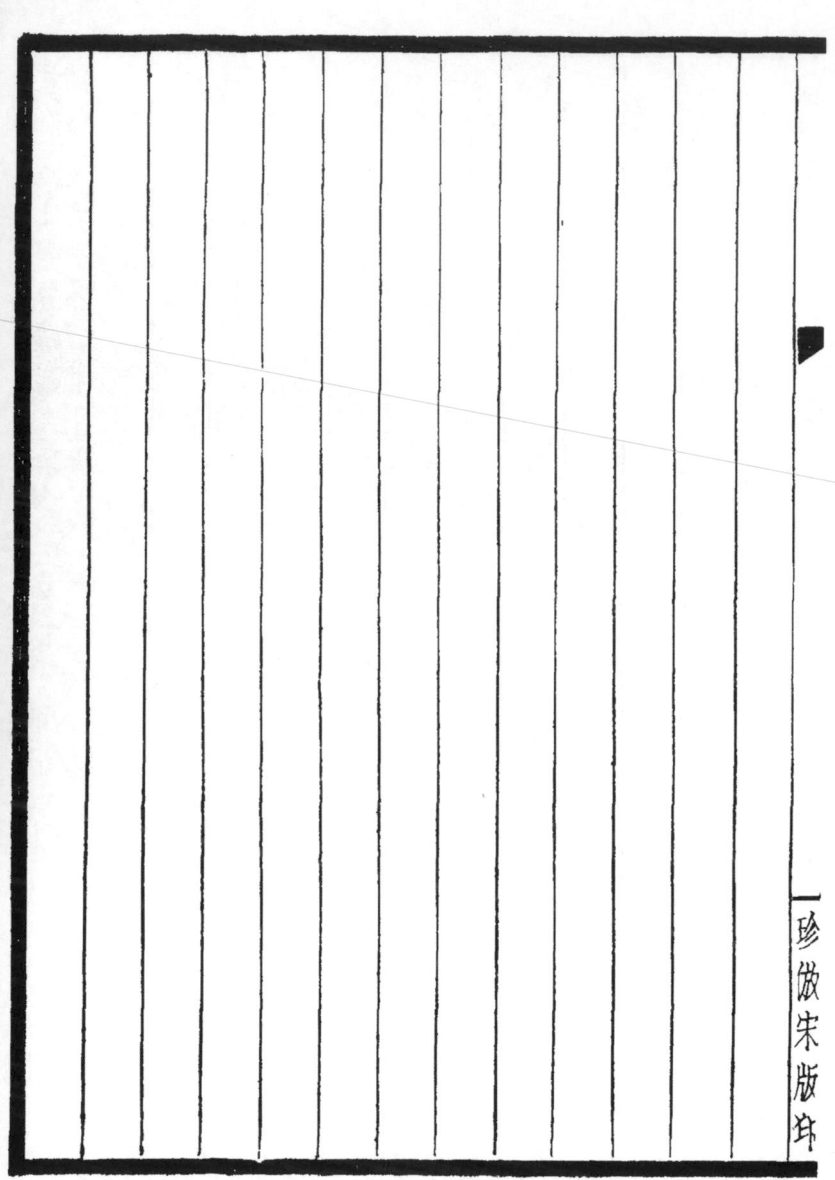

周禮正義卷十五

瑞安孫詒讓學

典絲掌絲入而辨其物以其賈揭之絲入謂九職之嬪婦所貢絲疏掌絲入而辨其物者謂外嬪婦所入絲纑練帛及染人所入黼畫組就之物質有善惡功有精麤所施不同皆辨異之以待用也　注云絲入謂九職之嬪婦所貢絲者據大宰及閻御文賈疏云后宮所蠶之絲自於后宮用之以爲祭服不入典絲其歲之常貢之絲若禹貢兗州貢漆絲之等且餘官更無絲入之文亦當入此典絲也案禹貢絲枲等爲篚貢書孔疏引鄭注云貢其實於篚者入於女功賈蓋據彼注義彼云入女功者卽謂典婦功官明典婦功爲此官之長當監涖同受之也

掌其藏與其出以待興功之時絲之貢少藏之出之可同官也時者若溫煖宜縑帛清涼宜文繡疏掌其藏與其出者藏謂入絲時受而藏之出卽下頒絲及賜予皆授之是也　注云絲之貢少藏之出之可同官也者對大府云頒其貨于受藏之府頒其賄于受用之府是掌貨賄者藏出不同官此職藏出同掌明以絲貢較少一官可以兼之不煩兩設也云時者若溫煖宜縑帛清涼宜文繡者說文火部云煖溫也糸部云縑幷絲繒也急就篇綈絡縑練素帛蟬顏注云縑之言兼也幷絲而織甚細密也帛總言諸繒也案溫煖謂春夏時清涼謂秋冬時賈疏云文繡必於清涼者以其文繡染絲爲之若於夏暑損色故待秋涼爲之也

頒絲于外內工皆以物授之外工外嬪婦也內工女御疏皆以物授之者賈疏云若縑帛則授之以素絲若文繡則授之以綵絲故以物而言也　注云外工外嬪婦也者呂飛鵬云卽上注

所云國中嬪婦也云內工女御者賈疏云上典婦功云凡授嬪婦功弁有九嬪世婦此注內工不言嬪婦直云女御者案內宰職教女御以作二事及九嬪職教九御以婦職則女御專於絲枲也詁讓案敘官內司服縫人皆以女御役十女工是女御為女工之監領內宮容更有散員女工共女御之役者此內工卽女御與眾女工治絲枲者之通稱也**凡上之賜予亦如之**王以絲物賜人

疏注云王以絲物賜人者亦謂好賜也詳大府疏**及獻功則受良功而藏之辨其物而書其數以待有司之政令上之賜予**良當為苦字之誤受其麤盬之功以給有司之公用其良功者典婦功受之以共王及后之用鄭司農云良功絲功縑帛

疏及獻功者賈疏云卽上典婦功云秋獻功是也云則受良功而藏之者此官為絲帛受藏受用之府故於外嬪婦入絲功則受之也絲功亦有苦者經對枲功則云良功詳後疏云辨其物而書其數者絲有縷數西京雜記鄒長倩遺公孫弘書云五絲為䋫倍䋫為升倍升為緎倍緎為紀倍紀為緵倍緵為繸詩召南羔羊篇說素絲云五紽五緎五總毛傳釋紽總並云數也案總當與緵同又月令季春云蠶事既登分繭稱絲效功是絲入又須稱其輕重若弓人云絲三邸其帛則有匹束廣狹長短之數內宰所謂度量淳制是也受功時則皆書之　注云良當為苦字之誤者賈疏云以其典絲典枲授絲枲使外內工所造縑帛之等良者入典婦功以共王及后之用故典枲直有苦者而無良者明典絲亦不得有良者故破良為苦必從苦者見典婦功有良苦之字故破從苦苦卽麤盬者也案經自以絲功為良功對枲功為苦功鄭賈說失之云受其麤盬之功以給有司之公用其良功者典婦功受之以共王及后之用者鄭謂絲功亦自有良苦良功別使典婦功受之以供王及后之用典絲惟受苦功以給有司之用申明其破良

珍倣宋版印

爲苦之意也然典婦功云辨其苦良旣良苦通辨之則不專受良功可知鄭說亦誤有司謂專主用絲枲者之官蓋若內司服司服屨人弁師之屬詳宰夫疏鄭司農云良功絲功縑帛者賈疏云先鄭之意以爲絲功爲良枲功爲鹽故不破良爲苦玄旣不從引之在下者亦得爲一義故也鄭鍔云典絲之職以絲爲主則獻功之時受絲功之縑帛故曰受良功蓋物之美者曰良絲視麻爲美絲功謂之良功典絲受之麻功謂之苦功典枲受之案鄭鍔說是也黃以周說同先鄭不破字謂凡絲功並爲良功無論精粗此官通受之其說較後鄭爲長

凡祭祀共黼畫組就之物 以給衣服冕旒及依盥巾之屬白與黑謂之黼采色一成曰就 疏 凡祭祀者賈疏云謂祭祀天地宗廟社稷山川之等故言凡以廣之云共黼畫組就之物者此兼共色絲也凡色絲皆典絲先共素絲入染人染訖仍入典絲以共用說文糸部云組綬屬也其小者以爲冠纓段玉裁云織成之綬材謂之組玉藻綬必連組曰玄組綬朱組綬是也賈疏云凡祭服皆畫衣繡裳但裳繡須絲衣畫不須絲而言共絲者大夫以上裳皆先染絲則玄衣亦須絲爲之乃後畫故兼衣畫而言之也組就者謂以組爲冕旒之就故組就連言之 注云以給衣服冕旒及依盥巾之屬者謂典絲共色絲以給作此諸物之用旒斿之俗詳弁師疏賈疏云衣服釋經黼畫但周之冕服九章衣五章裳四章龍袞已下直言黼者據美者而言謂若詩云玄袞及黼商書云麻冕黼裳之類冕旒者釋經組就謂若弁師云十二就之等依者亦釋經黼此據祭祀謂若掌次大旅上帝設皇邸邸卽屛風爲黼文盥巾者亦釋經黼謂若冪人職云王巾皆黼之類案賈以依爲掌次之皇邸者嫌祭禮黼依無見文也今攷士虞記云佐食出戶負依則天子祭禮有黼依可知掌次皇邸雖與依形制略同然經注並無畫黼之文不可以釋此注之依也詳掌次司几筵疏云白與黑謂之黼者據畫繢

文云采色一成曰就者弁師王之五冕五采繅十有二就注云就成也又大行人注云每一處五采備爲一就案成備義同凡會合采色以爲文飾采備爲就若典瑞圭璧繅五采五就三采三就二采再就等並以五采三采二采備爲一就惟一采不言就巾車之樊纓弁師之冕繅凡言就者義並同但此典絲所共組就織采絲所爲蓋專據冕旒言之其典瑞繅藉巾車樊纓依鄭說爲畫韋及采罽並非典絲所共也采就亦詳典瑞疏

喪紀共其絲纊組文之物以給線縷著肝口綦握之屬青與赤謂之文

疏 喪紀共其絲纊組文之物者說文系部云纊絮也絮敝綿也案凡繅者爲絲不繅者爲纊卽今之絲綿組文並以絲織成四者皆絲物故此官共之喪紀詳庖人疏 注云以給線縷著肝口綦握之屬者賈疏云此鄭並據士喪禮而言線縷者謂所裁縫皆用線縷釋經絲也著肝口綦握者釋經纊組案士喪禮握手玄纁裏著組繫案喪大記屬纊以俟絶氣內則云屨著綦鄭云綦屨繫是用纊組之事也案以士喪禮攷之自賈所舉外斂襲時亦用纊組又有纊瑱纊極又幎目有著組決有組繫鬠亦用組又屨有組綦則卽內則之屨綦也通校士喪上下篇無纊組著肝之文賈此疏亦未釋竊疑肝乃掔字之誤著掔卽謂握士喪記云設握裏親膚繫鉤中指結于掔是也蓋鄭以給線縷釋經釋之絲以著口釋經之纊而以綦握釋經之組以絲纊組三者喪紀所用處多故略舉以晐其餘也云青與赤謂之文者據畫繢文但此文爲繒帛有文采者之通名喪紀用文若縫人棺飾所用文繡是也實不定爲青赤兩采鄭約舉記文以見義耳

凡飾邦器者受文織絲組焉謂茵席屏風之屬

疏 凡飾邦器者受文織絲組焉者謂掌飾器之有司來受絲物此官則授之也玉府注云文織畫及繡錦案上喪紀共絲纊組文凡四物此飾邦器則不用纊故經唯云文織絲組蓋文織爲一物上經通謂之

文絲組亦爲二物則與上經同詳玉府疏　注云謂茵席屏風之屬者賈疏云上既言祭祀喪紀所用絲纊訖今復云飾邦器故知此據生人所設器物言茵者謂若少儀云枕几茵穎之等鄭云茵著蓐是也席者謂席之四緣若司几筵云紛純畫純黼純黼純之等是也屏風者卽上文注黼依也重言之者上據祭祀時此據爲王所用謂若司几筵云依前者是也案屏風詳掌次司几筵疏

歲終則各以其物會之　種別爲計鄭司農云各以其所飾之物計會傳著之【疏】歲終者亦夏之季冬也詳宰夫疏云則各以其物會之者此正絲物出入之歲會卽此官之官成也　注云種別爲計者廣雅釋詁云種類也謂凡絲物每一種類別爲計簿鄭司農云各以其所飾之物計會傳著之者先鄭謂此經亦冢上飾邦器爲文所會者止謂文織絲組諸共飾之物計其數而傳著爲簿書其說未晐後鄭所不從也

典枲掌布緦縷紵之麻草之物以待時頒功而授齎　緦十五升布抽其半者白而細疏曰紵雜言此數物者以著其類衆多草葛蕡之屬故書齎作資【疏】掌布緦縷紵之麻草之物者緦唐石經作絲誤今從宋本說文巾部云布枲織也系部云縷綫也凡麻紵等並先爲綫縷而後成布自疏衰三升至麻冕之布三十升爲最精詳冪人司服弁師疏麻卽枲也詳敘官疏賈疏云欲見布緦縷用麻之物紵用草之物布中可以兼用葛蕡之草爲之云以待時頒功而授齎者亦如典絲待與功之時毛詩豳風七月傳謂八月麻事起是也時至此官則頒之以職事復授之以枲葛之材也賈疏云亦如典婦功注謂以女功事來取者　注云緦十五升半抽其半者者據喪服傳文鄭彼注云布八十縷爲升升字當爲登登成也又云謂之緦者治其縷細如絲也或有

絲朝服用布何衰用絲乎抽猶去也又雜記朝服十五升去其半而緦注云緦精麤與朝服同去其半則六百縷而疏也釋名釋喪制云
緦絲也績麻細如絲也說文系部云緦十五升布也一曰兩麻一絲布也案依鄭說則緦布六百縷依許說則千二百縷許是也喪服傳
云十五升布抽其半者謂有事者六百縷無事者亦六百縷耳二鄭禮注並失其義許又引一曰兩麻一絲布者此誤說與喪服注所引
或說同則鄭已斥之矣互詳司服疏云白而細疏曰紵者說文糸部云紵檾屬細者爲絟粗者爲紵一切經音義引說文作白而細爲紵
詩陳風東門之池孔疏引陸璣疏云紵亦麻也科生數十莖宿根在地中至春自生不歲種也荆揚之閒一歲三收今官園種之歲再刈
刈便生剝之以鐵若竹挾之表厚皮自脫但得其裏韌如筋者煮之用緝謂之徽紵今南越紵布皆用此麻案鄭云白而細疏者謂其布
色白縷細而疏猶今之細白紵布以爲夏衣喪大記云絺綌紵不入注云當暑之褻衣也云雜言此數物者以著其類衆多者明麻草所
績之物衆多不可備數故雜舉布緦縷紵四者以概之云草葛蘔之屬者掌葛徵草貢之材於澤農注亦云蘔紵之屬廣韻四十一迥云
蘔同檾說文𣏟部云檾枲屬引詩曰衣錦檾衣雜記字作顈注云顈草名無葛之鄉去麻則用顈證類本草云苘實唐本注云一作蘔字
人取皮爲索者也圖經云北人種以績布及打繩索苗高四五尺或六七尺葉似苧而薄花黃實帶殼如蜀葵中子黑色陳啓源云苘麻
一名蘔麻葉大如桐華黃夏開北土最多其皮可績詩碩人褧衣說文檾枲屬檾褧苘蘔字同正此麻也案陳說是也此二者皆艸之類
枲可績者故典枲弁掌之矣葛詳掌葛疏云故書齎作資者段玉裁云典婦功職杜讀資爲齎此不言杜讀者鄭時書作齎而從之亦是
省文互見

及獻功受苦功以其賈楬而藏之以待時頒其良功亦入於典婦功以共王及后

之用。鄭司農云：苦功謂麻功布紵。【疏】及獻功受苦功者，此官爲枲布受藏受用之府，故於秋獻功之時，外嬪婦以枲功來入，則受之也。枲功亦有良者，經對絲功則云苦功。云以待時頒者，賈疏云即下文頒衣服及賜予是也。注云其良功亦入於典婦功以共王及后之用者，與典絲注義同。鄭意麻功亦有良苦之別，以良功入典婦功，故經止云苦功。然經自以枲功與絲功相對爲良苦，後鄭說亦失之。鄭司農云苦功謂麻功布紵者，亦讀苦爲鹽也。喪服齊衰傳云：冠者沽功也。注云：沽猶麤也。苦沽亦聲同字通。先鄭以麻功麤於絲功，故謂之苦功，對典絲絲功爲良功。此義亦校後鄭爲長，詳典絲疏。

頒衣服，授之；賜予，亦如之。授之，授受班者。帛言待有司之政令，布言班衣服，互文。【疏】頒衣服授之者，與大宰匪頒義同，謂常賜也。云賜予亦如之者，謂好賜非常秩者，詳大宰及大府疏。注云授之授受班者者，謂待當班者來則授之也。經云頒，注云班者，蓋亦讀頒爲班，詳大宰疏。云帛言待有司之政令，布言班衣服互文者，謂互文見義，帛亦有班衣服，布亦待有司之政令也。賈疏云：帛謂典絲，布謂典枲，據成而言。知爲互文者，以其典絲典枲俱不爲王及后之用者，將頒賜，故知互見爲義也。案賈亦依鄭義，謂王及后所用並入典婦功也，然亦非經義。

歲終，則各以其物會之。【疏】歲終則各以其物會之者，此正枲物出入之歲會，亦即此官之官成也。

內司服掌王后之六服：褘衣、揄狄、闕狄、鞠衣、展衣、緣衣、素沙。鄭司農云：褘衣，畫衣也。祭統曰：君卷冕立于阼，夫人副褘立于東房。揄狄、闕狄，畫羽飾。展衣，白衣也。喪大記曰：復者朝服，君以卷，夫人以屈狄，世婦以襢衣。屈者音聲與闕相似，襢與展相似，皆婦人之服。鞠衣，黃衣也。素沙，赤衣也。玄謂狄當爲翟。翟，雉名。伊雒而南，素質，五色皆備成章曰翬。

江淮而南青質五色皆備成章曰搖王后之服刻繒爲之形而采畫之綴於衣以爲文章褘衣畫翬者揄翟畫搖者闕翟刻而不畫此三者皆祭服從王祭先王則服褘衣祭先公則服揄翟祭羣小祀則服闕翟今世有圭衣者蓋三翟之遺俗鞠衣黃桑服也色如鞠塵象桑葉始生月令三月薦鞠衣于上帝告桑事展衣以禮見王及賓客之服字當爲襢襢之言亶亶誠也詩國風曰玼兮玼兮其之翟也下云胡然而天也胡然而帝也言其德當神明又曰瑳兮瑳兮其之展也下云展如之人兮邦之媛也言其行配君子二者之義與禮合矣雜記曰夫人復稅衣揄狄又喪大記曰士妻以褖衣言褖者甚衆字或作稅此緣衣者實作褖衣也褖衣御于王之服亦以燕居男子之褖衣黑則是亦黑也六服備於此矣褘揄狄展聲相近緣字之誤也以下推次其色則闕狄赤揄狄青褘衣玄婦人尚專一德無所兼連衣裳不異其色素沙者今之白縳也六服皆袍制以白縳爲裏使之張顯今世有沙縠者名出于此

【疏】掌王后之六服者此辨后服名物尊卑之差卽此官之官法也六服者一褘衣二揄狄三闕狄四鞠衣五展衣六緣衣是也玉海車服引三禮義宗云陽爻九故王服有九陰爻六故后服惟六天子九服祭服有六王后六服祭服有三陽色尚文故有章數等級之別陰色尚質故無殊章之品云緣衣者釋文云緣或作褖案經注緣字並當作緣後鄭改爲褖或本依鄭義改非其舊也詳後云素沙者賈疏云此非服名六服之外別言之者此素沙與上六服爲裏使之張顯但婦人之服不殊裳上下連則此素沙亦上下連也王之吉服有九韋弁已下常服有三與后鞠衣已下三服同但王之祭服有六后祭服唯有三翟者天地山川社稷之等后夫人不與故三服而已必知外神后夫人不與者案內宰云祭祀祼獻則贊天地無祼言祼唯宗廟又內宗外宗佐后皆云宗廟不云外神故知后於外神不與是以白虎通云周官祭天后夫人不與者

以其婦人無外事孔廣森云禮婦人從夫之服位男子冕弁之服凡有九等婦服此此唯見六服者外祀武甸非后所有事故不備其服今差次之蓋褘衣視衮冕揄狄視鷩冕闕狄視毳冕鞠衣視希冕襢衣視玄冕稅衣視爵弁錫衣視冠弁宵衣視玄端何以明之記曰君衮冕立於阼夫人副褘立於房中是褘衣視衮冕也玉藻曰王后褘衣夫人揄狄君命屈狄再命褘衣鄭曰侯伯之夫人揄狄子男之夫人闕狄是揄狄視鷩冕闕狄視毳冕也鄭曰其夫孤也則服鞠衣孤之服自希冕而下是鞠衣視希冕也喪大記曰復大夫以玄赬世婦以襢衣玄上赬下冕服之色大夫一命而冕世婦一命而襢故玉藻曰一命襢衣是襢衣視玄冕也喪大記曰復士以爵弁士妻以稅衣雜記曰諸侯以褒衣冕服爵弁服夫人以稅衣揄狄狄稅素沙亦以狄比冕服稅比爵弁服是稅衣視爵弁也少牢饋食禮主婦被錫衣後袂錫衣者緆衣也主人朝服布主婦緆衣亦布是錫衣視冠弁也特牲饋食主人冠端玄主婦纚笄宵衣是宵衣視玄端也案孔分配男服自鞠衣以上與鄭義同襢衣視玄冕稅衣視爵弁亦依鄭禮記注義喪大記之襢衣卽此展衣稅衣卽此褖衣也綜而論之展衣以上鄭義差次甚當其褖衣依鄭此職及追師注義服次者視弁服服服纚笄者亦曰宵衣則視玄端服並未盡精析今依孔說參之禮經蓋女子次褖衣視男子之爵弁皮弁服女子被錫衣視男子之冠弁朝服女子纚笄宵衣視男子之玄端服宵衣卽錫衣而以綃爲領者與褖衣實不同此經無者亦文不具也又依鄭義此王后六服當皆後袂然於經無文未知是否詳追師疏 注鄭司農云褘衣畫衣也者賈疏云先鄭意褘衣不言狄則非翟雉知畫衣者以王之冕服而衣畫故知后衣畫也呂飛鵬云說文衣部云周禮曰王后之服褘衣謂畫袍說與先鄭合詒讓案許云袍者卽後注所謂六服皆袍制也褘衣後鄭謂以繒刻翬雉爲飾則自當與揄翟闕翟同名今不名

翟而名衣明與二翟異制賈疏謂以其衣是服之首故自言衣蓋曲說也竊謂當以先鄭及許畫衣之說爲長穆天子傳云天子大服冕褘冕褘者蓋袞冕之服后之褘衣視王之袞冕服袞衣有畫章故亦謂之褘衣猶婦人有褖衣士喪禮及雜記名男子玄端服之連衣裳者亦曰褖衣也此可證司農畫衣之說或當如釋名說衣畫翬雉之形若九章之有華蟲耳黨云繒刻雉形則不可通於男子之袞衣矣郭璞注穆傳云褘衣蓋王后之上服今帝服之所未詳殆未達其義引祭統曰君卷冕立于阼夫人副褘立于東房者證褘衣與男子袞冕相當也賈疏云彼據二王後夫人助祭服褘衣與后同也云揄狄闕狄畫羽飾者廣雅釋器云狄羽也呂飛鵬云說文衣部云褕褕翟羽飾衣據此則褕爲正字揄爲假借毛詩鄘風君子偕老傳云褕翟闕翟羽飾衣也毛許皆不言畫與先後鄭異詒讓案先鄭蓋亦讀狄爲翟但以狄爲雉羽而揄非雉名毛許說亦略同依後鄭說則揄爲搖之叚字依許說則自有本字此許鄭說字之異畫羽飾蓋謂以采色畫鳥羽綴之衣以爲飾毛許止云羽飾衣不言畫者文省三君說實同也但衣以羽飾於制未協君子偕老孔疏引孫毓云自古衣飾山龍華蟲藻火粉米及周禮六服無言以羽飾衣者羽施於旌旗則可施於衣裳則否蓋附人身動則卷舒非可以羽飾故也鄭義爲長案孫說是也陳啓源據左昭十二年傳有秦復陶翠被胡承珙據樂師先鄭注云翇舞者衣飾翡翠之羽說苑善說篇襄成君衣翠衣證古衣服有用羽飾者然彼皆非禮法之服不可以釋此經詩君子偕老箋又以二翟爲象服孔疏謂以象骨飾服尤謬云展衣白衣也者後鄭詩邶風綠衣鄘風君子偕老箋及釋名釋衣服義並同說文衣部云襄丹縠衣也案許以襄爲正字則展爲同聲假借字君子偕老毛傳亦云禮有展衣者以丹縠爲衣詩釋文云禮衣毛氏馬融皆云色赤說並與鄭異孔廣森云詩言瑳兮瑳兮其之展也說文曰瑳玉

色鮮白以玉之白喻衣之白則展衣白信矣案孔說是也引喪大記
曰復者朝服君以卷夫人以屈狄世婦以襢衣者證屈襢文異云屈
者音聲與闕相似襢與展相似皆婦人之服者明此經與禮記文異
義同屈闕襢展古音並同部故云音聲相似屈玉篇糸部又作絀則
俗字也云鞠衣黃衣也者綠衣箋義同云素沙赤衣也者蓋釋沙爲
丹沙也周書王會篇云卜人以丹沙先鄭意素沙別爲一服以生帛
爲之而以丹沙染其色也然經傳凡言素者並爲白不當爲赤且經
明言六服如先鄭說素沙爲一服則有七服故後鄭不從云玄謂狄
當爲翟翟者據詩鄘風字作翟明狄爲叚字翟爲正字也巾車后路重
翟厭翟翟車亦並作翟翟狄聲近字通書禹貢羽畎夏翟染人注及
漢書地理志引並作夏狄是也云翟雉名者爾雅釋鳥云鷂山雉彼
釋文鷂作翟郭注云鷂長尾者說文羽部亦云翟山雉尾長者是翟
爲雉名也案依爾雅則翟與翬搖名爲十四雉之一種後鄭之意則
翟爲雉之大名翬搖爲翟之種別故此咸通言翟也染人注亦以夏
狄爲六雉總名與此注義同唐郊祀錄引三禮圖云婦人祭服所以
用雉爲飾者取其專一之德復有文采之華故用之以飾衣也云伊
雒而南素質五色皆備成章曰翬江淮而南青質五色皆備成章曰
搖者亦釋鳥文今本爾雅雒作洛五色作五采搖作鷂說文隹部說
十四雉之名亦作搖鷂爲鷙鳥非雉名當從搖爲正伊雒字亦不當
作洛詳職方氏疏釋鳥郭注云翬亦雉屬言其毛色光鮮王后之服
以爲飾鷂卽鷂雉也亦王后之服以爲飾郭卽本鄭義云王后之服
刻繒爲之形而采畫之綴於衣以爲文章者此統褘衣揄翟二服而
言說文刀部云刻鏤也謂鏤繒爲雉形而復畫之備五采以綴衣也
今案褘衣疑不當以繒刻雉形後鄭說未塙云褘衣畫翬者揄翟畫
搖者闕翟刻而不畫者玉藻褘衣揄狄屈狄注云褘讀如翬揄讀如
搖翬搖皆翟雉名也刻繒而畫之著於衣以爲飾因以爲名也後世

作字異耳屈周禮作闕謂刻繒爲翟不畫也案鄭意褘揄皆畫文如其雉闕狄不箸翟名故謂不畫也雜記說楮飾有揄絞注亦謂絞繒畫翟雉與此義同釋名釋衣服云王后之上服曰褘衣畫翬雉之文於衣搖翟畫搖雉之文於衣闕翟翦闕繒爲翟雉形以綴衣也北堂書鈔衣冠部引三禮圖云褕翟刻青翟形采畫雉綴於衣闕翟刻赤繒爲翟形而不采畫綴於衣也依禮圖述鄭義則三翟褘玄揄青闕赤皆如其色刻繒爲之詩君子偕老之象服鄭箋謂揄翟闕翟象襐字通史游急就篇云襐飾刻畫無等雙是女服有刻畫爲飾但劉以翦闕釋闕翟玉藻孔疏則謂取直刻雉形闕其采畫未知孰是劉釋褘衣搖翟皆不云綴繒亦與鄭義小異陳祥道云三翟蓋皆畫之於衣如王冕服崔靈恩謂三翟數皆十二王者之後諸侯夫人三公而下夫人雉數如命數於理或然案陳蓋兼采先鄭及劉氏說其引三禮義宗王后以下翟數之說亦未知然否云此三者皆祭服者賈疏云對鞠衣以下非祭服也云從王祭先王則服褘衣祭先公則服揄翟祭羣小祀則服闕翟者舊唐書儒學傳引三禮義宗書鈔引三禮圖說並同賈疏云鄭言此者欲見王后無外事唯有宗廟分爲二與王祀先王袞冕先公鷩冕同差羣小祀王玄冕故后服闕翟唐書引義宗又云王后無助祭天地五嶽故自先王以下無助祭天地四望之服案凡婦人從夫行禮服次必相配此注以后褘衣視王袞冕后揄翟視王鷩冕是也惟闕翟依後注說內外命婦服次及喪大記注義則當視毳冕今祭羣小祀王玄冕則后當展衣而鄭嫌展衣非三翟不可以爲祭服故徑以闕翟當之然於差次究嫌錯互又據此注及屨人疏引鄭志說此三祭皆從王今攷司服注云羣小祀林澤墳衍四方百物之屬彼皆外祭王后所不與唯女祝王后有內祭祀內禱祠注以內祭祀爲宮中竈門戶內禱祠爲疾病祈報此注所云疑即據彼言之但宮中諸祀其禮甚殺疑皆后自主之王似不必與

祭不審鄭意果何指也又司服王饗射鷩冕唐書引義宗云搖狄祭先公及饗諸侯則服之蓋崔氏雖不違鄭義而仍以揄狄視鷩冕故據司服王服正後注后展衣見賓客之說明三翟不能當六冕也云今世有圭衣者蓋三翟之遺俗者孔廣森云續漢輿服志曰自皇后以下皆不得服諸古麗圭襂閨緣加上之服圭襂卽圭衣也林頤山云注所舉以況三翟者當舉圭衣中離袿有纖者言之也釋名釋衣服婦人上服曰袿其下垂者上廣下狹如刀圭圭衣實由是而得名又漢江充傳充衣紗縠單衣曲裾後垂交輸張晏注曲裾如婦人衣蘇林注交輸如今新婦袍上袿全幅繒角割名曰交輸裁如淳注交輸割正幅使一頭狹若燕尾垂之兩旁見於後是禮深衣續衽鉤邊賈逵謂之衣圭蓋自其所垂偏旁而言交輸裁一頭狹故釋名云形如刀圭賈逵又云衣圭自其垂之兩旁而言兩旁尖長中尖漸殺而短故蘇林云交輸裁如淳又云若燕尾凡漢制圭衣中離袿有纖文選司馬長卿子虛賦蜚纖垂髾郭璞注司馬彪曰纖袿飾髾燕尾燕尾卽圭衣漢司馬相如傳張揖注纖離袿卽司馬彪所云袿飾離袿纖又卽續漢志麗圭襂案林說甚覈圭衣卽衣圭如淳引賈景伯說疑卽此經注文鄭說或本於賈也後漢書光武紀諸于繡𧝓李注引前書音義云諸于大掖衣如婦人之袿衣袿衣亦卽圭衣也蓋漢時圭衣制最華麗其刻繒爲飾者謂之髾亦謂之纖離文選傅毅舞賦華袿飛髾而雜纖羅纖羅亦卽纖離李注引司馬彪上林賦注云髾燕尾也衣上假飾據此諸文知漢圭衣刻繒爲假飾亦畫而綴之衣以爲華者故鄭以爲三翟之遺俗也至江充曲裾後垂交輸蓋效婦人衣爲之本非法服如淳以爲卽深衣之續衽非也喪服鄭注云婦人不殊裳衰下無衽是婦人衣亦無衣旁垂如燕尾之衽則圭衣削幅之與衽不相涉明矣云鞠衣黃桑服也色如鞠塵象桑葉始生者月令鄭注亦云鞠衣黃桑之服也案黃桑服卽後世之緗色釋名釋

采帛云緗桑也如桑葉初生之色也急就篇鬱金半見緗白勬顏注
云緗淺黃也依鄭說則鞠衣鞠爲𥷓之借字卽地官敘官注之麴塵
易緯稽覽圖云黃之色悖如麴塵是也故賈疏及詩君子偕老孔疏
並謂鞠麴字通然漢唐人說鞠衣多謂取秋華之𥷓同色呂氏春秋
季春紀天子乃薦鞠衣于先帝高注云內司服王后之六服有菊衣
衣黃如菊花故謂之菊衣玉燭寶典引月令章句云鞠衣衣名春服
也蓋菊華之色釋名釋衣服云鞠衣黃如鞠華色也月令孔疏亦云
菊者草名花色黃故季秋之月云菊有黃華是鞠衣黃也與桑同色
又當桑生之時故云黃桑之服也與詩疏說異王聘珍云孔本劉熙
說與鄭所云鞠塵者不合其說非是鞠卽麴蘖之麴古無麴字說文
作𥷓古與鞠通齊民要術說作麴之法以青蒿上下奄之置牀上三
七二十一日開看徧生黃衣乃止釋名釋飲食云麴朽也鬱之使生
衣案王說是也黃華之鞠見蟈氏其字借蘜爲之既不作鞠又不可
以言塵陸氏周禮毛詩禮記釋文並兩存其音而不能決蓋咸未達
鄭恉矣云月令三月薦鞠衣于上帝告桑事者引證鞠衣爲桑服今
禮記上帝作先帝鄭彼注云爲將蠶求福祥之助也先帝太皞之屬
唐書引三禮義宗云鞠衣以采桑則服之書鈔引三禮圖云鞠衣王
后親桑之服也賈疏云謂季春將蠶后服之告先帝養蠶之服案據
崔賈說蓋薦之於神以告桑遂服以親桑親蠶故追師注亦謂編服
之以桑與此衣正相配也云展衣以禮見王及賓客之服者詩君子
偕老箋亦云展衣此以禮見於君及賓客之盛服也唐書引三禮義
宗書鈔引三禮圖說亦同賈疏云知義然者以其鞠衣在上告桑之
服褖衣在下御於王之服展衣在中故以爲見王及賓客之服但后
雖與王體敵夫尊妻卑仍相朝事與賓同諸侯爲賓客於王后助王
灌饗賓客則后有見賓客之禮是以亦服展衣也若然內則注夫人
朝於君次而褖衣也者彼注謂御朝也孔廣森云王以皮弁爲朝服

后以展衣爲朝服取其色與皮弁素積相應案鄭意蓋當如孔說此注以展衣爲后以禮見王之服猶巾車注謂安車爲后朝見於王所乘皆指常朝言之賈後疏引大傳注謂后夫人朝服同展衣而內則世子生則君沐浴朝服夫人亦如之鄭彼注則云諸侯夫人朝於君次而褖衣也與此注及大傳注義異追師注謂后見於王首服次然次褖衣乃燕見之服內則明云朝服則與燕見服異今以男女二服差次推之天子朝服皮弁則后當次褖衣諸侯朝服冠弁則夫人當纚笄宵衣毛詩齊風鷄鳴傳謂夫人纚笄而朝其說甚塙鄭二禮注及大傳注說並與次不合賈疏謂內則注次褖衣爲御朝彼孔疏亦謂當御於君故服進御之服然后御見亦當纚笄宵衣二說並非也互詳追師疏又賈釋見賓客爲從王灌饗賓客蓋與巾車注謂厭翟爲后從王賓饗諸侯所乘同內宰凡賓客之祼獻瑤爵注謂后亞王禮獻即其事也但依崔靈恩說后從饗賓客當服褕狄亦不當服展衣鄭賈說未塙詳前云字當爲襢襢之言亶亶誠也者亦依玉藻雜記喪大記破展爲襢與司農說同君子偕老箋亦云展衣字誤禮記作襢衣亶誠爾雅釋詁文鄭述之以明名襢之義馬瑞辰云玉藻櫛用樿櫛孔疏樿白理木也說文䵘白而有黑也廣雅白馬黑脊驔古字从單旦亶聲者多有白義襢之色白取義正同釋名襢衣襢坦也坦然正白無文采也是矣案馬說亦通釋名說與鄭微異而字亦從襢說文則展衣字作䘺而不收襢字許鄭說亦異也云詩國風曰玼兮玼兮其之翟也下云胡然而天也胡然而帝也言其德當神明者並鄘風君子偕老文釋文云玼音此劉倉我反本亦作瑳與下瑳字同倉我反阮元云詩釋文玼音此本或作瑳此是後文瑳兮然舊本皆前作玼後作瑳按玼瑳聲相近說文瑳玉色鮮白玼玉色鮮也義亦同然一書之中不當玼瑳錯出毛詩瑳兮下傳箋王肅皆無說明與前章同作玼也此注玼亦作瑳劉昌宗音倉我反蓋毛詩前後皆

作玼禮注據魯韓前後皆作瑳今本合并爲一以前後區別之非也
案阮說是也馬瑞辰說同陸所見或本不誤毛傳亦以二翟爲釋又
二云玼鮮盛貌尊之如天審諦如帝鄭箋二云胡何也帝五帝也鄭引彼
者證三狄字當作翟且爲祭服故二云德當神明也二云又曰瑳兮瑳兮
其之展也下二云展如之人兮邦之媛也言其行配君子者毛傳亦以
展衣爲釋又二云展誠也美女爲媛鄭箋二云媛者邦人所依倚以爲援
助也此注引以證展衣爲以禮見王之服故二云行配君子也二云二者
之義與禮合矣者謂詩言天帝見二翟之爲祭服言邦媛見展衣之
爲禮見服二義並與禮合也引雜記曰夫人復稅衣揄狄又喪大記
曰士妻以褖衣者證緣衣當爲褖衣夏采注引喪大記褖作稅阮元
二云今本雜記喪大記皆作稅衣據此注所引知本作褖衣下二云字或
作稅當兼雜記喪大記言之賈疏二云或雜記文蓋賈所據雜記已作
稅矣雜記其餘如士注二云其餘如士之妻則亦用稅衣正義本稅衣
作褖衣與此注正合稅褖皆聲相近二云言褖者甚眾字或作稅此緣
衣者實作褖衣也者呂飛鵬二云手詩綠衣箋二云綠當爲褖字之誤也
褖衣黑雜記喪大記皆作稅衣康成破稅爲褖此經褖衣康成亦作
褖則鄭以褖爲正字然注士喪禮褖衣二云古文褖爲緣則古無褖字
審矣說文衣部無褖字詒讓案經注緣衣字並當從詩邶風孔疏引
作緣衣鄭所見雜記喪大記稅衣字蓋並作褖故定褖爲正字而據
以讀此經士喪禮玉藻亦並作褖衣此不備引故二云言褖者甚眾也
二云褖衣御于王之服亦以燕居者于亦當作於唐書引三禮義宗書
鈔引三禮圖說同賈疏二云案尚書多士傳二云古者后夫人侍於君前
息燭後舉燭至於房中釋朝服襲燕服然後入御於君注二云朝服展
衣君在堂又二云大師奏雞鳴于簷下然後后夫人鳴珮玉於房中告
去以此而言二云釋展衣朝服以燕服然後入御明入御之服與燕服
同褖衣以其展衣下唯有褖衣故知御與燕居同褖衣也以其御與

燕居同是私褻之處故同服案賈所引大傳舊本譌挩不可讀今據詩召南小星疏御覽皇親部儀禮經傳通解內治篇所引補正依鄭此注及追師注則王后御於王服次褖衣燕居服纚笄褖衣張惠言云后燕居宜宵衣案張說是也玉藻云天子玄端而居注謂玄端爲王燕居之服后燕見燕居之服當與王燕衣相配自宜服纚笄宵衣鄭以褖衣宵衣爲一亦非也互詳追師疏云男子之褖衣黑則是亦黑也者鄭士喪禮注云黑衣裳赤緣謂之褖褖之言緣也又雜記注云稅衣若玄端而連衣裳者也釋名釋衣服云褖衣褖然色黑也賈疏云男子褖衣黑禮雖無文案士冠禮陳服於房爵弁服皮弁服玄端服至於士喪禮陳襲衣于房亦云爵弁服皮弁服褖衣褖衣當玄端之處變言之者冠時玄端衣裳別及死襲時玄端連衣裳與婦人褖衣同故雖男子之玄端亦名褖衣又見子羔襲用褖衣纁袡譏襲婦服纁袡與玄衣相對之物則男子褖衣黑矣男子褖衣既黑則是此婦人褖衣亦黑可知鄭言此者以六服之色無文欲從下而上推次其色以此爲本故言之也案褖衣男女皆有之男子褖衣即玄端服之連衣裳者春秋繁露度制篇云大夫衣褖士不以燕蓋即指玄端服與依賈士喪禮疏以赤緣專釋婦人服則赤緣即纁袡纁爲赤之淺者散文通稱又案男子褖衣即玄端服之別制玄端布衣則褖衣亦用布可知女子六服皆絲衣與彼不同褖衣又視男子弁服不視玄端蓋亦黑緇爲之故士昏禮謂之純衣鄭注亦釋爲絲衣明與男子褖衣色同質異也況玉藻云以帛裏布非禮也此衣服通例男女所同后六服皆以素沙爲裏沙縠以絲爲之若褖衣表布而裏素沙則是以帛裏布矣足明其不然也士昏禮又有纚笄宵衣又云女從者畢袗玄賈彼疏推鄭義謂純衣綃衣袗玄皆是緣衣而少牢疏則云綃衣者六服外之下者今以經注攷之惟純衣當爲褖衣其宵衣及袗玄並以配玄端與純衣配爵弁服不同鄭賈說非是詳前及

追師疏云六服備於此矣者先鄭以素沙爲一服鄭不從其說明首褘衣至禒衣六服已備不當如先鄭說更數素沙也云褘揄狄展聲相近者謂與翬搖翟襢聲類相近也玉藻注褘揄讀同惠士奇云揄古搖字素問骨空論云揄臂齊肘注云揄音搖段玉裁云褘與翬聲近后服刻繒爲翬形而采畫之綴於衣鄭意翬是正字褘是假借字說文亦以褘爲蔽厀正字而王后褘衣特假借此字也揄與搖聲近揄衣刻繒爲搖形而采畫之鄭意搖是正字揄是假借說文作褕字從衣俞聲字不從手亦不謂爲搖之假借狄與翟聲近鄭意禮經翟是正字狄是假借展與襢聲近鄭意從喪大記玉藻作襢爲正字作展爲假借說文字作䄫從衣㠭聲今詩禮皆無其字云緣字之誤也者緣亦當爲綠詩邶風綠衣序箋云綠當爲禒故作禒轉作綠字之誤也孔疏云此綠衣與內司服綠衣字同內司服掌王后之六服五服不言色唯綠衣言色明其誤也段玉裁云賈疏云綠與緣不得與聲相近但字相似故云字之誤毛詩正義云此綠衣與內司服綠衣字同則周禮經文作綠甚明故鄭定爲字形之誤若本是禒字則緣禒皆彖聲當與褘揄狄展皆爲聲相近或當云聲之誤不得別爲字之誤矣孫志祖云蓋賈氏所見本猶不誤然釋文云緣或作禒同吐亂反沿譌久矣案段孫說是也蓋此經自是形誤與士喪禮禒衣古文作緣爲聲誤不同大戴禮記夏小正八月玄校傳云校也者若綠色然傳崧卿本亦誤爲緣色與此正同云以下推次其色則闕狄赤揄狄青褘衣玄者狄依前破字當作翟各本並誤賈疏云王后六服其色無文故須推次其色言推次者以鞠衣象鞠塵其色黃禒衣與男子禒衣同其色黑二者爲本以五行之色從下向上以次推之水色既黑禒衣象之水生於金禒衣上有展衣則展衣象金色白故先鄭亦云展衣白衣也金生於土土色黃鞠衣象之土生於火火色赤鞠衣上有闕翟則闕翟象之赤矣火生於木木色青闕翟上有揄翟

象之青矣五行之色已盡唯有天色玄禕衣最在上象天色玄是其以下推次其色也詒讓案六服之色依後鄭說則禕衣玄揄翟青闕翟赤鞠衣黃展衣白褖衣黑依先鄭說則展衣白鞠衣黃素沙赤禕衣爲畫衣二翟則畫羽飾不詳何色詩君子偕老毛傳以展衣用丹縠則色赤餘五服無說孔疏云孫毓推之以爲禕衣赤揄翟青闕翟黑鞠衣黃展衣赤褖衣黑鞠名與麴同雖毛亦當色黃褖衣與男子之褖衣名同則亦宜黑然則六服逆依方色義或如毓所言以婦人尙華飾赤爲色之著因而右行以爲次故禕衣赤揄翟青闕翟黑次鞠衣鞠衣宜白以爲疑於凶服故越取黃而展衣同赤因西方闕其色故褖衣越青而同黑也段玉裁云毛許馬融皆云展丹縠衣仲師始云白衣而鄭君從之蓋舊說周禮鞠衣黃綠衣綠素沙白則展衣丹矣案孫孔所推六服之色緟復雜亂無所取法段說雖依據故書而綠爲間色不宜以爲法服素沙别爲一服亦與經不合鄭君所說推次精當不可易也云婦人尚專一德無所兼連衣裳不異其色者綠衣箋亦云婦人之服不殊衣裳上下同色賈疏云案喪服上云斬衰裳下云女子髽衰三年直言衰不言裳則連衣裳矣又昏禮云女次純衣亦不言裳是其婦人連衣裳裳衣既連則不異其色必不異色者爲婦人尚專一德無所兼故也黃以周云婦連衣裳裳亦别爲之而連綴於衣非裳與衣同幅爲之也俗儒據詩綠衣黃裳以爲婦人亦殊裳殊縿云素沙者今之白縛也者釋文云縛聲類以爲今作絹字案說文素部云素白緻繒也糸部云縛白鮮卮也絹繒如麥絹縞鮮卮也聘禮束紡注云紡紡絲爲之今之縛也段玉裁云據許則縛與絹各物音近而義殊二禮之鄭注自謂縛不謂絹也案段說是也依許說則縛卽縞與絹小異後注又舉沙縠爲比廣雅釋器云鮮支縠絹也一切經音義引纂文云白鮮支絹也亦名縞則漢之縛卽魏晉以後之絹矣云六服皆袍制以白縛爲裏使之張顯者說文衣

部以禕衣爲畫袍與鄭義同詩綠衣云綠衣黃裏鄭箋云諸侯夫人祭服之下鞠衣展衣褖衣皆以素紗爲裏今綠衣反以黃爲裏非其禮制也雜記注亦云六服皆袍制不禪以素紗裏之如今袿袍襈重繒矣孔疏云皆袍制謂連衣裳有表裏似袍漢時有袿袍其袍下之襈以重繒爲之詒讓案據雜記云夫人稅衣揄狄狄稅素沙重言狄稅而總云素沙明此經先擧六服而終以素沙素沙卽衣裏通六服言之猶屨人云赤舄黑舄赤繶黃繶青句素屨繶約卽爲舄屨之飾也釋名釋衣服云袍丈夫著下至跗者也袍苞也苞內衣也婦人以絳作衣裳上下連四起施緣亦曰袍義亦然也則漢時婦人衣亦上下連名袍與六服同凡古男女袍制並連衣裳有表裏賈疏據雜記云子羔之襲繭衣裳繭卽是袍謂男子袍有衣裳今婦人衣裳連則非袍而云袍制者正取衣複不單與袍制同不取衣裳別爲義非也雜記繭衣裳孔疏謂亦連衣裳足正賈說之誤又案古制布帛表裏必相應此六服皆以繒爲之故以素沙爲裏沙亦繒帛也若六服之下更有錫衣宵衣以布爲之則不得以素沙爲裏以帛不裏布也此經不及錫衣宵衣或以是與云今世有沙縠者名出于此者于亦當作於鄭雜記注亦云素沙若今紗縠之帛也沙紗古今字大戴禮記曾子制言篇云白沙在泥與之皆黑論衡率性篇云白紗入緇不練自黑白沙卽此素沙也惠棟云釋名釋采帛曰縠粟也其形足足而踧視之如粟也又謂沙縠亦取踧踧如沙也說文系部曰縠細縛也與鄭說合呂飛鵬云古無紗字至漢時始有之漢書江充傳充衣紗縠禪衣注師古曰紗縠紡絲而織之也輕者爲紗縐者爲縠則紗與縠有別任大椿云江充傳注曰縐者曰縠釋名所云如沙如粟皆縐之狀蓋縠卽今之縐紗也案任說是也依鄭義六服皆以繒爲之而別以沙縠爲裏段玉裁據毛詩傳云展丹縠衣推此經舊說蓋謂言衣言沙者互見則鞠衣等皆以縠爲之舊師說或然然非經義也

辨外內命婦之服鞠衣展衣緣衣素沙內命婦之服鞠衣九嬪也展衣世婦也緣衣女御也外命婦者其夫孤也則服鞠衣其夫卿大夫也則服展衣其夫士也則服緣衣三夫人及公之妻其闕狄以下乎侯伯之夫人揄狄子男之夫人亦闕狄唯二王後褘衣

【疏】辨外內命婦之服鞠衣展衣緣衣素沙者緣亦當爲緣注當爲褖各本並誤賈疏云上言王后六服此論外內命婦不得有六服唯得鞠衣已下三服尊卑差次服之而已亦以素沙爲裏故云素沙也　注云內命婦之服鞠衣九嬪也展衣世婦也緣衣女御也者緣當作褖賈疏述注不誤下同內宰注云內命婦謂九嬪世婦女御賈疏云鄭以內命婦無過三夫人已下外命婦無過三公夫人已下但經云鞠衣以下則三夫人三公夫人同皆得闕狄以下則此命婦之中無三夫人及三公夫人矣故內命婦從九嬪爲首也鄭必知九嬪以下服鞠衣已下者但九嬪下有世婦女御三等鞠衣以下服亦三等故知鞠衣以下九嬪也展衣以下世婦也褖衣女御也王應電謂世婦當服鞠衣女御當服展衣金榜云鄭君以九嬪世婦女御當內命婦因以差三夫人宜服闕狄榜謂玉藻王后褘衣夫人揄狄注云夫人三夫人亦侯伯之夫人也据夫人褕狄差之則九嬪屈狄世婦鞠衣女御展衣可知也喪大記復者夫人以屈狄世婦以襢衣注謂爲子男夫人則侯伯夫人以褕狄者世婦宜以鞠衣可知也追師爲九嬪及外內命婦之首服明內命婦不數九嬪玉藻唯世婦命於奠繭其他皆從男子注云天子之后夫人九嬪及諸侯之夫人夫在其位則妻行服其服明內命婦數自世婦以下鞠衣黃桑服也月令季春薦鞠衣于先帝爲將蠶求福祥之助及奠繭命世婦以其服世婦服鞠衣此其著也內司服所辨內外命婦之服更有緣衣爲外命婦言之耳案金說甚精足正此注之誤云外命婦者其夫孤也則服鞠衣其夫卿大夫也則服展衣其夫士也則服

緣衣者此以婦人鞠衣對男子之絺冕婦人展衣對男子之玄冕婦
人禒衣對男子之弁服也北堂書鈔衣冠部引三禮圖云鞠衣孤之
妻服以從助祭展衣卿大夫妻服之以助君祭禒衣士妻服以從君
助祭者也與鄭義同賈疏云此約司服孤絺冕卿大夫同玄冕士皮
弁三等而言之孤已下妻其服無文故以此三等之服配三等臣之
妻也孤妻亦如九嬪三服俱得也卿大夫妻亦如世婦展衣禒衣俱
得也士妻禒衣而已但司服孤卿大夫士文承諸侯之下皆據諸侯
之臣而言若然諸侯之臣妻亦以次受此服是以玉藻云君命闕狄
再命褘衣一命襢衣士禒衣注云此子男之夫人及其卿大夫士之
妻命服也褘當爲鞠諸侯之臣皆分爲三等其妻以次受此服若然
五等諸侯之臣命雖不同有孤之國孤絺冕卿大夫同玄冕無孤之
國則卿絺冕大夫玄冕其妻皆約夫而服此三等之服其天子之臣
服無文亦得與諸侯之臣服同是以此外命婦亦得與諸侯臣妻服
同也詒讓案鄭玉藻注云公之臣孤爲上卿大夫次之士次之侯伯
子男之臣卿爲上大夫次士次之據鄭此說則王臣與公國之臣同
服皆孤一等卿大夫共一等如司服所說侯伯子男之國無孤則卿
大夫異等妻服亦如之雜記云內子以鞠衣褒衣素沙下大夫以襢
衣其餘如士注云此復所用衣也內子卿之適妻也下大夫謂下大
夫之妻卿妻自鞠衣而下大夫妻自展衣而下士衣稅衣而已又喪
大記云復大夫以玄赬世婦以襢衣士以爵弁士妻以稅衣注云赬
赤也玄衣赤裳所謂卿大夫自玄冕以下之服也其世婦亦以襢衣
此二文並據無孤之國而言如其說則侯伯子男之卿得服絺冕妻
服鞠衣而天子及公之卿反服玄冕妻服展衣於次不順故大戴禮
記諸侯遷廟篇盧注駁其誤云玉藻曰君命屈狄再命褘衣者謂其
夫爲君則命其妻以屈狄加再等之命則上公夫人乃褘衣孫鄭等
改鞠衣非也又云一命展衣者此則申子男臣妻之服耳玄又分公

卿大夫及其妻爲三等而升降其服經云孤絺冕卿大夫玄冕何爲易之又令小國之卿及內子更同列國之卿孤絺冕與鞠衣錯易尤非宜也據盧說則侯伯子男之卿亦與大夫同一等皆服玄冕妻皆服展衣其說似是大宗伯再命受服注云此謂受玄冕之服列國之大夫再命於子男爲卿亦不言子男之卿當絺冕或鄭亦自知其說之未安而更定之乎若然雜記內子鞠衣之文疑當指孤之妻言之卿之妻自同下大夫禮衣記文詳略互見遂失其義耳又案外命婦之服依鄭義自大夫妻襐衣以上皆後袂其士妻襐衣則不後袂其說亦不盡塙詳追師司服疏云三夫人及公之妻其闕狄以下乎者狄亦當作翟下並同賈疏云婦人之服有六從下向上差之內命婦三夫人當服闕狄外命婦三公夫人亦當闕狄若三夫人從上向下差之則當揄狄是以玉藻云王后褘衣夫人揄狄注夫人三夫人若三公夫人不得過闕狄知者射人云三公執璧與子男執璧同則三公亦毳冕玉藻君命屈狄據子男夫人則三公之妻當闕狄三夫人其服不定三公夫人又無正文故總云乎以疑之也案依賈說則三夫人服有兩說據玉藻注義則三夫人得衣揄狄鄭此注以九嬪及孤之妻鞠衣遞加之則三夫人及公之妻當服闕狄與玉藻注不合其說非也陳祥道云王制言三公一命衮則三公在朝鷩冕其妻揄狄可知也玉藻言夫人揄狄則三夫人揄狄可知也金鶚云三夫人尊與三公同則三公夫人亦揄狄同於侯伯夫人案陳金兩說是也姜兆錫蔣載康黃以周說同依鄭賈義則天子三公服毳冕妻服闕狄天子孤服絺冕妻服鞠衣公之孤侯伯子男之卿及妻服同天子之卿大夫服玄冕妻服展衣公之卿大夫侯伯子男之大夫及其妻服同天子及諸侯之士同服弁服妻服襐衣差次淆舛殆不可通今通校諸經及陳金諸家說攷定王臣服式天子三公當鷩冕妻當揄狄則孤卿當毳冕妻當闕狄大夫當絺冕妻當鞠衣士當玄冕妻當

展衣侯國之臣則當如盧景宣說乃合其文耳鄭賈說之誤互詳司服疏云侯伯之夫人揄狄子男之夫人亦闕狄唯二王後褘衣者玉藻注及詩君子偕老箋義同書鈔引三禮圖及通典吉禮引崔靈恩說亦並依鄭義鄭旣以鞠衣以下衣對男子絺冕以下差而上之則婦人闕狄對男子之毳冕婦人揄狄對男子之鷩冕婦人褘衣對男子之衮冕也故喪大記云復君以卷夫人以屈狄注云君以卷謂上公也夫人以屈狄互言耳上公以衮則夫人用褘衣而侯伯以鷩其夫人用揄狄子男以毳其夫人乃用屈狄矣又明堂位云君卷冕立于阼夫人副褘立于房中注云褘王后之上服唯魯及王者之後夫人服之諸侯夫人則自揄翟而下則魯夫人得同二王後夫人服也賈疏云玉藻云夫人揄狄夫人三夫人亦侯伯之夫人鄭必知侯伯夫人揄狄者以玉藻云君命闕狄再命鞠衣一命襢衣夫並是子男之國闕狄旣當子男夫人以上差之侯伯夫人自然當揄翟二王後夫人當褘衣矣案喪大記云復君以卷注云上公以衮則夫人用褘衣又案隱五年公羊云諸公者何天子三公稱公若然天子三公有功加命服衮冕其妻亦得服褘衣矣此注直云二王後不云三公之內上公夫人者以其八命則毳冕夫人服闕翟不定故不言若然喪大記注云公之夫人容三公夫人兼二王後夫人矣明堂位云夫人副褘是魯之夫人亦得褘衣故後鄭注副褘王后之上服唯魯及王者之後夫人服之以此而言則此注亦含有九命上公夫人與魯夫人同也詒讓案侯國內命婦之服經注無文詩綠衣箋云諸侯夫人祭服之下鞠衣爲上展衣次之褖衣次之次之者衆妾亦以貴賤之等服之孔疏云衆妾亦分爲三等蓋夫人下姪娣鞠衣二媵展衣其餘褖衣也張惠言別依金榜說又以意推之謂上公侯伯世婦從君祭鞠衣從夫人見賓客展衣以禮見君褖衣御於君宵衣御妻從夫人祭賓客並展衣餘與世婦同妾從王祭賓客並褖衣見於君入御

並宵衣子男世婦從夫人祭祀賓客展衣以禮見君褖衣御於君宵衣御妻妾從夫人祭祀賓客並褖衣見於君入御並宵衣其所推未知是否附著以備攷

凡祭祀賓客共后之衣服及九嬪世婦凡命婦共其衣服共喪衰亦如之

凡者凡女御與外命婦也言及言凡殊貴賤也春秋之義王人雖微者猶序乎諸侯之上所以尊尊也臣之命者再命以上受服則下士之妻不共也外命婦唯王祭祀賓客以禮佐后得服此上服自於其家則降焉

疏 凡祭祀賓客共后之衣服者賈疏云婦人無外事言凡祭祀惟據宗廟大小祭祀賓客謂后助王灌饗諸侯來朝祭祀共三翟賓客共展衣案后從王饗賓客當衣揄狄鄭賈謂服展衣未搞詳前疏云及九嬪世婦凡命婦共其衣服者賈疏云謂助后祭祀賓客時云凡命婦者兼外內命婦也詒讓案王姬之服經注並無文攷毛詩召南何彼襛矣敘云王姬亦下降於諸侯車服不繫於其夫下王后一等鄭箋謂服揄狄此官當亦共之經文不具也云共喪衰亦如之者謂喪紀則共衰此通關后以下及內外命婦言之也說文糸部云縗服衣長六寸博四寸直心經典通段衰為之喪服注云凡服上曰衰下曰裳婦人不殊裳衰如男子衰下如深衣深衣則衰無帶下又無衽是婦人喪衰之制也賈疏云外命婦喪衰謂王服齊衰於后無服若九嬪已下及女御於王服斬衰於后服齊衰也莊有可云喪衰斬衰齊衰也后當更有錫衰緦衰疑衰嬪婦以下大功小功等私服司服不共也 注云凡者凡女御與外命婦也者賈疏云鄭知凡中內命婦唯有女御者據上文外內命婦服唯有鞠衣已下此經上已云九嬪世婦則內命婦中唯有女御也其外命婦中則有孤妻以下云言及言凡殊貴賤也者明九嬪世婦亦即內命婦以其貴故冢后為文言及以示殊異其女御外命婦等名位較賤則別言凡為綜括之辭明其與后等差縣絕也云

春秋之義王人雖微者猶序乎諸侯之上所以尊尊也者據公羊僖八年公會王人齊侯宋公衛侯許男曹伯陳世子款鄭世子華盟于洮傳義鄭以外命婦中三公夫人及孤卿之妻其服或加於九嬪世婦而經必先九嬪世婦次及凡命婦者明以尊王內官合於春秋尊尊之義也云臣之命者再命以上受服則下士之妻不共也者明夫受服於司服則妻亦受服於內司服也賈疏云此約大宗伯男子之服彼云一命受職再命受服則天子上士三命中士再命乃受服天子下士一命則不受故鄭云下則不共也云外命婦唯王祭祀賓客以禮佐后得服此上服自於其家則降焉者追師注義同賈疏云案此上經士妻褖衣大夫妻展衣案特牲主婦纚笄綃衣少牢主婦髲鬄衣後袂士妻不衣褖衣大夫妻後綃衣袂不衣展衣如其夫自於家祭降服是自於其家則降上經祭祀賓客共后之服是外命婦助后祭祀賓客乃服上服也互詳追師疏

后之喪共其衣服凡內具之物內具紛帨線纊鞶袠之屬

【疏】后之喪共其衣服者通王后及先后言之內命婦及王女之喪亦當共衣服等經不言者文略賈疏云后喪所共衣服者正謂襲時十二稱小斂十九稱大斂百二十稱案依賈說則后襲斂服稱數與王同詳小宗伯疏司服云大喪共其復衣服斂衣服奠衣服廞衣服皆掌其陳序此官掌后服則后喪亦當共復斂奠廞四者衣服與司服掌王服內外相準不徒共斂服也云凡內具之物者喪紀所用絲枲縫紝之物內人所具者亦并共之也　注云內具紛帨線纊鞶袠之屬者釋文云紛本又作帉說文巾部云楚謂大巾曰帉帥佩巾也帨帥或从兌聲帙書衣也袠帙或从衣案帉即帉之變體紛叚借字也內則注云紛帨拭物之佩巾也縏小囊也鞶與縏同賈疏云案內則婦事舅姑有紛帨線纊鞶袠故死者入壙亦兼有數物內則更有刀礪小觿之等故云之屬以總之也

縫人掌王宮之縫線之事以役女御以縫王及后之衣服女御裁縫王及后之衣服則爲役助之宮中餘裁縫事則專爲焉鄭司農云線縷 疏 掌王宮之縫線之事者說文糸部云縫以鍼紩衣也謂王宮中線縷縫紩之事此官咸掌之也 注云女御裁縫王及后之衣服則爲役助之者敘官奄官下有女御八人女工八十人蓋以王及后尊貴其裁縫衣服自有法式縫人不敢專爲故使女御監涖其事縫人奄官則與女工給其使役佐助成之猶酒人注謂酒人共酒因留與其奚爲世婦役也云宮中餘裁縫事則專爲焉者明非王及后之衣服若三夫人以下縫線之事直縫人專爲之不關女御故下文云掌凡內之縫事是也鄭司農云線縷者說文糸部云綫縷也重文線古文綫公羊僖四年傳何注云線縫帛縷

喪縫棺飾焉孝子既啓見棺猶見親之身既載飾而以行遂以葬若存時居于帷幕而加文繡喪大記曰飾棺君龍帷三池振容黼荒火三列黻三列素錦褚加僞荒纁紐六齊五采五貝黼翣二黻翣二畫翣二皆戴圭魚躍拂池言纁戴六纁披六此諸侯禮也禮器曰天子八翣諸侯六翣大夫四翣漢禮器制度飾棺天子龍火黼黻皆五列又有龍翣二其戴皆加璧故書焉爲馬杜子春云當爲焉 疏 喪縫棺飾焉者賈疏云此喪以王爲主但是王家后世子已下亦縫棺飾焉 注云孝子既啓見棺猶見親之身者啓謂啓肂也凡喪禮大斂後殯於西階上以木覆棺而塗之將葬之前一日啓殯遷棺而朝於祖鄭言此者明孝子見棺如見親之身故棺飾儗生時帷幕爲之檀弓云制絞衾設蔞翣爲使人勿惡也鄭喪大記注云飾棺者以華道路及壙中不欲衆惡其親也並其義也云既載飾而以行者此明棺飾即葬行時柩車所飾柳翣等故檀弓注云殯引飾棺以輤葬引飾棺以柳翣彼殯引棺飾即雜記所說行死柩自外來就殯之事以非常法故鄭此注

不兼輴飾言之賈疏云案既夕禮曰側遂匠納車於階間卻柩而下載之於蜃車之上乃加帷荒飾棺訖乃還車向外移柩車去載處設祖奠明日旦乃更徹祖奠設遣奠苞牲取下體乃引向壙云遂以葬者謂葬窆時弁以入壙藏之也喪禮謂之見既夕禮云乃窆藏器于旁加見注云見棺飾也更謂之見者加此則棺柩不復見矣是也云若存時居于帷幕而加文繡者于注例當作於各本並誤荀子禮論篇云無帾絲歶縷翣其貊以象菲帷幬尉也王念孫謂無帾卽喪大記之素錦褚加帷荒荒在上象幕褚在下象幄故曰其貊象菲帷幬尉也案鄭說與荀子同賈疏云幕人共帷幕幄帟綬注云在旁曰帷在上曰幕是存時居於帷幕而云加文繡者生時帷幕無文繡今死恐衆惡其親更加文繡卽所引喪大記已下是也引喪大記曰飾棺君龍帷者孔疏云帷柳車邊障也以白布爲之王侯皆畫爲龍詒讓案以下並據喪大記諸侯棺飾證天子之法龍帷者象生時之帷也幕人之帷亦以布爲之但此以畫龍爲異帷檀弓又謂之牆據柳象宮室故別稱牆也云三池者彼注云池以竹爲之如小車笭衣以青布柳象宮室縣池於荒之爪端若承霤然云孔疏云三池者諸侯禮也池謂織竹爲籠衣以青布挂著於柳上荒邊爪端象平生宮室有承霤也天子生有四注屋四面承霤柳亦四池象之諸侯屋亦四注而柳降一池闕於後一故三池也云振容者孔疏云振動也容飾也謂以絞繒爲之長丈餘如幡畫幡上爲雉縣於池下爲容飾車行則幡動故曰振容詒讓案此容蓋與婦人車之童容形制相似詳巾車疏云黼荒火三列黻三列者彼注云荒蒙也在旁曰帷在上曰荒皆所以衣柳也黼荒緣邊爲黼文火黻爲列於其中耳孔疏云荒謂柳車上覆謂鼈甲也緣荒邊爲白黑斧文故云黼荒火三列者列行也於鼈甲黼文之上荒中央又畫爲火三行也火形如半環也黼三列者又畫爲兩已相背爲三行也詒讓案荒象生時之幕也蓋亦以布

為之云素錦褚者彼注云褚以襯覆棺乃加帷荒於其上孔疏云素錦白錦也褚屋也於荒下又用白錦以為屋也葬在路象宮室也故雜記云素錦以為屋而行鄭褚是也詒讓案此象生時之幄也幕人之幄以繒為之此則用素錦為異云加偽荒者彼注云偽當為帷聲之誤也大夫以上有褚以襯覆棺乃加帷荒於其上云纁紐六者彼注云紐所以結連帷荒者也賈疏云紐謂繫連帷荒以纁色為之左右各三紐并之六耳云齊五采五貝者彼注云齊象車蓋蕤縫合雜采為之形如瓜分然綴貝落其上及旁孔疏云齊五采者謂鼈甲上當中央形員如華蓋高三尺徑二尺餘五采謂人君以五采繒衣之列行相次故云五采也五貝者又連貝為五行交絡齊上也云黼翣二黻翣二畫翣二者釋文云翣本又作箑案翣箑聲類同古通說文竹部云箑扇也重文篓箑或从妾喪大記注云畫者畫雲氣其餘各如其象釋名釋喪制云翣有黼有畫各以其飾名之也翣詳女御疏云皆戴圭者賈疏云謂置圭於翣之兩角為飾也云魚躍拂池者彼注云以銅為魚縣於池下行則魚上拂池孔疏云凡池必有魚故此車池縣絞雉又縣銅魚於池下若車行則魚跳躍上拂池也隱義曰振容在下是魚在振容閒云君纁戴六纁披六者彼注云戴之言值也所以連繫棺束與柳材使相值因而結前後披也賈疏云謂於車輿兩廂各豎三隻軺子以纁為值紲其軺子各使相值因而繫前後披兩廂各使人持制之以備車之傾側也其實兩廂各三而云六者人君禮文圍數而傍言六耳案賈所謂車兩廂各豎三軺子者即柳村也戴披並詳司士疏云此諸侯禮也者彼云君據諸侯禮故三池六翣與天子禮異賈疏云天子無文故取諸侯法以推天子禮也又引禮器曰天子八翣諸侯六翣大夫四翣者上引雜記不見天子翣數故又引禮器補之八翣者蓋如諸侯六翣加龍翣二為八也云漢禮器制度飾棺天子龍火黼黻皆五列又有龍翣二其戴皆加璧者

以周天子棺飾無文鄭據漢禮補之龍火黼黻皆五列視喪大記周諸侯禮加龍火又增三列爲五列又於六翣之外增龍翣二與禮器八翣數合其不戴圭而戴璧亦疑周天子禮故明堂位云周之璧翣注云天子八翣皆戴璧垂羽諸侯六翣皆戴圭是漢禮皆約周天子禮爲制故鄭引彼證此也云故書焉爲馬杜子春云當爲焉者段玉裁云此字之誤也

衣翣柳之材

必先纏衣其木乃以張飾也柳之言聚諸飾之所聚書曰分命和仲度西曰柳穀故書翣柳作接櫝鄭司農云接讀爲歰櫝讀爲柳皆棺飾檀弓曰周人牆置歰春秋傳曰四歰不蹕

疏 注云必先纏衣其木乃以張飾也者說文木部云材本挺也又糸部云纏繞也謂翣以木爲匡及柄柳上荒下帷亦以木爲樬所謂材也經不云衣翣柳而云衣其材則二者並先纏繞衣其內材而後張其外衣之帷荒凡內衣纏之外衣則張之而已不纏也賈疏云翣柳二者皆有材縫人以采繒衣纏之乃後張飾於其上云柳之言聚諸飾之所聚者柳聚一聲之轉凡棺飾帷池容荒齊等並聚於柳也釋名釋喪制云輿棺之車曰轜其蓋曰柳柳聚也衆飾所聚亦其形僂也亦曰鼈甲似鼈甲然也其旁曰牆似屋牆也惠士奇云柳一作僂莊子達生曰生有軒冕之尊死得於腞楯之上聚僂之中柳之言聚故曰聚僂棺之飾也呂氏春秋節喪曰世俗之行喪或之以大楯僂翣以督之一作縷翣見荀子禮論篇案惠引莊子足證鄭劉二家義漢書季布傳置廣柳車中顏注引鄭氏云作大柳衣車若周禮喪車也又引晉灼云周禮說衣翣柳柳聚也衆飾之所聚也晉說亦本鄭義又案凡覆柩車者上曰柳下曰牆柳衣謂之荒牆衣謂之帷故既夕禮注云牆有布帷柳有布荒是也劉氏亦以柳牆別釋若總言之則牆亦通名柳故檀弓注釋牆爲柳衣喪大記注謂帷荒皆所以衣柳柳亦通名牆既夕記云巾奠乃牆牆中兼帷荒也此經言柳不言牆明柳之內兼有牆可知又據檀弓及

喪大記注則柳爲帷荒內木材之名而檀弓孔疏則謂帷荒及木材等總名曰柳然則柩車之上上荒下帷內材外衣通得柳名此經之柳固無所不晐矣引書曰分命和仲度西曰柳穀者釋文云度音宅古文宅與度字相似因此而誤賈疏云是濟南伏生書傳文故云度西曰柳穀見今尚書云宅西曰昧谷度亦居也柳者諸色所聚日將沒其色赤兼有餘色故云柳穀引之者見柳有諸色丁晏云史記五帝本紀集解曰昧谷徐廣曰一作柳谷書堯典正義引夏侯等書昧谷爲柳谷儀禮經傳通解續引書大傳虞傳秋祀柳穀注柳聚也齊人語說文赤部穀曰出之赤也穀穀聲相近故賈以爲色赤案丁說是也據堯典疏及大傳則作柳穀者蓋今文尚書鄭注尚書從古文作昧谷故三國志吳志虞翻傳裴松之注引翻奏鄭解尚書違失事云古柳卯同字而以爲昧卽指此也此注欲證柳聚之義故從今文引之度訓居義亦可通賈說得之陸疑爲宅之誤不可從云故書翣柳作接櫝鄭司農云接讀爲翣櫝讀爲柳皆棺飾者徐養原云接翣之假借字櫝字書所無釋文音柳亦就此經而作音耳其本音本義則不可考殆亦傳寫之誤也集韻四十四有載蔞僂輀輴四字皆喪車飾蔞翣見檀弓下注云周禮蔞作柳柳在幽尤韻蔞在侯韻二韻異部而相近故可通用荀子禮論有縷翣又有翣菨楊倞以爲俱蔞翣之誤段玉裁云櫝從木從貿聲貿從貝從卯聲而先鄭讀櫝爲柳此於疊韻求之也案段說是也莊子德充符篇云戰而死者其人之葬也不以翣資資蓋卽櫝之譌文翣資卽翣柳也引檀弓曰周人牆置翣者彼文云殷人棺槨周人牆置翣鄭彼注云牆柳衣也又引春秋傳曰四翣不蹕者襄二十五年左傳云齊崔杼弒莊公葬諸士孫之里四翣不蹕下車七乘是也杜注云喪車之飾諸侯六翣蹕止行人段玉裁云此司農易接爲翣而引檀弓及春秋傳以證翣之義也司農所據記傳字作翣今本記傳則皆作翣矣監本注疏改牆置

翜爲牆置翣則舛錯不倫喪祝注亦云四翜牆置翜翜者翣之假借字也詒讓案此經故書作接先鄭讀爲翜後鄭自依今書作翣與先鄭不同故引之在後女御御僕二職並作翣不作翜可證後鄭不從翜矣

掌凡內之縫事

疏 掌凡內之縫事者謂宮中三夫人以下所有裁縫之事並此官專掌之也

周禮正義卷十五

西元二〇二四年三月一日重製一版

周禮正義 冊一（清孫詒讓撰）

平裝六冊基本定價肆仟柒佰元正
（郵運匯費另加）

發行人　張敏君
發行處　中華書局
臺北市內湖區舊宗路二段一八一巷八號五樓（5FL., No. 8, Lane 181, JIOU-TZUNG Rd., Sec 2, NEI HU, TAIPEI, 11494, TAIWAN）
客服電話：886-8797-8396
公司傳真：886-8797-8909
匯款帳戶：華南商業銀行西湖分行
179100026931
印　刷：維中科技有限公司
海瑞印刷品有限公司

No. N0027-1

國家圖書館出版品預行編目(CIP)資料

周禮正義/(清)孫詒讓撰. -- 重製一版. -- 臺北市 : 中華書局, 2024.03
冊 ; 公分
ISBN 978-626-7349-08-3(全套 : 平裝)

1.CST: 周禮 2.CST: 研究考訂

573.1177 113001478